陕西省考古研究院田野考古报告第 65 号

陕西省明长城资源调查报告

陕西省考古研究院　编著

第三册

文物出版社

第五章

靖边县明长城资源

第一节　靖边县明长城综述

一　靖边县环境

靖边县位于陕西省北部、榆林市西南部。北与内蒙古自治区乌审旗、鄂托克前旗相邻；南与延安地区子长、安塞、志丹、吴起4县接壤；东西分别与横山县、定边县毗连。全县南北最长116.2千米、东西最长91.3千米，总面积5088平方千米。全县共辖13个乡9个镇，人口29万。

靖边县地处鄂尔多斯台地南缘与黄土高原北部过渡地带，属半干旱大陆季风气候，四季变化较大，春季温差较大，寒潮霜冻不时发生，多有大风，间以沙暴；夏季暑热，雨量增多，多以暴雨出现，常有夏旱和伏旱；秋季多雨，降温快，早霜冻频繁；冬季严寒少雪。县境毛乌素沙漠绵延于北，靖边平原呈东西向居中，白于山横亘于南。北部为风沙滩地，占全县面积的36.2%，是主要的产粮区和林、牧、渔业区；中部为梁峁涧地带，占全县面积的23%，是糜、谷、荞麦、油料和马铃薯的重要产地，尤以油料和马铃薯为最；南部为丘陵沟壑区，占全县面积的40.8%，是重点发展林、牧业的基地。

靖边县年平均气温7.9℃，日最高气温35.9℃，最低气温-28.5℃；年平均降水量395.4毫米；年平均蒸发量891.7毫米；年平均风速3.24米/秒，最大风力可达9~10级，以春季为多发，占全年大风发生率的50%。

境内主要山脉为白于山，支脉有营盘山、烟墩山、盘龙山等。境内主要河流有芦河、无定河、大理河、周河、杏子河等。

二　靖边县沿革

靖边县境内早在旧石器时代就有先民繁衍生息。公元前16~前7世纪，靖边县域为少数民族獯狁聚居的地方。

春秋时候，县域为少数民族白翟所居。周敬王八年（公元前512年），晋人灭翟，直到周烈王七年（公元前369年），县域一直属晋。晋灭后，属魏。魏惠王雕阴之战后，魏将上郡15县献于秦，今县境归秦。秦昭王时筑长城，经县境。

秦始皇二十六年（公元前221年），全国分为36郡，县域属上郡。汉时，县域置上郡奢延县。西汉时，隶属朔方刺史部；东汉时改属并州刺史部。

东晋、十六国时，县境先后为后赵、前秦、后秦所据。东晋义熙三年（407年），后秦刘勃勃拥兵自立，占据上郡，建大夏国，并于义熙九至十四年（413~418年）在今县境北部筑都统万城（今红墩界乡白城子）。

南北朝时，北魏于始光四年（427年）灭掉大夏，于神麚四年（431年）建立统万镇，太平真君七年（446年）设岩绿县，太和十一年（487年）改置夏州，县域分属化政郡、阐熙郡，其西部属山鹿县。北周保定四年（564年）东部设宁朔县（治所在今杨桥畔），属弘化郡辖。

隋开皇元年（581年），撤弘化郡复设夏州，三年（583年），改夏州为朔方郡，撤山鹿县，辖地并入长泽县。县域分属朔方郡长泽、岩绿、宁朔县。恭帝义宁元年（617年），梁师都在夏州建立梁国，县域属梁。

唐武德二年（619年），宁朔县归唐；六年（623年），在宁朔置南夏州。贞观二年（628年），消灭梁师都，复改弘化郡为夏州，撤南夏州，并将岩绿县改为朔方县。贞观五年（631年）复设宁朔县，长安二年（702年）又撤。开元四年（716年）再设，九年（721年）再撤。不久又设。

五代十国时废道建置。后梁、后唐、后晋、后汉、后周沿袭唐建置，县境属夏州朔方、宁朔、长泽3县。宋时，县域为北宋、西夏反复争夺之地，初属宋，后长期分属西夏夏州、龙州、洪州、宥州。元时，县域属陕西行中书省延安路。

明太祖洪武六年（1373年）设靖边（取"绥靖边疆"之意）卫。是年又设靖边道，管辖榆林、绥德、定边、靖边等卫。初设靖边道、靖边营，下辖6堡1镇，即宁塞堡、巴都河堡、靖边堡（新城）、镇罗堡、镇靖堡、龙州堡、柠条梁镇。成化八年（1472年），延绥巡抚余子俊督修长城。境内龙州堡至宁塞堡段共210里，沿城设烽火墩、台159座。

清康熙元年（1662年），撤靖边道，原所辖营、堡统归榆林道管辖，同时设靖边所。清雍正九年（1731年），置靖边县，隶属榆林府。清乾隆八年（1743年），改属延安府管辖。

中华民国元年（1912年），设榆林道，靖边归榆林道管辖。民国24年（1935年）4月，中国共产党领导下的陕甘宁边区苏维埃政府在本县西部桃梨圪成立了靖边县苏维埃政府（习惯称西靖边）；同年5月28日，刘志丹率红军打开县城镇靖，民国靖边县政府迁往柠条梁；10月后，归陕北省苏维埃政府领导；8月，在中国共产党西北工作委员会和陕北工农民主政府的领导下，于青杨岔也成立了靖边县苏维埃政府（习惯称东靖边），后归陕北省委和陕北省苏维埃政府领导；民国26年（1937年）8月，陕甘宁边区党委决定将横山县苏维埃政府和东、西靖边县苏维埃政府合并为靖横县苏维埃政府。10月，横山中心县成立后，又设靖边县；是年，本县划归三边分区督察专员公署管辖。民国30年（1941年），陕甘宁边区政府将原来23个县市调为29个县市，靖边县为陕甘宁边区政府直属县。解放战争时期，靖边县属陕甘宁边区三边分区管辖。民国38年（1949年）7月，三边分区撤销，本县由延安分区管辖。1950~1968年，靖边县隶属榆林分区专员公署。现靖边县为陕西省扩权县。

三　靖边县明长城概况

靖边县明长城东北接横山县明长城，整体呈东北—西南走向，从毛乌素沙地进入白于山脉黄土山区，西南接延安市吴起县明长城。包括大边和二边，共有墙体202031米、单体建筑195座、关堡13座。（地图六）

靖边县明长城资源由王沛、袁继民、李超、马俊华、薛蕾、吕永乾、李雪峰等负责调查。调查时间是 2007 年 6 ~ 12 月。

靖边县明长城整体保存较差，由于地处毛乌素沙地和白于山山地，风沙侵蚀和沟壑发育对明长城造成严重破坏。近年来人为活动对长城造成的破坏也日渐明显，尤其是道路修建、农田耕种等直接导致长城的消失。目前对于明长城的主要威胁就是沟壑发育、风沙侵蚀和人类的生产、生活活动。

本县长城只有烟墩山烽火台被公布为县级文物保护单位，但被进行了不合理的修缮。

靖边县明长城由靖边县文管办管理，负责人为李文海，该单位属事业性质，经费由财政提供。单位在编人员有 13 人。

本保护单位其他部分的保护标志、保护范围、建设控制地带及记录档案目前均无。

第二节　靖边县明长城大边

靖边县明长城大边东北接横山县明长城大边，西南接吴起县明长城大边。全长 90960 米，包括墙体 90960 米、单体建筑 152 座、关堡 13 座。全部为夯土筑成。

一　墙体

靖边县明长城大边墙体皆为土墙，共 46 段 90960 米，占陕西省明长城大边总长的 15.8%，保存 55039 米，消失 35921 米。墙体整体呈东北—西南走向。

现存土墙中保存一般 755 米、较差 48211 米、差 6073 米，消失 35921 米。墙体大部分为自然基础上夯筑而成，夯土多为黄土，包含有砂石等，有个别段墙体夯土中夹杂有黑垆土，夯层厚 0.05 ~ 0.27 米，以 0.05 ~ 0.15 米为主，个别如黄草圪塄长城 2、3 段墙体最厚达 0.26 米以上。墙体底宽 1 ~ 10 米，以 2 ~ 8 米为主；顶宽 0.1 ~ 4.6 米，以 0.2 ~ 2.8 米占绝大多数，个别如五台村长城 3、4 段顶宽达 3.5 米以上；高 0.4 ~ 8.5 米，以 0.5 ~ 7 米为主，有 4 段墙体高达 8 米以上。

各段墙体分述如下。

（一）王甘沟村长城 1 段（610824382101170001）

该段墙体位于海则滩乡王甘沟村以东与横山县交界地带。墙体两侧为平坦的沙丘，整体呈东北—西南走向，墙体长 3052 米，其中，保存较差 3030 米、消失 22 米，属于土墙。墙体起点位于横山县塔湾镇羊圈渠村西 0.705 千米，高程 1359.1 米；止点位于靖边县海泽滩乡长城村牛圈圪塄北 0.18 千米，高程 1315.9 米。（图一三八八）

墙体整体保存较差。起点西南 1.325 千米处有一条 17 米宽的土路穿过墙体，仅存墙基；起点至 1.604 千米有一个

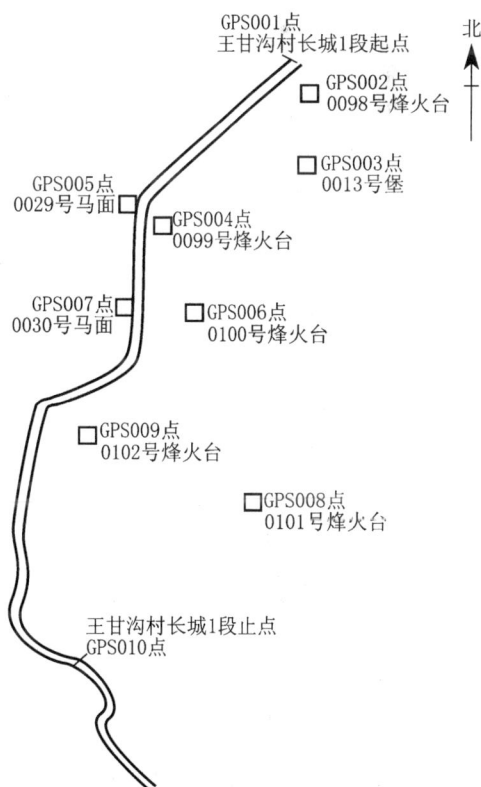

图一三八八　王甘沟村长城 1 段位置示意图

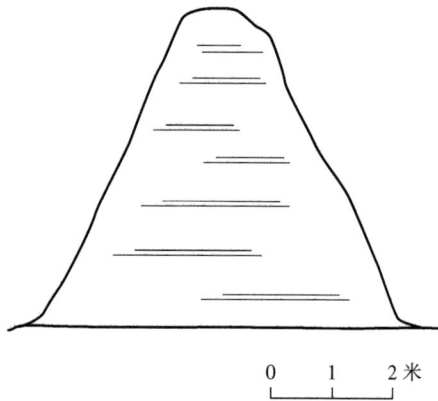

图一三八九　王甘沟村
长城墙体剖面图

豁口，为雨水冲刷所至，豁口宽5米，有墙基存在。墙体受风沙侵蚀损害较严重，顶部坍塌严重，两面剥落严重，呈驼峰状。大部分墙体上生长有沙漠、旱地植物，根系深扎入墙体之中，导致墙体产生数厘米到十几厘米的裂缝。部分墙体有人为铲削和攀爬踩踏痕迹。墙体为自然基础夯筑而成，夯土为黄沙土，包含有小石子等，夯层厚0.08~0.13米。

墙体底宽1~3.8、顶宽0.4~1.2、内高0.5~3、外高1.5~4米。（图一三八九）

该段墙体起点为横山县羊圈渠村长城墙体止点，止点为王甘沟村长城2段墙体起点。起点西南1.6千米处有王甘沟村1号（0029号）马面，2.08千米处有王甘沟村2号（0030号）马面。王甘沟村有居民200多人，以汉族为主。

（二）王甘沟村长城2段（610824382101170002）

该段墙体位于海则滩乡王甘沟村东南与横山县交界处的山地沟壑地带。墙体顺山势而建，坡度较缓，两侧为荒坡地。整体呈北—南走向，墙体长2386米，其中，保存较差1992米、消失394米。墙体起点位于海则滩乡长城村牛圈圪崂北0.18千米，高程1315.9米；止点位于海则滩乡长城村单墩梁东0.23千米，高程1329.1米。（图一三九○）

墙体整体保存较差。墙体呈驼峰状或锯齿状分布，高低起伏，基本相连。墙体坍塌较严重，两面剥落如刀刃或锯齿，起点南1.992千米处为雨水冲刷侵蚀造成的水冲沟，造成墙体消失，沟宽394米。墙体受风沙侵蚀损毁较严重，大部分墙体上生长有旱地植物，根系深扎入墙体之中，导致墙体产生数厘米到十几厘米的裂缝。部分墙体有人为铲削或攀爬踩踏痕迹。

墙体为自然基础上夯筑而成，夯层厚0.08~0.13米，夯土为黄沙土，包含有小石子等。墙体底宽4.6~6.1、顶宽0.8~2.4、内高3.4~6.4、外高4.6~8米。（图一三九一）

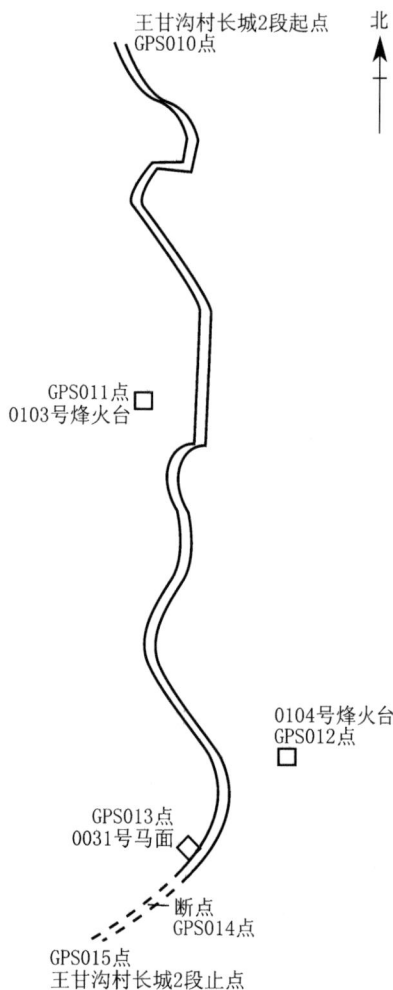

图一三九○　王甘沟村长城2段位置
示意图

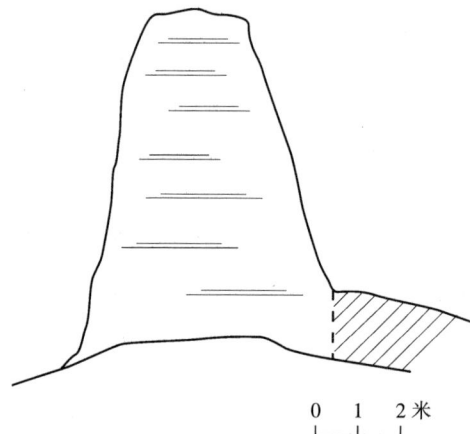

图一三九一　王甘沟村长城2段墙体剖面图

该段墙体起点为王甘沟村长城 1 段墙体止点，止点为王甘沟村长城 3 段起点，起点南 1.446 千米处有王甘沟村 3 号（0031 号）马面。

（三）王甘沟村长城 3 段（610824382101170003）

该段墙体位于海则滩乡王甘沟村东与横山县交界的沙丘地带。沟壑纵横，附近为荒坡地，坡度较缓。整体呈东北—西南走向，墙体长 1269 米，其中，保存较差 198 米、消失 1071 米。墙体起点位于海则滩乡长城村单墩梁东 0.23 千米，高程 1329.1 米；止点位于海则滩乡长城村单墩梁西南 0.42 千米，高程 1362.5 米。（图一三九二）

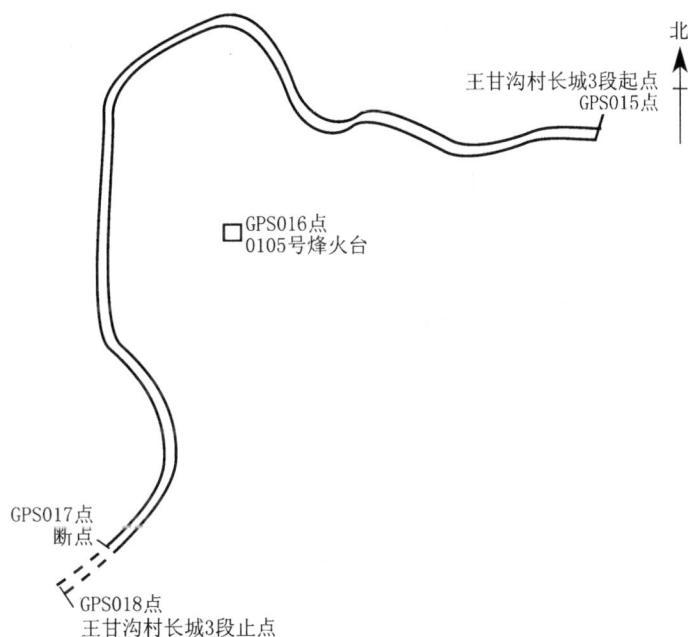

图一三九二 王甘沟村长城 3 段位置示意图

墙体整体保存较差。墙体呈驼峰状或锯齿状分布，高低起伏，基本相连，坍塌较严重，两面剥落如刀刃或锯齿状。墙体受到风沙侵蚀损毁较严重，大部分墙体上生长有沙漠、耐旱植物，根系深扎入墙体之中，导致墙体产生数厘米到十几厘米的裂缝。由于植被破坏、水土流失、山体滑坡导致起点西 1.071 千米的断点处墙体消失；断点至止点墙体保存较差，顶部坍塌、两侧剥落严重，整体剖面基本呈三角形。

墙体为自然基础上夯筑而成，夯层厚 0.06~0.15 米，夯土为黄沙土，包含有小石子等。墙体底宽 2.4~3.8、顶宽 0.2~1.2、内高 1.4~3.2、外高 2.8~4 米。（图一三九三）

该段墙体起点为王甘沟村长城 2 段墙体止点，止点为王甘沟村长城 4 段墙体起点，起点西距王甘沟村 8 号（0105 号）烽火台 0.23 千米。

（四）王甘沟村长城 4 段（610824382101170004）

该段墙体位于海则滩乡王甘沟村东与横山县交界的沙丘沟壑

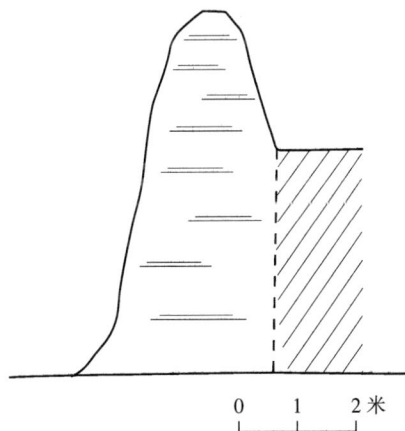

图一三九三 王甘沟村长城 3 段墙体剖面图

地带。沟壑纵横交错，部分段由于沟壑造成墙体坍塌剥落严重。整体呈北—南走向，墙体长 1594 米。墙体起点位于海则滩乡长城村单墩梁西南 0.42 千米，高程 1362.5 米；止点位于杨桥畔镇杨桥畔村高墩沙公路北侧，高程 1403 米。（图一三九四）

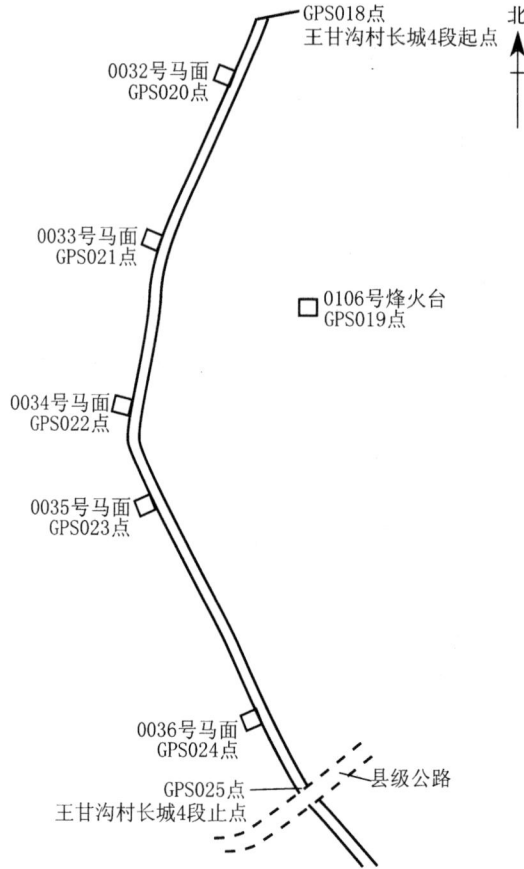

图一三九四　王甘沟村长城 4 段位置示意图

　　墙体整体保存较差。墙体呈锯齿状，处于沙化严重地带，大部分被黄沙掩埋。止点南有海则滩通往横山县境内的石子路穿过墙体，宽 7 米，形成一个大豁口，豁口宽 14 米，仅存墙基。

　　墙体为自然基础上夯筑而成，夯层厚 0.06～0.15 米，夯土以黄土为主，包含有砂石，质地细密，夯窝直径 0.06、深 0.1、中心间距 0.12 米。墙体底宽 3.5、顶宽 1.5、内高 2.3、外高 6 米。（图一三九五）

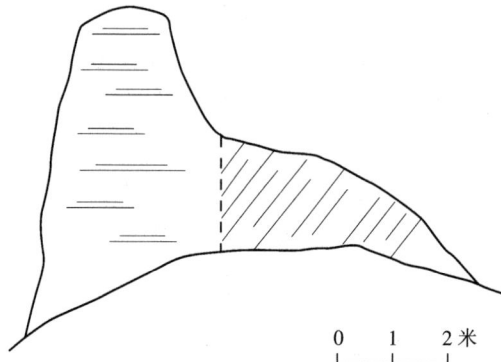

图一三九五　王甘沟村长城 4 段墙体剖面图

该段墙体起点为王甘沟村长城 3 段墙体止点，止点为杨桥畔村长城 1 段墙体起点。墙体起点南 0.105 千米处有王甘沟村 4 号（0032 号）马面，0.477 千米处有王甘沟村 5 号（0033 号）马面，0.872 千米处有王甘沟村 6 号（0034 号）马面，1.184 千米处有王甘沟村 7 号（0035 号）马面。起点南距王甘沟村 9 号（0036 号）马面 0.084 千米。

（五）杨桥畔村长城 1 段（610824382101170005）

该段墙体位于杨桥畔镇杨桥畔村北高墩沙与横山县交界波状沙丘地带，分布于杨桥畔龙州腹地。坡度较缓，部分长城墙体被沙漠掩埋，仅存墙体走势依稀可见。整体呈西北—东南走向。墙体长 1089 米，其中，保存较差 1075 米、消失 14 米。墙体起点位于杨桥畔镇杨一村高墩沙公路北侧，高程 1403 米；止点位于杨桥畔镇杨一村高墩沙南 0.27 千米，高程 1451.2 米。（图一三九六）

墙体整体保存较差。墙体坍塌严重，两面剥落严重，呈锯齿状，大部分被黄沙掩埋。起点南有 14 米墙体消失，为乡村土路。

墙体为自然基础上夯筑而成，夯层厚 0.05 ~ 0.13 米，夯土以黄沙土为主，包含有沙石，质地细密，夯窝直径 0.17、深 0.15、中心间距 0.125 ~ 0.13 米。墙体底宽 3、顶宽 0.5 ~ 1.2、内高 0.5 ~ 2、外高 1.5 ~ 3 米。（图一三九七）

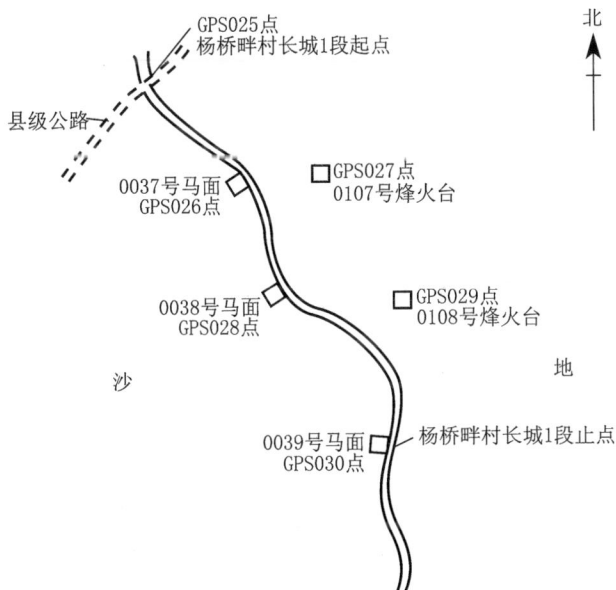

图一三九六　杨桥畔村长城 1 段位置示意图

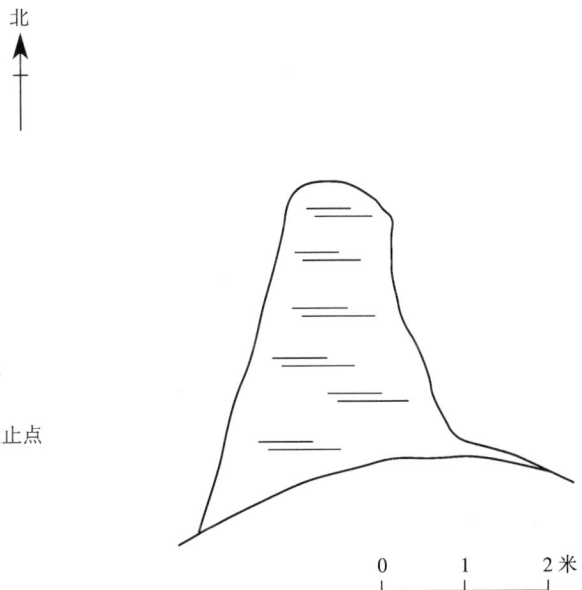

图一三九七　杨桥畔村长城 1 段墙体剖面图

该段墙体起点为王甘沟村长城 4 段墙体止点，止点为杨桥畔村长城 2 段墙体起点，起点南 0.214 千米处有杨桥畔村 2 号（0037 号）马面，0.446 千米处有杨桥畔 3 号（0038 号）马面，1.089 千米处有杨桥畔 4 号（0039 号）马面。

（六）杨桥畔村长城 2 段（610824382101170006）

该段墙体位于杨桥畔镇杨桥畔村北高墩沙与横山县交界波状沙丘地带，分布于杨桥畔龙州腹地。部分墙体被沙漠掩埋，依稀可以分辨出走势。整体呈北—南走向。墙体长 1412 米。墙体起点位于杨桥畔镇一村高墩南 0.27 千米，高程 1403 米；止点位于杨桥畔镇杨一村月牙树梁西南 0.72 千米，高程 1362.7 米。（图一三九八）

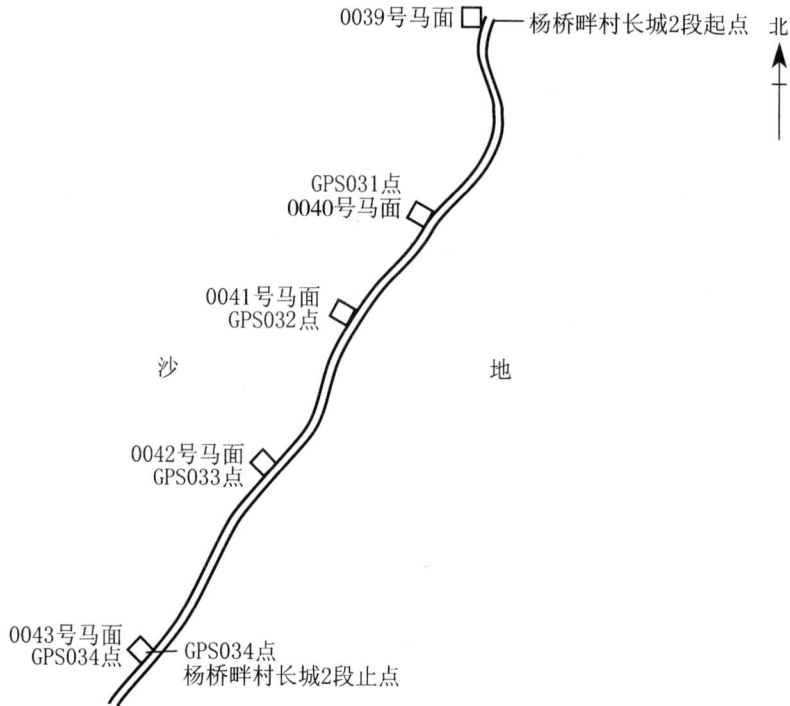

图一三九八　杨桥畔村长城 2 段位置示意图

墙体整体保存较差。墙体处于沙化严重地带，大部分被黄沙掩埋，仅有顶部露出，受风沙侵蚀剥落如山脊或锯齿。墙体上生长有旱地植被，根系深入夯土层中，造成一定破坏。墙体下部有一些大小不等的动物洞穴。

墙体为自然基础上夯筑而成，夯层厚 0.065 ~ 0.15 米，夯土以黄沙土为主，包含有沙石，质地细密，夯窝直径 0.07、深 0.02、中心间距 0.01 ~ 0.135 米。墙体剖面呈三角形，底宽 3、顶宽 0.8 ~ 2.4、内高 1.2 ~ 3、外高 2.5 ~ 4.3 米。（图一三九九）

该段墙体起点为杨桥畔村长城 2 段墙体止点，止点为杨桥畔村长城 3 段墙体起点。起点南 0.368 千米处有杨桥畔 5 号（0040 号）马面，0.572 千米处有杨桥畔 6 号（0041 号）马面，0.942 千米处有杨桥畔 7 号（0042 号）马面，1.452 千米处有杨桥畔 8 号（0043 号）马面。起点位于杨桥畔 4 号（0039 号）马面处。

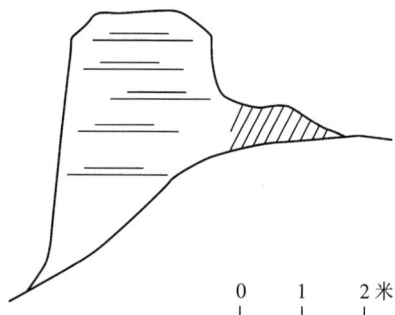

图一三九九　杨桥畔村长城 2 段墙体剖面图

（七）杨桥畔村长城 3 段 （6108243821011700007）

该段墙体位于杨桥畔镇杨桥畔村北高墩沙与横山县交界波状沙丘地带，分布于杨桥畔龙州腹地。整体呈北—南走向。墙体长 2220 米。墙体起点位于杨桥畔镇杨一村月牙树梁西南 0.72 千米，高程 1362.7 米；止点位于杨桥畔镇杨一村龙眼水库北侧，高程 1288.6 米。止点处龙眼水库将长城墙体冲断。（图一四〇〇）

墙体整体保存较差。墙体地处沙化严重地带，大部分被黄沙掩

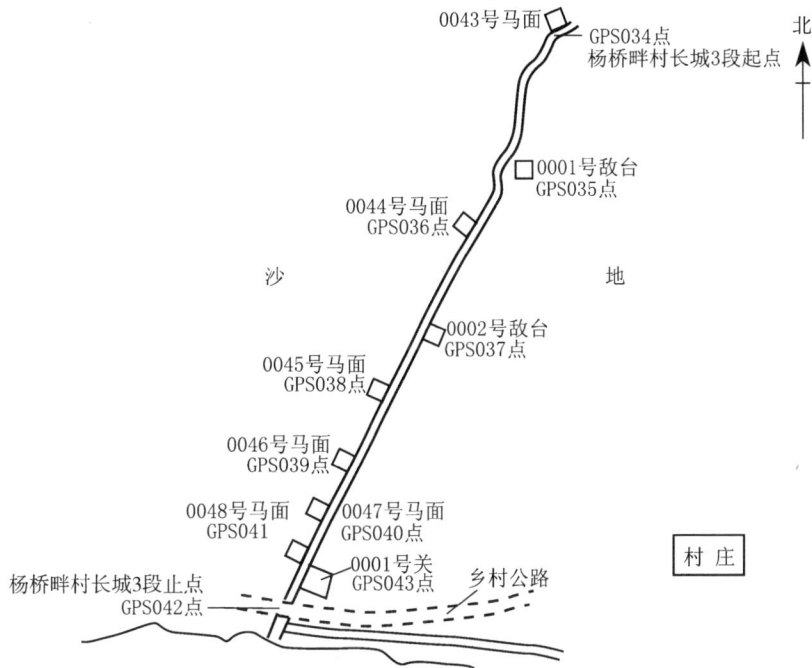

图一四〇〇　杨桥畔村长城3段位置示意图

埋，仅有顶部露出，部分依稀可见。部分墙体上生长有沙漠、旱地植物，根系深扎入墙体中，导致墙体产生数厘米到十几厘米的裂缝。当地村民曾以长城墙体作为道路，在墙体上和附近栽种有榆树、杨树等，还栽有防沙柠条。

　　墙体为自然基础上夯筑，夯层厚 0.065～0.13 米，夯土以黄沙土为主，质地细密，包含有沙石，夯窝直径 0.07、深 0.15、中心间距 0.125～0.13 米。墙体剖面呈梯形，上窄下宽。墙体底宽 5、顶宽 0.8～2.8、内高 1.5～4、外高 2.5～5 米。（图一四〇一）

　　该段墙体起点为杨桥畔村长城 2 段墙体止点，止点为杨二村长城 1 段墙体起点，起点南 0.326 千米处有杨桥畔 1 号（0001 号）敌台，0.563 千米处有杨桥畔 9 号（0044 号）马面，0.877 千米处有杨桥畔 2 号（0002

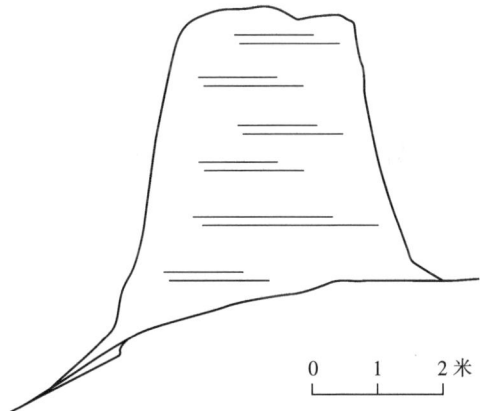

图一四〇一　杨桥畔村长城3段墙体剖面图

号）敌台，1.092 千米处有杨桥畔 10 号（0045 号）马面，1.598 千米处有杨桥畔 11 号（0046 号）马面，1.846 千米处有杨桥畔 12 号（0047 号）马面，2.073 千米处有杨桥畔 13 号（0048 号）马面。止点东侧有杨桥畔村（0001 号）关，紧靠墙体；有宋代杨桥畔村宥洲城（0001 号）遗址，西墙原与长城墙体共用，现被龙眼水库淹没。

（八）杨二村长城 1 段（610824382101170008）

　　该段墙体位于杨桥畔镇杨桥畔村北高墩沙与横山县交界波状沙丘地带，分布于杨桥畔龙州腹地，部分段位于杨二村中。所处地势较平坦。整体呈北—南走向，墙体长 2686 米，其中，保存差 2338 米、消失 348 米。墙体起点位于杨桥畔镇杨一村龙眼水库北侧，高程 1288.6 米；

止点位于杨桥畔镇杨二村西沙傍西 0.251 千米，高程 1334.2 米。起点处有龙眼水库，将长城墙体冲断。（图一四〇二）

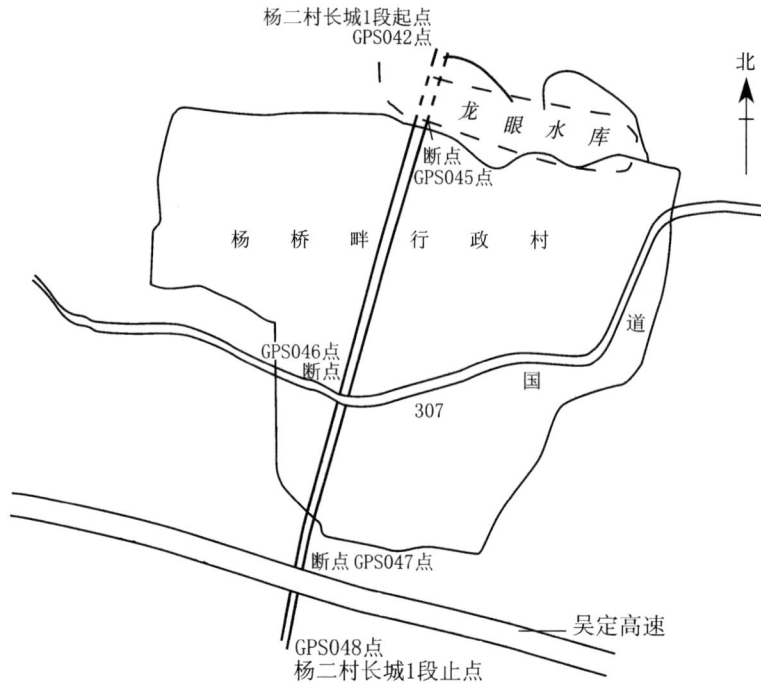

图一四〇二　杨二村长城 1 段位置示意图

　　墙体整体保存较差。墙体损坏严重，大部分由于经过村庄被毁。当地村民曾以长城墙体作为道路，在墙体上栽种树木、依墙体建房屋、在墙体基座下挖掘窑洞、取土等。起点南穿过龙眼水库至断点 1 墙体消失 268 米，至 1.498 千米断点 2 处有榆（林）靖（边）公路穿过墙体，至 2.215 千米断点 3 处有吴（起）定（边）高速公路穿过墙体。

　　墙体为自然基础上夯筑而成，夯层厚 0.065 ~ 0.13 米，夯土以黄沙土为主，包含有沙石，质地细密，夯窝直径 0.07、深 0.15、中心间距 0.125 ~ 0.13 米。墙体剖面呈梯形，上窄下宽。墙体底宽 5、顶宽 0.8 ~ 2.8、内高 1.5 ~ 4、外高 2.5 ~ 5 米。（图一四〇三）

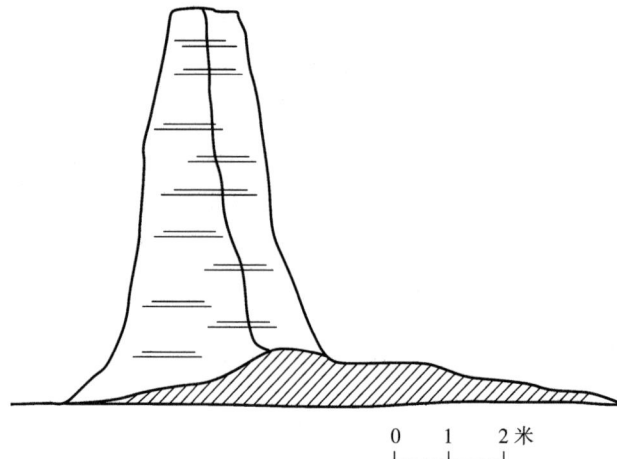

图一四〇三　杨二村长城 1 段墙体剖面图

该段墙体起点为杨桥畔村长城2段墙体止点，止点为杨二村长城2段起点。起点东北侧有杨桥畔村（0001号）关，紧挨墙体；有杨桥畔村宋代宥洲城（0001）遗址，西墙原与长城墙体共用，现被龙眼水库淹没。

（九）杨二村长城2段（610824382101170009）

该段墙体位于杨桥畔镇杨桥畔村北高墩沙与横山县交界波状沙丘地带、杨桥畔龙州腹地。附近地势较平坦，北侧有公路。整体呈东北—西南走向。墙体长902米，其中，保存较差582米、消失320米。墙体起点位于杨桥畔镇杨二村西沙傍西0.251千米，高程1334.2米；止点位于杨桥畔镇杨二村椿树壕北0.42千米，高程1355米。（图一四〇四）

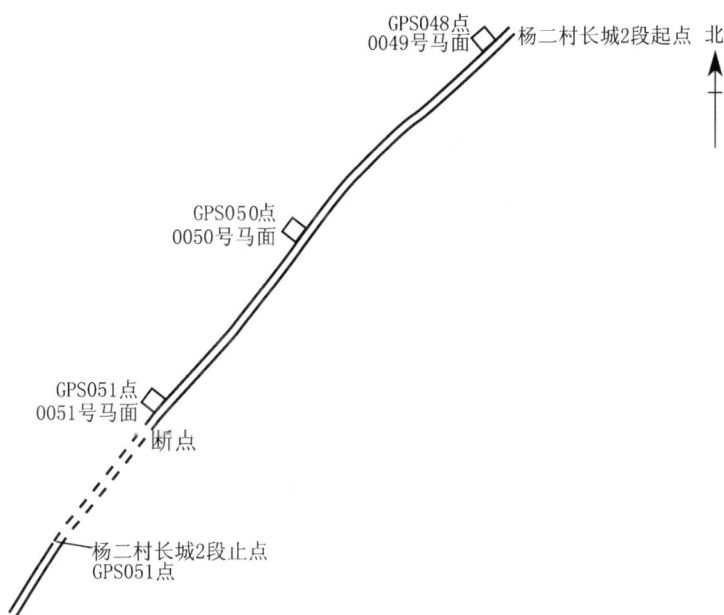

图一四〇四　杨二村长城2段位置示意图

墙体整体保存较差。由于长期雨水风沙侵蚀，墙体大部分呈驼峰状，有一条乡村土路穿过，宽4米；距起点0.582千米至止点间墙体消失320米，有乡村土路与墙体重叠。墙体上生长有沙漠、旱地植物，根系深扎入墙体之中，导致墙体产生数厘米到十几厘米不等的裂缝。部分墙体有人为铲削和攀爬踩踏痕迹。当地村民曾以长城墙体作为道路，在墙体上栽种树木、依墙体建房屋、在墙体基础下挖掘窑洞、取土等对墙体造成一定损害。

墙体为自然基础上夯筑，夯层厚0.07米~0.15米，夯土以黄沙土为主，质地细密，包含有沙石，夯窝直径0.06、深0.02、中心间距0.09~0.14米。墙体剖面呈三角形，顶部呈尖状。墙体底宽6、顶宽0.5~1.2、内高0.8~4、外高1.5~4.7米。（图一四〇五）

该段墙体起点为杨二村长城1段墙体止点，止点为杨二村长城3段墙体起点。起点西南0.285千米处有杨二村

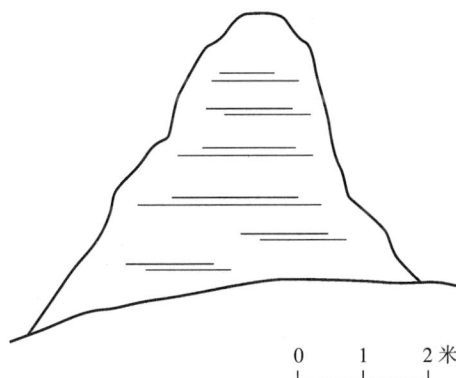

图一四〇五　杨二村长城2段墙体剖面图

2 号（0050 号）马面，0.582 千米处有杨二村 3 号（0051 号）马面。

（一〇）杨二村长城 3 段（610824382101170010）

该段墙体位于杨桥畔镇杨桥畔村北高墩沙与横山县交界波状沙丘地带、杨桥畔龙州腹地。附近地势较平坦，部分段墙体处于椿树壕和陡坡梁附近。整体呈东北—西南走向，墙体长 1677 千米。墙体起点位于杨桥畔镇杨二村椿树壕北 0.42 千米，高程 1355 米；止点位于杨桥畔镇杨二村陡坡梁西南 0.6 千米，高程 1404.5 米。（图一四〇六）

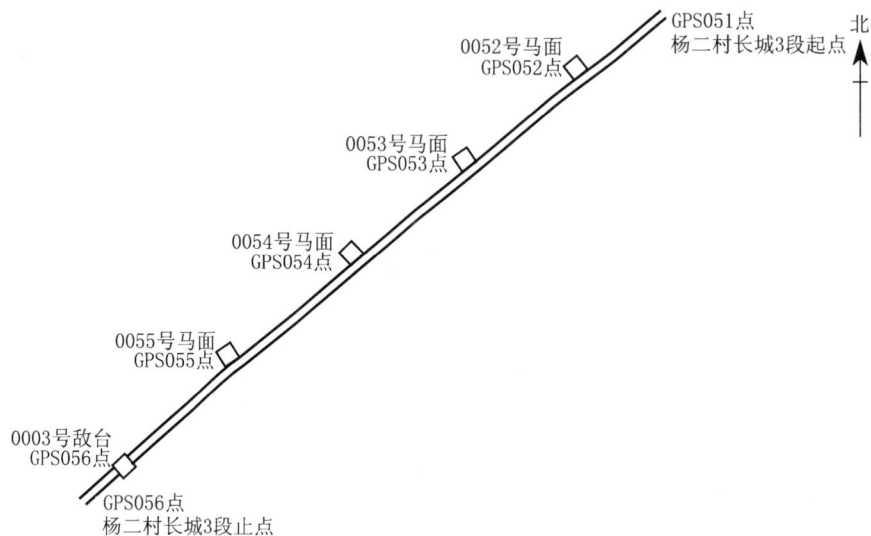

图一四〇六　杨二村长城 3 段位置示意图

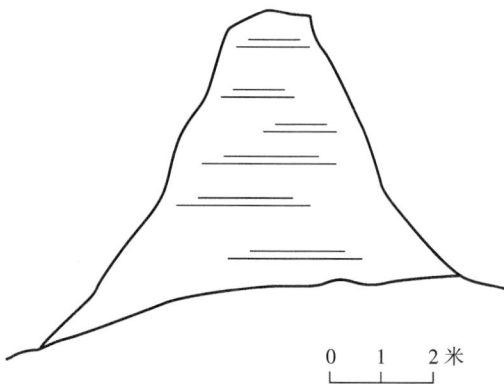

图一四〇七　杨二村长城 3 段墙体剖面图

墙体整体保存较差。墙体由于长期雨水风沙的侵蚀，大部分呈驼峰状。墙体上生长有沙漠、旱地植物，根系深扎入墙体之中，导致墙体产生数厘米到十几厘米的裂缝。部分墙体有人为铲削和攀爬踩踏痕迹。墙基大部分被黄沙掩埋，依稀可辨墙体走向。

墙体为自然基础上夯筑而成，夯层厚 0.065 ~ 0.14 米，夯土以黄沙土为主，包含有砂石，质地细密，夯窝直径 0.06、深 0.02、中心间距 0.07 ~ 0.15 米。墙体剖面呈三角形，顶部呈尖状，上窄下宽，底宽 4 ~ 6、顶宽 0.5 ~ 1.2、内高 0.8 ~ 4、外高 5.8 米。（图一四〇七）

该段墙体起点为杨二村长城 2 段墙体止点，止点为杨二村长城 4 段墙体起点。起点西南 0.26 千米处有杨二村 4 号（0052 号）马面，0.667 千米处有杨二村 5 号（0053 号）马面，0.976 千米处有杨二村 6 号（0054 号）马面，1.297 千米处有杨二村 7 号（0055 号）马面，1.677 千米处有杨二村 1 号（0003 号）敌台。

（一一）杨二村长城 4 段（610824382101170011）

该段墙体位于杨桥畔镇杨桥畔村北高墩沙与横山县交界波状沙丘地带，分布于杨桥畔龙州腹地。附近地势较平坦。整体呈北—南走向，墙体长 1210 米。墙体起点位于杨桥畔镇杨二村陡坡梁西南 0.6 千米，高程1404.5 米；止点位于杨桥畔镇杨二村红炎沙东南 1.05 千米，高程 1375.6 米。（图一四〇八；彩图二七四）

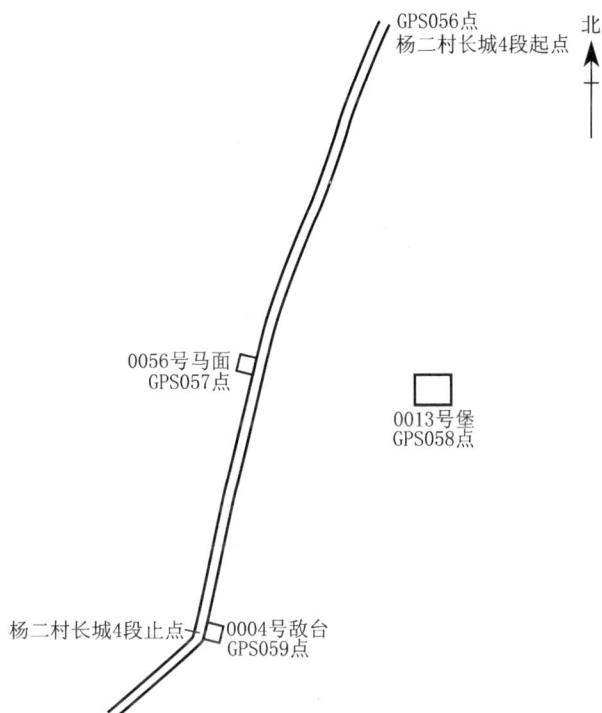

图一四〇八　杨二村长城 4 段位置示意图

墙体整体保存较差。由于长期雨水风沙的侵蚀墙体大部分呈驼峰状，墙基大部分被黄沙掩埋。墙体两侧紧靠墙基有 3 座现代墓葬，对墙体造成极大破坏。人为在墙体上和附近栽种树木、树立高压电线铁架，也对墙体造成破坏。墙体上生长有沙漠、旱地植物，根系深扎入墙体之中，导致墙体产生数厘米到十几厘米的裂缝。

墙体为自然基础上夯筑而成，夯层厚 0.05~0.13 米，夯土以黄土为主，包含有料礓石、沙土，质地细密，夯窝直径0.07、深 0.15、中心间距 0.12 米。墙体剖面呈梯形，顶部呈尖状，上窄下宽。墙体底宽 2~6、顶宽 0.2~3.5、内高 0.5~5.5、外高 0.5~6 米。（图一四〇九）墙体周边发现有少量砖、筒瓦、板瓦、条石、瓷片、陶片等。

该段墙体起点为杨二村长城 3 段墙体止点，止点为黄草圪长城 1 段墙体起点。起点南 0.59 千米处有黄草圪村 1 号（0056 号）马面，墙体东 0.1 千米处有黄草圪村草沙地（0013 号）堡。

（一二）黄草圪长城 1 段（610824382101170012）

该段墙体位于杨桥畔镇杨二村南的黄土沙地带。墙体附近

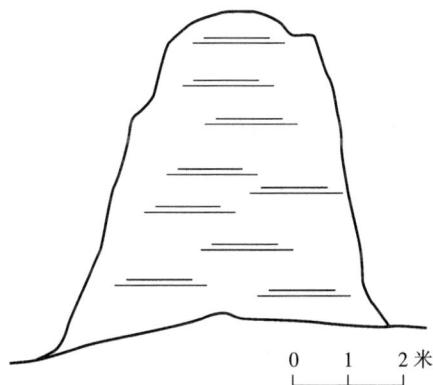

图一四〇九　杨二村长城 4 段
墙体剖面图

为治沙林地和沙砾地，东侧为沙砾地，南侧为平沙地，西侧为波状沙丘地和沙砾地，地势较平坦。整体呈东北—西南走向，墙体长 1745 千米。墙体起点位于杨桥畔镇杨二村红炎沙东南 1.05 千米，高程 1375.6 米；止点位于龙洲乡甘沟村边墙壕村东北 1.27 千米，高程 1406.2 米。（图一四一〇）

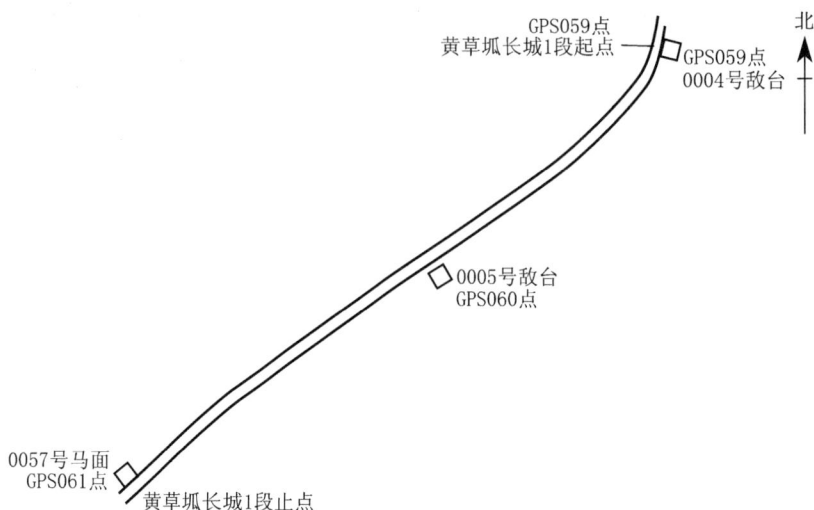

图一四一〇　黄草圪长城 1 段位置示意图

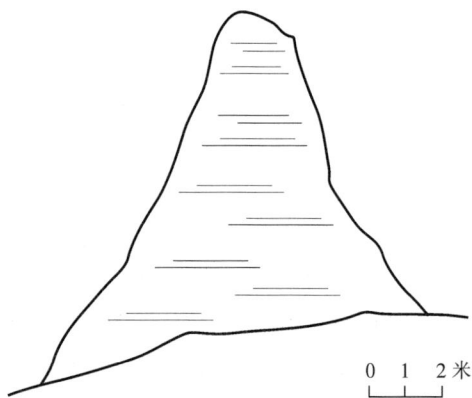

图一四一一　黄草圪长城 1 段墙体剖面图

墙体整体保存较差。由于长期雨水风沙的侵蚀，墙体大部分呈驼峰状，墙基被黄沙掩埋。墙体两侧有现代墓穴，对墙体造成严重破坏。部分段墙体上栽种有杨树、毛头柳，生长有沙漠、旱地植物，根系深扎入墙体之中，导致墙体产生数厘米到十几厘米的裂缝。部分墙体有人为铲削和攀爬踩踏痕迹。

墙体为自然基础上夯筑而成，夯层厚 0.085～0.18 米，夯土以黄沙土为主，包含有沙石，质地细密，夯窝直径 0.07、深 0.018、中心间距 0.12～0.25 米。墙体剖面呈梯形，顶部呈尖状，上窄下宽。墙体底宽 3～5、顶宽 0.5～1、内高 1.5～4、外高 2.5～5 米。（图一四一一）

该段墙体起点为杨二村长城 4 段墙体止点，止点为黄草圪长城 2 段墙体起点。起点处有黄草圪村 1 号（0004 号）敌台，南 0.83 千米为黄草圪村 2 号（0005 号）敌台，止点处有黄草圪村 2 号（0057 号）马面。该段墙体西 3.9 千米为龙洲乡甘沟村黄草圪村，有居民 847 人，以汉族为主。

（一三）黄草圪长城 2 段（610824382101170013）

该段墙体位于黄土沙地。周围为山地沟壑，有胡家梁，西北侧有坡状沙丘地，附近为治沙林地，地势较为平坦。整体呈东北—西南走向，墙体长 1290 米。墙体起点位于龙洲乡甘沟村边墙壕东北 1.27 千米，高程 1406.2 米；止点位于龙洲乡甘沟村边墙壕东 0.03 千米，高程 1411.9 米。（图一四一二）

墙体整体保存较差。由于长期雨水风沙的侵蚀，墙体大部分呈驼峰状，两侧由于修路取土破坏严重。墙体上生长有沙漠、旱地植物，根系深扎入墙体之中，导致墙体产生数厘米到十几厘米的裂缝。部分墙体有人为铲削和攀爬踩踏痕迹。

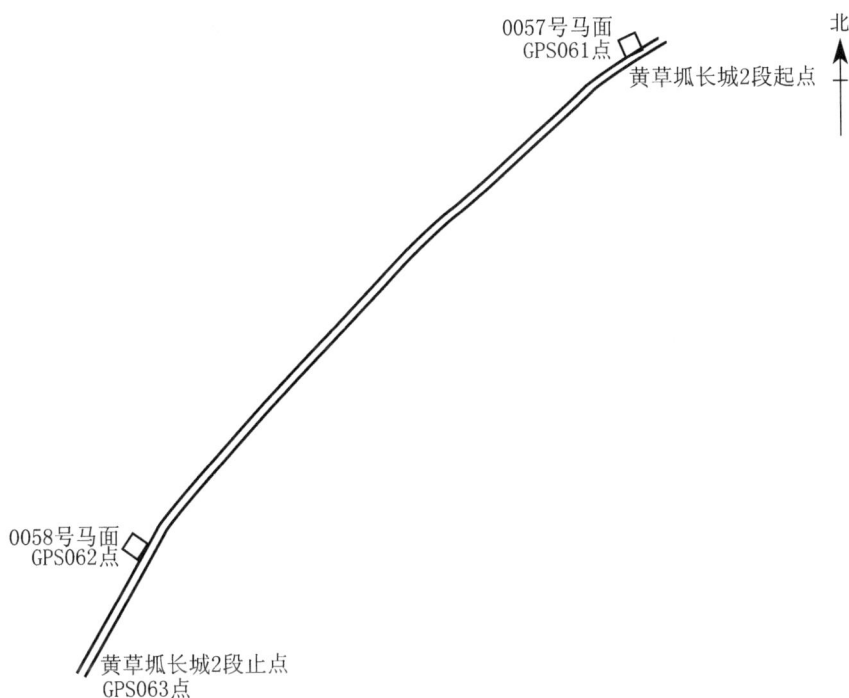

图一四一二　黄草圪长城 2 段位置示意图

墙体为自然基础上夯筑而成，夯层厚 0.14～0.26 米，夯土以黄沙土为主，包含有沙石，质地细密，夯窝直径 0.06、深 0.017、中心间距 0.14～0.23 米。墙体剖面呈梯形，顶部呈尖状，上窄下宽。墙体底宽 3～5、顶宽 0.3～1.8、内高 1.5～4、外高 2.5～5 米。（图一四一三）

该段墙体起点为黄草圪长城 1 段墙体止点，止点为黄草圪长城 3 段墙体起点。起点处有黄草圪村 2 号（0057 号）马面，南 1.13 千米处有黄草圪村 3 号（0058 号）马面。墙体附近的河流为芦河，自西南向东北流，为雨水补给型河流。墙体西为龙洲乡黄草圪村，有居民 847 人，以汉族为主。

（一四）黄草圪长城 3 段（610824382101170014）

该段墙体位于黄土沙地。附近为治沙林地，部分段墙体东侧有水冲深沟，对墙休造成威胁。整体呈北—南走向，墙体长 1837 米。墙体起点位于龙洲乡甘沟村边墙壕东 0.03 千米，高程 1411.9 米；止点位于龙洲乡甘沟村黄草圪东南 0.82 千米，高程 1479.7 米。（图一四一四；彩图二七五）

墙体整体保存较差。由于长期雨水风沙的侵蚀，墙体大部分呈驼峰状，墙基被黄沙掩埋。两侧水土流失、山体滑坡对墙体造成严重破坏。大部分墙体上生长有沙漠、旱地植物，根系深扎入墙体之中，导致墙体产生数厘米到十几厘米的裂缝。部分墙体有人为铲削和攀爬踩踏痕迹。

起点南 1.515 千米处墙体与呈东北—西南走向的秦长城交叉叠压，明长城筑于秦长城上。

图一四一三　黄草圪长城 2 段墙体剖面图

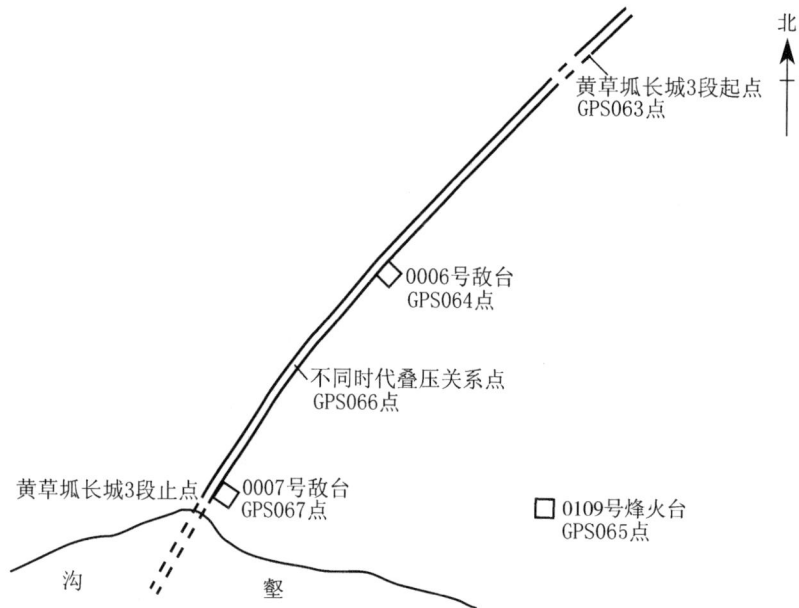

图一四一四　黄草圿长城 3 段位置示意图

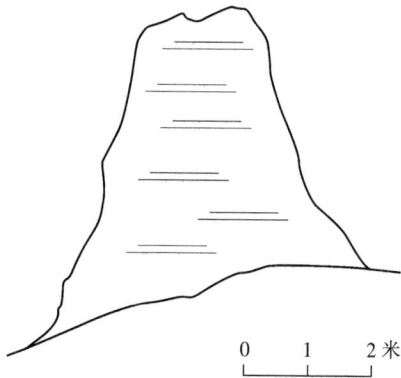

图一四一五　黄草圿长城 3 段
墙体剖面图

墙体为自然基础上夯筑而成，夯层厚 0.18～0.27 米，夯土以黄沙土为主，包含有沙石，质地细密，夯窝直径 0.06、深 0.02、中心间距 0.16～0.28 米。墙体剖面呈梯形，顶部呈尖状，上窄下宽。墙体底宽 4～6、顶宽 0.3～1.5、内高 1.5～4、外高 2.5～5 米。（图一四一五）墙体附近有砖、板瓦、瓷片、陶片等。

该段墙体起点为黄草圿长城 2 段墙体止点，止点为黄草圿长城 4 段墙体起点，起点南 0.94 千米处有黄草圿村 3 号（0006 号）敌台，止点处有黄草圿村 4 号（0007 号）敌台。

（一五）黄草圿长城 4 段（610824382301170015）

该段墙体位于杨桥畔镇杨二村南的山地沟壑地带。由于土桥水库形成深沟，造成墙体消失。整体呈北—南走向，墙体长 1400 米。墙体起点位于龙洲乡甘沟村黄草圿东南 0.82 千米，高程 1479.7 米；止点位于龙洲乡甘沟村瓮城子东 0.9 千米，高程 1544.3 米。（图一四一六）

该段墙体消失，根据黄草圿长城 3 段墙体止点和甘沟村长城 1 段墙体起点可以推知，应呈北—南走向。墙体起点南有甘沟村（0110 号）烽火台，止点处有甘沟村 1 号（0008 号）敌台。

（一六）甘沟村长城 1 段（610824382101170016）

该段墙体处于黄土沙地。南北两侧地势较平坦，附近为山地沟壑地带，沟壑较为陡峭。整体呈东—西走向，墙体长 1529 米。墙体起点位于龙洲乡甘沟村瓮城子东 0.9 千米，高程 1544.3 米；止点位于龙洲乡甘沟村瓮城子西 0.548 千米，高程 1569.7 米。（图一四一七）

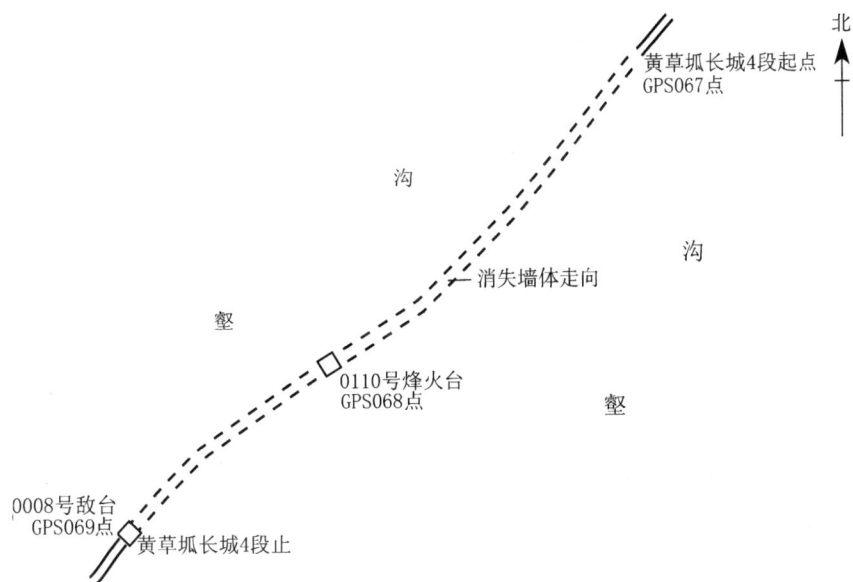

图一四一六　黄草圪长城4段位置示意图

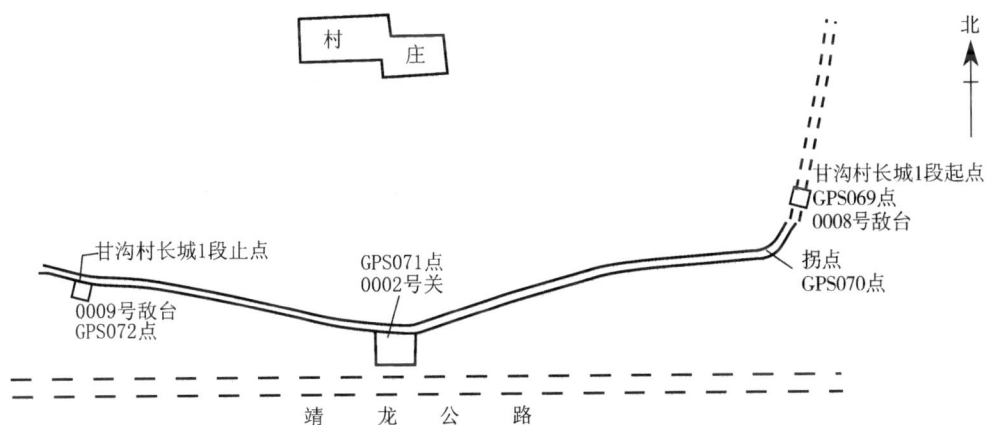

图一四一七　甘沟村长城1段位置示意图

　　墙体整体保存较差。由于长期雨水风沙的侵蚀，墙体大部分呈驼峰状，表面及顶部坍塌严重，水土流失和山体滑坡对墙体造成严重破坏。大部分墙体上生长有沙漠、旱地植物，根系深扎入墙体中，导致墙体产生数厘米到十几厘米的裂缝。部分墙体有人为铲削和攀爬踩踏痕迹。起点至81米拐点处呈东北—西南走向，之后墙体呈东—西走向至止点。

　　墙体为自然基础上夯筑而成，夯层厚0.05~0.15米，夯土以黄沙土为主，包含物很少，质地细密，夯窝直径0.06、深0.02、中心间距0.13米。墙体剖面呈梯形，上窄下宽。墙体底宽8、顶宽4.2、内高5.8、外高6米。（图一四一八）

　　该段墙体起点为龙洲乡甘沟村墩畔的黄草圪长城4段墙体止点（甘沟村（0008号）敌台），止点为甘沟村长城2段墙体起点（甘沟村2号（0009号）敌台），起点西0.981千米处有甘沟村瓮城子（0002号）关。

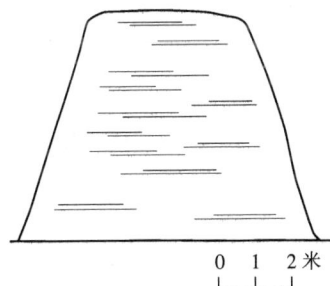

图一四一八　甘沟村长城1段墙体剖面图

（一七）甘沟村长城2段（610824382101170017）

该段墙体处于黄土沙地。部分段南北两侧较平坦；部分段顺山势而建，高低起伏。地处山地沟壑区，沟壑坡度较大。整体呈东—西走向，墙体长1194米，其中，保存较差1180米、消失14米。墙体起点位于龙洲乡甘沟村瓮城子西0.548千米，高程1569.7米；止点位于龙洲乡甘沟村头楼村东0.4千米，高程1560米。（图一四一九）

图一四一九　甘沟村长城2段位置示意图

墙体整体保存较差。由于长期雨水风沙的侵蚀，墙体大部分呈驼峰状，表面及顶部坍塌严重，两侧水土流失、山体滑坡对长城墙体造成严重破坏，止点处有宽14米的豁口。大部分墙体上生长有沙漠、旱地植物，根系深扎入墙体中，导致墙体产生数厘米到十几厘米的裂缝。

墙体为自然基础上夯筑而成，夯层厚0.05～0.15米，夯土以黄沙土为主，包含物很少，质地细密，夯窝直径0.06、深0.02、中心间距0.13～0.23米。墙体剖面呈梯形，上窄下宽。墙体底宽6～8、顶宽1～2、内高3.8、外高4米。（图一四二〇）

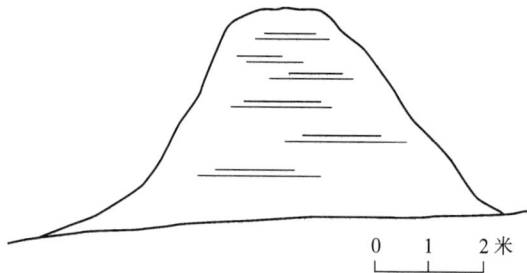

图一四二〇　甘沟村长城2段墙体剖面图

该段墙体起点为甘沟村长城1段墙体止点（甘沟村2号（0009号）敌台），止点为甘沟村长城3段墙体起点（甘沟村4号（0011号）敌台），起点西0.51千米有甘沟村3号（0010号）敌台。墙体南侧有靖（边县）龙（洲乡）公路与墙体平行，北侧有多条乡村土路穿行。

（一八）甘沟村长城3段（610824382101170018）

该段墙体处于黄土沙地地带。部分段南北两侧较为平坦；部分段建在山梁上，随山势起伏，坡度较缓。整体呈东—西走向，墙体长1684米。墙体起点位于龙洲乡甘沟村头楼村东0.4千米，高程1560米；止点位于龙洲乡甘沟村头楼村西0.5千米，高程1569.7米。（图一四二一）

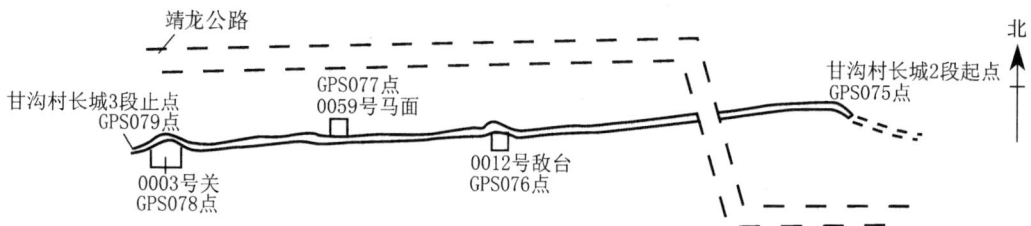

图一四二一　甘沟村长城3段位置示意图

墙体整体保存较差。由于长期雨水风沙的侵蚀，墙体大部分呈驼峰状，表面及顶部坍塌严重，两侧水土流失、山体滑坡对墙体造成严重破坏，起点处有宽14米的豁口。大部分墙体上生长有沙漠、旱地植物，根系深扎入墙体之中，导致墙体产生数厘米到十几厘米的裂缝。部分墙体有人为铲削和攀爬踩踏痕迹。

墙体在自然基础上夯筑而成，夯层厚0.06～0.17米，夯土以黄沙土为主，包含物很少，质地细密，夯窝直径0.06、深0.018、中心间距0.14～0.23米。墙体剖面呈梯形，上窄下宽。墙体底宽6～8、顶宽1～2.6、内高3.5、外高5米。（图一四二二）

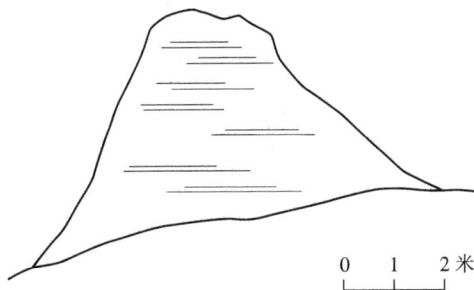

图一四二二　甘沟村长城 3 段墙体剖面图

该段墙体起点为甘沟村长城 2 段墙体止点，止点为五台村长城 1 段墙体起点（五台村 1 号（0003号）关）。起点西0.856千米处有甘沟村 5 号（0012 号）敌台，1.314 千米处有甘沟村（0059 号）马面，1.684 千米处有五台村 1 号（0003 号）关。

（一九）五台村长城 1 段 （610824382101170019）

该段墙体地处黄土沙地。所处地势较平坦，墙体变化不大，周围有村庄。整体呈东—西走向，墙体长1200米。墙体起点位于龙洲乡甘沟村头楼村西 0.5 千米，高程 1569.7 米；止点位于镇靖乡五台村二台圪村西南 0.25 千米，高程 1522.9 米。（图一四二三）

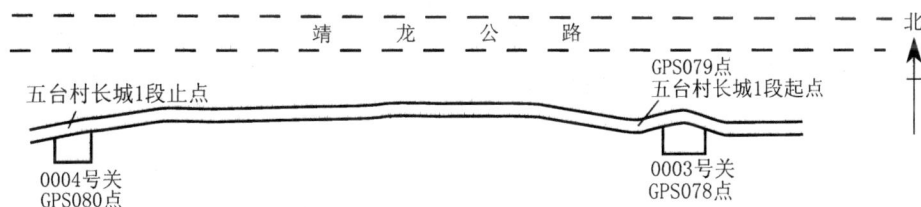

图一四二三　五台村长城 1 段位置示意图

墙体整体保存较差。由于长期雨水风沙的侵蚀，墙体大部分呈驼峰状，表面及顶部坍塌严重，两侧水土流失山、体滑坡对墙体造成严重破坏。大部分墙体上生长有沙漠、旱地植物，根系深扎入墙体之中，导致墙体产生数厘米到十几厘米的裂缝。部分墙体有人为铲削和攀爬踩踏痕迹。

墙体为自然基础上夯筑，夯层厚0.05～0.14米，夯土以黄沙土为主，包含物很少，质地细密，夯窝直径0.06、深0.018、中心间距0.22～0.3米。墙体剖面呈梯形，上窄下宽。墙体底宽6～8、顶宽0.9～2.4、内高5.2、外高6.8米。（图一四二四）

该段墙体起点为甘沟村长城 3 段墙体止点，止点为五台村长城 2 段墙体起点（五台村 2 号（0004 号）关）。墙体北侧有靖（边县）龙（洲乡）公路与墙体平行，南侧有多条乡村土路穿行。

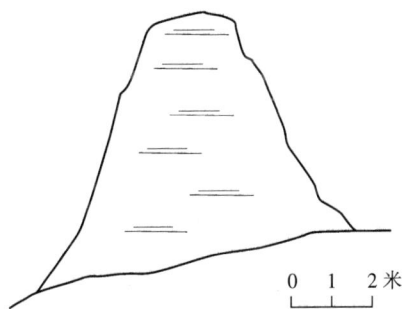

图一四二四　五台村长城 1 段
墙体剖面图

（二〇）五台村长城 2 段（610824382101170020）

该段墙体通过的地区地形较平坦，附近为黄土沙地，周围有村庄，以黄土为主。整体呈东—西走向，墙体长 2264 米，其中，保存较差 2199 米、消失 65 米。墙体起点位于镇靖乡五台村二台圪村西南 0.25 千米，高程 1522.9 米；止点位于镇靖乡五台村北 0.08 千米，高程 1521.3 米。（图一四二五）

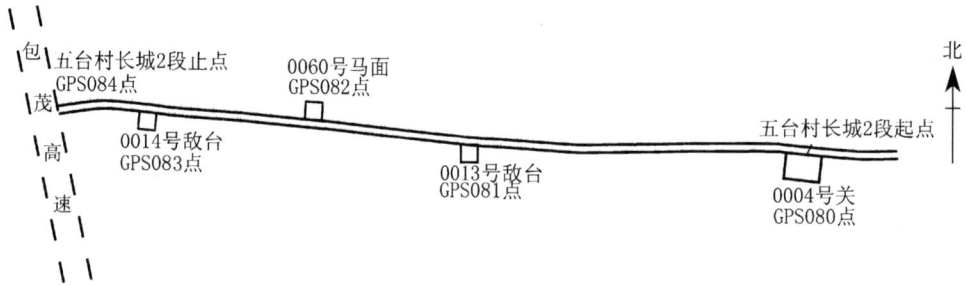

图一四二五　五台村长城 2 段位置示意图

墙体整体保存较差。由于长期雨水风沙的侵蚀，墙体大部分呈驼峰状，表面及顶部坍塌严重，两侧水土流失、山体滑坡对墙体造成严重破坏。因包（头）茂（名）高速公路穿过墙体，止点处墙体消失 65 米。大部分墙体上生长有沙漠、旱地植物，根系深扎入墙体之中，导致墙体产生数厘米到十几厘米的裂缝。部分墙体有人为铲削和攀爬踩踏痕迹。

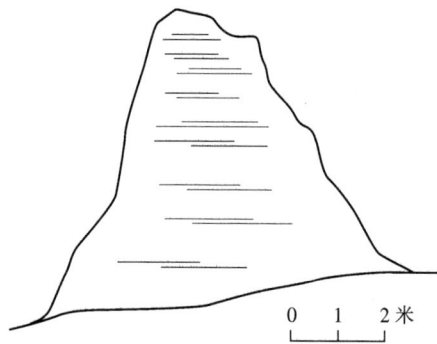

图一四二六　五台村长城
2 段墙体剖面图

墙体为自然基础上夯筑，夯层厚 0.07～0.21 米，夯土以黄沙土为主，包含物很少，质地细密，夯窝直径 0.06、深 0.02、中心间距 0.22～0.31 米。墙体剖面呈梯形，上窄下宽。墙体底宽 6～8、顶宽 1～2.5、内高 5、外高 6.5 米。（图一四二六）

该段墙体起点为五台村长城 1 段墙体止点（五台村 2 号（0004 号）关），止点与五台村长城 3 段墙体起点相接。起点西 1.198 千米处有五台村 1 号（0013 号）敌台，1.518 千米处有五台村 1 号（0060 号）马面，1.992 千米处有五台村 2 号（0014 号）敌台。墙体北侧有靖（边县）龙（洲乡）公路与墙体平行，南侧有多条乡村土路。五台村有居民 762 人，全部是汉族。

（二一）五台村长城 3 段（610824382101170021）

该段墙体位于黄土沙地。所处地形较平坦。整体呈东—西走向，墙体长 778 米，其中，保存一般 755 米、消失 23 米。墙体起点位于包（头）茂（名）高速公路西侧 4 米，高程 1521.3 米；止点位于 307 国道东侧 3 米，高程 1515.6 米。（图一四二七）

墙体整体保存一般。因距居民点较近，墙体破坏较严重。距起点 0.089 千米处有乡村道路穿过墙体，宽 10 米；0.762 千米处因天然气管建设将墙体截断，宽 13 米。墙体顶部因长期人为踩踏形

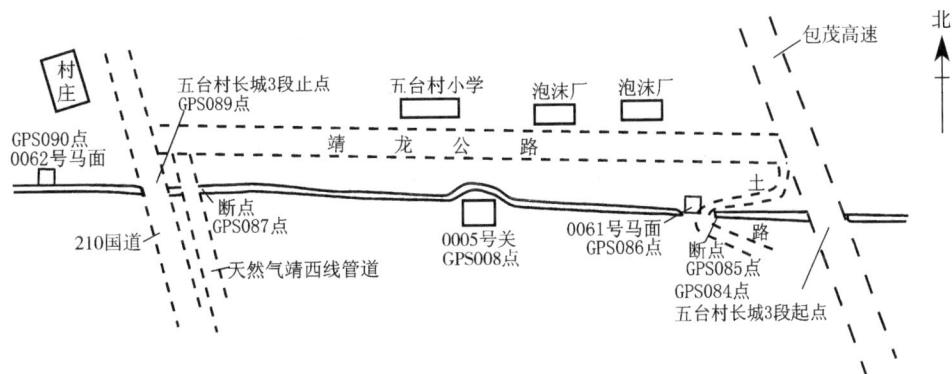

图一四二七　五台村长城3段位置示意图

成一条小路，两侧栽有沙柳等植物。墙体上生长有沙漠、旱地植物，根系深扎入墙体中，导致墙体产生数厘米到十几厘米的裂缝。部分墙体有人为铲削和攀爬踩踏痕迹。起点处墙体被包（头）茂（名）高速公路截断；距起点0.089千米断点1处有一条乡村道路穿过墙体，宽10米；0.762千米断点2处有一个豁口，宽13米；止点处有307国道将墙体截断。

墙体夯筑而成，夯层厚0.05～0.15米，夯土以黄土为土，包含物很少，质地细密，夯窝直径0.06、深0.02、中心间距0.13米。墙体剖面呈梯形，顶部基本平整。墙体底宽10、顶宽4、内高5、外高6米。（图一四二八）墙体附近发现有瓷片、砖、板瓦，砖、板瓦大多为碎块，瓷片有青花、黑釉、黄釉等，时代为明代。

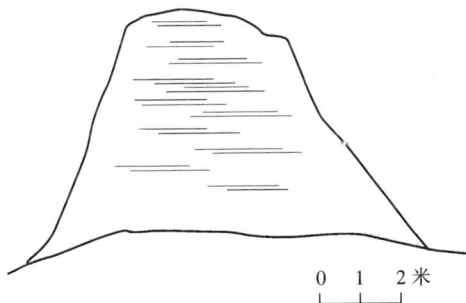

图一四二八　五台村长城3段墙体剖面图

该段墙体起点位于五台村长城2段墙体止点西0.065千米，止点位于五台村长城4段墙体起点东0.02千米。起点西0.108千米处墙体北侧有五台村2号（0061号）马面，0.417千米处墙体南侧有五台村3号（0005号）关。

（二二）五台村长城4段（610824382101170022）

该段墙体位于镇靖乡五台村。地处黄土沙地带，地形较平坦，部分墙体北侧有沟壑。整体呈东—西走向，墙体长1308米。墙体起点位于307国道东侧3米，高程1515.6米；止点位于镇靖乡五台村麻黄梁东北0.7千米，高程1496.7米。（图一四二九）

墙体整体保存较差。因距居民点较近，墙体破坏较严重。由于长期雨水风沙的侵蚀，墙体大部分呈驼峰状，表面及顶部坍塌严重，两侧水土流失、山体滑坡对墙体造成严重破坏。墙体上生长有沙漠、旱地植物，根系深扎入墙体中，导致墙体产生数厘米到十几厘米的裂缝。部分墙体有人为铲削和攀爬踩踏痕迹。墙体顶部因人为踩踏形成一条小路。

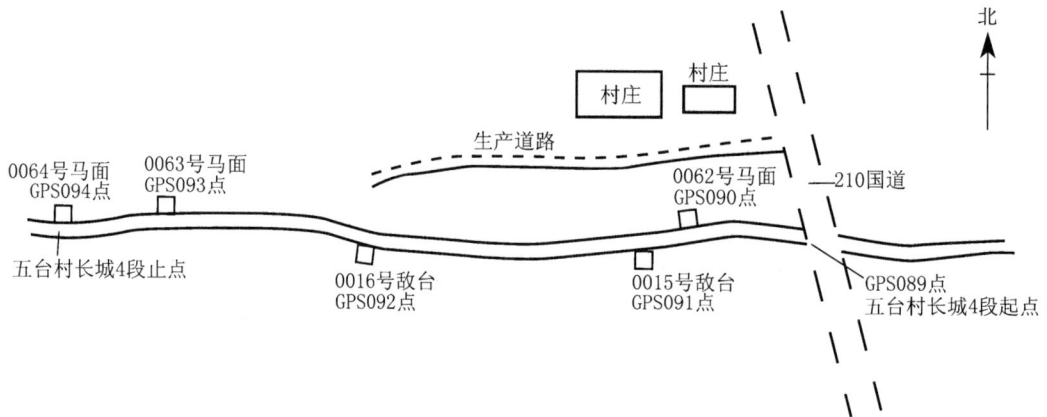

图一四二九　五台村长城 4 段位置示意图

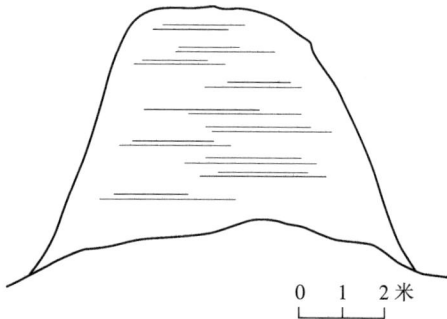

图一四三〇　五台村长城 4 段墙体剖面图

墙体为自然基础上夯筑而成，夯层厚 0.08～0.16 米，夯土以黄土为主，包含物很少，质地细密，夯窝直径 0.06、深 0.02、中心间距 0.13～0.2 米。墙体剖面呈梯形，底宽 8～10、顶宽 2～3.5、高 5～8 米。（图一四三〇）

该段墙体起点位于五台村长城 3 段墙体止点西 0.02 千米，止点为五台村长城 5 段墙体起点（五台村 5 号（0064 号）马面）。起点西 0.165 千米处墙体北侧有五台村 3 号（0062 号）马面，0.195 千米处南侧有五台村 3 号（0015 号）敌台，0.685 千米处墙体南侧有五台村 4 号（0016 号）敌台，1.185 千米处墙体北侧有五台村 4 号（0063 号）马面，起点处有 307 国道穿过墙体，墙体西侧有一条乡村土路与墙体平行。五台村有居民 762 人，全部是汉族。

（二三）五台村长城 5 段（610824382101170023）

该段墙体位于镇靖乡五台村。地处黄土沙地，地形较平坦。整体呈东—西走向，墙体长 1080 米。墙体起点位于镇靖乡五台村麻黄梁村（组）东北 0.7 千米，高程 1496.7 米；止点位于镇靖乡五台村麻黄梁村（组）西 0.05 千米，高程 1514.5 米。（图一四三一；彩图二七六）

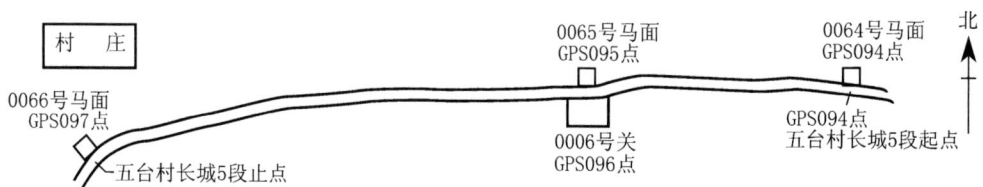

图一四三一　五台村长城 5 段位置示意图

墙体整体保存较差。墙体由于距居民点较近，人为破坏较严重。由于长期雨水风沙的侵蚀，墙体大部分呈驼峰状，表面及顶部坍塌严重，两侧水土流失、山体滑坡对墙体造成严重破坏。墙体顶部因长期人为踩踏形成一条小路，两侧栽有沙柳等植物，根系深扎入墙体中，导致墙体产生数厘米到十几厘米的裂缝。部分墙体有人为铲削和攀爬踩踏痕迹。

墙体为自然基础上夯筑而成，夯层厚 0.08 ~ 0.19 米，夯土以黄土为主，包含物很少，质地细密，夯窝直径 0.06、深 0.02、中心间距 0.13 ~ 0.24 米。墙体剖面呈梯形，顶部基本平整。墙体底宽 7 ~ 10、顶宽 2 ~ 3.2 米、内高 5、外高 8.5 米。（图一四三二）

该段墙体起点为五台村长城 4 段墙体止点（五台村 5 号（0064 号）马面），止点为伙场圪村长城 1 段墙体起点（五台村 7 号（0066 号）马面）。起点西 0.356 千米处墙体北侧有五台村 6 号（0065 号）马面，南侧有五台村 4 号（0006 号）关。

（二四）伙场圪村长城 1 段（610824382101170024）

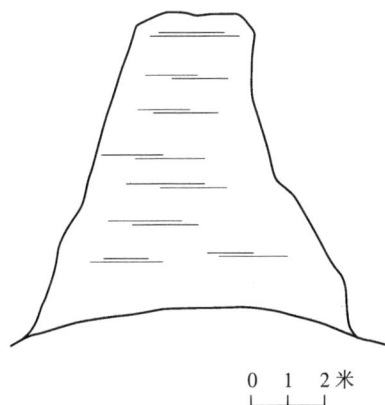

图一四三二　五台村长城 5 段墙体剖面图

该段墙体位于镇靖乡伙场圪村西 0.26 千米。地处山地沟壑区和盆地，沟壑地貌发育较好，坡度较陡峭，沟壑底部较为平坦，有耕地。整体呈东一西走向，墙体长 2132 米。墙体起点位于镇靖乡五台村麻黄梁村（组）西 0.05 千米，高程 1514.50 米；止点位于镇靖乡伙场圪村南 0.15 千米，高程 1372.7 米。（图一四三三；彩图二七七）

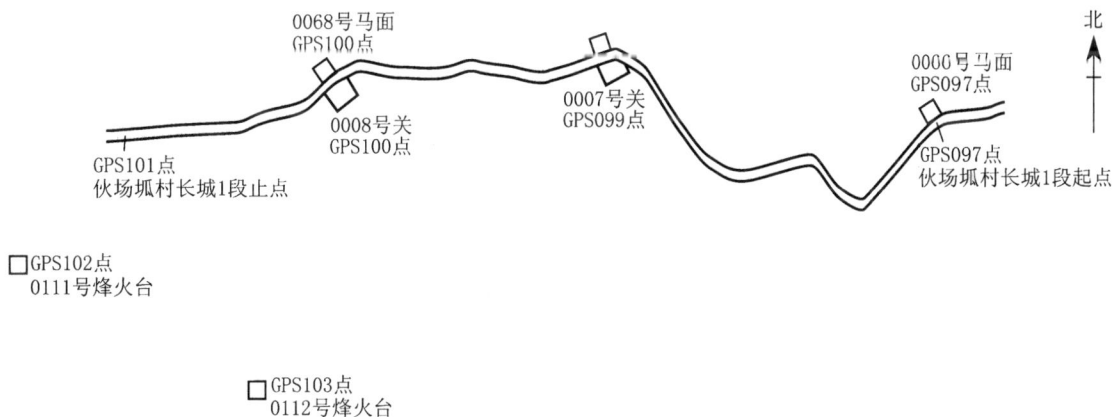

图一四三三　伙场圪村长城 1 段位置示意图

墙体整体保存较差。墙体由于距居民点较近，人为破坏较严重。由于长期雨水风沙的侵蚀，墙体大部分呈驼峰状，表面及顶部坍塌严重，两侧水土流失、山体滑坡对墙体造成严重破坏。墙体上生长有沙漠、旱地植物，根系深扎入墙体中，导致墙体产生数厘米到十几厘米的裂缝。部分墙体有人为铲削和攀爬踩踏痕迹。

墙体为自然基础上夯筑而成，夯层厚 0.08 ~ 0.19 米，夯土以黄沙土为主，包含物很少，质地细密，夯窝直径 0.065、深 0.018、中心间距 0.12 ~ 0.27 米。墙体剖面呈梯形，底宽 6 ~ 8、顶宽 1 ~ 2.4、内高 4、外高 6.5 米。（图一四三四）

该段墙体起点为五台村长城 5 段墙体止点（五台村 7 号（0066 号）马

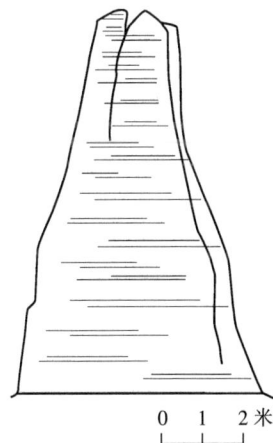

图一四三四　伙场圪村长城 1 段墙体剖面图

面），止点为伙场圪村长城 2 段墙体起点。起点西 0.74 千米处有五台村 8 号（0067 号）马面及五台村 5 号（0007 号）关，1.46 千米处有伙场圪村 1 号（0068 号）马面及伙场圪村 1 号（0008 号）关。伙场圪村有居民 1240 人。

（二五）伙场圪村长城 2 段（610824382101170025）

该段墙体位于伙场圪村南 0.15 千米的山地沟壑地带。由于芦河穿越墙体造成消失，墙体北侧部分沟壑纵横，沟底有村庄，水土流失严重。整体呈东—西走向，墙体长 1350 米，其中，保存较差 190 米、消失 1160 米。墙体起点位于镇靖乡伙场圪村南 0.15 千米，高程 1372.7 米；止点位于镇靖乡伙场圪村芦河西岸，高程 1398.3 米。（图一四三五；彩图二七八）

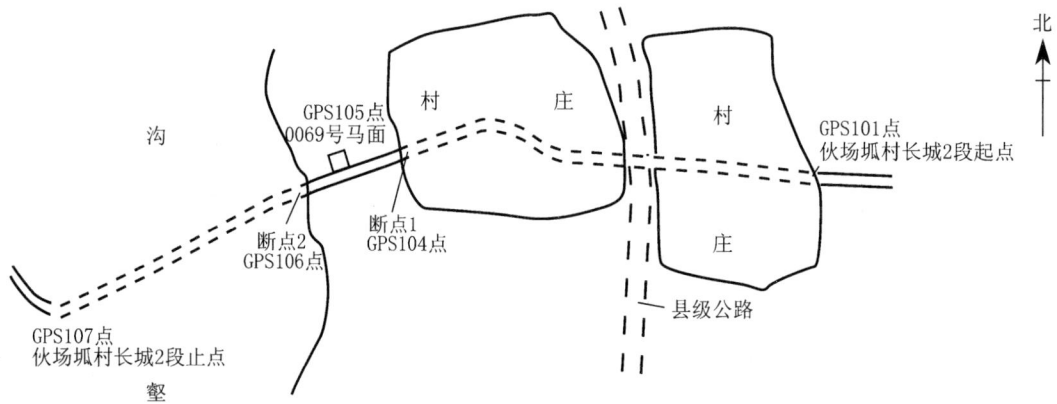

图一四三五　伙场圪村长城 2 段位置示意图

墙体整体保存较差。因雨水冲刷侵蚀墙体剥落严重。墙体上生长有沙漠、旱地植物，根系深扎入墙体中，导致墙体产生数厘米到十几厘米的裂缝。部分墙体有人为铲削和攀爬踩踏痕迹，推测为当地百姓建房或其他设施时取土所致。墙体起点至断点 1 因芦河消失 748 米，断点 1 起保存墙体 190 米，墙体北侧部分沟壑纵横，因雨水冲刷侵蚀，墙体剥落严重；后再次因芦河通过而消失 412 米。

墙体为自然基础上夯筑而成，夯层厚 0.06～0.13 米，夯土为黄土。墙体底宽 3.3、顶宽 0.3、内高 3、外高 6.4 米。（图一四三六）

该段墙体起点为伙场圪村长城 1 段墙体止点，止点为榆沟村长城墙体起点。起点西南 0.2 千米处有伙场圪村 1 号（0111 号）烽火台，西 0.91 千米处有伙场圪村 2 号（0069 号）马面。墙体附近有一条县乡级公路和一条乡村小道。伙场圪村有居民 1240 人，全部是汉族。

（二六）榆沟村长城（610824382101170026）

该段墙体位于榆沟村山地沟壑地带。墙体顺山势而建，沟壑地貌发育较好，所处山坡较陡峭。整体呈东北—西南走向，墙体长 1992 米，其中，保存较差 1979 米、消失 13 米。墙体起点位于

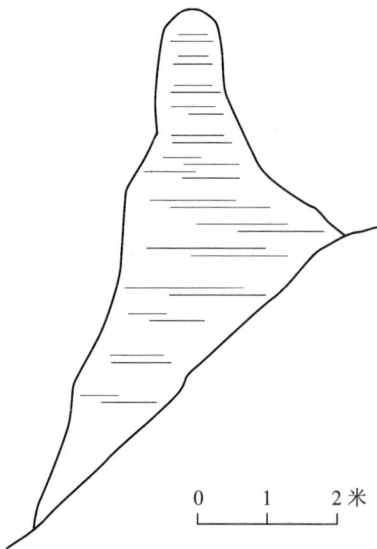

图一四三六　伙场圪村长城
3 段墙体剖面图

镇靖乡伙场圪村芦河西岸，高程 1398.3 米；止点位于镇靖乡榆沟村北门圪南 0.25 千米，高程 1388 米。（图一四三七）

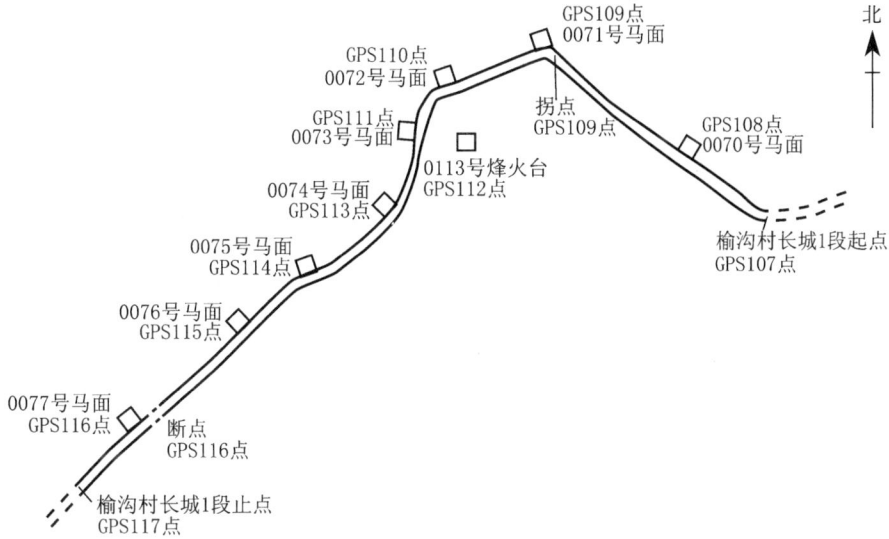

图一四三七　榆沟村长城位置示意图

墙体整体保存较差。起点至 0.1852 千米处有乡村公路，路宽 13 米。由于雨水冲刷侵蚀，墙体剥落较严重，部分段呈刃状。部分段墙体两侧有雨水冲刷的深沟，对墙体造成威胁。墙体上生长有沙漠、旱地植物，根系深扎入墙体中，导致墙体产生数厘米到十几厘米的裂缝。部分墙体有人为铲削和攀爬踩踏痕迹，推测为当地百姓建房或其他设施时取土所致。

墙体起点西北 0.486 千米处有榆沟村 2 号（0071 号）马面，为拐点，走向由东南向西北转为由东北向西南，墙体底宽 5、顶宽 2.1、内高 3.2、外高 5 米；1.852 千米处有榆沟村 8 号（0077 号）马面，为断点，有乡村公路穿过，路宽 13 米，墙体底宽 3.1、顶宽 0.4、内高 1.1、外高 2.3 米。（图一四三八）

墙体为自然基础上夯筑而成，夯层厚 0.05 ~ 0.12 米，夯土为黄土。

该段墙体起点为伙场圪村长城 2 段墙体止点，止点为镇靖村消失段长城起点。起点西北 0.15 千米处有高沟畔村 1 号（0070 号）马面，0.486 千米处有高沟畔村 2 号（0071 号）马面，0.864 千米处有榆沟村 1 号（0072 号）马面，0.96 千米处有榆沟村 2 号（0073 号）马面，1.064 千米处有榆沟村 3 号（0074 号）马面；西南 1.305 千米处有榆沟村 4 号（0075 号）马面，1.587 千米处有榆沟村 5 号（0076 号）马面，1.852 千米处有榆沟村 6 号（0077 号）马面。榆沟村 2 号马面东 0.05 千米处有榆沟村（0113 号）烽火台。榆沟村有居民 186 人。

（二七）镇靖村消失段长城（610824382301170027）

该段长城位于镇靖村山地沟壑地带。所处沟底有芦河流过，

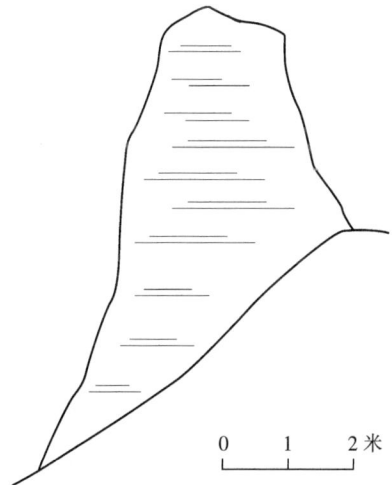

图一四三八　榆沟村长城墙体剖面图

造成墙体消失，沟底有耕地和村庄。整体呈北—南走向，墙体长3680米。墙体起点位于镇靖乡榆沟村北门圪南0.25千米，高程1388米；止点位于镇靖乡芦东村庙湾西北0.75千米，高程1371.3米。（图一四三九）

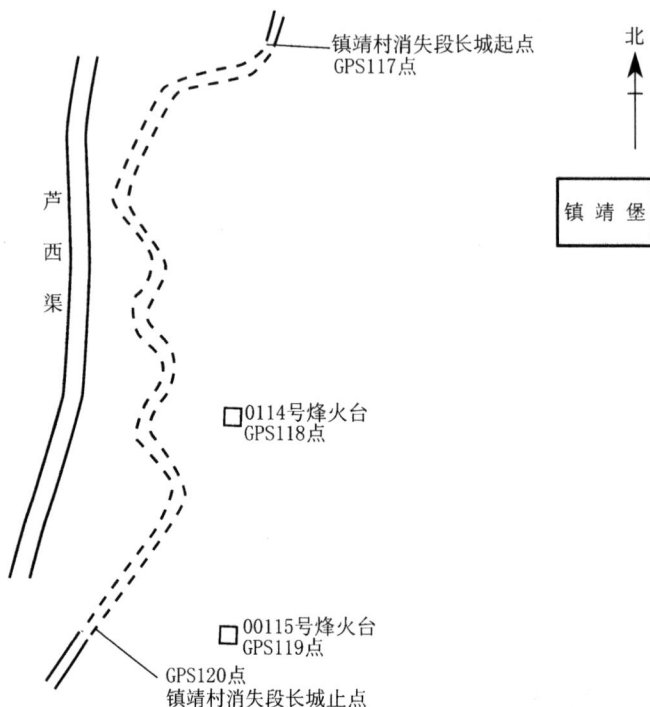

图一四三九　镇靖村消失段长城位置示意图

墙体由于水土流失、山体滑坡，坍塌于芦河中，具体情况不明。

该段墙体起点为榆沟村长城墙体止点，止点为芦东村长城1段墙体起点。起点南2.1千米有镇靖村（0114号）烽火台。根据起止点可知，该段墙体呈北—南走向。墙体所经的河流为芦河，自西南流向东北，为雨水补给型河流。

（二八）芦东村长城1段（610824382101170028）

该段墙体位于芦东村山地沟壑地带。沟壑地貌发育较好，西侧紧靠芦河，该地沟壑纵横交错，水土流失严重。整体呈北—南走向，墙体长1286米。墙体起点位于镇靖乡芦东村庙湾西北0.75千米，高程1371.3米；止点位于镇靖乡芦东村庙湾西南0.5千米，高程1403.6米。（图一四四○）

墙体整体保存差。墙体保存很少一部分，大多数只见顶部。墙体底宽2、顶宽0.1、内高0.5、外高1.5米。（图一四四一）

墙体为自然基础上夯筑而成，夯层厚0.07~0.12米，夯土为黄土。

该段墙体起点为镇靖村消失段长城止点，止点为芦东村长城2段墙体起点，起点东侧0.263千米有芦东村1号（0115号）烽火台。墙体附近有芦河，自西南流向东北，为雨水补给型河流。

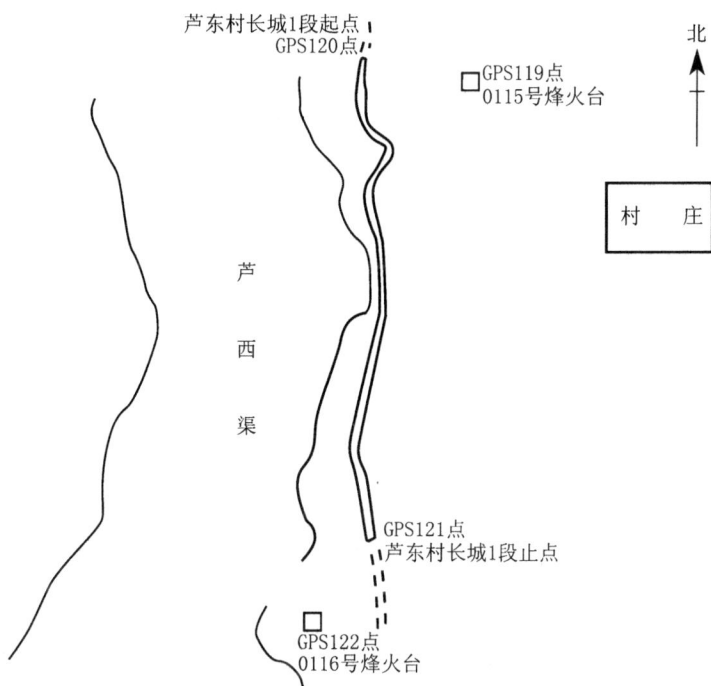

图一四四〇　芦东村长城1段位置示意图

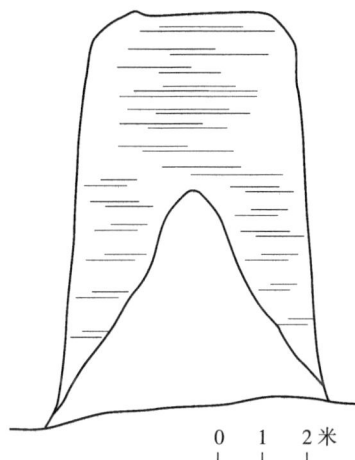

图一四四一　芦东村长城1段墙体断面图

（二九）芦东村长城2段（610824382101170029）

该段墙体位于芦东村山地沟壑地带。所处沟壑地貌发育较好，西侧紧靠芦河，水土流失严重，沟壑交错纵横，坡度陡峭。整体呈北—南走向，墙体长2632米，其中，保存差285米、消失2347米。墙体起点位于镇靖乡芦东村庙湾西南0.5千米，高程1403.6米；止点位于镇靖乡芦东村三道沟西北0.6千米，高程1426.1米。（图一四四二）

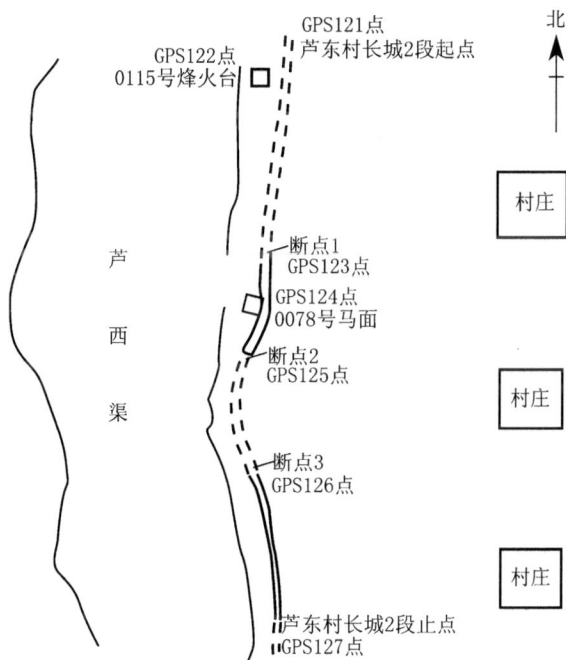

图一四四二　芦东村长城2段位置示意图

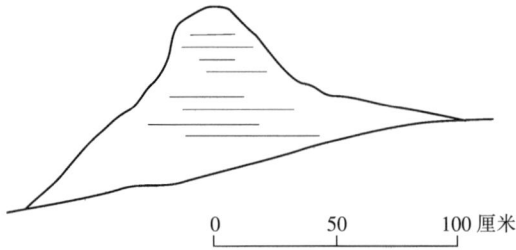

图一四四三　芦东村长城 2 段墙体剖面图

墙体整体保存差。墙体坍塌、剥落严重。墙体上生长有沙漠、旱地植物，根系深扎入墙体中，导致墙体产生数厘米到十几厘米的裂缝。部分墙体有人为铲削和攀爬踩踏痕迹。墙体底宽 1.5、顶宽 0.1、内高 0.4、外高 0.8 米。（图一四四三）

墙体起点南 1.06 千米处为断点 1，由于芦河村而消失，至 1.018 千米断点 2 保存墙体 120 米，断点 2 至 2.347 千米断点 3 为消失段，断点 3 至止点墙体保存 165 米。

墙体为自然基础上夯筑而成，夯层厚 0.05~0.12 米，夯土为黄土。

该段墙体起点为芦东村长城 1 段墙体止点，止点为芦东村 ~ 韩家伙场村长城消失段起点。起点南 0.2 千米处有芦东村 2 号（0115 号）烽火台，1.141 千米处有芦东村 1 号（0078 号）马面。墙体附近有芦河，自西南流向东北，为雨水补给型河流。有一条县乡级公路和多条乡村土路。

（三〇）芦东村 ~ 韩家伙场村长城消失段（610824382301170030）

该长城消失段位于芦河和猪头山水库中。附近为山地沟壑地带，沟壑较陡峭。整体呈东北—西南走向，墙体长 13950 米。墙体起点位于镇靖乡芦东村三道沟西北 0.6 千米，高程 1426.1 米；止点位于杨米涧乡韩家伙场村瓦窑湾则村西 0.85 千米，高程 1469.6 米。（图一四四四）

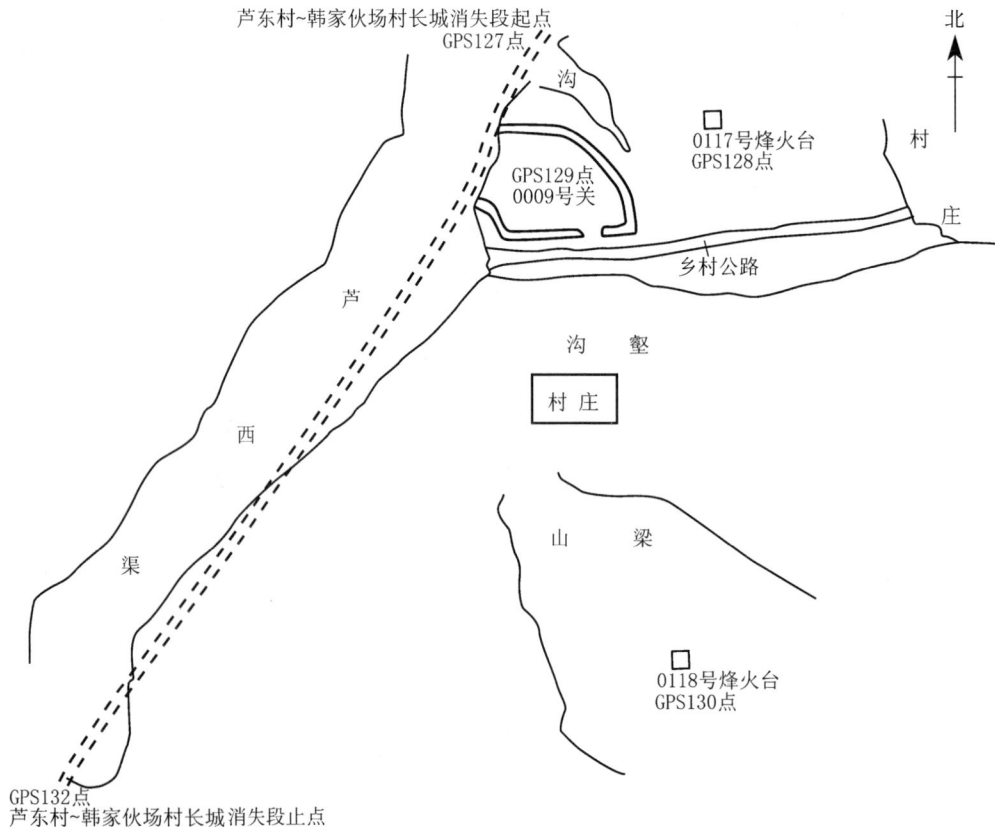

图一四四四　芦东村 ~ 韩家伙场村长城消失段位置示意图

墙体由于水土流失、山体滑坡、修建水库等消失。

该段墙体起点为芦东村长城 2 段墙体止点，止点为韩家伙场村长城墙体起点。根据起止点推断，墙体应呈北—南走向。起点南 1.6 千米处有古城则村（0009 号）关，其东 0.25 千米处有古城则村（0117 号）烽火台；起点南 8.7 千米处有镇罗堡，其东 0.6 千米处有墩山梁（0118 号）烽火台。

（三一）韩家伙场村长城（610824382101170031）

该段墙体位于韩家伙场山地沟壑区。东侧较平坦，为耕地，种植有玉米、荞麦等农作物，西侧为猪头山水库。墙体呈东北—西南走向，墙体长 1429 米，其中，保存差 229 米、消失 1200 米。墙体起点位于杨米涧乡韩伙场村瓦窑湾则西 0.85 千米，高程 1469.6 米；止点位于杨米涧乡关草涧村墩湾西 1.2 千米，高程 1470.4 米。（图一四四五）

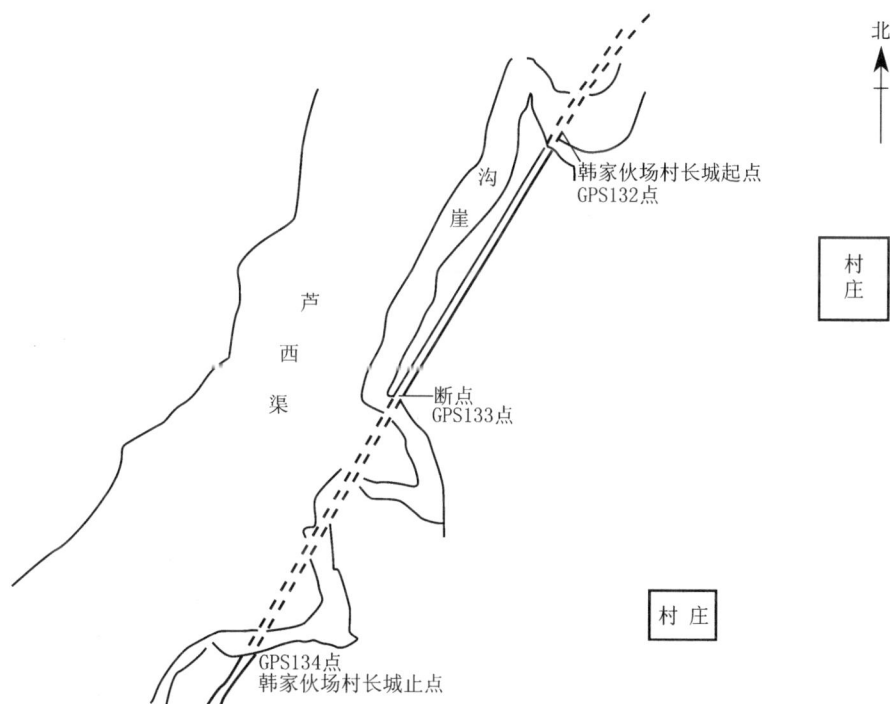

图一四四五　韩家伙场村长城位置示意图

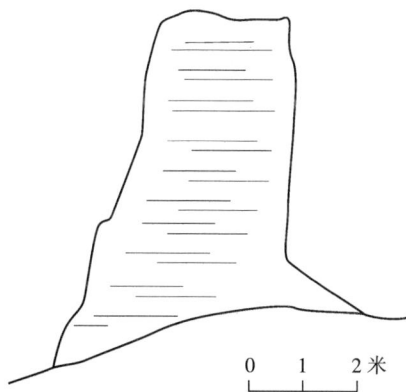

图一四四六　韩家伙场村长城
1 段墙体剖面图

墙体整体保存较差。因为水土流失严重，造成墙体大部分剥落，存部分呈刃状。

墙体为自然基础上夯筑而成，夯层厚 0.07~0.11 米，夯土为黄土。墙体起点西南 0.229 千米断点处保存较好，墙体底宽 3、顶宽 0.6、内高 2、外高 2.5 米；1.429 千米处为止点，断点至止点被猪头山水库分隔，消失 1200 米。（图一四四六）

该段墙体起点为芦东村~韩家伙场村消失段长城止点，止点为关草涧村长城墙体起点。附近有一条公路、一条土路和多条乡村小道。

（三二）关草涧村长城（610824382101170032）

该段墙体位于关草涧村墩湾西1.2千米山地沟壑区，沟壑陡峭。墙体南侧较平坦，有村庄；西侧为猪头山水库，水土流失严重。整体呈东北—西南走向。墙体长3021米，其中，保存差121米、消失2900米。墙体起点位于杨米涧乡关草涧村墩湾西1.2千米，高程1470.4米；止点位于新城乡长命山村长命山西北0.2千米，高程1545.1米。（图一四四七）

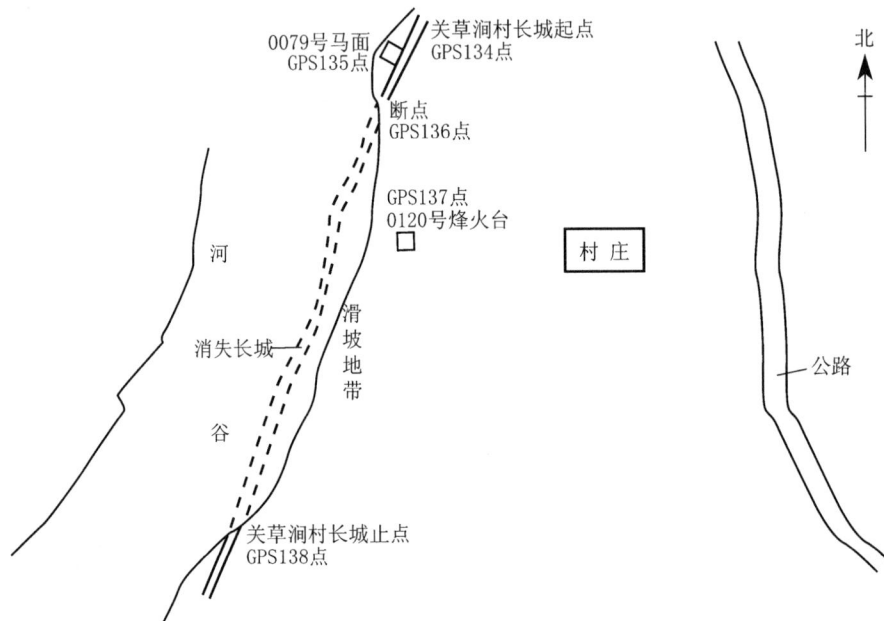

图一四四七　关草涧村长城1段位置示意图

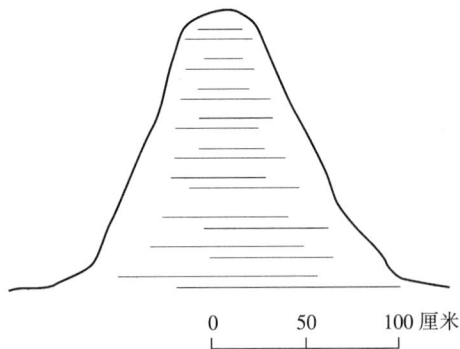

图一四四八　关草涧村长城1段墙体剖面图

墙体整体保存差。墙体由于猪头山水库大部分消失，保存部分由于雨水冲刷，保存差。起点至0.121千米断点间墙体存在。

墙体为自然基础上夯筑而成，夯层厚0.07～0.12米，夯土为黄土。墙体底宽2、顶宽0.4、内高1.2、外高1.4米。断点至3.021千米处止点被猪头山水库分隔，消失2900米。（图一四四八）

该段墙体起点为韩家伙场村长城墙体止点，止点为长命山村长城墙体起点。起点西南0.071千米处有关草涧村（0079号）马面，1.921千米东0.2千米处有关草涧村（0120号）烽火台。墙体附近为猪头山水库，水资源丰富。

（三三）长命山村长城（610824382101170033）

该段墙体位于长命山的山梁上。两侧为山坡，有坡耕地，坡度较陡峭。地处山地沟壑区，沟壑较多，土质疏松，种植有农作物。整体呈东北—西南走向，墙体长2660米，其中，保存差340米、消失2320米。墙体起点位于新城乡长命山村长命山西北0.2千米，高程1545.1米；止点位于新城乡张天赐村烟台村西北0.12千米，高程1575.8米。（图一四四九）

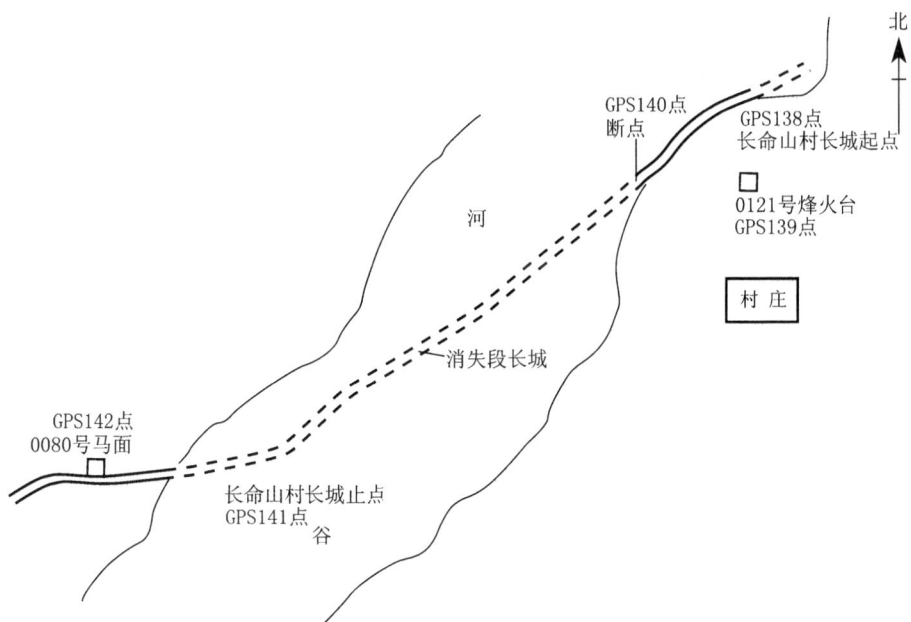

图一四四九　长命山村长城位置示意图

墙体大部分消失。保存部分受雨水冲刷侵蚀，墙体剥落严
重。昆虫、鼠类动物在墙体上打洞及植物根系对墙体产生
破坏。

　　墙体从起点至 0.34 千米断点间有保存，断点至止点由
于猪头山水库消失 2320 米。

　　墙体为自然基础上夯筑而成，夯层厚 0.06 ~ 0.13 米，
夯土为黄土。墙体底宽 3、顶宽 0.5、内高 1.2、外高 3 米。
（图一四五〇）

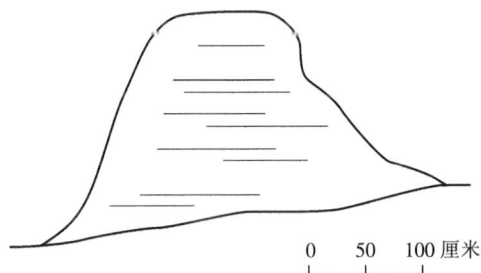

图一四五〇　长命山村长城墙体剖面图

　　该段墙体起点为关草涧村长城墙体止点，止点为张天赐
村长城 1 段墙体起点，起点东南 0.38 千米处有长命山村
（0121 号）烽火台。

（三四）张天赐村长城 1 段（610824382101170034）

　　该段墙体位于张天赐村的山梁上。两侧为陡坡，有坡耕地，山底较平缓。整体呈东—西走向，墙
体长 1830 米。墙体起点位于新城乡张天赐村烟台村西北 0.12 千米，高程 1575.8 米；止点位于新城乡
张天赐村壕界西 0.12 千米，高程 1593.7 米。（图一四五一；彩图二七九）

　　墙体整体保存较差。墙体受雨水冲刷侵蚀，剥落严重。大部分墙体上生长有沙漠、旱地植物，根
系深扎入墙体中，导致墙体产生数厘米到十几厘米的裂缝。部分墙体有人为铲削和攀爬踩踏痕迹，推
测为当地百姓修筑道路或其他设施时取土所致。

　　墙体起点西 0.667 千米处为拐点 1，走向由东—西向转为东南—西北；1.342 千米处为拐点 2，走
向由东南—西北转为东—西向。

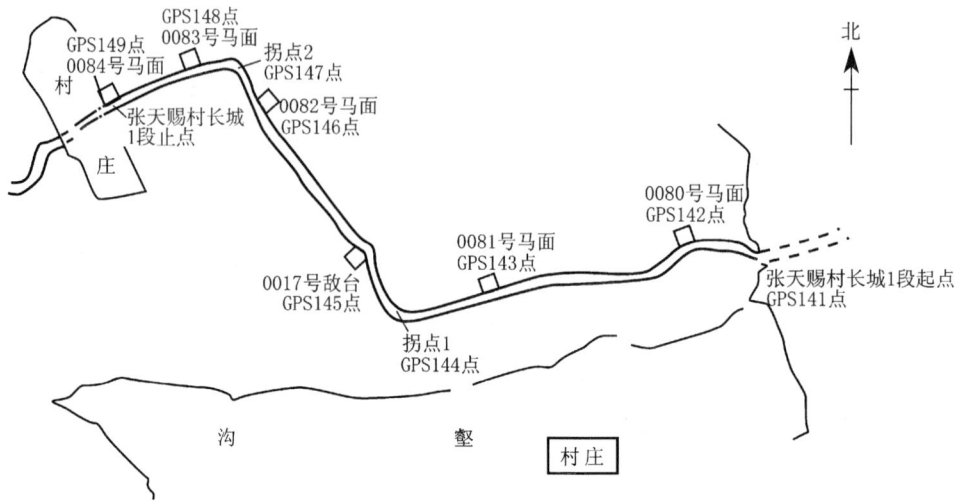

图一四五一　张天赐村长城 1 段位置示意图

墙体为自然基础上夯筑而成，部分段墙体底宽 7、顶宽 1.6、内高 3.8、外高 4 米，夯层厚 0.07 ~ 0.13 米；一部分墙体底宽 4.6、顶宽 0.8、内高 1.3、外高 3 米，夯层厚 0.07 ~ 0.13 米，夯土为黄土。（图一四五二）

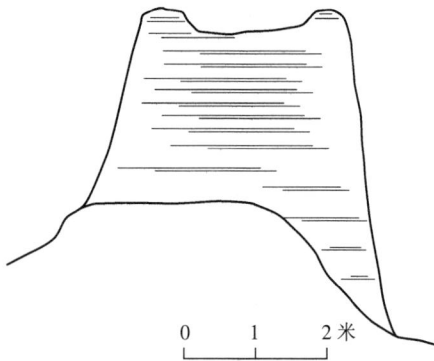

图一四五二　张天赐村长城墙体剖面图

该段墙体起点为长命山村长城墙体止点，止点为张天赐村长城 2 段墙体起点。起点西 0.047 千米处有张天赐村 1 号（0080 号）马面，0.44 千米处有张天赐村 2 号（0081 号）马面，0.824 千米处有张天赐村 1 号（0017 号）敌台；西北 1.242 千米处有张天赐村 3 号（0082 号）马面，1.558 千米处有张天赐村 4 号（0083 号）马面，1.83 千米处有张天赐村 5 号（0084 号）马面。墙体附近有一条山路在墙体上通行，逐渐形成一条小路。

（三五）张天赐村长城 2 段（610824382101170035）

该段墙体位于张天赐村的山梁上。两侧为陡坡，山底较平缓。地处山地沟壑区，沟壑纵横交错，坡度陡峭。整体呈东—西走向，墙体长 1341 米，其中，保存差 925 米、消失 416 米。墙体起点位于新城乡张天赐村壕界西 0.12 千米，高程 1593.7 米；止点位于新城乡张天赐村砖楼台西 0.63 千米，高程 1536.9 米。（图一四五三）

墙体整体保存差。起点至 0.082 千米处有土路穿过，路宽 6 米；至 0.267 千米处有水冲沟，墙体消失 54 米；0.516 千米至 0.872 千米处有水冲沟，消失 356 米。墙体受到风雨侵蚀损毁较严重，大部分墙体上生长有沙漠、旱地植物，根系深扎入墙体中，导致墙体产生数厘米到十几厘米的裂缝。部分墙体有人为铲削和攀爬踩踏痕迹，推测为当地百姓建房或其他设施时取土所致。墙体起点至 0.331 千米处为拐点，走向由东北向西南转为东西向。

墙体为自然基础上夯筑而成，夯层厚 0.05 ~ 0.12 米，夯土为黄土。墙体底宽 3、顶宽 0.2、内高

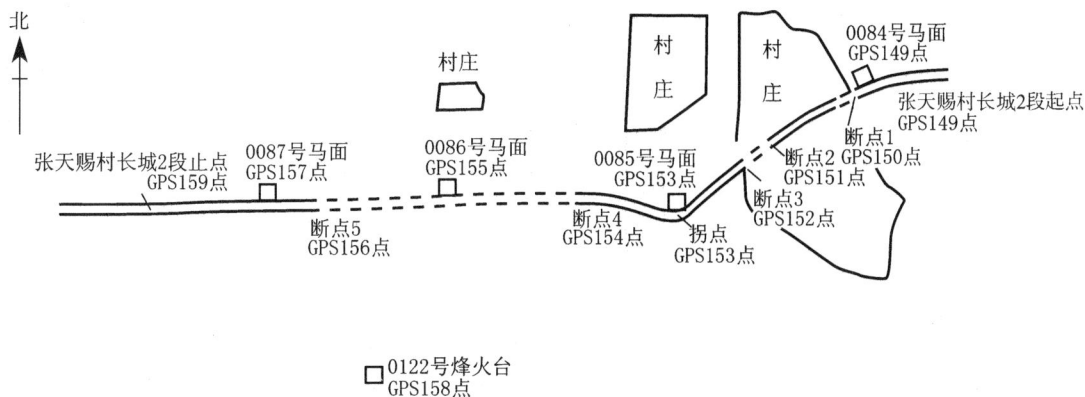

图一四五三　张天赐村长城 2 段位置示意图

0.9、外高 3 米。（图一四五四）

该段墙体起点为张天赐村长城 1 段墙体止点，止点为张天赐村长城 3 段墙体起点。起点西 0.331 千米处有张天赐村 6 号（0085 号）马面，0.659 千米处有张天赐村 7 号（0086 号）马面，马面南 0.5 千米处有张天赐村 1 号（0122 号）烽火台，0.971 千米处有张天赐村 8 号（0087 号）马面。墙体附近有一条山区小路。

（三六）张天赐村长城 3 段（610824382101170036）

该段墙体位于张天赐村的山梁上。两侧是陡坡为坡耕地，山底较平坦为耕地，种植有农作物，土质疏松。整体呈东—西走向，墙体长 2098 米，其中，保存较差 1708 米、消失 390 米。墙体起点位于新城乡张天赐村砖楼台西 0.63 千米，高程 1536.9 米；止点位于新城乡张天赐村久滩沟西沟畔西 0.1 千米，高程 1582.7 米。（图一四五五）

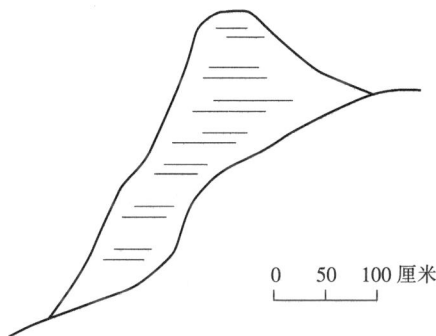

图一四五四　张天赐村长城
2 段墙体剖面图

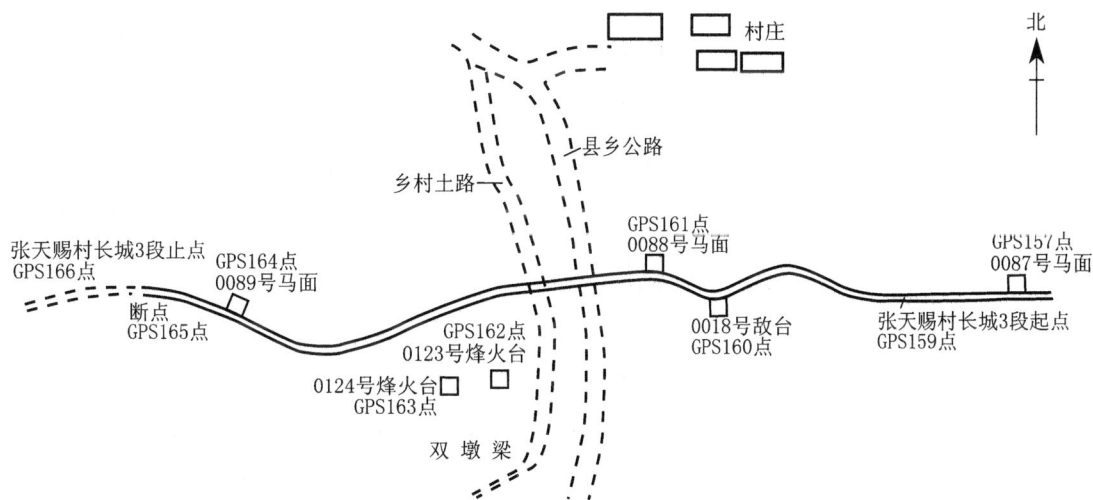

图一四五五　张天赐村长城 3 段位置示意图

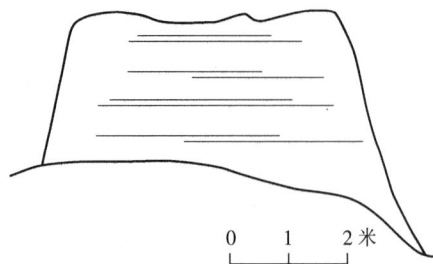

图一四五六 张天赐村长城 3 段
墙体剖面图

墙体保存较差。墙体受雨水冲刷侵蚀，剥落严重，大部分呈驼峰状。大部分墙体上生长有沙漠、旱地植物，根系深扎入墙体中，导致墙体产生数厘米到十几厘米的裂缝。部分墙体有人为铲削和攀爬踩踏痕迹，推测为当地居民建房或其他设施时取土所致。

墙体起点至 1.708 千米处为断点，断点至止点由于久滩沟村耕地和小路造成墙体消失 390 米。

墙体为自然基础上夯筑而成，夯层厚 0.06~0.12 米，夯土为黄土。墙体底宽 3.3~6、顶宽 0.5~2.5、内高 3.5~5.3、外高 4.7~6.2 米（图一四五六）

该段墙体起点为张天赐村长城 2 段墙体止点，止点为张天赐村长城 4 段墙体起点。起点西 0.26 千米处有张天赐村 2 号（0018 号）敌台，0.335 千米处有张天赐村 9 号（0088 号）马面，0.775 千米处有张天赐村 2 号（0123 号）烽火台，0.815 千米处有张天赐村 3 号（0124 号）烽火台。墙体附近有一条山路。

（三七）张天赐村长城 4 段（610824382101170037）

该段墙体位于张天赐村山梁上。起点处为久滩沟，沟底较平整。墙体两侧为陡坡，山底较平缓，两侧为坡耕地。南 0.6 千米为柳树梁，沟壑纵横，坡度较陡峭。整体呈东—西走向，墙体长 1323 米。墙体起点位于新城乡张天赐村久滩沟西沟畔西 0.1 千米，高程 1582.7 米；止点位于新城乡张天赐村井台滩北 0.3 千米，高程 1552.6 米。（图一四五七）

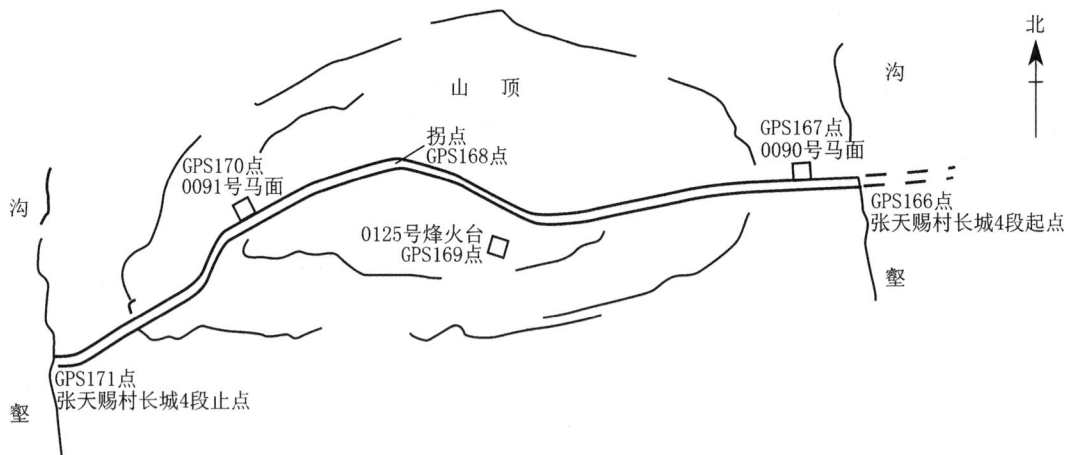

图一四五七 张天赐村长城 4 段位置示意图

墙体整体保存较差。墙体受雨水冲刷侵蚀，剥落严重，高度较平均。大部分墙体上生长有沙漠、旱地植物，根系深扎入墙体中，导致墙体产生数厘米到十几厘米的裂缝。部分墙体有人为铲削和攀爬踩踏痕迹，推测为当地居民建房或其他设施时取土所致。墙体两侧为耕地，开垦时对墙体偶有铲削。

墙体起点西 0.63 千米为拐点，走向由东南—西北转为东北—西南。

墙体为自然基础上夯筑而成，夯层厚 0.07~0.13 米，夯土为黄土。墙体底宽 3.3~6、顶宽 0.3~

2.7、内高 2 ~ 4.4、外高 3.6 ~ 5 米。（图一四五八）

该段墙体起点为张天赐村长城 3 段墙体止点，止点为西湾村长城 1 段起点。墙体附近有一条山路。

（三八）西湾村长城 1 段（610824382101170038）

该段墙体利用山体自然走向，顺山势高低起伏而建。两侧为坡耕地，较为平缓，山底较为平坦。该地沟壑纵横交错，沟壑坡度较大。整体呈东—西走向，墙体长 2136 米，其中，较差 1716 米、消失 420 米。墙体起点位于新城乡张天赐村井台滩北 0.3 千米，高程 1552.6 米；止点位于中山涧乡西湾村南 0.65 千米，高程 1713.7 米。（图一四五九；彩图二八〇）

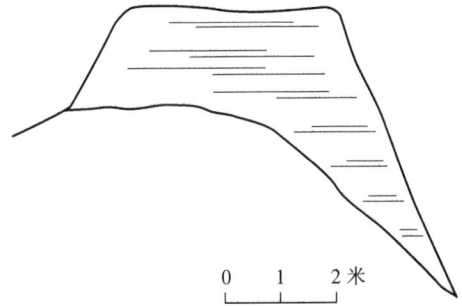

图一四五八　张天赐村长城 4 段
墙体剖面图

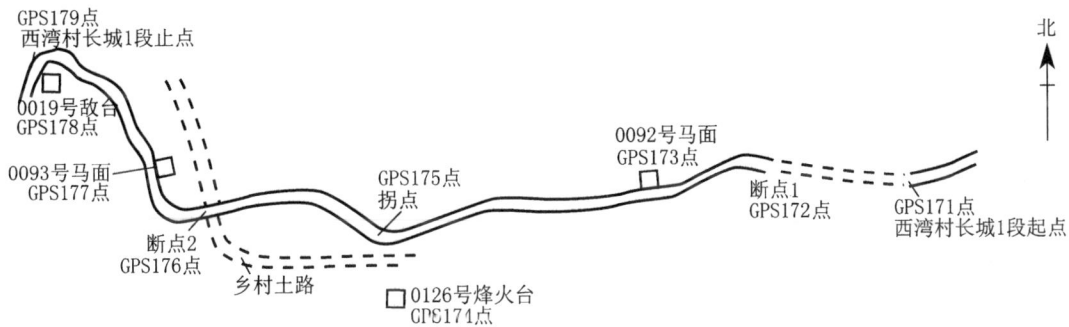

图一四五九　西湾村长城 1 段位置示意图

墙体整体保存较差。墙体受风雨侵蚀倒塌、剥落严重。大部分墙体上生长有沙漠、旱地植物，根系深扎入墙体中，导致墙体产生数厘米到十几厘米的裂缝。部分墙体有人为铲削和攀爬踩踏痕迹，推测为当地居民建房或其他设施时取土所致。

墙体在断点 1 处由于赵官界水库分隔造成 415 米消失。起点西 1.187 千米处为拐点，墙体走向转为东南—西北；1.482 千米处为断点 2，有土路穿行，宽 5 米；2.136 千米处为止点，也为拐点，走向转为东北—西南。

墙体为自然基础上夯筑而成，夯层厚 0.06 ~ 0.13 米，夯土为黄土。墙体底宽 2.3 ~ 6、顶宽 0.3 ~ 2.8、内高 2.9 ~ 3、外高 4.4 ~ 5 米。（图一四六〇）

该段墙体起点为张天赐村长城 4 段墙体止点，止点为西湾村长城 2 段墙体起点。起点西 0.659 千米处有西湾村 1 号（0092 号）马面，1.187 千米墙体南侧 0.06 千米处有西湾村（0126 号）烽火台，1.647 千米处有西湾村 2 号（0093 号）马面，2.136 千米墙体南侧 0.026 千米处有西湾村 1 号（0019 号）敌台。墙体附近有赵官界水库，水资源丰富。有西湾村通往乡镇的柏油路，有多条乡村土路。西湾自然村有居民 40 户左右，人口约 190 人。

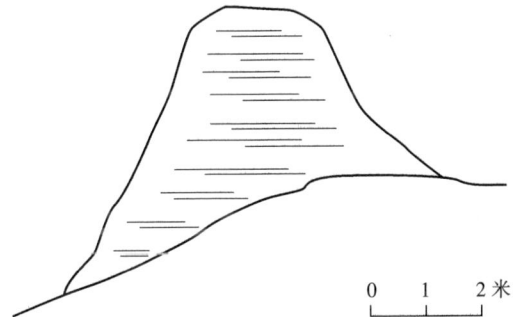

图一四六〇　西湾村长城 1 段墙体剖面图

（三九）西湾村长城 2 段（610824382101170039）

　　该段墙体位于西湾村的山梁上，利用山体自然走向而建。两侧为荒坡地，较陡峭，止点处为深沟，坡度陡峭。地处山地沟壑区，沟壑纵横，为黄沙土地貌。整体呈东—西走向，墙体长 1292 米。墙体起点位于中山涧乡西湾村南 0.65 千米，高程 1713.7 米；止点位于中山涧乡西湾村袁庄东北 0.6 千米，高程 1577.5 米。（图一四六一；彩图二八一）

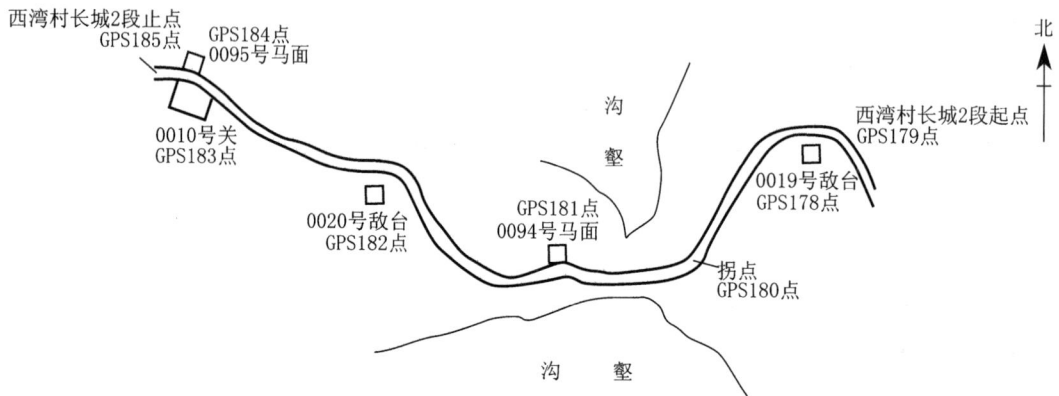

图一四六一　西湾村长城 2 段位置示意图

　　墙体整体保存较差。墙体受雨水冲刷侵蚀剥落严重。大部分墙体上生长有沙漠、旱地植物，根系深扎入墙体中，导致墙体产生数厘米到十几厘米的裂缝。部分墙体有人为铲削和攀爬踩踏痕迹，推测为当地居民建房或其他设施时取土所致。

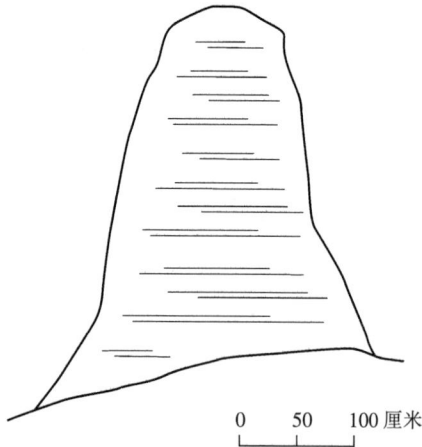

图一四六二　西湾村长城 2 段墙体剖面图

　　该段墙体起点为拐点，走向由东—西向拐为南—北向。起点至 0.192 千米处为另一个拐点，走向由南—北向转为东—西向。墙体南侧有 0.04 千米的水冲沟，威胁墙体安全，

　　墙体为自然基础上夯筑而成，夯层厚 0.06 ~ 0.13 米，夯土为黄土。部分墙体顶部平整，两侧呈坡状与山体相连部分段墙体呈驼峰状。墙体剖面呈梯形，底宽 3、顶宽 1、内高 2.7、外高 3.6 米。墙体附近发现残砖，砖宽 15、厚 8.5 厘米。（图一四六二）

　　该段墙体起点为西湾村长城 1 段墙体止点，止点为水路畔村长城 1 段墙体起点。起点至 0.345 千米处有西湾村 3 号（0094 号）马面，0.745 千米处墙体南侧有西湾村 2 号（0020 号）敌台，1.252 千米处有西湾村 4 号（0095 号）马面，正对马面南侧有西湾村（0010 号）关。墙体附近有赵官界水库，水资源丰富。西湾自然村有居民 40 户左右，人口约 190 人，村附近有西湾村通往乡镇的柏油路，有多条乡村土路。

（四〇）水路畔村长城 1 段（610824382101170040）

　　该段墙体利用水路畔乡的山体自然走向而建。大部分墙体位于山底的平缓地带，顺山势。地处山地沟壑区，沟壑纵横交错，坡度陡峭。整体呈东—西走向，墙体长 1102 米，其中，保存较差 1008 米、

消失 94 米。墙体起点位于中山涧乡西湾村袁庄东北 0.6 千米，高程 1577.5 米；止点位于中山涧乡西湾村袁庄北 0.23 千米，高程 1687.8 米。（图一四六三；彩图二八二）

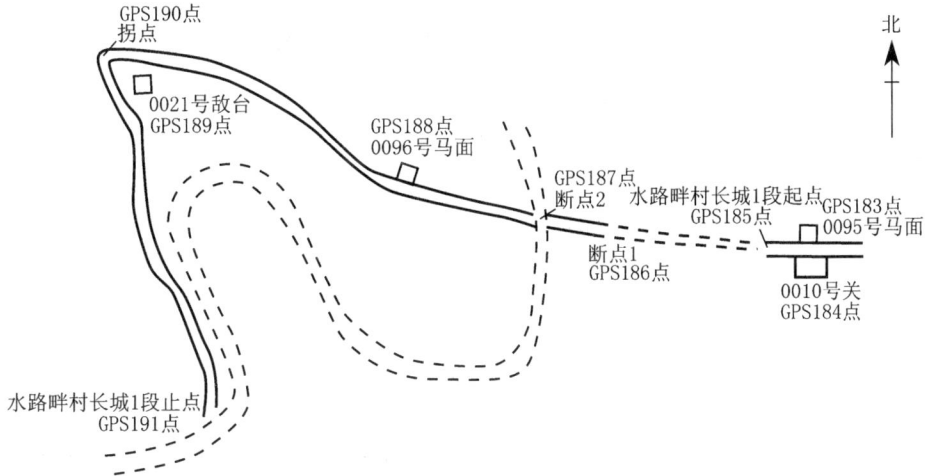

图一四六三　水路畔村长城 1 段位置示意图

墙体整体保存较差。墙体呈驼峰状或锯齿状，高低起伏，基本相连。墙体坍塌较严重，两面剥落如刀刃或锯齿状。起点至 0.08 千米处为水冲沟；至 0.11 千米处有南北向的公路，消失 14 米；至 0.73 千米处为拐点，走向由东西向转为南北向。墙体受风雨侵蚀损害较严重，大部分墙体上生长有沙漠、旱地植物，根系深扎入墙体中，导致墙体产生数厘米到十几厘米的裂缝。

墙体起点处为断点。起点至 0.08 千米处为断点 1，墙体消失 80 米；至 0.11 千米断点 2 处有南北向公路穿过，墙体消失 14 米；至 0.73 千米为拐点，走向由东—西向转为北—南向。

墙体为自然基础上夯筑而成，夯层厚 0.07 ~ 0.13 米，夯土为黄土。墙体底宽 2 ~ 6、顶宽 0.2 ~ 1.2、内高 0.8 ~ 2.8、外高 1.3 ~ 4.2 米。（图一四六四）

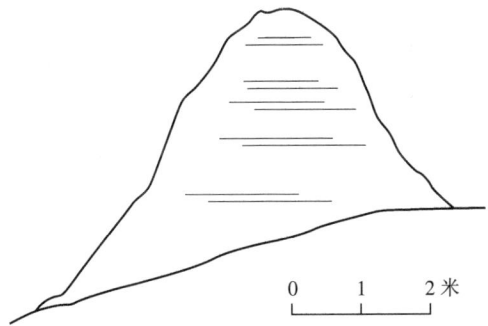

图一四六四　水路畔村长城 1 段墙体剖面图

该段墙体起点为西湾村长城 2 段墙体止点，止点为水路畔村长城 2 段墙体起点。起点西 0.304 千米有水路畔村 1 号（0096 号）马面，西北 0.73 千米南 0.028 千米有水路畔村 1 号（0021 号）敌台。墙体附近有水路畔沟，临近干涧，地下水资源丰富，有水路畔村通往乡镇的柏油路，有多条乡村土路。水路畔自然村有居民约 36 户，人口约 180 人。

（四一）水路畔村长城 2 段（610824382101170041）

该段墙体利用水路畔乡的山体自然走向而建。大部分墙体位于山梁的平缓地带，有乡村土路穿越墙体。地处山地沟壑区，沟壑陡峭。整体呈东—西走向，墙体长 1735 米，其中，保存较差 1676 米、消失 59 米。墙体起点位于中山涧乡西湾村袁庄北 0.23 千米，高程 1687.8 米；止点位于中山涧乡西湾村袁庄西北 0.75 千米，高程 1466.2 米。（图一四六五；彩图二八三）

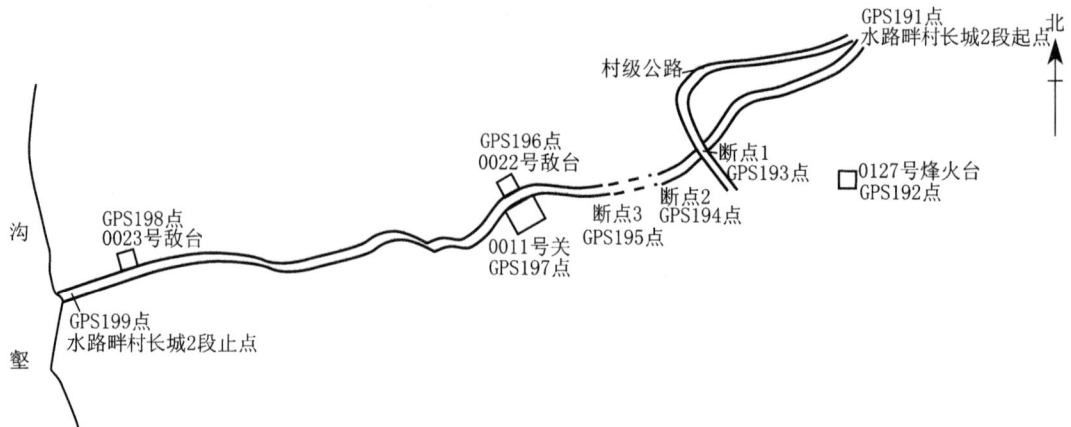

图一四六五　水路畔村长城2段位置示意图

墙体整体保存较差。起点至 0.114 千米处有电线杆穿过墙体，至 0.286 千米处因公路穿行消失 11 米，至 0.316 千米处有水冲沟消失 48 米。墙体受风雨侵蚀损毁较严重。大部分墙体上生长有沙漠、旱地植物，根系深扎入墙体中，导致墙体产生数厘米到十几厘米的裂缝。部分墙体有人为铲削和攀爬踩踏痕迹，推测为当地居民建房或其他设施时取土所致。

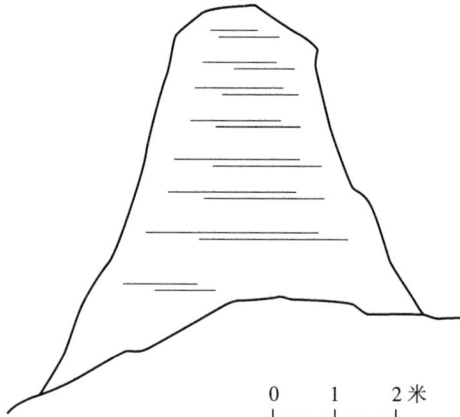

图一四六六　水路畔村长城2段墙体剖面图

墙体为自然基础上夯筑而成，夯层厚 0.06～0.1 米，夯窝直径 0.06，夯土以黄土为主，夹杂有黑垆土。两断点处墙体分别为底宽 6、顶宽 2.1、内高 4.8、外高 6 米，底宽 4.2、顶宽 1.1、内高 1.2、外高 4 米。（图一四六六）

该段墙体起点为水路畔村长城1段墙体止点，止点为鸦巷村长城墙体起点。起点西 0.17 千米南 0.15 千米处有水路畔村（0127 号）烽火台，0.56 千米处有水路畔村 2 号（0022号）敌台，敌台南侧正对水路畔村（0011 号）关，1.65 千米处有水路畔村 3 号（0023 号）敌台。墙体附近有水路畔沟，临近干涸，地下水资源丰富，有水路畔村通往乡镇的柏油路，有多条乡村土路。水路畔自然村有居民约 36 户，人口约 180 人。

（四二）鸦巷村长城（610824382101170042）

该段墙体位于中山涧乡鸦巷村西南山梁上和鸦巷村中。山势较陡峭，东低西高向西延伸，有水冲沟。地处山地沟壑区，沟壑陡峭，土质为黄沙土。整体呈东北—西南走向，墙体 1613 米，其中，保存较差 1000 米、消失 613 米。墙体起点位于中山涧乡西湾村袁庄西北 0.75 千米，高程 1466.2 米；止点位于中山涧乡水路畔村正路湾西南 0.3 千米，高程 1540.6 米。（图一四六七）

墙体整体保存较差。雨水冲刷、水土流失使墙体倒塌、剥落严重。大部分墙体上生长有沙漠、旱地植物，根系深扎入墙体中，导致墙体产生数厘米到十几厘米的裂缝。部分墙体有人为铲削和攀爬踩踏痕迹。

墙体起点西南 0.611 千米断点处由于水冲深沟和村庄使墙体消失；1.172 千米处为拐点，走向由东北向西南转为东向西，有天然气管道穿过墙体，消失 2 米为断点。

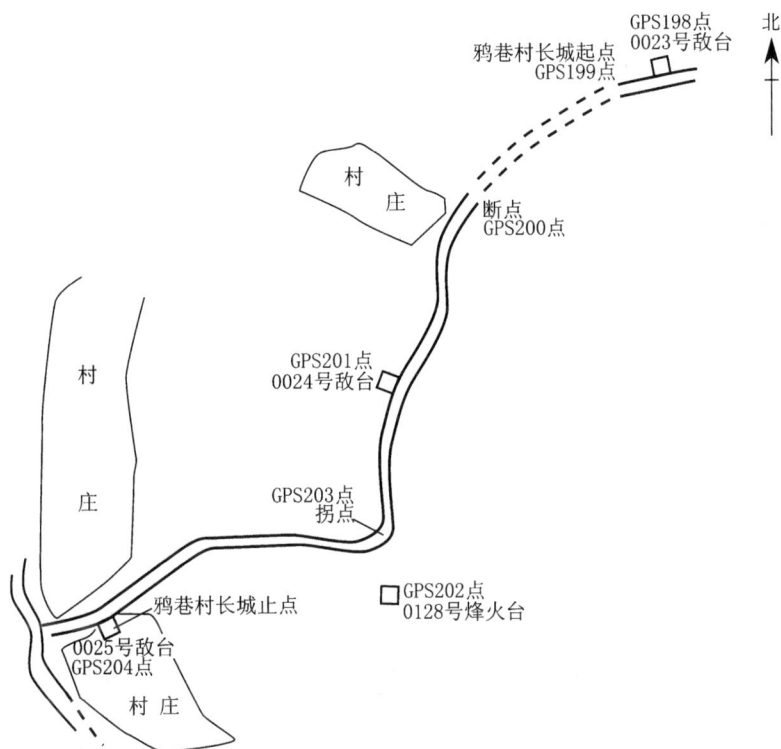

图一四六七　鸦巷村长城位置示意图

墙体为自然基础上夯筑而成，夯层厚 0.06 ~ 0.12 米，夯土以黄土为主，夹杂有黑垆土。墙体底宽 4.1 ~ 6、顶宽 0.9 ~ 2.3、内高 2.1 ~ 4、外高 4.2 ~ 7 米。（图一四六八）

该段墙体起点为水路畔村长城 2 段止点，止点为砖墩梁长城 1 段起点。起点西南 0.889 千米处有鸦巷村 1 号（0024 号）敌台，1.172 千米处为拐点，拐点南侧 0.076 千米处有鸦巷村（0128 号）烽火台，至 1.515 千米处有鸦巷村 2 号（0025 号）敌台。墙体附近有鸦巷沟（又名水路畔沟，各村称谓不同），临近干涸，地下水资源较为丰富。有一条通往中山涧乡的柏油路，有多条土路。鸦巷村有 40 余户，170 余人。

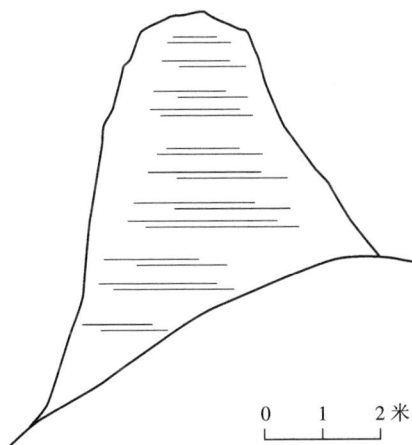

图一四六八　鸦巷村长城墙体剖面图

（四三）砖墩梁长城 1 段（610824382101170043）

该段墙体位于中山涧乡马家洼村砖墩梁（山名）上。依山势而建，较陡峭。部分段墙体两侧有较深的水冲沟，直接对墙体造成威胁。地处山地沟壑区，土质为沙黄土。整体呈东—西走向，墙体长 1329 米，其中，保存较差 929 米、消失 400 米。墙体起点位于中山涧乡水路畔村正路湾西南 0.3 千米，高程 1505 米；止点位于中山涧乡马家洼村前房子村东南 0.9 千米，高程 1606.4 米。（图一四六九）

墙体整体保存较差。起点至断点 1 由于鸦巷沟而消失，至 0.72 千米处由于水冲沟消失 80 米，至 1.245 千米处为拐点，走向由东西向转为北南向；至 1.329 千米处为止点，也为拐点，走向由北—南转为东北—西南，有道路通过，路宽 4 米。墙体受风雨侵蚀损毁较严重。大部分墙体上生长有沙漠、旱地植物，根系深扎入墙体中，导致墙体产生数厘米到十几厘米的裂缝。部分墙体有人为铲削和攀爬踩踏痕迹。

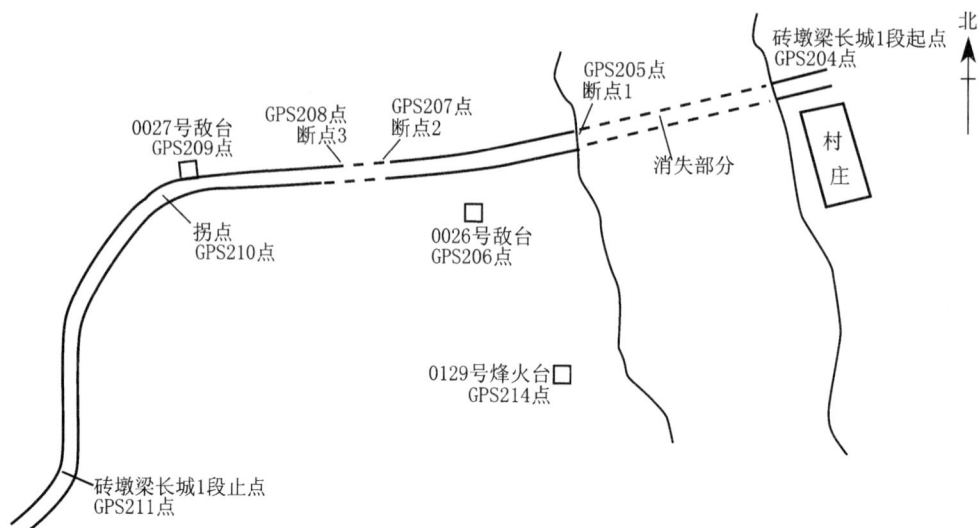

图一四六九　砖墩梁长城 1 段位置示意图

墙体为自然基础上夯筑而成，夯层厚 0.05~0.12 米，夯土为黄土。墙体底宽 8、顶宽 1.2~1.6、内高 3.1~4.3、外高 4.2~6.1 米。（图一四七〇）

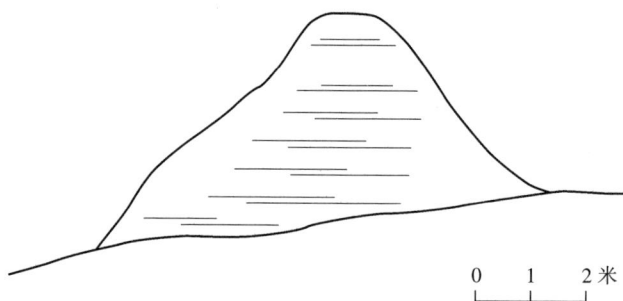

0　1　2 米

图一四七〇　砖墩梁长城 1 段墙体剖面图

该段墙体起点为鸦巷村长城墙体止点，止点为砖墩梁长城 2 段墙体起点。起点南 0.4 千米处有正路湾村（0129 号）烽火台，0.5 千米处有砖墩梁 1 号（0026 号）敌台，0.955 千米处有砖墩梁 2 号（0027 号）敌台。墙体附近有鸦巷沟（又名水路畔沟，各村称呼不同），临近干涸，地下水资源丰富。前房子村有 40 余户，170 余人，村附近有一条公路、多条土路。

（四四）砖墩梁长城 2 段（610824382101170044）

该段墙体位于中山涧乡马家洼村砖墩梁（山名）的山梁上。依山势而建，较陡峭。部分段处于平缓地带。整体呈东—西走向，墙体长 1696 米，其中，保存较差 1386 米、消失 310 米。墙体起点位于中山涧乡马家洼村前房子村东南 0.9 千米，高程 1606.4 米；止点位于中山涧乡马家洼小学南 0.42 千米，高程 1528.6 米。（图一四七一）

墙体整体保存较差。开垦耕地对墙体造成严重破坏，大部分呈驼峰状，个别段坍塌与地面齐平。大部分墙体上生长有沙漠、旱地植物，根系深扎入墙体中，导致墙体产生数厘米到十几厘米的裂缝。部分墙体有人为铲削和攀爬踩踏痕迹。

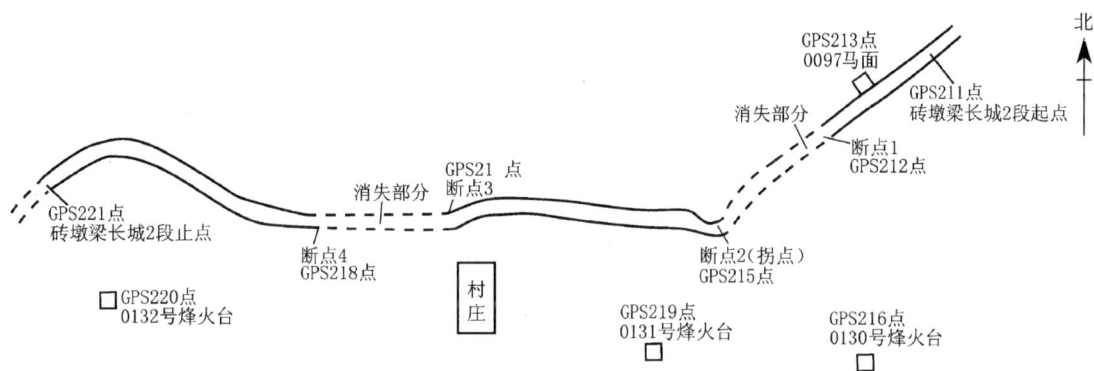

图一四七一　砖墩梁长城 2 段位置示意图

墙体起点至 0.289 千米处为断点 1；至断点 2 处由于水冲深沟消失 105 米，断点 2 为拐点，走向由东北—西南转为东—西；至 1.259 千米处为断点 3，断点 3 至断点 4 处由于村庄和耕地墙体消失 205 米。

墙体为自然基础上夯筑而成，夯层厚 0.06 ~ 0.12 米，夯土为黄土。墙体底宽 6 ~ 6.8、顶宽 0.7 ~ 2.3、内高 4.5 ~ 5.6、外高 5.3 ~ 6.4 米。（图一四七二）

该段墙体起点为砖墩梁长城 1 段墙体止点，止点为郝渠村长城墙体起点，起点西 0.134 千米处有砖墩梁（0097 号）马面；西南 0.604 千米处有砖墩梁（0130 号）烽火台，1.054 千米处有大墩梁（0131 号）烽火台，1.406 千米处有小墩梁（0132 号）烽火台。

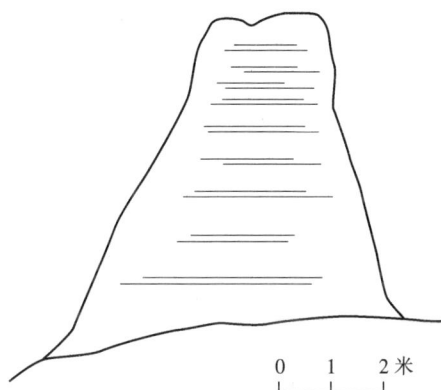

图一四七二　砖墩梁长城 2 段墙体剖面图

（四五）郝渠村长城（610824382101170045）

该段墙体位于郝渠村的山梁上。顺山势而建，大部分墙体建在较平缓的山梁地带，少部分为沟壑地带。消失段处在较平坦的地带，有村庄和耕地，土质较疏松。整体呈东北—西南走向，墙体长 1376 米，其中，保存差 549 米、消失 827 米。墙体起点位于中山涧乡马家洼小学南 0.42 千米，高程 1528.6 米；止点位于中山涧乡马家洼村边墙壕村南 0.15 千米，高程 1552 米。（图一四七三）

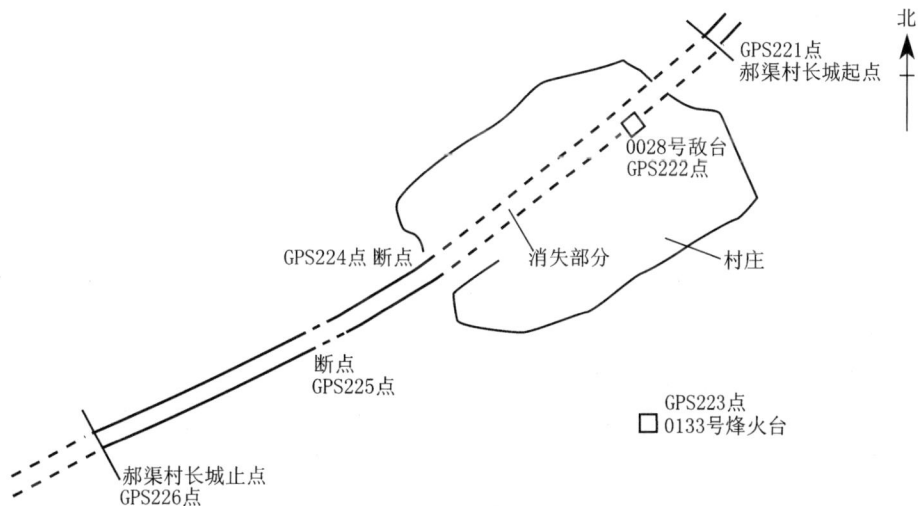

图一四七三　郝渠村长城位置示意图

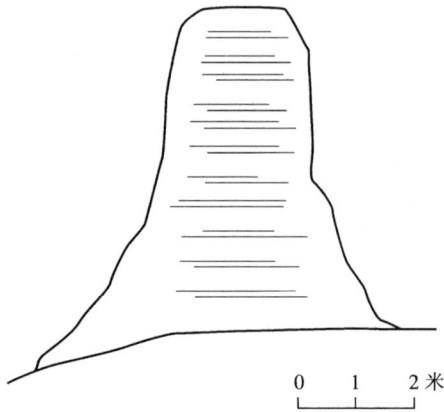

图一四七四　郝渠村长城墙体剖面图

墙体整体保存差。开垦耕地、水土流失造成墙体倒塌、消失，保存的墙体无形状。大部分墙体上生长有沙漠、旱地植物，根系深扎入墙体中，导致墙体产生数厘米到十几厘米的裂缝。部分墙体有人为铲削和攀爬踩踏痕迹。起点至0.821千米处为消失段，由于耕地、道路破坏墙体消失，至1.045千米处由于乡村小路消失6米。

墙体为自然基础上夯筑而成，夯层厚0.07~0.13米，夯土为黄土。墙体底宽5~6.2、顶宽0.7~1.8、内高3.6~5.3、外高4.2~6米。（图一四七四）

该段墙体起点为砖墩梁长城2段墙体止点，止点为边墙壕村长城墙体起点。起点西南0.281千米处有郝渠村（0028号）敌台，0.821千米南0.1千米处有郝渠村（0133号）烽火台。郝渠村有约10余户居民，50余人，附近有一条公路和多条乡村土路。

（四六）边墙壕村长城（610824382301170046）

该段墙体由于山体间的边墙壕沟导致整体消失。边墙壕沟水土流失严重，沟壑陡峭。地处黄土沟壑地带，沟壑纵横交错，土壤为黄沙土。整体呈东—西走向，墙体长1151米。墙体起点位于中山涧乡马家洼村边墙壕村南0.15千米，高程1552米；止点位于中山涧乡马家洼村边墙壕村西1.551千米，高程1545.4米。（图一四七五）

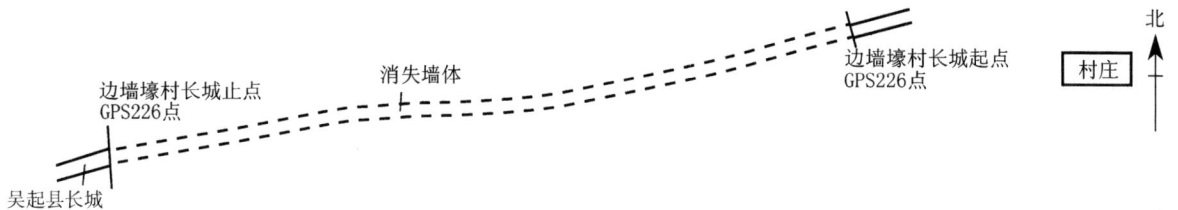

图一四七五　边墙壕村长城位置示意图

该段长城起点为郝渠村长城墙体止点，止点为吴起县岱巷村墩梁长城墙体起点。根据起止点可知，该段墙体应呈东—西走向。边墙壕沟内有较少水流，地下水资源丰富。边墙壕村有约15户居民，60余人。该区域为沟壑，没有道路。

二　单体建筑

靖边县明长城大边单体建筑主要为烽火台、敌台和马面三类。此次共调查单体建筑152座，其中，烽火台55座、敌台28座、马面69座。

敌台28座，台体皆以黄土夹杂料礓石（部分台体夯土中还夹杂有黑垆土、小石子等）夯筑而成，夯层厚0.05~0.26米，以0.05~0.15米为主，有5座夯层厚超过0.15米，个别如黄草滩4号敌台夯层厚0.3米。有台基者21座，占敌台总数的75%；带围墙者11座，占敌台总数的39.29%；有券洞者6座，占敌台总数的21.43%；包砖者4座，占敌台总数的14.29%。台体平面呈矩形者 22 座，其他形状者有 6 座。现存敌台尺寸各不相同，底部边长 3～17 米，以 5～9 米为主，有 5 座 10 米以上；顶部边长 1.4～14 米，以 2～6 米为主，有 4 座超过 6 米；高 0.5～11 米，以 4～7.8 米为主。

马面 69 座，台体皆以黄土为主夯筑而成，包含有料礓石（部分台体夯土中夹杂有植物根茎、粗砂、小石块等），夯层厚 0.03～0.17 米，以 0.03～0.14 米为主。有台基者有 5 座，占马面总数的 7.25%；有围墙者 5 座，占马面总数的 7.25%；有券洞者 11 座，占马面总数的 15.94%；包砖者有 36 座，占马面总数的 52.17%，大部分包砖被拆除。台体平面呈矩形者 62 座，其他形状者有 7 座。现存马面尺寸各不相同，底部边长 3～12 米，以 3～10 米为主，有 11 座超过10 米，个别如黄草圪 1 号马面、杨二村 1 号马面超过 15 米；顶部边长 0.5～11 米，以 2～8 米为主；高 2～12 米，以 2～9 米为主，黄草圪村 3 号马面、张天赐村 12 号马面、杨二村 7 号马面高 10 米以上。

烽火台 55 座，台体皆系黄土夹杂料礓石（部分台体夯土中夹杂有石、砖等）夯筑而成，夯层厚 0.04～0.28 米，以 0.05～0.18 米为主。有台基者 26 座，占烽火台总数的 47.27%；带围墙者有 12 座，占总数烽火台者 21.81%；17 座有包砖，占烽火台总数的 30.91%；所有烽火台没有券洞。台体平面呈矩形者 40 座，占烽火台总数的 72.72%；圆形 9 座，占烽火台总数的 16.36%；其他形状者有 6 座。现存烽火台的尺寸各不相同，底部边长 2.8～27.5 米，以 7～16 米占大多数，超过 16 米的有 9 座，其中有 7 座超过 20 米；顶部边长 0.8～15.95 米，以 2～9 米为主，有 5 座超过 9 米，个别如张天赐村 2 号烽火台、墩山梁烽火台、木瓜树圪村烟墩山烽火台达 10 米以上；高 2.7～12.06 米，以 4～9 米为主（5 座超过 9 米，达 10 米以上）。

靖边县单体建筑均有不同程度的损毁。

单体建筑分述如下。

（一）杨桥畔 1 号敌台（6108243521011770001）

该敌台位于杨桥畔镇杨一村北 1.8 千米。所处地域为荒沙地，沙化较严重，周围被风沙掩埋，附近有多处沙丘。高程 1351.5 米。

敌台整体保存较差。台体顶部四壁坍塌严重呈不规则形，台基仅存西侧部分。围墙高 1.4 米，有土路穿过台基。台体受风沙侵蚀四壁剥落。台体上生长有旱地植被，根系深入夯土中对台体造成一定破坏。台体和基座上有许多大小不等的动物洞穴。

台体夯筑而成，夯土以黄沙土为主，夹杂有少量黑垆土，包含有小石子，夯层厚 0.06～0.12 米。台体平面呈矩形，剖面呈梯形，底部边长 9 米，顶部东西 2.8、南北 3.4 米，高 5.6 米。围墙位于长城墙体的东侧，有登顶券洞，已毁。基座平面呈矩形，东西 42、南北 24、高 3.3 米。围墙仅存西墙一部分，高约 1.5 米；围墙用黄土夯筑而成，夯层厚 0.05～0.13 米，夯窝直径 0.06 米。台体附近发现少量的残砖和瓦片。（图一四七六）

该敌台西距杨桥畔村长城 3 段墙体 0.017 千米，北距杨桥畔 8 号马面 0.326 千米。

（二）杨桥畔 2 号敌台（6108243521011770002）

该敌台位于杨桥畔镇杨一村北 1.449 千米山梁上。周围为山坡，坡度较缓，附近为沙丘沟壑区，沟壑坡度较缓，有多处沙丘。高程 1320.5 米。

敌台整体保存较差。台体由于雨水冲刷侵蚀，呈坟丘状，顶部四面坍塌严重，呈尖状。台基仅存

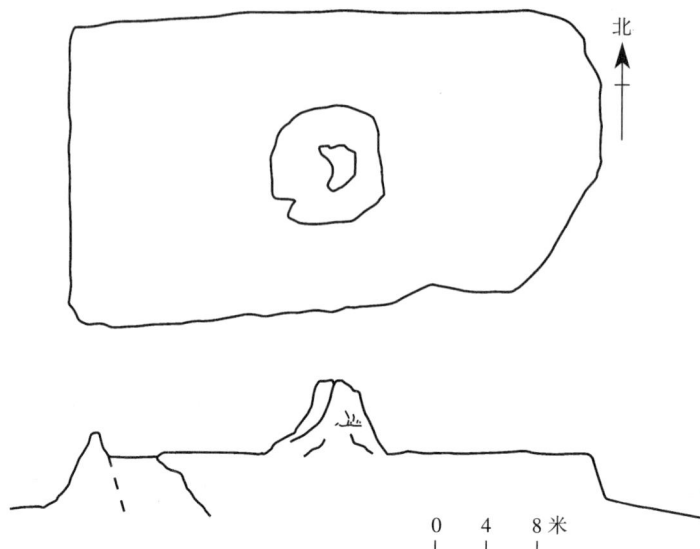

图一四七六　杨桥畔 1 号敌台平、立面图

西侧部分，围墙底宽 1、顶宽 0.3、高 1.2 米。台体受风沙侵蚀四壁剥落。台体上生长有旱地植被，根系深入夯土中对台体造成一定破坏。台体四周尤其是下部存在较多大小不等的动物洞穴。

台体无登顶券洞，夯筑而成，夯土以黄沙土为主，包含有料礓石，夯层厚 0.06 ~ 0.12 米，夯窝直径 0.06、深 0.018、中心间距 0.14 ~ 0.18 米。台体平面呈矩形，剖面呈梯形，底部边长 9、高 8.4 米。基座夯筑而成，平面呈矩形，东西 22、南北 34、高 1 米。台体附近发现有少量的砖、瓦，瓦厚 2 厘米。（图一四七七）

该敌台西距杨桥畔村长城 3 段墙体 5 米，北距杨桥畔 9 号马面 0.314 千米。

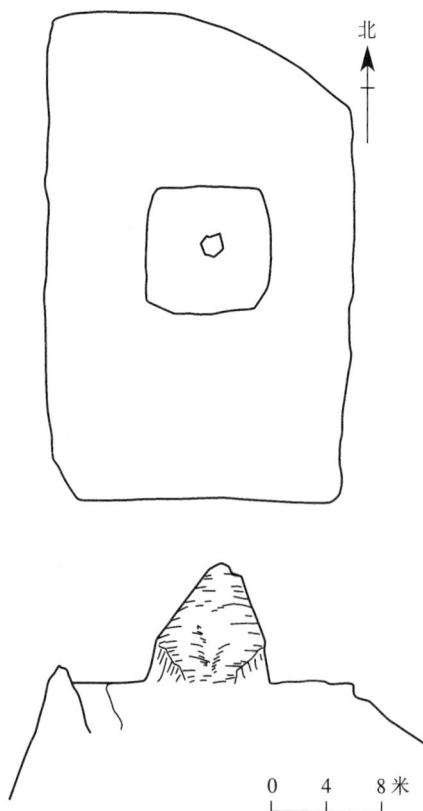

图一四七七　杨桥畔 2 号敌台
平、立面图

（三）杨二村敌台（610824352101170003）

该敌台位于杨桥畔镇杨二村南 2.8 千米的山梁上。东、南、西侧为山坡，坡度较缓，附近为荒沙地。台体附近为山地沟壑区，沟壑纵横，坡度较陡峭，东北 0.71 千米为陡坡梁。

台体整体保存较差。台体较低矮，大部分被沙土掩埋；顶部四周坍塌严重，呈不规则形；东、南、西壁坍塌呈斜坡状。台体上生长有旱地植被，根系深入夯土中对台体造成一定破坏。台体四周尤其是下部存在较多大小不等的动物洞穴。

台体建于长城墙体上，东西两壁凸出于墙体。台体夯筑而成，夯土以黄沙土为主，包含有石块，夯层厚 0.07 ~ 0.14 米。台体平面呈不规则形，剖面呈梯形，底部东西 14、南北 11 米，顶部中部较高，东西 13、南北 10 米，高

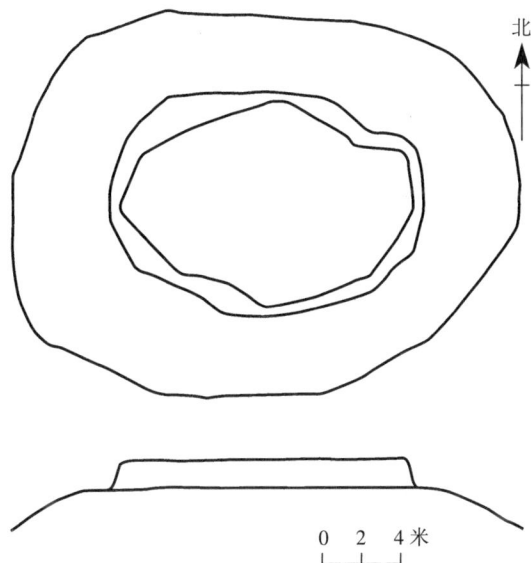

图一四七八　杨二村敌台平、立面图

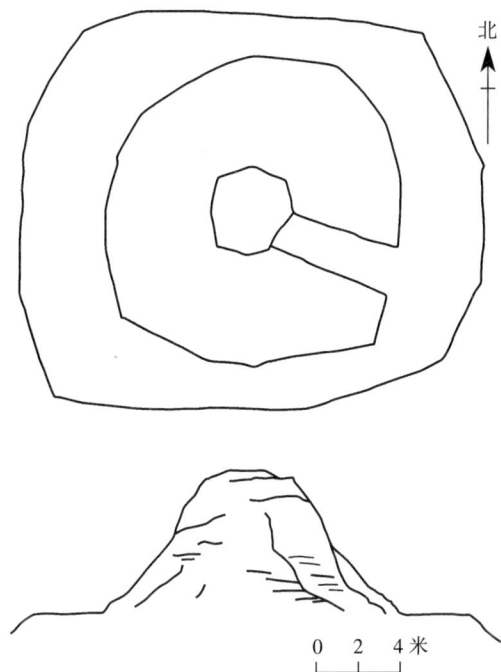

图一四七九　黄草圪村1号敌台平、立面图

1.5 米。夯土台基平面呈矩形，东西 26、南北 19、高 2 米。台体附近发现有砖、瓷片，砖宽 18、厚 7.5 厘米。（图一四七八）

该敌台紧靠杨二村长城 3 段墙体，东北距杨二村 7 号马面 0.324 千米。

（四）黄草圪村1号敌台（610824352101170004）

该敌台位于杨桥畔镇杨二村红炎沙东南 1.05 千米。所处区域地势平缓，东、北、西侧为沙砾地，南侧为平沙地，周围较平坦。高程 1375.6 米。

敌台整体保存较差。台体顶部四周坍塌严重；东南壁有一孔窑洞，宽 2、深 5.5、高 2 米，已坍塌。台体受风沙侵蚀四壁剥落，生长有旱地植被，根系深入夯土中对台体造成一定破坏。台体四周尤其是下部存在许多大小不等的动物洞穴。台体包砖被拆除，周围散落有少量残砖。

台体紧挨长城墙体内侧，东西两壁凸出于墙体。台体由黄沙土夹杂料礓石夯筑而成，夯层厚 0.08～0.13 米，夯土质地细密，夯窝直径 0.06、中心间距 0.09～0.13 米。由于雨水冲刷侵蚀，台体平面呈近圆形，剖面呈梯形，底部直径 14、顶部直径 4、高 6.5 米。夯土基座平面呈近矩形，东西 22、南北 18、高 2 米。台体顶部原有建筑物，现仅残留有砖、瓦片、少量瓷片等，无围墙。（图一四七九）

该敌台依黄草圪村长城 1 段墙体内侧，北距黄草圪村 1 号马面 0.59 千米，东北距黄草圪村草沙地堡 0.59 千米。

（五）黄草圪村2号敌台（610824352101170005）

该敌台位于龙洲乡黄草圪村红炎沙东南 1 千米。所处地势较开阔平坦，附近有小沟壑，东、北、西侧为砂砾地，南侧为平沙地。高程 1388.6 米。

敌台整体保存较差。台体顶部四周坍塌严重，受风雨侵蚀四壁剥落。台体上生长有旱地植被，根系深入夯土中对台体造成一定破坏。台体四周尤其是下部有许多大小不等的动物洞穴，包砖全部脱落。

　　台体用黄沙土、黑垆土夹杂少量料礓石夯筑而成，夯层厚0.07～0.14米，台体质地细密。台体因坍塌呈圆形，剖面呈坟丘状，底部直径7米，顶部不规则，直径1.4米，高2.3米，略高于长城墙体。台体包砖全部脱落，周围散落有少量残砖碎片和白灰渣。夯土基座平面呈矩形，东西12、南北10、高2米，围墙消失。台体顶部原有建筑物已毁，仅残留有砖、瓦片、少量瓷片等，砖宽18.5、厚9.8厘米。（图一四八〇）

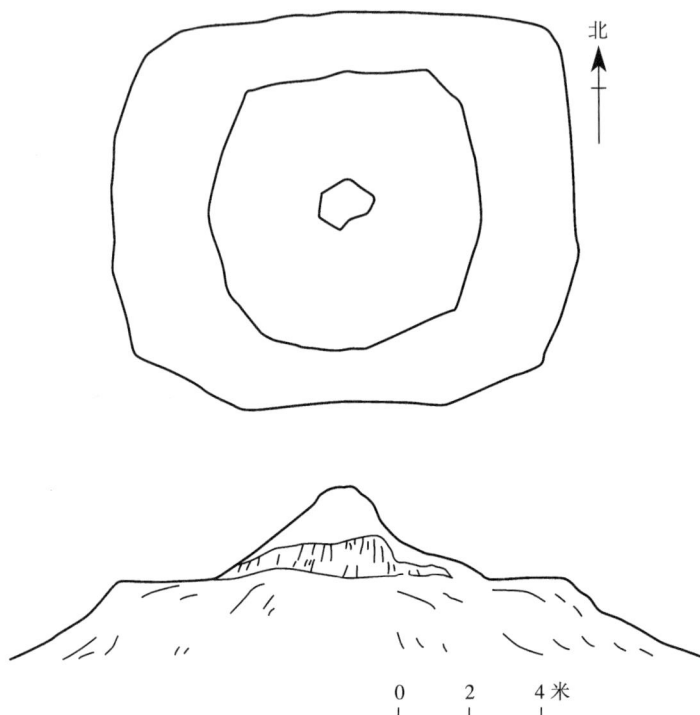

图一四八〇　黄草坬村2号敌台平、立面图

　　该敌台西依黄草坬村长城1段墙体，北距黄草坬村1号敌台0.938千米。

（六）黄草坬村3号敌台（610824352101170006）

　　该敌台位于龙洲乡黄草坬村东0.34千米的山梁上。北距边墙壕0.85千米，南0.07千米、西0.23千米处为深沟，北侧较平坦。地处山地沟壑区，沟壑较多。高程1443.7米。

　　敌台整体保存较差。台体受雨水冲刷侵蚀，顶部及四壁有坍塌，受风雨侵蚀四壁剥落。台体和基座上生长有旱地植被，根系深入夯土中对台体造成一定破坏。台体四周尤其是下部存在较多大小不等的动物洞穴。台体包砖被拆除，周围散落少量残片和瓦片等。围墙无存。

　　台体夯筑而成，夯土以黄沙土为主，夹杂有少量黑垆土，包含有少量的料礓石，夯层厚0.08～0.12米，夯土质地细密，夯窝不明。由于雨水冲刷侵蚀，台体平面呈近矩形，剖面呈梯形，底部东西7.6、南北8米，顶部东西5.2、南北6米，高7.3米，略高于长城墙体。台体南壁有登台土洞可达台顶，土洞宽1.2、高0.85、进深4米。台体顶部东侧有一个豁口，宽3.6米。台体四壁有多处裂缝，宽0.04～0.15米。夯土基座平面呈矩形，东西21、南北22、高2米。台体顶部原有建筑物已毁，仅存有大量砖、瓦及少量瓷片等，砖长38、宽21、厚8.5厘米，瓦片厚1.8厘米。（图一四八一；彩图二八四）

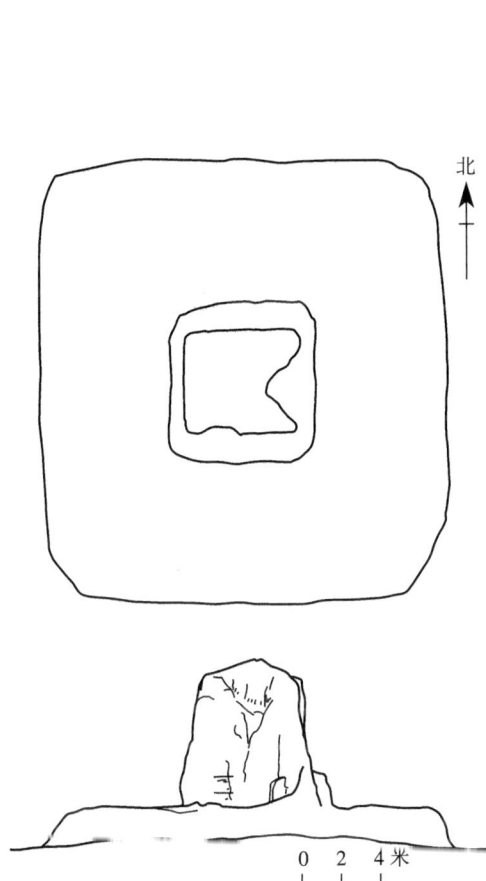

图一四八一　黄草垴村 3 号敌台平、立面图

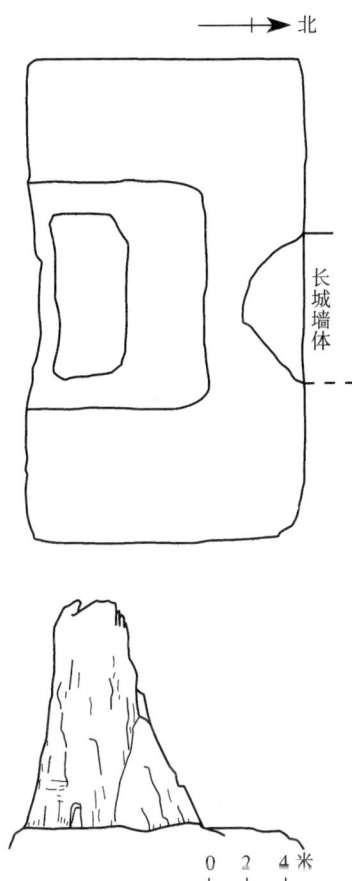

图一四八二　黄草垴村 4 号敌台平、立面图

　　该敌台西南 0.575 千米处有一道夯土墙与呈东北—西南走向的明长城墙体相交，相交处高程 1461.6 米。墙体底宽无法判断，顶宽 1~2 米；前段保存差，高 2~3 米，呈驼峰状；后段保存较好，高 5~6 米，中间有三五处断裂。交叉处有电线杆横穿，周围发现隋代瓦、陶片等。此段墙体可能为隋长城。

　　该敌台紧靠黄草垴村长城 3 段墙体内侧，东北距黄草垴村 3 号马面 1.07 千米。

（七）黄草垴村 4 号敌台（610824352101170007）

　　该敌台位于龙洲乡黄草垴村东南 0.82 千米的山梁上。地处山地沟壑区，东、南、西侧为深沟，东侧为沟壑和水库，沟壑较陡峭。高程 1479.7 米。

　　敌台整体保存较差。南侧紧靠山体滑坡地带，导致台体大面积坍塌。台体顶部四周有坍塌，南壁由于山体滑坡坍塌严重，西南壁有裂缝，宽 0.15 米。台体东壁底部有一孔小窑洞，高 1.2、宽 0.6、进深 0.5 米。台体上生长有旱地植被，根系深入夯土中对台体造成一定破坏。台体和基座上有许多大小不等的动物洞穴。

　　台体夯筑而成，夯土以黄沙土为主，包含有少量的料礓石，夯层厚 0.27~0.3 米，夯土质地细密，夯窝直径 0.065、深 0.016、中心间距 0.12~0.15 米。台体由于长期雨水冲刷侵蚀剥落严重，平面呈近矩形，剖面呈梯形，底部东西 11、南北 9 米，顶部东西 8、南北 3.5 米，高 11 米，高于长城墙体。夯土基座平面呈矩形，东西 24、南北 14、高 1 米。台体四周有少量残砖，砖厚 9 厘米。（图一四八二；彩图二八五）

该敌台依黄草圪村长城 3 段墙体内侧，东北距黄草圪村 3 号敌台 0.881 千米。

（八）甘沟村 1 号敌台（610824352101170008）

该敌台位于龙洲乡甘沟村瓮城子（组）东 0.9 千米的山梁上。地处山地沟壑区，地势高低不平，附近有深沟，沟壑坡度较缓，土质为黄沙土。高程 1544.3 米。

敌台整体保存较差。台体由于雨水冲刷侵蚀，顶部四周坍塌严重，东壁仅存宽、高均 4 米。台体上有多处动物洞穴，造成威胁，夯土流失、沙化严重。台体上生长有旱地植被，根系深入夯土中对台体造成一定破坏。

台体夯筑而成，夯土以黄沙土为主，包含有少量的料礓石，夯层厚 0.09 ~ 0.12 米，夯土质地细密，夯窝直径 0.062、深 0.013、中心间距 0.11 ~ 0.13 米。由于雨水冲刷侵蚀，台体表面剥落严重，平、剖面呈不规则形，底部东西 6、南北 5 米，顶部坍塌呈尖状，高 4 米，高于长城墙体。夯土基座平面呈矩形，东西 14、南北 12 米。台体周围发现有残砖、碎瓷片、陶片等，属明代遗物，砖厚 7 厘米，宽无法测量。（图一四八三）

该敌台西依甘沟村长城 1 段墙体，北距甘沟村 1 号烽火台 0.771 千米。

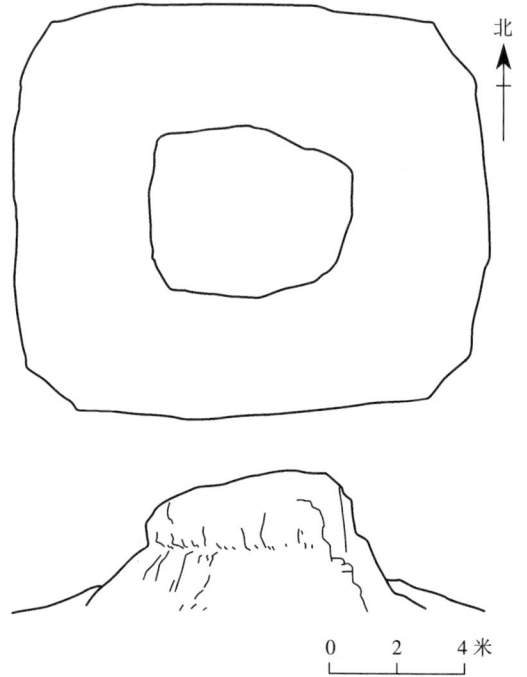

图一四八三　甘沟村 1 号敌台平、立面图

（九）甘沟村 2 号敌台（610824352101170009）

该敌台位于龙洲乡甘沟村东梁东南 0.35 千米的平坦区域。高程 1569.7 米。

敌台整体保存较差。台体由于雨水冲刷侵蚀四壁剥落，顶部四周坍塌严重；南壁底部有一孔窑洞，高 1.3、宽 0.95、深 3 米。台体上生长有旱地植被，根系深入夯土中对台体造成一定破坏。台体四周尤其是下部存在较多大小不等的动物洞穴。台体上和附近栽种有防沙柠条和杨树，东南侧有现代墓葬 3 座。

台体高于长城墙体，用黄土夯筑而成，夯土包含有少量的料礓石，夯层厚 0.1 ~ 0.13 米，夯土质地细密。台体平面呈近矩形，剖面呈梯形，底部东西 5、南北 7 米，顶部东西 2.5 ~ 4、南北 5 米，高 7 米。台体东壁底部有登台券洞可达顶部，洞宽 0.8、高 1.6、通长 2.5 米。台体附近保存有残砖，砖厚 7 厘米。（图一四八四）

该敌台位于甘沟村长城 1 段墙体东南侧，紧靠长城墙体，东距甘沟村瓮城子关 0.548 千米。

（一〇）甘沟村 3 号敌台（610824352101170010）

该敌台位于龙洲乡甘沟村东梁东南 0.323 千米的山梁上。南北两侧为山坡，坡度较缓。高程 1574.8 米。

敌台整体保存较差。台体四周有多处水冲沟。顶部四周坍塌严重，坍塌处底部呈斜坡状。台体上生长有旱地植被，根系深入夯土中对台体造成一定破坏。台体四周尤其是下部有许多大小不等的动物洞穴。

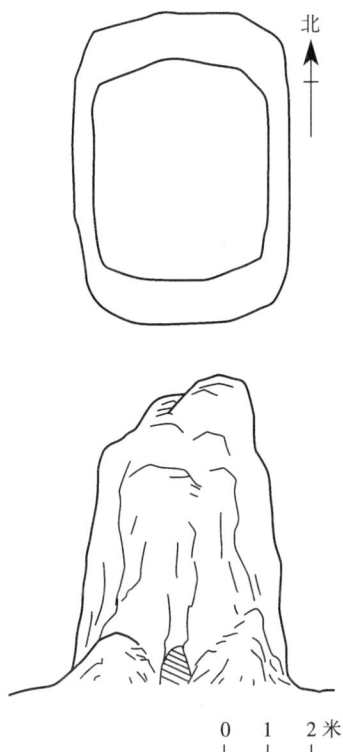

图一四八四　甘沟村2号敌台平、立面图

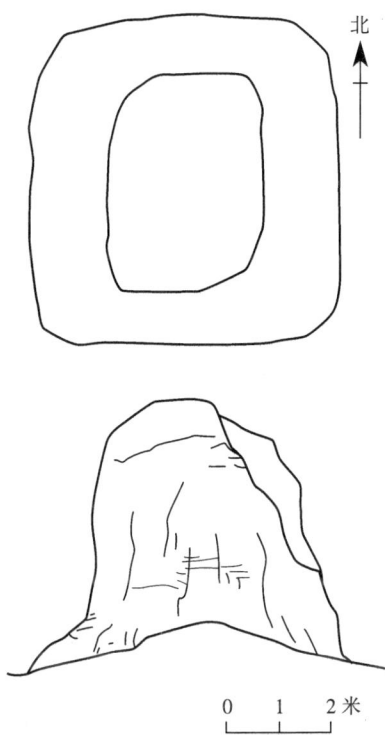

图一四八五　甘沟村3号敌台平、立面图

台体高于长城墙体，用黄土夹杂料礓石夯筑而成，夯层厚0.08~0.11米，夯土质地细密，夯窝直径0.06、深0.02米，中心间距0.1~0.14米。台体平面呈矩形，剖面呈梯形，底部边长6米，顶部东西3、南北4米，高5米。台体顶部原有建筑物已毁，仅存有碎砖、少量瓷片等。台体四周散落有部分残砖，砖厚7厘米。台体附近发现有残砖、碎瓷片等，属明代遗物。（图一四八五）

台体所依长城墙体外侧有一道壕沟，北距墙体5.1米，壕沟长142、下宽9、上宽11、内侧深6、外侧深2米。

该敌台北距甘沟村长城2段墙体5米，东距甘沟村2号敌台0.51千米。

（一）甘沟村4号敌台（610824352101170011）

该敌台位于龙洲乡甘沟村西南0.47千米的平缓地带。高程1568.1米。

敌台整体保存较差。台体受风雨侵蚀四壁剥落，顶部四周坍塌严重，呈不规则形，南壁坍塌呈斜坡状。台体上生长有旱地植被，根系深入夯土中对台体造成一定破坏。台体四周尤其是下部有许多大小不等的动物洞穴。

台体四周有围墙，北侧外部有壕沟。围墙建在夯土基座上，平面呈矩形，边长36米，墙体底宽2、顶宽0.2~1、内高0.5~4、外高2~4.5米；西墙保存较好，南墙保存较差，东墙基本消失。台体夯筑而成，夯土以黄沙土为主，包含有少量的料礓石，夯层厚0.09~0.13米，夯土质地细密，夯窝直径0.06、深0.016、中心间距0.12~0.17米。台体平面呈矩形，剖面呈梯形，底部边长10米，顶部东西4.8、南北4米，高1米。台体周围散落有少量残砖，砖厚9厘米。（图一四八六）

该敌台北依甘沟村段长城2段墙体，高于墙体，东距甘沟村3号敌台0.462千米。

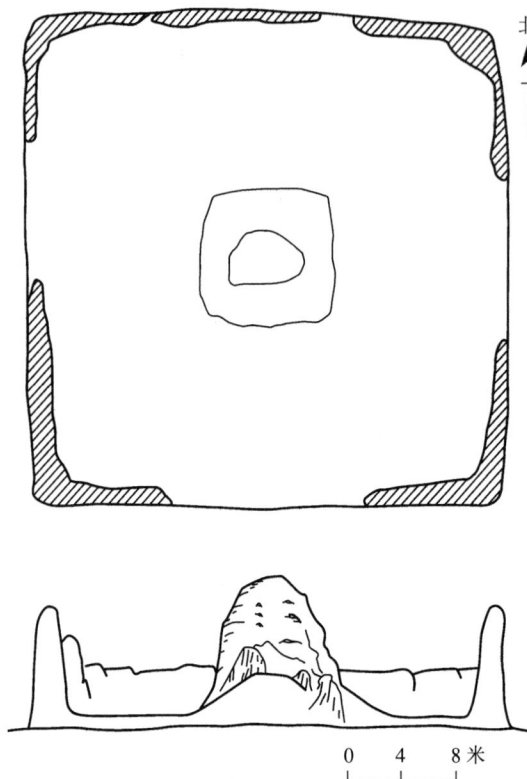

图一四八六　甘沟村 4 号敌台平、立面图

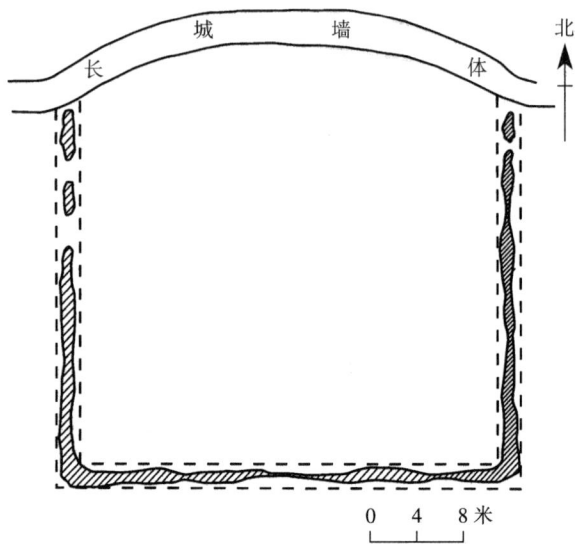

图一四八七　甘沟村 5 号敌台平面图

（一二）甘沟村 5 号敌台（610824352101170012）

该敌台位于龙洲乡甘沟村西 1.25 千米。所处区域地势较平缓，四周平坦无沟壑，西高东低，北高南低。高程 1579.8 米。

敌台整体保存差。台体坍塌严重，濒临消失，只存一点遗迹，高约 0.5 米。台体上生长有旱地植被，根系深入夯土中，造成一定破坏。台体四周尤其是下部存在较多大小不等的动物洞穴。

台体建在矩形夯土基座上，有围墙、壕沟。围墙平面呈矩形，边长 40 米，墙体底宽 2.2、顶宽 0.2～0.5、内高 3、外高 3.4 米米。围墙南墙保存较好，西墙保存较差，北墙借用长城墙体。台体北侧有壕沟。台体平面呈不规则形，黄土夹杂料礓石夯筑而成，夯土包含有少量料礓石，夯层厚 0.08～0.14 米，夯土质地细密，夯窝直径 0.06、深 0.016、中心间距 0.12～0.17 米。台体四周散落有残砖、瓦片等，砖厚 9 厘米，属明代遗物。（图一四八七）

该敌台位于甘沟村长城 3 段墙体南侧，东距甘沟村 4 号敌台 0.896 千米。

（一三）五台村 1 号敌台（610824352101170013）

该敌台位于镇靖乡五台村南 0.08 千米。所处地势较平缓，南、北侧为缓坡，坡底较平坦，为耕地；东、西侧较平坦，北侧有壕沟。

敌台整体保存差。台体破坏严重，受风雨侵蚀四壁剥落；东南壁坍塌严重，坍塌处呈斜坡状。台体上生长有旱地植被，根系深入夯土中对台体造成一定破坏。台体四周尤其是下部存在较多大小不等

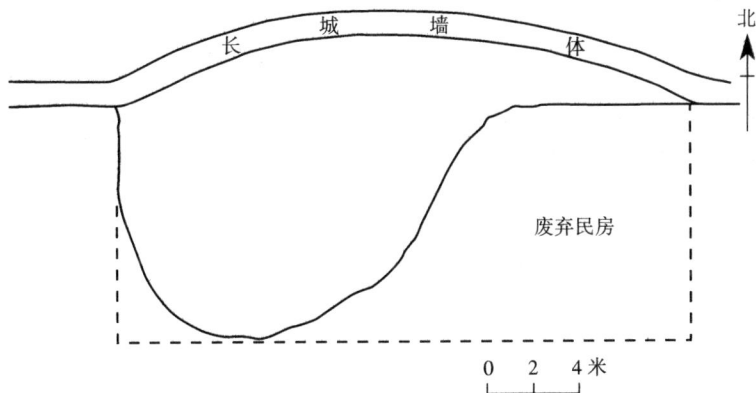

图一四八八 五台村1号敌台平面图

的动物洞穴。

台体建在夯土基座上，有围墙。围墙建在基座上，平面呈矩形，东西53、南北28米，墙体底宽1.1、顶宽0.3、内高0.5、外高0.06米；北墙借用长城墙体，保存较好，西、东墙保存较差，南墙基本消失。基座平面呈不规则形，东西40、南北15、高2米。台体用黄沙土夯筑而成，包含物很少，夯层厚0.1～0.14米，夯土质地细密，未发现夯窝。由于长期雨水冲刷侵蚀和人为破坏，台体仅存0.5米高的土台。台体四周散落有少量残砖，砖厚9厘米。（图一四八八）

该敌台位于五台村长城2段墙体南侧，长城墙体向北凸出，东距五台村2号关1.188千米。

（一四）五台村2号敌台（610824352101170014）

该敌台位于镇靖乡三台洼村南0.05千米。所外地势较平坦，东南高西北低，附近为山地沟壑地带，坡度较缓。高程1520.8米。

敌台整体保存较差。台体顶部、四壁坍塌严重，受风雨侵蚀四壁剥落；东壁豁口宽0.4、高1.8、进深0.5米，保存边长5、高8.5米；南壁坍塌呈"V"形豁口，最宽3、长5.5米。台体上生长有旱地植被，根系深入夯土中对台体造成一定破坏。台体四周尤其是下部有许多大小不等的动物洞穴。

台体内部用黄沙土夹杂料礓石夯筑而成，夯层厚0.11～0.19米，夯土质地细密，夯窝直径0.06、深0.018、中心间距0.12～0.21米。台体平面呈矩形，剖面呈梯形，底部边长9米，顶部东西5、南北6米，高7米。台体外部包砖，砖厚8厘米。围墙建在夯土基座上，平面呈矩形，北墙借用长城墙体，整体保存较差，只存南墙部分，长5、高0.5米。基座平面呈矩形，长44、宽31、高4米。台体周围发现有砖、瓷片、陶片等，属明代遗物。（图一四八九）

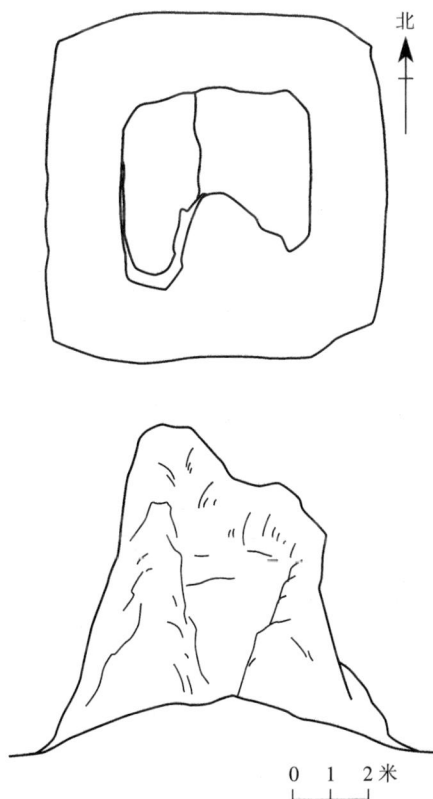

图一四八九 五台村2号
敌台平、立面图

该敌台依五台村长城 2 段墙体，西距五台村 2 号马面 0.382 千米。

（一五）五台村 3 号敌台（610824352101170015）

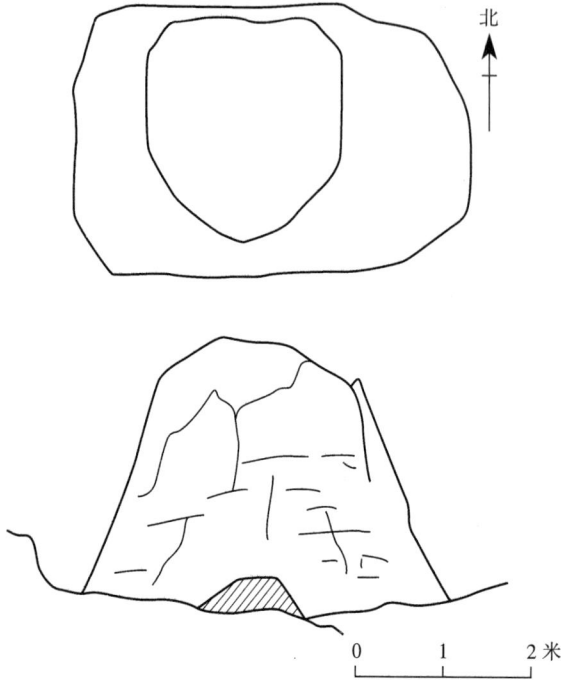

图一四九〇　五台村 3 号敌台平、立面图

该敌台位于镇靖乡五台村 307 国道西侧 0.23 千米。四周较为平缓，地势北高南低，土壤以黄沙土为主。高程 1511.1 米。

敌台整体保存较差。台体顶部及四壁坍塌严重。台体上生长有旱地植被，根系深入夯土中对台体造成一定破坏。台体四周尤其是下部有许多大小不等的动物洞穴。

台体用黄沙土夹杂料礓石夯筑而成，夯层厚 0.08 ~ 0.16 米，夯土质地细密，夯窝直径 0.06、深 0.018、中心间距 0.12 ~ 0.18 米。台体平面呈矩形，剖面呈梯形，底部东西 4.5、南北 3 米，顶部不规则，东西 2.2、南北 2.5 米，高 3 米。台体南壁券洞塌陷，洞宽 1.1、高 0.4 米。围墙建在夯土基座上，北墙借用长城墙体，平面呈矩形，东西 60、南北 24、高 2 米；整体保存较差，只存南墙东部部分，墙体底宽 1.2、顶宽 0.3、内高 1、外高 1.5 米。基座平面呈矩形。台体四周散落有少量残砖，砖厚 9 厘米。（图一四九〇；彩图二八六）

该敌台依五台村长城 4 段墙体，东距五台村 3 号马面 0.05 千米。

（一六）五台村 4 号敌台（610824352101170016）

该敌台位于镇靖乡五台村麻黄梁村（组）。所处地势较平缓，四周呈缓坡状，附近为耕地，种植有马铃薯、荞麦等农作物。高程 1492.8 米。

敌台整体保存差。台体坍塌严重，顶部中间有一个圆形小坑，直径 0.5、深 0.3 米。台体和基座上生长有较多的植被，根系深入夯土中对台体造成一定破坏。

台体用黄沙土夹杂料礓石夯筑而成，夯层厚 0.8 ~ 0.15 米，夯土质地细密，夯窝直径 0.06、深 0.018、中心间距 0.12 ~ 0.18 米。台体平面呈近圆形，剖面呈坟丘状，底部直径 11.5、顶部直径 2 米。夯土基座平面呈矩形，东西 32、南北 17、高 3 米。基座上建有围墙，北墙借用长城墙体，其余损毁，围墙中央为台体。台体周围散落有少量残砖，厚 9 厘米。（图一四九一）

该敌台北依五台村长城 2 段墙体墙，东距依五台村 3 号敌台 0.49 千米。

（一七）张天赐村 1 号敌台（610824352101170017）

该敌台位于新城乡张天赐村烟台村（组）东 0.31 千米的山梁上。地处山地沟壑地带，地势高低不平，北高南低，附近为沟壑，四周为荒坡地。高程 1673.7 米。

敌台整体保存一般。台体四壁有坍塌，有多处裂缝及水冲沟；东南壁坍塌豁口宽 1.5 米；西侧登顶券洞塌陷，仅存高、宽 0.4 米。

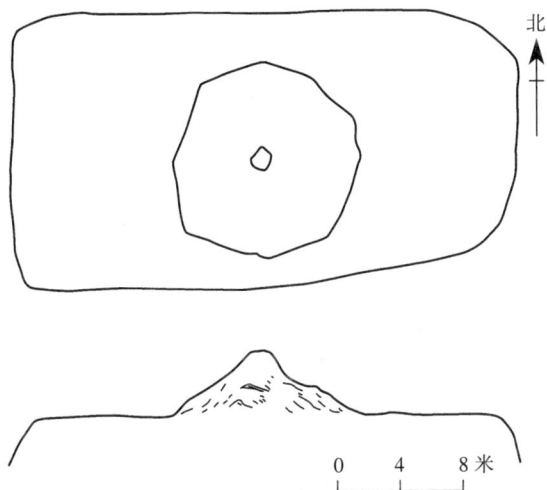

图一四九一　五台村 4 号敌台平、立面图

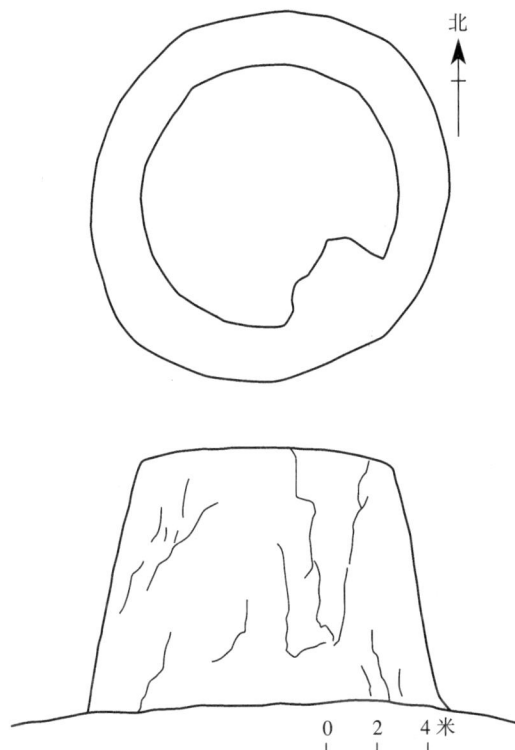

图一四九二　张天赐村 1 号敌台平、立面图

台体夯筑而成，夯土以黄沙土为主，包含有少量的料礓石，夯层厚 0.05～0.13 米，夯土质地细密，夯窝直径 0.06、深 0.02、中心间距 0.12～0.18 米。台体平面呈圆形，剖面呈梯形，底部直径 14、顶部直径 10、高 10 米。台体顶部南侧有一条水冲沟，宽 1.5、高 3、深 4 米。台体周围发现有少量的残砖、瓦片等，属明代遗物。（图一四九二；彩图二八七）

该敌台依张天赐村长城 1 段墙体内侧，东距张天赐村 2 号马面 0.305 千米，西距张天赐村 3 号马面 0.418 千米。

（一八）张天赐村 2 号敌台（610824352101170018）

该敌台位于新城乡张天赐村南 0.8 千米处。地处山地沟壑地带，地势高低不平，附近为沟壑，四周为荒坡地。东北距张元峁 0.85 千米，之间为沟壑，沟壑较陡峭。高程 1617.2 米。

敌台整体保存较差。台体顶部四周坍塌严重，四壁有多处水冲沟。台体上生长有旱地植被，根系深入夯土中对台体造成一定破坏。台体四周尤其是下部多大小不等的动物洞穴。

台体内部用黄沙土夹杂料礓石夯筑而成，夯层厚 0.07～0.14 米，夯土质地细密，夯窝直径 0.07、深 0.02、中心间距 0.12～0.18 米。台体外部包砖无存。台体坍塌严重，平面呈不规则形，剖面呈三角形，底部边长 9 米，顶部东西 2.5、南北 3 米，高 7 米。台体周围发现有少量残砖，砖宽 16、厚 8.7 厘米，属明代遗物。（图一四九三）

该敌台依张天赐村长城 3 段墙体，高于墙体，东南距张天赐村 1 号烽火台 1 千米。

（一九）西湾村 1 号敌台（610824352101170019）

该敌台位于中山涧乡西湾村南侧 0.67 千米的山峁上。地处山地沟壑区，沟壑纵横交错，坡度陡

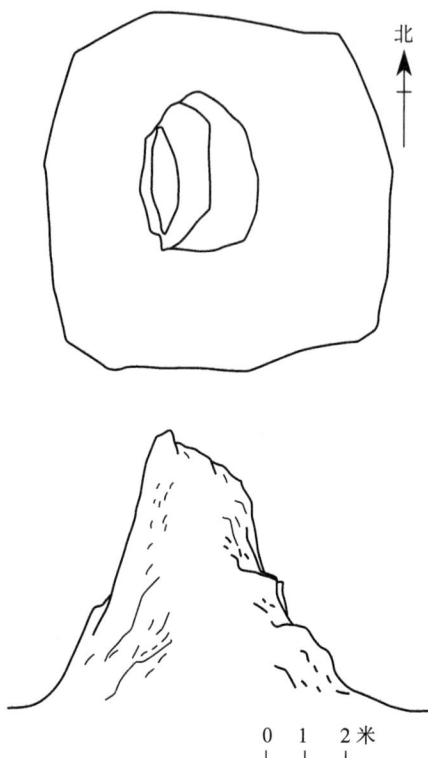

图一四九三　张天赐村 2 号敌台平、立面图

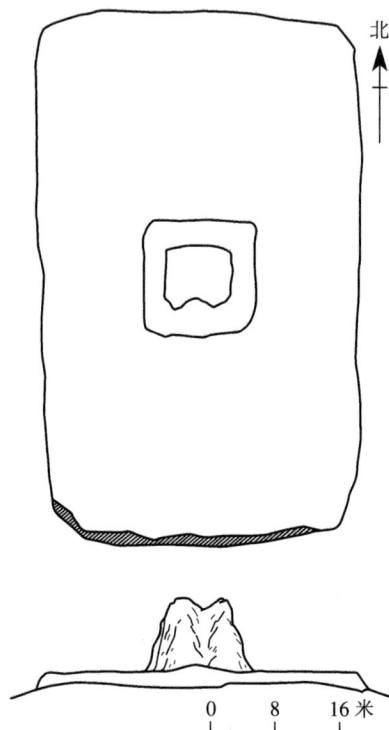

图一四九四　西湾村 1 号敌台平、立面图

峭。周围为耕地，种植有荞麦。高程 1720.5 米。

敌台整体保存较差。台体东、南壁塌陷严重，东、南壁有一个豁口，为雨水冲刷造成了西壁有登台券洞已塌陷。台体受风雨侵蚀四壁剥落。台体上生长有旱地植被，根系深入夯土对台体造成一定破坏。台体四周尤其是下部有较多大小不等的动物洞穴。台体南壁豁口底宽 1、顶宽 4、深 2.2 米，东壁豁口底宽 0.4、顶宽 2.5、深 2 米。台体周围散落残砖、瓦片、瓷片，砖厚 8.5 厘米，瓦片厚 1.9 厘米。

台体建在夯土基座上，有围墙。台体用黄土夯筑而成，夯层厚 0.06～0.13 米，不见夯窝。台体外部包石砖基本脱落。台体平面呈矩形，底部边长 7 米，顶部东西 4、南北 4.3 米，高 4.4 米。台体西壁登台券洞塌陷，宽 0.4、高 0.6、进深 0.7 米。基座平面呈矩形，东西 20、南北 32、高 5 米。基座边缘建有围墙，仅存南墙 3.7 米，墙体底宽 2.5、顶宽 0.4、内高、外高 32.3 米。（图一四九四）

该敌台北距西湾村长城 1 段墙体 0.026 千米。

（二〇）西湾村 2 号敌台（610824352101170020）

该敌台位于中山涧乡西湾村西南 1.15 千米。所处山峁较宽广、平坦，四周为山地沟壑，沟壑坡度较缓，为黄沙地。高程 1713.3 米。

敌台整体保存一般。台体受风雨侵蚀及人为破坏四壁有不同程度的塌陷，包砖被人为拆除。

台体用黄土夯筑而成，夯层厚 0.07～0.12 米，夯窝直径 0.07、中心间距 0.12 米。台体平面呈矩形，剖面呈梯形，底部边长 7 米，顶部东西 4.5、南北 3.8 米，高 6.8 米。台体西壁登台券洞塌陷，填满淤泥，仅存宽 0.4、高 0.6、进深 0.5 米。台体四壁有人为挖掘的宽 0.5、进深 0.4、高 5 米的两条深槽，为填充砖、加固台体的专门设施。基座平面呈矩形，东西 32、南北 26、高 3 米。台

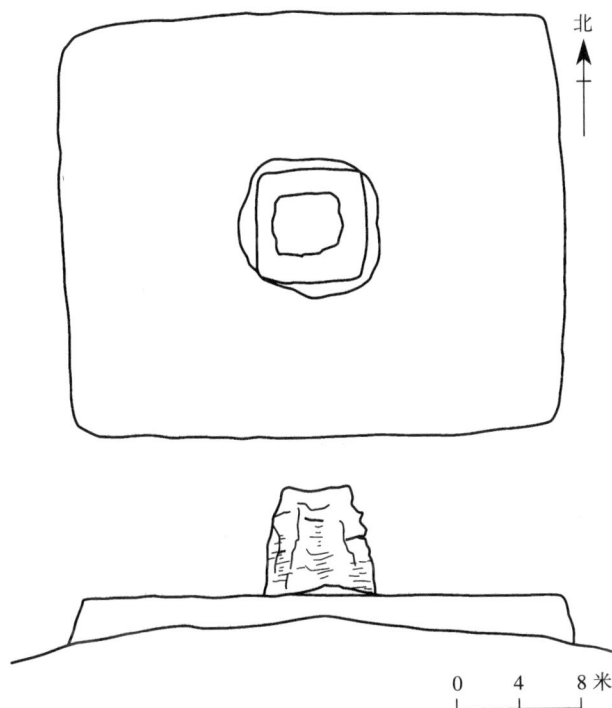

图一四九五　西湾村2号敌台平、立面图

图一四九六　水路畔村1号敌台平、立面图

体周围散落少量残砖、瓦片、碗底瓷片，砖厚8.5厘米，瓦片厚1.7厘米。（图一四九五；彩图二八八）

该敌台东距西湾村3号马面0.4千米，东北0.02千米处为长城墙体。

（二一）水路畔村1号敌台（610824352101170021）

该敌台位于中山涧乡水路畔村伙场村（组）北1千米的山峁上。所在地势较平整，四周为山地沟壑区，沟壑纵横，坡度陡峭。高程1720.9米。

敌台整体保存较差。台体受雨水冲刷四壁有不同程度的坍塌，东南壁有一个豁口，宽3、高3、进深2米；顶部坍塌严重，四周有多处水冲沟，东南侧有豁口。台体上生长有旱地植被，根系深入夯土中对台体造成一定破坏。台体四周尤其是下部有较多大小不等的动物洞穴。

台体用黄土夯筑而成，夯层厚0.05～0.13米，夯窝直径0.07、中心间距0.12米。台体外部包砖被拆除。台体平面呈矩形，剖面呈梯形，底部东西7.9、南北7.2米，顶部东西5、南北3.5米，高5.9米。基座平面呈矩形，东西25、南北22、高1.8米。台体周围散落有大量残砖碎瓦，砖宽17.5、厚6厘米，瓦厚1.8厘米。（图一四九六）

该敌台位于水路畔村长城1段墙体南侧0.023千米。

（二二）水路畔村2号敌台（610824352101170022）

该敌台位于中山涧乡水路畔村东1.3千米的山峁上。所处山峁较平整，北侧0.05千米处为深沟，四周为山地沟壑区，沟壑纵横交错，坡度陡峭。高程1682.3米。

敌台整体保存较差。台体坍塌严重，南壁塌陷呈斜坡状，豁口宽4、进深4.4、高3.6米。台体上

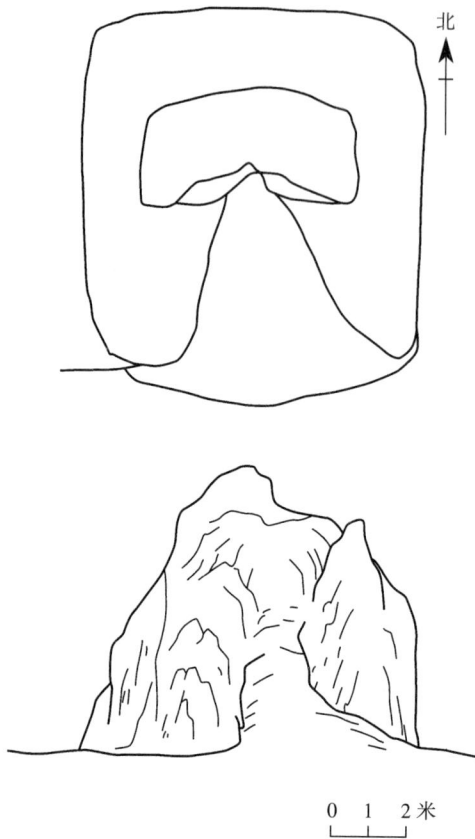

图一四九七　水路畔村 2 号敌台平、立面图

原有建筑无存，四周散落有残砖碎瓦。台体上生长有旱地植被，根系深入夯土中对台体造成一定破坏。台体四周尤其是下部有较多大小不等的动物洞穴。

台体用黄土夹杂黑垆土夯筑而成，东、西、北壁为两层，呈递减式，上小下大，夯层厚 0.07 ~ 0.13 米，夯土质地细密，夯窝直径 0.07、深 0.02、中心间距 0.11 ~ 0.14 米。台体包砖石脱落，基座无存。台体平面呈矩形，底部边长 9 米，顶部东西 5.8、南北 3 米，高 7.2 米。台体周围遗存有残砖、瓦片，砖宽 20.5、厚 7.5 厘米，瓦片厚 1.8 厘米。（图一四九七）

该敌台南侧为水路畔村 1 号关，紧贴长城墙体。东北距水路畔村 1 号敌台 0.636 千米。

（二三）水路畔村 3 号敌台　（610824352101170023）

该敌台位于中山涧乡水路畔村北的山坡上。西侧 5 米处为水路畔沟，南、北侧为沟壑，附近为山地沟壑区，沟壑坡度陡峭。高程 1497.5 米。

敌台整体保存一般。台体顶部受雨水冲刷较严重，有脱落；西壁有两条水冲裂缝，一条由底部直达顶部，宽 0.05 米，另一条位于中部直达顶部，宽约 0.07 米。台体南壁底部窑洞壁高 1.9、宽 2、进深 1.9 米，洞口处有一券洞，被淤泥掩埋，不能通过券洞进入。台体西壁有宽 0.03 ~ 0.04 米的裂缝，南壁底部有窑洞，其他保存较好；底部有昆虫巢穴侵蚀及人为破坏。台体包砖被人为拆除的。

台体用黄土夯筑而成，夯层厚 0.07 ~ 0.13 米，夯窝直径 0.12、中心间距 0.23 ~ 0.3 米。台体平面呈矩形，剖面呈梯形，底部东西 8.5、南北 8.8 米，顶部边长 5.6 米，高 7 米。台体外层包石、砖脱落，只存内层少量残砖；砖上有石灰层，石灰层厚 0.02 ~ 0.04 米，砖宽 20.5、厚 7.5 厘米。台体周围散落许多残砖、瓦片、瓷片及铁器残片，瓦片厚 3 厘米。（图一四九八；彩图二八九）

该敌台西距水路畔村长城 2 段墙体止点 0.06 千米。水路畔村内可见多处被拆除的包砖。据当地居民讲，鸦巷村民曾在台体附近挖出一尊大炮，去向不详。

（二四）鸦巷村 1 号敌台　（610824352101170024）

该敌台位于中山涧乡水路畔村鸦巷村（组）南 0.4 千米处。东、西、北侧为山坡，坡度较陡峭，南侧为山梁，北侧较平坦，有村庄和乡村公路通过，属山地沟壑区，坡度陡峭。高程 1612 米。

敌台整体保存较差。台体东壁坍塌严重，南、西、北壁有不同程度的塌陷；西南壁距地面 4 米高有一个圆形小洞，为鸟巢，有人为挖掘登台的小孔；南壁坍塌，有一个宽 2.8 米的豁口。围墙无存。有登台券洞，位于台体东侧紧贴长城墙体处，已坍塌，底宽 2.4、顶宽 0.8、进深 3 米。

台体用黄土和黑垆土夹杂夯筑而成，夯层厚 0.09 ~ 0.26 米，夯窝直径 0.12、中心间距 0.23 ~ 0.3 米。基座无存，周围种植有农作物。台体底部东西 8、南北 7.4 米，顶部东西 5.2、南北 4.4 米，高 7.8 米。台体外层包石砖脱落，只剩内层少量残砖，残砖上有石灰层，石灰层厚 0.02 ~ 0.04 米，砖宽

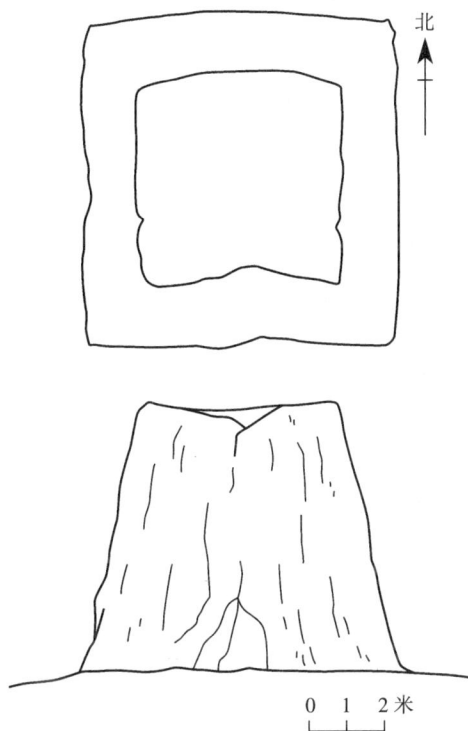

图一四九八　水路畔村3号敌台平、立面图

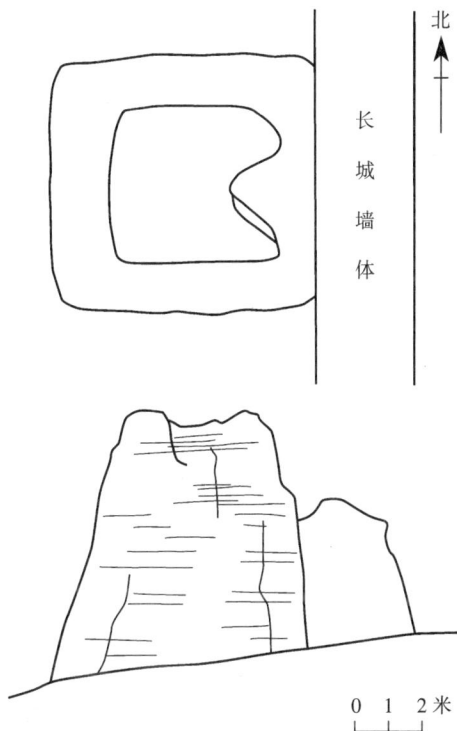

图一四九九　鸦巷村1号敌台平、立面图

20.5、厚7.5厘米。台体周围散落许多残砖、瓦片、瓷片。附近村庄发现的建筑用砖，来自于拆除的台体包砖，砖长41、宽20、厚8.5厘米。（图一四九九；彩图二九〇）

　　该敌台东依长城墙体，南距鸦巷村烽火台0.3千米。

（二五）鸦巷村2号敌台（610824352101170025）

　　该敌台位于中山涧乡水路畔村鸦巷村（组）北0.02千米的山脊上。西侧为山坡，坡度陡峭；东侧为山坡，呈上升趋势；南、北侧为山梁，呈下坡趋势。地处山地沟壑区。高程1540.6米。

　　敌台整体保存较差。台体受风雨侵蚀及人为破坏严重，四壁坍塌，有多处裂缝，裂缝宽0.03～0.15米，仅4个角残存；西壁有一个豁口，宽2.5、高2.8、进深1.8米；南壁有塌陷，人为挖掘的洞宽1.6、高2、进深1.8米；东壁有现代窑洞，分上下两层，底部窑洞宽0.9、高1、进深2.3米，顶部窑洞宽0.9、高1.1、进深1.5米。

　　台体依长城墙体，基座、围墙无存，没有发现登台券洞。台体用黄土夹杂黑垆土夯筑而成，夯层厚0.09～0.21米，夯窝直径0.07、深0.02、中心间距0.18～0.26米。台体底部东西6.6、南北5.8米，顶部东西3.8、南北3.6米，高7.4米。台体顶部原有建筑已毁，四周残留有大量残砖瓦、石灰等。（图一五〇〇）

　　该敌台北距鸦巷村长城墙体0.02千米，东0.018千米有一座现代小庙。

（二六）砖墩梁1号敌台（610824352101170026）

　　该敌台位于中山涧乡马家洼村西0.573千米的砖墩梁（山名）上。东、北侧为山坡，坡度陡峭；南、西侧为耕地，较平坦。附近为山地沟壑区，沟壑纵横交错，坡度较陡峭，土质为黄沙土。高程

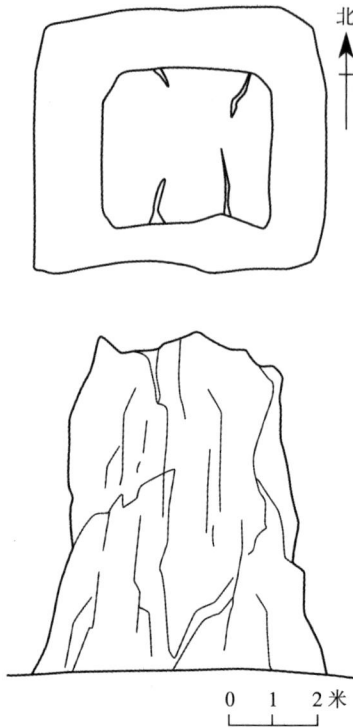

图一五○○　鸦巷村2号敌台平、立面图

图一五○一　砖墩梁1号敌台平、立面图

1562.7米。

敌台整体保存较差。台体受风雨侵蚀四壁剥落，东壁顶部有豁口，宽2.1、高2.2、进深1.4米；西壁豁口宽1.8、高5、进深0.8米；西南角坍塌，宽0.6、高1、进深0.4米；南壁底部有人为挖掘的小洞，外小里大，宽0.7~1.2、高1.1、进深1.6米；北壁有人为挖出的豁口，宽1.5、高5、进深1.3米；东南角有人为挖掘的洞，宽0.7、高0.6、进深0.5米。台体上生长有旱地植被，根系深入夯土中对台体造成一定破坏。

台体用黄土夯筑而成，夯层厚0.05~0.12米，夯土质地细密，没发现夯窝。台体底部直径12、顶部直径6.2、高6.2米。围墙无存，没有发现登台券洞。台体顶部原有建筑已毁，散落有残瓦，瓦片厚1.4厘米。（图一五○一）

该敌台北距砖墩梁长城1段墙体0.018千米，东距鸦巷村2号敌台0.587千米。

（二七）砖墩梁2号敌台（6108243521011700027）

该敌台位于中山涧乡水路畔村正路湾村（组）西南1.5千米。地处山地沟壑区，沟壑较陡峭，土质为黄沙土。高程1664.7米。

台体整体保存较差。台体四壁剥落、坍塌严重，坍塌处呈斜坡状。台体南壁顶部有豁口，宽2.8、高2.2、进深2.4米，底部坍塌宽1.4、高1.3、进深1.3米；西壁裂缝宽0.03米，由底部直达顶部；底部豁口宽1.1、高1.2、进深1.2米；北壁坍塌高3米，有豁口直达顶部，几乎与台体脱离；东壁有人为挖掘的登台处。

台体建在矩形基座上，黄土夯筑而成，夯层厚0.07~0.14米。基座东西22、南北15米，南

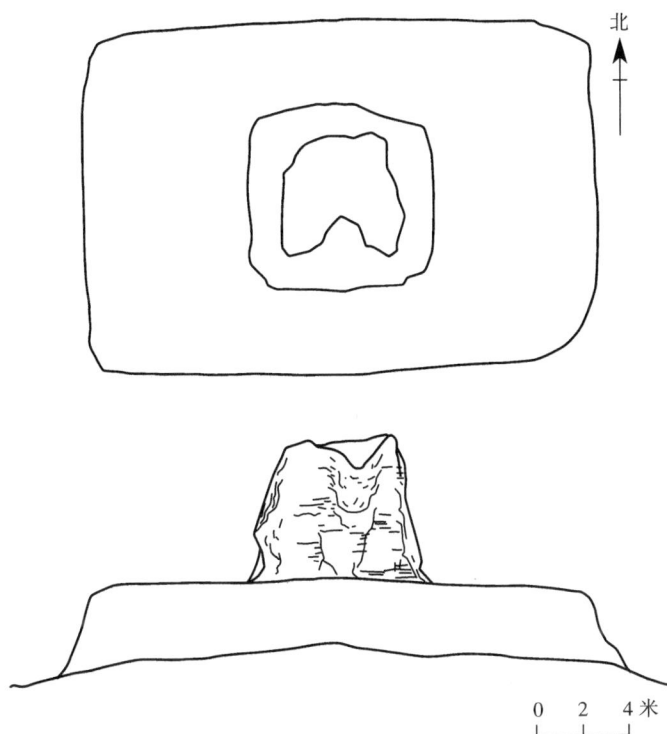

图一五○二　砖墩梁 2 号敌台平、立面图

侧高 3.4、北侧高 6 米。台体平面呈矩形，剖面呈梯形，底部边长 8、顶部边长 5.2、高 6.2 米。台体包砖被拆除。台体南侧散落有大量残砖和瓦片，砖宽 18.5、厚 8.5 厘米，瓦片厚 1.8 厘米。（图一五○二）

该敌台南依砖墩梁长城 1 段墙体。

（二八）郝渠村敌台（610824352101170028）

该敌台位于中山涧乡马家洼村郝渠村（组）东 1 千米的山坡上。东侧有水冲深沟，北、西侧较低，较平坦为耕地。地处山地沟壑区底部，沟壑纵横，土质为黄沙土。高程 1538 米。

敌台整体保存一般。台体东北角顶部坍塌，宽 2、高 3、进深 1.4 米；西南角豁口宽 1.2、高 1.8、进深 0.7 米；西壁有豁口，宽 2 米，高 1.5、进深 0.8 米；西壁底部有人为挖掘的马铃薯窖。台基北侧坍塌呈斜坡状，东侧有水冲深沟，南、东侧消失。台体上生长有旱地植被，根系深入夯土中对台体造成一定破坏。台体四周尤其是下部有较多大小不等的动物洞穴。

台体用黄沙土夹杂黑垆土夯筑而成，夯层厚 0.08～0.13 米。台体外部包砖被拆除。台体平面呈圆形，剖面呈梯形，底部直径 17、顶部直径 8、高 7.8 米。台体西、南壁底部相通，有登台券洞，西壁券洞口宽 0.9、高 0.7、进深 1.2 米；南壁券洞宽 0.7、高 0.9、进深 1.8 米，可达顶部，顶部洞口为圆形，直径 2.2 米，券洞内呈斜坡状，长约 13 米，有当时挖掘的登台脚踏可登台。基座平面呈长方形，东西 22、南北 18、高 3.3 米。台体周围散落大量残砖和瓦片，顶部发现瓷片，瓷片厚 0.6 厘米。（图一五○三；彩图二九一）

该敌台位于郝渠村长城消失段，与长城关系不明，东距小墩梁烽火台 0.445 千米。

图一五〇三　郝渠村敌台平、立面图

（二九）王甘沟村 1 号马面 （610824352102170029）

该马面位于海则滩乡长城村王甘沟村（组）东 3.6 千米的山峁上。东、北侧为荒坡地，南、西侧较平坦，附近为山地沟壑地带，沟壑坡度较缓。高程 1328.1 米。

马面整体保存较差。台体由于雨水冲刷剥落严重，四壁塌陷严重，呈不规则状。台体西北角有豁口，宽 1、高 1.3、进深 0.4 米；南壁裂缝较多。台体上有多处动物洞穴。

台体夯筑而成，夯土以黄土为主，包含有料礓石，夯层厚 0.05 ~ 0.13 米，夯土质地细密，夯窝直径 0.06 米。台体平面呈矩形，剖面呈梯形，底部东西 14、南北 12 米，顶部东西 8、南北 11 米，高 9米。（图一五〇四）

该马面东依长城墙体，东北距王甘沟村长城 1 段墙体起点 1.6 千米，西南距王甘沟村 2 号马面0.32 千米。

（三〇）王甘沟村 2 号马面 （610824352102170030）

该马面位于海则滩乡长城村王甘沟村（组）东 3.5 千米的山峁上。所处地势东高西低，坡度较缓，西、北侧为山坡，附近为山地沟壑区，沟壑纵横。高程 1366.6 米。

马面整体保存较差。台体受雨水侵蚀四壁有不同程度的剥落；东壁有塌陷，宽 3、高 1.2、进深 0.6 米。

台体用黄土夹杂小石块、少量砂砾夯筑而成，夯层厚 0.08 ~ 0.11 米，夯土质地细密，夯窝直径 0.06米。台体平面呈长方形，剖面呈梯形，底部东西 13、南北 12 米，顶部东西 10、南北 6 米，高 9 米。台体周围发现有砖、瓷片，砖宽 19、厚 7 厘米，瓷片厚 0.2 ~ 0.4 厘米。（图一五〇五）

该马面东依王甘沟长城 1 段墙体，东北距王甘沟村 1 号马面 0.32 千米。

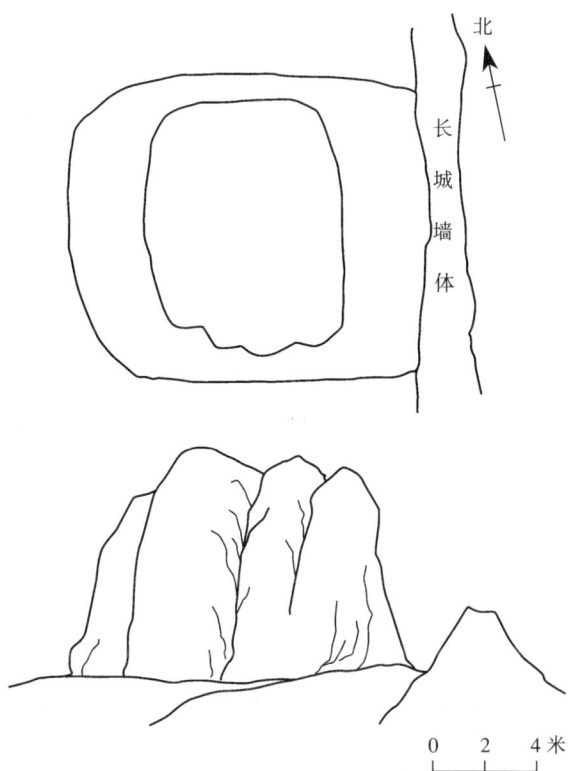

图一五〇四 王甘沟村1号马面平、立面图

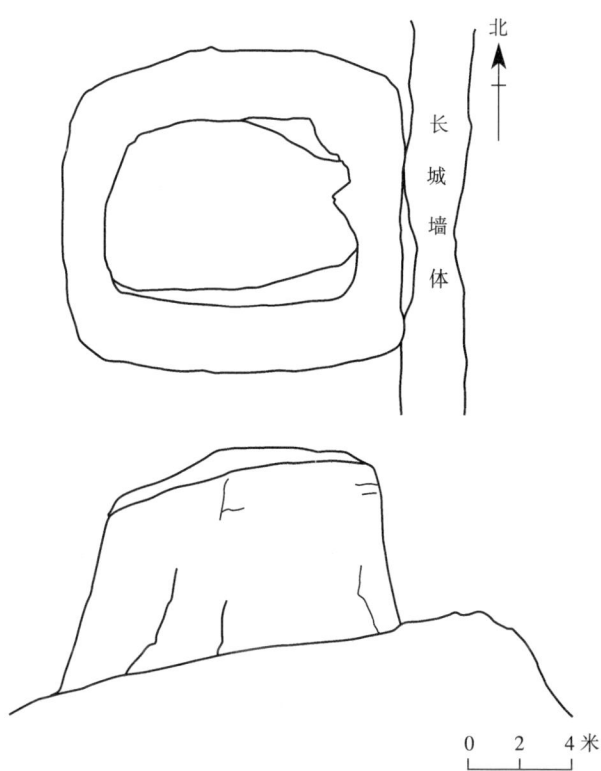

图一五〇五 王甘沟村2号马面平、立面图

（三一）王甘沟村3号马面（6108243521021700031）

该马面位于海则滩乡长城村王甘沟村（组）东3.1千米的双墩梁（山名）上。地势北高南低，附近为山地沟壑区，坡度较缓。高程1351.8米。

马面整体保存一般。台体四壁有裂缝，西壁裂缝较大，宽0.4米，直达台顶；东、南壁由于坍塌严重呈斜坡状。台体东壁底部有登台土洞可达顶部，洞宽0.5、深2、长3.5米，呈圆形。台体包砖被人为拆除，周围散落大量残砖碎片和瓦片。

台体用黄土夹杂小石块夯筑而成，夯土包含有少量砂砾，夯层厚0.09~0.11米，夯土质地细密。台体平面呈矩形，剖面呈梯形，底部东西6、南北8.2米，顶部东西5、南北7.4米，高7米。台体四壁有高2、宽0.3、进深0.4米的人为竖向挖槽，为固定包砖设施。台体周围发现有残砖、板瓦、瓷片、陶片，砖宽19、厚7厘米，板瓦厚1.8厘米，瓷片厚0.2~0.4厘米。（图一五〇六；彩图二九二）

该马面东依王甘沟长城2段墙体，东北距王甘沟村7号烽火台0.044千米。

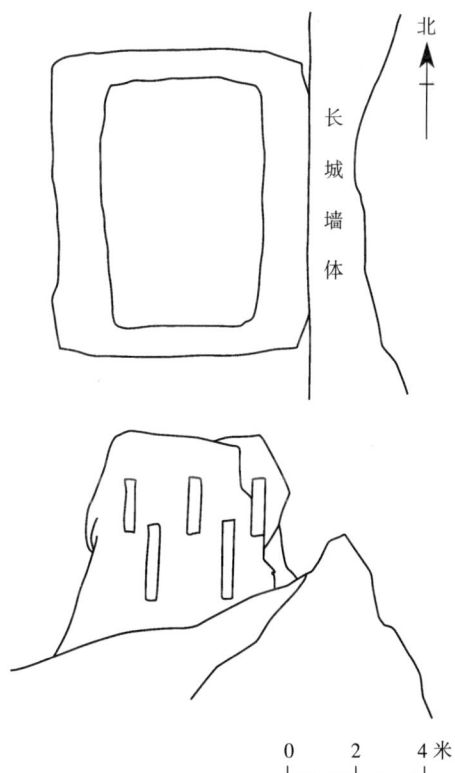

图一五〇六 王甘沟村3号马面平、立面图

（三二）王甘沟村 4 号马面（610824352102170032）

该马面位于海则滩乡长城村王甘沟村（组）东 3.8 千米的山峁上。周围较平整，附近为山地沟壑区，沟壑较大，坡度较陡峭。高程 1384.5 米。

马面整体保存较差。台体受风沙侵蚀四壁剥落，东壁塌陷严重；西北角有裂缝，宽 0.05 米，高达顶部；东南角裂缝宽 0.03、高 0.8 米。台体上生长有旱地植被，根系深入夯土中对台体造成一定破坏。台体四周尤其是下部有较多大小不等的动物洞穴。

台体用黄土夹杂小石块、砂砾夯筑而成，夯层厚 0.03 ~ 0.14 米，夯土质地细密，夯窝直径 0.05 米，中心间距 0.1 米。台体包砖无存，保存砌砖基础，宽 0.4、高 1 米，共 11 层，分布于西、南壁中部，错缝平铺而成，层厚约 0.1 米。台体平面呈矩形，剖面呈梯形，底部东西 7.5、南北 8.5 米，顶部东西 5.8、南北 6.5 米，高 6.4 米。台体四壁有建筑时挖掘的深槽，宽 0.4、高 1、进深 0.3 米，用于加固台体。台体顶部西侧有直径 1 米的登顶券洞，已塌毁。台体周围发现有砖、瓷片，砖长 42、宽 21.5、厚 9 厘米。（图一五〇七）

该马面东依长城墙体，东南距王甘沟村 9 号烽火台 0.2 千米。

（三三）王甘沟村 5 号马面（610824352102170033）

该马面位于海则滩乡长城村王甘沟村（组）东 3.7 千米的山梁上。所处山顶较为平整，附近为山地沟壑区，沟壑坡度较小，土质为黄沙土。高程 1403.5 米。

马面整体保存较差。台体受风沙侵蚀四壁剥落，有不同程度的裂缝，裂缝宽 0.05 ~ 0.1 米，直达顶部，四壁有昆虫洞穴，顶部四面有矩形豁口，宽、高均 1.2 米。台体上生长有少量旱地植被，根系深入夯土中对台体造成一定破坏。

台体四周有宽 0.4、高 0.7、进深 0.5 米的人为挖槽，槽内填充砖，为固定台体的设施。台体用黄土夹杂小石块夯筑而成，夯层厚 0.06 ~ 0.1 米，夯土质地细密，没发现夯窝。台体包砖被人为拆除，仅剩大量残砖碎片。台体平面呈矩形，剖面呈梯形，底部东西 7.3、南北 8.3 米，顶部边长 5.8 米，高 6 米。台体北壁尚有部分包砖，宽 0.4、厚 0.7 米，共 8 层，顶部发现残砖、大量白灰块。台体附近发现有残砖、瓦片，砖宽 28、厚 8 厘米，瓦片厚 1.8 厘米，条石宽 28、厚 21 厘米。（图一五〇八）

该马面东依长城墙体，东距王甘沟村 9 号烽火台 0.32 千米。

（三四）王甘沟村 6 号马面（610824352102170034）

该马面位于海则滩乡长城村王甘沟村（组）东南 2.8 千米的山梁上。所处山顶较平整，地处山地沟壑区，沟壑坡度较缓。高程 1424.9 米。

马面整体保存较差。台体顶部由于雨水冲刷侵蚀剥落严重，呈近三角形，受风沙侵蚀四壁剥落。台体上生长有旱地植被，根系深入夯土中对台体造成一定破坏。台体四周尤其是下部有较多大小不等的动物洞穴。台体南壁有水冲深沟，沟宽 0.2、进深 0.3 米，高达顶部。

台体用黄土夹杂小石块夯筑而成，夯层厚 0.35 ~ 0.17 米，夯土质地细密，没发现夯窝。台体平、剖面呈不规则形，底部边长 10.2 米，顶部东西 0.8、南北 6 米，高 8.5 米。台体附近发现有砖、板瓦，砖宽 21、厚 8 厘米，板瓦厚 1.8 厘米。（图一五〇九）

该马面东依长城墙体，北距王甘沟村 5 号马面 0.42 千米。

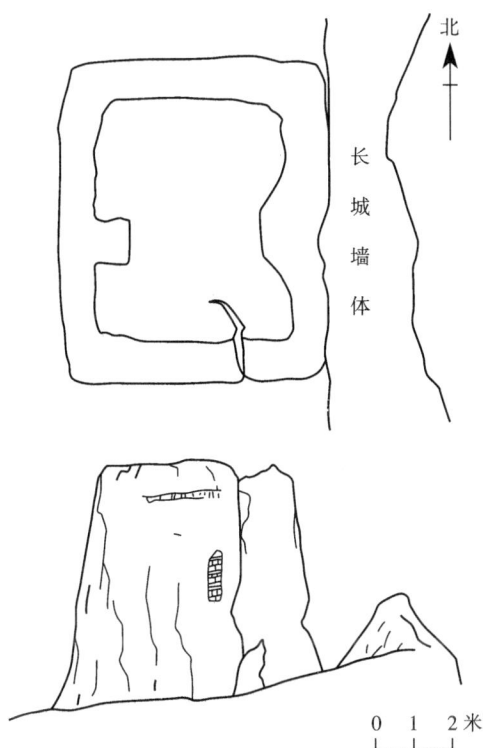

图一五〇七 王甘沟村 4 号马面平、立面图

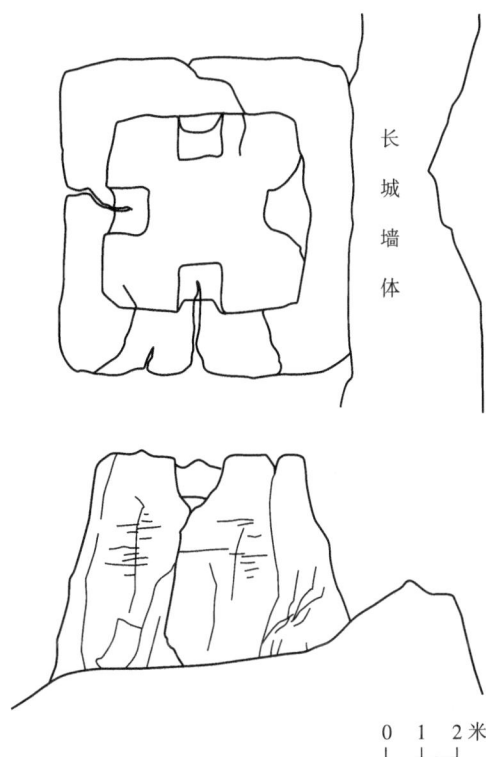

图一五〇八 王甘沟村 5 号马面平、立面图

（三五）王甘沟村 7 号马面（610824352102170035）

该马面位于海则滩乡长城村王甘沟村（组）东南 3.5 千米的山梁上。附近土壤沙化严重，有多处沟壑。高程 1417.2 米。

马面整体保存一般。台体受雨水冲刷侵蚀较严重，南壁塌陷成一个宽 2、高 1.5、进深 2 米的豁口，西壁有一道水冲沟槽。台体上生长有少量旱地植被，根系深入夯土中对体造成一定破坏。台体四周尤其是下部有较多大小不等的动物洞穴。

台体用黄土夹杂小石块夯筑而成，夯层厚 0.03 ~ 0.07 米，夯土质地细密。台体包砖被人为拆除，保存砖砌基础部分主要在南壁，宽 8.2、高 3.8、厚 0.65 米，西壁保存少部分，砖长 52、宽 31、厚 9厘米，层厚 0.1 米，错缝平铺而成。台体平面呈矩形，剖面呈梯形，底部东西 7.9、南北 8.5 米，顶部东西 7.3、南北 7.6 米，高 5.6 米。台体周围发现有残砖、瓦片，砖宽 21、厚 8 厘米，瓦片厚 2.1 厘米，瓷片厚 0.2 ~ 0.4 厘米。（图一五一〇）

该马面东依长城墙体，南距杨桥畔 1 号马面 0.27 千米。

（三六）杨桥畔 1 号马面（610824352102170036）

该马面位于杨桥畔镇杨一村北的毛乌素沙漠中。附近为沙丘沟壑区，南、西侧较低、较平整，栽种有防沙柠条，土质疏松。高程 1425.7 米。

马面整体保存一般。台体四壁由于雨水冲刷侵蚀有不同程度的裂缝，四壁有多处动物洞穴。台体上生长有旱地植被，根系深入夯土中对台体造成一定破坏。

台体四周有当时建筑时挖掘的深槽，填充砖，为固定台体的专用设施。台体用黄土夹杂大量碎石夯

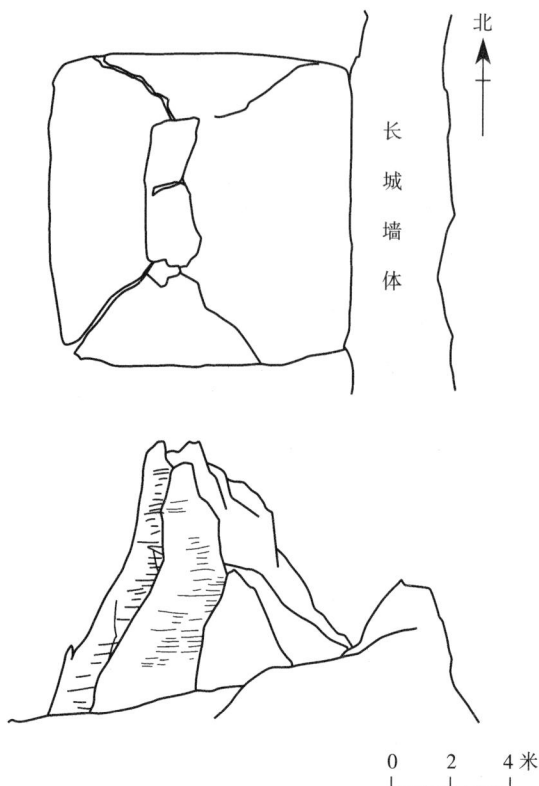

图一五〇九　王甘沟村 6 号马面平、立面图

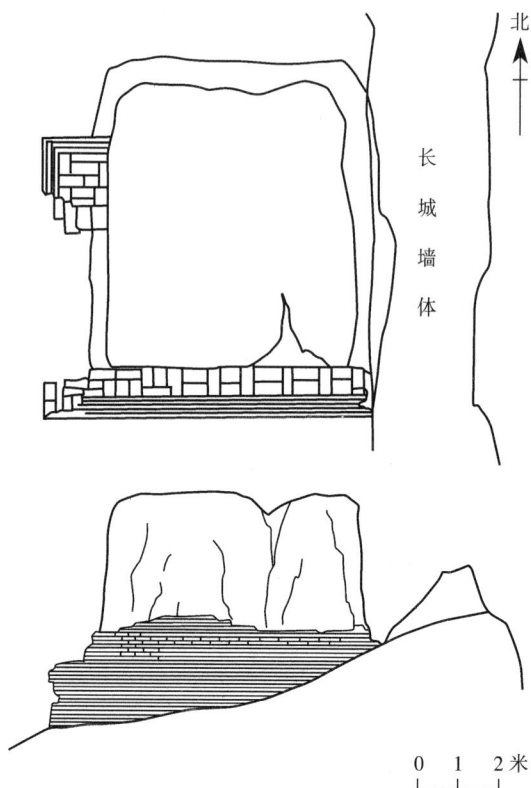

图一五一〇　王甘沟村 7 号马面平、立面图

筑而成，夯层厚 0.03～0.07 米，夯土质地细密，没发现夯窝。台体外部包砖只有西壁保留，包砖部分宽 8.2、高 3.8 米，砖长 48、宽 23、厚 8 厘米，错缝平铺垒砌而成，层厚 0.1 米。台体平面呈矩形，剖面呈梯形，底部东西 10、南北 8.2 米，顶部边长 6 米，高 9 米。台体周围发现有砖、筒瓦、板瓦，砖长 41、宽 21、厚 8 厘米，筒瓦长 16、宽 11、厚 1.8 厘米，板瓦厚 2.1 厘米。（图一五一一；彩图二九三）

该马面东依长城墙体，北距王甘沟村 7 号马面 0.27 千米，西南距杨桥畔 2 号马面 0.368 千米。

（三七）杨桥畔 2 号马面（610824352102170037）

该马面位于杨桥畔镇杨一村北的毛乌素沙漠中。附近有多处沙丘，较平整，栽种有防沙柠条，土质疏松。高程 1449.6 米。

马面整体保存一般。台体南壁高 2 米有一个裂缝，宽 0.2 米；北壁与长城墙体相接处塌陷严重。台体上生长有旱地植被，根系深入夯土中对台体造成一定破坏。台体四周尤其是下部有较多大小不等的动物洞穴。

台体南、西壁有建筑时挖掘的深槽，每侧有 2 个，宽 0.4、高 1.6、进深 0.3 米，填充砖，为加固台体的设施。台体夯筑而成，夯土以黄土为主，包含有碎石，夯层厚 0.03～0.07 米，夯土质地细密，没发现夯窝。台体外层包砖被人为拆除，周围散落有大量残砖碎片。台体平面呈矩形，剖面呈梯形，底部东西 8、南北 8.4 米，顶部坍塌不规则，东西 6、南北 7 米，高 6 米。台体周围发现有残砖、瓦片，砖宽 21、厚 8 厘米，瓦片厚 0.6 厘米。（图一五一二）

该马面东依城墙体，西北距杨桥畔 1 号马面 0.368 千米，东北距杨桥畔 1 号烽火台 0.06 千米。

图一五一一　杨桥畔1号马面平、立面图

图一五一二　杨桥畔2号马面平、立面图

（三八）杨桥畔3号马面（610824352102170038）

该马面位于杨桥畔镇杨一村北的毛乌素沙漠中。附近有多处沙丘，为沙丘沟壑区，坡度较平缓，栽种有防沙柠条，土质疏松。高程1457.5米。

马面整体保存较差。台体受雨水冲刷侵蚀剥落严重，西壁底部有一孔进深5、高1.3、直径1.6米的窑洞。台体上生长有旱地植被，根系深入夯土，造成一定破坏。台体四周尤其是下部有较多大小不等的动物洞穴。

台体用黄土夹杂小石块夯筑而成，夯层厚0.03~0.07米，夯土质地细密，没发现夯窝。台体外部包砖被人为拆除，四周散落有少量残砖。台体平面呈矩形，剖面呈梯形，底部东西3、南北12米，顶部东西2.5、南北5米，高7米。台体周围发现有少量残砖，砖宽21、厚8厘米。（图一五一三）

该马面依杨桥畔村长城1段墙体，北距杨桥畔2号马面0.232千米。

（三九）杨桥畔4号马面（610824352102170039）

该马面位于杨桥畔镇杨一村北的毛乌素沙漠中。附近为沙丘沟壑区，沟壑坡度较平缓、较平整，栽有防沙柠条，土质疏松。高程1451.2米。

马面整体保存较差。干旱、沙漠化使台体四壁剥落严重。台体上生长有旱地植被，根系深入夯土，造成一定破坏。台体四周尤其是下部有较多大小不等的动物洞穴。

台体夯筑而成，夯土以黄土为主，包含有大量碎石，夯层厚0.03~0.07米，夯土质地细密，没发现夯窝。台体包砖被人为拆除，周围散落有大量残砖。台体平面呈矩形，剖面呈梯形，底部边长7米，顶部东西5、南北4.8米，高5.5米。台体周围发现有大量的砖，砖长40、宽23、厚8.5厘米。（图一五一四）

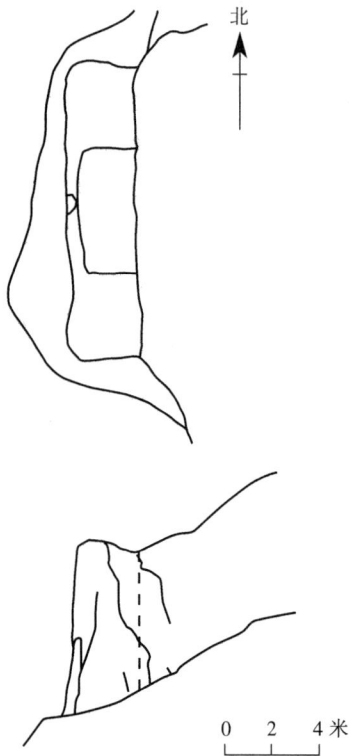

图一五一三　杨桥畔3号马面平、立面图

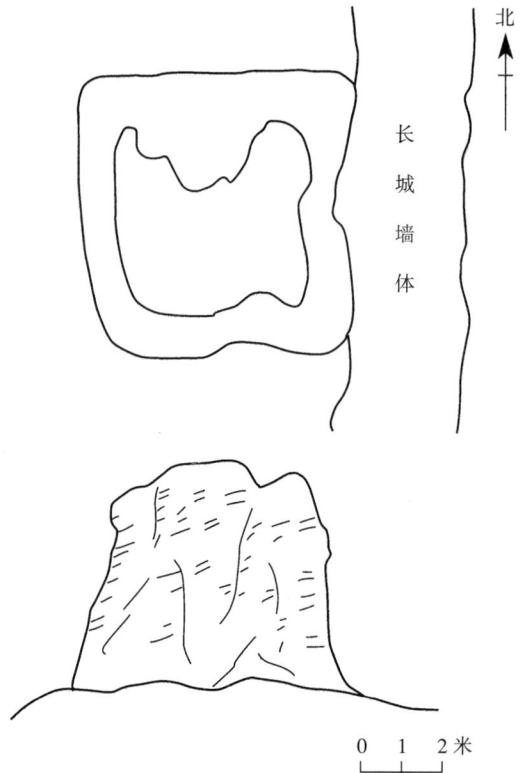

图一五一四　杨桥畔4号马面平、立面图

该马面东依长城墙体，北距杨桥畔2号烽火台0.27千米。

（四〇）杨桥畔5号马面（610824352102170040）

该马面位于杨桥畔镇杨一村北的毛乌素沙漠中。附近为沙丘沟壑区，坡度较平缓，有多处沙丘，栽种有防沙柠条，土质疏松。高程1408.8米。

马面整体保存较差。台体受风沙侵蚀四壁剥落，北壁有一个宽5、高2.3、进深1.8米的豁口，南壁有裂缝。台体沙化严重，底部被沙土掩埋部分。台体上生长有旱地植被，根系深入夯土中对台体造成一定破坏。台体四周尤其是下部有较多大小不等的动物洞穴。

台体用黄土夹杂小石块夯筑而成，夯层厚0.03～0.07米，夯土质地细密，没发现夯窝。台体包砖被人为拆除，仅存少量残砖。台体平面呈矩形，剖面呈梯形，底部东西10、南北9米，顶部坍塌尺寸不详，高6.2米。台体周围发现有少量残砖，砖宽21、厚8厘米。（图一五一五）

该马面东依长城墙体，北距杨桥畔4号马面0.342千米。

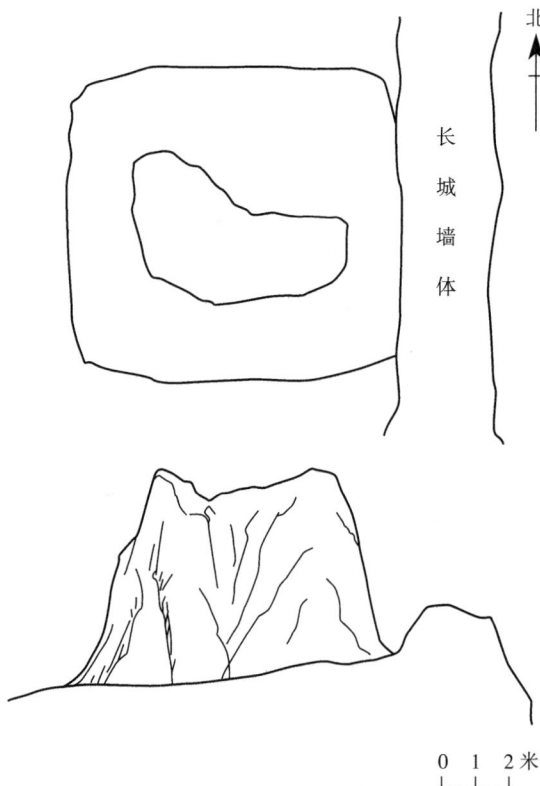

图一五一五　杨桥畔5号马面平、立面图

（四一）杨桥畔 6 号马面（610824352102170041）

该马面位于杨桥畔镇杨一村北的毛乌素沙漠中。东、南侧为山坡，坡度较陡峭。附近为沙丘沟壑区，沟壑坡度较大，栽种有防沙柠条，土质疏松。高程 1401.2 米。

马面整体保存一般。台体受风沙侵蚀四壁剥落，雨水冲刷和沙化造成台体有裂缝、坍塌，四壁有豁口；东壁豁口较大，宽 2.3、高 3、进深 1.6 米；西壁豁口宽 1、高 1.2、进深 0.5 米；南壁豁口宽 1.2、高 0.7、进深 0.3 米。台体上生长有旱地植被，根系深入夯土中对台体造成一定破坏。台体四周尤其是下部有较多大小不等的动物洞穴。

台体夯筑而成，夯土以黄土为主，包含有大量碎石，夯层厚 0.07～0.12 米，夯土质地细密。台体西南北三壁尚存部分包砖，南壁包砖宽 6、高 3.5 米，共 32 层；西壁包砖共 21 层，高 2.2、层厚 0.1 米，砖长 47、宽 25、厚 8.5 厘米，错缝平铺垒砌而成。台体平面呈矩形，底部东西 9、南北 10 米，顶部东西 5.5、南北 6.4 米，高 9 米。台体周围仅存砖、板瓦、少量瓷片等，砖长 47、宽 25、厚 8.5 厘米，板瓦厚 1.8 厘米，瓷片厚 0.2～0.4 厘米。（图一五一六；彩图二九四）

该马面东依长城墙体，北距杨桥畔 5 号马面 0.204 千米。

（四二）杨桥畔 7 号马面（610824352102170042）

该马面位于杨桥畔镇杨一村北的毛乌素沙漠中。四周为山坡，坡度较缓，附近为沙丘沟壑区，沟壑坡度较大，栽种有防沙柠条，土质疏松。高程 1383.2 米。

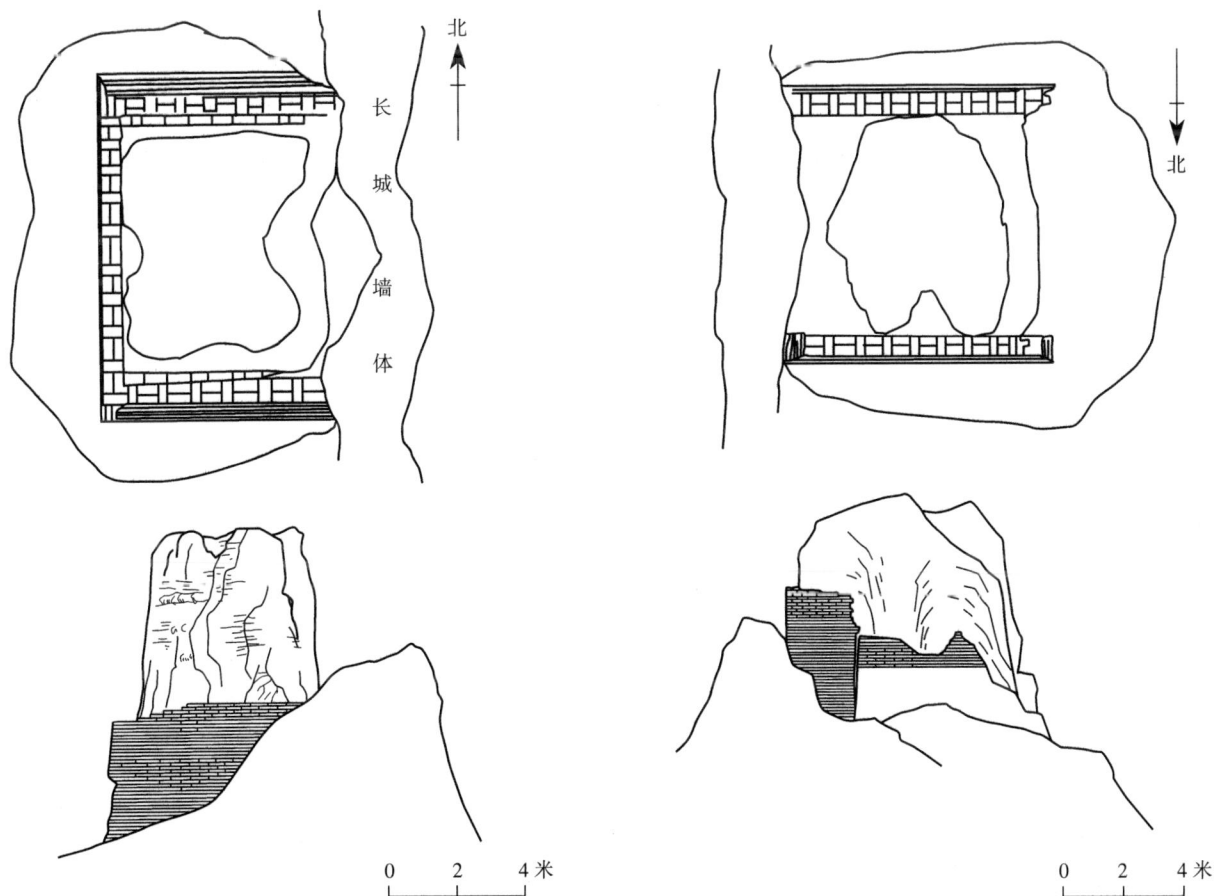

图一五一六　杨桥畔 6 号马面平、立面图

图一五一七　杨桥畔 7 号马面平、立面图

马面整体保存较差。台体受风沙侵蚀四壁剥落，雨水冲刷造成台体存在裂缝，坍塌严重，四壁有不同程度的剥落，北壁豁口宽 2.3、高 3.3、进深 1.5 米。台体上生长有旱地植被，根系深入夯土中对台体造成一定破坏。台体四周尤其是下部有较多大小不等的动物洞穴。

台体夯筑而成，夯土以黄土为主，包含有植物根茎、石块，夯层厚 0.05 ~ 0.08 米，夯土质地细密，没发现夯窝。台体包砖部分被人为拆除，仅存西南北三壁包砖，包砖之间有裂缝，包砖部分高 2、宽 1.1 米，共 19 层，砖长 50、宽 24、厚 8 厘米，错缝平铺垒砌而成，层厚 0.01 米。台体平面呈矩形，底部边长 9 米，顶部东西 6、南北 8 米，高 8 米。台体周围有明代砖及白灰渣，砖长 50、宽 24、厚 8 厘米，白灰渣厚 0.01 米。（图一五一七）

该马面东壁紧贴杨桥畔村长城 2 段墙体，北距杨桥畔 6 号马面 0.32 千米。

（四三）杨桥畔 8 号马面（610824352102170043）

该马面位于杨桥畔镇杨桥畔一村北的毛乌素沙漠中。四周为山坡，坡度较缓，附近为沙丘沟壑区，沟壑坡度较平缓、较平整，栽种有防沙柠条，土质疏松。高程 1362.7 米。

马面整体保存差。台体四壁剥落严重，东壁与长城墙体相接处坍塌，与墙体同高；南壁底部有一个洞，宽 0.4、高 0.7、进深 1.5 米。台体上生长有旱地植被，根系深入夯土中对台体造成一定破坏。台体四周尤其是下部有较多大小不等的动物洞穴。

台体夯筑而成，夯土以黄土为主，包含有大量石块，夯层厚 0.03 ~ 0.1 米，夯土质地细密，没发现夯窝。台体西壁包砖部分厚 0.85、高 5.2 米，砖长 48、宽 23、厚 8 厘米，错缝平铺垒砌而成，层厚 0.01 米。台体底部边长 9 米，顶部坍塌形状不明，高 7 米。台体周围有砖和白灰渣，砖长 50、宽 24、厚 8 厘米，白灰渣层厚 0.1 米。（图一五一八）

该马面东依长城墙体，北距杨桥畔 7 号马面 0.47 千米。

（四四）杨桥畔 9 号马面（610824352102170044）

该马面位于杨桥畔镇杨一村北 1.8 千米的沙漠地带。地处山地沟壑区，沟壑坡度较缓，较平整。附近有多处沙丘，栽种有防沙柠条，土质疏松。高程 1331.8 米。

马面整体保存一般。台体受风沙侵蚀四剥落，东壁紧贴长城墙体处有塌陷，北壁高 4 米有一个洞口，北、西壁有多条裂缝。台体四壁有动物洞穴，南壁最为严重。台体上生长有旱地植被，根系深入夯土中对台体造成一定破坏。

台体夯筑而成，夯土以黄土为主，包含有大量石块，夯层厚 0.05 ~ 0.11 米，夯土质地细密，没发现夯窝。台体包砖被人为拆除。台体平、剖面由于雨水冲刷夯土剥落严重不规则，底部边长 8、顶部边长 6、高 6.2 米。台体北壁包砖部分有一个深槽，为加固台体的设施；东壁有券洞，已塌陷，高 0.4、宽 0.5 米。台体周围发现有残砖，砖宽 24、厚 8 厘米。（图一五一九）

该马面东依杨桥畔村长城 3 段墙体，北距杨桥畔 1 号敌台 0.237 千米。

（四五）杨桥畔 10 号马面（610824352102170045）

该马面位于杨桥畔镇杨一村南 1.25 千米的沙漠中。东、南、西侧为荒坡，坡度较缓。附近为沙丘沟壑区，沟壑坡度较平缓、较平整，栽种有防沙柠条，土质疏松。高程 1294.7 米。

马面整体保存一般。台体由于雨水冲刷剥落严重，北壁有 3 条裂缝，宽 0.05 ~ 0.1 米，直达台顶；西南壁裂缝较大，几乎与台体分离。台体各壁有动物洞穴，西、南壁土蜂洞穴较多，破坏最严重。台

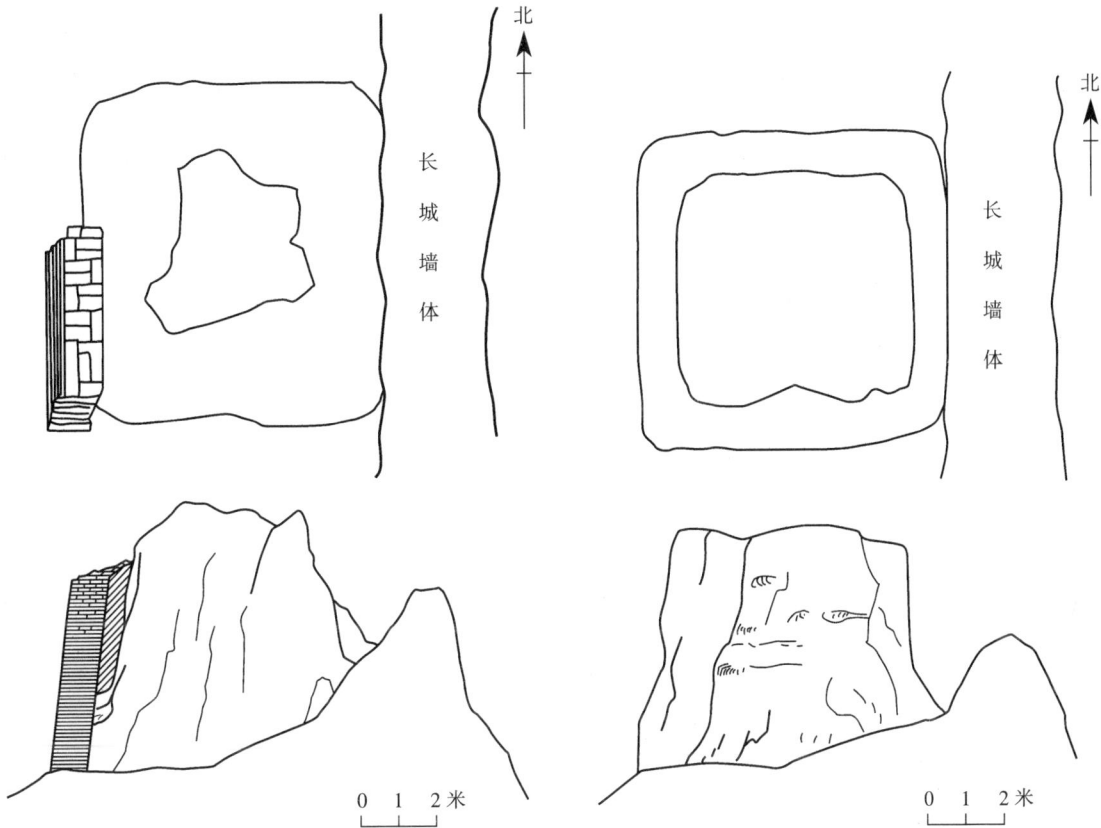

图一五一八　杨桥畔 8 号马面平、立面图

图一五一九　杨桥畔 9 号马面平、立面图

体上生长有旱地植被，根系深入夯土对台体造成一定破坏。

台体夯筑而成，夯土以黄土为主，包含有大量石块，夯层厚 0.04~0.1 米，夯土质地细密，没发现夯窝。台体包砖被人为拆除。台体平面呈矩形，剖面呈梯形，底部边长 7 米，顶部东西 5.8、南北 6 米，高 5.8 米。台体南壁有宽 0.3、高 2、进深 0.2 米的深槽，为加固台体的设施。台体周围发现有残砖、白灰渣、瓦片，砖宽 24、厚 8 厘米，白灰渣厚 1 厘米，瓦片厚 6 厘米。（图一五二〇）

该马面东依杨桥畔村长城 3 段墙体，北距杨桥畔 2 号敌台 0.211 千米。

（四六）杨桥畔 11 号马面（610824352102170046）

该马面位于杨桥畔镇杨一村北 0.78 千米处。南、西侧为山坡，坡度较陡峭。附近为沙丘沟壑区，沟壑坡度较平缓、较平整，有多处沙丘，栽种有防沙柠条，土质疏松。高程 1294.1 米。

马面整体保存较差。台体受风沙侵蚀四壁剥落，南壁有一条大裂缝，宽 0.03 米，从 1 米起直达顶部；西壁有两条大裂缝，宽 0.02~0.04 米，从底部直达顶部。台体上生长有旱地植被，根系深入夯土中对台体造成一定破坏。台体顶部南、西侧昆虫洞穴较多。

台体夯筑而成，夯土以黄土为主，包含有大量石块，夯层厚 0.06~0.1 米，质地细密，没发现夯窝。台体包砖被人为拆除。台体平面呈矩形，剖面呈梯形，底部东西 6.5、南北 8 米，顶部东西 6、南北 7.6 米，高 2.4 米。台体西壁有宽 0.4、高 2、进深 0.25 米的深槽，为加固台体的设施。台体周围发现有残砖，砖宽 24、厚 8 厘米。（图一五二一）

该马面东依杨桥畔村长城 3 段墙体，北距杨桥畔 10 号马面 0.506 千米。

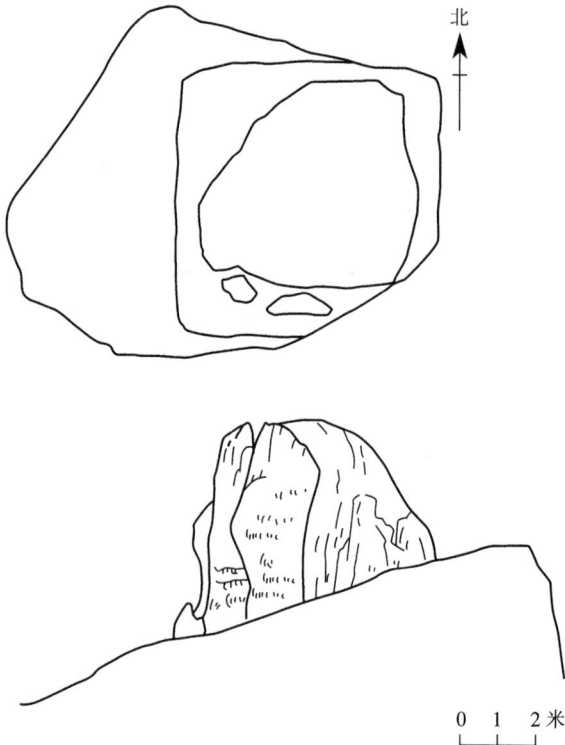

图一五二〇　杨桥畔 10 号马面平、立面图

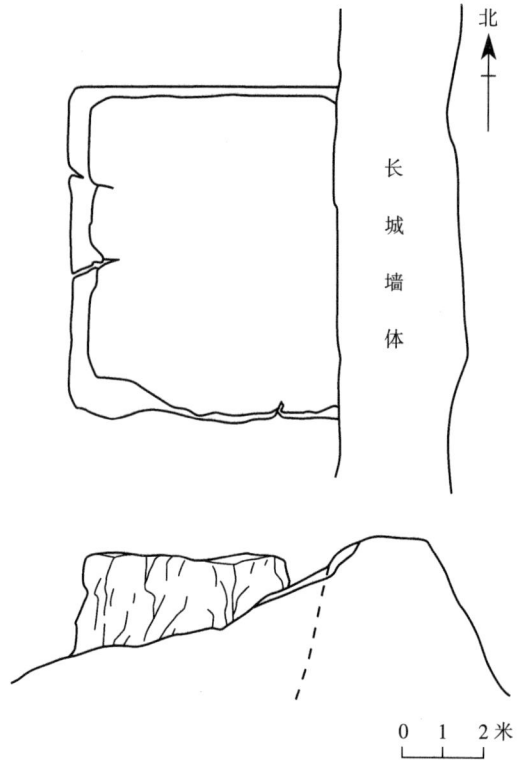

图一五二一　杨桥畔 11 号马面平、立面图

（四七）杨桥畔 12 号马面（610824352102170047）

该马面位于杨桥畔镇杨一村北 0.58 千米处。附近为沙丘沟壑区，沟壑坡度较平缓、较平整，栽种有杨树、防沙柠条，土质疏松。高程 1288.2 米。

马面整体保存较差。台体西壁有一个豁口，宽 6、高 1、进深 2 米；南壁塌陷严重，与长城墙体同高；西壁由于雨水冲刷坍塌较严重；南、西壁昆虫洞穴较多。

台体夯筑而成，夯土以黄土为主，夹杂有黑垆土，包含有石块，夯层厚 0.04~0.17 米，夯土质地细密，没发现夯窝。台体包砖被人为拆除。台体平、剖面由于雨水冲刷呈不规则形，底部东西 5.6、南北 10.2 米，顶部东西 3~6、南北 2~4 米，高 2 米。台体周围发现有残砖、瓦片，砖宽 24、厚 8 厘米，瓦片厚 1.5 厘米。（图一五二二）

该马面东依杨桥畔村长城 3 段墙体，北距杨桥畔 11 号马面 0.248 千米。

（四八）杨桥畔 13 号马面（610824352102170048）

该马面位于杨桥畔镇杨一村西北 0.45 千米处。周围是荒沙地，较平坦，附近为沙丘沟壑区，沟壑坡度较平缓、较平整，有多处沙丘，栽种有防沙柠条，土质疏松。高程 1291 米。

马面整体保存较差。台体南壁坍塌严重，西南角坍塌与台体分离，裂缝宽 0.1~0.4 米，呈柱状；西壁由于雨水冲刷有水冲裂缝、动物洞穴。

台体夯筑而成，夯土以黄土为主，夹杂有黑垆土，包含有石块，夯层厚 0.04~0.17 米，夯土质地细密，没发现夯窝。台体包砖脱落，周围散落有大量残砖。台体平、剖面由于雨水冲刷呈不规则形，底部边长 8 米，顶部东西侧坍塌严重呈不规则状，高 2 米。台体周边发现有残砖，砖宽 24、厚 8 厘米。（图一五二三）

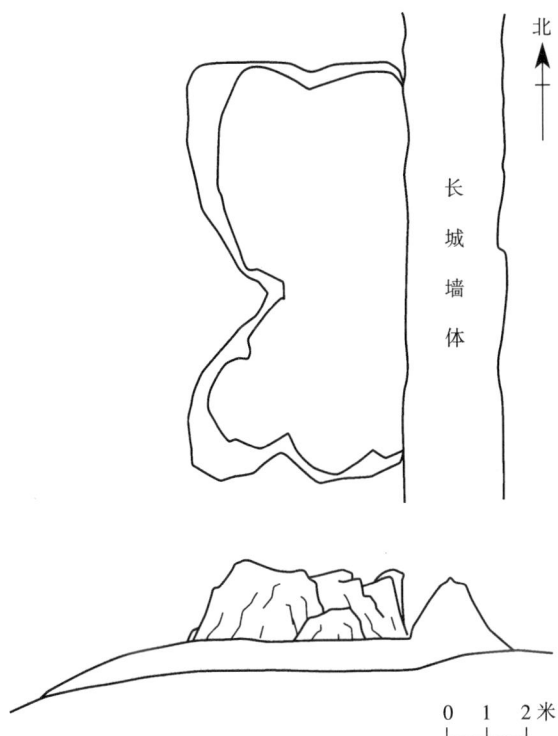

图一五二二　杨桥畔12号马面平、立面图

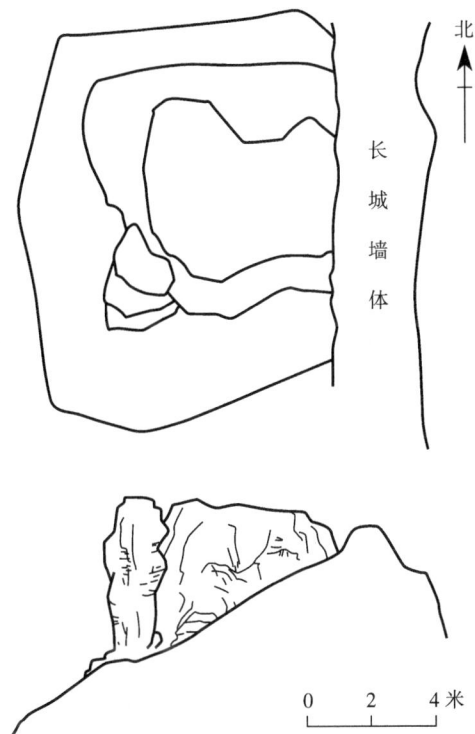

图一五二三　杨桥畔13号马面平、立面图

该马面东依杨桥畔村长城3段墙体，北距杨桥畔12号马面0.227千米。

（四九）杨二村1号马面（610824352102170049）

该马面位于杨桥畔镇杨二村南0.27千米的山峁上。所处山顶较小，坡度较平缓，山底平坦，有吴（起）定（边）高速公路通过，附近有村庄。高程1334.2米。

马面整体保存较差。台体塌陷呈圆丘状，栽种有树木，有土路穿过。台体上生长有旱地植被，根系深入夯土，造成一定破坏。台体四周尤其是下部有大小不等的动物洞穴。

台体夯筑而成，夯土以黄土为主，夹杂有小石块，夯层厚0.05～0.16米，质地相对疏松。台体包砖被拆除。台体平面呈圆形，剖面呈馒头形，底部直径20、顶部直径5米，高6米。台体周围发现有残砖，砖宽24、厚8厘米，瓦片厚0.6厘米。（图一五二四）

该马面东依长城墙体，西南距杨二村2号马面0.282千米。

（五〇）杨二村2号马面（610824352102170050）

该马面位于杨桥畔镇杨二村南0.4千的平坦地带。四周较平整，栽种有多处柠条，土质较为疏松，以黄沙土为主。高程1362.3米。

马面整体保存较差。台体东壁有一个豁口，宽3、高1.4、进深1米；西南壁有塌陷，从底部直达顶部；西南壁有一条裂缝，宽0.05米，从0.8米处直达顶部。台体上生长有旱地植被，根系深入夯土中对台体造成一定破坏。台体四周尤其是下部有较多大小不等的动物洞穴。

台体夯筑而成，夯土以黄土为主，夹杂有小石块，包含物较少，夯层厚0.08～0.14米，夯土质地细密。台体包砖被周围居民盖房拆除，周围散落有少量残砖和白灰渣。台体平面呈矩形，剖面呈梯形，

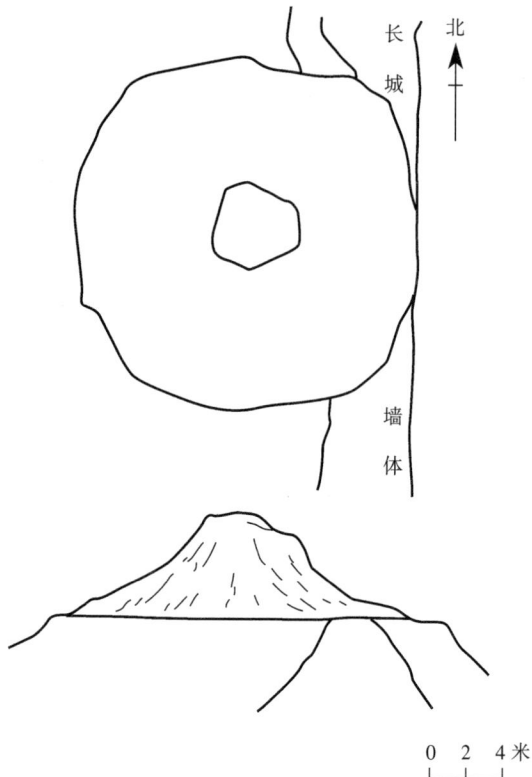

图一五二四　杨二村 1 号马面平、立面图

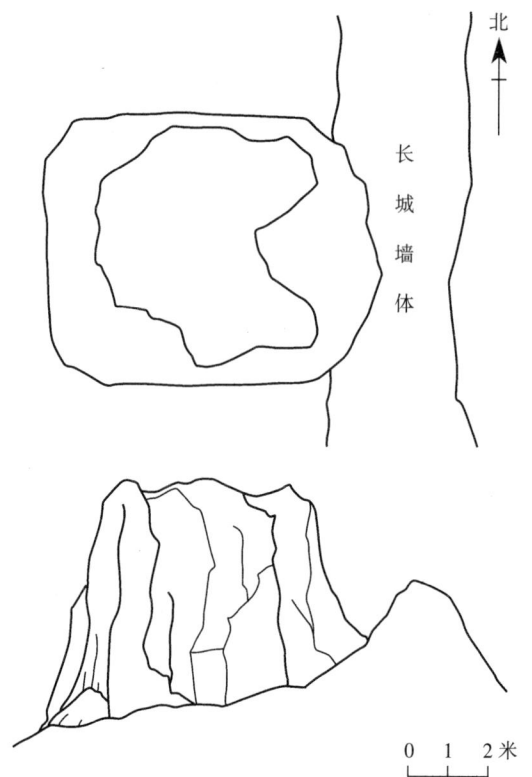

图一五二五　杨二村 2 号马面平、立面图

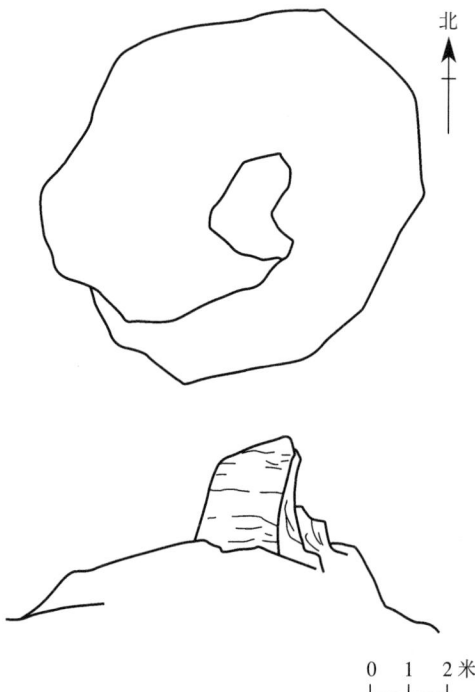

图一五二六　杨二村 3 号马面平、立面图

底部东西 8、南北 6.5 米,顶部东西 2~4.5、南北 2~4.8 米,高 5.8 米。台体东壁有登台券洞可达台顶,已坍塌,土洞宽 0.8、高 0.6、进深 1.2 米。台体周围发现有残砖、白灰渣,砖宽 24、厚 8 厘米,白灰渣厚 1 厘米。(图一五二五)

该马面东依长城墙体,西南距杨二村 3 号马面 0.333 千米。

（五一）杨二村 3 号马面（6108243521102170051）

该马面位于杨桥畔镇杨二村南 0.66 千米的平坦地带。高程 1355.7 米。

该马面整体保存较差。台体受风沙侵蚀四壁剥落,受雨水冲刷塌陷严重,略呈馒头状,基本形状不详。台体上生长有旱地植被,根系深入夯土中对台体造成一定破坏。台体四周尤其是下部有较多大小不等的动物洞穴。

台体夯筑而成,夯土以黄土为主,包含有碎石块,夯层厚 0.05~0.13 米,夯土质地细密。台体包砖被拆除,周围散落有少量残砖。台体平、剖面呈不规则形,底部东西 4、南北 2 米,顶部残损,高 2 米。(图一五二六)

该马面东依长城墙体,东北距杨二村 2 号马面 0.333 千米。

（五二）杨二村4号马面（610824352102170052）

该马面位于杨桥畔镇杨二村西南1.23千米的沙漠化区平坦地带。四周较平整，栽有大量柠条，土质较为疏松，东南0.3千米处为椿树壕。高程1381.1米。

马面整体保存差。台体受雨水冲刷，塌陷严重，略呈馒头状。台体基本形状不详，底部有塌土堆积。台体上生长有旱地植被，根系深入夯土中对台体造成一定破坏。台体四周尤其是下部有较多大小不等的动物洞穴。

台体夯筑而成，夯土以黄土为主，包含有碎石块，夯层厚0.05~0.13米，夯土质地细密。包砖被拆除，周围散落有少量残砖。台体平、剖面呈不规则形，底部由于被塌土和风沙掩埋，不能确定长宽，顶部平面呈矩形，东西11、南北10米，高5米。（图一五二七）

该马面东依长城墙体，东北距杨二村3号马面0.6千米。

（五三）杨二村5号马面（610824352102170053）

该马面位于杨桥畔镇杨二村西南1.62千米的平坦地带。四周较平整，栽种有大量柠条、沙柳，土质较为疏松，东北0.2千米处为椿树壕沟。高程1383.9米。

马面整体保存较差。台体受风沙侵蚀四壁剥落，东壁有一个豁口，宽2、高1.2、进深1米；南、西壁塌陷处有多处昆虫洞穴。台体上生长有旱地植被，根系深入夯土中对台体造成一定破坏。

台体夯筑而成，夯土以黄土为主，包含有碎石块，夯层厚0.07~0.14米，夯土质地细密。台体包砖被拆除，周围散落少量有残砖。台体平面呈矩形，剖面呈梯形，底部边长9米，顶部东西5、南北4.2米，高9.2米。台体周边发现残砖，砖宽24、厚8厘米。（图一五二八）

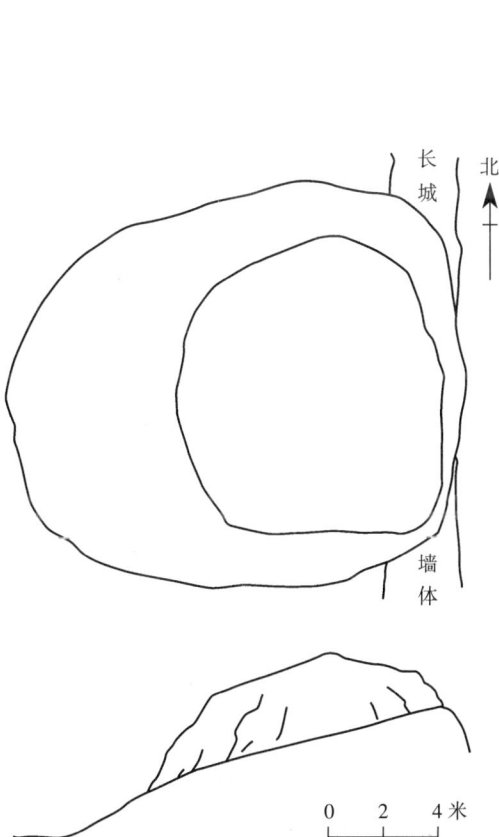

图一五二七　杨二村4号马面平、立面图

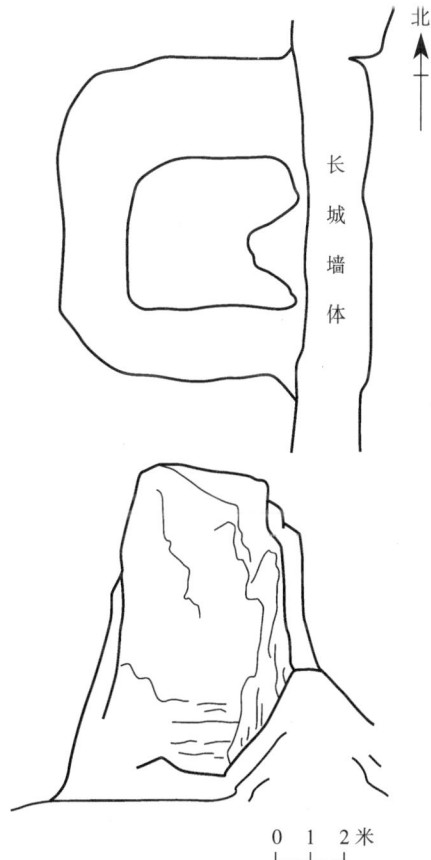

图一五二八　杨二村5号马面平、立面图

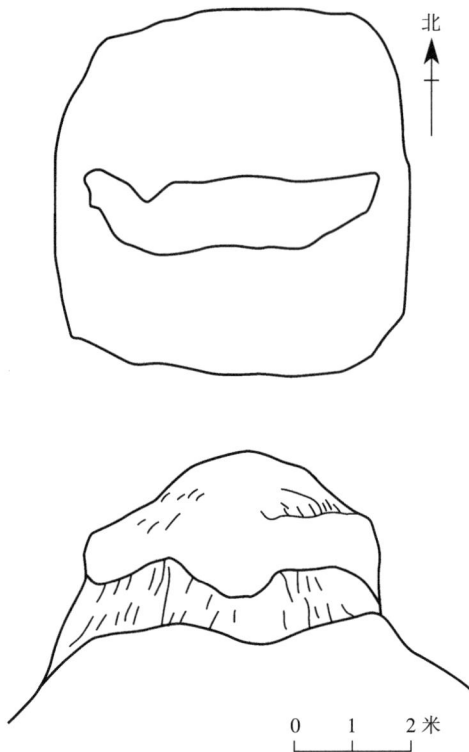

图一五二九　杨二村 6 号马面平、立面图

该马面东依长城墙体，东北距杨二村 4 号马面 0.42 千米。

（五四）杨二村 6 号马面 （6108243521021700 54）

该马面位于杨桥畔镇杨二村西南 1.92 千米的平坦地带。四周较平整，栽种有大量柠条、沙柳，土质较疏松，东 0.2 千米处为陡坡梁。高程 1386.8 米。

马面整体保存较差。台体东壁有登台券洞，由于塌陷，呈半圆形小豁口；北壁坍塌，仅存东西 4.5、南北 1 米的台体。台体上生长有旱地植被，根系深入夯土中对台体造成一定破坏。台体四周尤其是下部有较多大小不等的动物洞穴。

台体夯筑而成，夯土以黄土为主，包含有碎石块，夯层厚 0.06～0.14 米，夯土质地细密。台体包砖被拆除，周围散落有少量残砖和白灰渣。台体平面呈矩形，剖面呈馒头状，底部边长 6 米。台体周围有残砖和大量白灰渣、瓦片、瓷片，砖宽 24、厚 8 厘米，白灰渣厚 1 厘米，瓦片厚 1.8 厘米，瓷片厚 0.2～0.4 厘米。（图一五二九）

该马面东依长城墙体，东北距杨二村 5 号马面 0.32 千米。

（五五）杨二村 7 号马面 （6108243521021700 55）

该马面位于杨桥畔镇杨二村西南 2.27 千米的平坦地带。东北 0.21 千米处为陡坡梁，四周较平整，栽种有大量柠条、沙柳，土质较疏松。高程 1393.8 米。

马面整体保存较差。台体受雨水冲刷侵蚀，四壁有不同程度的剥落；东壁有一个缺口，宽 0.2、高 0.6、进深 0.2 米，深槽处昆虫洞穴较多。台体上生长有旱地植被，根系深入夯土中对台体造成一定破坏。

台体夯筑而成，夯土以黄土为主，包含有碎石块，夯层厚 0.06～0.14 米，夯土质地细密。台体包砖被拆除，周围散落有少量残砖和白灰渣。台体平面呈矩形，剖面呈梯形，底部东西 10、南北 10.5 米，顶部东侧有一个缺口，东西 6、南北 3.8 米，高 12 米。台体南侧有当时建筑时挖掘的深槽，槽宽 0.2、高 0.6、进深 0.2 米，为当时固定台体填充包砖的设施。台体周围有残砖和大量白灰渣、板瓦、瓷片，砖宽 24、厚 8 厘米，白灰渣厚 1 厘米，瓦片厚 1.8 厘米，瓷片厚 0.2～0.4 厘米。（图一五三〇）

该马面东依杨二村长城 3 段墙体，东北距杨二村 6 号马面 0.325 千米。

（五六）黄草岉村 1 号马面 （6108243521021700 56）

该马面位于龙洲乡甘沟村黄草岉村（组）东北 4.3 千米的平坦地带。东侧为平坦沙地，南、西、北侧为沙砾地。附近有波状沙丘，四周较平整，无山地沟壑，栽种有大量柠条、沙柳，土质为黄沙土。高程 1385.6 米。

马面整体保存较差。台体受风沙侵蚀四壁剥落，顶部坍塌呈近圆形，底部由于坍塌堆积呈圆形，剖面呈馒头状，形制变化较大。台体上生长有旱地植被，根系深入夯土中对台体造成一定破坏。台体四周尤其是下部有较多大小不等的动物洞穴。台体包砖被拆除，周围散落有少量残砖和白灰渣。

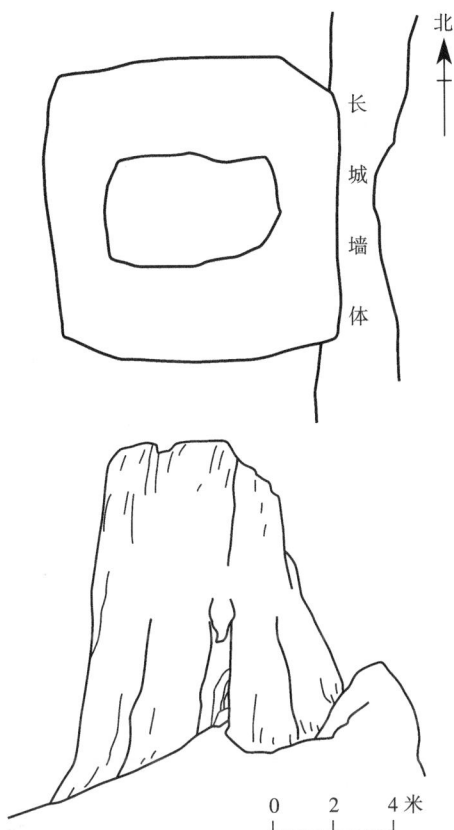

图一五三〇　杨二村7号马面平、立面图

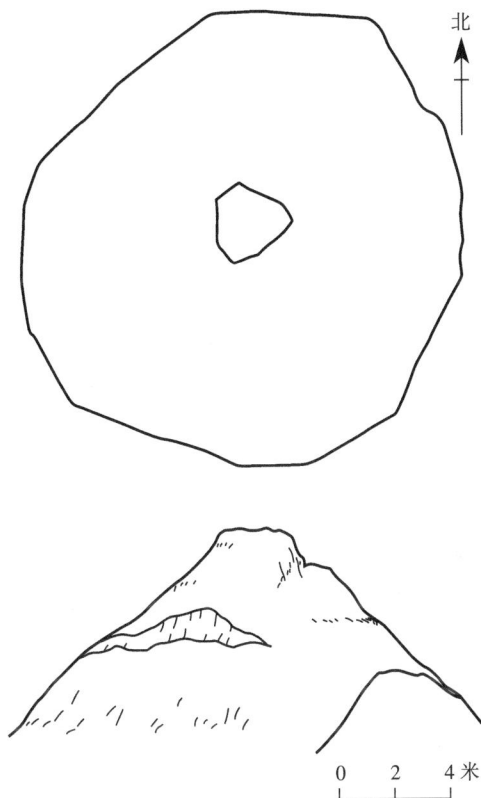

图一五三一　黄草圪村1号马面平、立面图

台体夯筑而成,夯土以黄土为主,包含有小石子,夯层厚0.06~0.15米,夯土质地细密。台体底部直径16、高7米。(图一五三一)

该马面东依长城墙体,东距黄草圪村沙地堡0.155千米。

(五七) 黄草圪村2号马面 (610824352102170057)

该马面位于龙洲乡甘沟村黄草圪村(组)东北2千米坡度较缓的山梁上。周围为黄土沟壑地带,沟壑较小,栽种有柠条等,土质疏松。西北侧为波状沙丘地,南0.8千米处为胡家梁。高程1406.2米。

马面整体保存较差。台体由于雨水冲刷侵蚀剥落严重。台体上生长有旱地植被,根系深入夯土中对台体造成一定破坏。台体四周尤其是下部有较多大小不等的动物洞穴。

台体夯筑而成,夯土以黄土为主,包含有碎石块,夯层厚0.06~0.14米,夯土质地细密。台体包砖被拆除,周围散落有少量残砖。台体平面呈矩形,剖面呈近梯形,底部东西9、南北14米,顶部东西5、南北7米,高8米。台体东壁登台券洞坍塌,券洞长0.9、宽1.3、高0.3米。台体周围发现有残砖和大量白灰渣、瓦片、瓷片,砖宽24、厚8厘米,白灰渣厚1厘米,瓦片厚1.8厘米,瓷片厚0.2~0.4厘米。(图一五三二)

该马面东依长城墙体,西南距黄草圪村2号敌台0.863千米。

(五八) 黄草圪村3号马面 (610824352102170058)

该马面位于龙洲乡甘沟村黄草圪村(组)东北1千米的黄土沟壑地带山梁上。东、南、西侧为山坡,坡度较缓。附近为山地沟壑区,西北0.4千米处为胡家梁,两个山梁之间为深沟,栽种有大量柠

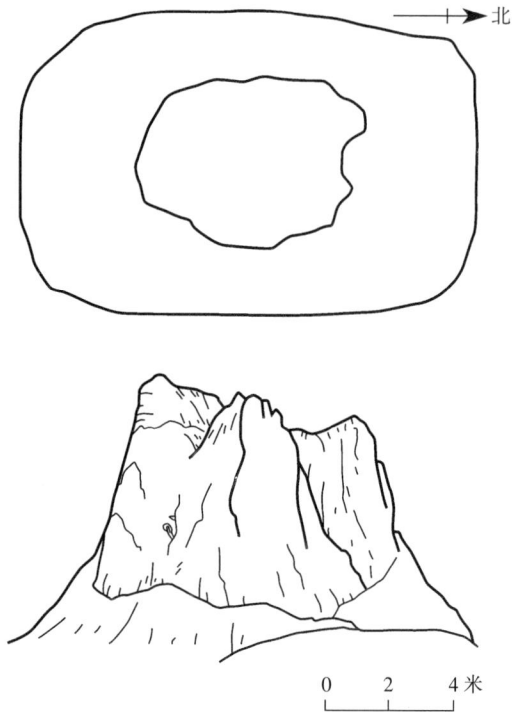

图一五三二　黄草峁村 2 号马面平、立面图

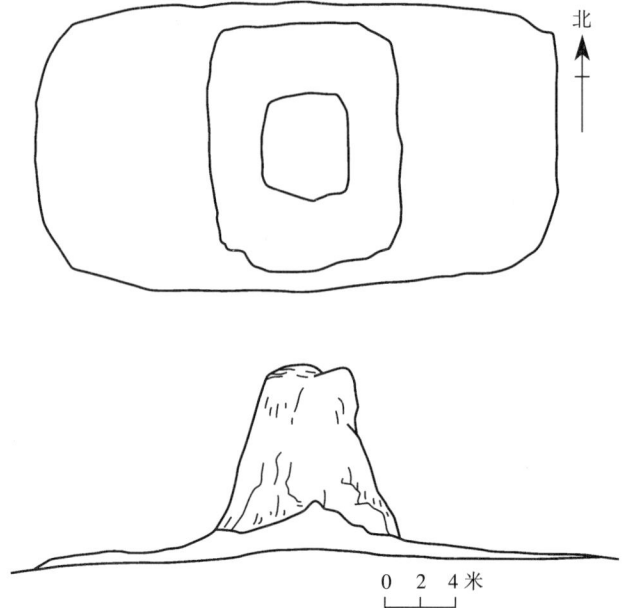

图一五三三　黄草峁村 3 号马面平、立面图

条、沙柳，土质较疏松。高程 1422.1 米。

马面整体保存较差。台体受风雨侵蚀四壁剥落、坍塌严重，北壁豁口最大，宽 3.2、高 2、进深 0.8 米；东、南、西壁有不同程度的剥落。台体上生长有旱地植被，根系深入夯土，造成一定破坏。台体四周尤其是下部有较多大小不等的动物洞穴。

台体建在夯土基座上，夯筑而成，夯土以黄土为主，包含有少量料礓石，夯层厚 0.05~0.13 米，夯土质地细密。台体包砖被人为拆除，周围散落有大量砖碎片、石灰渣和瓦片等。台体平面呈矩形，剖面呈馒头状，底部东西 13、南北 14 米，顶部东西 5、南北 6 米，高 10 米。基座平面呈矩形，南北 16、东西 30、高 1.5 米。台体周围有残砖和大量白灰渣、瓦片，砖宽 24、厚 8 厘米，白灰渣厚 1 厘米，瓦片厚 1.8 厘米。（图一五三三）

该马面东依黄草峁村长城 2 段墙体，东北距黄草峁村 2 号马面 1.05 千米。

（五九）甘沟村马面（610824352102170059）

该马面位于龙洲乡甘沟村西 0.05 千米的平缓地带。所处位置较高，四周较低，周围有村庄，栽种有榆树、杨树、杏树，土质较疏松。高程 1591 米。

马面整体保存较差。台体受风雨侵蚀四壁剥落，东壁底部有一孔窑洞，分两室有套间，高 2.4、门宽 1.1 米，外间内宽 3、内间（靠南）宽 2、深 4.5 米。台体上生长有旱地植被，根系深入夯土中对台体造成一定破坏。台体四周尤其是下部有较多大小不等的动物洞穴。紧靠台体西壁的长城墙体有一条乡村道路穿过。

台体西壁中部紧贴长城墙体处将台体分为两层，西侧较低，东西 3、南北 6.8、高 3 米。台体南壁有登台券洞可达台顶，洞宽 0.9、高 0.75、进深 2.5 米。

台体夯筑而成，夯土以黄土为主，包含有少量料礓石，夯层厚 0.05~0.13 米，夯土质地细密，西壁较低处夹杂有白灰渣等。台体包砖被拆除，周围散落有少量残砖和白灰渣。台体平面呈矩形，剖面

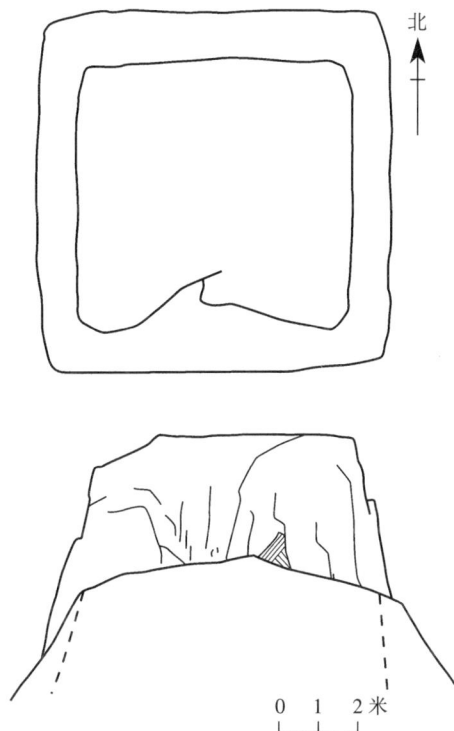

图一五三四 甘沟村马面平、立面图

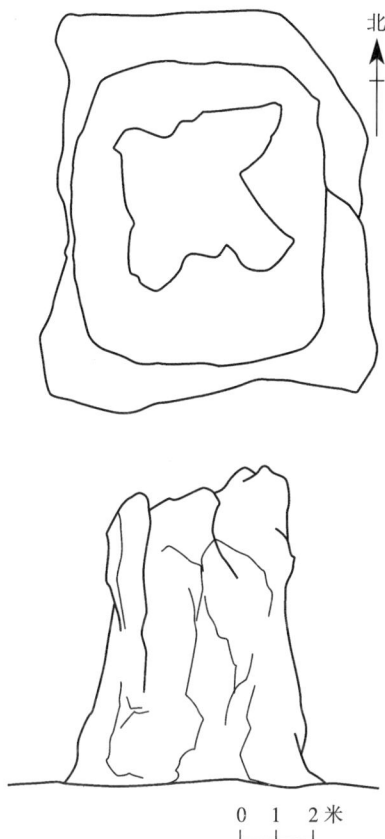

图一五三五 五台村1号马面平、立面图

呈梯形，底部边长9米，顶部东西7、南北6.8米，高7.2米。台体周围有残砖和大量白灰渣、瓦片、瓷片，砖宽24、厚8厘米，白灰渣厚1厘米，瓦片厚1.8厘米，瓷片厚0.2～0.4厘米。（图一五三四）

该马面西依长城墙体，东距甘沟村5号敌台0.43千米。

（六〇）五台村1号马面（610824352102170060）

该马面位于镇靖乡五台村三台圪村（组）北0.06千米的黄土沟壑地带缓坡上。东、北侧较低，西、南侧相对较高。附近栽种树木，土质较疏松。高程1519.5米。

马面整体保存较差。台体由于雨水冲刷、人为破坏坍塌严重，西壁有人为挖掘取土留下的部分；南壁有雨水冲刷裂缝，宽0.06米，直达台顶。台体上生长有旱地植被，根系深入夯土中对台体造成一定破坏。台体四周尤其是下部有较多大小不等的动物洞穴。

台体夯筑而成，夯土以黄土为主，包含有少量料礓石，夯层厚0.06～0.14米，夯土质地细密，西壁较低处夹杂有白灰渣等。台体包砖被拆除，周围散落少有量残砖和白灰渣。台体平面略呈矩形，剖面呈不规则梯形，底部东西7、南北8米，顶部坍塌不规则，高8.5米。台体周围有残砖和大量白灰渣、瓷片，砖宽24、厚8厘米，白灰渣厚1厘米，瓷片厚0.2～0.4厘米。（图一五三五）

该马面南依长城墙体，东距五台村1号敌台0.31千米。

（六一）五台村2号马面（610824352102170061）

该马面位于镇靖乡五台村北0.08千米的平缓黄土地带。所处位置较高，南侧和高速公路之间地势

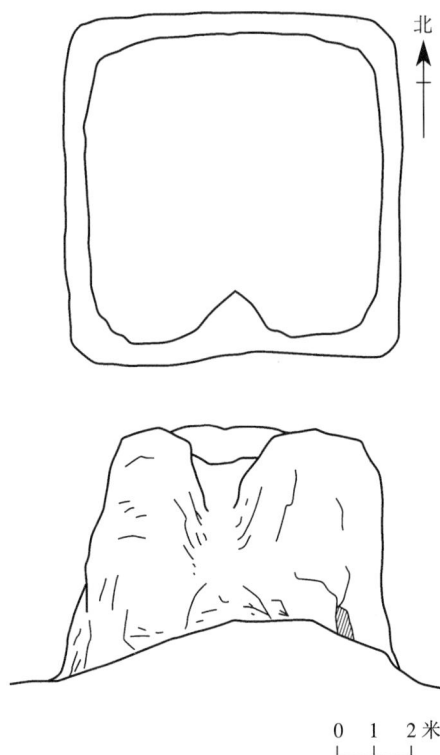

図一五三六　五台村 2 号马面平、立面图　　　　図一五三七　五台村 3 号马面平、立面图

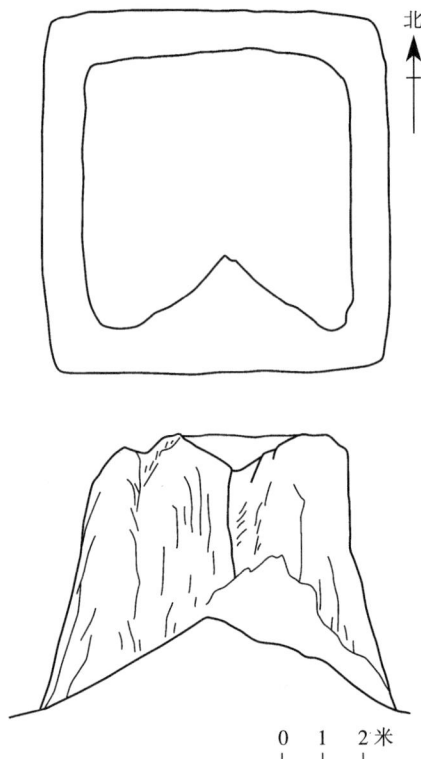

较低，西侧为缓坡。高程 1516.1 米。

马面整体保存较差。台体受风雨侵蚀四壁剥落，南壁有豁口，宽 3、高 1.5、进深 1 米；西壁有裂缝，宽 0.03 米；北壁底部有一人为挖掘的小洞，宽 0.8、高 1、进深 0.5 米。台体上生长有旱地植被，根系深入夯土中对台体造成一定破坏。台体四周尤其是下部有较多大小不等的动物洞穴。

台体夯筑而成，夯土以黄土为主，包含有少量料礓石，夯层厚 0.05～0.13 米，夯土质地细密。台体平面呈矩形，剖面呈梯形，底部边长 9、顶部边长 8、高 6.5 米。台体周围有残砖，砖宽 24、厚 8 厘米。（图一五三六）

该马面南依长城墙体，东距五台村 2 号敌台 0.382 千米。

（六二）五台村 3 号马面（610824352102170062）

该马面位于镇靖乡五台村西南 0.06 千米的平缓地带。所处位置较高，北侧为缓坡，附近为耕地。高程 1515.8 米。

马面整体保存较差。台体由于雨水冲刷侵蚀四周壁落严重；南壁有雨水冲刷侵蚀的豁口，宽 4.8、高 3、进深 2 米；东壁有一孔窑洞，深 4、内宽 2、口宽 1.2、高 1.5 米。台体上生长有旱地植被，根系深入夯土中对台体造成一定破坏。台体四周尤其是下部有较多大小不等的动物洞穴。

台体夯筑而成，夯土以黄土为主，夯层厚 0.05～0.13 米，夯土质地细密。台体平面呈矩形，剖面呈梯形，底部边长 9、顶部边长 7、高 7 米。台体登台券洞位于南壁，已坍塌，可登台顶。台体周围有残砖，砖宽 24、厚 8.5 厘米。（图一五三七；彩图二九五）

该马面南依长城墙体，东距五台村 2 号马面 0.86 千米。

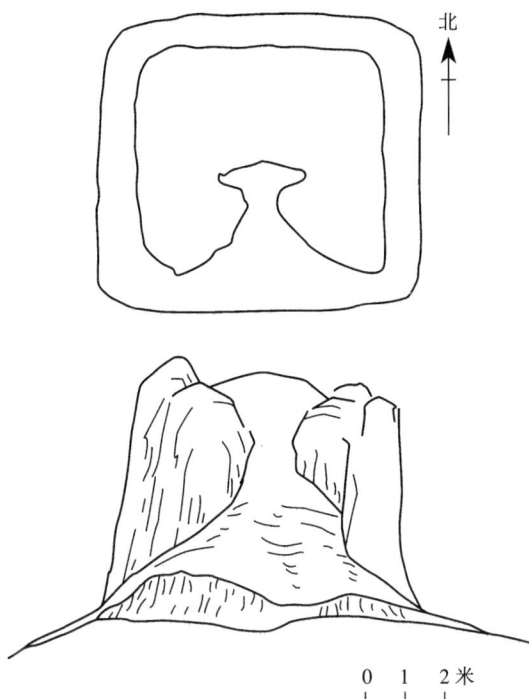

图一五三八　五台村 4 号马面平、立面图

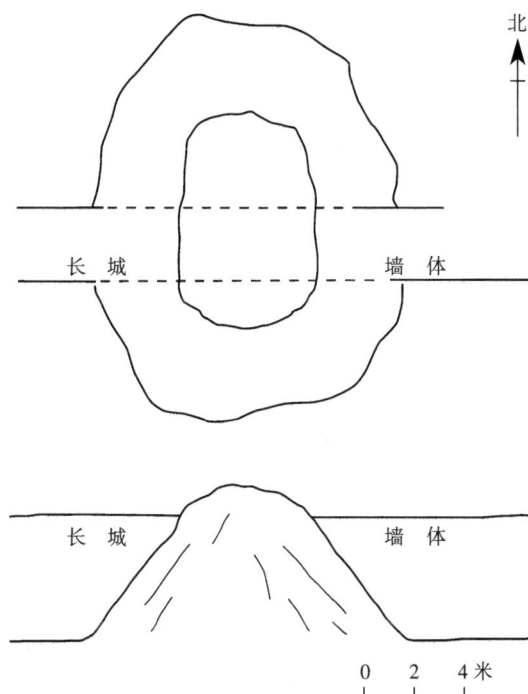

图一五三九　五台村 5 号马面平、立面图

（六三）五台村 4 号马面（610824352102170063）

该马面位于镇靖乡五台村西 0.05 千米的平缓地带。南、北侧为斜坡，坡度较缓。附近栽种树木，土质较疏松。高程 1499.9 米。

马面整体保存较差。台体因雨水冲刷侵蚀四壁剥落，东壁有一孔窑洞，宽 1.5、高 2、深 3 米；南壁坍塌，坍塌部分宽 5、高 1.5、进深 3.2 米，呈斜坡状。台体上生长有旱地植被，根系深入夯土中对台体造成一定破坏。台体四周尤其是下部有较多大小不等的动物洞穴。

台体用黄土夹杂小石块夯筑而成，夯层厚 0.05～0.1 米，夯土质地细密。台体包砖被拆除，周围散落有少量残砖和白灰渣。台体平面呈矩形，剖面呈梯形，底部东西 9、南北 7.8 米，顶部坍塌严重呈凹字形，东西 7、南北 5 米，高 7 米。台体登台券洞位于南壁，已坍塌，可登台顶。台体周围有残砖和大量白灰渣、瓦片、瓷片，砖宽 24、厚 8 厘米，白灰渣厚 1 厘米，瓦片厚 1.8 厘米，瓷片厚 0.2～0.4 厘米。（图一五三八）

该马面南依长城墙体，东距五台村 3 号马面 0.5 千米。

（六四）五台村 5 号马面（610824352102170064）

该马面位于镇靖乡五台村西 0.56 千米的黄土沟壑地带。附近土壤沙化严重，南、北侧较平坦，种植农作物，土质疏松。高程 1496.7 米。

马面整体保存较差。台体由于雨水冲刷、人为破坏坍塌严重，基本形状已发生变化。

台体用黄土夹杂小石块夯筑而成，夯层厚 0.09～0.11 米，夯土质地细密。台体包砖被拆除，周围散落有少量残砖和白灰渣。台体平面呈近矩形，剖面呈馒头状，底部东西 14、南北 16 米，顶部东西 6、南北 8 米，高 6 米（长城墙体与台体同高）。台体周边有残砖、板瓦，砖宽 24、厚 8 厘米，瓦片厚 1.8 厘米。（图一五三九）

该马面位于长城墙体上，东距五台村 4 号马面 0.123 千米。

（六五）五台村 6 号马面（610824352102170065）

该马面位于镇靖乡五台村麻黄梁村（组）东 0.04 千米的黄土沟壑地带。附近土壤沙化严重，南、北侧较平坦，种植农作物，土质疏松。高程 1514.8 米。

马面整体保存较差。台体由于雨水冲刷侵蚀四壁有不同程度的剥落，南壁坍塌宽 3、高 1.3、进深 1.8 米。台体上生长有旱地植被，根系深入夯土中对台体造成一定破坏。台体四周尤其是下部有较多大小不等的动物洞穴。

台体用黄土夹杂小石块夯筑而成，夯层厚 0.06～0.1 米，夯土质地细密。台体建在矩形夯土基座上，平面呈矩形，剖面呈梯形，底部东西 7、南北 9 米，顶部坍塌呈凹字形，东西 6.5、南北 8 米，高 8.5 米。基座东西 17、南北 20、高 2 米。台体登台券洞位于南壁，宽 0.6、高 1.7、进深 2.5 米。（图一五四○）

该马面南依长城墙体，与五台村 4 号关相对，东距五台村 5 号马面 0.302 千米。

（六六）五台村 7 号马面（610824352102170066）

该马面位于镇靖乡五台村麻黄梁村（组）西 0.05 千米的山梁上。附近土壤沙化严重，南、北侧为缓坡，栽种有树木，土质疏松。高程 1514.5 米。

马面整体保存较差。台体四壁有大小不一的水冲裂缝，宽 0.05～0.12 米；南壁由于雨水冲刷有一个豁口，宽 2.5、高 1.2、进深 0.5 米。台体上生长有旱地植被，根系深入夯土中对台体造成一定破坏。台体四周有少量大小不等的动物洞穴。

台体用黄土夹杂小石块夯筑而成，夯层厚 0.03～0.1 米，夯土质地细密。台体包砖被拆除。台体平面呈矩形，剖面呈梯形，底部东西 9.3、南北 9 米，顶部边长 7 米，高 9 米。基座平面呈矩形，东西 30、南北 32、高 0.5 米。围墙建在基座上，平面呈矩形，东西 32、南北 30 米，墙体顶宽 0.3、底宽 1.2、高 1 米。台体周围发现有残砖、瓷片，砖宽 15、厚 8.5 厘米，瓷片厚 0.2～0.4 厘米。（图一五四一；彩图二九六）

该马面依长城墙体，东距五台村 6 号马面 0.724 千米。

（六七）五台村 8 号马面（610824352102170067）

该马面位于镇靖乡五台村麻黄梁村（组）西 0.8 千米的黄土沟壑地带。附近土壤沙化严重，南、北侧为缓坡。附近为沟壑区，沟壑坡度较缓，栽种有树木，土质疏松。高程 1515.8 米。

马面整体保存较差。台体四壁有不同程度的剥落，南壁坍塌宽 5、高 1.8、进深 2.5 米。台体上生长有旱地植被，根系深入夯土中对台体造成一定破坏。台体四周尤其是下部有较多大小不等的动物洞穴。台体东侧 0.04 千米处有顺山势而下的东西围墙，长 120 米，其他消失。

台体建在夯土基座上，黄土夹杂小石块夯筑而成，夯层厚 0.05～0.09 米，夯土质地细密。台体包砖被拆除。台体平面呈矩形，剖面呈梯形，底部东西 10、南北 9 米，顶部东西 7.4、南北 7.6 米，高 8 米。基座东西 30、南北 23、高 1.5 米。台体周围发现有砖、瓷片，砖长 37.5、宽 15、厚 8.5 厘米，瓷片厚 0.2～0.4 厘米。（图一五四二）

该马面南依长城墙体，东距五台村 7 号马面 0.6 千米。

（六八）伙场峁村 1 号马面（610824352102170068）

该马面位于镇靖乡伙场峁村东南 0.25 千米的黄土沟壑地带缓坡上。东、西、北侧为山坡，坡度较缓。地处山地沟壑区，沟壑坡度较缓。高程 1458.4 米。

马面整体保存一般。台体由于雨水冲刷东、南壁有坍塌，东壁豁口宽 3、高 0.8、进深 0.5 米；南

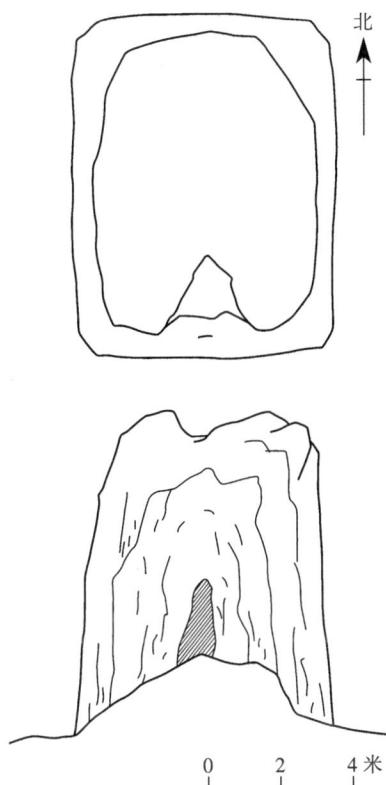

图一五四〇　五台村6号马面平、立面图

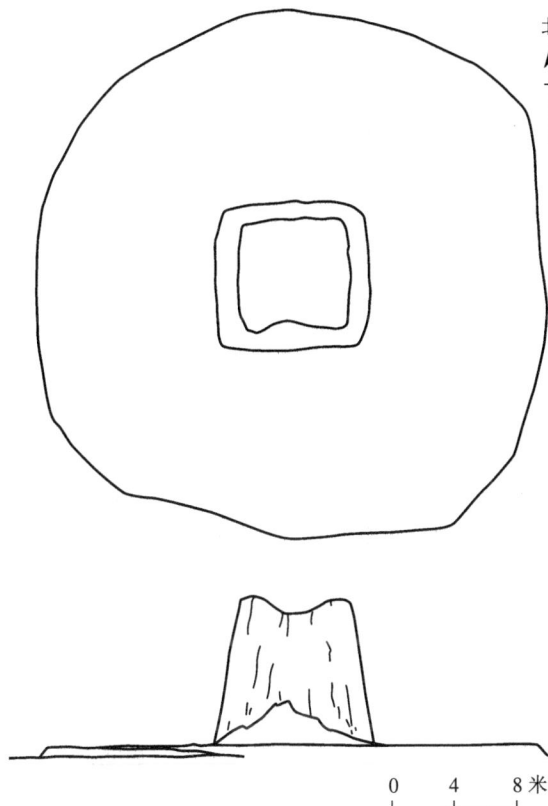

图一五四一　五台村7号马面平、立面图

壁豁口宽5、高1.5、进深0.6米，顶部剥落严重。台体上生长有旱地植被，根系深入夯土中对台体造成一定破坏。台体四周尤其是下部有较多大小不等的动物洞穴。

台体用黄土夹杂小石块夯筑而成，包含有粗砂砾，夯层厚0.04～0.1米，夯土质地细密。台体原有包砖被拆除。台体平面呈矩形，剖面呈梯形，底部东西9、南北10米，顶部边长7米，高8.5米。台体登台券洞位于南壁，宽1、高1.2、进深2米。台体周围发现有少量砖、瓷片、瓦片，砖长37.5、宽15、厚8.5厘米，瓷片厚0.2～0.4厘米，瓦片厚1.8厘米。（图一五四三）

该马面南依长城墙体，东距五台村8号马面0.72千米。

（六九）伙场圪村2号马面（610824352102170069）

该马面位于镇靖乡伙场圪村高沟畔村（组）西0.1千米的黄土沟壑地带山坡上。周围较平坦，附近有沟壑，坡度较缓。高程1310.5米。

马面整体保存较差。台体上有多处水冲裂缝，受风雨侵蚀四壁剥落，南壁坍塌形成宽3、高1.2、进深0.4米的斜坡。台体上生长有旱地植被，根系深入夯土中对台体造成一定破坏。台体四周尤其是下部有较多大小不等的动物洞穴。

台体用黄土夹杂小石块、粗砂砾夯筑而成，夯层厚0.04～0.1米，夯土质地细密。台体包砖被拆除，周围散落有少量残砖和白灰渣。台体平面呈矩形，剖面呈梯形，底部边长10米，顶部东西7、南北8米，高9米。（图一五四四）

该马面南依长城墙体，东距伙场圪村1号烽火台0.7千米。

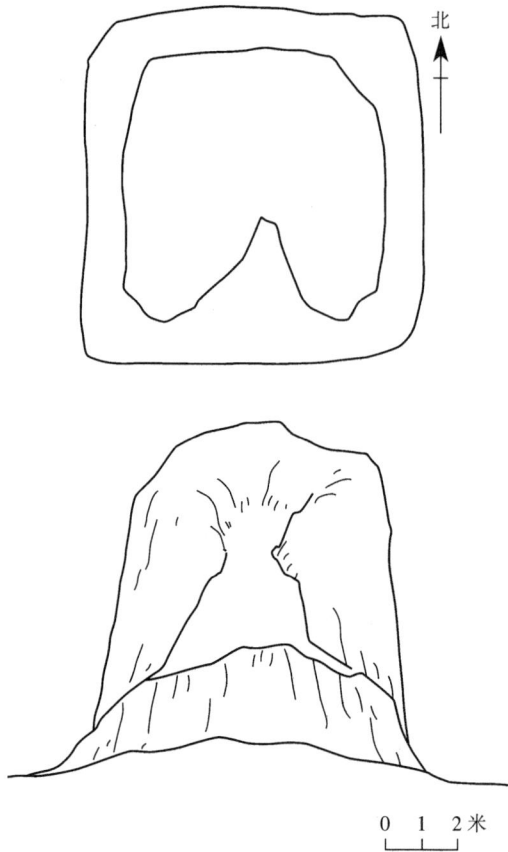

图一五四二　五台村8号马面平、立面图

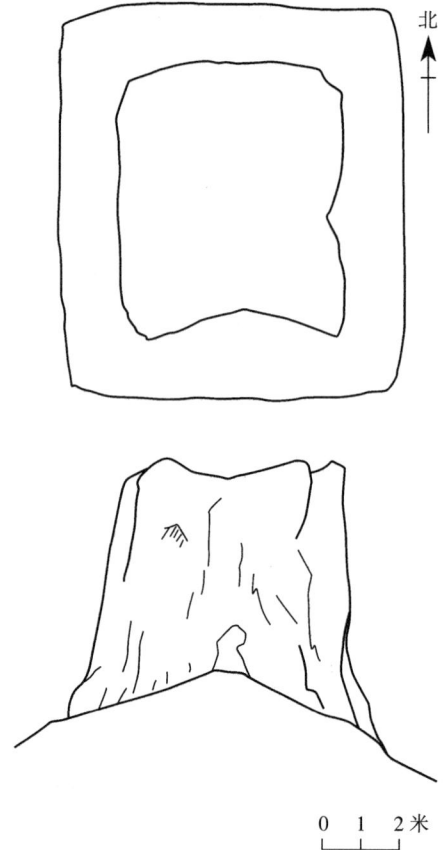

图一五四三　伙场圪村1号马面平、立面图

（七〇）高沟畔1号马面（610824352102170070）

该马面位于镇靖乡伙场圪村高沟畔村（组）南0.69千米的山坡上。东、西侧为长城墙体，北、南侧为缓坡，坡底有耕地和村庄。地处山地沟壑区，沟壑较多，坡度较缓。高程1429.1米。

马面整体保存较好。台体受风雨侵蚀四壁剥落，西南角坍塌呈锥状，南壁塌陷部分宽2、高1、进深0.8米，西壁坍塌部分宽1.5、高0.8、进深0.5米。台体上生长有旱地植被，根系深入夯土中对台体造成一定破坏。台体四周尤其是下部有较多大小不等的动物洞穴。

台体用黄土夹杂粗砂砾夯筑而成，夯层厚0.04~0.09米，夯土质地细密。台体包砖被拆除，周围散落有少量残砖和白灰渣。台体分两层，南壁低北壁高。台体平面呈矩形，剖面呈梯形，底部边长9米，顶部东西7、南北4米，顶部南侧东西7、南北3米，高9米。台体南壁登台券洞宽0.6、高0.4、深2米。台体周围发现有残砖、瓦片、白灰渣，砖宽15、厚8.5厘米，瓦片厚1.8厘米，白灰渣厚1厘米。（图一五四五）

该马面东距芦河0.23千米、伙场圪村2号马面0.56千米。

（七一）高沟畔2号马面（610824352102170071）

该马面位于镇靖乡伙场圪村高沟畔村（组）南0.74千米的山峁上。北、南侧为斜坡，坡度陡峭；西侧为芦河谷地。地处山地沟壑区，沟壑较多，坡度较缓。高程1483.1米。

马面整体保存状况较差。台体南壁塌陷严重，顶部坍塌呈近矩形，坍塌宽1~2、高1.5~5、进深

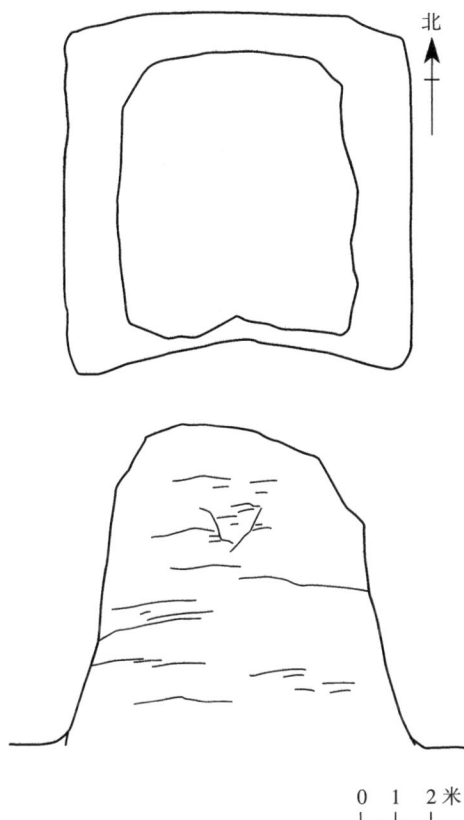

图一五四四　伙场圪村2号马面平、立面图

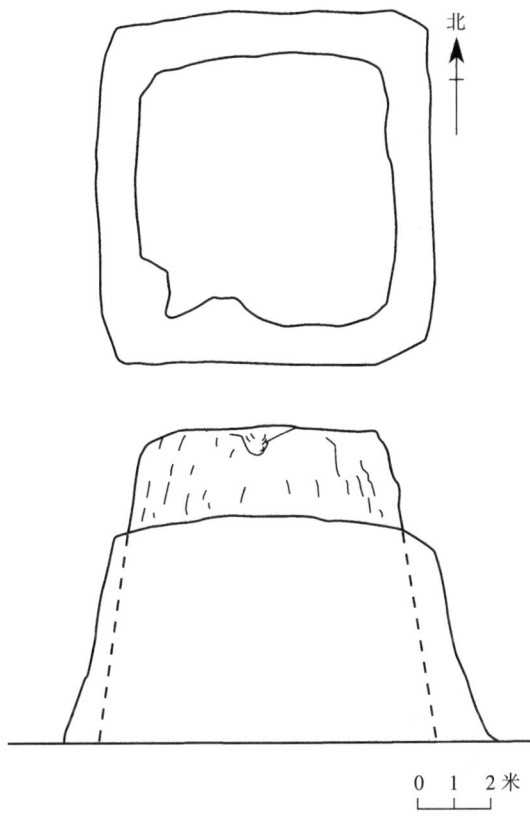

图一五四五　高沟畔1号马面平、立面图

2米。台体上生长有旱地植被，根系深入夯土中对台体造成一定破坏。台体四周尤其是下部有较多大小不等的动物洞穴。

台体有夯土基座，基座平面呈圆形，直径14、高1.5~3米。台体用黄土夹杂小石块夯筑而成，夯层厚0.06~0.1米，夯土质地细密。台体外部有包砖。台体平面略呈矩形，剖面呈梯形，底部东西7、南北8米，顶部东西4、南北3米，高5.5米。（图一五四六）

该马面西距芦河0.8千米，东南距高沟畔1号马面0.336千米。

（七二）榆沟村1号马面（610824352102170072）

该马面位于镇靖乡榆沟村东0.43千米的山峁上。西、东侧为斜坡，坡度陡峭。地处山地沟壑区，沟壑较多，坡度较陡峭。高程1443.2米。

马面整体保存较差。台体由于雨水冲刷塌陷严重，南壁有水冲沟壑，直接对台体造成威胁。台体上生长有旱地植被，根系深入夯土中对台体造成一定破坏。台体四周尤其是下部有较多大小不等的动物洞穴。

台体用黄土夹杂小石块夯筑而成，夯层厚0.01~0.14米，夯土质地细密。台体包砖被拆除，周围散落有少量残砖。台体平面呈近矩形，剖面呈梯形，底部东西9、南北7米，顶部东西7、南北3米，高9米。台体周边发现有残砖、板瓦，砖宽19.5、厚10.3厘米，板瓦厚1.8厘米。（图一五四七）

该马面南依长城墙体，东北距高沟畔2号马面0.204千米。

（七三）榆沟村2号马面（610824352102170073）

该马面位于镇靖乡榆沟村东0.268千米的山峁上。南、北侧为斜坡，坡度较缓，土壤包含有砂粒，

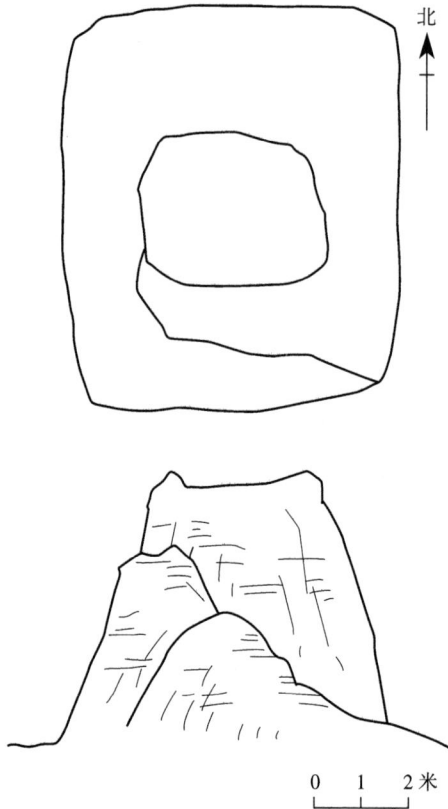

图一五四六　高沟畔 2 号马面平、立面图

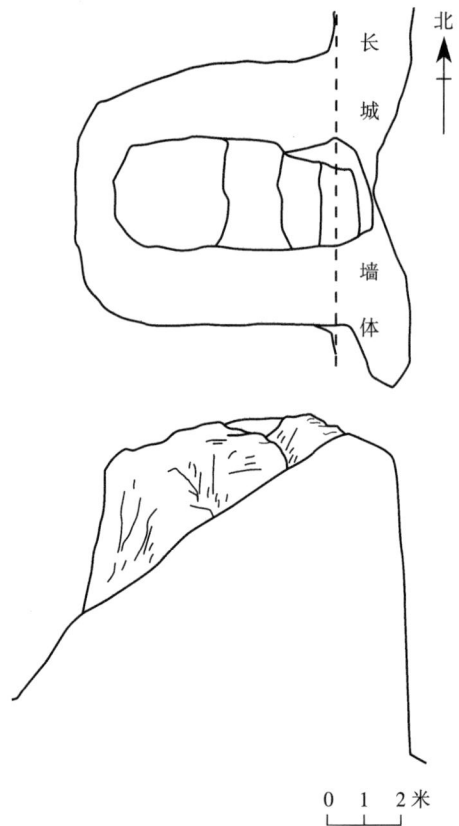

图一五四七　榆沟村 1 号马面平、立面图

坡底为耕地和村庄。地处山地沟壑区，沟壑纵横，坡度较缓。高程 1482.9 米。

马面整体保存较差。台体由于雨水冲刷剥落严重，南壁有塌陷；北壁塌陷较严重，形成宽 1、高 4、进深 0.4 米的豁口。台体上生长有旱地植被，根系深入夯土中对台体造成一定破坏。台体四周尤其是下部有较多大小不等的动物洞穴。

台体用黄土夹杂小石块、粗砂砾夯筑而成，夯层厚 0.1~0.14 米，夯土质地细密。台体包砖被拆除，周围散落有少量残砖和白灰渣。台体平面呈矩形，剖面呈梯形，底部东西 6.4、南北 7 米，顶部东西 3.2、南北 5 米，高 5.7 米。台体周围发现有残砖、瓦片、白灰渣，砖宽 15、厚 8.5 厘米，瓦片厚 1.8 厘米，白灰渣厚 1 厘米。（图一五四八）

该马面东依长城墙体，北距榆沟村 1 号马面 0.174 千米。

（七四）榆沟村 3 号马面（610824352102170074）

该马面位于镇靖乡榆沟村东北 0.3 千米的山峁上。西、东侧为山坡，坡度较缓，南、北侧长城墙体顺山势高低起伏。高程 1449.7 米。

马面整体保存较差。台体四壁有不同程度的剥落，坍塌处呈斜坡状；南壁有水冲沟，塌陷严重，坍塌宽 0.4、高 1、进深 0.4 米。台体上生长有旱地植被，根系深入夯土中对台体造成一定破坏。台体四周尤其是下部存在较多大小不等的动物洞穴。

台体用黄土夹杂小石块、粗砂砾夯筑而成；夯层厚 0.08~0.14 米，夯土质地细密。台体平面呈近矩形，剖面呈梯形，底部东西 8、南北 6 米，顶部东西 6、南北 2 米，高 5 米。（图一五四九）

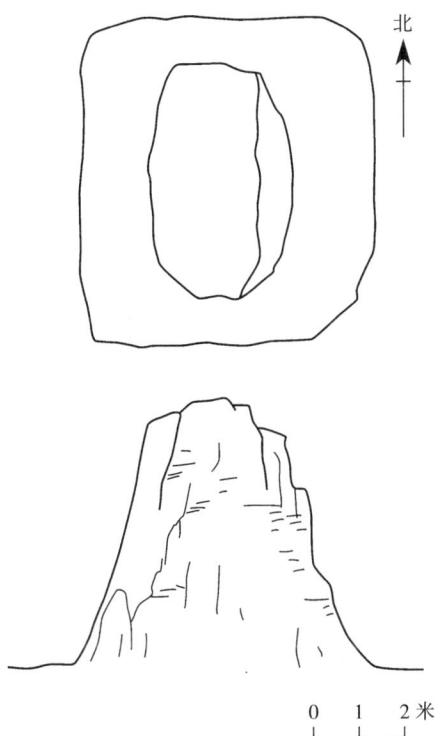

图一五四八　榆沟村 2 号马面平、立面图

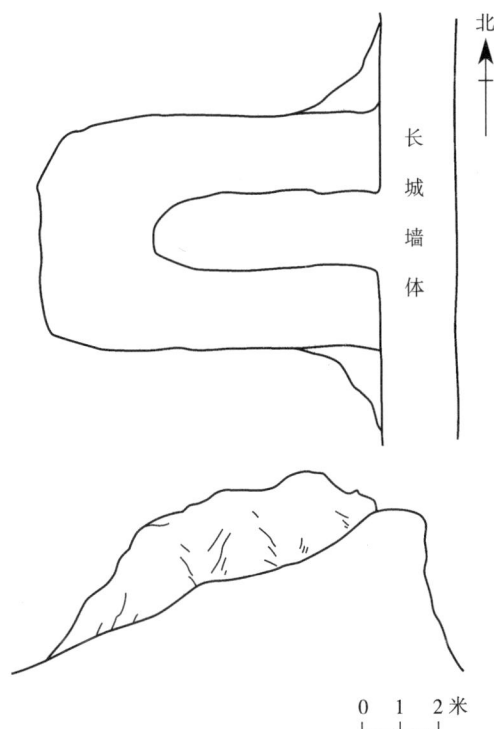

图一五四九　榆沟村 3 号马面平、立面图

该马面东依长城墙体，东北距榆沟村 2 号马面 0.19 千米。

（七五）榆沟村 4 号马面（6108243521021700075）

该马面位于镇靖乡榆沟村东 0.14 千米的山峁上。东、西侧长城墙体顺山势高低起伏；南、北侧为山坡，种植有马铃薯和荞麦等农作物，坡度较缓。处地山地沟壑区，沟壑纵横交错，坡度较缓。高程 1414.1 米。

马面整体保存较差。台体四壁有不同程度的剥落，南壁坍塌严重，坍塌宽 1、高 1、进深 0.3 米。台体上生长有旱地植被，根系深入夯土中对台体造成一定破坏。台体四周尤其是下部有较多大小不等的动物洞穴。周围有农田，开垦耕地时对台体进行了铲削。

台体有圆形夯土基座。黄土夹杂小石块夯筑而成，夯层厚 0.1~0.13 米，夯土质地细密。台体包砖被拆除，周围散落有少量残砖。台体平面略呈矩形，剖面呈梯形，底部东西 8、南北 6 米，顶部东西 7、南北 3 米，高 5 米。（图一五五〇）

该马面东依长城墙体，东北距榆沟村 3 号马面 0.241 千米。

（七六）榆沟村 5 号马面（6108243521021700076）

该马面位于镇靖乡榆沟村东 0.172 千米的山峁上。东西两侧山坡坡度较为陡峭，南、北侧山坡坡度较缓，长城墙体顺山势而建。地处山地沟壑区，沟壑纵横交错。高程 1444.9 米。

马面整体保存较差。台体东壁由于雨水冲刷有塌陷，有人为取土挖掘的小坑，坑宽 0.4、长 0.6、进深 0.3 米；南壁昆虫和鼠类洞穴较多。

台体用黄土夹杂小石块、粗砂砾夯筑而成，夯层厚 0.04~0.09 米，夯土质地细密。台体包砖被拆除，周围散落有少量残砖和白灰渣。台体平面呈矩形，剖面呈梯形，底部东西 6、南北 7.6 米，顶部东西 4、南北 5 米，高 6 米。台体周围发现有残砖，砖宽 19、厚 11 厘米。（图一五五一）

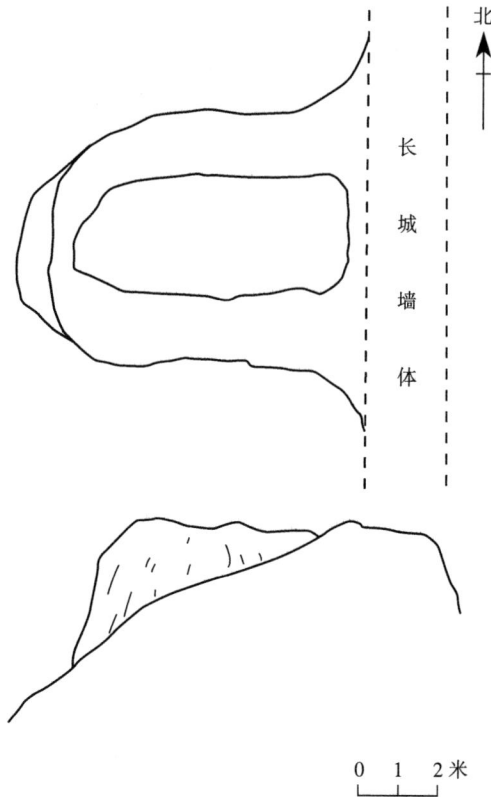

图一五五○　榆沟村4号马面平、立面图

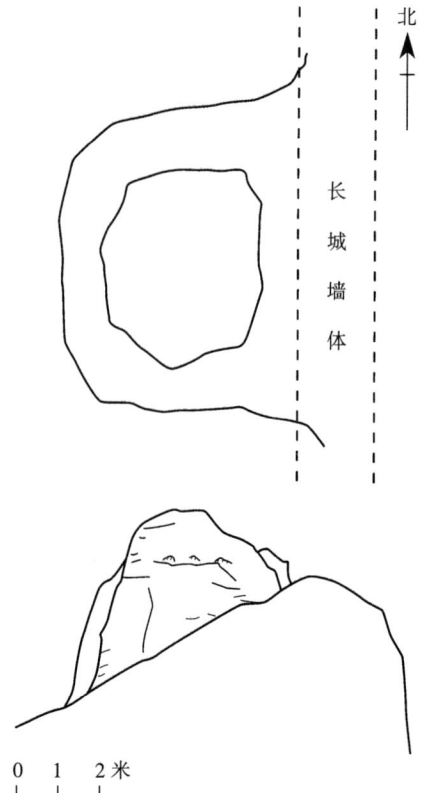

图一五五一　榆沟村5号马面平、立面图

该马面东依长城墙体，东北距榆沟村4号马面0.282千米。

（七七）榆沟村6号马面（610824352102170077）

该马面位于镇靖乡榆沟村盐店洼村（组）东南0.1千米的平缓地带。四周较平坦，南0.08千米处有水冲沟，坡度较小。高程1388.6米。

马面整体保存较差。台体南壁有人为挖掘的两个坑。靠右一个洞平面呈矩形，剖面呈三角形，长1、宽0.5、高0.4米；靠左一个洞为取土所挖，呈不规则状。台体西壁有塌陷留下的豁口，宽1、高2、进深0.8米。台体由于雨水冲刷侵蚀剥落严重，坍塌处呈斜坡状，南壁昆虫洞穴较多。

台体用黄土夹杂小石块、粗砂砾夯筑而成，夯层厚0.08～0.14米，夯土质地细密。台体平面呈矩形，剖面呈梯形，底部东西10、南北7米，顶部东西7、南北3.2米，高6.5米。（图一五五二）

该马面东依长城墙体，东北距榆沟村5号马面0.19千米。

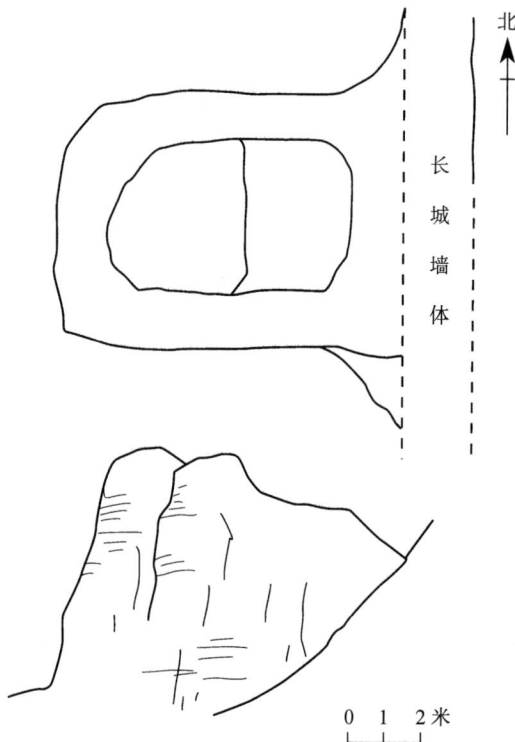

图一五五二　榆沟村6号马面平、立面图

（七八）芦东村马面（610824352102170078）

该马面位于镇靖乡芦东村东南 0.4 千米较平整的山顶上。所处土质较疏松，栽种有马铃薯等农作物。附近为山地沟壑，东 0.55 千米处为二道沟，西侧紧靠芦西河，水土流失严重。高程 1424.9 米。

马面整体保存较差。台体坍塌，形制无法观察，南、西壁有雨水冲刷的豁口，南壁豁口宽 2.4、高 3.6、进深 2 米，西壁豁口宽 2、高 4.5、进深 1.5 米。台体包砖被拆除，周围散落有少量残砖和白灰渣。台体上生长有旱地植被，根系深入夯土，造成一定破坏。台体四周尤其是下部有较多大小不等的动物洞穴。

台体用黄土夹杂粗砂砾夯筑而成，夯层厚 0.05～0.15 米，夯土质地细密。台体平面呈近矩形，剖面呈梯形，底部东西 8、南北 12 米，顶部东西 5、南北 9 米，高 9 米。台体周边发现有残砖瓦片，砖宽 15、厚 6.5 厘米，瓦片厚 1.8 厘米。（图一五五三）

该马面东依芦东村长城 2 段墙体，北距芦东村 2 号烽火台 0.9 千米。

（七九）关草涧村马面（610824352102170079）

该马面位于杨米涧乡关草涧村西北 0.16 千米的平缓地带。东侧为耕地，种植有马铃薯、西瓜、向日葵、桃树等；西侧处在猪头山水库岸边。附近为山地沟壑区，水库北侧水土流失严重。高程 1473.4 米。

马面整体保存较差。台体东壁有一座现代小房，宽 2.6、深 3.6、高 2.1 米，修建过程中对台体进行了铲削；东、南壁有几处动物洞穴。受雨水冲刷侵蚀和猪头山水库，水土流失严重，造成台体剥落，坍塌处呈斜坡状。台体包砖被拆除，周围散落有少量残砖和白灰渣。

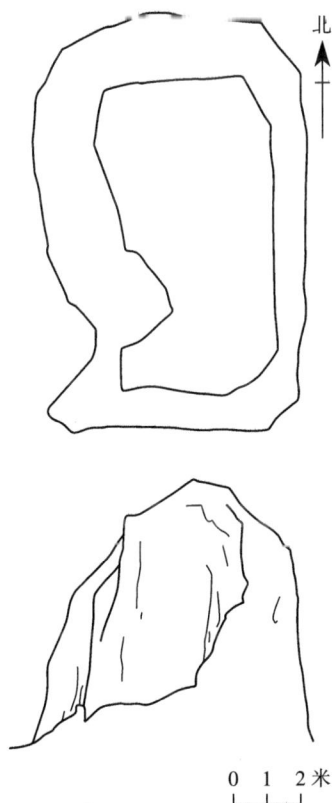

图一五五三　芦东村马面平、立面图

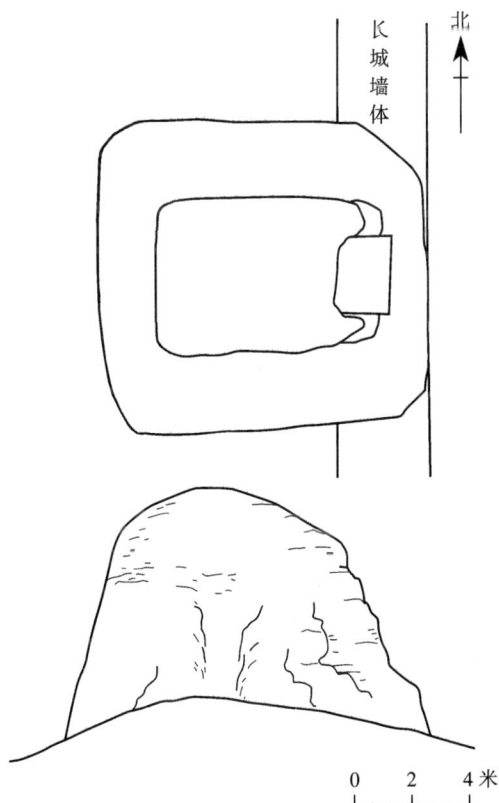

图一五五四　关草涧村马面平、立面图

台体用黄土夯筑而成，夯层厚0.07~0.16米，夯土质地细密。台体平面呈矩形，剖面呈梯形，底部边长10米，顶部东西8、南北5米，高8米。台体周围发现有残砖、白灰渣，砖宽15、厚8.5厘米，白灰渣厚1厘米。（图一五五四）

该马面东依长城墙体，北距镇罗堡村1号烽火台7.6千米。

（八〇）张天赐村1号马面（610824352102170080）

该马面位于新城乡张天赐村烟台村（组）北0.32千米的较平整山顶上。北、南侧沟壑较大，坡度较缓。沟壑底部较平坦，有村庄。高程1584.6米。

马面整体保存一般。台体受雨水冲刷侵蚀顶部四周有不同程度的剥落，东侧剥落处有一个宽3.5、高1.2、进深0.4米的豁口。台体上生长有旱地植被，根系深入夯土中对台体造成一定破坏。台体四周尤其是下部有较多大小不等的动物洞穴。台体包砖、石被拆除，顶部散落有大量石块、残砖、白灰渣。台体附近散落有条石16块。

台体夯筑而成，夯土以黄土为主，包含物较少，夯层厚0.045~0.09米，夯土质地细密。台体平面呈矩形，剖面呈梯形，底部东西9、南北8米，顶部边长7米，高8米。台体附近发现大量条石、残砖和白灰渣，条石长83、宽37、高21厘米，砖长34、宽19.3、厚8厘米，白灰渣厚1厘米。较完整的条石有7块，从附近居民处了解，当地村庄有类似的条石，当是从台体上拆除。（图一五五五；彩图二九七）

该马面南依长城墙体。

（八一）张天赐村2号马面（610824352102170081）

该马面位于新城乡张天赐村烟台村（组）北0.43千米的山峁上。南、北侧为沟壑，坡度较缓，种植有荞麦等农作物。地处山地沟壑区，沟壑较多，坡度较为陡峭。高程1638.4米。

马面整体保存一般。台体受雨水冲刷四壁有剥落现象，西、东壁顶部有多处昆虫洞穴。

台体用黄土夯筑而成，包含物较少，夯层厚0.05~0.10米，夯土质地细密。台体包砖被拆除，周围散落大量残砖、白灰渣、瓷片。台体平面呈矩形，剖面呈梯形，底部东西8.5、南北8米，顶部边长7米，高8米。围墙位于台体南侧，东西18、南北30米，墙体内高0.1~1.5、外高0.1~4米。台体周边发现有大量残砖、瓦片等，砖长20.6、厚8.7、宽19厘米，瓦片厚1.8厘米，顶部石灰层较厚。（图一五五六；彩图二九八）

该马面南依长城墙体，东距张天赐村1号马面0.381千米。

（八二）张天赐村3号马面（610824352102170082）

该马面位于新城乡张天赐村烟台村（组）东0.3千米的山峁上。北、南侧为斜坡，坡度较缓。附近为山地沟壑区，沟壑纵横，水土流失严重。高程1608.1米。

马面整体保存一般。台体受雨水冲刷四壁有剥落现象，西、东壁有顶部有多处昆虫洞穴。台体上生长有旱地植被，根系深入夯土中对台体造成一定破坏。台体包砖被拆除，周围散落有大量残砖、白灰渣。台体南壁有登台券洞，洞宽1.4、高0.5、深2.5米，洞内有砖，基本坍塌，无法通过券洞登顶。

围墙位于台体南侧，平面呈矩形，东西40、南北20，墙体内高1.2、外高3.6米。台体用黄土主夯筑而成，包含物较少，夯层厚0.05~0.1米，夯土质地细密。台体平面呈矩形，剖面呈梯形，底部东西7.8、南北8.3米，顶部边长7米，高7.2米。台体四壁底部有宽0.4、高0.7、进深0.3米的深

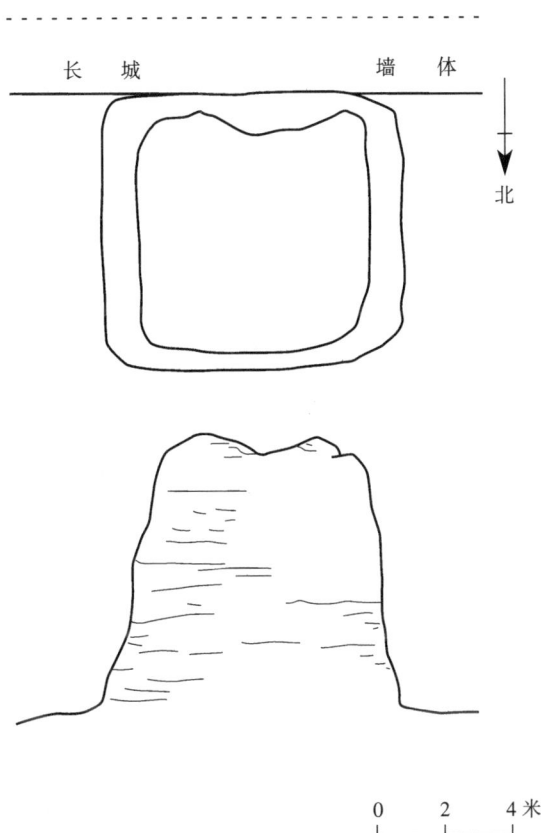

图一五五五　张天赐村 1 号马面平、立面图

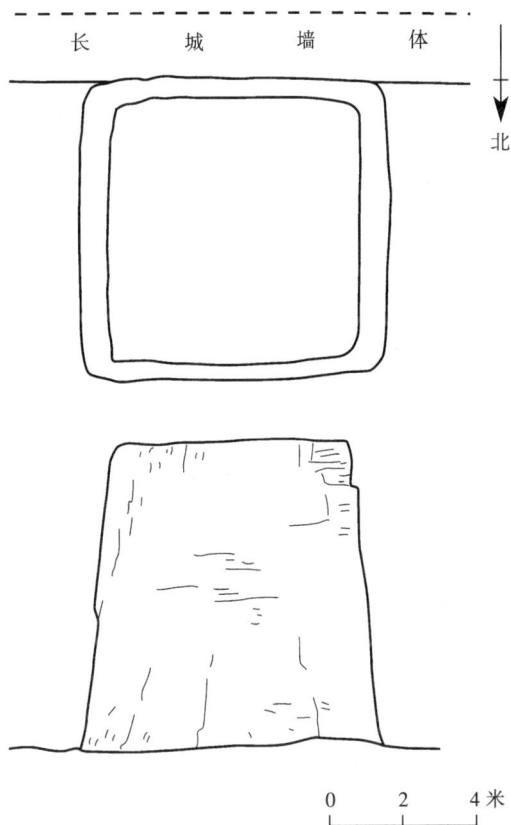

图一五五六　张天赐村 2 号马面平、立面图

槽，为加固台壁的专门设施。台体南壁有登台券洞，宽 1.4、高 0.5、进深 2.5 米，洞内有砖，基本坍塌，无法通过券洞登顶。（图一五五七；彩图二九九）

该马面南依长城墙体，东距张天赐村 1 号敌台 0.418 千米。

（八三）张天赐村 4 号马面（610824352102170083）

该马面位于新城乡张天赐村北 0.2 千米的山峁上。北、南侧为坡耕地，种植有荞麦，东、西侧长城墙体顺山势高低起伏。附近为山地沟壑区，沟壑纵横，坡度较缓。高程 1640 米。

马面整体保存较差。台体由于雨水冲刷侵蚀，四壁有不同程度的剥落；南壁有一个豁口，宽 3、高 1.5、进深 1 米；北壁坍塌成斜坡，形成登台步道。台体围墙内为耕地，种植有农作物。台体包砖被拆除。

马面有夯土基座和围墙。基座平面呈矩形，东西 30、南北 25 米。围墙建在基座上，仅存西南墙，墙体内高 0.2~1.8、外高 1~3 米。台体用黄土夯筑而成，包含物较少，夯层厚 0.05~0.13 米，夯土质地细密。台体平面呈矩形，剖面呈梯形，底部东西 8、南北 9 米，顶部东西 3.5、南北 5.5 米，高 5.2 米。台体周围发现有残砖、白灰渣，砖宽 22、厚 8 厘米，白灰渣厚 1 厘米。（图一五五八）

该马面南依长城墙体，东距张天赐村 3 号马面 0.273 千米。

（八四）张天赐村 5 号马面（610824352102170084）

该马面位于新城乡张天赐村东 0.2 千米的山峁上。四周为山坡，坡度陡峭。地处山地沟壑区，沟

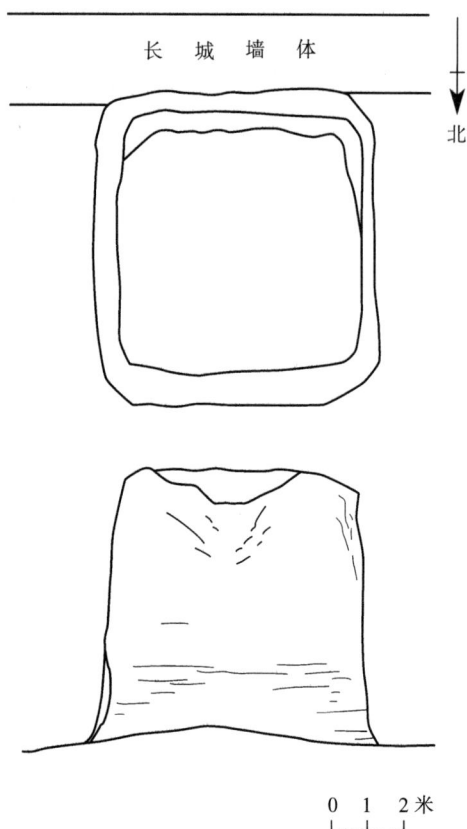

图一五五七　张天赐村 3 号马面平、立面图

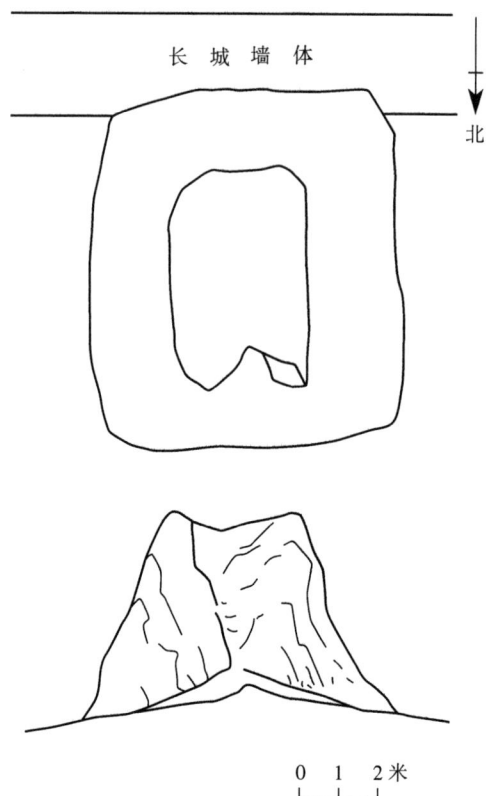

图一五五八　张天赐村 4 号马面平、立面图

壑纵横，西侧沟底张天赐村有居民。高程 1593.7 米。

　　马面整体保存较差。台体由于雨水冲刷侵蚀剥落严重，东壁中部有宽约 3、进深 0.5 米的月牙形豁口。台体上生长有旱地植被，栽种有防沙柠条，根系深入夯土中对台体造成一定破坏。台体四周尤其是下部有较多大小不等的动物洞穴。

　　台体用黄土夯筑而成，包含物较少，夯层厚 0.05～0.13 米，夯土质地细密。台体外部有包砖。台体平面呈矩形，剖面呈梯形，底部边长 7 米，顶部东西 3.2、南北 4 米，高 6 米。（图一五五九）

　　该马面南依长城墙体，东距张天赐村 4 号马面 0.264 千米。

（八五）张天赐村 6 号马面（6108243521021 70085）

　　该马面位于新城乡张天赐村砖楼台村（组）东北 0.14 千米的山峁上。所处山顶较小，山坡较缓。附近为山地沟壑区，沟壑较深，沟壑中部为村庄，沟较深，坡度陡峭。高程 1556.2 米。

　　马面整体保存较差。台体由于雨水冲刷侵蚀顶部不规则，坍塌处呈斜坡状；北壁有多处动物洞穴。台体附近有人为挖掘的窖储藏马铃薯，台体旁栽有木质电线杆，台体上栽种有柠条等。

　　台体用黄土夯筑而成，包含物较少，夯层厚 0.05～0.13 米，夯土质地细密。台体外部有包砖。台体坍塌严重，平面呈不规则形，剖面呈馒头形，底部边长 7 米，顶部坍塌严重，高 5 米。（图一五六○）

　　该马面南依长城墙体，东距张天赐村 5 号马面 0.298 千米。

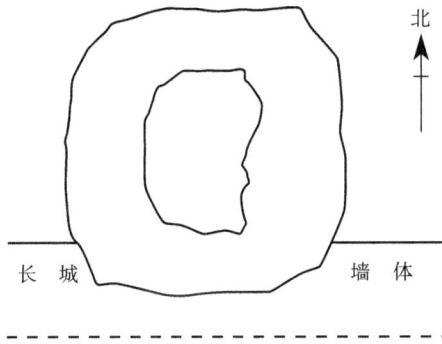

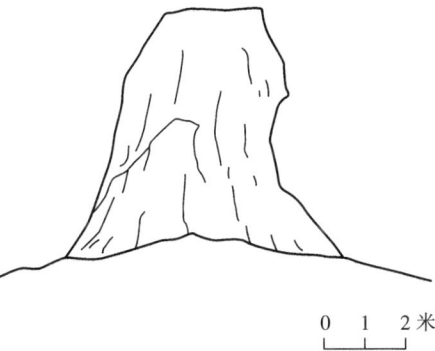

图一五五九　张天赐村 5 号马面平、立面图

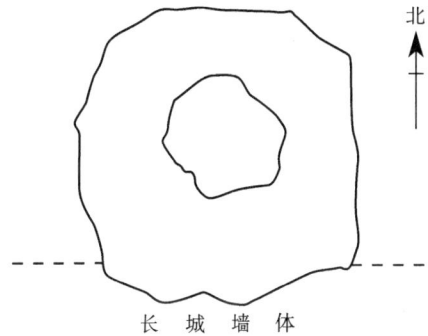

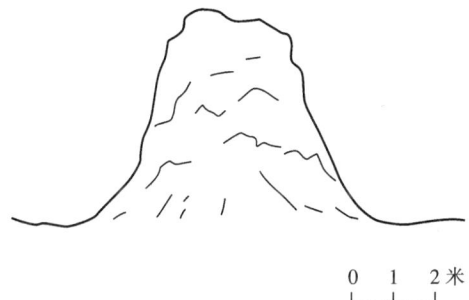

图一五六〇　张天赐村 6 号马面平、立面图

（八六）张天赐村 7 号马面（610824352102170086）

该马面位于新城乡张天赐村砖楼台村（组）西南 0.058 千米的山峁上。所处山顶较小，东、南侧为山坡，坡度较缓；西、南侧沟壑较深。高程 1438 米。

马面整体保较差。台体受风雨侵蚀四壁剥落，东、北壁坍塌，仅存 0.5～0.8 米。台体上生长有旱地植被，根系深入夯土中对台体造成一定破坏。台体四周尤其是下部有较多大小不等的动物洞穴。台体包砖被拆除。

台体用黄土夯筑而成，包含物较少，夯层厚 0.07～0.09 米，夯土质地细密。台体平面呈曲尺形，剖面呈梯形，底部东西 3.6、南北 7.2 米，顶部北侧 0.5、东侧 0.8 米，高 7 米。台体周围发现残砖、白灰渣，砖宽 21、厚 8.5 厘米，白灰渣厚 1 厘米。（图一五六一）

该马面东距张天赐村 6 号马面 0.32 千米。

（八七）张天赐村 8 号马面（610824352102170087）

该马面位于新城乡张天赐村砖楼台村（组）西南 0.36 千米的山峁上。南、北侧为深沟，西侧为荒草地，坡度较缓。高程 1525.3 米。

马面整体保存较差。台体由于长期雨水冲刷侵蚀南、西、北壁剥落严重。台体上栽种有榆树等，生长有旱地植被，根系深入夯土中对台体造成一定破坏。台体四周尤其是下部有较多大小不等的动物洞穴。

台体用黄土夹杂小石块、粗砂砾夯筑而成，夯层厚 0.07～0.12 米，夯土质地细密。台体平面呈矩形，剖面呈梯形，底部东西 7、南北 10 米，顶部东西 3、南北 8 米，高 5 米。（图一五六二）

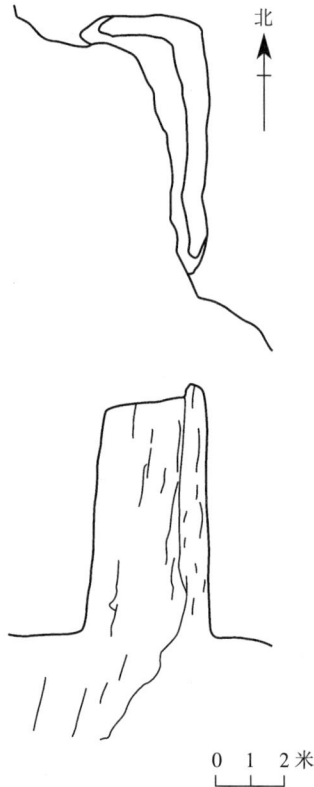

图一五六一　张天赐村 7 号马面平、立面图

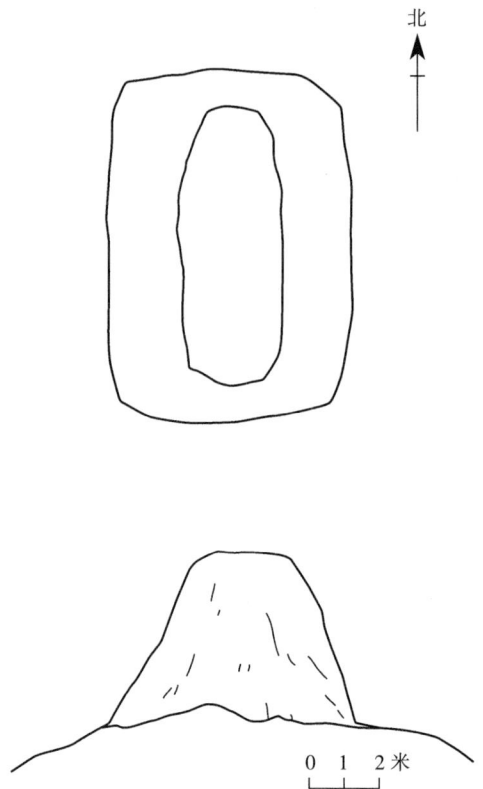

图一五六二　张天赐村 8 号马面平、立面图

该马面南依长城墙体，东距张天赐村 7 号马面 0.312 千米。

（八八）张天赐村 9 号马面（610824352102170088）

该马面位于新城乡张天赐村北 0.8 千米的山坡上。南侧为沟壑，沟壑底部有小溪流过，水土流失严重；北侧为缓坡，栽种有柠条、杏树等；东、西侧长城墙体顺山势高低起伏。高程 1612.9 米。

马面整体保存一般。台体顶部昆虫洞穴较多，南壁有长期攀爬踩踏形成的脚窝步道；北壁有人为挖掘的小坑，宽 0.3、高 0.6、进深 0.2 米，属故意破坏。台体包砖被拆除。

台体用黄土夹杂小石块、粗砂砾夯筑而成，夯层厚 0.05～0.1 米，夯土质地细密。台体平面呈矩形，剖面呈梯形，底部边长 8、顶部边长 7、高 7.8 米。台体顶部有大量残砖、瓦片。台体周围发现有残砖、瓦片、白灰渣，砖宽 15、厚 8.3 厘米，白灰渣厚 1 厘米，瓦片厚 1.7 厘米。（图一五六三）

该马面南依长城墙体，东距张天赐村 2 号敌台 0.075 千米。

（八九）张天赐村 10 号马面（610824352102170089）

该马面位于新城乡张天赐村南 0.48 千米的山梁上。东、北侧为坡耕地，西壁 0.45 千米处为久滩沟，沟底有耕地和村庄。地处山地沟壑区，沟壑坡度较大。高程 1665.7 米。

马面整体保存较差。台体由于雨水冲刷四壁剥落严重，有多处动物洞穴。台体上生长有旱地植被，根系深入夯土中对台体造成一定破坏。

台体用黄土夹杂小石块、粗砂砾夯筑而成，夯层厚 0.08～0.14 米，夯土质地细密。台体平面呈矩形，剖面呈梯形，底部东西 7、南北 8 米，顶部东西 6.5、南北 7 米，高 6.8 米。（图一五六四）

图一五六三　张天赐村 9 号马面平、立面图

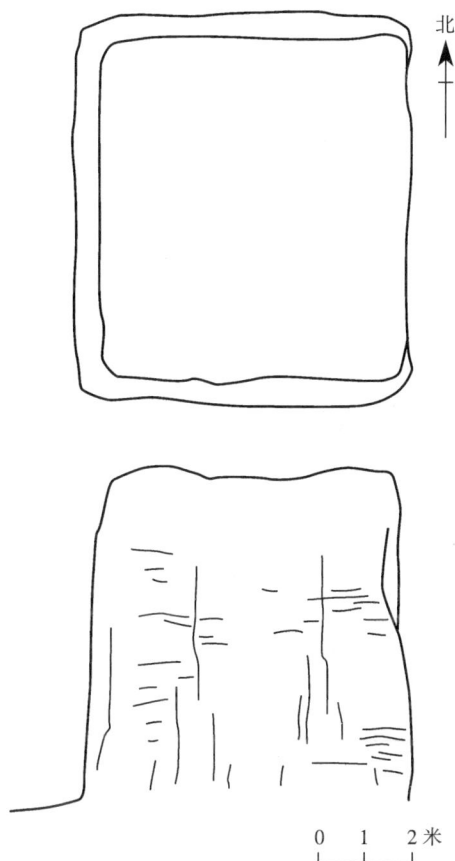

图一五六四　张天赐村 10 号马面平、立面图

该马面依长城墙体，东距张天赐村 4 号烽火台 0.5 千米。

（九〇）张天赐村 11 号马面（610824352102170090）

该马面位于新城乡张天赐村西南 0.639 千米的山梁上。南、北侧为坡耕地，东、西侧长城墙体顺山势起伏；东侧山底较平整，有耕地。高程 1605.3 米。

马面整体保存一般。台体东壁有 2 条裂缝，宽 0.2～0.5 米；西壁裂缝较大，宽 0.6、高 4 米；西南角有人为挖掘登台的脚踏处，有部分坍塌。台体上有多处动物洞穴，生长有旱地植被，根系深入夯土中对台体造成一定破坏。台体包砖被拆除。

台体用黄土夹杂小石块、粗砂砾夯筑而成，夯层厚 0.06～0.17 米，夯土质地细密。台体平面呈矩形，剖面呈梯形，底部边长 9、顶部边长 7、高 6 米。台体顶部有大量残砖、瓦片。台体周边发现有残砖瓦片、白灰渣，砖宽 20、厚 10 厘米，白灰渣厚 1 厘米，瓦片厚 1.7 厘米。（图一五六五；彩图三〇〇）

该马面南依长城墙体，东距张天赐村 10 号马面 0.605 千米。

（九一）张天赐村 12 号马面（610824352102170091）

该马面位于新城乡张天赐村赵官界村（组）南 0.616 千米的山峁上。东、西侧长城墙体顺山势起伏，北、南侧为荒草山坡地，坡度较缓。地处山地沟壑区，沟壑坡度陡峭。

图一五六五　张天赐村11号马面平、立面图

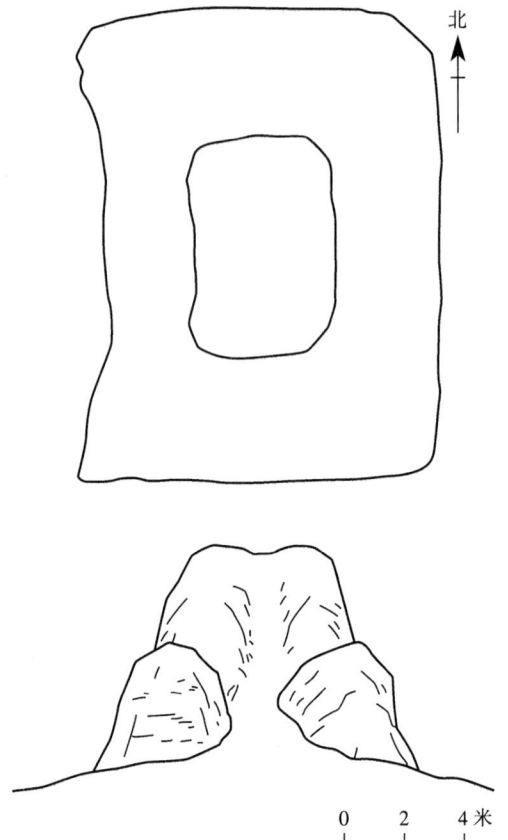

图一五六六　张天赐村12号马面平、立面图

　　马面整体保存较差。台体四壁剥落严重，南壁有一个豁口，宽2.5、高4、进深2米；西壁坍塌呈斜坡状，动物洞穴较多。台体包砖被拆除，周围散落少量残砖和白灰渣。台体上生长有旱地植被，根系深入夯土中对台体造成一定破坏。

　　台体用黄土夹杂小石块、粗砂砾夯筑而成，夯层厚0.07~0.12米，夯窝直径0.07米。台体平面呈矩形，剖面呈梯形，底部东西12、南北15米，顶部东西5、南北7米，高12米。台体顶部有少量残砖瓦片，周围发现有少量残砖。（图一五六六）

　　该马面南依张天赐村长城4段墙体，东北距张天赐村4号烽火台0.453千米。

（九二）西湾村1号马面（610824352102170092）

　　该马面位于中山涧乡西湾村东0.646千米的山峁上。东、南、北侧为荒坡地，坡度较陡峭。地处山地沟壑区，坡度陡峭。高程1642.2米。

　　马面整体保存较差。台体受风雨侵蚀四壁剥落坍塌严重，人为挖掘取土对台体破坏严重。台体上生长有旱地植被，根系深入夯土中对台体造成一定破坏。台体四周尤其是下部有大小不等的动物洞穴。有一条南北向底宽1.5米的乡村土路紧靠马面，台体遭人为铲削破坏。台体周围有深水冲沟，对台体威胁最大。

　　台体用黄土夯筑而成，夯层厚0.07~0.12米，夯土质地细密，没发现夯窝。台体外部包砖无存。台体平、剖面呈不规则形，底部东西7.2、南北15米，高10.5米。（图一五六七）

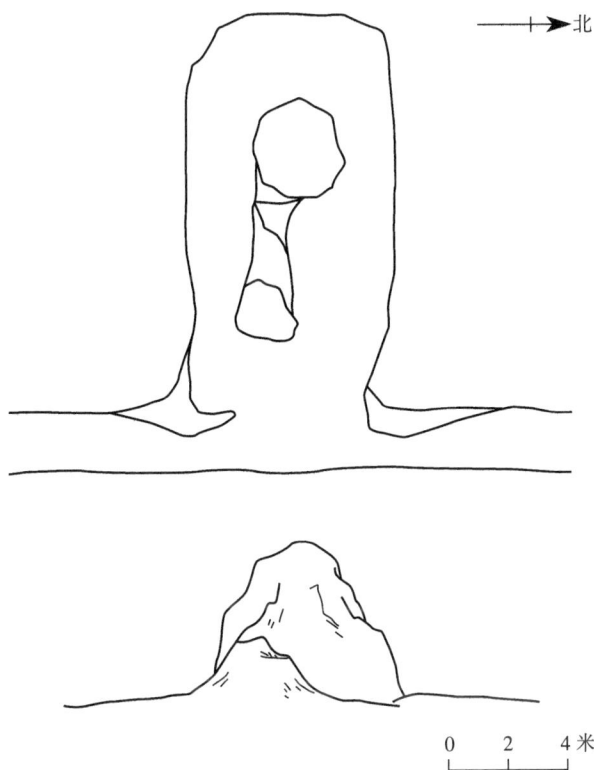

图一五六七　西湾村 1 号马面平、立面图

图一五六八　西湾村 2 号马面平、立面图

该马面位于西湾村长城 1 段墙体止点西侧，紧贴墙体。

（九三）西湾村 2 号马面（610824352102170093）

该马面位于中山涧乡西湾村南 0.603 千米的山峁上。东、西侧为荒坡地，坡度较陡峭，东侧坡底有乡村土路通过。地处山地沟壑区，沟壑坡度较大，为黄沙土地貌。高程 1722.2 米。

马面整体保存一般。台体受风雨侵蚀四壁剥落，四壁有雨水冲刷的裂缝，顶部南、北侧接近长城墙体处有塌陷，北壁塌陷宽 0.5、深 1.2 米，南壁塌陷宽 0.8、深 1.4 米。台体上生长有旱地植被，根系深入夯土中对台体造成一定破坏。台体四周尤其是下部有较多大小不等的动物洞穴。

台体用黄土夯筑而成，夯层厚 0.07～0.13 米，夯土质地细密，没发现夯窝。台体外部有包砖。台体平面呈矩形，剖面呈梯形，底部东西 14、南北 8 米，顶部东西 10.4、南北 4.8 米，高 5.8 米。（图一五六八）

该马面西依西湾村长城 1 段墙体，东南距西湾村 1 号烽火台 0.482 千米。

（九四）西湾村 3 号马面（610824352102170094）

该马面位于中山涧乡西湾村南 1 千米的山峁上。西、东侧长城墙体顺山势高低起伏，北、南侧为山坡，坡度陡峭。高程 1686.7 米。

马面保存较差。台体受风雨侵蚀四壁剥落，西壁与长城墙体相接处有部分塌陷，宽 0.5、深 0.6 米。台体上生长有旱地植被，根系深入夯土中对台体造成一定破坏。台体四周尤其是下部有较多大小不等的动物洞穴。

台体用黄土夯筑而成，夯层厚 0.07～0.13 米，夯土质地细密，没发现夯窝。台体外部有包砖。台体平面呈矩形，剖面呈梯形，底部边长 10 米，顶部东西 9、南北 4 米，高 7 米。（图一五六九）

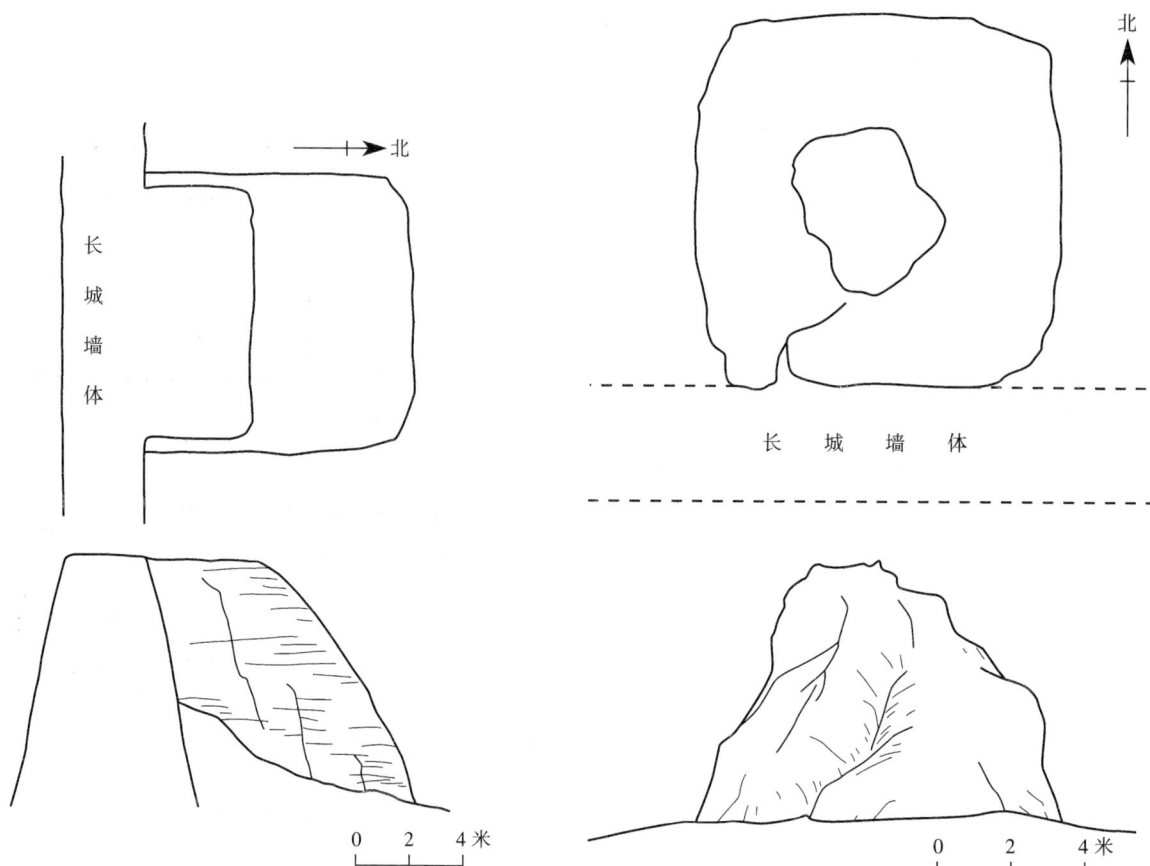

图一五六九　西湾村 3 号马面平、立面图

图一五七〇　西湾村 4 号马面平、立面图

该马面南依西湾村长城 2 段墙体，东北距西湾村 1 号敌台 0.303 千米。

（九五）西湾村 4 号马面（610824352102170095）

该马面位于中山涧乡西湾村南 1.1 千米的沟壑边缘。地处山地沟壑地带，东侧长城墙体顺山势而下；西侧 0.03 千米处为深水冲沟，坡度陡峭，沟对面为乡村土路；南、北侧为缓坡，栽种有杏树、沙棘等。高程 1609 米。

马面整体保存较差。台体由于雨水冲刷侵蚀和人为破坏顶部坍塌严重，呈不规则状，紧贴长城墙体一侧有残余，台体与长城墙体持平。台体上生长有旱地植被，根系深入夯土中对台体造成一定破坏。台体四周尤其是下部有较多大小不等的动物洞穴。台体西 0.03 千米处有一道深沟，将长城墙体隔开，台体处于深沟的边缘，破坏较大，同时有啮齿动物、植物生长等破坏因素。

台体用黄土夯筑而成，夯层厚 0.07~0.12 米，夯土质地细密，没发现夯窝。台体外部有包砖。台体平面呈近矩形，剖面呈不规则形，底部边长 10 米，顶部呈不规则形，东西 4、南北 5 米，高 6 米。（图一五七〇）

该马面南依长城墙体，正对西湾村 1 号关，西距西湾村长城 2 段墙体止点 0.03 千米。

（九六）水路畔村马面（610824352102170096）

该马面位于中山涧乡水路畔村北 1 千米的山梁上。北侧为山坡，坡度较缓；东侧山体呈下坡走向；

南侧为紧靠墙体处为一水冲沟。地处山地沟壑区，沟壑纵横交错，坡度陡峭，土质为黄沙土。高程1690.8 米。

马面整体保存差。台体有裂缝，四壁剥落严重，顶部坍塌呈不规则形；东壁有一个人为挖掘取土留下的坑，宽 1.5、高 1.4、进深 2.4 米。台体上生长有旱地植被，根系深入夯土中对台体造成一定破坏。台体四周尤其是下部有较多大小不等的动物洞穴。

台体用黄土夹杂料礓石夯筑而成，夯层厚 0.07~0.12 米，夯土质地细密，没发现夯窝。台体平、剖面呈不规则形，底部东西 5、南北 8 米，顶部边长 4 米，高 4.4 米。（图一五七一）

该马面南依水路畔长城 1 段墙体，东距西湾村 4 号马面 0.33 千米。

（九七）砖墩梁马面（610824352102170097）

该马面位于中山涧乡马家洼村前房则村（组）东南 0.735 千米的砖墩梁上。西侧为缓坡，东、南侧坡度较缓，附近沟壑纵横。高程 1662.6 米。

马面整体保存差。台体坍塌，东北壁坍塌呈斜坡状；西北角坍塌最严重，坍塌宽 2、高 0.8、进深 1 米；顶部与所依长城墙体同高。台体上生长有旱地植被，根系深入夯土中对台体造成一定破坏。台体四周尤其是下部有较多大小不等的动物洞穴。

台体用黄土夹杂红焦土夯筑而成，夯层厚 0.07~0.14 米，夯土质地细密，没发现夯窝。台体平、剖面呈不规则形，底部东西 3.3、南北 5.6 米，顶部东西 2、南北 2.5 米，高 3 米。（图一五七二）

该马面南依砖墩梁长城 2 段墙体，东北距砖墩梁 2 号敌台 0.452 千米。

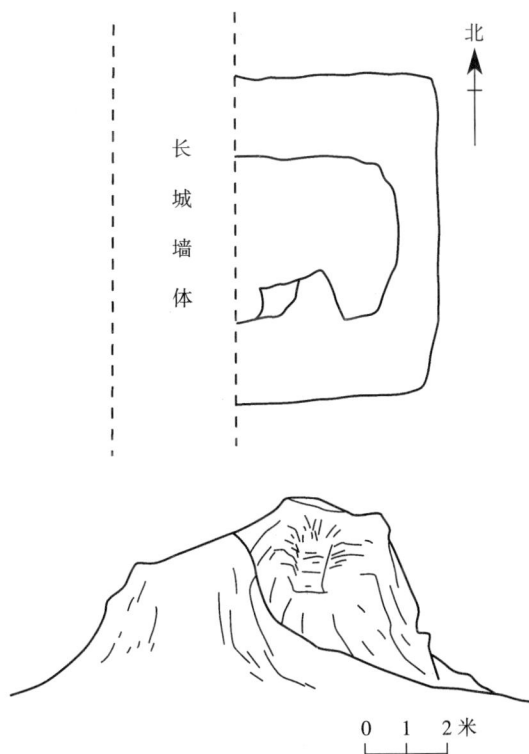

图一五七一　水路畔村马面平、立面图　　　　图一五七二　砖墩梁马面平、立面图

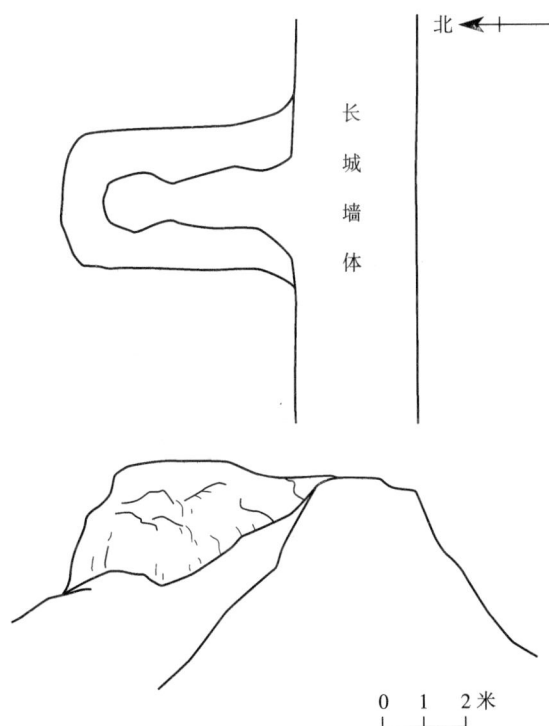

（九八）王甘沟村1号烽火台（610824353201170098）

该烽火台位于横山县塔湾镇王甘沟村东0.66千米。地处毛乌素沙漠边缘的沙丘沟壑地带，地势较高，周围沙丘较多。高程1388.9米。

烽火台整体保存较差。台体由于雨水冲刷剥落严重，东壁有塌陷，底部堆积大量坍塌土；东、南壁坍塌严重，南壁有大量土蜂洞穴和裂缝。

台体用黄土夹杂小石块夯筑而成，夯土包含有植物根茎、石块，夯层厚0.08~0.14米，夯土质地细密，没发现夯窝。台体包砖被人为拆除，周围散落有大量的砖和石灰渣。台体平面呈矩形，剖面呈梯形，底部边长7米，顶部东西5.2、南北4米，高4.4米。台体周围发现有大量残砖、瓦片、瓷片，砖宽24、厚8厘米，瓦片厚1.8厘米，瓷片厚0.2~0.5厘米。（图一五七三）

该烽火台南距王甘沟村寨城山堡0.35千米。

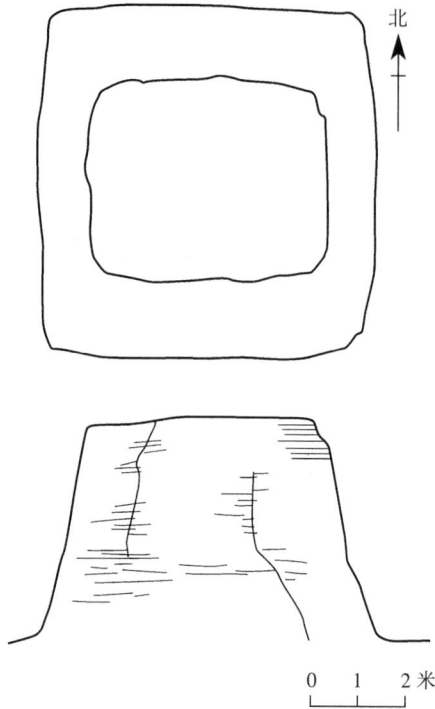

图一五七三　王甘沟村1号
烽火台平、立面图

（九九）王甘沟村2号烽火台（610824353201170099）

该烽火台位于海则滩乡长城村王甘沟村（组）东2.4千米。地处毛乌素沙漠边缘地带，地势较高，东、北侧为缓坡，周围沙丘较多。高程1395.9米。

烽火台整体保存较差。台体西壁坍塌呈凹字形，宽2、高4、进深2米，东、西壁由于雨水冲刷侵蚀剥落严重。

台体用黄土夹杂小石块夯筑而成，夯土包含有砂砾，夯层厚0.05~0.14米，夯土质地细密，夯窝直径0.06米。台体包砖被人为拆除，周围散落有大量的砖和石灰渣。台体由于雨水冲刷剥落严重，底部东西14、南北13米，顶部坍塌呈凹字形，东西7、南北7.2米，高9米。台体西壁有登台步道可达台顶。基座平面呈矩形，东西48、南北49、高5米。围墙建在基座上，平面呈矩形，东西48、南北49米；墙体底宽3、顶宽1、内高3、外高5米；东墙有一个缺口，上宽2、下宽3米；南墙保存较好，西墙保存较差。台体周周发现有大量残砖、瓦片，砖宽24、厚8厘米，瓦片厚1.7厘米。（图一五七四）

该烽火台东北距王甘沟村1号烽火台0.313千米，东南距王甘沟村寨城山堡0.396千米。

（一○○）王甘沟村3号烽火台（610824353201170100）

该烽火台位于海则滩乡长城村王甘沟村（组）东1.6千米。地处毛乌素沙漠边缘地带，周围沙丘较多，坡度较缓，台基北侧与长城墙体之间为一个小沟。附近为山地沟壑区，沟壑坡度较缓。高程1298.6米。

烽火台整体保存较差。台体四壁有不同程度的剥落；东南角塌陷成豁口，宽1.2、高3、进深0.5米；西南角底部有一个动物洞穴，长0.3、宽0.2、进深0.5米。

台体用黄土夹杂小石块、砂砾夯筑而成，夯层厚0.05~0.14米，夯土质地细密，夯窝直径0.06米。台体包砖被人为拆除，周围散落有大量的砖和石灰渣。台体平面呈矩形，剖面呈梯形，底部边长8米，顶部东西5.5、南北5.6米，高5米。基座平面呈矩形，东西33、南北31、高6米。围墙建在基座上，平

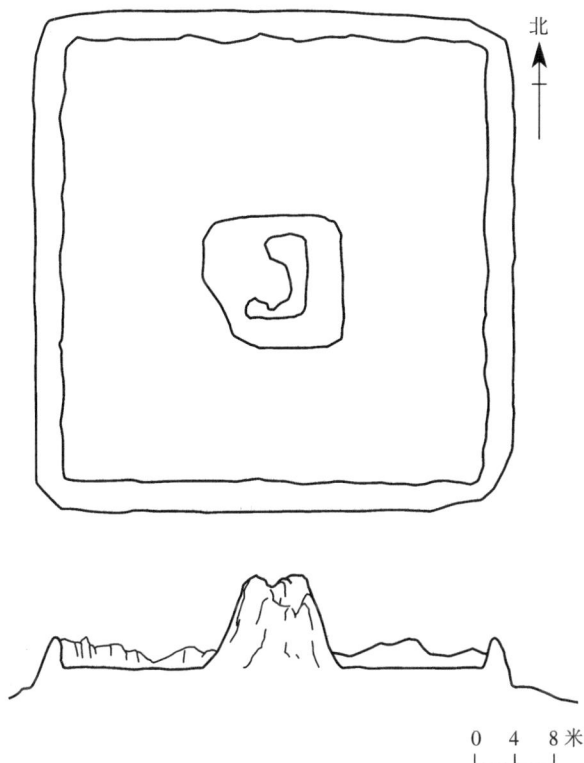

图一五七四　王甘沟村 2 号烽火台平、立面图

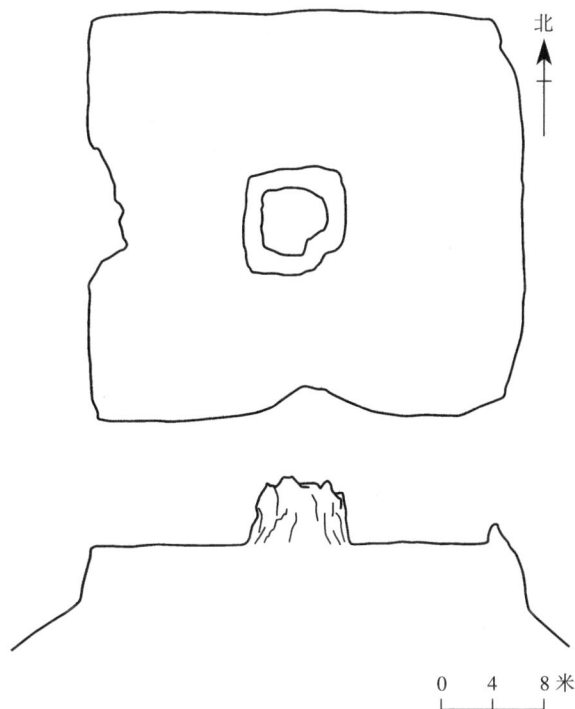

图一五七五　王甘沟村 3 号烽火台平、立面图

面呈矩形，东西 33、南北 31 米；墙体底宽 1.2、顶宽 1、内高 1.5、外高 6 米；仅剩少量东墙，坍塌严重，呈锯齿状。台体周围发现有砖、瓦片，砖宽 24、厚 8 厘米，瓦片厚 1.7 厘米。（图一五七五）

该烽火台西北距王甘沟村长城 1 段墙体 0.04 千米，东北距王甘沟村寨城山堡 1.3 千米。

（一○一）王甘沟村 4 号烽火台（610824353201170101）

该烽火台位于海则滩乡长城村王甘沟村（组）东北 2.75 千米的山峁上。所处山峁顶部坡度平缓，地处山地沟壑区，坡度较大。高程 1338.3 米。

烽火台整体保存较差。台体剥落严重，顶部坍塌，由于坍塌土堆积呈斜坡状。台体上生长有旱地植被，根系深入夯土中对台体造成一定破坏。台体四周尤其是下部有较多大小不等的动物洞穴。

台体用黄沙土夯筑而成，夯土包含有砂砾，夯层厚 0.07~0.14 米，夯土质地细密，夯窝直径 0.06 米。台体包砖被拆除，周围散落中对台体少量残砖和白灰渣。台休分 3 层，由底部向顶部收分，层高约 1.4 米。台体平面由于坍塌呈不规则形，底部边长 14、高 4.2 米。（图一五七六）

该烽火台西北距王甘沟村 2 号马面 0.45 千米。

（一○二）王甘沟村 5 号烽火台（610824353201170102）

该烽火台位于海则滩乡长城村王甘沟村（组）东北 2.65 千米的山峁上。所处山峁坡度较平缓，四周为山地沟壑区，南侧由于水土流失被冲刷成多条深沟，沟壑底部较为平缓。高程 1340.6 米。

烽火台整体保存较差。台体受风沙侵蚀四壁剥落；东南角塌陷为豁口，宽 4.1、高 2、进深 0.6 米；西南角有一个塌陷小豁口，宽 2、高 0.6、进深 0.3 米。台体上生长有旱地植被，根系深入夯土中

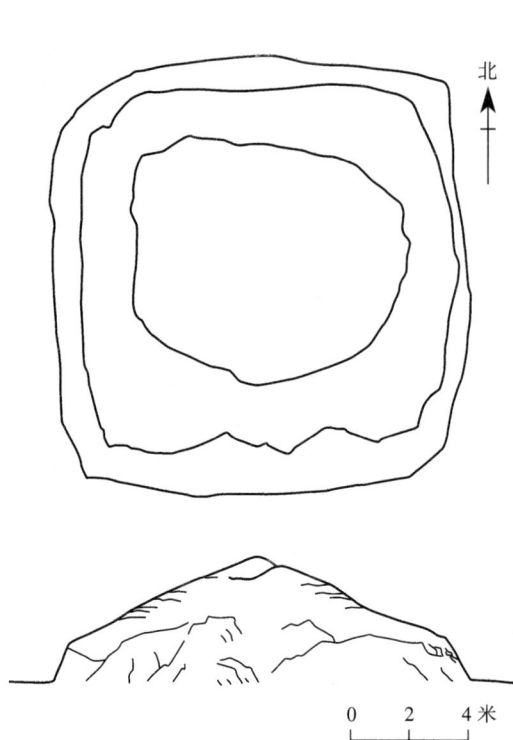

图一五七六　王甘沟村4号烽火台平、立面图

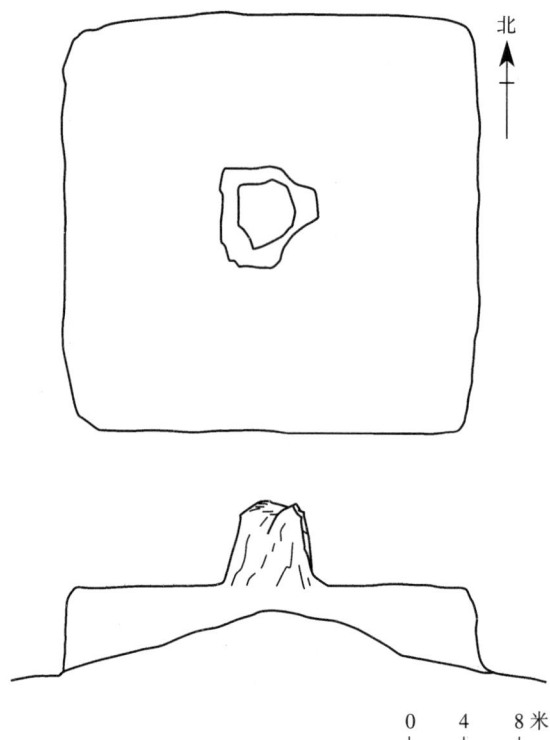

图一五七七　王甘沟村5号烽火台平、立面图

对台体造成一定破坏。台体四周尤其是下部有较多大小不等的动物洞穴。

台体用黄土夯筑而成，夯土包含有砂砾、砖，夯层厚0.06～0.12米，夯土质地细密，没发现夯窝。台体包砖被拆除，周围散落有少量残和白灰渣。台体底部边长7米，顶部不规则，东西4、南北5米，高5米。基座平面呈矩形，长30、宽29、高6米。台体周围有砖、瓦片、瓷片，砖长37、宽21、厚6.5厘米，瓦片厚1.8厘米，瓷片厚0.2～0.5厘米。（图一五七七）

该烽火台西距王甘沟村长城2段墙体0.61千米，东距王甘沟村4号烽火台0.406千米。

（一〇三）王甘沟村6号烽火台（610824353201170103）

该烽火台位于海则滩乡长城村王甘沟村（组）东北2.9千米的山峁上。所处山峁顶部较平缓，四周为山地沟壑区，由于水土流失，被冲刷成多条深沟，沟壑底部较平缓。西侧有深沟，坡度较陡峭。高程1341.1米。

烽火台整体保存较差。台体因雨水冲刷侵蚀四壁有不同程度的剥落，南壁剥落严重。台体上生长有旱地植被，根系深入夯土中对台体造成一定破坏。台体四周尤其是下部有较多大小不等的动物洞穴。

台体用黄土夹杂小石块夯筑而成，夯土包含有砂砾、砖，夯层厚0.06～0.12米，夯土质地细密，没发现夯窝。台体包砖被拆除，周围散落有少量残砖和白灰渣。台体平面呈矩形，剖面呈梯形，底部边长13米，顶部东西6、南北5米，高12米。（图一五七八；彩图三〇一）

该烽火台东距王甘沟村长城2段墙体0.08千米，北距王甘沟村5号烽火台0.8千米。

（一〇四）王甘沟村7号烽火台（610824353201170104）

该烽火台位于海则滩乡长城村王甘沟村（组）东北3.3千米的双墩梁（山名）上。双墩梁顶

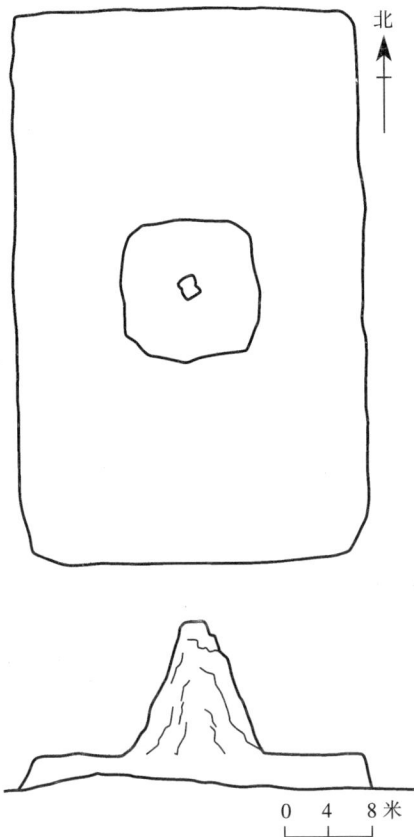

图一五七八　王甘沟村 6 号烽火台平、立面图

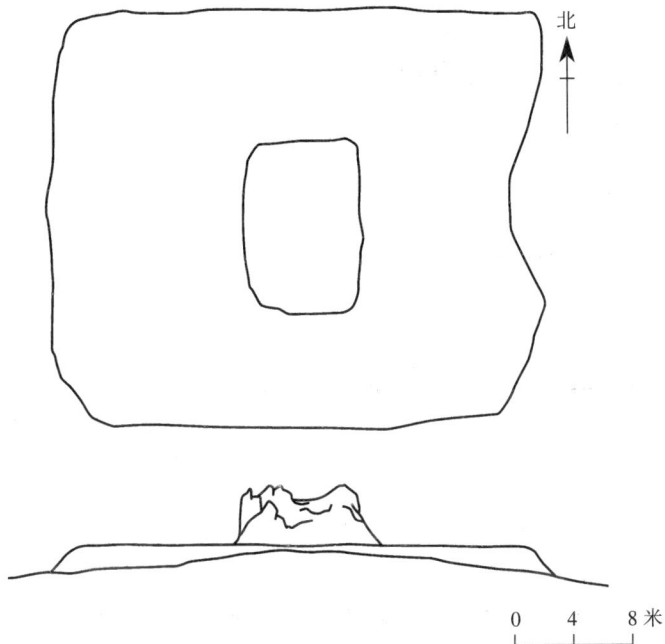

图一五七九　王甘沟村 7 号烽火台平、立面图

部较平缓，附近为山地沟壑区，坡度较大，由于水土流失严重，被冲刷成多条深沟。高程
1371 米。

烽火台整体保存差，濒临消失。台体由于雨水冲刷，坍塌严重，顶部坍塌，底部堆积大量坍塌土。
台体和基座上生长有较多的植被，根系深入夯土中对台体造成一定破坏。

台体用黄土夹杂小石块夯筑而成，夯土包含有砂砾、砖，夯层厚 0.07~0.13 米，夯土质地细密，
没发现夯窝。台体包砖被拆除，周围散落有少量残砖和白灰渣。台体平面呈矩形，剖面呈梯形，底部
东西 8、南北 11 米，顶部坍塌不规则，高 4 米。台体顶部发现有灰土、砖等，灰土层厚 0.3 米，夯层
厚 0.04~0.22 米，质地细密，砖长 37、宽 21、厚 6.5 厘米。基座平面呈矩形，东西 34、南北 27、高
1.5 米。围墙位于基座上，平面呈矩形，东西 34、南北 27 米，墙体底宽 1.3、顶宽 0.3、高 0.5 米。
（图一五七九）

该烽火台东距王甘沟村长城 2 段墙体 0.34 千米，北距王甘沟村 6 号烽火台 0.75 千米。

（一〇五）王甘沟村 8 号烽火台（610824353201170105）

该烽火台位于海则滩乡长城村王甘沟东北 3.5 千米单墩梁（山名）上的平缓地带。周围较平坦，
附近为山地沟壑区，坡度较小。高程 1387 米。

烽火台整体保存较差。台体由于雨水冲刷侵蚀四壁有不同程度的剥落，南壁剥落最为严重。台体
南壁有一条裂缝，宽 0.1 米，从底部直达顶部；北壁有一条裂缝，宽 0.07、高 3 米。台体上生长有旱
地植被，根系深入夯土中对台体造成一定破坏。台体四周尤其是下部有较多大小不等的动物洞穴。

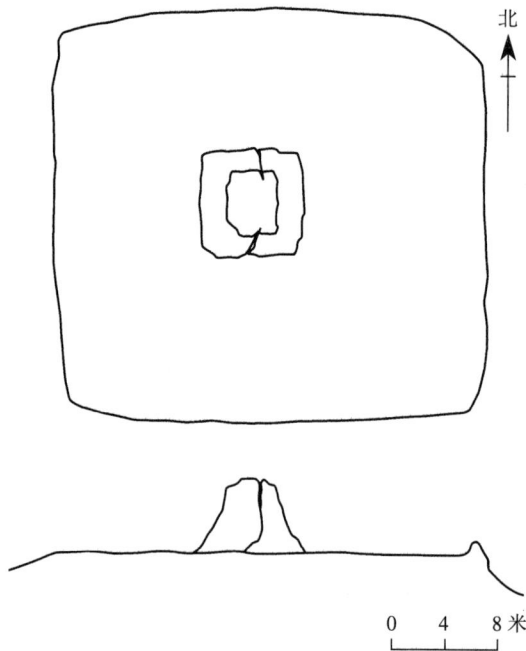

图一五八〇 王甘沟村 8 号烽火台平、立面图

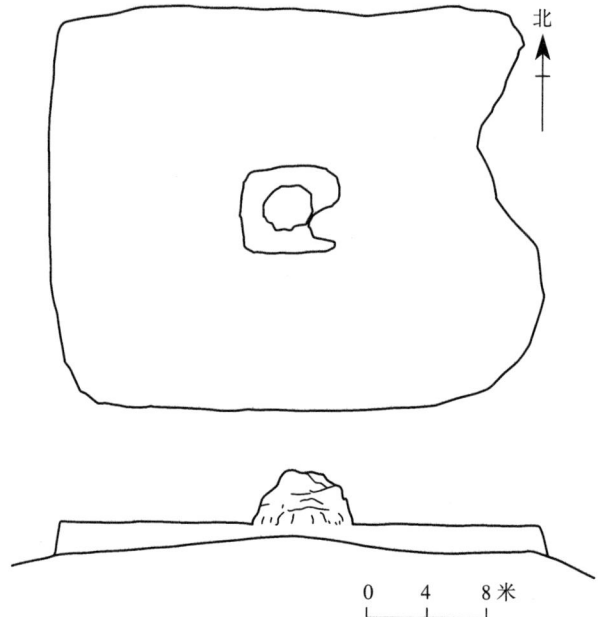

图一五八一 王甘沟村 9 号烽火台平、立面图

台体用黄土夹杂小石块夯筑而成,夯层厚 0.08 ~ 0.14 米,夯土质地细密,没发现夯窝。台体包砖被拆除,周围散落少量残砖和白灰渣。台体平面呈矩形,剖面呈梯形,底部边长 8 米,顶部东西 4、南北 4.6 米,高 8 米。基座平面呈矩形,东西 33、南北 32、高 5.4 米。围墙位于基座上,东西 33、南北 32 米,墙体底宽 1、顶宽 0.2、高 1 米,只保存东南部分,其他无存。台体周围发现有砖、瓦片、白灰渣,砖长 37、宽 21、厚 6.5 厘米,瓦片厚 1.7 厘米,白灰渣厚 1 厘米。(图一五八〇)

该烽火台西距王甘沟村长城 3 段墙体 0.313 千米,东北距王甘沟村 3 号马面 0.648 千米,西南距王甘沟村 4 号马面 0.455 千米。

(一〇六)王甘沟村 9 号烽火台(610824353201170106)

该烽火台位于海则滩乡长城村王甘沟村(组)东北 3.6 千米的山峁上。附近为山地沟壑区,坡度较大。高程 1399.4 米。

烽火台整体保存较差。台体东壁底部有塌陷,宽 2、高 0.7、进深 1 米;顶部由于雨水冲刷侵蚀呈近圆形。台体包砖被拆除,周围散落少量残砖和白灰渣。

台体用黄土夹杂小石块夯筑而成,夯层厚 0.06 ~ 0.14 米,夯土质地细密,没发现夯窝。台体平面呈不规则矩形,剖面呈梯形,底部东西 6.5、南北 5.7 米,顶部平面呈圆形,直径 2.8 米,高 3.5 米。基座平面呈矩形,东西 33、南北 26、高 2.2 米。(图一五八一)

该烽火台西距王甘沟村长城 4 段墙体 0.17 千米,西北距王甘沟村 4 号马面 0.22 千米。

(一〇七)杨桥畔 1 号烽火台(610824353201170107)

该烽火台位于杨桥畔镇杨桥畔一村砖楼西北 0.2 千米的山峁上。所处山峁较平坦,由于水土流失被冲刷成多条深沟。附近为山地沟壑区,沟壑坡度较小。高程 1459.6 米。

　　烽火台整体保存较差。台体东壁有一个宽2.3、高1.4、进深0.7米的豁口，北壁有一个宽1.3、高1、进深0.3米的小豁口。台体上生长有旱地植被，根系深入夯土中对台体造成一定破坏。台体四周尤其是下部有较多大小不等的动物洞穴。

　　台体用黄土夯筑而成，夯土包含有砂砾、碎石，夯层厚0.08~0.1米，夯土质地细密，没发现夯窝。台体包砖被拆除，周围散落少量残砖和白灰渣。台体底部平面呈不规则状，顶部平面呈近圆形，剖面呈近三角形，底部东西10、南北9米，顶部直径3.5米，高5.2米。台体周围发现有砖、石灰渣、板瓦，砖宽22、厚7厘米，石灰渣厚1厘米，瓦片厚1.6厘米。（图一五八二）

　　该烽火台西南距杨桥畔2号马面0.06千米。

（一〇八）杨桥畔2号烽火台（610824353201170108）

　　该烽火台位于杨桥畔镇杨桥畔一村砖楼西北0.8千米的山峁上。周围为缓坡，附近为山地沟壑区，沟壑坡度陡峭。高程1486.2米。

　　烽火台整体保存较差。台体由于雨水冲刷侵蚀坍塌严重，顶部呈凹字形；中部发现一个圆形小坑，直径0.9米，坑内有昆虫及洞穴。台体包砖被拆除，周围散落有大量残砖和瓦片。台体上生长有旱地植被，根系深入夯土中对台体造成一定破坏。

　　台体用黄土夯筑而成，夯土包含有砂砾、碎石，夯层厚0.08~0.1米，夯土质地细密，没发现夯窝。台体平面呈圆形，剖面呈梯形，底部直径9.8、顶部直径2.4、高2.8米。基座平面呈圆形，直径17.2、高5米。台体周围发现有砖、板瓦，砖宽22、厚7厘米。瓦片厚1.6厘米，台体上发现动物骨骼，散乱分布。（图一五八三）

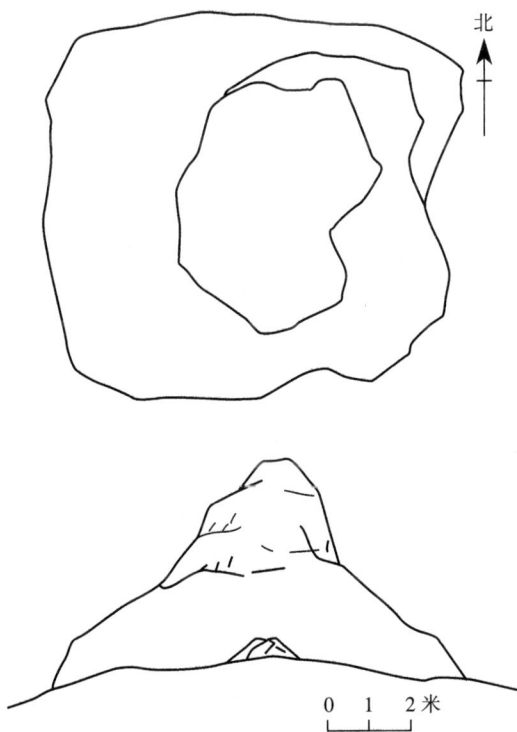

图一五八二　杨桥畔1号烽火台平、立面图

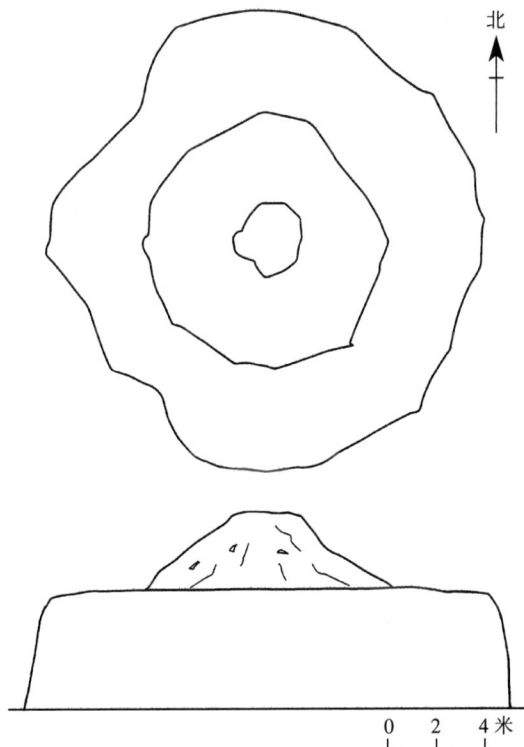

图一五八三　杨桥畔2号烽火台平、立面图

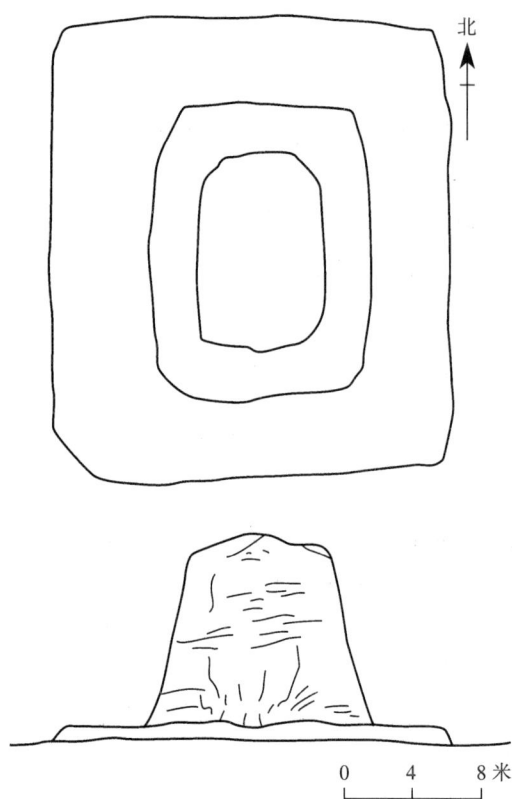

图一五八四　黄草坬村烽火台平、立面图

（一〇九）黄草坬村烽火台（610824353201170109）

该烽火台位于龙洲乡甘沟村黄草坬村（组）东1.5千米的山峁上。东、南侧为深沟，西、北侧为山坡，坡度较大。附近有山脉相连，沟壑坡度较大。高程1467.2米。

烽火台整体保存较差。台体由于雨水冲刷侵蚀四壁有不同程度的剥落；西壁有小窑洞，宽0.6、高1、进深0.3米，窑洞旁边有鼠类等动物洞穴，直接对台体造成为威胁。台体上生长有旱地植被，根系深入夯土台对台体造成一定破坏。台体包砖被拆除，周围散落大量残砖和瓦片。

台体用黄土夹杂小石块夯筑而成，夯土包含有料礓石，夯层厚0.07~0.21米，夯土质地细密，没发现夯窝。台体底部平面呈近矩形，剖面呈梯形，底部东西13、南北16米，顶部东西8、南北12米，高8.4米。基座平面呈矩形，东西24、南北25、高0.7米；南侧有一个豁口，宽5、高1、进深5米。台体周围发现有残砖、瓷片，砖宽22、厚7厘米，瓷片厚0.5厘米。（图一五八四）

该烽火台西北距黄草坬村3号敌台0.81千米，西距杨桥畔村长城1段墙体0.04千米，北距杨桥畔3号马面0.347千米。

（一一〇）甘沟村烽火台（610824353201170110）

该烽火台位于龙洲乡甘沟村东梁村（组）东0.42千米的山梁上。东侧为沟壑和水库，西侧为较深的沟壑。地处山地沟壑区，沟壑坡度较为陡峭。高程1521.9米。

烽火台整体保存较差。台体由于雨水冲刷侵蚀坍塌严重。台体上生长有旱地植被，根系深入夯土中对台体造成一定破坏。台体四周尤其是下部有较多大小不等的动物洞穴，台基西侧有人为挖掘的痕迹。台体包砖被拆除，周围散落大量残砖和瓦片。

台体基座平面呈矩形，边长29、高1米；东侧有坍塌，宽3、高1、进深4.5米；基座上有围墙。围墙平面呈矩形，边长29米；墙体底宽1.5~3、顶宽0.4、内高3、外高4.2米；东、西墙保存较好，南、北墙保存较差。台体用黄土夹杂小石块夯筑而成，夯土包含有料礓石，夯层厚0.09~0.13米，夯土质地细密，没发现夯窝。台体平、剖面呈不规则形，底部边长9、高6米。台体周围发现有残砖、瓷片，砖宽22、厚7厘米，瓷片厚0.5厘米。（图一五八五）

（一一一）伙场坬村1号烽火台（610824353201170111）

该烽火台位于镇靖乡伙场坬村西0.3千米的山峁上。所处山峁较小较平整，四周为沟壑、盆地，西侧为沟壑、水库，沟底较平坦，有村庄。地处山地沟壑区，坡度较缓。高程1412.7米。

烽火台整体保存差。台体四壁剥落严重，西壁中部有一孔圆形窑洞，直径1.3、进深1.5、距地面3米。台体上生长有旱地植被，根系深入夯土中对台体造成一定破坏。台体四周尤其是下部有较多大

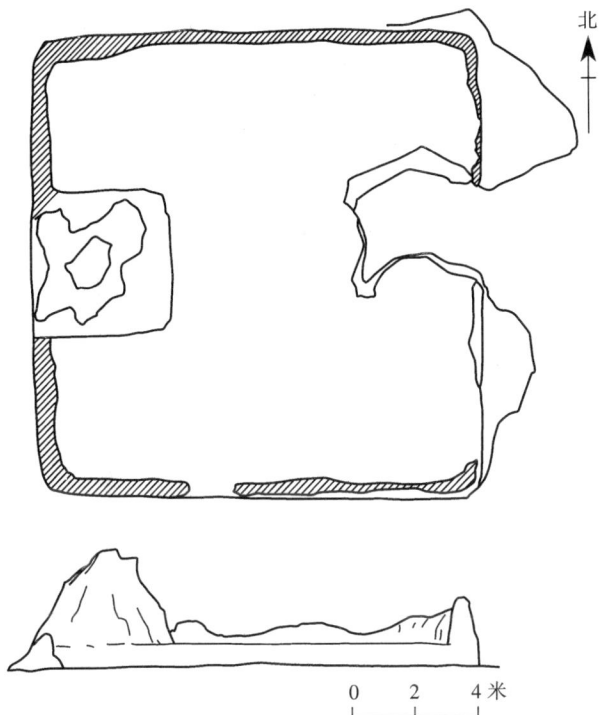

图一五八五 甘沟村烽火台平、立面图

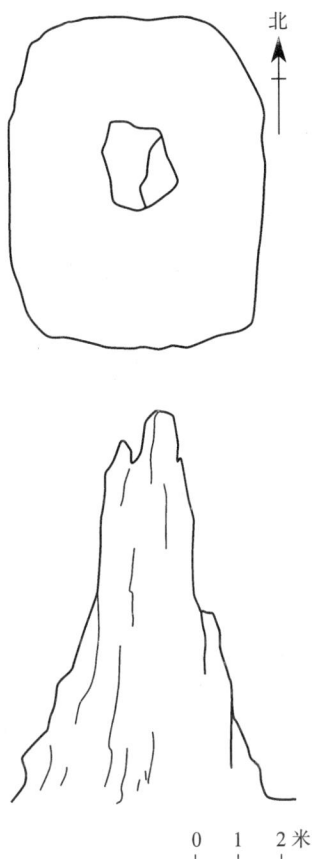

图一五八六 伙场圪村1号烽火台平、立面图

小不等的动物洞穴。

台体用黄土夹杂小石块夯筑而成，夯层厚0.1～0.14米，夯土质地细密，没发现夯窝。台体平面呈圆形，剖面呈三角形，底部东西6、南北7.4米，顶部东西2.5、南北3米，高9米。台体南0.03千米处发现约200块子母砖（非台体所用），砖长36、宽17、厚4.8厘米。（图一五八六；彩图三○二）

该烽火台北距长城墙体0.204千米，东北距伙场圪村1号马面0.895千米。

（一一二）伙场圪村2号烽火台（610824353201170112）

该烽火台位于镇靖乡伙场圪村高沟畔西0.64千米的较大较平整的山峁上。西侧与瓦窑圪洞之间为沟壑，沟壑坡度较缓，土质疏松，有栽种柠条的树坑多处。高程1473.5米。

烽火台整体保存较差。台体由于雨水冲刷侵蚀四壁有不同程度的剥落，南壁有一个豁口，宽3、高2.5、进深2米；西壁底部有一孔小窑洞，宽0.9、高0.8、进深1米。台体上生长有旱地植被，根系深入夯土中对台体造成一定破坏。台体四周尤其是下部有较多大小不等的动物洞穴。台基东侧底部有现代墓穴一座，台基上有栽种柠条等的多处树坑。（图一五八七）

台体用黄土夹杂小石块夯筑而成，夯层厚0.09～0.13米，夯土质地细密，没发现夯窝。台体平面呈矩形，剖面呈梯形，底部边长10米，顶部因坍塌呈凹字形，顶部东西6、南北6.4米，高8米。基座平面呈矩形，东西32、南北35、高2米，基座上有围墙。围墙平面呈矩形，东北32、南北35、底宽1.2、顶宽0.7、内高0.3、外高0.5米；只保存南墙小部分。

该烽火台西北距伙场圪村1号烽火台0.716千米。

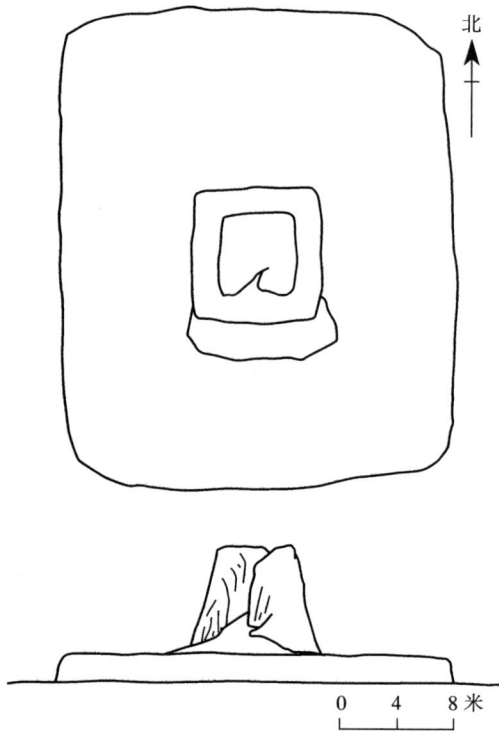

图一五八七　伙场圪村 2 号烽火台平、立面图

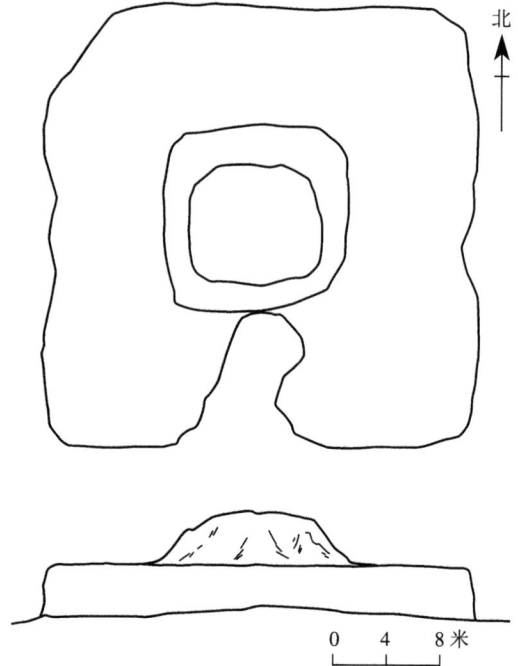

图一五八八　榆沟村烽火台平、立面图

（一一三）榆沟村烽火台（610824353201170113）

该烽火台位于镇靖乡榆沟村东 0.32 千米的山峁上。所处山势坡度较缓，为山地沟壑区。高程 1481.1 米。

烽火台整体保存较差。台体上多处被人为铲削挖掘，受风雨侵蚀四壁剥落；西壁有人为挖掘的洞穴，直径 0.6、进深 0.5 米。台体上生长有旱地植被，根系深入夯土中对台体造成一定破坏。台体四周尤其是下部有较多大小不等的动物洞穴。围墙整体保存较差，东、西、北墙保存小部分，南墙不存。

台体用黄土夹杂小石块夯筑而成，夯层厚 0.04～0.13 米，夯土质地细密，没发现夯窝。台体外层有包砖。台体平面呈近矩形，剖面呈梯形，底部边长 14 米，顶部因为盗洞呈凹字形，东西 10、南北 9 米，高 4 米。基座平面呈矩形，边长 33、高 4 米，基座上有围墙。围墙平面呈矩形，边长 33、底宽 1.2、顶宽 0.3、内高 0.5、外高 0.8 米。基座东、西侧保存有壕沟，长 45、宽 6、深 3 米。台体周围发现有少量残砖、瓦片、瓷片，砖宽 22、厚 7 厘米，瓦片厚 1.6 厘米，瓷片厚 0.4 厘米。（图一五八八）

该烽火台西距榆沟村 2 号马面 0.05 千米。

（一一四）镇靖村烽火台（610824353201170114）

该烽火台位于镇靖乡镇靖村东南 0.416 千米的较平坦山峁上。所处地势西高东低，北高南低，水土流失较严重，沟壑坡度较陡峭，土质较疏松。高程 1413.6 米。

烽火台整体保存较差。台体由于雨水冲刷侵蚀四壁剥落坍塌严重，坍塌部分呈斜坡状。台体上生长有旱地植被，根系深入夯土中，造成一定破坏。台体四周尤其是下部有较多大小不等的动物洞穴。

台体用黄土夹杂小石块夯筑而成,夯层厚0.05~0.13米,夯土质地细密,没发现夯窝。台体平面呈不规则形,剖面呈馒头形,底部东西13、南北4.5米,高3.2米。台体周边发现有残砖、绳纹瓦片及陶片和瓷片,陶片的年代为战国时期。(图一五八九)

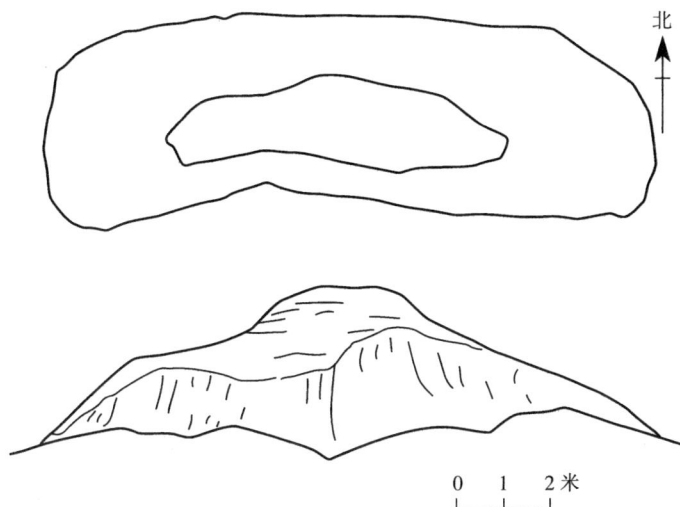

图一五八九 镇靖村烽火台平、立面图

该烽火台东北距镇靖堡0.9千米,东距毛尖山0.75千米,西距芦西渠0.45千米。

(一一五)芦东村1号烽火台(610824353201170115)

该烽火台位于镇靖乡芦东村头道沟村(组)西南0.44千米的较平坦山峁上。东侧有人为挖掘的深沟,四周为沟壑区,坡度较大。高程1431.8米。

烽火台整体保存较差。台体由于雨水冲刷侵蚀西北、西南壁剥落严重,顶部不规则;南壁有一孔窑洞,门宽1、高1.8、内宽2、深3.8米,为一座小庙,有围墙。台体上生长有旱地植被,根系深入夯土中对台体造成一定破坏。台体四周尤其是下部有较多大小不等的动物洞穴。台体包砖被拆除,周围散落大量残砖和瓦片。整体保存较差,只存部分北墙和南墙。

台体用黄土夹杂小石块夯筑而成,夯层厚0.11~0.15米,夯土质地细密,没发现夯窝。台体平面呈近圆形,剖面呈梯形,底部直径8、高8米。基座平面呈矩形,东西23、南北20、高2米,基座上有围墙。围墙平面呈矩形,东西23、南北20、底宽0.8、顶宽0.3、高1.5米。(图一五九〇)

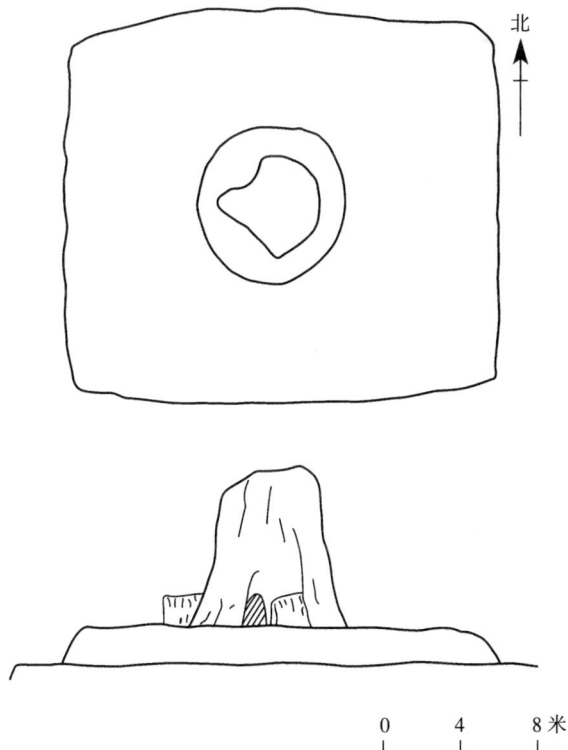

图一五九〇 芦东村1号烽火台平、立面图

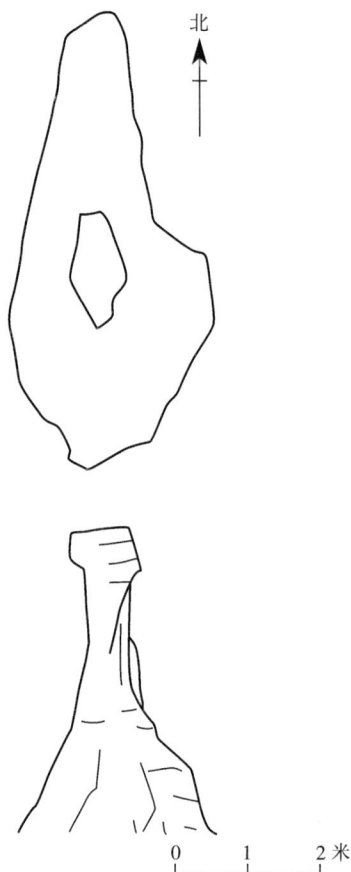

北

0　　1　　2 米

图一五九一　芦东村 2 号烽火台
平、立面图

该烽火台西距镇靖村长城墙体 0.263 千米。

（一一六）芦东村 2 号烽火台（610824353201170116）

该烽火台位于镇靖乡芦东村西南 0.4 千米的平缓地带。东、北侧为耕地，土质较疏松，西侧有一水冲深沟。地处山地沟壑区，沟壑坡度较缓。高程 1413.1 米。

烽火台整体保存差。台体由于雨水冲刷侵蚀和耕地四壁剥落坍塌严重，呈柱状。台体上生长有旱地植被，根系深入夯土中对台体造成一定破坏。台体四周尤其是下部有较多大小不等的动物洞穴。

台体用黄土夹杂小石块夯筑而成，夯层厚 0.14～0.28 米，夯土质地细密，没发现夯窝。台体平、剖面呈不规则形，底部东西 2.8、南北 6 米，顶部直径 0.8 米。台体周围发现有残砖，砖宽 19.5、厚6.5 厘米。（图一五九一）

该烽火台南距古城则烽火台 0.881 千米。

（一一七）古城则村烽火台（610824353201170117）

该烽火台位于镇靖乡显安村古城则村（组）西北 0.169 千米的较平坦山峁上。水土流失严重，四周为山地沟壑，坡度较大。高程1487.5 米。

烽火台整体保存较差。台体由于雨水冲刷侵蚀剥落严重，西、北、东壁有豁口，东壁豁口宽 2.5、高 1.3、进深 1.4 米，西壁豁口宽2.5、高 1、进深 1.2 米，北壁有人为踩踏的登顶小路。台体上生长有旱地植被，根系深入夯土中对台体造成一定破坏。台体四周尤其是下部有较多大小不等的动物洞穴。

台体用黄土夹杂小石块夯筑而成，夯层厚 0.09～0.11 米，夯土质地细密，没发现夯窝。台体平面呈矩形，剖面呈梯形，底部东西 13、南北 11 米，顶部东西 8、南北 7 米，高 9 米。台体周围发现有少量残砖、板瓦、筒瓦，砖厚 4 厘米，板瓦厚 1.5 厘米。（图一五九二）

该烽火台西距古城则村关 0.131 千米，西距芦西河 0.3 千米。

（一一八）墩山梁烽火台（610824353201170118）

该烽火台位于镇靖乡显安村南 1.2 千米坡度较大的墩山梁（山名）上。附近为山地沟壑区，沟壑较多，坡度陡峭。高程 1687 米。

烽火台整体保存较差。台体北壁有坍塌，坍塌处呈斜坡状，东西 10、南北 2、高 0.4 米。台体上生长有旱地植被，根系深入夯土中对台体造成一定破坏。台体四周尤其是下部有较多大小不等的动物洞穴。

台体用黄土夹杂小石块夯筑而成，夯层厚 0.1～0.16 米，夯土质地细密，没发现夯窝。台体平面呈矩形，剖面呈梯形，底部东西 15、南北 11 米，顶部东西 12、南北 8 米，高 9 米。夯土基座平面呈矩形，边长 40、高 3～7 米。基座南、北、西侧有壕沟，顶宽 13、底宽 8 米，东侧紧邻山崖。夯土台基东南角有排水道。台体周围发现有少量瓷片。（图一五九三）

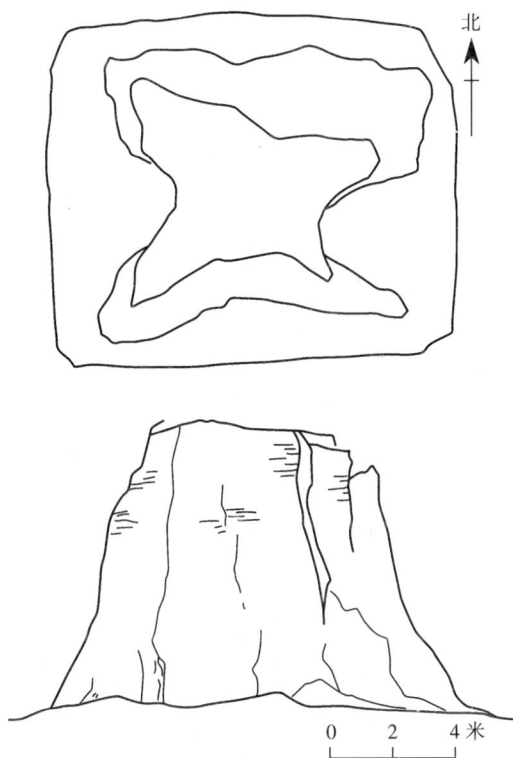

图一五九二　古城则村烽火台平、立面图

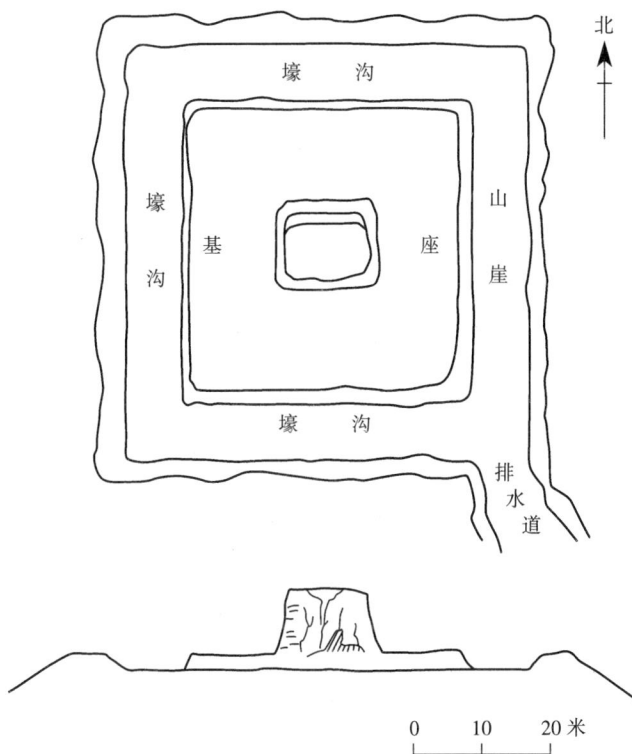

图一五九三　墩山梁烽火台平、立面图

（一一九）镇罗堡村烽火台（610824353201170119）

该烽火台位于杨米涧乡镇罗堡村南 0.35 千米坡度较缓的山峁上。所处地势南高北低，东高西低。附近为山地沟壑区，坡度较大。周围有多处栽种柠条所挖的树坑，土质较为疏松。高程 1567 米。

烽火台整体保存较差。台体东壁有一个豁口可登台顶；南壁有一孔窑洞，宽 1、高 1.2、进深 2 米，由于雨水冲刷，剥落较严重，栽有电线杆。距东壁 0.188 千米有一口油井。

台体用黄土夹杂小石块夯筑而成，夯层厚 0.09～0.16 米，夯土质地细密，没发现夯窝。台体平面呈矩形，剖面呈梯形，底部边长 16 米，顶部因坍塌略呈凹字形，边长 8 米，高 12 米。台体周围发现有少量残砖和瓦片。（图一五九四）

该烽火台西北距墩山梁烽火台 3.25 千米，西距镇罗堡 0.282 千米。

（一二〇）关草涧村烽火台（610824353201170120）

该烽火台位于杨米涧乡当渠村西 0.623 千米的山峁（关草涧）上。所处地势东高西低，北高南低，附近为山地沟壑，坡度很陡峭。周围有多处栽种柠条所挖的树坑，土质较疏松，北侧为耕地。高程 1566 米。

烽火台整体保存较差。台体表层剥落严重，西壁有水冲沟壑，北壁坍塌，南壁坍塌有一个豁口宽 4 米。台体上生长有旱地植被，根系深入夯土中对台体造成一定破坏。台体四周尤其是下部有较多大小不等的动物洞穴。

台体夯筑而成，夯土以沙土为主，夯层厚 0.05～0.12 米，夯土质地细密，夯窝直径 0.075～0.16、中心间距 0.15～0.24 米。台体平面呈矩形，剖面呈梯形，底部东西 16、南北 18 米，顶部东西 8.4、

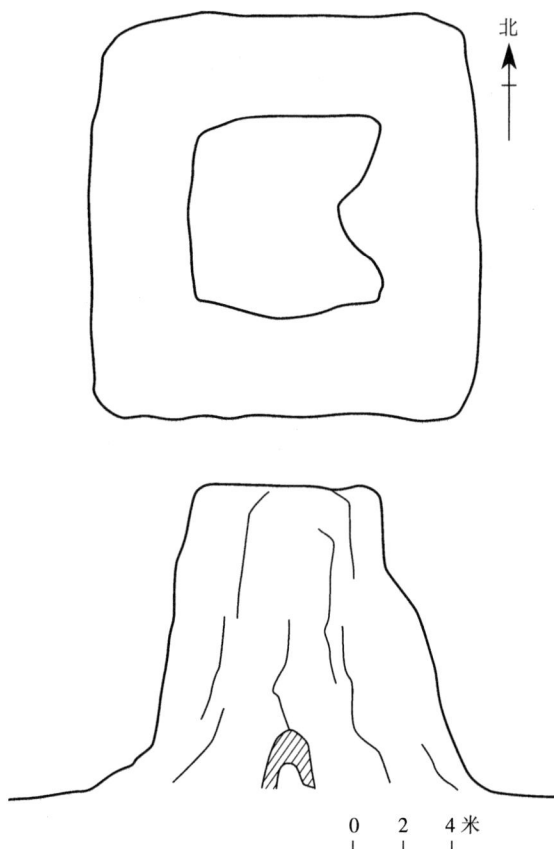

图一五九四　镇罗堡村烽火台平、立面图　　　　　图一五九五　关草洞村烽火台平、立面图

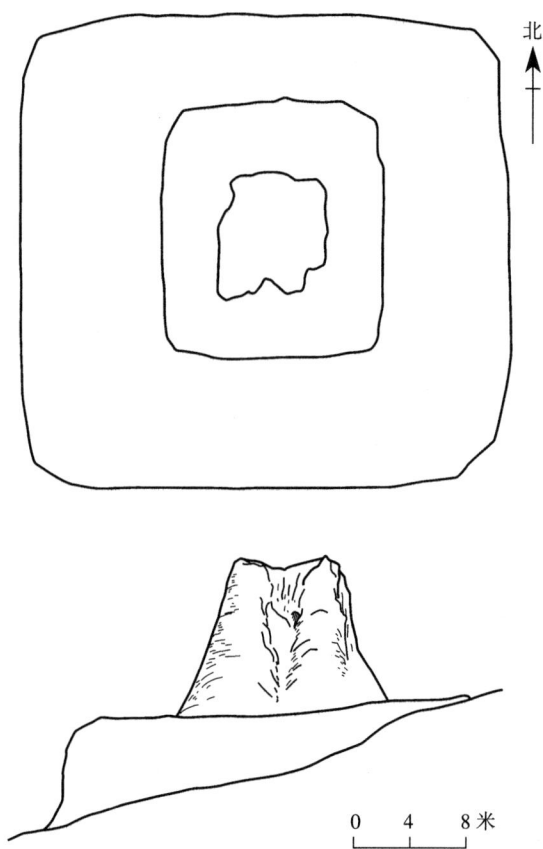

南北9米，高11米。基座平面呈矩形，东西35、南北33、高8米。围墙保存少部分西墙，高约0.5米。台体东壁有登台步道可达台顶。烽火台位于长城墙体东侧。台体周围散落在少量砖瓦、瓷片。（图一五九五）

该烽火台北距关草洞村长城墙体1.8千米、榆沟村5号马面1.56千米。

（一二一）长命山村烽火台（610824353201170121）

该烽火台位于杨米涧乡长命山村北0.33千米的长城墙体东侧山梁上。所处地势东高西低，南高北低。附近为山脉相连，坡度较缓，沟壑较深，有耕地。高程1635.6米。

烽火台整体保存较差。台体表层剥落严重，东、南壁坍塌严重；东壁有动物巢穴，宽0.05、高0.55、进深0.04米；南壁有一孔窑洞，宽1、高1.4、进深2米，窑洞内墙上有"供奉黑龙大王之神灵位"，为简体字，应为近年所为。

台体夯筑而成，夯土以黄土为主，包含物很少，夯层厚0.09～0.14米，夯土质地细密，夯窝直径0.06～0.17、中心间距0.13～0.26米。台体包砖被人为拆除。台体平面呈矩形，剖面呈梯形，底部东西10、南北7米，顶部东西6、南北5米，高8米。台体周围发现有残砖、瓷片、陶片，砖宽19.5、厚6.5厘米，瓦片厚1.6厘米，陶片厚0.3厘米。（图一五九六）

该烽火台西北距长命山村长城墙体1.3千米，北距关草洞村马面1.2千米。

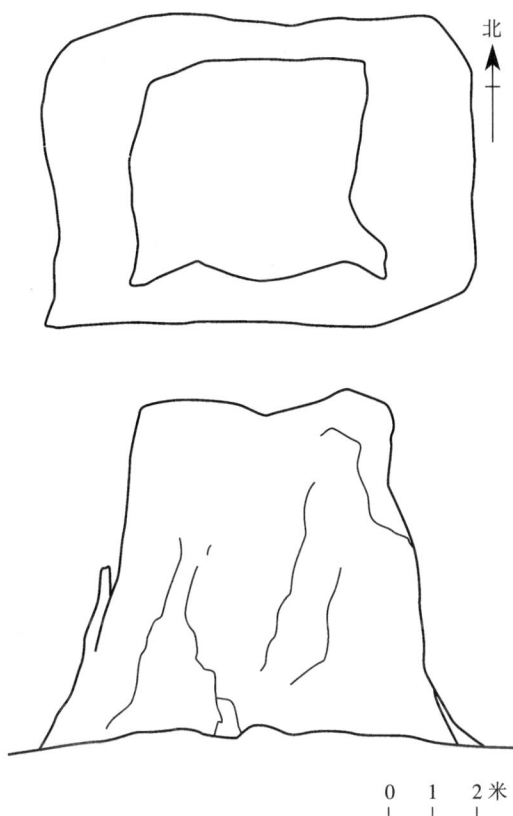

图一五九六　长命山村烽火台平、立面图

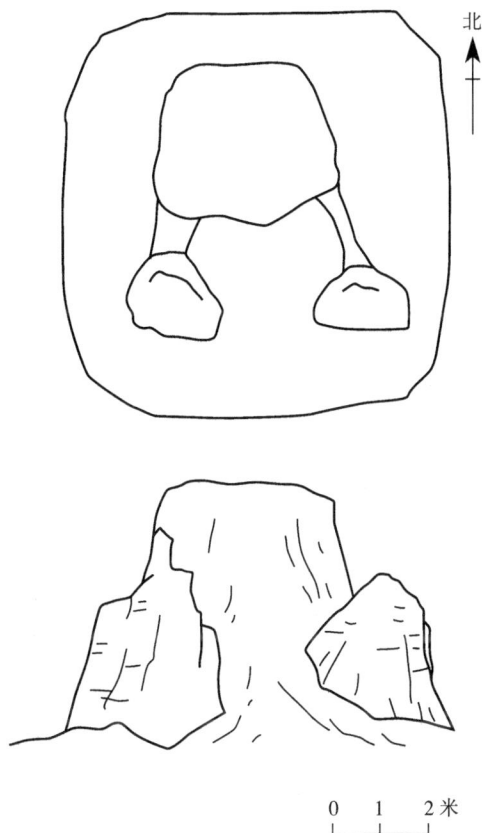

图一五九七　张天赐村 1 号烽火台平、立面图

（一二二）张天赐村 1 号烽火台（610824353201170122）

该烽火台位于新城乡张天赐村壕界村（组）北 0.3 千米的长城墙体东侧山峁上。周围坡度较小，四周为山地沟壑，坡度较大。高程 1610.7 米。

烽火台整体保存较差。台体表层剥落严重，南壁坍塌严重，有一个宽 3.6、高 2.8、进深 2.1 米的豁口，坍塌处呈斜坡状。台体上生长有旱地植被，根系深入夯土中对台体造成一定破坏。台体四周尤其是下部有较多大小不等的动物洞穴。

台体用黄土夯筑而成，包含物很少，夯层厚 0.06 ~ 0.11 米，夯土质地细密，夯窝直径 0.07、中心间距 0.17 米。台体包砖全部脱落。台体平面呈矩形，剖面呈梯形，底部边长 8 米，顶部坍塌不规则，高 5 米。台体附近发现有砖，砖长 40、宽 22、厚 8 厘米。（图一五九七）

该烽火台北距张天赐村长城 2 段墙体 0.506 千米、张天赐村 7 号马面 0.42 千米。

（一二三）张天赐村 2 号烽火台（610824353201170123）

该烽火台位于新城乡张天赐村双墩梁（山名）北 0.14 千米。所处地势较平坦，周围为山地，沟壑较小，坡度较缓，沟壑底部有县乡公路穿过。高程 1762.4 米。

烽火台整体保存较差。台体表层剥落严重，南壁坍塌严重，呈斜坡状。台体上有多处动物洞穴，顶部有圆形坑，直径 2.6、深 0.5 米。台体附近立有信号发射塔。台体上长有旱地植被，根系深入夯土中对台体造成一定破坏。

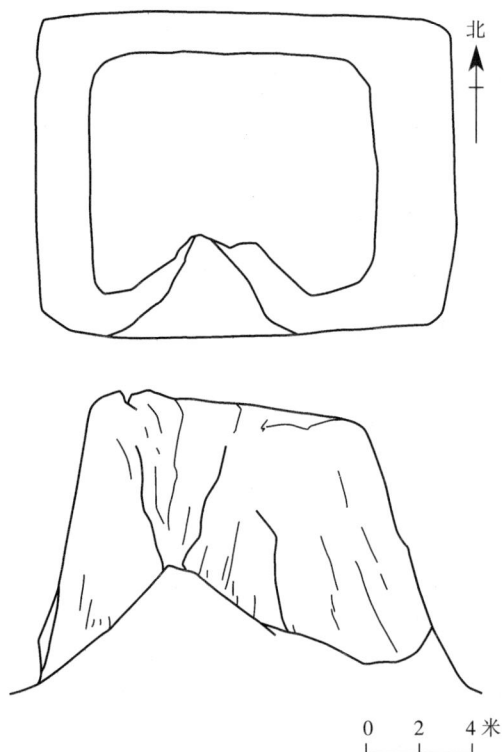

北

图一五九八　张天赐村 2 号烽火台
平、立面图

台体用黄土夯筑而成，包含物很少，夯层厚 0.07 ~ 0.12 米，夯土质地细密，夯窝直径 0.06、中心间距 0.23 米。台体平面呈矩形，剖面呈梯形，底部东西 16、南北 12 米，顶部东西 11、南北 9 米，高 11 米。台体顶部有残砖、瓦片，瓦厚 1.9 厘米。（图一五九八）

该烽火台北距张天赐村长城 3 段墙体 0.125 千米，西距张天赐村 3 号烽火台 0.04 千米。

（一二四）张天赐村 3 号烽火台（610824353201170124）

该烽火台位于新城乡张天赐村双墩梁（山名）上。所处地势较平坦，周围为山地，沟壑较小，坡度较缓，沟壑底部有县乡公路。高程 1758.6 米。

烽火台整体保存较差。台体表层受风雨侵蚀剥落严重，南壁坍塌严重呈斜坡状，北壁底部有人为挖掘的洞穴。台体附近有信号发射塔。台体上长有旱地植被，根系深入夯土中对台体造成一定破坏。台体上有多处动物洞穴。

台体夯筑而成，夯土以黄土为主，包含物很少，夯层厚 0.06 ~ 0.12 米，夯土质地细密，夯窝直径 0.06、中心间距 0.23 米。台体平面呈近矩形，剖面呈梯形，底部东西 13、南北 10 米，顶部东西 5、南北 6 米，高 7 米。台体顶部发现有大量砖、建筑遗存。台体周围发现有残砖、瓦片、瓷片，砖宽 8.2、厚 6.2 厘米，瓦片厚 2 厘米。（图一五九九）

该烽火台北距张天赐村长城 3 段墙体 0.105 千米，东距张天赐村 2 号烽火台 0.04 千米。

（一二五）张天赐村 4 号烽火台（610824353201170125）

该烽火台位于新城乡张天赐村花鸨湾村（组）东北 0.65 千米顶部较平整的山峁上。周围为山地沟壑区，东侧沟壑底部为耕地，有村民房屋；其他部分为深沟壑，坡度较大。高程 1724.6 米。

该烽火台整体保存较差。台体因风雨侵蚀表层剥落严重，四壁有坍塌，有多处高达顶部的裂缝，裂缝宽 0.03 ~ 0.23 米。

台体用黄土夯筑而成，包含物很少，夯层厚 0.07 ~ 0.12 米，夯土质地细密，夯窝直径 0.065、中心间距 0.12 ~ 0.18 米。台体包砖全部脱落。台体平面呈矩形，剖面呈梯形，底部东西 7、南北 6 米，顶部东西 3、南北 4 米，高 6.5 米。基座平面呈矩形，边长 30、高 2.3 米。台体周围散落有少量残砖、瓷片、陶片，砖宽 19.5、厚 6.5 厘米，瓦片厚 1.6 厘米，陶片厚 0.3 厘米。（图一六〇〇；彩图三〇三）

该烽火台位于长城墙体南侧，东距张天赐村长城 4 段墙体 0.36 千米、张天赐村 11 号马面 0.504 千米。

（一二六）西湾村烽火台（610824353201170126）

该烽火台位于中山涧乡西湾村西南 1.3 千米顶部较大较平坦的山峁上。西南 0.17 千米处有西湾村民栽的电线杆；南 0.12 千米处为耕地，种植有荞麦。四周为荒坡地，坡度较缓。附近为山地沟壑，沟

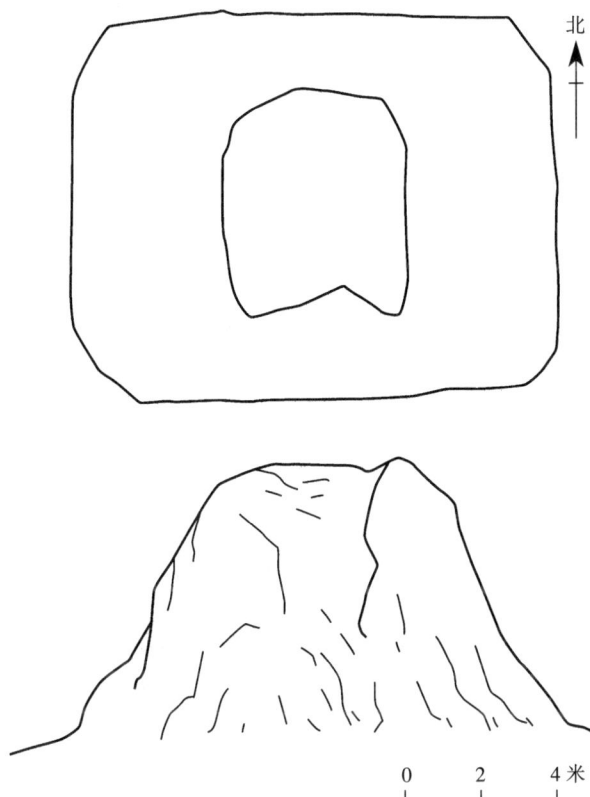

图一五九九 张天赐村 3 号烽火台平、立面图

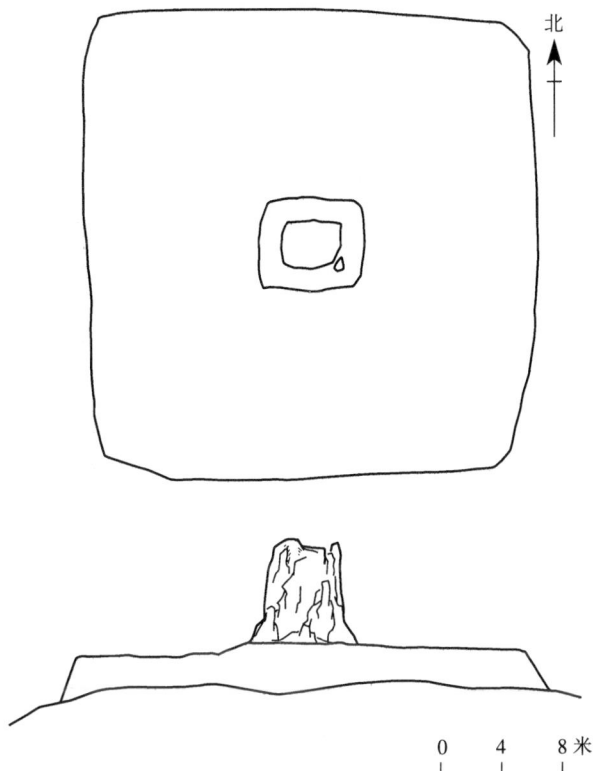

图一六〇〇 张天赐村 4 号烽火台平、立面图

壑较深。高程 1760.6 米。

烽火台整体保存较差。台体因雨水冲刷侵蚀坍塌呈坟丘状，表层剥落严重，四壁有水冲沟造成的裂缝。台体上生长有旱地植被，根系深入夯土中对台体造成一定破坏。台体四周尤其是下部有较多大小不等的动物洞穴。基座上有大量残砖、绳纹瓦片，可能为建筑遗迹，不可辨别。

台体用黄土夯筑而成，包含物较少，夯层厚 0.06 ~ 0.13 米，不见夯窝。台体外部有包砖。台体平面呈圆形，剖面呈近梯形，底部直径 12、顶部直径 6、高 3 米。基座隐约可见，平面呈矩形，边长 29、高 1.8 米。台体四周散落有大量碎砖、绳纹瓦片，砖宽 19、厚 6.5 厘米，瓦片厚 1.4 厘米。（图一六〇一）

该烽火台西北距西湾村 2 号马面 0.483 千米，北距长城墙体 0.06 千米。

（一二七）水路畔村烽火台（610824353201170127）

该烽火台位于中山涧乡水路畔村王家湾村（组）北 1.2 千米顶部较平坦的山峁上。周围是荒坡地，较为平坦，有栽种杏树、柠条的树坑，土壤较疏松，附近有山脉相连。高程 1694.3 米。

烽火台整体保存较差。台体由于长期雨水冲刷侵蚀表层剥落严重，顶部坍塌。基座西南侧有移动公司通信塔一座，西北 0.04 千米处有联通公司通信塔一座，基座上栽种有杏树。台体上生长有旱地植被，根系深入夯土中对台体造成一定破坏。台体四周尤其是下部有较多大小不等的动物洞穴。

台体用黄土夯筑而成，包含物较少，夯层厚 0.1 ~ 0.13 米，不见夯窝。台体平面呈圆形，剖面呈馒头状，底部直径 21 米，顶部无存，高 5 米。基座平面呈圆形，直径 50、高 1.2 米。基座上有少量残

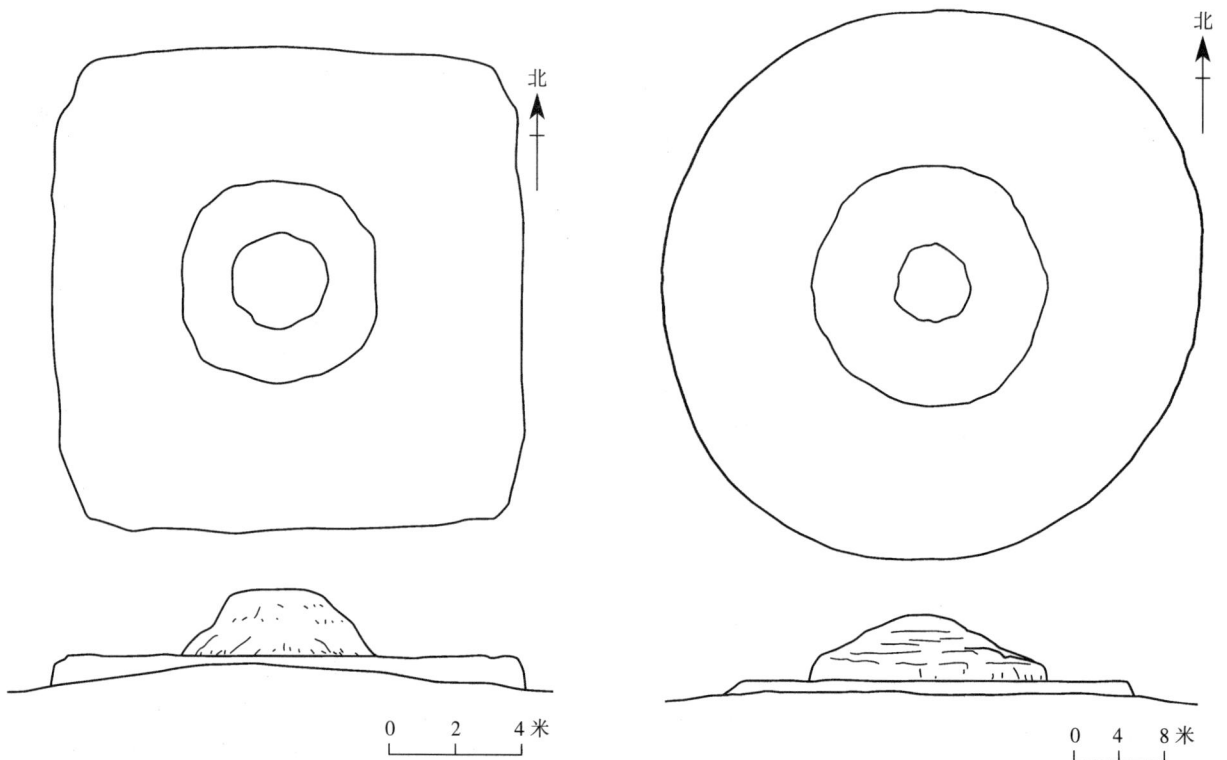

图一六〇一　西湾村烽火台平、立面图

图一六〇二　水路畔村烽火台平、立面图

砖碎、绳纹瓦片，可能为建筑遗迹，不可辨别。（图一六〇二）

该烽火台北距水路畔长城2段墙体0.17千米。

（一二八）鸦巷村烽火台（610824353201170128）

该烽火台位于中山涧乡水路畔村鸦巷村（组）北0.65千米顶部较平坦的山峁上。周围有栽种杏树的坑，土壤较疏松，土质为黄沙土。附近为山地沟壑区，坡度较大。高程1656.2米。

烽火台整体保存较差。台体由于雨水冲刷侵蚀表层剥落严重，四壁有水冲沟造成的裂缝，南壁顶部有长3、宽2.2、进深1.5米的豁口。台体上生长有旱地植被，根系深入夯土中对台体造成一定破坏。台体四周尤其是下部有较多大小不等的动物洞穴。

台体用黄土夯筑而成，包含物较少，夯层厚0.05～0.1米，不见夯窝。台体平面呈矩形，剖面呈梯形，底部东西9.8、南北9米，顶部东西4、南北5.8米，北侧高6.5、东侧高5.4、其余两侧高5米。隐约可见基座。（图一六〇三）

该烽火台位于长城墙体西北0.07千米，北距鸦巷村1号敌台0.32千米。

（一二九）正路湾村烽火台（610824353201170129）

该烽火台位于中山涧乡水路畔村正路湾村（组）北0.43千米顶部较平整的山峁上。附近为山地沟壑，沟壑较深较大，坡度陡峭。周围有种植马铃薯和荞麦的耕地，土质较疏松为黄沙土。高程1587.3米。

烽火台整体保存较差。台体受风雨侵蚀四壁剥落，顶部和附近有3个圆形盗洞，盗洞直径1米，深不详；南壁底部、东南角盗洞直径0.9米，深不详。台体上生长有旱地植被，根系深入夯土中对台

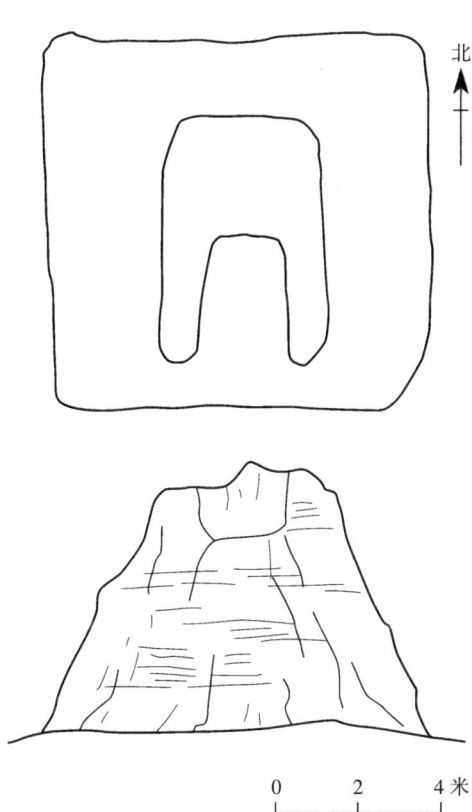

图一六〇三 鸦巷村烽火台平、立面图

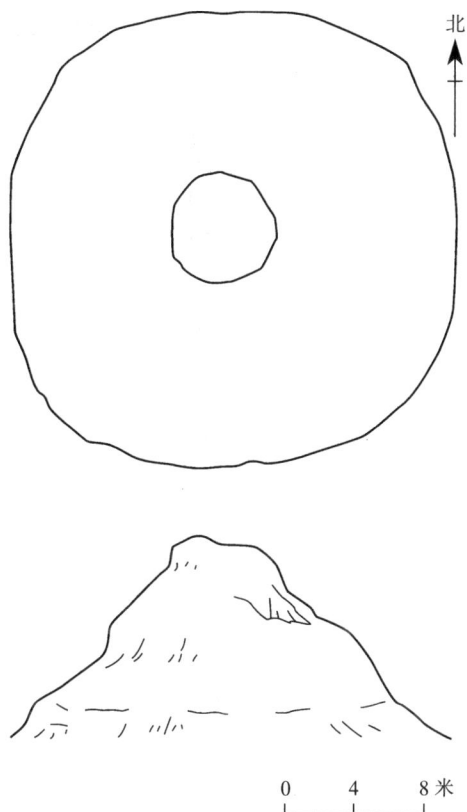

图一六〇四 正路湾村烽火台平、立面图

体造成一定破坏。台体四周尤其是下部有较多大小不等的动物洞穴。

台体用黄土夯筑而成，因长满杂草夯层不详。台体平面呈圆形，剖面呈梯形，底部直径25、顶部直径6、高11米。台体周围发现有残砖、瓦片、石块，砖宽不详，砖厚8厘米，瓦片厚1厘米，石块长24、宽23、厚16厘米。（图一六〇四）

该烽火台西距砖墩梁1号敌台0.726千米。

（一三〇）砖墩梁烽火台（610824353201170130）

该烽火台位于中山涧乡马家洼村前房子南1.6千米顶部较平坦的砖墩梁（山名）上。周围有耕地，土质疏松为黄沙土，种植有马铃薯。附近为山地沟壑区，坡度较缓较深。高程1666.4米。

烽火台整体保存较差。台体由于雨水冲刷侵蚀四壁有不同程度的剥落，东壁豁口宽1.8、高7、进深2.6米，西南角有豁口，宽2.8、高6、进深1.8米，南壁有人为登台踩踏的小路。台体上长有旱地植被，根系深入夯土中对台体造成一定破坏。台体四周尤其是下部有较多大小不等的动物洞穴。

台体用黄土夯筑而成，夯层厚0.1~0.14米，没发现夯窝。台体平面呈矩形，剖面呈梯形，底部东西10、南北8米，顶部东西7、南北4.2米，高7米。基座平面呈矩形，高3米。围墙建在基座上，东西39、南北33、底宽1.8、顶宽1、内高1.3~2、外高0.1~3.2米，台体周围发现有残砖、瓦片，砖厚6.2、宽20.5厘米，瓦片厚1.5厘米，宽17.5厘米。（图一六〇五）

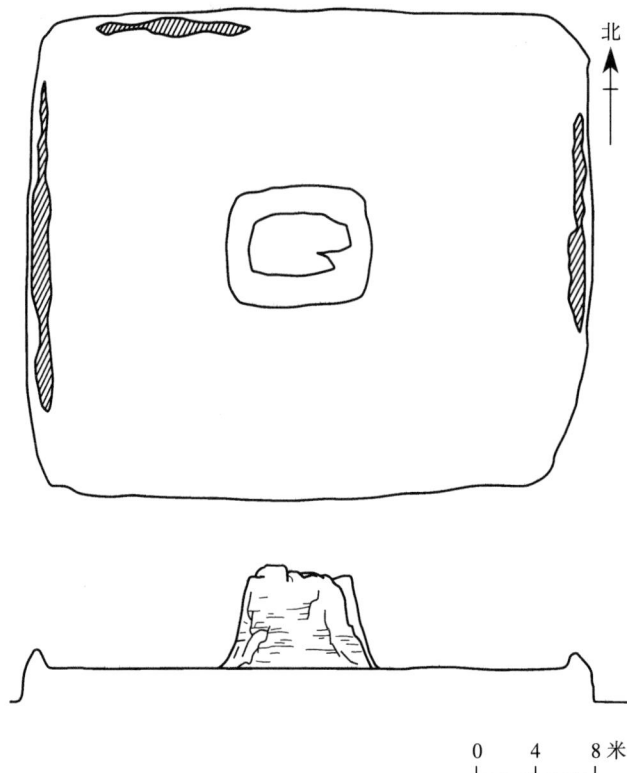

北

0　　4　　8米

图一六〇五　砖墩梁烽火台平、立面图

　　该烽火台东距砖墩梁马面0.467千米,西距大墩梁烽火台0.85千米,北距长城墙体0.18千米。

（一三一）大墩梁烽火台（610824353201170131）

　　该烽火台位于中山涧乡马家洼村后队（组）西南0.72千米顶部较平坦的大墩梁（山名）上。周围有耕地,种植有马铃薯、荞麦,土质疏松。附近为山地沟壑,沟壑底部有村庄。高程1714.7米。

　　烽火台整体保存较差。台体受风雨侵蚀四壁剥落,坍塌呈斜坡状,西壁有一个豁口,宽4、高3.1、进深2.2米。基座西侧有7米宽豁口,为雨水冲刷形成的水冲沟。围墙东墙无存,西墙有豁口,南墙呈驼峰状。台体上生长有旱地植被,根系深入夯土中对台体造成一定破坏。台体四周尤其是下部有较多大小不等的动物洞穴。

　　台体基座表面较平坦,平面呈矩形,高2米。围墙位于基座上,东西30、南北35、内高1、外高3.1、北墙顶宽0.8米。台体用黄土夯筑而成,夯层厚0.07～0.14米。台体平面呈矩形,剖面呈梯形,底部边长12米,顶部东西6、南北4米,高4.2米。台体周围发现有残砖、瓦片,砖宽19.5、厚7.5厘米,瓦片厚1.2厘米。（图一六〇六）

　　该烽火台东距砖墩梁烽火台0.76千米。

（一三二）小墩梁烽火台（610824353201170132）

　　该烽火台位于中山涧乡马家洼村后队村西0.36千米顶部面积较小较平坦的小墩梁（山名）上。附近及两侧山坡上为耕地,土质为黄沙土,较为疏松,种植有马铃薯等农作物。周围为山地沟壑区,坡度较小,沟壑纵横。高程1598.5米。

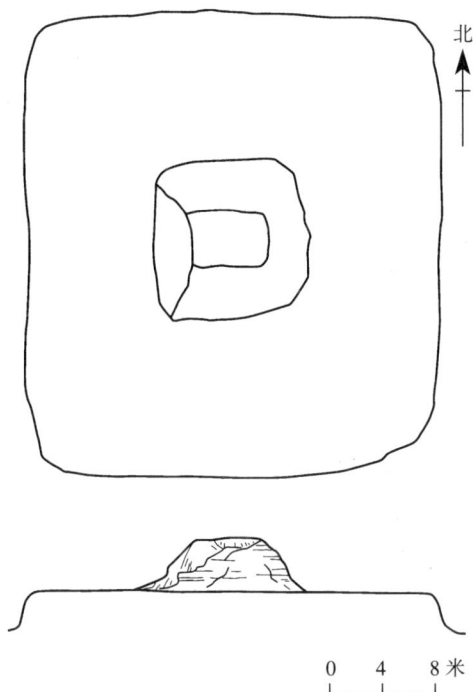

图一六〇六　大墩梁烽火台平、立面图

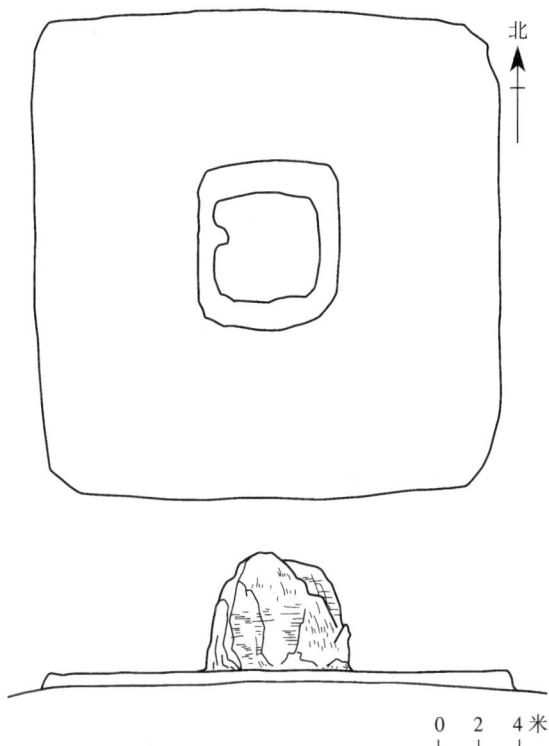

图一六〇七　小墩梁烽火台平、立面图

烽火台整体保存较差。台体东南角坍塌，东、南、西壁脱落较严重有多处裂缝，南壁有一个宽0.2、高2.2米的裂缝，西壁底部有宽1、高2.1、进深1.2米的豁口。台体上生长有旱地植被，根系深入夯土中对台体造成一定破坏。台体四周尤其是下部有较多大小不等的动物洞穴。

台体用黄土夯筑而成，夯层厚0.07～0.13米。台体平面呈矩形，剖面呈梯形，底部边长7、顶部边长5.2、高5.6米。基座平面呈矩形，边长23、外高2.1米。（图一六〇七）

该烽火台东距大墩梁烽火台0.85千米。

（一三三）郝渠村烽火台　（610824353201170133）

该烽火台位于中山涧乡马家洼村郝渠村（组）南0.281千米的山峁上。所处山峁顶部较平整，有一座现代小庙。附近有人工栽种的小树林，山坡坡缓，山底较平整，有小村庄和耕地，有民居。地处山地沟壑区，沟壑坡度陡峭。高程1588米。

烽火台整体保存较差。台体坍塌处呈斜坡状，东壁中部有宽1.5、高2.4、进深1.2米的豁口；南壁有一座庙，底宽2.6、高2.4米，庙门已锁，进深无法测量；北壁顶部坍塌，宽1.8、高2.2、进深0.7米。台体上生长有旱地植被，根系深入夯土中对台体造成一定破坏。台体四周尤其是下部有较多大小不等的动物洞穴。

台体用黄土夯筑而成，夯层厚0.05～0.27米。台体平面呈圆形，剖面呈梯形，底部直径9、顶部直径5.1、高7.4米。基座平面呈圆形，直径18、高3.2米。（图一六〇八；彩图三〇四）

该烽火台北距郝渠村长城墙体0.164千米，东北距郝渠村1号敌台0.651千米。

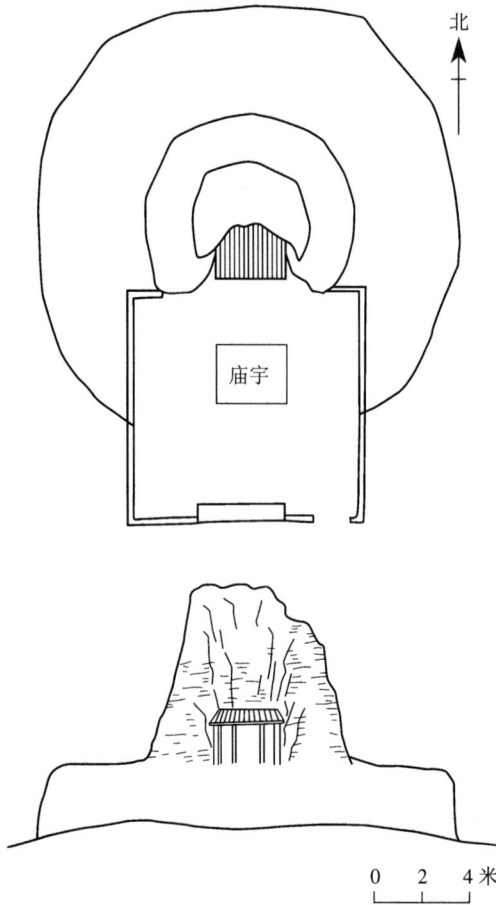

图一六〇八　郝渠村烽火台平、立面图　　　　　　图一六〇九　张家峁村烽火台平、立面图

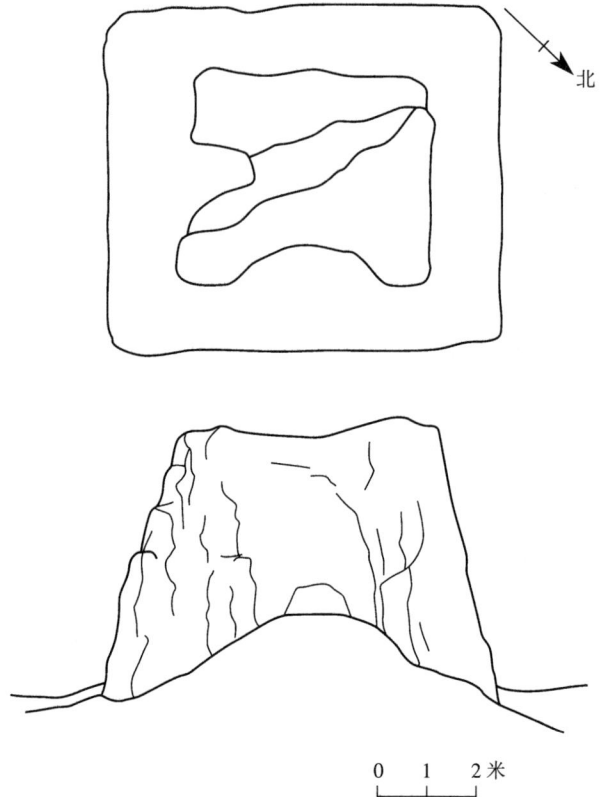

（一三四）张家峁村烽火台（610824353201170134）

该烽火台位于镇靖乡张家峁村西北0.75千米的山峁地带。周围种植有杏树，东0.03千米处有一道沟壑，由北向南发育，0.035千米处有一条柏油路，东北0.5千米处为后台村，东南0.75千米处为张家峁村；南0.051千米处有一道沟壑，由西向东发育，西南0.162千米处有一座水库；西0.11千米处有一条土路，0.42千米处有一片农田，0.268千米处为河谷地，0.52千米处为镇靖堡；北0.485千米处有一条河流，河边有几户居民。高程1397.4米。

烽火台整体保存差。台体顶部长有柠条；东壁顶部中间有一个豁口，宽3、进深0.8、高4米，底部有一个洞，上宽0.5、下宽1.5、高1.1、进深2米；西南角坍塌，在底部形成一个缓坡状的一层台，距顶部1.8米，一层台南壁有一个豁口，宽1.2、进深1.2米，一层台上有动物洞穴；南壁有动物洞穴。

台体用黄土夯筑而成，夯土包含有少量料礓石，夯层厚0.1~0.15米。台体平面呈矩形，剖面呈梯形，底部东西6.8、南北8米，顶部东西3、南北4.8米，高6米。台体周围散落有大量砖瓦碎片。（图一六〇九）

该烽火台东距五台村1号烽火台2千米，东南距五台村2号烽火台3千米，西0.52千米处为镇靖堡。

（一三五）五台村1号烽火台（610824353201170135）

该烽火台位于镇靖乡五台村北1.3千米的山峁沟壑地带小墩梁（山名）上。四周生长有柠条，西

0.403 千米处为沟壑地，1.5 千米处为后台村，2.5 千米处为镇靖堡；西南 2.25 千米处有张峁水库；东侧为沟壑地，由西向东发育。高程 1538.1 米。

烽火台整体保存差。台体东壁底部有一个豁口，宽 0.4、进深 1.3 米；南壁底部有一个宽 2.2、进深 1 米的豁口，在底部形成高 1.2 米的堆土；南壁有水冲宽 0.1～0.4 米的裂缝，顶部西南角坍塌；西壁底部有多处动物洞穴及一个人为挖掘的圆坑，直径 0.5、深 2.8 米；北壁顶部有一个宽 2.2、高 2、进深 1.5 米的豁口，豁口内有登台土坑，豁口西侧有一个水冲裂缝。

台体用黄土夯筑而成，夯层厚 0.14～0.18 米。台体平面呈矩形，剖面呈梯形，底部边长 6.9、顶部边长 3.7、高 8 米。（图一六一〇）

该烽火台西距张家峁村烽火台 2 千米，东南距五台村 2 号烽火台 1.25 千米。

（一三六）五台村 2 号烽火台
（610824353201170136）

该烽火台位于镇靖乡五台村东北 1.25 千米的

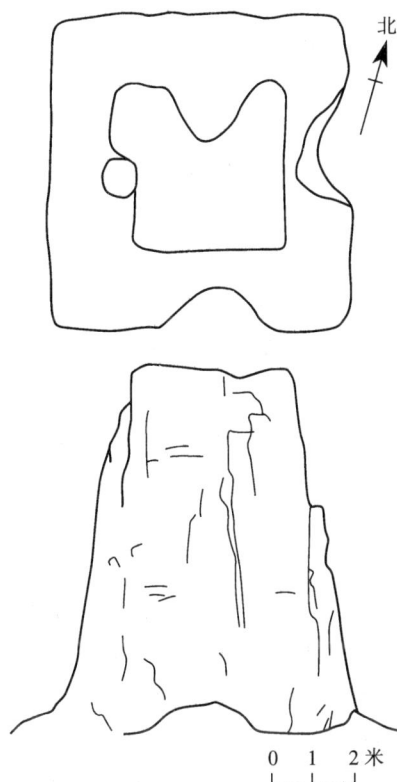

图一六一〇　五台村 1 号烽火台平、立面图

大墩梁（山名）上。四周为农田，再往外为山峁沟壑地带，东 0.048 千米处有山体小道，0.11 千米处有一片柳树林；东南 1 千米处有桶则壕村；南 0.082 千米处有 3 个坟头；西 0.4 千米处为沟壑地，4 千米处为镇靖堡；西北 1.25 千米处为小墩梁；北 0.03 千米处有山间小道，0.1 千米处有一个坟头；东北 0.5 千米处有一户人家。高程 1606 米。

烽火台整体保存差。台体顶部生长有蒿类植物，东南角北 2.6 米处有一个坍塌豁口，宽 2.8、高 2.2、进深 2 米；东壁有两个较大的洞，靠上的洞宽 0.6、高 0.6、进深 1.3 米，靠下的洞宽 0.9、高 0.5、进深 2.2 米；南壁底部有多处动物洞穴，东南角西 1.5 米处有一个洞，底宽 1.4、顶宽 0.5、高 0.8、进深 1.3 米，洞内有蜂窝；西壁有两个大豁口，靠北壁的豁口宽 2.5、高 5、进深 1.6 米，靠南壁的豁口宽 2、高 5、进深 1.2 米，西壁有多处洞穴；北壁因雨水冲刷形成一个宽 4.5、进深 2.3 米的大豁口，呈缓坡状，豁口内有一个圆坑，直径 0.5、深 0.8 米。

台体用黄土夯筑而成，夯层厚 0.15～0.18 米。台体平面呈矩形，剖面呈梯形，底部东西 10、南北 8.5 米，顶部东侧 5.4、南侧 4、北侧 6 米，高 6 米。（图一六一一）

该烽火台西北距张家峁村烽火台 3 千米、五台村 1 号烽火台 1.25 千米。

（一三七）烟墩山烽火台（610824353201170137）

该烽火台位于席麻湾乡木瓜树圪村东北 1.5 千米的烟墩山上。四周是疏草地，地面上堆有修缮台体的砖、水泥板等，东 0.05 千米处有一土路，南侧远处群山起伏，西 0.2 千米处有一条北流河道，北 0.04 千米处有靖边县广播电视局烟墩山微波站，远处为大漠。高程 1756.8 米。

烽火台整体保存差。2007 年，一家不明身份的施工队用装载机在烽火台周边开挖地基，县文物管理委员会办公室得到举报后，赶到现场了解情况后上报有关部门，陕西省文物局也介入调查，但工程一直断断续续地进行，最终形成现在的台体现状。由于人为不合理的修缮，给台体带来了很大的破坏。台体原为夯土台，现在铲削处理原台体后，用红砖垒砌、水泥抹面把台体勾画成仿古青砖模样，极大地改变了台体的原有形制。损毁的自然因素主要是地基下陷造成墙体出现裂缝，人为因素主要是不合理的修缮。

台体分为两层，二层台位于一层台顶部中央，一、二层台四周有垛墙，有步道通往两层台顶。台体夯土筑成，外部用红砖垒砌而成，水泥抹面。一、二层台平面呈矩形，剖面呈梯形。一层台底部东西 27.5、南北 26.25 米，顶部东西 25.95（含步道）、南北 23.5 米，高 6.31 米；东壁有向南的台阶步道，宽 0.92 米，步道门起点距台体北壁 12.95 米，阶宽 0.28、高 0.17 米，共 30 级；台阶外侧有女墙，宽 0.38、高 0.84 米。一层台顶部四周的垛墙宽 0.39、高 1.39～1.44 米。东壁有 10 个垛口、9 个仿礌石孔，南壁有 13 个垛口、14 个仿礌石孔，西壁有 12 个垛口、14 个仿礌石孔，北壁有 13 个垛口、14 个仿礌石孔；垛口宽 0.77、高 0.56、间距 1.045 米；仿礌石孔宽 0.114、高 0.12、间距 1.45 米。

二层台底部东西 19.53（含步道）、南北 17.1 米，顶部东西 15.95、南北 15 米，高 5.75 米。东壁有向北的台阶步道（未完工），步道宽 1.22 米，台阶宽 0.29、高 0.195 米，女墙没有完成垒砌，台阶起始 6 级为红砖砌成，上面 17 级为预制楼板铺成，共 23 级；台阶步道终端有一个预制楼板形成的长 3.4、宽 1.22 米的平台，距二层台顶部 1.28 米，距一层台顶部 4.45 米；北壁有红砖砌成的女墙，宽 0.93、高 0.98、厚 0.38 米。二层台垛墙宽 0.395、高 1.44 米。东壁有 7 个垛口、7 个仿礌石孔，南壁有 8 个垛口、8 个仿礌石孔，西壁有 8 个垛口、6 个仿礌石孔，北壁有 9 个垛口、9 个仿礌石孔；垛口宽 0.705、高 0.53、间距 1.01～1.02 米；仿礌石孔宽 0.105、高 0.155、间距 1.59～1.625 米。（图一六一二）

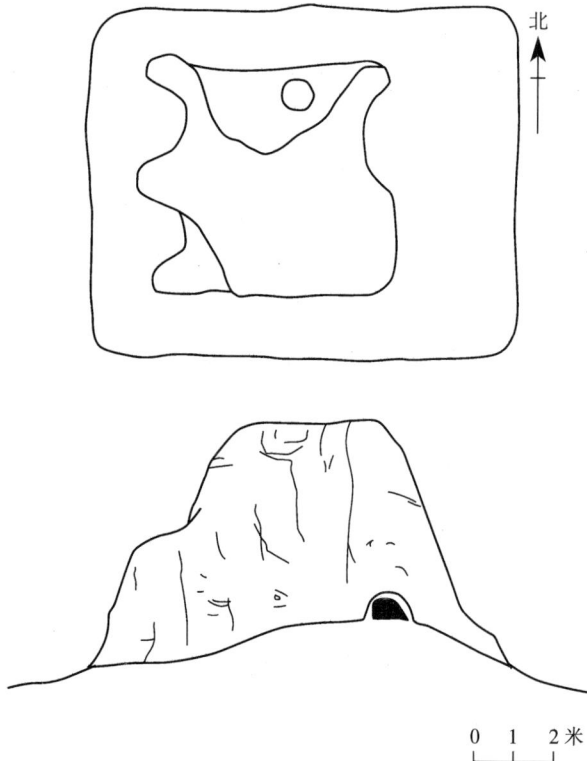

图一六一一　五台村 2 号烽火台平、立面图

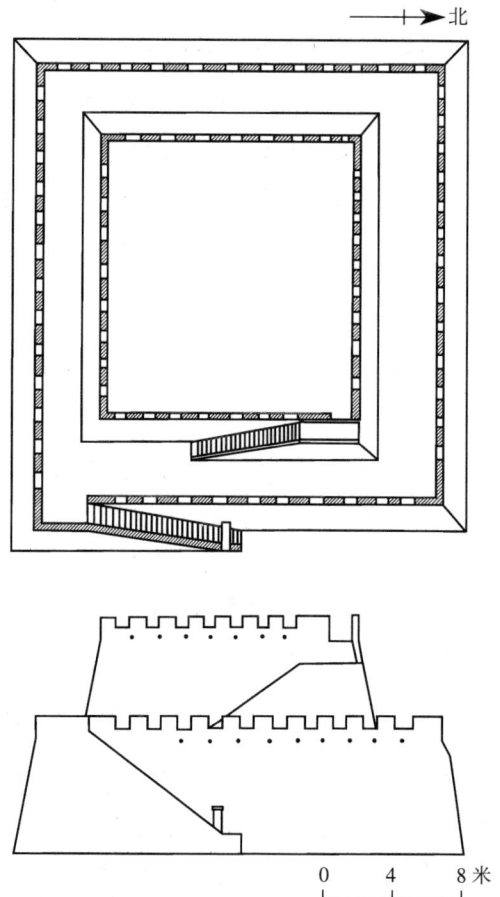

图一六一二　烟墩山烽火台平、立面图

距台体东北角 15 米有当地文保部门立的汉白玉石碑，厚 0.12、长 1.22、高 0.81 米，碑座为二层砂岩，上层长 1.4、宽 0.32、高 0.27 米，下层长 1.4、宽 0.6、高 0.31 米。烽火台最晚为明代所建，一说为宋代所建。

该烽火台东距明长城大边 9.5 千米，东北距靖边县城 8 千米。

（一三八）李家沟村烽火台（610824353201170138）

该烽火台位于新城乡李家沟村北 1 千米的丘陵沟壑地带独立山峁上。东 0.3 千米处为沟壑，由西向东发育，0.4 千米处有一条柏油路；南 0.123 千米处有一块农田，农田里有 3 根水泥电线杆，农田旁有一条土路，0.23 千米处的山峁平台上有一户居民，0.4 千米处有 2 处油井，1 千米处为李家沟村；西 0.183 千米处有一条土路，0.273 千米处有一片农田地；北 0.25 千米处有一条柏油路。高程 1756 米。

烽火台整体保存差。台体四壁因雨水冲刷剥落坍塌严重，长有杂草、枸杞、柠条；西壁有啮齿动物洞穴，底部有一个长 2.1、宽 1.2、深 2.3 米的盗洞；东壁有动物洞穴；北壁坍塌严重，呈缓坡状。

台体用黄土夯筑而成，夯层厚 0.13~0.16 米。台体平面呈矩形，剖面呈梯形，底部东西 8.5、南北 6.8 米，顶部东西 2.8、南北 1.5 米，高 5.5 米。（图一六一三）

该烽火台西北距周家窑则村烽火台 6.25 千米。

（一三九）周家窑则村烽火台（610824353201170139）

该烽火台位于新城乡周家窑则村东北 0.8 千米的山峁上。四周为弃耕农田，再往外山峦起伏，东 0.3 千米处有一条柏油路，0.32 千米处有一片农田，0.33 千米处有干涸的河道；南 0.16 千米处有一沟壑，由西向东发育；西 0.4 千米处有一口小油井，油井东侧有农田；西南 0.8 千米处为周家窑则村，西北 0.42 千米有处一户人家，北 1.5 千米处为新城乡。高程 1667.3 米。

烽火台整体保存差。台体四壁有动物洞穴，南、东、北壁坍塌呈缓坡状。台体顶部、四壁及台阶上散落有陶片、瓦片，长有柠条、杂草、枸杞等；顶部东南角一个雨水冲刷的豁口，宽 1、进深 0.8、高 0.6 米；南壁有一个宽 1.7、进深 1.5 米的豁口，呈缓坡状延伸至底部，豁口内生长有柠条，底部西北角坍塌，形成一个宽 1.2、进深 0.5 米的豁口；北壁有登台土坑。

台体用黄土夯筑而成，夯土包含有陶片、瓦片，夯层厚 0.15~0.2 米。台体平面呈矩形，剖面呈梯形，底部东西 8、南北 7.6 米，顶部东西 3.8、南北 4.3 米，高 4.7 米。基座平面呈矩形，底部东西 16.5、南北 20、高 4.5 米。基座西北角堆积有大量的砖、瓦片、陶片。（图一六一四）

该烽火台东南距李家沟村烽火台 6.25 千米，北距瓦窑沟村烽火台 2.1 千米、明长城大边 5.25 千米，东北距东山村烽火台 2.2 千米。

（一四〇）瓦窑沟村烽火台（610824353201170140）

该烽火台位于新城乡瓦窑沟村东南 1.25 千米的山峁上。四周有大量栽树形成的土坑，远处山峦起伏。东 0.98 千米处有一户居民，1.2 千米处有一条柏油路；南 0.068 千米处为沟壑，0.47 千米处有数排房屋，屋后为农田，0.6 千米处有一柏油路；东 1 千米处为新城乡，2 千米处为东山庙山；西 0.194 千米处为沟壑，由东向西发育；北 0.104 千米处有一条沟壑，由南向北发育，0.75 千米处为瓦窑沟，沟内有少量水，0.8 千米处有一户居民。高程 1624.3 米。

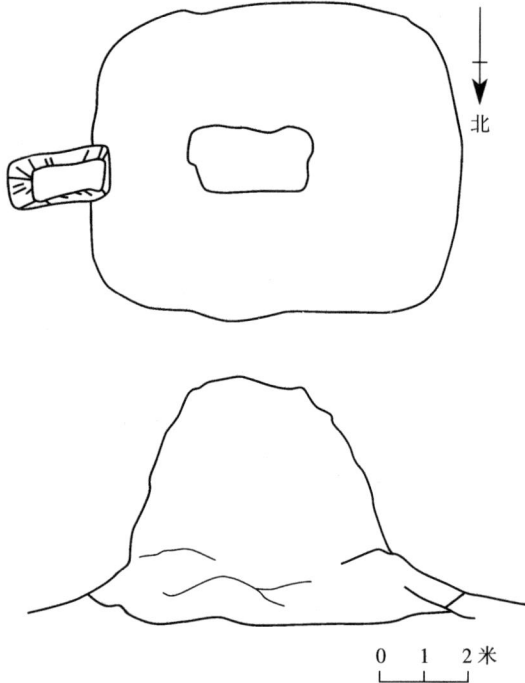

图一六一三　李家沟村烽火台平、立面图

图一六一四　周家窑则村烽火台平、立面图

　　烽火台整体保存差。台体顶部生长有枸杞和蒿类植物，东南角坍塌，坍塌部分宽3米；西南角东1.5米有一个宽1.6、高1.2、进深1.3米的豁口；东北角坍塌，形成一个宽2.5、进深1.5米的大豁口，内有一个宽0.7、进深0.6米的小豁口，小豁口内有登台步道。台体东壁顶部保存部分宽1.3米，基座北侧有一个因坍塌形成的大土堆。台体四壁有动物洞穴，周围有种树挖掘的土坑。

　　台体用黄土夯筑而成，夯层厚0.14~0.22米。台体平面呈矩形，剖面呈梯形，底部东西8.2、南北7.7米，顶部东西4.8、南北4米，高8.5米。基座平面呈矩形，底部东西14.2、南北14.5、高2.5米。（图一六一五）

　　该烽火台东南距东山村烽火台2千米，南距周家窑则村烽火台2.1千米，北距明长城大边3.25千米。

（一四一）东山村烽火台（610824353201170141）

　　该烽火台位于新城乡东山村西北0.075千米的山峁上。西、北侧为农田，四周远处群山起伏。东0.08千米处为沟壑地带；南8米处为东山庙，1.25千米处山峁上有一座烽火台和2座铁架；西0.28千米处为河沟，0.55千米处有一条柏油路，1千米处为新城乡；北0.5千米处为河沟，河沟旁有一个平台，平台上有农田和几排树木。高程1630.4米。

　　烽火台整体保存差。台体顶部东北角南1.5米有一个豁口，宽1、进深0.8米；东壁大部分坍塌，中部长有一棵榆树，树围2.5米；南壁中部有一个宽1.8、进深1.2米的豁口，底部有一个宽1.7、进深1.5米的豁口，豁口内有蜂窝洞，底部有多处动物洞穴；北、西壁底部有动物洞穴。基座因开垦农田、建庙等因素遭到挖掘、移除。

　　台体用黄土夯筑而成，夯层厚0.12~0.18米。台体平面呈矩形，剖面呈梯形，底部东西9、南北9.6米，顶部边长4米，高9米。基平面呈矩形，东西17、南北13.5米。（图一六一六）

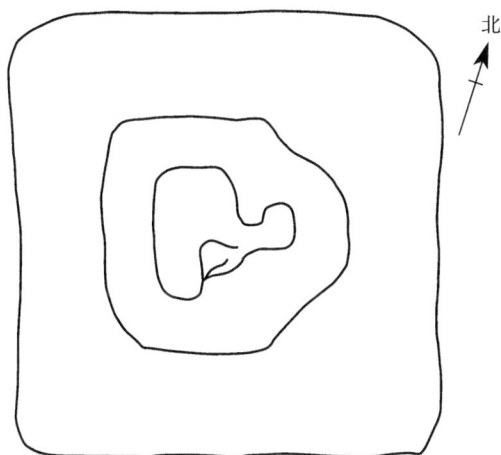

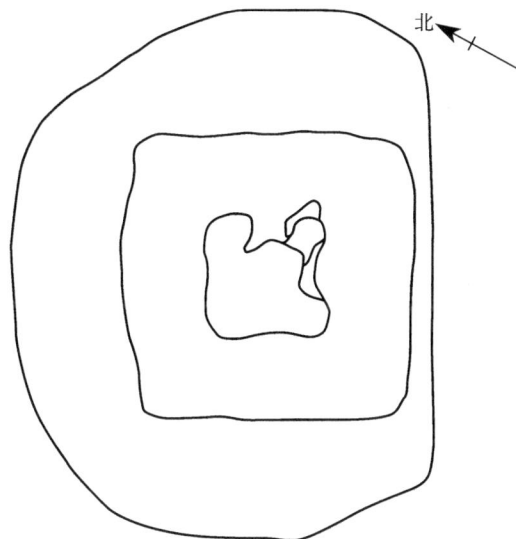

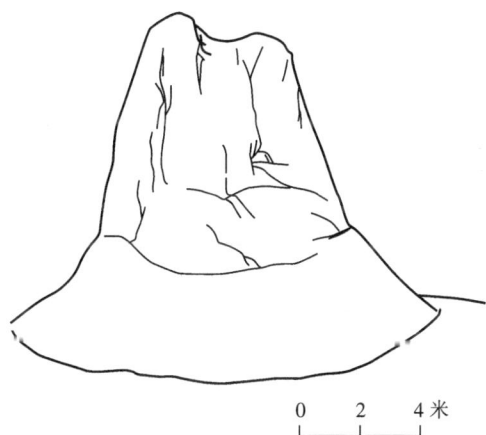

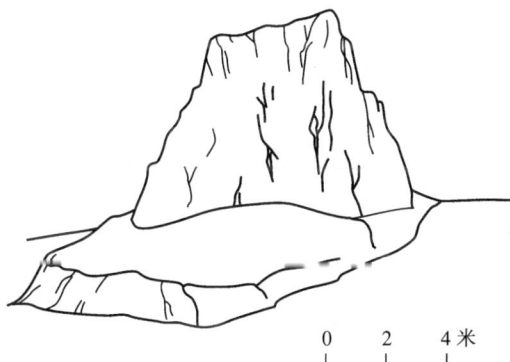

图一六一五　瓦窑沟村烽火台平、立面图

图一六一六　东山村烽火台平、立面图

该烽火台东北距张家窑则村烽火台2.75千米，西南距周家窑则村烽火台2.2千米，西北距瓦窑沟村烽火台2千米，北距明长城大边3.3千米。

（一四二）张家窑则村烽火台（610824353201170142）

该烽火台位于新城乡张家窑则村北0.75千米的山峁上。四周为梁峁沟壑地带，东0.326千米处为由西北向东南发育的沟壑，0.34千米处有一条土路，0.4千米处有一条柏油路，路旁有水泥电线杆和2座铁架；南0.088千米处为由西向东发育的沟壑，0.75千米处为张家窑则村；西0.128千米处为由南向北发育的沟壑，0.4千米处为由东向西发育的沟壑；北0.5千米处有一条土路，0.8千米处为后崾岘村。高程1786.2米。

烽火台整体保存差。台体四壁剥落严重，生长有杂草；底部有一个直径1.5、深0.3米的浅圆坑，坑内长满杂草；顶部东侧有一个宽4、进深1.2米的豁口，豁口内有一个人为挖掘长1、宽0.5、深0.5米的矩形坑；南壁底部有一个宽2、进深1.8、高1.1米的豁口；北壁中上部有一个宽0.6、高1.3、进深1.6米的盗洞，洞内有蜂窝洞，外有一个宽1.8、进深1.3米的豁口。台体顶部和四壁有动物洞穴。

台体用黄土夯筑而成，夯层厚0.07~0.12米。台体平面呈圆形，剖面呈梯形，底部直径20、顶部直径6、高5米。（图一六一七）

该烽火台西南距东山村烽火台2.75千米，西北距明长城大边3.5千米。

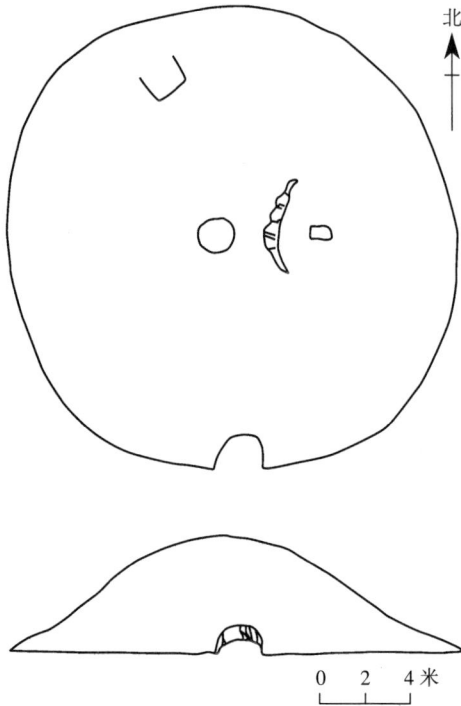

图一六一七　张家窑则村烽火台平、立面图

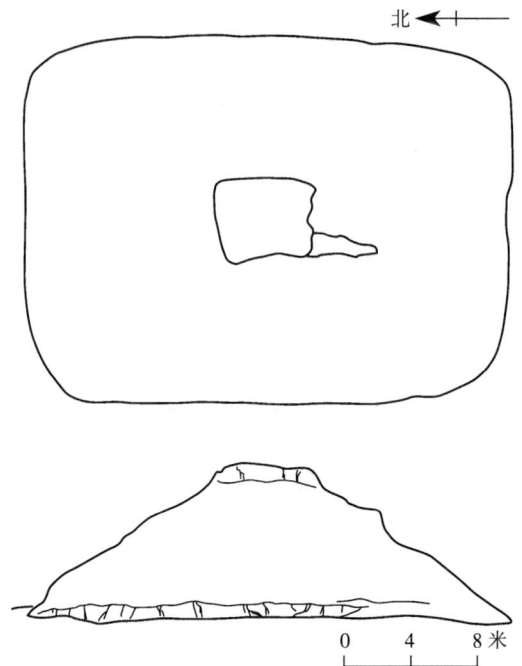

图一六一八　祁庄村烽火台平、立面图

（一四三）祁庄村烽火台（610824353201170143）

该烽火台位于中山涧镇祁庄村西北 0.3 千米的山峁上。四周为起伏的山峁，东 0.015 千米处有由南向北发育的沟壑，0.6 千米处有一条土路；东南 0.3 千米处为祁庄村；南 0.5 千米处有一口油井，2千米处为水路畔水库；西 0.078 千米处有由东向西发育的沟壑；北 0.176 千米处有一条土路，北 1.5千米处为明长城大边。高程 1786.2 米。

烽火台整体保存差。台体四壁坍塌严重，西、北、东壁坍塌成斜坡。台体顶部西北高、东南低，上面长有杂草，散落有瓦片、陶片。台体南壁上部有一个宽 1.1、高 1.6、进深 1.7 米的大洞，洞内有2个上下挨着的洞，上侧的洞平面呈梯形，上宽 0.29、下宽 0.34、高 0.29、进深 0.19 米；下侧的洞呈矩形，宽 0.25、高 0.28 米。台体四壁有动物洞穴。

台体用黄土夯筑而成，夯层厚 0.15~0.21 米。台体平面呈矩形，剖面呈梯形，底部东西 21.5、南北 29 米，顶部东西 5、南北 5.6 米，高 9 米。（图一六一八）

该烽火台西南距杨桥畔村烽火台 3.2 千米，东南距阎嵝岘村烽火台 3.15 千米。

（一四四）阎嵝岘村烽火台（610824353201170144）

该烽火台位于新城乡阎嵝岘村东北 0.3 千米的山峁上。四周为梁峁地，东、南侧为农田，东 0.5千米处有 2 口油井，0.7 千米处山峁坡上有农田；东南 0.3 千米处有一口油井，0.5 千米处山峁上有一条土路，山峁下河谷内有流水；南 0.42 千米处山峁上有农田；西 6 米处有高 3 米的土台，0.05 千米处有一座小水泥平台，平台旁有铁管竖立；西南 0.3 千米处为阎嵝岘村；北 0.027 千米处有一个土坑，长 5.2、宽 3、深 1.6 米。高程 1762.2 米。

烽火台整体保存差。台体坍塌成土堆，生长有杂草，有少量的动物洞穴。台体东、南壁底部为农

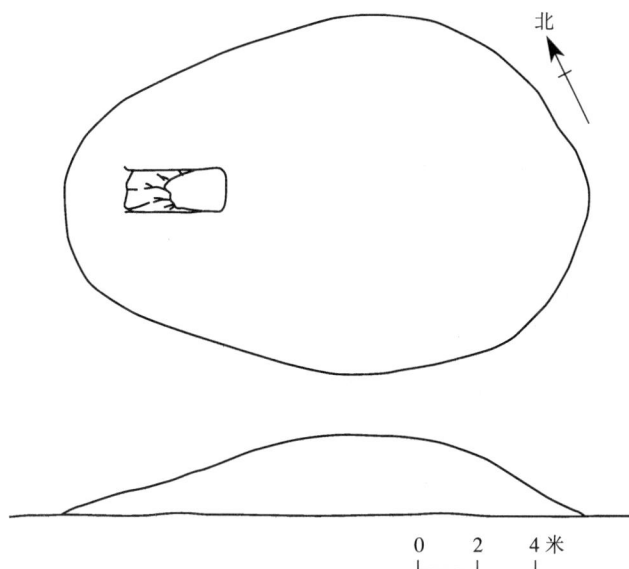

图一六一九　阎嵝岘村烽火台平、立面图

田，对台体造成破坏；西壁有一个大坑，长3.4、宽1.5、深2.6米。

台体用黄土夯筑而成，夯层厚0.09～0.15米。台体平面呈近椭圆形，剖面呈近梯形，底部东西18、南北12米，顶部东西9.5、南北5米，高2.7米。（图一六一九）

该烽火台西北距杨畔村烽火台4.3千米、杜家湾村墩山烽火台1.2千米。

（一四五）杨畔村烽火台（610824353201170145）

该烽火台位于中山涧镇杨畔村南0.8千米三面环水的山峁上。四周为梁峁地，东、北、西侧环水，东侧为一座山峁，半山腰处有农田，有多处由西北向东南发育的沟壑；南6米处有一条由东南向西北发育的沟壑；西0.3千米处为水路畔水库，0.5千米处有一户民居，房屋靠山而建，房屋后的山体上有土路，房屋前有一片农田；北0.8千米处山脚下为杨畔村，村前为一片农田。高程1576米。

烽火台整体保存差。台体因雨水冲刷侵蚀坍塌严重，顶部长有蒿类植物；东壁坍塌严重，在底部形成堆土，底部东南角、西南角有圆形动物洞穴；南壁有两处裂缝，底部有一个人为挖掘的坑，坑长1.7、宽1、进深1.2米，坑内有圆洞；西壁顶部有一个圆形坑，底部有坍塌的大量土块；北壁顶部生长有枸杞，东北角有雨水冲刷侵蚀形成的裂沟，沟宽0.3～0.6米。台体顶部北高南低，四侧有大小不等的动物洞穴。

台体用黄土夯筑而成，夯层厚0.15～0.22米。台体平面呈矩形，剖面呈梯形，底部东西7、南北7.6米，顶部东西2.8、南北4.5米，高6米。（图一六二〇）

该烽火台东南距阎嵝岘村烽火台4.3千米、杜家湾村烽火台3.6千米。

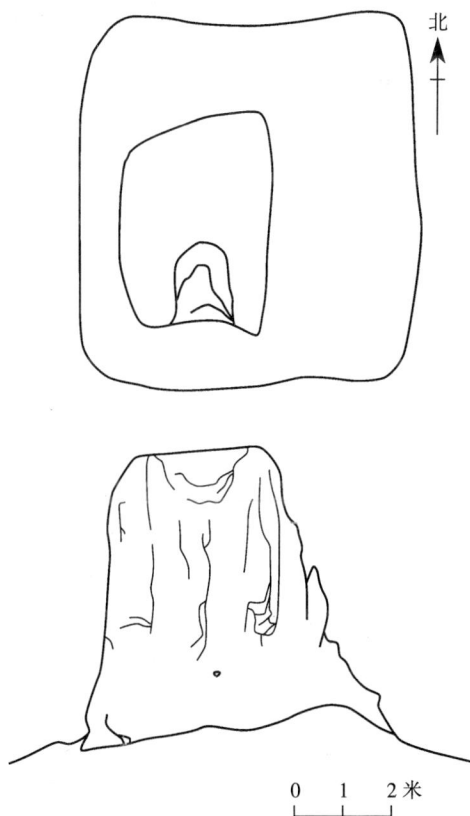

图一六二〇　杨畔村烽火台平、立面图

（一四六）杜家湾村烽火台（610824353201170146）

该烽火台位于新城乡杜家湾村西北0.7千米的梁峁地上。东0.045千米处有一块坟地，0.16千米处有一条土路；南0.37千米处为由南向北发育的沟壑，0.38千米处的山峁上有农田和山间土路；西0.038千米处有大量栽树形成的土坑；北0.31千米处有一孔废弃的窑洞，1千米处为阳凹村。高程1745米。

烽火台整体保存差。台体因雨水冲刷侵蚀坍塌成一个土堆；顶部生长有杂草、枸杞、柠条；东壁有一个因盗墓形成的宽3.5、进深2.2、高2.3米的大豁口，豁口内有蜂窝洞，豁口下有一个被塌土掩盖的洞；顶部东南侧有一个豁口，宽2.3、进深1.6、高0.4米。

台体用黄土夯筑而成，夯层厚0.08～0.15米。台体平面呈椭圆形，剖面呈梯形，底部东西12、南北16米，顶部南北4.5米，高3.5米。（图一六二一）

该烽火台东南距阎崾岘村烽火台1.2千米，西北距杨畔村烽火台3.6千米、祁庄村烽火台3.15千米。

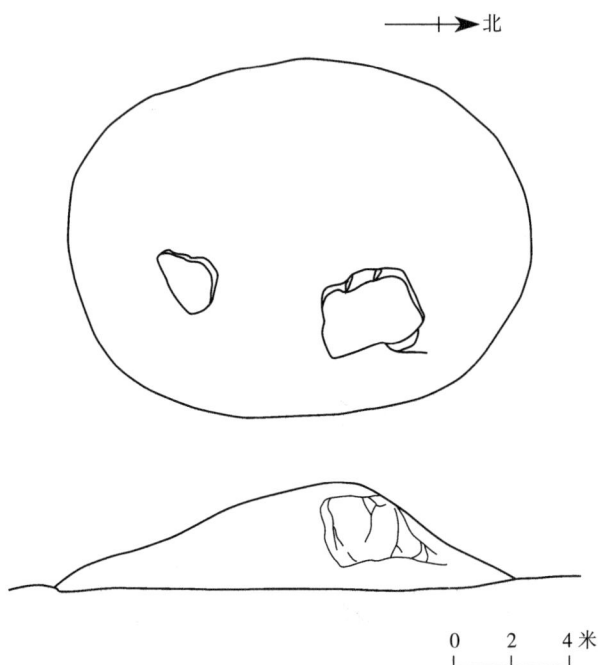

图一六二一　杜家湾村烽火台平、立面图

（一四七）城则坑村1号烽火台（610824353201170147）

该烽火台位于乔沟湾乡城则坑村东北0.17千米的山峁之间。东侧有农田，0.1千米处为谷地，对面山峁上为农田；南侧有一块坟地，坟前为农田，0.053千米处有一座烽火台，0.35千米处有油井，0.8千米处山峁上有一口油井；西侧栽有松树，0.02千米处有3根水泥电线杆，0.16千米处有一条公路，0.3千米处有一口油井，西南0.17千米处为城则坑村；北侧底部为农田，栽种有松树，0.086千米处有一水泥电线杆。高程1573.5米。

烽火台整体保存差。台体顶部有一个圆形深坑，坑口直径0.7、深0.9米；东南角坍塌形成一个豁口，豁口宽2.2、进深1米，东北角坍塌。台体四壁有少量的动物洞穴，南、东壁生长有柠条，北、南、东壁底部有较高的土堆，西壁底部有一个被堆土掩盖的坑，坑宽0.9米。

台体用黄土夯筑而成，夯层厚0.14～0.19米。台体平面呈矩形，剖面呈梯形，底部东西13、南北

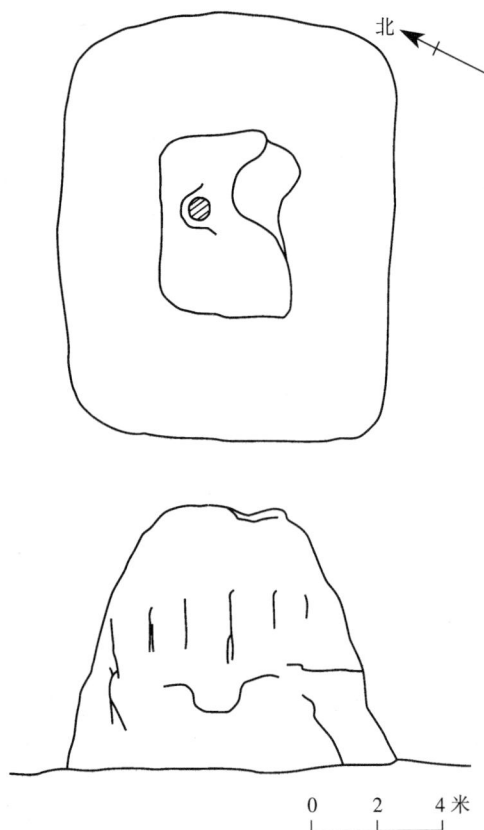

图一六二二　城则坑村1号烽火台平、立面图

10.5 米，顶部东西 6、南北 4 米，高 8 米。（图一六二二）

该烽火台南距城则坑村 2 号烽火台 0.053 千米，西南距墩梁村烽火台 1.85 千米。

（一四八）城则坑村 2 号烽火台（610824353201170148）

该烽火台位于乔沟湾乡城则坑村北 0.18 千米的山峁之间。四周为农田，东 0.3 千米处有一口油井；南 0.176 千米处有一条公路，0.18 千米处有 2 户人家，0.2 千米处山脚下有农田，山上有土路；西 0.05 千米有 3 根水泥电线杆，0.34 千米处有一口油井；北 0.53 千米处有一座烽火台。高程 1568.2 米。

烽火台整体保存差。台体顶部生长有杂草，四壁生长有枸杞、柠条；南壁底部有一个盗洞，宽 1.3、高 1.2 米，洞口内 3 米有一个圆形深坑；东南角有一个雨水冲刷侵蚀形成的宽 0.5～1.2 米的沟，沟内有动物洞穴；西壁底部有一个人为挖掘的豁口，宽 1.4、长 3.5、高 2.4 米；北壁有登台土坑。

台体用黄土夯筑而成，夯层厚 0.13～0.18 米。台体平面呈矩形，剖面呈梯形，底部东西 14.5、南北 13.5 米，顶部东西 6.8、南北 6.6 米，高 8 米。（图一六二三）

该烽火台北距城则坑村 1 号烽火台 0.053 千米，西南距墩梁村烽火台 1.84 千米。

（一四九）墩梁村烽火台（610824353201170149）

该烽火台位于乔沟湾乡墩梁村北 0.31 千米的山峁之间。周围长有柠条，东 0.01 千米处为农田，1.8 千米处有 2 座相距 0.053 千米的烽火台；南 0.31 千米处为墩梁村，村前有土路，0.36 千米处的山峁上有农田；西 0.4 千米处为高速公路，0.46 千米处有一条柏油公路，0.7 千米处山峁上有 2 口油井和一条土路；北 0.9 千米处山峁上有一口油井，山峁下有农田。高程 1604.1 米。

烽火台整体保存差。台体因雨水冲刷侵蚀剥落坍塌严重，顶部呈西北高东南低状。台体顶部西侧有一个宽 1.7、进深 1、高 0.8 米的豁口，距西南角 3 米；北侧有一个直径 0.6、深 0.3 米的小圆坑，有一个宽 0.8、进深 0.5 米的豁口，豁口距东北角 2 米；东侧有一个上宽 1.2、下宽 4.2、进深 2 米的豁口，豁口内有登台土坑；南侧因雨水冲刷而凹陷，凹陷部分宽 5、进深 2.5 米。台体西壁有多处洞穴，北壁有 3 处较大的洞穴，底部有坍塌形成的土堆，土堆顶距台体 2.8 米。台体东壁底部东北有一个宽 0.53、高 0.5、进深 0.4 米的洞。台体南壁有 2 孔窑洞，东部窑洞高 1.6、进深 2.8、宽 1.7 米，洞内有神龛和牌位，洞口处有一个长 2.9、宽 1.6 米的小院落，院落有高 0.6、厚 0.25 米的土墙；西部窑洞宽 1.5、进深 1.6 米，洞口被堆土掩盖；2 个窑洞内有蜂窝洞，洞外有一个较大的长 7、宽 4 米的院落，院落东、南、西侧有土墙，墙体高 0.2～1.5 米，院落内有土堆和木棒。

台体用黄土夯筑而成，夯层厚 0.11～0.16 米。台体平面呈矩形，剖面呈梯形，底部东西 10、南北 10.4 米，顶部东西 7、南北 6.5 米，高 5.5 米。（图一六二四）

该烽火台东北距城则坑村 1 号烽火台 1.85 千米、城则坑村 2 号烽火台 1.84 千米。

（一五〇）康台村烽火台（610824353201170150）

该烽火台位于乔沟湾乡康台村东 1.4 千米的山峁之间。东 0.6 千米处有一条柏油路；南 0.025 千米处有广电信号铁塔，东南 2 千米处为乔沟湾乡；西 0.02 千米处有一条土路，0.024 千米处有一根水泥电线杆，1.4 千米处为康台村；北 0.056 千米处有 2 根水泥电线杆，0.065 千米处有一座红砖墙围住的信号铁塔，0.9 千米处有高速公路。高程 1731.2 米。

烽火台整体保存较差。台体顶部有一个长 2.5、宽 2.3、深 3.4 米的坑，距北侧豁口 1 米，距西侧 3.3 米；东壁有一个宽 6、进深 2 米的豁口，呈缓坡状延伸至底部；南壁有一个宽 5、进深 2 米的豁口；

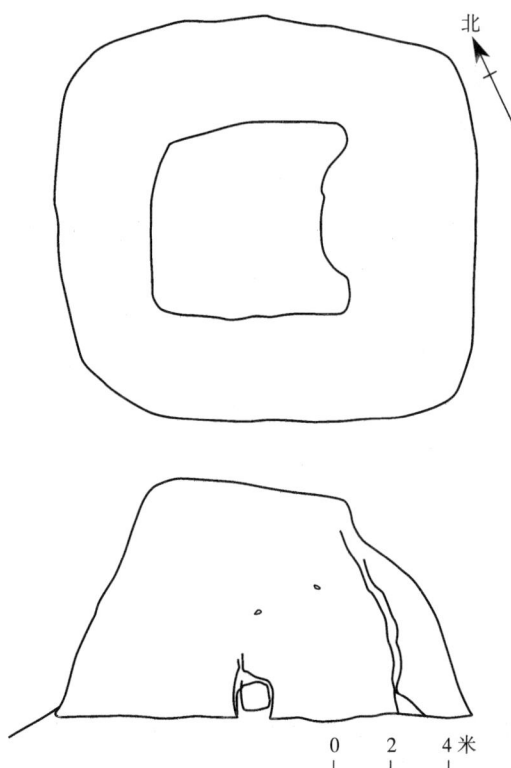

图一六二三　城则坑村2号烽火台平、立面图

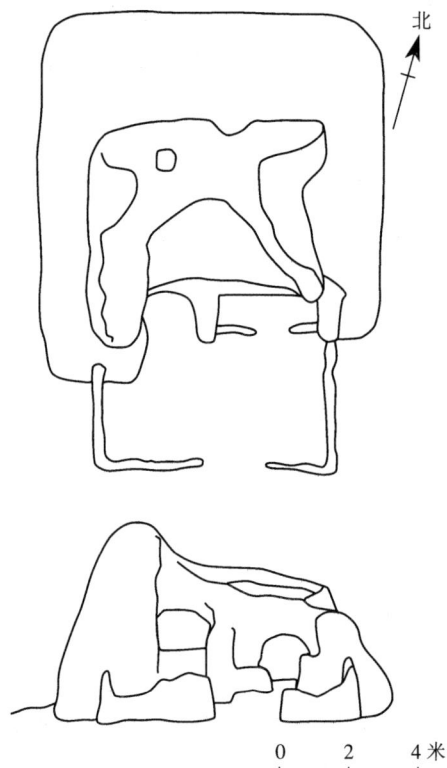

图一六二四　墩梁村烽火台平、立面图

距顶部东北角1.3米有一个小豁口，宽0.7、高0.3、进深0.6米，豁口西侧有一个较大的豁口，宽4、进深1.7米，呈缓坡状延伸至底部。台体南、西壁有多处动物洞穴，四壁生长有柠条。

台体用黄土夯筑而成，夯层厚0.1~0.16米。台体平面呈矩形，剖面呈梯形，底部东西26、南北25米，顶部东西9、南北7.6米，高9米。（图一六二五）

该烽火台东北距新窑圪村1号烽火台3.5千米、新窑圪村2号烽火台4.4千米。

（一五一）新窑圪村1号烽火台（610824353201170151）

该烽火台位于乔沟湾乡新窑圪村东0.5千米的山峁之间。东0.504千米处为河谷地，谷内有少量流水，东北1千米处有一座烽火台；南0.04千米处有一座庙，0.06千米处有一根铁架电线杆；西0.04千米处有一间房屋，屋后有一条土路，0.5千米处为新窑圪村，村前山坡上为农田，1千余米处有一条高速公路；北0.01千米处有一座土台，台上栽种有果树。高程1644.7米。

烽火台整体保存差。台体西壁底部有一个宽2、进深1、高0.4米的豁口，距西北角1米；南壁有一个宽3、进深3.5米的豁口；北壁有一个宽1.5、进深1.2米的豁口，距西北角1.4米；北、南壁豁口呈坡状延伸至底部，豁口内有登台土道。台体四壁有动物洞穴，东、西壁生长有柠条，南壁生长有枸杞。台体底部四周有圆形的坑，栽种有果树。

台体用黄土夯筑而成，夯土包含少量的料礓石，夯层厚0.13~0.16米。台体平面呈矩形，剖面呈梯形，底部东西12.5、南北14.2米，顶部东西4、南北5米，高6.5米。围墙南墙保存，距台体南壁7.5米有长11.7、底宽0.8~1.8、顶宽0.3~0.7米的一段墙体，墙体中西部有一个宽0.2~1.6米的缺口将墙体分为2段，东段长7、西段长4.5米，东段墙体东1米处有一段长6.2米的墙体，西段墙体

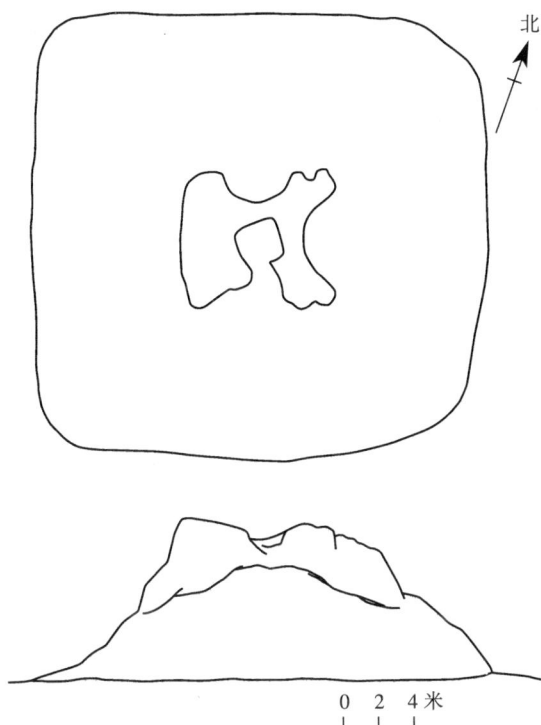

图一六二五　康台村烽火台平、立面图

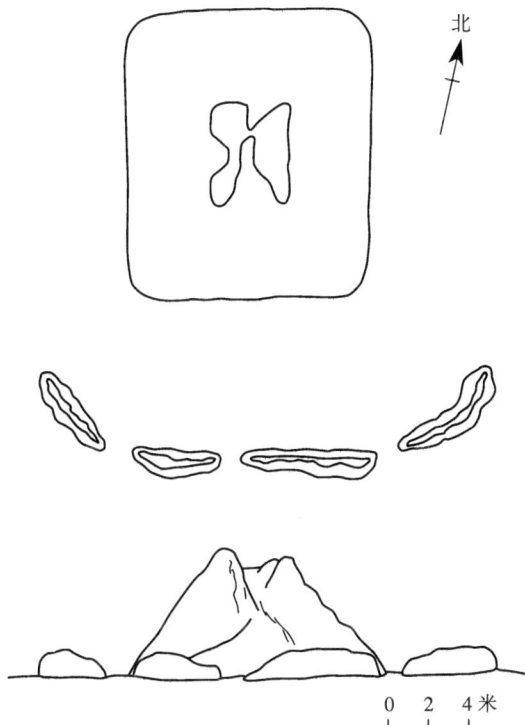

图一六二六　新窑圪村1号烽火台平、立面图

西1.3米处有一段长4.7米的墙体。（图一六二六）

该烽火台东北距新窑圪村2号烽火台0.926千米。

（一五二）新窑圪村2号烽火台（610824353201170152）

该烽火台位于乔沟湾乡新窑圪村东北1.5千米。地处丘陵沟壑区的独立山峁上，山峁顶部被改造为梯田。东0.04千米处为南北向大沟，东北0.64千米处有东西向土坝在沟内拦蓄了少量水，沟内种植有杨树及玉米等植物；东0.688千米处为一座平缓山峁，有大量农田及几户居民；东南0.441千米处为一较低的山峁；南侧山峁下为较低的平缓山坡；0.54千米处为破碎的山梁沟壑，南0.54千米、0.829千米、0.982千米处有东西向大沟，沟内有少量蓄水；西南0.171千米处有一座较低的山峁，西0.069千米处有南北向大沟、0.409千米处为一山峁，顶部有一组寺庙及一列高压电塔，0.926千米处为新窑圪村1号烽火台；北侧山峁较缓，北0.243千米处为东西向大沟，0.564千米处为一座山梁，东北0.828千米处有东北向大沟，沟口有土坝拦截了大量水。高程1589米。

烽火台整体保存差。台体东南角大面积坍塌，豁口由东南角向北坍塌3米、向西坍塌6米，塌土在下部形成长3.2米的缓坡；南壁高3.2米处有贯通南北的横向夯土剥离，高0.5米，内部有大量土蜂窝；北壁中部夯土大面积剥离，中部

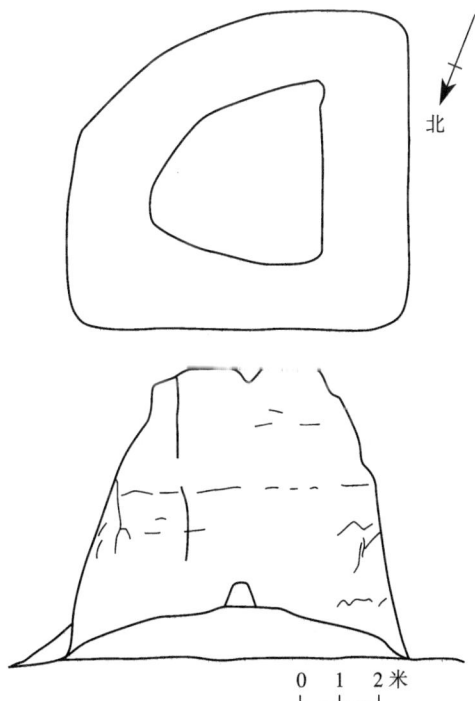

图一六二七　新窑圪村2号烽火台
平、立面图

高 1.3 米处有一个人工挖掘的宽 0.5、高 0.6、进深 0.9 米的洞穴，底部有高 1.3 米的堆土。台体四壁底部有大小不等的虫洞、羊啃洞等，四周杂草丛生。

台体用黄土夯筑而成，夯层厚 0.1 ~ 0.23 米。台体平面呈矩形，剖面呈梯形，底部东西 8.8、南北 7.9 米，顶部东西 4.4、南北 4.7 米，高 6.7 米。（图一六二七）

该烽火台西南距新窑圪村 1 号烽火台 0.926 千米。

三　关堡

靖边县此次调查关、堡共有 13 座，其中，关 11 座、堡 2 座。关、堡墙皆系黄土（部分包含有砂砾、碎石等）夯筑而成，夯层厚 0.03 ~ 0.19 米，以 0.06 ~ 0.14 米为主。

关 11 座，面积大部分在 3000 平方米以下，古城则关面积达 18000 平方米。有城门者 3 座，有敌台者 2 座。关内多荒废，或开垦为土地、种植果树等。

堡 2 座，面积约 200 平方米，有护城河及 1 或 2 座城门，堡内均荒废。

各关、堡分述如下。

（一）杨桥畔村关（610824353101170001）

该关位于杨桥畔镇杨桥畔村北高墩沙与横山县交界的波状沙丘地带龙眼水库北岸。地处杨桥畔龙州腹地，附近较平坦。高程 1284.8 米。

关整体保存差。关墙大部被黄沙掩埋，关内平整，生长有杂草、柳树等。对关形成破坏威胁的因素主要是风雨侵蚀，人为破坏严重，南墙外侧有现代砖窑残迹。关墙上生长有沙漠、旱地植物，根系深扎入墙体中，导致墙体产生数厘米到十几厘米的裂缝。部分墙体有人为铲削和攀爬踩踏痕迹。

关依长城墙体西侧而建。坐东朝西。关平面呈矩形，东西 36、南北 24 米，周长 120 米，占地面积 864 平方米。关墙用黄土夯筑而成，夯层厚 0.03 ~ 0.13 米，土质相对疏松，呈灰黄色，含杂质较多。关西墙借用长城墙体，东墙保存 7 米，南墙保存 15 米，北墙被黄沙掩埋，墙体底宽 2.5 ~ 3、顶宽 1 ~ 1.2、高 2.1 米。关内较平整，南墙外侧 9 米处有一条宽 4 米的乡村沙土路。（图一六二八）

该关南距杨桥畔村长城 3 段墙体止点 0.12 千米，南 0.015 千米处有杨桥畔村古宥洲城遗址。杨桥畔村有居民 2100 人，以汉族为主。附近的河流为芦河，自西南向东北流，为雨水补给型河流，有 3 条人工水渠。

（二）甘沟村瓮城子关（610824353101170002）

该关位于龙洲乡甘沟村东梁村（组）南 1.25 千米（瓮城子）的黄土沙化地带。四周较平缓，有多处沙丘。附近的河流为芦河，自西南向东北流，为雨水补给型河流。高程 1581.9 米。

关整体保存较差。对关形成破坏威胁的因素主要是风雨侵蚀和人为破坏。关墙坍塌严重，东墙有两处较大豁口，一处顶宽 8、底宽 4 米，另一处顶宽 3、底宽 2 米；西墙保存较好；南、北墙因修路被挖开出一个豁口，上宽 14、下宽 3.5 米。关内中间低四周高，生长有杂草、柳树等，有土路由北向南穿过关中部，路宽 3 米。关墙西北角、西南角各有农用电线杆一根。部分墙体上生长有旱地植物，根系深扎入墙体中，导致墙体产生数厘米到十几厘米的裂缝。部分墙体有人为铲削和攀爬踩踏痕迹。

关依长城墙体南侧而建。坐北朝南。关平面呈矩形，东西 46、南北 61 米，周长 219 米，占地面积 2806 平方米。关墙夯筑而成，夯土以黄土为主，包含物较少，夯层厚 0.09 ~ 0.13 米，夯土质地细密。关

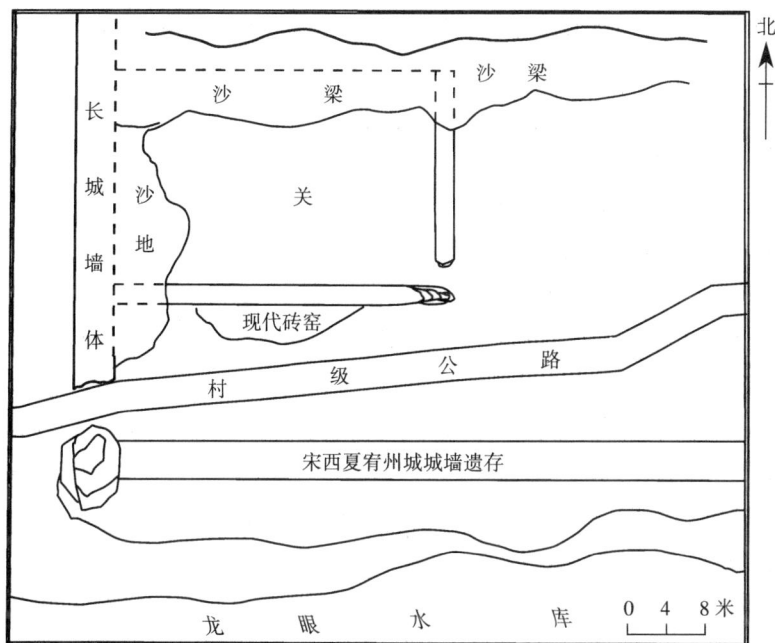

图一六二八　杨桥畔村关平面图

东墙底宽4、顶宽0.3~1、内高4、外高8米；南墙底宽4、顶宽0.4~1.8、内高3、外高7米；西墙内底宽4、顶宽0.5~1.5、内高3、外高7米；北墙借用长城墙体，底宽4、顶宽1~2.2、内高1.5、外高12米。北墙（即长城墙体）中南部紧靠一座敌台，台体东西4.5、南北12、高2.2米。南墙外侧紧临靖（边县）龙（洲乡）公路，北侧有一条乡村土路。（图一六二九）

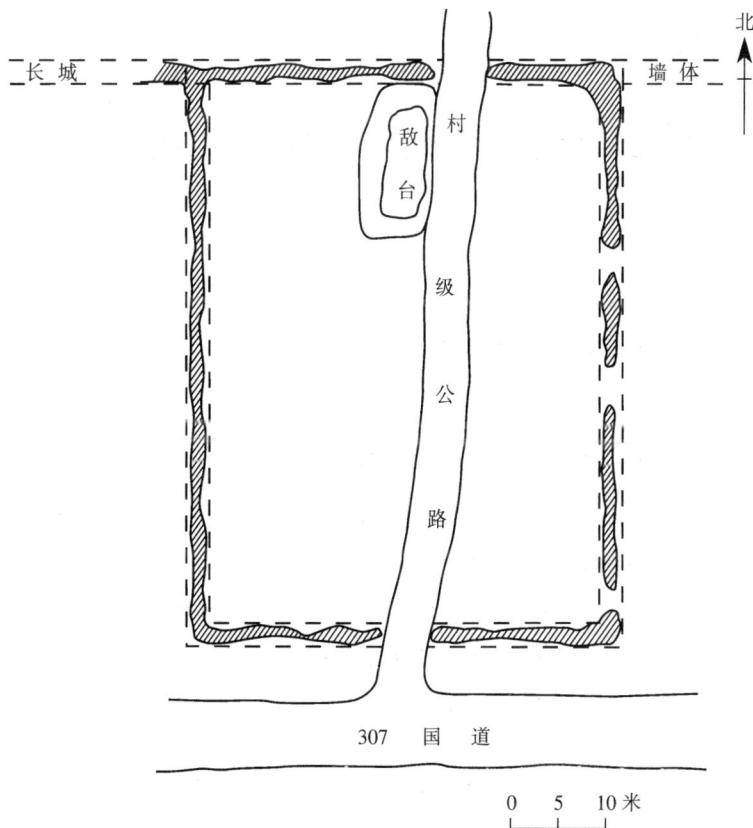

图一六二九　甘沟村瓮城子关平面图

该关位于甘沟村长城 1 段墙体南侧，东距甘沟村 1 号敌台 0.902 千米。北 0.86 千米处为甘沟村东梁，有居民 847 人，全部是汉族。

（三）五台村 1 号关（610824353101170003）

该关位于镇靖乡五台村北 0.13 千米黄土沙化地带。地形较平坦，附近无沟壑。河流为芦河，自西南向东北流，为雨水补给型河流。高程 1525.9 米。

关整体保存差。关内平整，生长有杂草、柳树等。关墙坍塌严重，南墙中部有宽 6.4 米的豁口。部分墙体上生长有沙漠、旱地植物，根系深扎入墙体中，导致墙体产生数厘米到十几厘米的裂缝。部分墙体有人为铲削和攀爬踩踏痕迹。

关依长城墙体南侧而建。坐北朝南。关平面呈矩形，东西 60、南北 41 米，周长 202 米，占地面积 2460 平方米。关有夯土基座。关墙夯筑而成，夯土以黄土为主，夯层厚 0.08～0.14 米，夯窝直径 0.065、中心间距 0.13～0.28 米；墙体底宽 2、顶宽 0.5～1、内高 0.5～1.5、外高 1～2 米；北墙借用长城墙体，呈弧状向外凸出。关内平整。（图一六三〇）

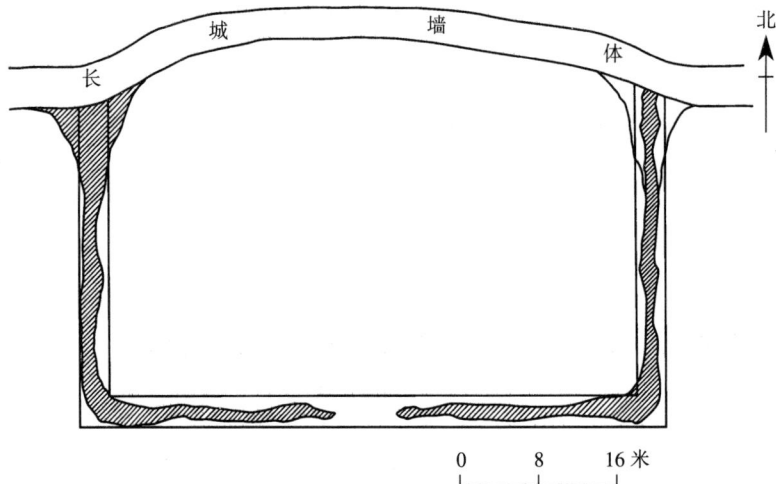

图一六三〇　五台村 1 号关平面图

该关位于甘沟村长城墙体南侧，东距甘沟村马面 0.309 千米，南侧有一条乡村土路，北距公路（靖边～龙洲）0.12 千米。南 0.13 千米为五台村，有居民 762 人，全部是汉族。

（四）五台村 2 号关（610824353101170004）

该关位于镇靖乡五台村三台洼（组）东 0.32 千米的黄土沙化地带。附近无沟壑，河流为芦河，自西南向东北流，为雨水补给型河流。高程 1522.9 米。

关整体保存差。关墙大部坍塌，有多处较大豁口，仅存部分墙体，西墙无存，南墙有豁口。关内平整，长满杂草、柳树等，有一块耕地，开垦耕地对关墙进行了铲削。

关依五台村长城 1 段墙体南侧而建。坐北朝南。关平面呈不规则矩形，东西 53、南北 28 米，周长 162 米，面积 1484 平方米。关墙建在夯土基座上，夯筑而成，夯土以黄土为主，包含有碎石，夯层厚 0.06～0.12 米，夯土质地细密，夯窝直径 0.06、中心间距 0.15～0.27 米；墙体底宽 2、顶宽 0.5～1、内高 0.5～1.5、外高 1～2 米。关墙整体保存较差，北墙借用长城墙体，呈弧状向外凸出。（图一六三一）

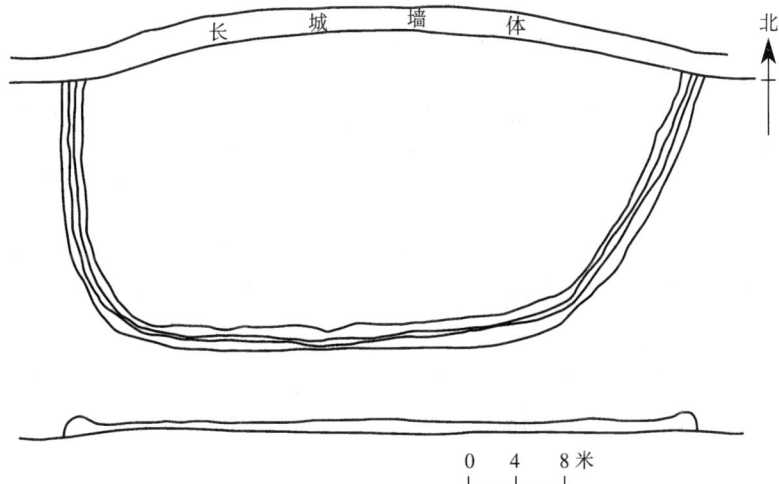

图一六三一　五台村 2 号关平、立面图

关内保存有少量残砖、瓦片，砖宽 19.5、厚 6.5 厘米，瓦片厚 1.6 厘米。

该关东距五台村 1 号关 1.233 千米，北距公路（靖边～龙洲）0.06 千米，南侧有乡村土路。

（五）五台村 3 号关（610824353101170005）

该关位于镇靖乡五台村北 0.12 千米的黄土沙化地带。地势较平坦，西 0.012 千米处为小沟。附近无沟壑，河流为芦河，自西南向东北流，为雨水补给型河流。高程 1517.4 米。

关整体保存差。关内平整，生长有杂草、柳树等。关墙坍塌严重，仅存部分，有多处较大豁口。

关依五台村长城 3 段墙体南侧而建，坐北朝南。关平面略呈近半圆形，东西 40、南北 35 米，周长 150 米，面积 1400 平方米。关墙建在夯土基座上，夯筑而成，夯土以黄土为主，包含有碎石块，夯层厚 0.07～0.14 米，夯土质地细密，夯窝直径 0.06、中心间距 0.15～0.27 米；墙体底宽 1.5、顶宽 0.3～0.8、内高 0.7～1、外高 1～1.6 米。关内平整，保存有少量残砖、瓦片，砖宽 19.5、厚 6.5 厘米，瓦片厚 1.6 厘米。（图一六三二）

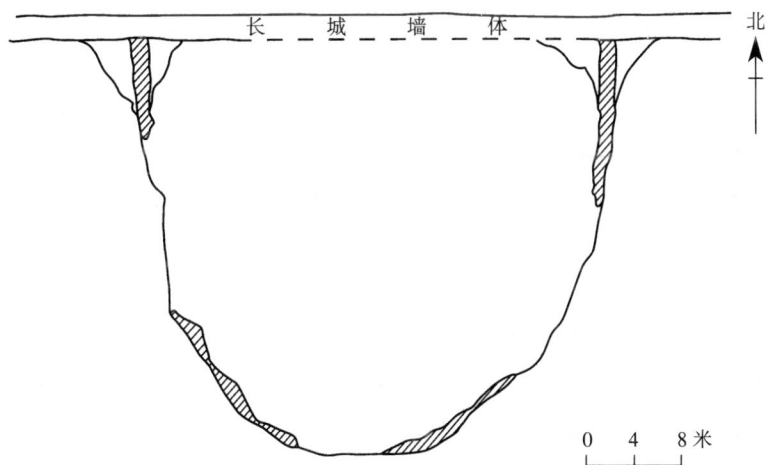

图一六三二　五台村 3 号关平面图

该关东距五台村 2 号敌台 0.422 千米，北距公路（靖边～龙洲）0.08 千米，西侧有 307 国道。

（六）五台村 4 号关（610824353101170006）

该关位于镇靖乡五台村东 0.04 千米的黄土沟壑地带。附近土壤沙化严重。高程 1507 米。

关整体保存较差。关内平整，生长有杂草、柳树等。关墙坍塌严重，有多处较大豁口，仅存东南、西南部分墙体。

关依五台村长城 5 段墙体南侧而建，坐北朝南。关平面呈矩形，东西 60、南北 30 米，周长 180 米，面积 1800 平方米。关墙建在夯土基座上，夯筑而成，夯土以黄土为主，包含有碎石块，夯层厚 0.07～0.14 米，夯土质地细密，夯窝直径 0.06、中心间距 0.15～0.27 米；墙体底宽 2、顶宽 1、内高 0.5～1、外高 1.5 米。北墙借用长城墙体，中部有一个宽 22 米的豁口，中部外侧紧靠五台村 2 号马面。关内平整。（图一六三三）

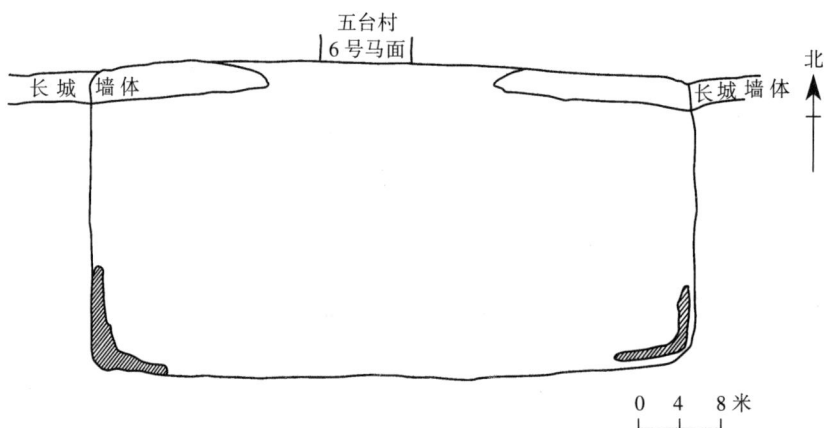

图一六三三　五台村 4 号关平面图

该关北邻五台村 6 号马面，与其相对。东侧有 307 国道，北侧有靖（边县）龙（洲乡）公路。

（七）五台村 5 号关（610824353101170007）

该关位于镇靖乡五台村西侧 0.59 千米的山地沟壑区。南、西侧为山坡，坡度较缓，东南 0.5 千米处为云盘山，之间沟壑较多。附近河流为芦河，自西南向东北流，为雨水补给型河流。

关整体保存较差。关内平整，种植有果树，生长有杂草、柳树等。关墙体坍塌严重，仅存东南、西南部分墙体，有宽 2 米的乡村土路穿过。高程 1502.7 米。

关坐北朝南，平面呈矩形，东西 32、南北 20 米，周长 104 米，面积 640 平方米。关墙建在夯土基座上，夯筑而成，夯土以黄土为主，包含有碎石块，夯层厚 0.07～0.15 米，夯土质地细密，夯窝直径 0.065、中心间距 0.18～0.27 米；墙体底宽 1.5、顶宽 0.3～0.5、内高 1.5、外高 4 米。东、北墙借用长城墙体；西、南墙基本坍塌，有多处豁口。（图一六三四）

该关位于伙场㧟村长城 1 段墙体拐角处，西北角外侧有五台村 8 号马面，北邻杨桥畔 4 号马面，与其相连，东距杨桥畔 5 号马面 0.6 千米，南侧有乡村土路。

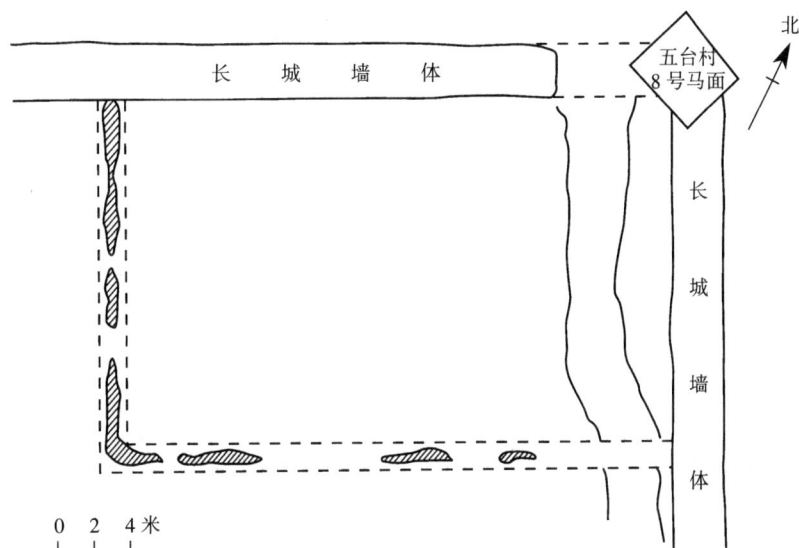

图一六三四　五台村 5 号关平面图

（八）伙场峁村关（610824353101170008）

该关位于镇靖乡伙场峁村西 0.25 千米的平坦山顶上。地处山地沟壑区，东侧为沟壑，沟壑较深较陡峭，南距油房峁 0.3 千米，北距王家梁 0.4 千米，之间为沟壑区。附近有土桥水库，水资源较丰富。高程 1458.4 米。

关整体保存较差。关内平整，生长有杂草、柳树等。关墙坍塌严重，有多处豁口；北墙外侧有伙场峁村 1 号马面，墙体消失；东、西墙仅存 15、高 1 米，有宽 2 米的乡村土路穿过。关内和关墙上生长有沙漠、旱地植物，根系深扎入墙体中，导致墙体产生数厘米到十几厘米的裂缝。部分墙体有人为铲削和攀爬踩踏痕迹。

关依伙场峁村长城 1 段墙体南侧而建，坐北朝南。关平面呈矩形，东西 31、南北 22 米，周长 106 米，面积 682 平方米。关有夯土基座，基座高 1~5 米，南邻沟畔，依山为险。关墙用黄土夯筑而成，夯土包含有碎石块，夯层厚 0.06~0.14 米，质地细密，夯窝直径 0.065、中心间距 0.18~0.24 米。关墙仅存一部分，主要为南墙，内高 0.5、外高 1 米；东、西墙仅存 15、高 1 米。关内发现有残砖、板瓦、瓷片、陶片等。（图一六三五）

该关东距五台村 8 号马面 0.72 千米。关附近有乡村土路，东 0.26 千米处为伙场峁村，该村有居民 1240 人，全部是汉族。

（九）古城则村关（610824353101170009）

该关位于镇靖乡古城则村西北 0.42 千米的芦东渠沟壑东岸山顶上。地势平坦，附近为沟壑地带，沟壑坡度较缓，西侧为耕地，土质较疏松。高程 1452.2 米。

关整体保存较差。关内有大片耕地。关墙坍塌严重，西墙消失，保存东、南、北墙。东墙有豁口，宽 3 米（可能为门洞）；南墙有豁口，宽 4 米。关墙由于受风雨侵蚀和人为破坏坍塌剥落严重，部分墙体呈驼峰状。墙体上生长有沙漠、旱地植物，根系深扎入墙体中，导致墙体产生数厘米到十几厘米的

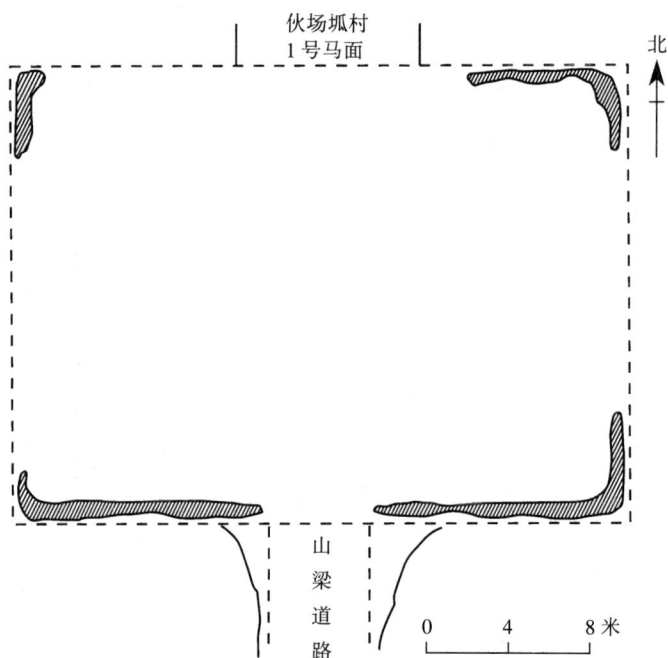

图一六三五　伙场圪村关平面图

裂缝。部分墙体有人为铲削和攀爬踩踏痕迹。

关西邻沟畔，依山为险，坐北朝南。关平面呈矩形，周长 630 米，面积 18000 平方米。关建在夯土基座上。关墙夯筑而成，夯土以黄土为主，包含有碎石块，夯层厚 0.09 ~ 0.16 米，夯土质地细密，夯窝直径 0.06、中心间距 0.16 ~ 0.24 米。关墙保存总计长 380 米，墙体底宽 4 ~ 8、顶宽 1 ~ 3.5、内高 1 ~ 7、外高 2.5 ~ 9 米。东墙保存较好，长 180 米，南墙长 200 米，西墙消失。关内部平整为耕地，发现有残砖、瓷片、陶片，砖宽 19.5、厚 6.5 厘米，瓦片厚 1.6 厘米，陶片厚 0.3 厘米。

该关位于芦东村 ~ 韩家伙场消失段长城东侧，东北距古城则村烽火台 0.131 千米。东 0.42 千米处为古城则村，该村有居民 40 人，全部是汉族。

（一〇）西湾村关（610824353101170010）

该关位于中山涧乡西湾村南 1.1 千米。西侧为深沟，干燥无水源；南、北侧为缓坡，栽种有杏树，土壤为黄沙土，土质较疏松。地处山地沟壑区，沟壑坡度陡峭。高程 1612.6 米。

关整体保存较差。关内平整，种植有杏树、山桃村。关墙大部分消失，西墙紧贴沟壑已不存。关坐北朝南，平面呈矩形，东西 28、南北 18 米，周长 92 米，面积 504 平方米。关墙夯筑而成，夯层厚 0.1 ~ 0.13 米，夯土质地细密，夯窝直径 0.06、中心间距 0.16 ~ 0.24 米。墙体底宽 2、顶宽 0.3 ~ 2.2、内高 2.5、外高 3.6 米，大部分墙体坍塌，北墙借用长城墙体，南墙保存 12 米，东墙保存 18 米，西墙紧贴沟壑已不存。关内发现砖、瓷片、陶片，残砖宽 19.5、厚 8 厘米，绳纹瓦片厚 2 厘米，陶片厚 0.3 厘米。（图一六三六）

该关北侧为西湾村 4 号马面，与马面相对，依长城墙体南北两侧。西湾村有居民约 40 户，人口约 190 人。附近无河流，有西湾村通往乡镇的柏油路，有多条乡村土路。

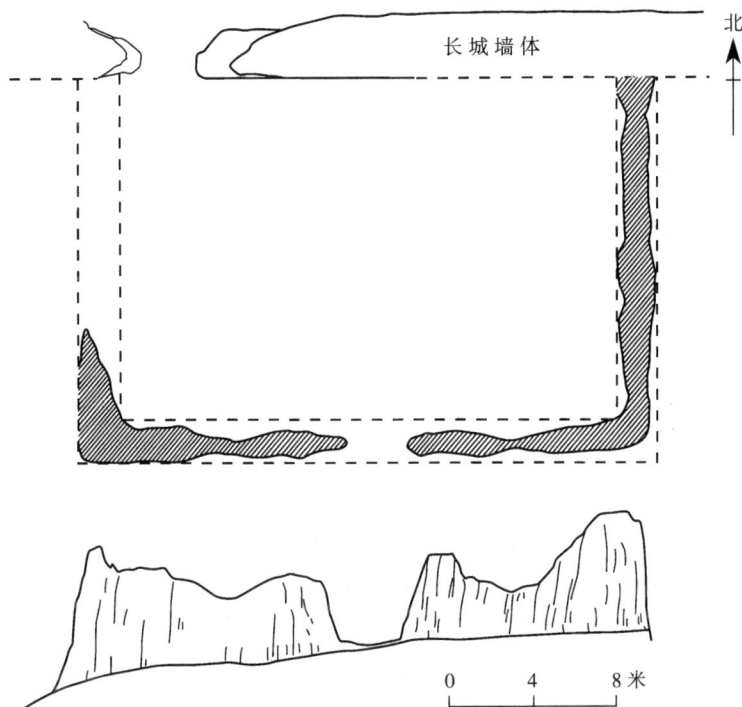

图一六三六　西湾村关平、立面图

（一一）水路畔村关（610824353101170011）

该关位于中山涧乡水路畔村东 1.3 千米的较平坦山顶上。附近为山地沟壑区，坡度较为陡峭。高程 1672.90 米。

关整体保存较差，废弃无人居住。关内长满杂草，栽植有杏树。关墙因风雨侵蚀及人为破坏有 2 处缺口，墙体顶部呈刃形，坍塌剥落，部分墙体外侧长有山杏树。关北侧敌台包砖、石被人为拆除，损毁较严重。

关坐北朝南，平面呈矩形，东西 33、南北 21 米，周长 108 米，面积 693 平方米。关墙用黄土夯筑而成，夯层厚 0.07 ~ 0.19 米。东墙保存较好，与长城墙体连接处有宽 1.8 米的豁口，同为 2 米高，底宽 3、顶宽 0.4、高 2.5 米；南墙底宽 3、顶宽 1、高 3.2 米，正中有一个豁口，为关门，门宽 3、高 3.2 米，门与敌台对应；西墙坍塌严重，底宽 1.8、顶宽 0.3、高 2 米，外侧紧贴长城墙体处消失 4 米；北墙借用长城墙体。关内发现有残砖、瓷片、陶片，砖宽 19.5、厚 6.5 厘米，瓦片厚 1.6 厘米，陶片厚 0.3 厘米。（图一六三七；彩图三〇五）

该关依山势而建，南依水路畔村长城 2 段墙体，与北侧水路畔村 2 号敌台相对。水路畔村有居民约 36 户，人口约 180 人。附近无河流，有水路畔村通往乡镇的柏油路，有多条乡村土路。

（一二）王甘沟村寨城山堡（610824353102170012）

该堡位于海则滩乡王甘沟村东寨城山（山名）的山峁顶部。高程 1415.5 米。

堡整体保存一般。堡门包砖被拆除，堡内建筑已毁，夯土墙体长期受风雨侵蚀及人为破坏表面斑驳、凹凸不平，有几处缺口，部分墙体顶部呈刃形。南门塌陷仅存高 1、宽 1.6 米的土洞，北门已毁。

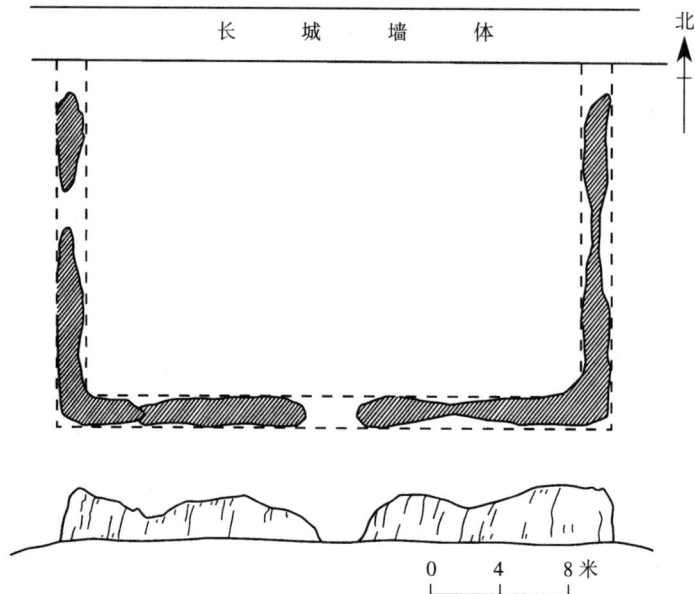

图一六三七　水路畔村关平、立面图

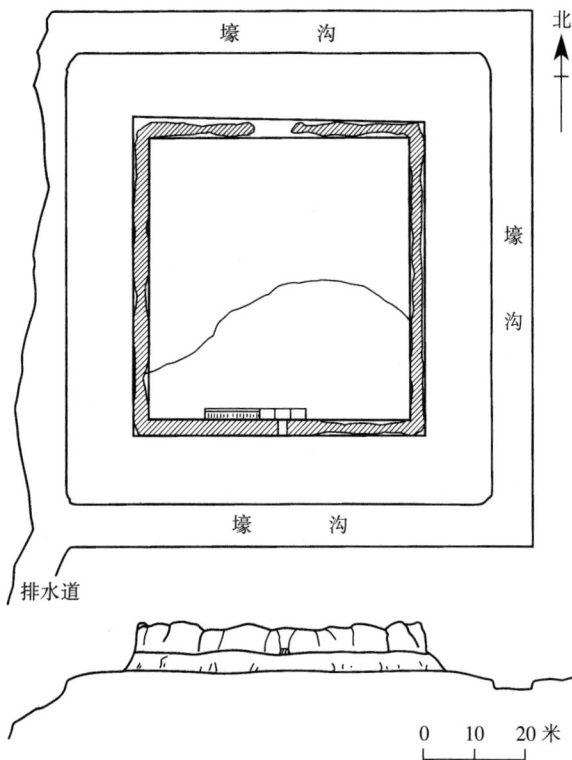

图一六三八　王甘沟村寨城山堡平、立面图

堡位于长城墙体东南侧，坐北朝南。堡平面呈矩形，边长 58 米，周长 232 米，面积 3363 平方米。堡内无建筑，仅剩四周堡墙，东、南、北墙外有壕沟。壕沟距堡墙 13 米，壕沟总长 290 米，东侧壕沟长 101 米，南北两侧壕沟长 94.5 米，形状为倒梯形，顶宽 8、底宽 7、深 1.4 米；西南角有排水道，宽 5.5 米。堡墙夯筑而成，夯土以黄土为主，包含有砂砾，夯层厚 0.12～0.14 米，夯土质地细密，夯窝直径 0.06、中心间距 0.13 米。墙体底宽 3、顶宽 0.4～2、高 6 米。堡南、北墙中部各有一门，北墙门洞宽 7.5、高 4 米，四周散落有大量残砖，当为堡门；南墙门洞宽 1.6、高 1 米，门内两侧有凸出墙体的夯土台，与墙体等高，凸出于墙体 2 米；南门西侧有踏步马道可登台顶，宽 1.5米，呈斜坡状。堡内北高南低，落差 1.5 米。堡内发现有残砖、瓷片等，砖长 37、宽 20、厚 6 厘米。（图一六三八；彩图三〇六、三〇七）

该堡依地势而建，堡内地势较高，西侧为悬崖，西北距五甘沟村长城 1 段 0.412 千米、距王甘沟村 2 号烽火台 0.376 千米。堡附近有黑河则，自南向北流，为雨水补给型河流。东 2 千米处的羊圈渠村有居民 200 多人，以汉族为主。该地无公路，以乡村土路为主。

（一三）黄草坬村草沙地堡（610824353102170013）

该堡位于龙洲乡黄草坬村东侧的红炎沙。地处平缓地带，东侧为砂砾地，西、北侧为平沙地，较平坦。高程1415.5米。

堡整体保存较差。堡内建筑已毁，堡墙因长期受风雨侵蚀及人为破坏表面剥落严重、凹凸不平，有多处缺口，顶部呈锯齿状。南、东墙各有一个豁口，东墙豁口宽10、南墙豁口宽3米，墙体底宽0.3~0.5米。堡四周散落有少量残砖，堡内地势平坦。部分堡墙上生长有沙漠、旱地植物，根系深扎入墙体中，导致墙体产生数厘米到十几厘米的裂缝。部分墙体有人为铲削和攀爬踩踏痕迹。护城河（壕）长396米。

堡建在夯土基座上，坐东朝西。堡平面呈矩形，边长42米，周长168米，面积1764平方米。堡内无建筑，仅剩四周堡墙，堡墙外侧有壕沟。壕沟距堡墙14米，口宽13、底宽11、深2.2米，长396米，呈倒梯形，西北角有排水道，排水道宽5.5米。堡墙夯筑而成，夯土以黄土为主，包含有碎石块，夯层厚0.04~0.12米，夯土质地细密，夯窝直径0.06米。墙体底宽3、顶宽0.3~1、内高0.5~5、外高0.5~5.5米。堡四周散落有少量残砖，砖长37、宽19、厚7厘米，堡内地势平坦。（图一六三九）

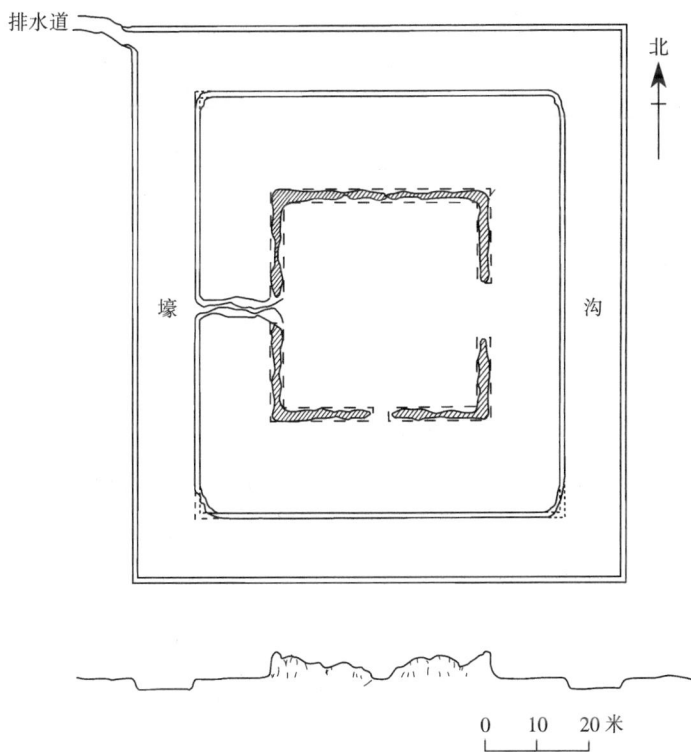

图一六三九　黄草坬村草沙地堡平、立面图

该堡位于杨二村长城4段墙体东侧0.15千米，西距黄草坬村1号马面0.155千米，距乡村公路较近。附近的河流为芦河，自西南向东北流，为雨水补给型河流。黄草坬村有居民847人，以汉族为主。

四　相关遗存

靖边县与明长城大边相关遗存有1处，即杨桥畔村宥洲城遗址。

杨桥畔村宥州城遗址（610824354199130001）

该遗址位于杨桥畔镇杨桥畔村。地处荒沙地，地势较平坦。附近有较低的山梁，遗址内为龙眼水库。高程 1276.1 米。

遗址整体保存较差，仅见遗址北侧部分城墙。东、南墙大部分被龙眼水库淹没，东墙仅存少部分墙基，南墙仅保留一小部分，基本延龙眼水库南岸分布，西墙全部消失。

遗址东西 1400、南北 500 米，面积 70 万平方米。城墙夯筑而成，夯土以黄土为主，夯土呈灰黄色，含有大量白灰块和其他杂质，夯层厚 0.08 ~ 0.17 米，夯土质地疏松。墙体总计长 1050 米，底宽 3 ~ 6、顶宽 2 ~ 4、内高 3 ~ 9、外高 3.5 ~ 10 米。遗址内发现有较多的砖瓦、陶片、瓷片等，年代以宋代为主。（图一六四〇）

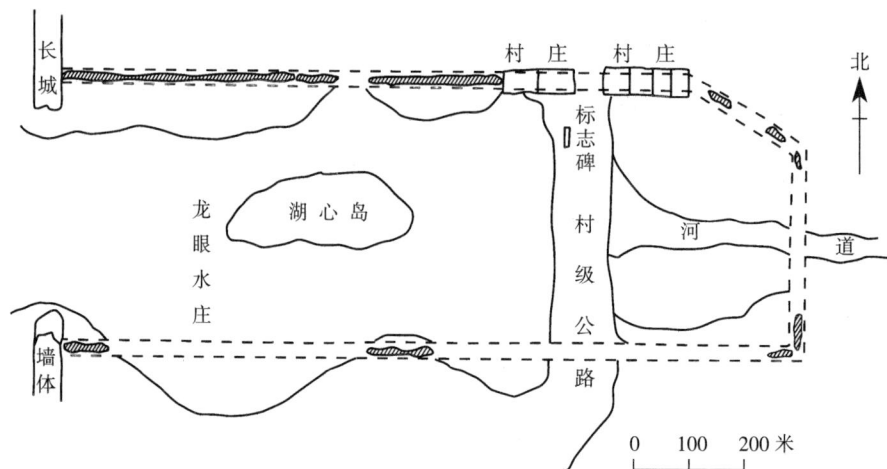

图一六四〇　杨桥畔村宥州城遗址平面图

结合文献记载，根据遗址的位置及遗物判断为宋代宥州城遗址。宥州城始建于唐代，延续至宋代。

该遗址西墙大致与杨桥畔村长城 3 段墙体重合，北墙西与杨桥畔村长城 3 段墙体相接，南侧有一条乡村土路穿过长城墙体，南距龙眼水库 0.038 千米。附近的河流为芦河，自西南向东北流，为雨水补给型河流。杨桥畔村有居民 2100 人，以汉族为主。

第三节　靖边县明长城二边

靖边县明长城二边东北接横山县明长城二边，沿芦河及其支流分布，延伸至白于山北麓，顺山梁北侧向西延伸，西南接吴起县明长城二边，全长 111071 米，包括墙体 111071 米、单体建筑 43 座。

一　墙体

靖边县二边明长城分为土墙和山险两种类型，共 5 段计 111071 米，占陕西省明长城二边总长的 19.30%，保存 109657 米、消失 14 米、保存状况不明 1400 米，整体呈东北—西南走向。

土墙 2541 米,其中,保存差 1127 米、消失 14 米、保存状况不明 1400 米。墙体为自然基础上夯筑而成,夯土主要为黄土,夯层厚 0.05~0.13 米。

山险 108530 米,占该县明长城总长的 97.8%,占全部河险长度的 18.3%。各段墙体分述如下。

(一) 草沟门村~李家梁村山险 (610824382106170047)

该段山险位于白于山北麓山前滩地边缘上。主要沿芦河东岸分布。起点位于杨桥畔乡草沟门村东北 2.2 千米,高程 1187.01 米;止点位于乔沟湾乡李家梁村西南 0.5 千米,高程 1662.59 米。整体呈东北—西南走向,长 33400 米。

山险部分段处在较平整的平缓地带,部分段处在山谷,坡度较缓。所经属山地沟壑区,沟壑较多。(图一六四一)

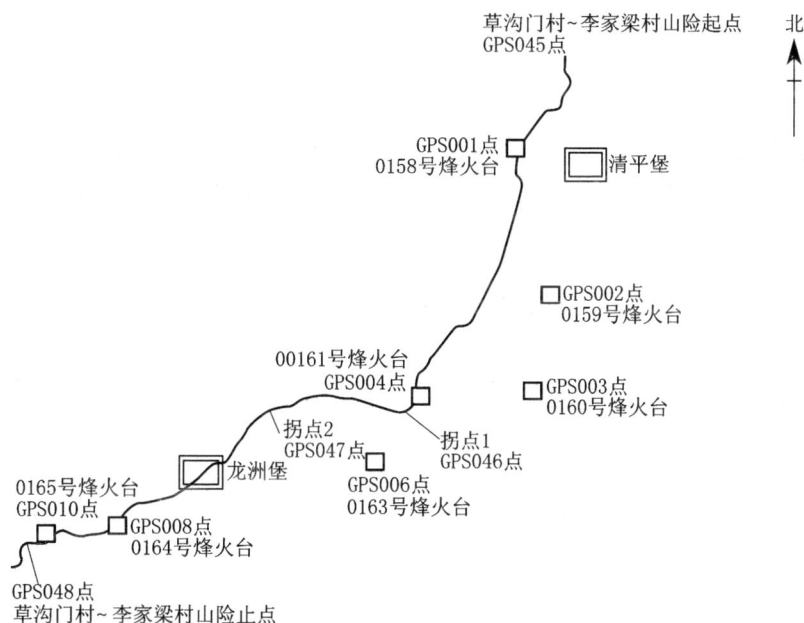

图一六四一　草沟门村~李家梁村山险位置示意图

山险整体保存一般。起点至拐点 1 呈东北—西南走向,长 14000 米,位于芦河及其支流东岸悬崖上,在拐点 1 处拐向西;拐点 1 至拐点 2 呈东—西走向,长 6000 米,在拐点 1 处跨过芦河支流向西,沿芦河一条次级支流北岸向西到拐点 2,在拐点 2 处拐向西南;拐点 2 至止点呈东北—西南走向,长 13400 米。

该段山险起点东北连横山县二边山险,止点西南接李家梁村长城墙体。附近主要有芦河及其上游各条支流,有包 (头) 茂 (名) 高速公路和青 (岛) 银 (川) 高速公路通过。当地居民以汉族为主,有部分回民。

(二) 李家梁村长城 (610824382301170048)

该段墙体位于李家梁村西南的山梁上。起点位于乔沟湾乡李家梁村西南 0.5 千米,高程 1662.59 米;止点位于乔沟湾乡李家梁村西 1.7 千米,高程 1660.18 米。推断墙体呈东南—西北走向,长 1400

米，保存状况不明。

墙体顺山势而建，部分段处在较平整的平缓地带，附近为耕地，部分段地处山谷，坡度较缓。地处山地沟壑区，沟壑较多。（图一六四二）

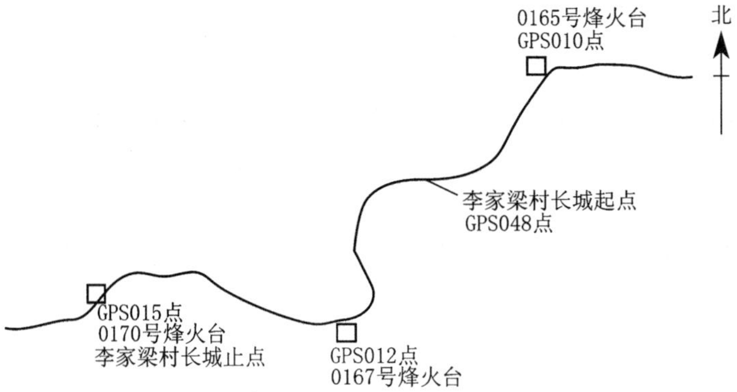

图一六四二　李家梁村长城位置示意图

该段墙体起点东北接明草沟～李家梁村山险，西北连万圈堂村山险。确定该段长城主要依据测绘部门提供的1996～1997年航摄立体影像、1993年航摄、1995年调绘的1∶10000地形图确定。附近无河流，有一条乡间小路。

（三）万圈堂村山险（610824382106170049）

该段山险主要位于芦河东岸的白于山北麓山前滩地边缘。起点位于乔沟湾乡万圈堂村南0.2千米，高程1660.18米；止点位于乔沟湾乡万圈堂村西南1.56千米，高程1618.5米。整体呈东南—西北走向，长1360米。

山险顺部分段处在较平整的平缓地带，部分段处在山谷，坡度较缓。地处山地沟壑区，沟壑较多。（图一六四三）

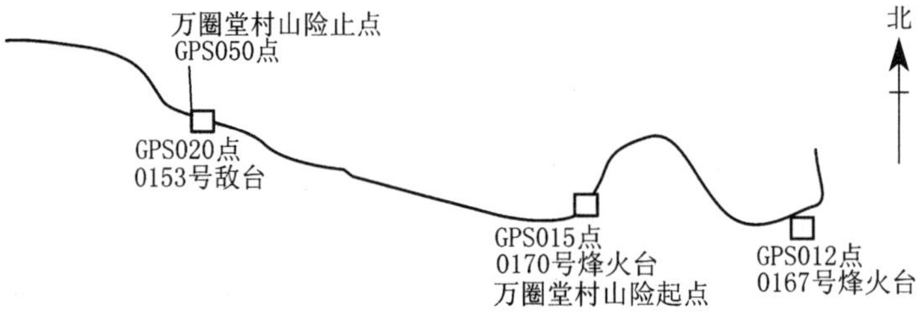

图一六四三　万圈堂村山险位置示意图

该段山险由沟壑山地组成，整体保存一般。起点东连李家梁村长城，止点接银湾村长城墙体，附近道路以山间小路为主。

（四）银湾村长城（610824382101170050）

该段长城起点位于乔沟湾乡银湾村南0.56千米山梁上，高程1618.5米；止点位于乔沟湾乡银湾村西南0.728千米，高程1615.9米。整体呈东南—西北走向，长1141米，其中，保存差1127米、消失14米。

墙体顺山势而建，部分段处在较平整的平缓地带，附近为耕地；部分段处在山谷，坡度较缓。地处山地沟壑区，沟壑较多。（图一六四四）

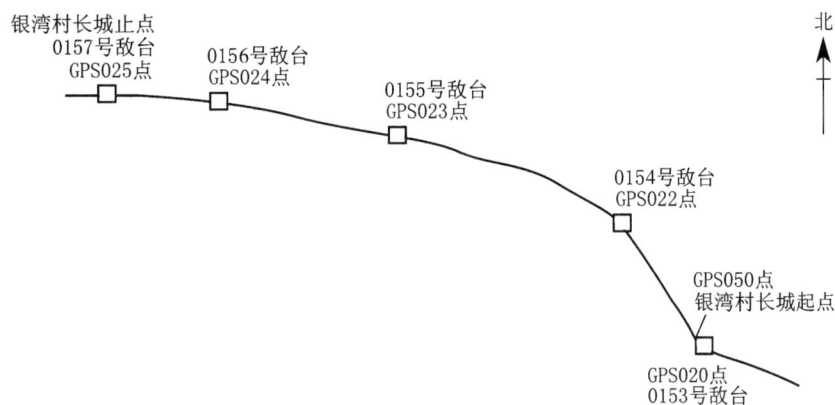

图一六四四　银湾村长城位置示意图

墙体整体保存差。起点至0.607千米因道路消失14米，路中有乔～榆输油管道界桩，为断点；至1.137千米处为止点。墙体由于雨水冲刷侵蚀剥落严重，部分呈驼峰状。雨水冲刷侵蚀和土壤沙化为破坏墙体的主要威胁。

墙体为自然基础上夯筑而成，夯土为黄土，夯层厚0.05～0.13米。墙体底宽4、顶宽1.6米，内高1.2、外高2.8米。（图一六四五）

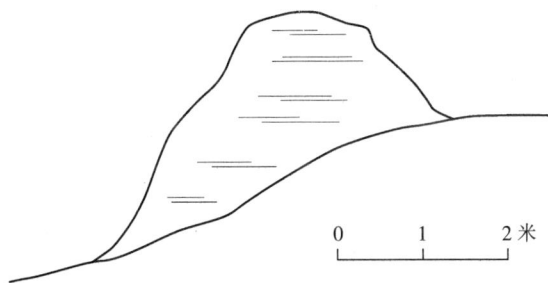

图一六四五　银湾村长城墙体剖面图

墙体起点至0.02千米处有银湾村1号（0153号）敌台，南0.09千米处有银湾村8号（0176号）烽火台；0.219千米处有银湾村2号（0154号）敌台，至0.419千米处有银弯村3号（0155号）敌台，至0.757千米处有银湾村4号（0156号）敌台，至1.057千米处有银湾村5号（0157号）敌台。附近无河流，仅有一条乡村公路和包（头）茂（名）高速公路。

（五）银湾村～柳树湾村山险（610824382106170051）

该段山险起点位于乔沟湾乡银湾村西南0.728千米芦东河沿岸的白于山北麓山前滩地边缘，高程1615.9米；止点位于中山涧镇柳树湾村西南1千米，高程1656.49米。整体呈东北—西南走向，长73770米。

山险部分段处在较平整的平缓地带，部分段处在山谷，坡度较缓。地处山地沟壑区，沟壑较多。（图一六四六）

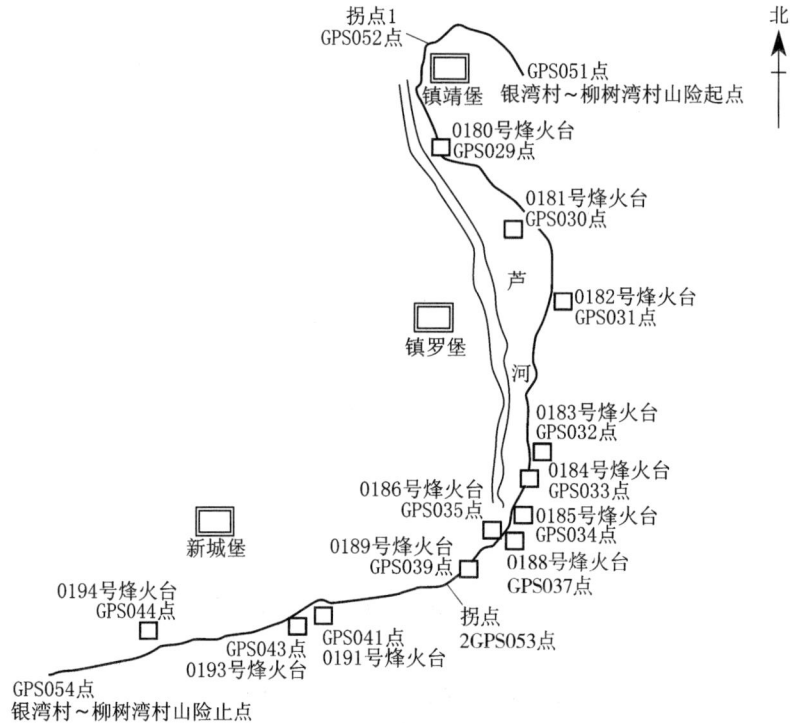

图一六四六　银湾村～柳树湾村山险位置示意图

　　山险整体保存一般。起点至拐点1呈东南—西北走向，长8000米，位于白于山北麓支脉大、小墩梁东北侧边缘，至拐点2处过芦东河西岸到达镇靖堡西北，拐向南；拐点1至拐点2呈北—南走向，长35000米，沿芦东河西岸山梁西侧向东南前行7.7千米过芦东河，沿芦东河东侧支流东岸东南前行6千米到河南岸，西南沿白于山北麓支脉西侧前行至拐点2，为边墙壕村，拐点2西北2.1千米处有城墙梁村，是大理河与芦河的分水岭，拐点2东2千米处是狼山主峰，在拐点处顺山势拐向西；拐点2沿白于山北麓向西至止点，长30770米，拐点2西4.5千米处有界干梁村。

　　该段山险起点连银湾村长城墙体，止点接吴起县二边山险。附近主要是芦河及其上游各支流，道路以山间小路为主。

二　单体建筑

　　靖边县明长城二边单体建筑主要为敌台和烽火台两大类。此次共调查单体建筑43座，其中有5座敌台、38座烽火台。

　　敌台有5座。台体皆系黄土（部分敌台夯土中夹杂有和料礓石、黑垆土等）夯筑而成，夯层厚0.045～0.13米，以0.06～0.13米为主，皆有基座。台体平面呈圆形的有2座，约占敌台总数的40%；矩形者有3座，占敌台总数的60%。底部边长7.4～12米，顶部均呈不规则状，高1～4.6米。

　　烽火台有38座。台体皆用黄土（部分烽火台夯土中夹杂有和料礓石、红土和黑垆土等）夯筑而成，夯层厚0.04～0.2米，以0.05～0.17米为主。有基座者15座，占烽火台总数的39.47%；带围墙的一座；1座有包砖；1座有券洞。台体平面呈矩形者有23座，占烽火台总数的60.53%；呈圆形的有11座，占烽火台总数的28.95%；其他形状的有4座。现存烽火台尺寸各不相同，底部边长2.2～32

米，以 6~16 米为主（有 7 座 20 米以上）；顶部边长 2.4~16 米，以 2~10 米为主（有 4 座超过 10 米）；高 3.2~13 米。

靖边县明长城二边单体建筑均有不同程度的损毁，单体建筑分述如下。

（一）银湾村 1 号敌台（610824352101170153）

该敌台位于乔沟湾乡银湾村西南 0.84 千米的山峁上。东侧为山沟，沟底有包（头）茂（名）高速公路；南侧为山坡，坡度较平缓；西侧为较平坦的山梁。高程 1625.9 米。

敌台整体保存差。台体西壁高 3 米处有人为挖掘宽 1.3、高 1.2、进深 1 米的洞，底部有大量的坍塌土，呈斜坡状。台基南侧有水冲沟，直接对台体造成威胁。

台体用黄土夹杂料礓石夯筑而成，夯层厚 0.06~0.13 米。台体平面呈近圆形，剖面呈梯形，底部直径 10、高 8.2 米。夯土基座平面呈矩形，东西 20、南北 17、南侧高 3.4 米，东、西、北侧无存；南侧靠东豁口宽 3.2、高 2.6、进深 1.8 米，靠西豁口宽 3、高 2.6、进深 3.4 米。（图一六四七；彩图三〇八）

该敌台西距银湾村长城墙体 0.02 千米，东距银湾村 7 号烽火台 0.335 千米，南距包（头）茂（名）高速公路 0.137 千米，附近无河流。

（二）银湾村 2 号敌台（610824352101170154）

该敌台位于乔沟湾乡银湾村西 0.704 千米的山峁上。四周为山坡，坡度较平缓，北侧为耕地。地处山地沟壑区，沟壑纵横，坡度较缓。高程 1623.5 米。

敌台整体保存差。台体由于雨水冲刷侵蚀、动物洞穴破坏和植物根系的破坏，顶部东南角坍塌，宽 2.8、高 3、进深 2 米。

图一六四七　银湾村 1 号敌台平、立面图　　　　图一六四八　银湾村 2 号敌台平、立面图

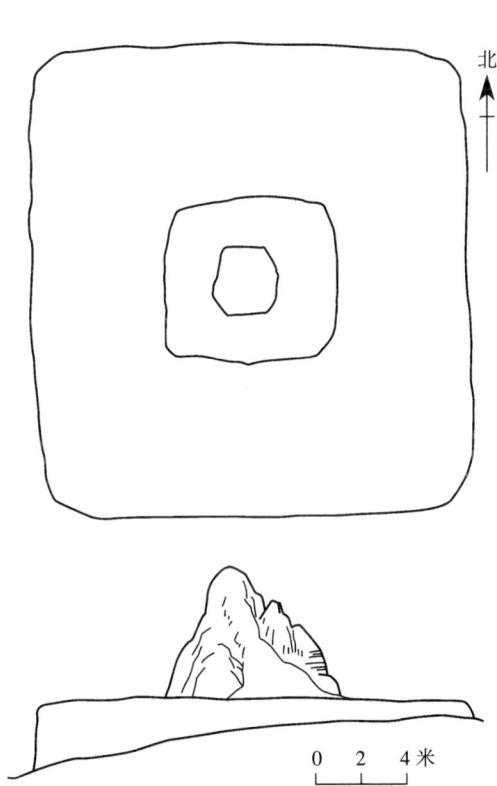

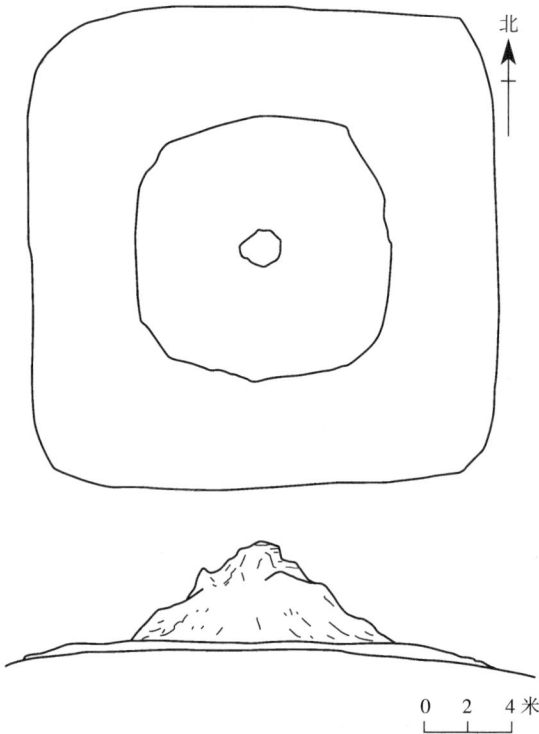

图一六四九　银湾村3号敌台平、立面图

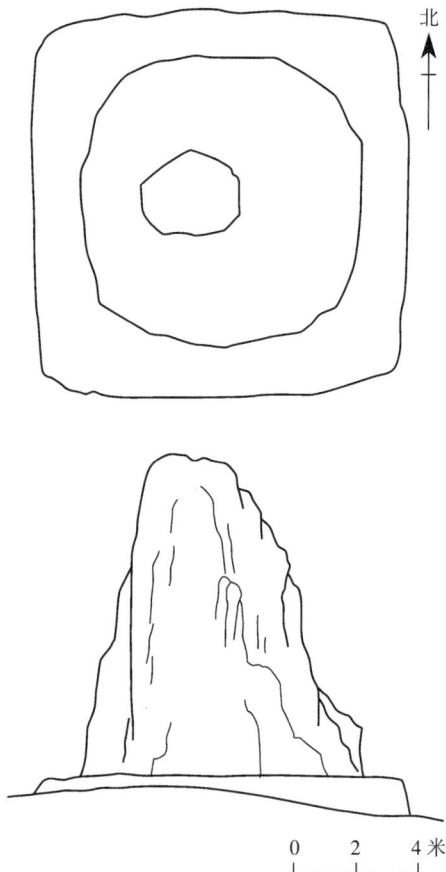

图一六五〇　银湾村4号敌台平、立面图

台体用黄土、黑垆土夹杂料礓石夯筑而成，夯层厚0.045～0.1米。台体平、剖面呈不规则形，底部东西8、南北7.4米，高5.8米。夯土基座平面呈矩形，东西20、南北21、高3米，西、北侧坍塌呈斜坡状。台体周围发现有瓦片、瓷片等，瓦片厚1.2厘米，瓷片厚0.4厘米。（图一六四八；彩图三〇九）

该敌台南距银湾村1号敌台0.205千米，附近无河流，有一条乡村公路和包（头）茂（名）高速路。

（三）银湾村3号敌台（610824352101170155）

该敌台位于乔沟湾乡银湾村南0.758千米的山梁上。东、西、北侧为耕地；南侧为山坡，坡度较缓。地处山地沟壑区，沟壑纵横交错，土质为黄沙土。高程1623.1米。

敌台整体保存差。台体由于长期雨水冲刷侵蚀坍塌严重，呈坟丘状。

台体用黄土、黑垆土夹杂料礓石夯筑而成，夯层厚0.05～0.1米。台体平、剖面呈近矩形，底部边长12、高4.6米。夯土基座平面呈矩形，边长22、东侧高1.4、南侧高0.5米，西、北侧坍塌呈斜坡状。台体周围发现有瓦片、瓷片等，瓦片厚1.2厘米，瓷片厚0.4厘米。（图一六四九）

该敌台西距银湾村3号烽火台0.2千米，附近无河流，有一条乡村公路和包（头）茂（名）高速路。

（四）银湾村4号敌台（610824352101170156）

该敌台位于乔沟湾乡银湾村西南0.672千米的山峁上。附近地势较平整，有耕地；南侧有长城墙体，顺山势起伏，坡度较缓。地处山地沟壑区，沟壑坡度较缓，土质为黄沙土。高程1624.9米。

敌台整体保存差。台体东壁有豁口，宽3、高6、进深1.3米；西壁坍塌呈斜坡状，底部有大量坍塌土，有多处裂缝。

台体用黄土、黑垆土夹杂料礓石夯筑而成，夯层厚0.06～0.13米。台体平、剖面呈不规则形，底部最长9、高10米。台体建在矩形夯土基座上，基座边长12米，东侧高1.2米，南、西侧坍塌呈斜坡状，北侧高1.5米。（图一六五〇；彩图三一〇）

该敌台南距明长城二边墙体0.025千米，东南距银湾村 3 号敌台 0.33 千米，附近无河流，有一条乡村公路和包（头）茂（名）高速路。

（五）银湾村 5 号敌台（610824352101170157）

该敌台位于乔沟湾乡银湾村南 0.682 千米的山峁上。南侧地势较平坦，东、西、北侧较低，为缓坡。地处山地沟壑区，沟壑坡度较缓，土质为黄沙土。高程 1621.9 米。

敌台整体保存差。台体坍塌严重，底部有大量坍塌土，坍塌处呈斜坡状。

台体用黄土、黑垆土夹杂料礓石夯筑而成，夯层厚 0.06～0.13 米。台体平面呈矩形，剖面呈不规则形，底部边长 10、高 6 米。夯土基座平面呈矩形，边长 21、东侧高 2 米，南侧无存，北、西侧坍塌呈斜坡状。（图一六五一）

该敌台东距银湾村 4 号敌台 0.3 千米，附近无河流，有一条乡村公路和包（头）茂（名）高速路。

（六）草沟门村烽火台（610824353201170158）

该烽火台位于杨桥畔镇草沟门村东南 0.85 千米的山峁上。东、北侧山坡较陡峭，山底有公路通行，有河口庙水库，西、南侧山坡上有水冲深沟。地处山地沟壑区，沟壑较多。高程 1243.6 米。

烽火台整体保存较差。台体受风雨侵蚀四壁剥落，有两处豁口，西北壁豁口宽 3.2、高 7、进深 0.8 米，东壁坍塌宽 5.8、高 4.5、进深 4 米，南壁水冲沟口宽 1.2、底宽 0.3、深 3.4 米。台体上生长有旱地植被，根系深入夯土中对台体造成一定破坏。台体四周尤其是下部有较多大小不等的动物洞穴。

台体用红胶土夹杂砂砾、小石块夯筑而成，夯层厚 0.05～0.14 米，夯土质地细密。台体上没发现包砖。台体平面呈圆形，剖面呈梯形，底部直径 11 米，顶部坍塌严重，直径 9 米，高 7.1 米。基座平面呈圆形，直径 22、高 1.8 米。台体周围发现有少量瓷片，瓷片厚 0.25 厘米。（图一六五二）

图一六五一　银湾村 5 号敌台平、立面图

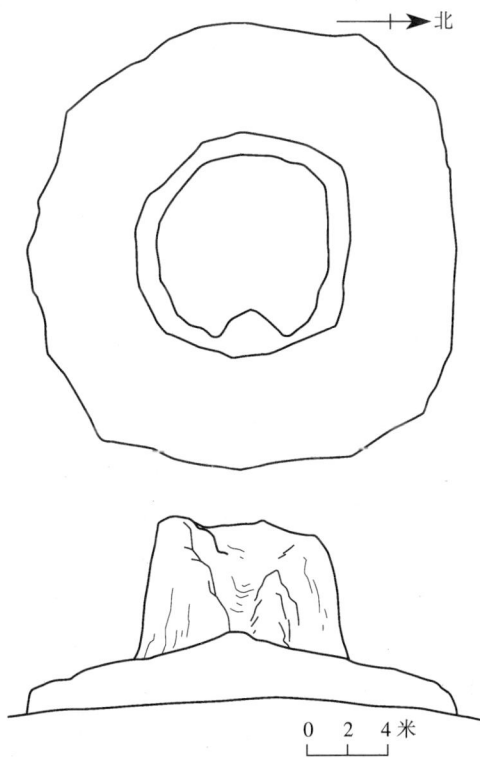

图一六五二　草沟门村烽火台平、立面图

该烽火台东北距横山县和靖边县的交界处（为靖边县二边起点）2.13千米，西0.06千米处有通往横山的公路，有河口庙水库，水资源丰富。

（七）墩山村烽火台（610824353201170159）

该烽火台位于高家沟乡赵庄村墩山村西0.28千米的山峁上。周围较平坦，为耕地，东侧为山坡，坡度陡峭，底部较平坦，为墩山村；北侧有乡村土路通行；西、南侧为山坡，坡度较缓。地处山地沟壑区，沟壑纵横。高程1350.4米。

烽火台整体保存较差。台体受风雨侵蚀四壁剥落，东南壁豁口宽2.6、高2.2、进深1.8米；东北壁豁口宽1.4、高2.4、进深2米，西北壁豁口宽3、高2.2、进深2米，顶部由于坍塌中部高、四周底。台体上生长有旱地植被，根系深入夯土中对台体造成一定破坏。台体四周尤其是下部有较多大小不等的动物洞穴。

台体用黄土夹杂小石块夯筑而成，夯层厚0.04～0.09米，夯土质地细密。台体上没发现包砖。台体平面呈矩形，剖面呈梯形，底部东西6、南北8米，顶部东西4.4、南北3.3米，高3.4米。夯土基座平面呈矩形，东西20、南北27、高2.4米。台体周围发现有少量陶片、瓷片，陶片厚0.65厘米，瓷片厚0.25厘米。（图一六五三）

该烽火台东距青坪堡1.2千米，附近无河流，有乡镇柏油路，有多条乡村土路。赵庄村有100余户居民，600余人。

（八）蒿桥梁村烽火台（610824353201170160）

该烽火台位于高家沟乡赵庄村蒿桥梁（山名）北0.55千米的山峁上。东、北侧为山坡，坡度较平缓；西侧0.072千米处为深沟，较陡峭。地处山地沟壑区，沟壑纵横。高程1466米。

烽火台整体保存较差。台体受风雨侵蚀四壁剥落，南壁有宽2.6、高1.5、进深1.3米的豁口，西壁底部有人为挖掘的宽1.7、高2、进深2.6米的洞。台体上生长有旱地植被，根系深入夯土中对台体造成一定破坏。台体四周尤其是下部有较多大小不等的动物洞穴。

台体用黄土、红胶土夹杂小石块夯筑而成，夯层厚0.06～0.12米。台体上没发现包砖。台体平面呈矩形，剖面呈梯形，底部东西12、南北16米，顶部东西5、南北7米，高4.2米。夯土基座平面呈矩形，边长18、高1.4米。（图一六五四）

该烽火台附近无河流，西0.44千米处有柏油路，有多条乡村土路。

（九）大路沟烽火台（610824353201170161）

该烽火台位于高家沟乡常塔村蒲草湾南1.3千米。四周较平坦，西侧有深沟，沟底有水，水土流失严重对台体造成威胁。高程1236.2米。

烽火台整体保存较差。台体东壁有一个圆形豁口，直径1.5、高2.6米；南壁有坍塌，宽2.6、高4.2、进深1.4米；由于坍塌西壁呈斜坡状。

台体用黄沙土夹杂料礓石夯筑而成，夯层厚0.09～0.17米，夯土质地细密。台体上没发现包砖。台体平面呈圆形，剖面呈梯形，底部直径为11、顶部直径7、高8.2米。台体周围发现有瓷片，瓷片厚0.3厘米。（图一六五五；彩图三一一）

该烽火台南距沙咀哨烽火台0.87千米，西距惠桥水库0.15千米，水资源丰富，附近有一条乡村柏油路和多条土路。常塔村有208户居民，1013人。

（一〇）沙咀哨烽火台（610824353201170162）

该烽火台位于龙洲乡黄大梁村（沙咀哨）东1.3千米的平坦地带。北侧0.098千米处有水冲深沟；

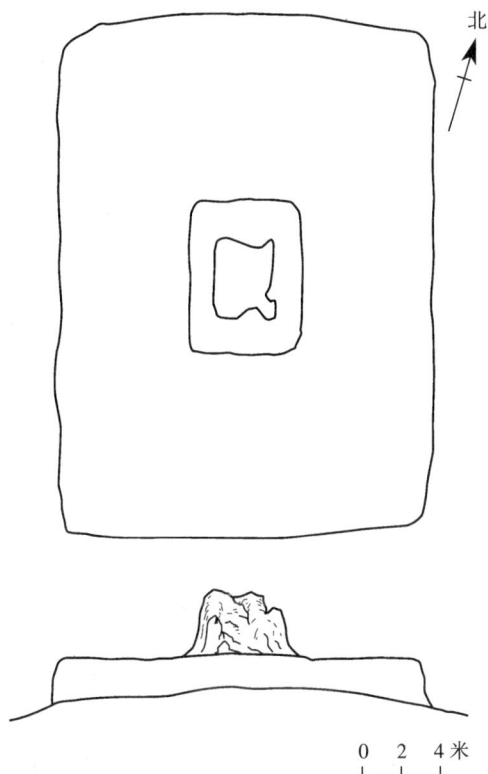

图一六五三　墩山村烽火台平、立面图

图一六五四　蒿桥梁村烽火台平、立面图

南侧为耕地，种植有荞麦，围绕台体有乡村土路通行。高程 1259.2 米。

烽火台整体保存较差。台体四壁有不同程度的坍塌，南壁坍塌严重，宽 3.1、高 1.7、进深 1.4 米；坍塌部分呈斜坡状。植物根系对台体产生破坏，东、南壁动物洞穴较多。

台体用黄沙土夯筑而成，夯层厚 0.09～0.12 米，夯土质地细密。台体上没发现包砖。台体平面呈圆形，剖面呈梯形，底部直径 20、顶部直径 4.3、高 12 米。台体周围发现有瓷片、陶片，瓷片厚 0.2 厘米，陶片厚 0.4 厘米。（图一六五六）

该烽火台北距大路沟烽火台 0.87 千米，东距惠桥水库 0.1 千米。水资源丰富，附近有一条乡村柏油路和多条土路。

（一）墩梁烽火台（610824353201170163）

该烽火台位于龙洲乡龙二村东 1.3 千米的墩梁（山名）上。北侧 0.028 千米处有深沟，西侧 4 米处有一条沟，四周较平坦，为耕地。附近为山地沟壑区，沟壑纵横，沟壑底部较平坦，有耕地。高程 1354.7 米。

烽火台整体保存较差。台体上有多处豁口，为攀爬台体或为人挖掘所致。台体东壁靠南豁口顶宽 3、底宽 0.8、进深 1.5 米，由底部直达顶部；南壁豁口宽 2、高 2、进深 1.2 米；西壁高 3 米处有水冲裂缝，宽 1.6、高 5 米；北壁靠东豁口顶宽 3.2、底宽 1.5、进深 1.2～2 米，由底部直达顶；北壁靠西豁口顶宽 2.2、底宽 1、进深 1 米，由底部直达顶部；西壁有登台券洞，被淤泥掩埋，仅剩宽 1、高 0.3、进深 1.2 米。

台体用黄沙土夯筑而成，夯层厚 0.05～0.13 米，夯土质地细密。台体上没发现包砖。台体平面呈

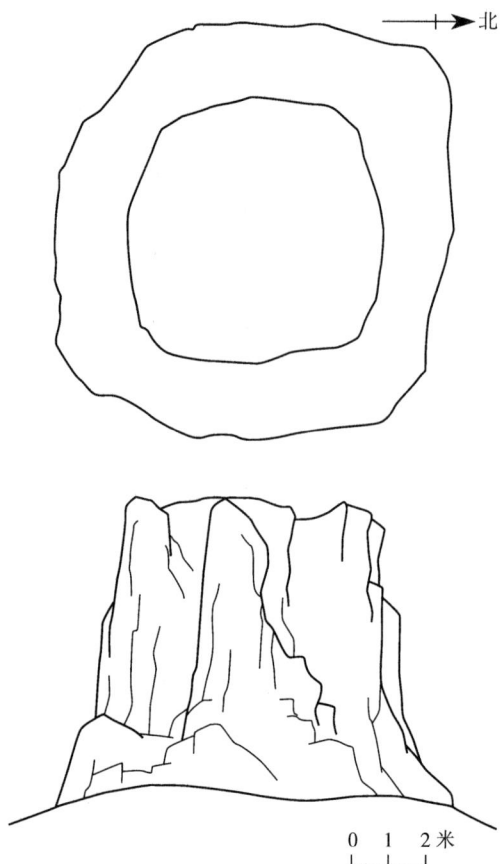

图一六五五　大路沟烽火台平、立面图

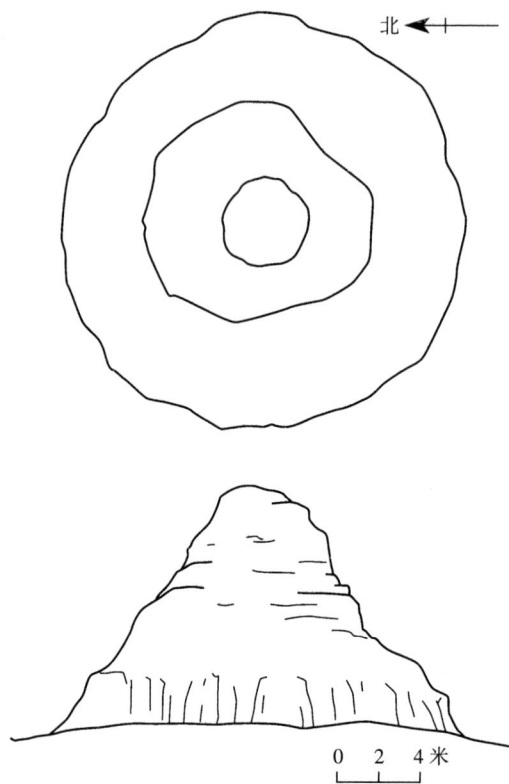

图一六五六　沙咀哨烽火台平、立面图

矩形，剖面呈梯形，底部东西10、南北13米，顶部较平坦，东西6.4、南北8米，高10米。台体周围发现有陶片、瓷片，陶片厚0.7厘米，瓷片厚0.3厘米。（图一六五七）

该烽火台附近无河流，东侧0.063千米处有天然气管道通过，有一条土路。

（一二）黄路墩烽火台（610824353201170164）

该烽火台位于乔沟湾乡徐台村马窑湾村（组）的黄路墩（山名）上。四周为山坡，坡度较陡峭，南、北侧各有一条乡村土路通过。地处山地沟壑区，沟壑纵横。高程1663.7米。

烽火台整体保存较差。台体上有多处豁口，东壁豁口宽2.4、高2.2、进深2米，南壁豁口宽2.6、高2.8、进深1.6米，北壁豁口宽2.8、高1.4、进深1.6米。台体顶部有人为挖掘的矩形坑，坑长2.2、宽1.8、高0.3米；南壁有动物洞穴，洞宽0.7、高0.8、进深0.5米。风雨侵蚀、植物根系破坏、动物洞穴破坏是台体损毁的主要原因。

台体用黄沙土夯筑而成，夯层厚0.07~0.14米，夯土质地细密。台体上没发现包砖。台体平面呈矩形，剖面呈梯形，底部东西7、南北8米，顶部东西5、南北5.4米，高4.5米。（图一六五八）

该烽火台西距马项口则村烽火台1.45千米，东北0.7千米处有一条水渠，水资源较丰富，西0.24千米处有一条柏油路，南、北侧各有一条土路。

（一三）马项口则村1号烽火台（610824353201170165）

该烽火台位于乔沟湾乡徐台村马项口则村西0.134千米坡度较陡峭的山峁上。东、南侧山坡底部

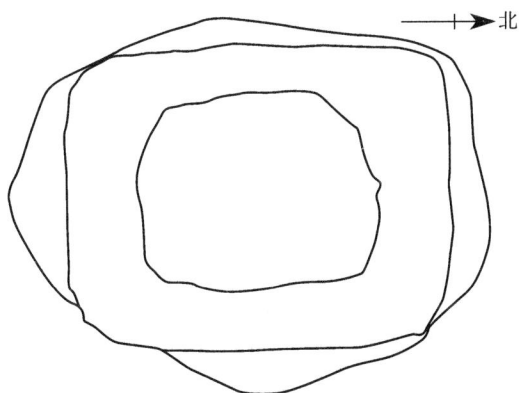

图一六五七　墩梁烽火台平、立面图

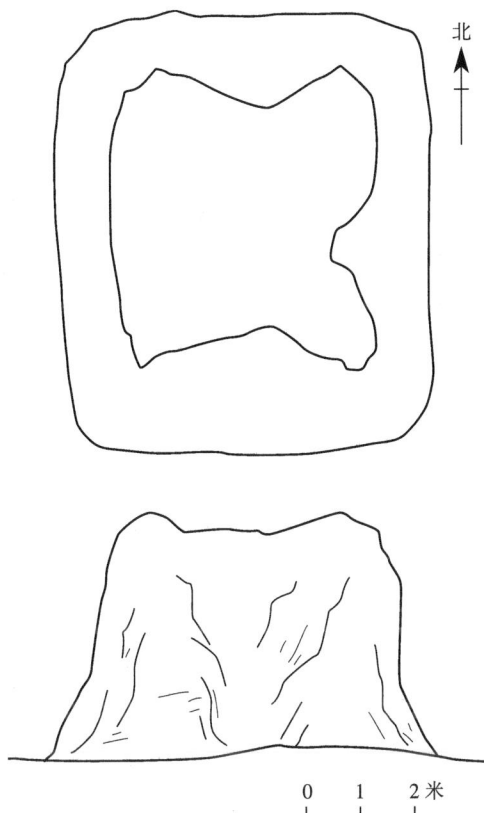

图一六五八　黄路墩烽火台平、立面图

有几户居民，有乡村土路通行。地处山地沟壑地带，坡度陡峭。高程 1683.3 米。

烽火台整体保存差。台体由于雨水冲刷侵蚀剥落严重顶部呈坟丘状，四壁坍塌呈斜坡状，南壁豁口宽 5、高 1.4、进深 2 米。

台体用黄土夹杂料礓石夯筑而成，夯层厚 0.07 ~ 0.13 米。台体外层有包砖。台体底部东西 12、南北 14 米，顶部东西 3.4、南北 6 米，高 7 ~ 13 米。台体周围散落有瓦片、瓷片，瓦片厚 1 厘米，瓷片厚 0.2 厘米。（图一六五九）

该烽火台东距黄路墩烽火台 1.45 千米，附近无河流。

（一四）马项口则村 2 号烽火台（610824353201170166）

该烽火台位于乔沟湾乡徐台村马项口则村西 0.8 千米的山峁上。周围地势高低起伏，附近有多处小水冲沟，土壤沙化严重，有小沙丘。地处山地沟壑地带，附近无人居住。高程 1682.4 米。

烽火台整体保存差。台体由于雨水冲刷侵蚀剥落严重，顶部呈不规则形，四壁坍塌呈斜坡状。台体南、西壁有 3 处较大的动物洞穴，呈圆形，直径分别为 0.2、0.3、0.35 米，进深无法测量；西壁有豁口，宽 1.6、高 2、进深 1.4 米。

台体用黄土、黑垆土夹杂料礓石夯筑而成，夯层厚 0.06 ~ 0.13 米。台体底部边长 8 米，高 5.1 米。台体建在矩形夯土基座上，基座由于雨水冲刷侵蚀坍塌严重，边长 27、高 1 米。（图一六六〇）

该烽火台东距马项口则村 1 号烽火台 0.95 千米，附近无河流。

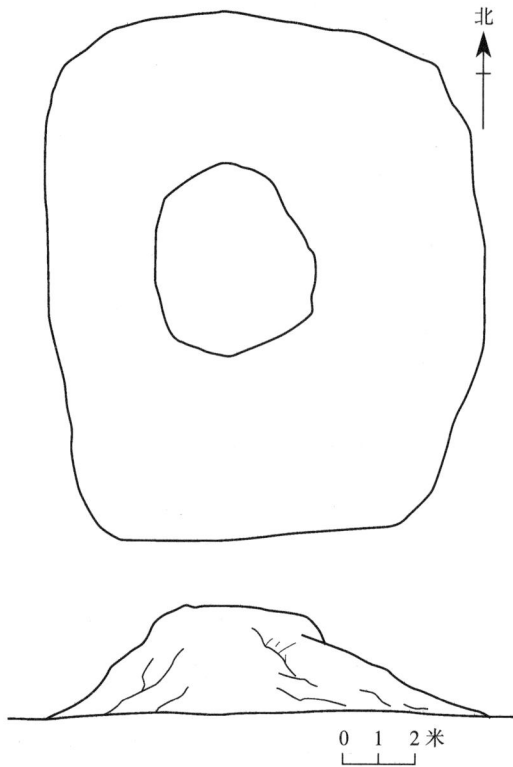

图一六五九　马项口则村 1 号烽火台平、立面图

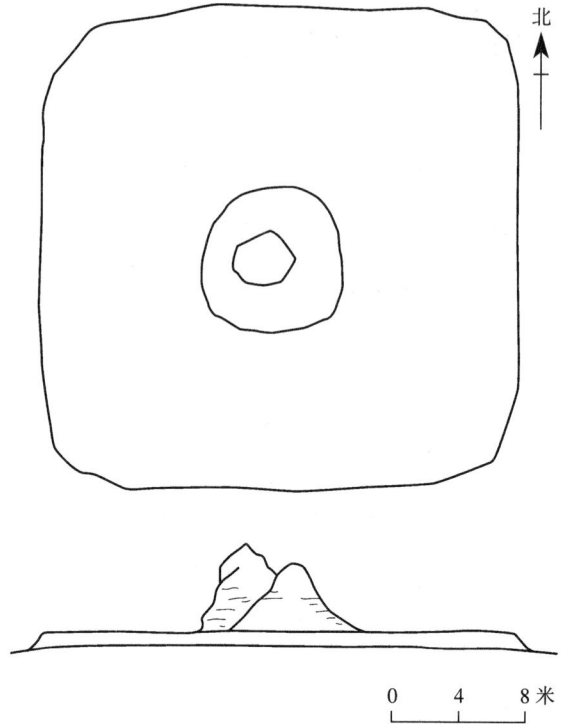

图一六六○　马项口则村 2 号烽火台平、立面图

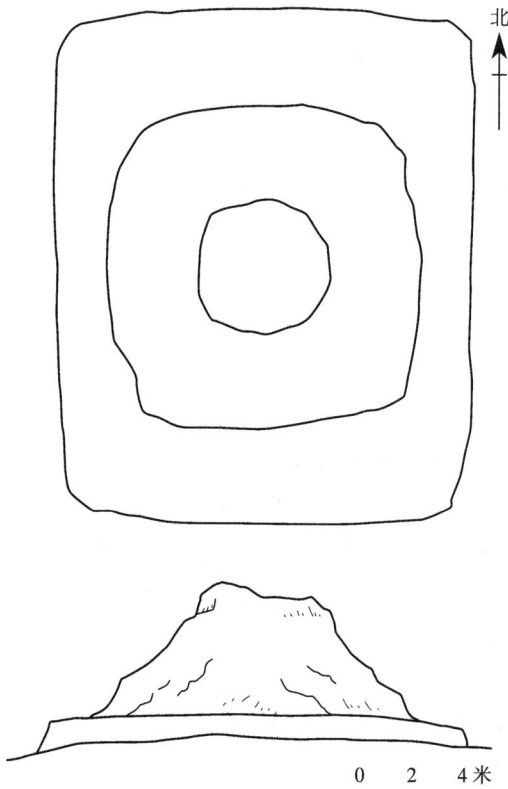

图一六六一　李家梁村 1 号烽火台平、立面图

（一五）李家梁村 1 号烽火台
（610824353201170167）

该烽火台位于乔沟湾乡银湾村李家梁村（组）南 0.265 千米的山峁上。所处山峁顶部较平缓，坡底较平坦，有耕地，四周山坡上由于雨水冲刷侵蚀而高低起伏。高程 1715.4 米。

烽火台整体保存较差。台体由于雨水冲刷侵蚀剥落严重，顶部呈近圆形，四壁坍塌呈斜坡状。台体东南壁有豁口，宽 1.3、高 1.4、进深 1 米；东壁靠北豁口宽 1.8、高 2、进深 1.2 米。台体上有多处登台小路。

台体用黄土、黑垆土夹杂料礓石夯筑而成，夯层厚 0.06～0.13 米。台体底部直径 12、顶部直径 5、高 5.1 米。夯土基座平面呈矩形，东西 16、南北 19、高 2.2 米，东侧有宽 6、高 1.1、进深 1.8 米的豁口。台体南 0.1 千米处有现代坟墓 2 座。周围发现有瓦片、瓷片，瓦片厚 1 厘米，瓷片厚 0.2 厘米。（图一六六一）

该烽火台北距马项口则村 2 号烽火台 0.8 千米，附近无河流，有一条乡村公路和几条土路。

（一六）李家梁村 2 号烽火台（610824353201170168）

该烽火台位于乔沟湾乡银湾村李家梁村（组）南 0.359 千米的山峁上。东侧有乡村土路穿过，土路附近有水土流失形成的沟壑，南、西、北侧为耕地，北侧山地较平坦，有李家梁村。地处山地沟壑地带，沟壑坡度较陡峭。高程 1734.7 米。

烽火台整体保存较差。台体由于雨水冲刷侵蚀剥落严重，顶部略呈不规则形，四壁底部有塌土。台体东壁中部有豁口，底宽 3、顶宽 5、高 6、进深 7 米；东壁靠北豁口宽 1.8、高 2、进深 1.2 米；西壁豁口宽 2.4、高 2.5、进深 1.3 米。台体顶部有长庆 GPS 坐标石柱，南、西、北壁紧挨耕地处被铲削。

台体用黄土、黑垆土夹杂料礓石夯筑而成，夯层厚 0.05～0.13 米。台体底部边长 12 米，顶部东西 8、南北 10 米，高 7.6 米。（图一六六二）

该烽火台北距李家梁村 1 号烽火台 0.673 千米，西北 0.08 千米处有微波站卫星接收塔，附近无河流，有一条乡村公路和几条土路。

（一七）银湾村 1 号烽火台（610824353201170169）

该烽火台位于乔沟湾乡银湾村马路壕村（组）西 0.15 千米的山坡上。东侧为深沟，对台体直接造成威胁；西侧坡底较平坦，有村庄和耕地，有乡村土路通过；南侧为上坡走势；北侧有沟壑，坡度较缓。高程 1664.3 米。

烽火台整体保存差。台体由于雨水冲刷侵蚀，剥落坍塌严重，四壁有大量坍塌土，呈不规则形。

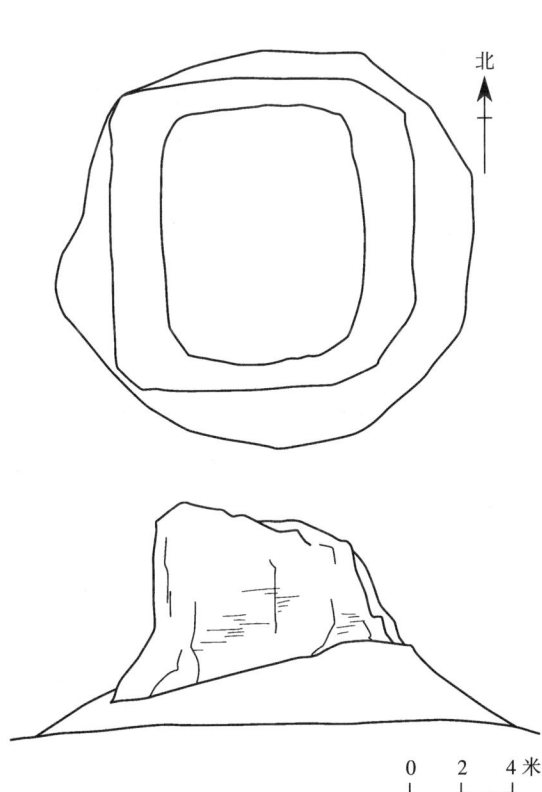

图一六六二　李家梁村 2 号烽火台平、立面图

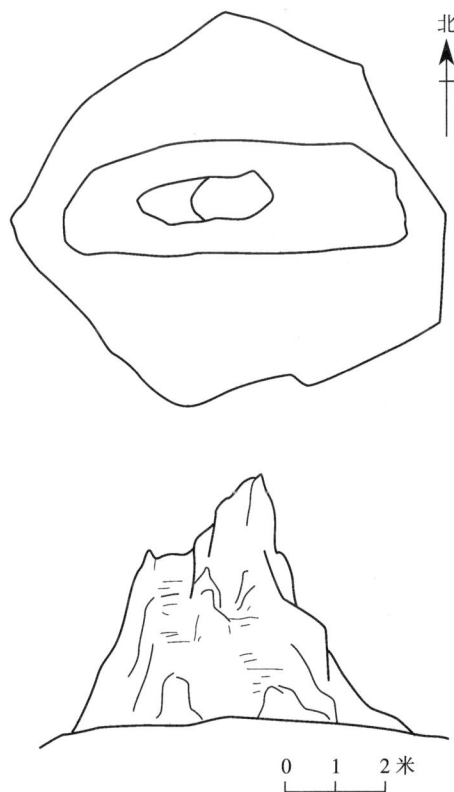

图一六六三　银湾村 1 号烽火台平、立面图

台体用黄土、黑垆土夹杂料礓石夯筑而成，夯层厚0.07~0.15米。台体底部东西7、南北2.2米，顶部坍塌不规则，高5米。台体周围发现有瓦片、瓷片，瓦片厚1厘米，瓷片厚0.2厘米。（图一六六三）

该烽火台西南距银湾村2号烽火台0.356千米，附近无河流，有一条乡村公路和多条乡村土路。

（一八）银湾村2号烽火台（610824353201170170）

该烽火台位于乔沟湾乡银湾村马路壕村（组）西南0.525千米的山峁上。所处山峁顶部较平整，西、北侧为山坡，较陡峭，坡底沟壑纵横。高程1708.1米。

烽火台整体保存差。台体由于雨水冲刷侵蚀剥落严重，顶部略呈不规则形，中间高东西两侧低。台体四壁底部有坍塌土，东壁豁口宽2.2、高6、进深1.2米；南壁豁口宽3米，高达顶部；北壁坍塌呈斜坡状，底部有大量坍塌土。台体上有人为涂画的痕迹。台体南侧4米处有信号发射塔，直接对台基造成破坏。

台体用黄土、黑垆土夹杂料礓石夯筑而成，夯层厚0.05~0.12米。台体底部东西10、南北11米，顶部东西5、南北2.7米，高8米。台体建在矩形夯土基座上，基座边长27米，仅存北侧高1.3米，其余无存。（图一六六四）

烽火台东北距银湾村1号烽火台0.362千米，附近无河流，有一条乡村公路和包（头）茂（名）高速公路。

（一九）银湾村3号烽火台（610824353201170171）

该烽火台位于乔沟湾乡银湾村马路壕村（组）南0.422千米的山峁上。东、南、北侧由于台体坍塌呈斜坡状，地处山地沟壑区，沟壑纵横。高程1678.4米。

烽火台整体保存差。台体南壁有裂缝，宽0.1米，高达顶部，几乎与台体分离，底部有人为挖掘取土的痕迹；北壁坍塌呈斜坡状。

台体用黄土、黑垆土夹杂料礓石夯筑而成，夯层厚0.05~0.12米。台体平面呈圆形，剖面呈梯形，底部直径6、顶部直径2.4、高8.2米。台体建在近圆形夯土基座上，基座直径22、高2.4米，南侧有两个豁口，靠东豁口宽4、高2.1、进深3米，靠西豁口宽4、高2.1、进深1.8米。台体周围发现有陶片、瓷片，陶片厚0.6厘米，瓷片厚0.5厘米。（图一六六五）

该烽火台东南距银湾村2号烽火台0.422千米，附近无河流，附近有一条乡村公路和包（头）茂（名）高速公路。

（二〇）银湾村4号烽火台（610824353201170172）

该烽火台位于乔沟湾乡银湾村马路壕村（组）西南0.537千米的山梁上。附近较平坦，地处山地沟壑区，沟壑纵横交错，沟底有村庄，较平坦。高程1667.4米。

烽火台整体保存较差。台体由于雨水冲刷侵蚀坍塌呈坟丘状。台体上有多处啮齿动物洞穴，植物根系对台体有破坏。

台体用黄土夹杂料礓石夯筑而成，夯层厚0.05~0.1米。台体平面呈圆形，剖面呈梯形，底部直径23、顶部直径6.5、高12米。台体周围发现有瓦片、瓷片，瓦片厚1.2厘米，瓷片厚0.4厘米。（图一六六六）

该烽火台可能为秦代所建，明代沿用，东南距银湾村3号烽火台0.485千米，附近无河流，有一条乡村公路和包（头）茂（名）高速公路。

（二一）银湾村5号烽火台（610824353201170173）

该烽火台位于乔沟湾乡银湾村南0.23千米的山峁上。东、南侧坡度较缓，西、北侧坡度较陡峭，

图一六六四　银湾村2号烽火台平、立面图

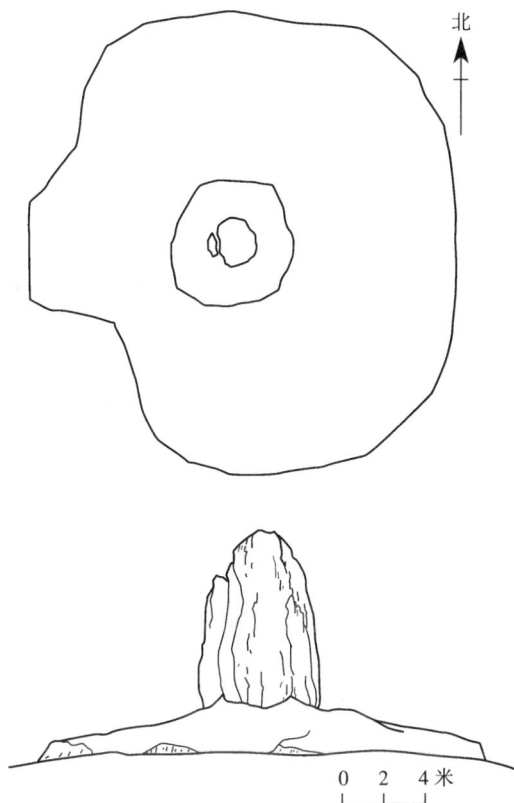

图一六六五　银湾村3号烽火台平、立面图

坡底平坦，有村庄，地处山地沟壑地区。高程1646.5米。

烽火台整体保存较差。台体由于雨水冲刷侵蚀坍塌呈坟丘状。台体上和周围栽有大量柠条、5棵杨树、1棵榆树。

台体用黄土夹杂料礓石夯筑而成，夯层厚0.05~0.1米。台体平面呈圆形，剖面呈梯形，底部直径18、顶部直径4、高7.2米。台体周围发现有瓷片，厚0.7厘米。（图一六六七）

该烽火台可能为秦代所建，明代沿用，东南距银湾村4号烽火台0.5千米，附近无河流，有一条乡村公路和包（头）茂（名）高速公路。

（二二）银湾村6号烽火台（610824353201170174）

该烽火台位于乔沟湾乡银湾村西南0.333千米的山峁上。东、南侧有水冲沟，东侧有村庄，西、北侧坡度较缓，坡底有乡村土路通过。地处山地沟壑区，沟壑纵横。高程1648.2米。

烽火台整体保存较差。台体由于雨水冲刷侵蚀坍塌呈坟丘状，西壁有宽4.2、高3、进深2.8米的豁口。台体上有多处啮齿动物洞穴，植物根系对台体有破坏。

台体用黄土夹杂料礓石夯筑而成，夯层厚0.05~0.1米。台体平面呈不规则形，剖面呈梯形，底部边长8米，高3.4米。台体建在矩形夯土基座上，基座边长20米，南侧高3米，西、北侧无存，东侧坍塌呈斜坡状，南侧底部有宽1.1、高1.1、进深8米的盗洞。（图一六六八）

该烽火台可能为秦代所建，明代沿用，东南距银湾村5号烽火台0.262千米，附近无河流，有一条乡村公路和包（头）茂（名）高速公路。

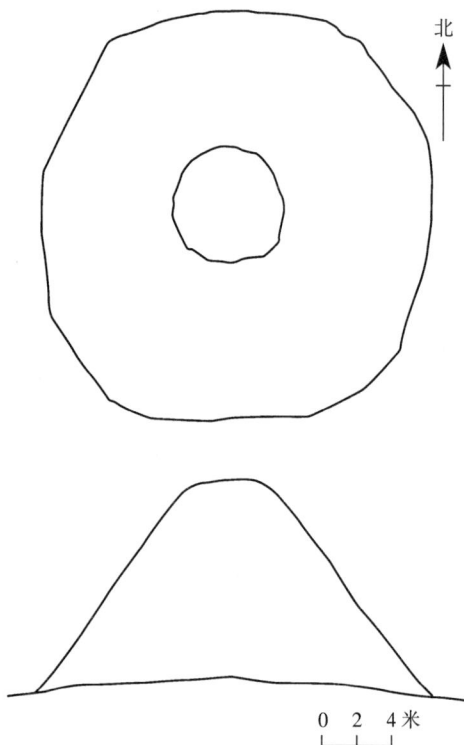

図一六六六　银湾村 4 号烽火台平、立面图

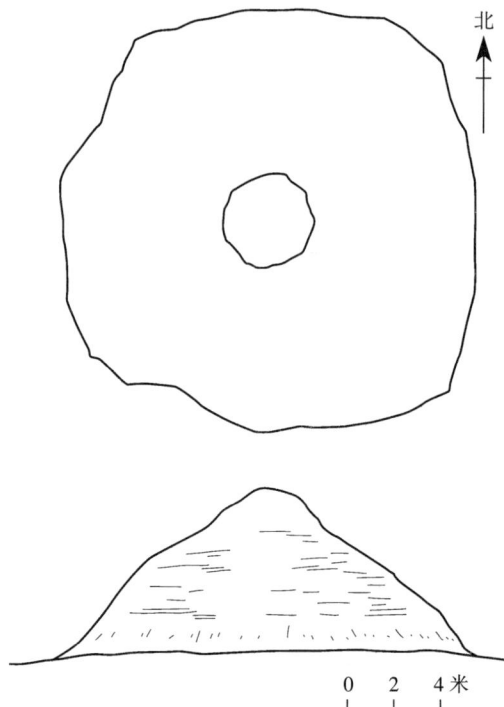

図一六六七　银湾村 5 号烽火台平、立面图

（二三）银湾村 7 号烽火台（610824353201170175）

该烽火台位于乔沟湾乡银湾村西南 0.52 千米的山峁上。东、南侧为水冲深沟，直接对台体造成威胁；南侧沟边有公路；西、北侧山坡较平坦，山底有高速公路通行。高程 1566.3 米。

烽火台整体保存差。台体坍塌严重，西壁底部有现代砖瓦窑遗存，西 0.02 千米处有陕西天然气管道靖西一线。台体上栽种有柠条。

台体用黄土夹杂料礓石夯筑而成，夯层厚 0.05~0.14 米。台体平、剖面呈不规则形，底部东西 8、南侧高 4 米，其余坍塌呈斜坡状。（图一六六九）

该烽火台西距银湾村 1 号敌台 0.42 千米，附近无河流，有一条乡村公路和包（头）茂（名）高速公路。

（二四）银湾村 8 号烽火台（610824353201170176）

该烽火台位于乔沟湾乡银湾村西 0.8 千米的山坡上。东、南侧为山坡，坡度较缓，西侧坡度较陡峭，北侧坡底有耕地，东 0.012 千米处有现代坟墓一座，东北 0.028 千米处有电线杆穿行。高程 1636.1 米。

烽火台整体保存较差。台体西壁顶部有宽 3.2、高 3.3、进深 3 米的豁口，有人为挖掘的宽 1.4、高 1.3、进深 3 米的洞口。人为在台体上挖掘、西 0.025 千米处有中国移动通信发射塔，对基座造成威胁。

台体用黄土、黑垆土夹杂料礓石夯筑而成，夯层厚 0.06~0.13 米。台体平面呈近矩形，剖面呈梯形，底部东西 9、南北 11 米，顶部东西 5、南北 6 米，高 7 米。夯土基座平面呈矩形，边长 36、

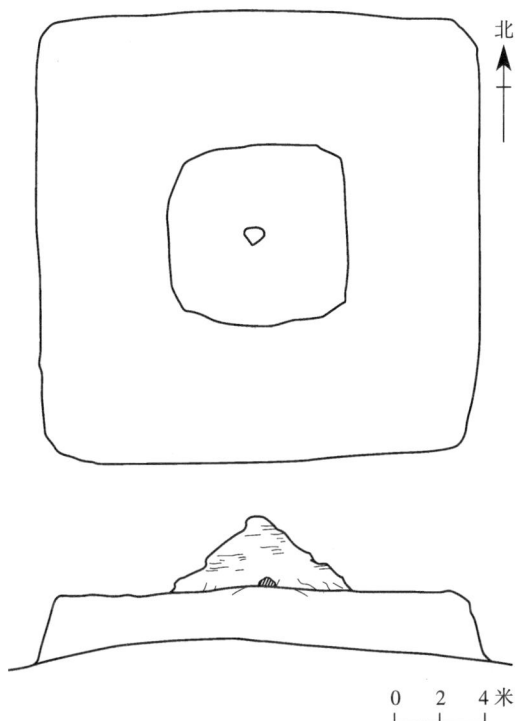

图一六六八　银湾村6号烽火台平、立面图

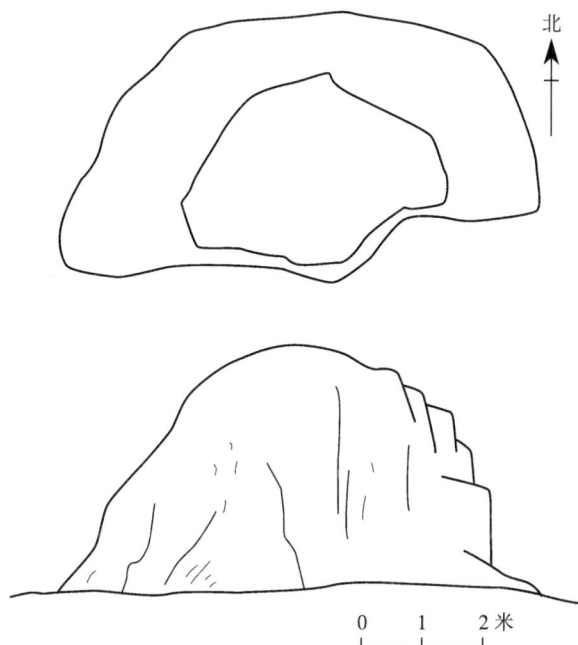

图一六六九　银湾村7号烽火台平、立面图

高1.1米，北侧无存。台体周围发现有瓦片、瓷片，瓦片厚1.2厘米，瓷片厚0.3厘米。（图一六七〇；彩图三一二）

该烽火台附近无河流，有一条乡村公路和包（头）茂（名）高速公路。

（二五）银湾村9号烽火台（610824353201170177）

该烽火台位于乔沟湾乡银湾村西梁村（组）东北0.04千米的山峁上。南、北侧为耕地，较平坦，东、西侧山坡较陡峭，沟底有村庄。高程1622.4米。

烽火台整体保存差。台体由于雨水冲刷侵蚀坍塌呈坟丘状。台体上有动物多处洞穴，植物根系对台体造成破坏，东、北壁被铲削破坏。

台体用黄土夯筑而成，夯层厚0.06～0.13米。台体平面呈圆形，剖面呈梯形，底部直径14、顶部直径4、高5.6米。（图一六七一）

该烽火台东南距银湾村5号敌台0.382千米，附近无河流，有一条乡村公路和包（头）茂（名）高速公路。

（二六）银湾村10号烽火台（610824353201170178）

该烽火台位于乔沟湾乡银湾村西梁村（组）西0.691千米的山峁上。所处山峁坡度较缓，东、南、北侧为坡耕地。地处山地沟壑区，沟壑纵横。高程1614.2米。

烽火台整体保存差。台体西壁有两个豁口，靠南豁口宽3.2米，高达顶部，进深2米，靠北豁口宽1.8、高3、进深1.9米；南壁底部有人为挖掘的小洞，宽1.4、高0.9、进深1米；东壁豁口宽2.8、高3、进深2.4米；北壁豁口宽4、高3、进深3.2米。台体上和附近栽种有柠条，东、南、北侧

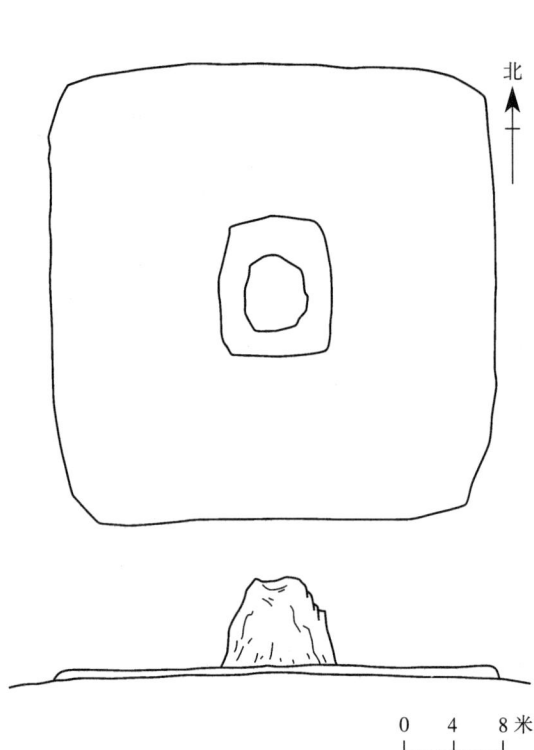

图一六七〇　银湾村 8 号烽火台平、立面图

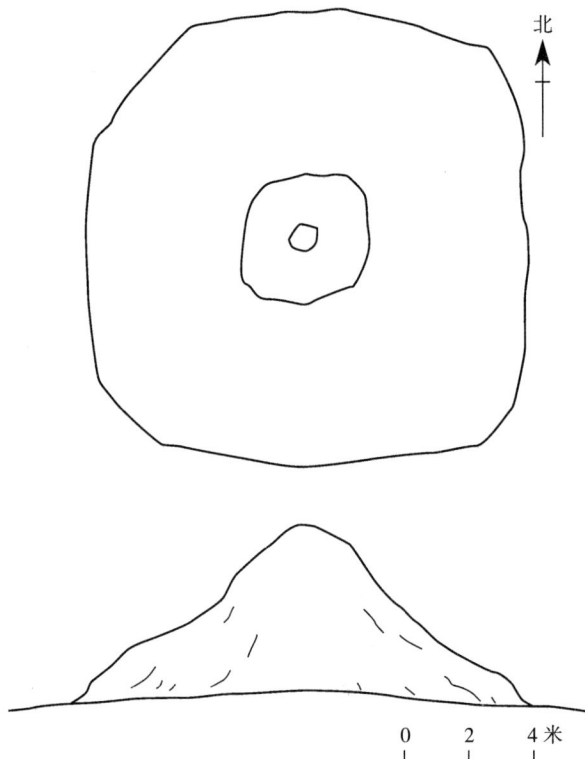

图一六七一　银湾村 9 号烽火台平、立面图

耕地对台体有破坏。

台体用黄土、黑垆土夯筑而成，夯层厚 0.06～0.13 米。台体平面呈矩形，剖面呈梯形，底部边长 10 米，顶部由于雨水冲刷侵蚀剥落不规则，高 6.6 米。台体周围发现有瓷片，厚 0.25 厘米。（图一六七二）

该烽火台东南距银湾村 9 号烽火台 1.2 千米，附近无河流，有一条乡村公路和包（头）茂（名）高速公路。

（二七）银湾村 11 号烽火台（610824353201170179）

该烽火台位于乔沟湾乡银湾村西梁村（组）西北 1.7 千米的小墩梁（山名）上。所处山顶较平坦，坡度较缓，东侧有较深的水冲沟，附近沟壑纵横。高程 1534.6 米。

烽火台整体保存较差。台体东壁底部豁口宽 2.2 米，高达顶部，进深 1.3 米；南壁有裂缝，宽 0.4 米，高达顶部；西壁豁口宽 2.3 米，高达顶部，进深 1.4 米，底部有盗洞，呈圆形，直径 0.6、深 4 米；北壁豁口宽 1.8、高 2、进深 1.4 米。雨水冲刷侵蚀、多处动物洞穴使台体受到破坏。台体上和附近栽种有柠条，植物根系对台体有破坏。

台体用黄土、红土和料礓石夯筑而成，夯层厚 0.05～0.12 米。台体平面呈矩形，剖面呈梯形，底部边长 8、顶部边长 4、高 7.3 米。台体周围发现有瓷片，瓷片厚 0.3 厘米。（图一六七三；彩图三一三）

该烽火台东南距银湾村 10 号烽火台 1.1 千米，附近无河流，有一条乡村公路和包（头）茂（名）高速公路。

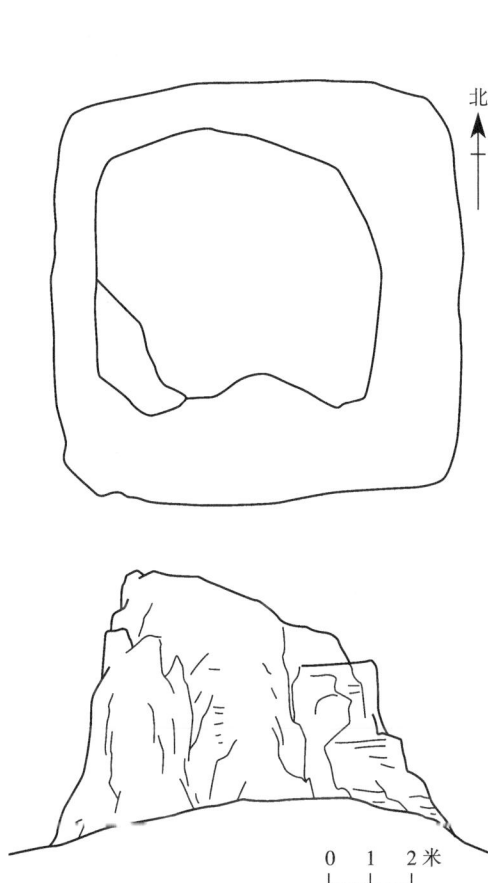

图一六七二　银湾村 10 号烽火台平、立面图

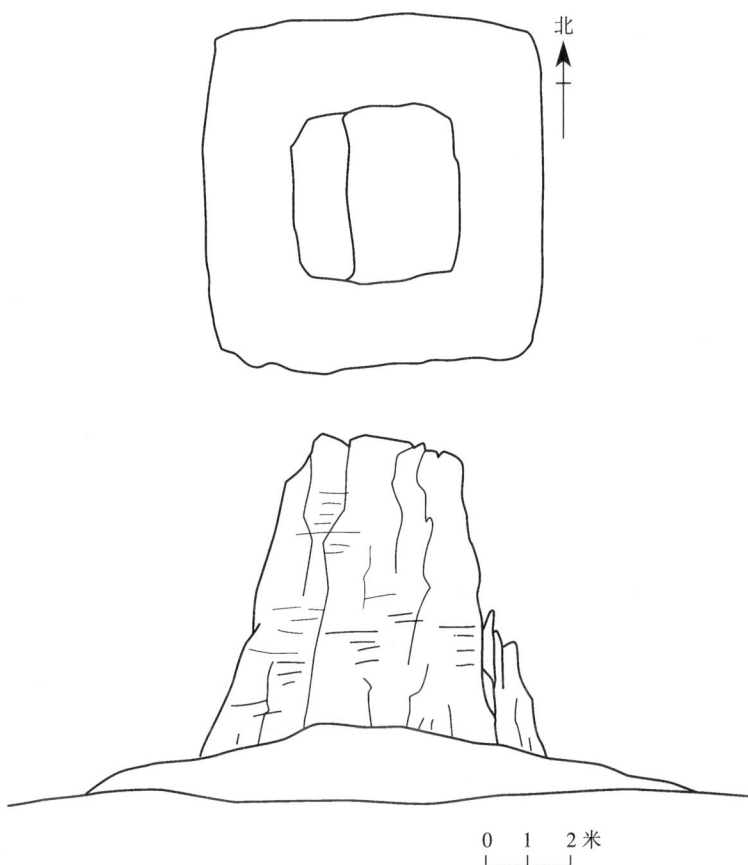

图一六七三　银湾村 11 号烽火台平、立面图

（二八）二道沟村烽火台（610824353201170180）

该烽火台位于镇靖乡芦东村二道沟村（组）南 1.5 千米的山峁上。东侧有水冲沟，四周为山坡，坡度较缓。高程 1633.9 米。

烽火台整体保存一般。台体东壁豁口宽 2.4、高 3、进深 1.9 米；南壁豁口底宽 1.2、顶宽 5 米，底部进深 1.3、顶部进深 8 米；北壁豁口宽 2.5、高 4、进深 1.8 米。因雨水冲刷侵蚀、多处动物洞穴、植物根系的生长发育对台体造成破坏。

台体用黄土、红胶土夹杂料礓石夯筑而成，夯层厚 0.07～0.2 米。台体平面呈矩形，剖面呈梯形，底部边长 16、顶部边长 10、高 7.8 米。夯土基座平面呈矩形，边长 48 米，东侧高 2.4 米，南侧呈斜坡状，西、北侧高 3 米。台体周围发现有瓷片，厚 0.5 厘米。（图一六七四；彩图三一四）

该烽火台可能为秦代所建，明代沿用，附近无河流，有一条乡村公路。

（二九）窑滩村烽火台（610824353201170181）

该烽火台位于乔沟湾乡峁涧村窑滩村（组）西北 1.1 千米的山峁上。周围是坡耕地，西、北侧有水冲深沟，直接对台体造成威胁。地处山地沟壑区，沟壑纵横。高程 1654.2 米。

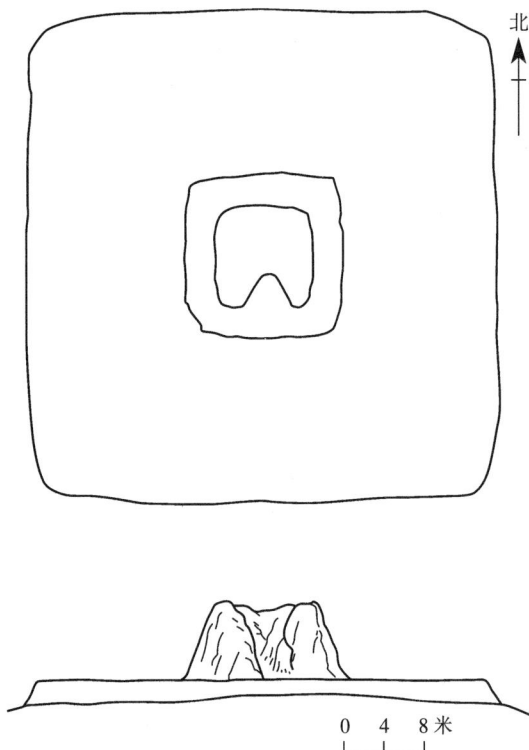

图一六七四　二道沟村烽火台平、立面图

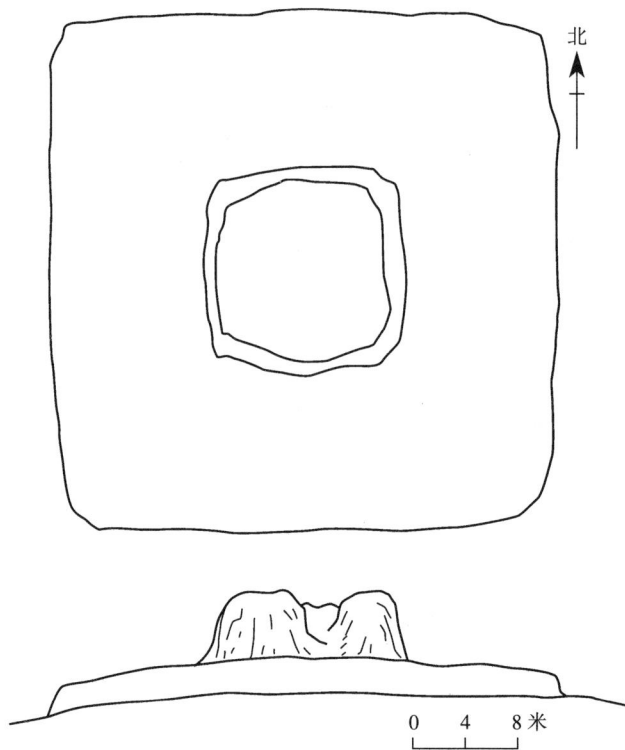

图一六七五　窑滩村烽火台平、立面图

烽火台整体保存较差。台体东壁豁口宽3.4、高3.8、进深5米；南壁豁口宽2.2、高3、进深1.3米；西壁有两个豁口，靠南豁口宽1.2、高2、进深1.5米，靠北豁口宽0.8、高1.3、进深1.1米。台体顶部有一个圆形大坑，坑内有人为挖掘的矩形小坑，大坑直径5、高1米，小坑长2、宽1.3、高2.2米。台体上和附近栽种柠条、将台基作为耕地、台体上挖掘小坑对烽火台造成了破坏。

台体用黄土、红胶土夹杂黑垆土夯筑而成，夯层厚0.1～0.17米。台体平面呈矩形，剖面呈梯形，底部边长16、顶部边长14、高5.7米。夯土基座平面呈矩形，边长40米，东、北侧呈斜坡状，南、西侧高2.8米，东南角坍塌宽12、高2.8、进深5米。（图一六七五）

该烽火台可能为秦代所建，明代沿用。附近无河流，有一条土路。

（三〇）墩洼村烽火台（610824353201170182）

该烽火台位于天赐湾乡墩洼村北0.277千米的山峁上。东、南侧坡度较缓，西、北侧坡度较陡峭。基座北侧为耕地；西侧有一条水冲深沟，直接对基座造成威胁；北侧有墩洼村，有乡村土路穿行。地处山地沟壑区，沟壑较多。高程1635.4米。

烽火台整体保存较差。台体南壁有豁口，宽4、高5.2、进深6米；南壁底部有两孔窑洞，靠西窑洞宽1.5、高1.7、进深2米，靠东窑洞宽1.3、高1.6、进深1.8米；北壁豁口宽1.5、高2.4、进深2.6米。两窑洞前建有房屋将窑洞囊括其中，该房屋呈矩形，边长13米。东南角开门。台体上和附近栽种有柠条，挖掘有窑洞，已废弃。

台体用黄土夹杂黑垆土夯筑而成，夯层厚0.07～0.13米。台体平面呈矩形，剖面呈梯形，底部边长18米，顶部东西14、南北12米，高12米。夯土基座平面呈矩形，边长40米，东侧底部呈斜坡状，北侧高2.4米，东侧高1.3米，南侧无存，西侧高3米。台体周围发现有瓦片，瓦片厚1.5厘米。（图

一六七六）

该烽火台北侧山底有一口水井，水源较丰富，墩洼村有约170余人，附近有一条通往油区的土路。

（三一）天赐湾村1号烽火台
（610824353201170183）

该烽火台位于天赐湾乡天赐湾村赵梁村（组）西南1.2千米的山峁上。四周山坡陡峭，西南侧沟底有一乡村土路。地处山地沟壑区，沟壑纵横。高程1671.6米。

烽火台整体保存较差。台体东壁坍塌、剥落严重；南壁底部豁口宽3、高5、进深2.2米；西壁坍塌严重，部分与台体脱离；北壁顶部坍塌，宽4.2、高1.3、进深0.5米，底部有2个人为挖掘的小洞，靠西洞宽1.2、高0.6、进深0.8米，靠东洞宽0.7、高2、进深0.6米。

台体用黄土夹杂黑垆土夯筑而成，夯层厚0.07~0.17米。台体平面呈矩形，剖面呈梯形，底部边长10米，顶部东西4.2、南北4.6米，高6.6米。夯土基座平面呈矩形，东西21、南北27米，基座东侧高3、北侧高2.4、西侧高3.3米，基座上有围墙。围墙仅存南墙，墙体顶宽0.3、底宽1.3、内高1.1、外高1.5米，墙体上有两个豁口，靠东豁口宽2.2、高1.1米，靠西豁口宽2.1、高1.1米。（图一六七七）

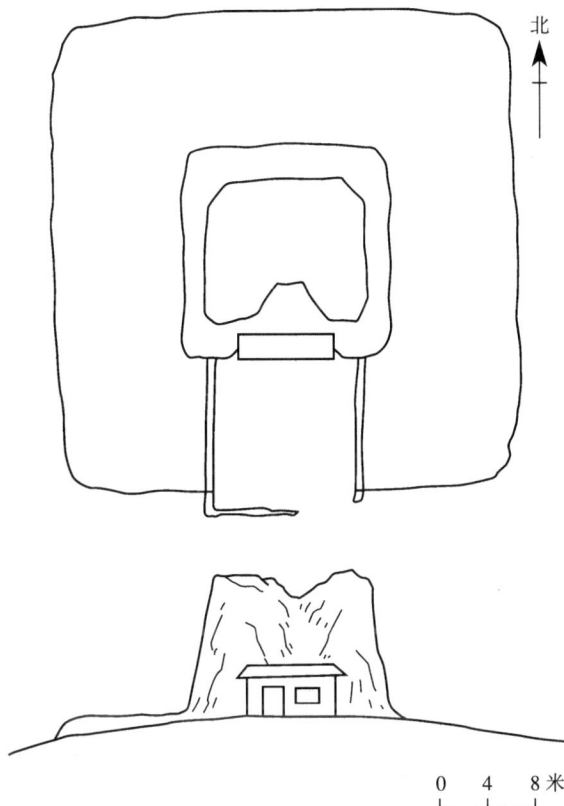

图一八七六　墩洼村烽火台平、立面图

该烽火台南距天赐湾村1号烽火台1.56千米，附近无河流，有一条通往油区的土路。

（三二）天赐湾村2号烽火台（610824353201170184）

该烽火台位于天赐湾乡政府南1.1千米的山峁上。东侧山坡陡峭，南侧较缓，西侧坡底较平坦，有一条乡村公路，北侧有乡政府。地处山地沟壑区，沟壑纵横。高程1663米。

烽火台整体保存较差。台体南壁有2个豁口，靠东豁口宽1.5、高5、进深1.4米，靠西豁口宽4、高7、进深5米；东壁豁口宽1.6、高1.4、进深1.2米；西北角坍塌，宽4、高6、进深2.1米。

台体用黄土、红土和料礓石夯筑而成，夯层厚0.13~0.2米。台体平面呈矩形，剖面呈梯形，底部东西24、南北32米，顶部北高南低，东西13、南北22米，高10米。台体周围发现有大量秦代筒瓦残片。（图一六七八）

该烽火台可能为秦代所建，明代沿用，北距天赐湾村1号烽火台1.56千米。附近无河流，北0.7千米处有包（头）茂（名）高速公路，东0.102千米处有土路。

（三三）天赐湾村3号烽火台（610824353201170185）

该烽火台位于天赐湾乡天赐湾村南0.28千米的山峁上。四周山坡较缓，东南侧为采油站，沟底有一条土路。地处山地沟壑区，沟壑纵横。高程1585.2米。

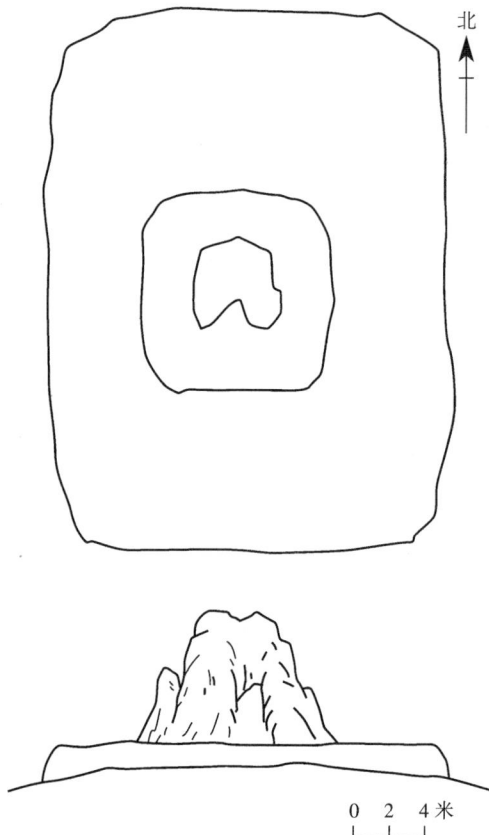

图一六七七　天赐湾村1号烽火台平、立面图

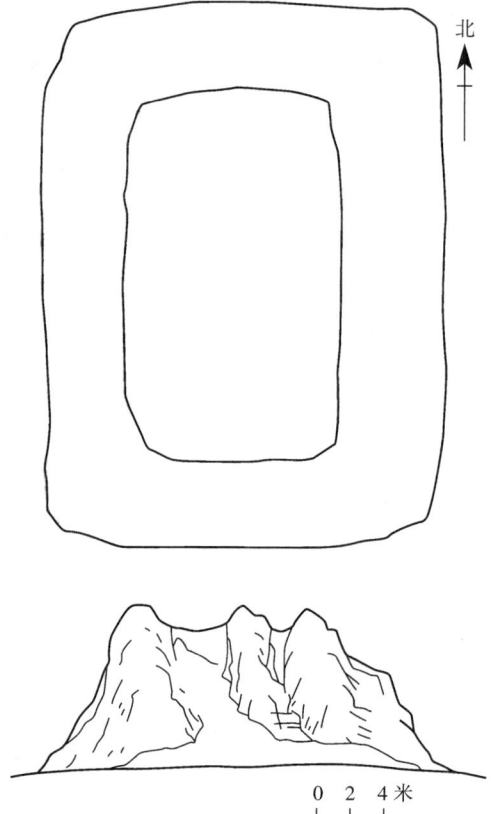

图一六七八　天赐湾村2号烽火台平、立面图

烽火台整体保存差。台体东壁坍塌，宽3.3、高5、进深1.4米；东北角坍塌，宽2.5、高4、进深1.2米；南壁豁口宽2.1米，高达顶，进深1.2米；西壁顶部有人为挖掘的小洞，宽1、高1.2、进深3米。台体上和附近栽种有大量柠条，北0.215千米处有长庆集油站，东南0.063千米处有长庆油井。

台体用黄土夹杂红土夯筑而成，夯层厚0.04～0.12米。台体平面呈不规则形，剖面呈梯形，底部东西8、南北10米，顶部坍塌，东西2.6、南北3米，高8米。夯土基座平面呈矩形，仅存南侧，长23、高1.4米，其余各侧由于种植柠条等被铲平。台体周围发现有瓦片、瓷片，瓦片厚1.2厘米，瓷片厚0.5厘米。（图一六七九）

该烽火台东北距天赐湾村2号烽火台1千米，附近无河流，有包（头）茂（名）高速公路。

（三四）椿树湾村烽火台（610824353201170186）

该烽火台位于天赐湾乡椿树湾村南0.992千米的山峁上。东、西、南侧坡度陡峭，北侧坡度较缓，坡底有一村庄及乡村公路。地处山地沟壑区，沟壑纵横。高程1631.2米。

烽火台整体保存差。台体因雨水冲刷侵蚀坍塌剥落，南壁有一个直径2、高2.2米的圆形坑。台体上有多处动物洞穴，植物根系对台体造成破坏。

台体用黄土、黑垆土夯筑而成，夯层厚0.13～0.2米。台体呈不规则状，高4米。台体周边发现有大量秦代筒瓦残片。（图一六八〇）

该烽火台可能为秦代所建，明代沿用，附近无河流，有一条土路。

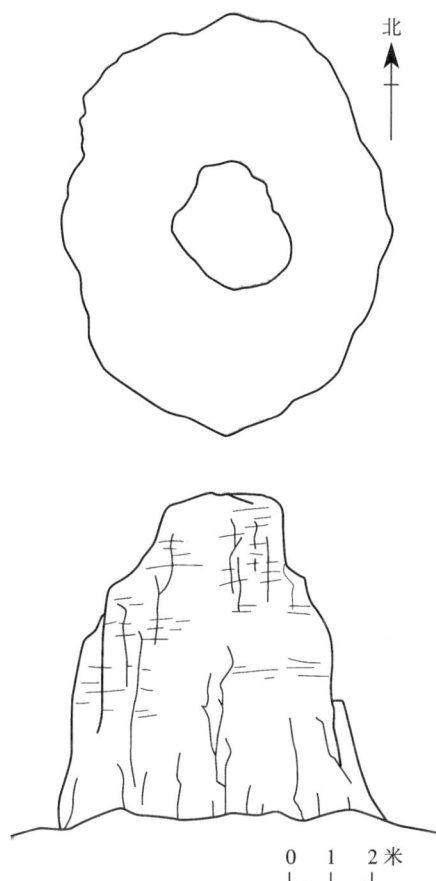

图一六七九　天赐湾村3号烽火台平、立面图

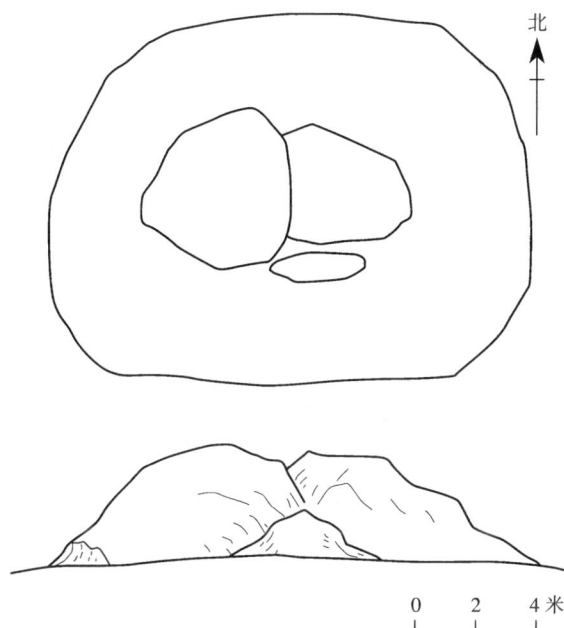

图一六八〇　椿树湾村烽火台平、立面图

（三五）墺则塌村烽火台（610824353201170187）

该烽火台位于天赐湾乡椿树湾村墺则塌村（组）南0.114千米的山峁上。东侧有水冲沟，东、南、北侧为山坡，坡度较缓，西侧较平坦。地处山地沟壑区，沟壑纵横。高程1655.1米。

烽火台整体保存差。台体由于雨水冲刷侵蚀整体剥落，坍塌严重。台体上有许多啮齿动物洞穴，植物根系对台体有破坏。

台体用黄土、黑垆土夯筑而成，夯层厚0.07~0.1米。台体平面呈近圆形，底部直径22、顶部直径8、高7.3米。台体周围发现有大量秦代筒瓦残片，瓦厚1.15厘米。（图一六八一）

该烽火台可能为秦代所建，明代沿用，北距椿树湾村烽火台1.37千米，附近无河流，有一条土路。

（三六）三胜村烽火台（610824353201170188）

该烽火台位于天赐湾乡三胜村北0.525千米的山梁上。东、北侧为坡耕地，较平整，坡度较陡峭，坡部较平坦，有公路，西、北侧坡度较缓。地处山地沟壑区，沟壑纵横。高程1635.6米。

烽火台整体保存差。台体由于雨水冲刷侵蚀整体剥落，坍塌严重，坍塌处呈斜坡状。台体上有多处动物洞穴，植物根系对台体有破坏。

台体用黄土夯筑而成，夯层厚0.07~0.11米。台体呈不规则状，高6米。台体周围发现有大量秦代筒瓦残片，瓦厚11.5厘米。（图一六八二）

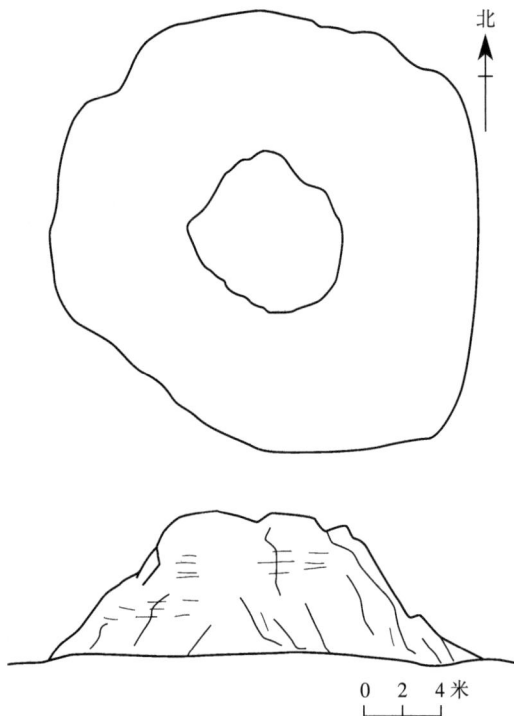

图一六八一　墺则塌村烽火台平、立面图

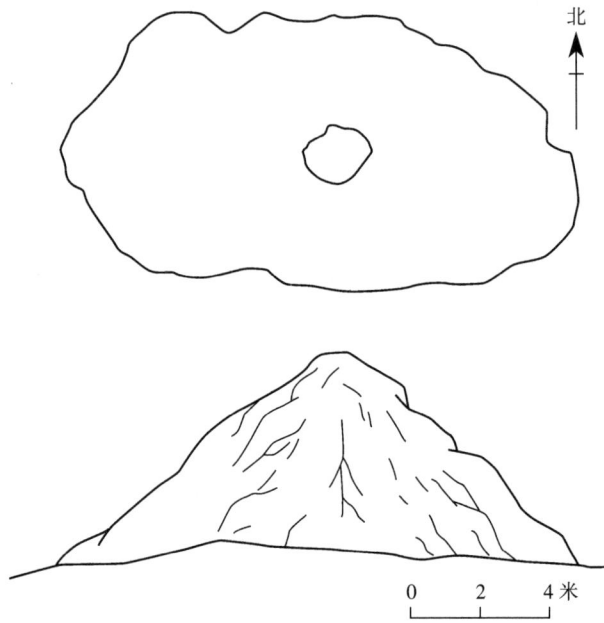

图一六八二　三胜村烽火台平、立面图

该烽火台可能为秦代所建，明代沿用，南距边墙梁村烽火台 1.63 千米，附近无河流，有公路和一条乡村土路。

（三七）边墙梁村烽火台（610824353201170189）

该烽火台位于天赐湾乡三胜村边墙梁村（组）西 0.247 千米的山峁上。四周坡度较缓，地处山地沟壑区，沟壑纵横。高程 1730.4 米。

烽火台整体保存差。台体坍塌呈坟丘状，东南壁有一个人为挖掘的小洞，宽 1.1、高 0.8、进深 4 米，其他各壁有剥落。台体上有多处啮齿动物洞穴，植物根系对台体有破坏，北侧有多处栽种柠条所挖的树坑。

台体用黄土、黑垆土夯筑而成，夯层厚 0.1～0.17 米。台体平面呈近圆形，底部直径 20、顶部直径 8、高 5.6 米。台体周围发现有大量秦代筒瓦残片。（图一六八三）

该烽火台可能为秦代所建，明代沿用，西距边墙梁村大墩梁烽火台 0.8 千米，附近无河流，有一条油区土路。

（三八）边墙梁村大墩梁烽火台（610824353201170190）

该烽火台位于天赐湾乡边墙梁村西 1.3 千米的大墩梁（山名）上。附近山坡较陡峭，西侧山坡中部有乡村土路，路边为沟壑，坡度陡峭，北侧沟壑纵横。高程 1737.5 米。

烽火台整体保存差。台体南壁底部靠西有窑洞，洞口呈矩形，宽 1.5、高 1.3、进深 2.2 米，窑洞宽 1、高 0.8、进深 1.5 米；顶部有两个豁口，靠东豁口宽 2.6、高 1.5、进深 2 米；底部靠东有窑洞，洞口宽 1.5、高 4、进深 3 米，窑洞宽 1.5、高 1.5、进深 4 米。台体西壁顶部有豁口，宽 4.4、高 1.2、进深 3 米。

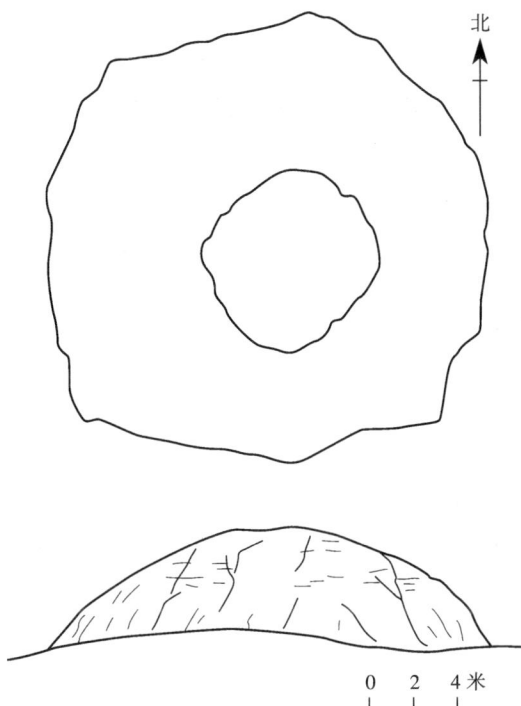

图一六八三 边墙梁村烽火台平、立面图

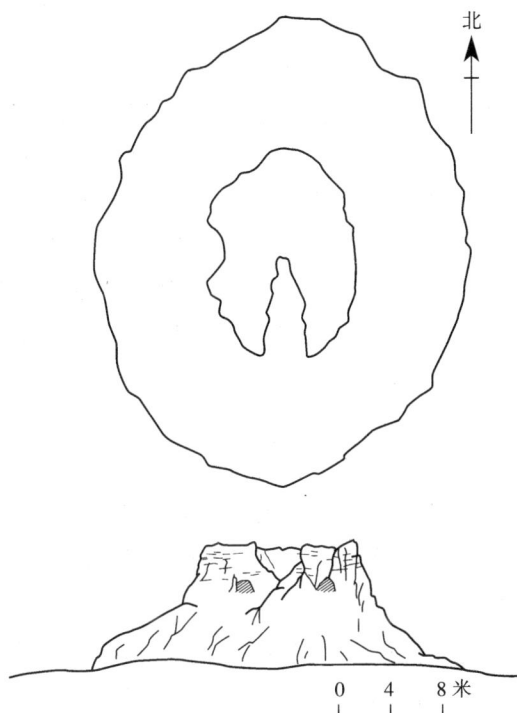

图一六八四 边墙梁村大墩梁烽火台平、立面图

台体用黄土、红胶土夯筑而成，夯层厚 0.07～0.14 米。台体顶部南高北低，西侧坍塌呈斜坡状。台体平面呈近矩形，底部东西 30、南北 36 米，顶部东西 12、南北 16 米，高 10 米。台体周围发现大量筒瓦残片。（图一六八四）

该烽火台可能为秦代所建，明代沿用，东距边墙梁村烽火台 0.8 千米。

（三九）新嵝岘村烽火台（610824353201170191）

该烽火台位于杨米涧乡兴和村新嵝岘村南 0.381 千米的山峁上。东、南、西侧为山坡，坡度陡峭，附近有许多栽种防沙柠条所挖树坑；北侧坡度较缓，底部嵝岘处有油区土路。地处山地沟壑区，沟壑纵横交错。高程 1656.2 米。

烽火台整体保存差。台体由于雨水冲刷侵蚀坍塌剥落，坍塌处呈斜坡状。台体上有多处啮齿动物洞穴，植物根系对台体有破坏。台体上有人为挖掘的小坑。

台体用黄土、红胶土夯筑而成，夯层厚 0.04～0.1 米。台体平面呈近矩形，底部东西 5、南北 8 米，顶部东西 3、南北 5 米，高 3.4 米。（图一六八五）

该烽火台东北距边墙梁村大墩梁烽火台 2.5 千米，附近无河流，北 0.1 千米处有油区土路。

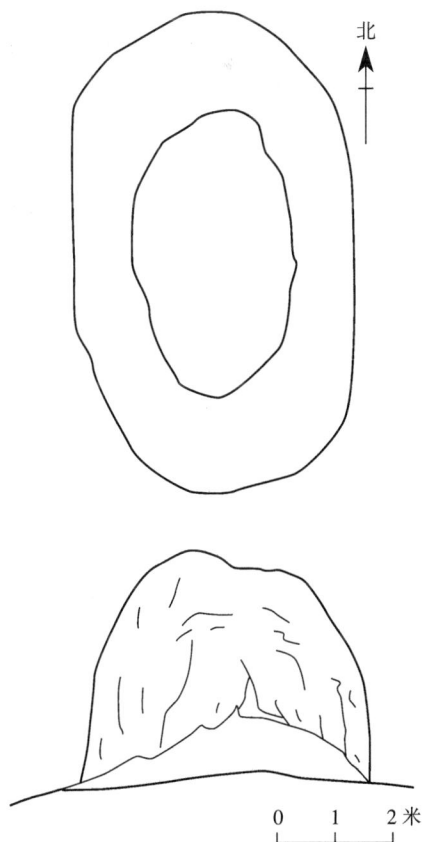

图一六八五 新嵝岘村烽火台平、立面图

（四〇）高粱湾村 1 号烽火台（610824353201170192）

该烽火台位于新城乡韩家沟村高粱湾村（组）东南 0.455 千米的山坡上。南、北侧为山坡，坡度较陡峭，西侧坡底有乡村土路，东侧较平坦。附近有坡耕地，地处山地沟壑区，沟壑交错。高程 1695 米。

烽火台整体保存较差。台体西壁底部有宽 0.8、高 0.9、进深 0.4 米的小洞，东、西壁有人为挖掘的登台处，南壁坍塌严重。台体上有多处动物洞穴，植物根系对台体有破坏。

台体用黄土、红胶土夯筑而成，夯层厚 0.07～0.11 米。台体平面呈近圆角矩形，底部边长 3.6、顶部边长 1.8、高 3 米。该台体较其他台体小，保存相对完整。（图一六八六；彩图三一五）

该烽火台西南距高粱湾村 2 号烽火台 0.407 千米，东侧山坡底部有小河流，水资源较丰富，附近有一条乡村土路。

（四一）高粱湾村 2 号烽火台（610824353201170193）

该烽火台位于新城乡韩家沟村高粱湾村（组）南 0.57 千米的山峁上。南侧地势高于北侧，坡度较缓；西、东侧坡度较陡峭；西侧坡底较平坦，有油区土路，有一口油井。地处山地沟壑区，沟壑交错。高程 1776.8 米。

烽火台整体保存差。台体东壁有人为挖掘的盗洞，宽 1.2、高 0.7、进深 4 米；顶部有人为挖掘的树坑。台体上有多处动物洞穴，植物根系对台体有破坏。

台体用黄土、黑垆土、红胶土夯筑而成，夯层厚 0.07～0.13 米。台体平面呈近圆形，底部直径 20、顶部直径 7、高 7.1 米。台体周围发现有绳文瓦片、少量瓷片，瓦片厚 1.2 厘米，瓷片厚 0.6 厘米。（图一六八七；彩图三一六）

该烽火台东北距高粱湾村 1 号烽火台 0.407 千米，西 0.026 千米处有移动信号发射塔，南 0.1 千米处有高压线通过，东侧坡底有小河流，水资源较丰富，附近有一条乡村土路。

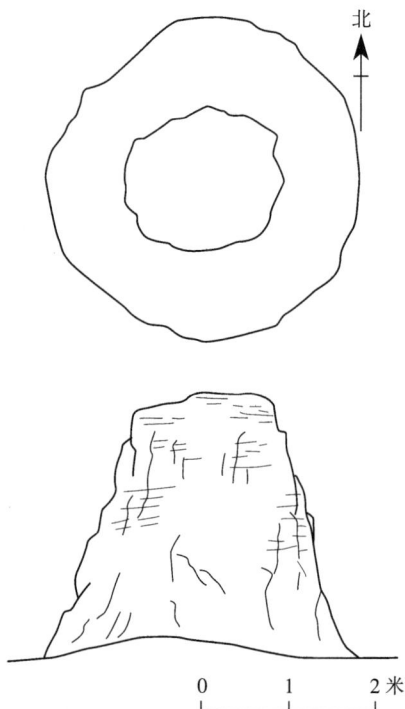

图一六八六　高粱湾村 1 号烽火台平、立面图

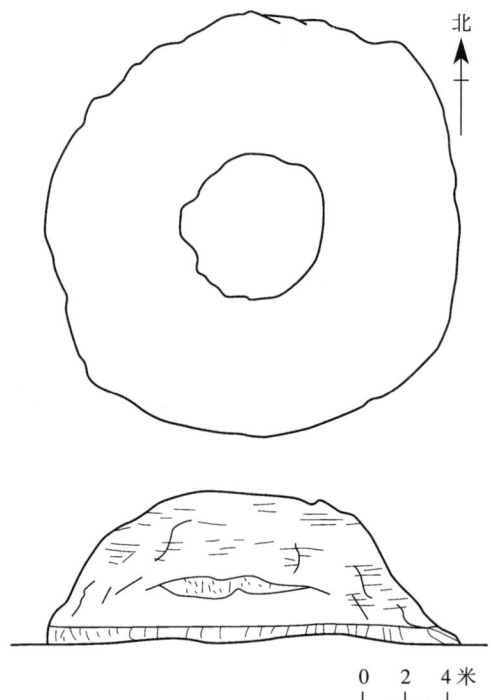

图一六八七　高粱湾村 2 号烽火台平、立面图

（四二）冯沟岔村烽火台（610824353201170194）

该烽火台位于新城乡张新庄村冯沟岔村（组）东北0.23千米的山峁上。四周为山坡，坡度较陡峭，沟底有一条乡村土路。地处山地沟壑区，沟壑交错。高程1758米。

烽火台整体保存差。台体顶部由于雨水冲刷侵蚀坍塌严重；西壁底部有盗洞，洞口宽1.1、高1.4、进深2.2米，洞宽0.8、高0.7、进深3米。台体上有多处动物洞穴，植物根系对台体有破坏。

台体用黄土、黑垆土夯筑而成，夯层厚0.07~0.13米。台体平面呈近圆角矩形，底部东西6、南北5米，顶部东西2.4、南北1.6米，高4.3米。台体建在近圆形夯土基座上，基座直径22米，仅存西、北侧，高1.4米，东、南侧无存。台体周围发现有瓷片，瓷片厚0.3厘米。（图一六八八）

该烽火台附近无河流，有一条乡村土路。

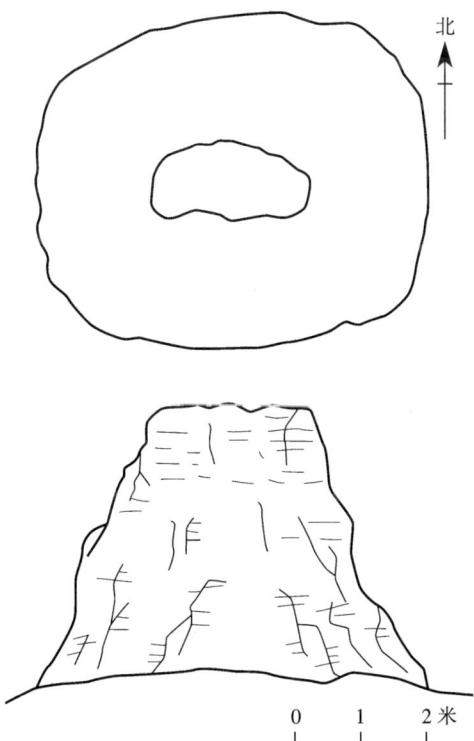

（四三）吴台村烽火台（610824353201170195）

该烽火台位于新城乡黑龙沟村吴台村（组）西0.363千米的山峁上。所处山峁顶部较平坦，为耕地。四周坡度陡峭，近乎直角，东、北侧为坡耕地，坡底较平坦，有吴台村，有一条乡村土路。地处山地沟壑地带，沟壑交错纵横。高程1784.9米。

烽火台整体保存差。雨水冲刷侵蚀使台体坍塌剥落，东壁底部有人为挖掘的储藏窖，宽1、高0.9、进深2.2米；东壁顶部豁口宽4、高1.3、进深2.3米；西壁顶部豁口宽1、高1、进深1.4米；北壁底部有盗洞，宽1.3、高0.6、进深3.2米。台体上有多处啮齿动物洞穴，植物根系对台体有破坏。

台体用黄土、红胶土、黑垆土夯筑而成，夯层厚0.06~0.17米。台体平面呈近圆角矩形，底部东西13、南北14米，顶部东西10、南北8米，高3.2米。台体周围发现有瓦片，厚1.4厘米。（图一六八九）

该烽火台附近无河流，有一条乡村土路。

图一六八八 冯沟岔村烽火台平、立面图

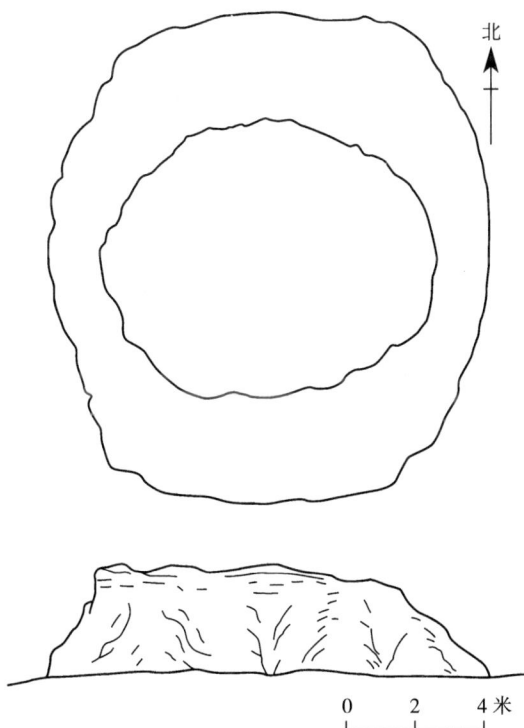

图一六八九 吴台村烽火台平、立面图

第六章

吴起县明长城资源

第一节　吴起县明长城资源概述

一　吴起县环境

吴起县位于延安市西北部，西北邻定边县，东南接志丹县，东北连靖边县，西南毗邻甘肃省华池县。地处东经 107°38′57″～108°32′49″，北纬 36°33′33″～37°24′27″之间。东西 80、南北 93 千米，总面积 3790 平方千米。吴起县属黄土高原梁状丘陵沟壑地貌，海拔 1233～1809 米。从 1998 年开始实施退耕还林，林草覆盖率达到 49.6%。地形主体结构可概括为"八川二涧两大山区"。东北部的长城乡、周湾镇位于白于山西北侧，属无定河流域，地势略向北倾斜；其余地域位于白于山南麓，属洛河流域，沿河多涧地，地势向洛河川道倾斜，梁面狭长起伏，沟壑深窄陡峻。气候属暖温带大陆性季风气候，年平均气温 7.8℃，最高气温 37.1℃，最低气温 −25.1℃，年平均降水量 483 毫米，无霜期 136 天。

境内主要山脉是白于山，南部有子午岭余脉，主要河流有无定河与洛河，八里庄沟、麻子沟、石拐子沟为无定河水系，头道川、二道川、三道川、宁塞川、乱石头川、白豹川、杨青川属洛河水系，洛河为境内最大河流。

全县共辖 4 镇 8 乡，人口 13 万。经济主要是石油开采，农作物主要有谷子、糜子、荞麦、马铃薯、小麦、黑麦、玉米、高粱、豆类等。

二　吴起县沿革

历史上吴起县是北方少数民族融合聚居的地区，商代为鬼方部族区域，西周为猃狁（犬戎）之地，战国时先属魏，后属秦。

秦始皇三十三年（公元前 214 年），派蒙恬收复河南地，筑长城，该地南部属北地郡马岭县（故址在今甘肃省庆阳市附近），该地北部周湾、长城乡一带无定河属上郡阳周县地域，西汉在今铁边城镇设归德县，隶属北地郡。

三国时为匈奴、羌族的游牧区。东晋十六国时期，各政权兴衰交替，吴起先后被前赵（吴起西部）、后赵（吴起东部）、前秦、后秦、大夏占据。南北朝西魏大统元年（535 年），在铁边城镇复设归德县，属恒州。

隋大业元年（605 年），隋炀帝以归德县为洛水所出，改名为洛源县，唐贞观二年（628 年），复设洛源县，属庆州，五代沿唐置。

宋代初年，延安以北为党项拓拔部所占，成为以夏州为中心的割据势力，元符二年（1099 年），在原洛源县地筑建定边城（安定边疆之意，今铁边城）设定边军。金皇统六年（1146 年），以定边军沿边地赐夏国，废定边军及定边县，降为定边塞。元太祖时，地方兵制设立百户，百户下为旗，遂改吴起镇为吴旗镇。

明代属延安卫、延绥镇，清代设吴起镇属靖边县，民国时设吴起镇属保安县（今志丹县）。

1942 年 5 月，陕甘宁边区政府决定设立吴旗县，隶属于三边分区。1949 年 8 月 22 日，陕甘宁边区政府撤销吴旗县，原辖地归定边、靖边、志丹、华池四县。1950 年 4 月 19 日，陕西省人民政府恢复吴旗县建制，隶属延安地区，1958 年并入志丹县，1961 年恢复，2007 年经国务院批准，吴旗县改名为吴起县。

三　吴起县明长城概述

吴起县明长城包括大边和二边，分布在县境北部，东接靖边县明长城，呈东—西走向，西接定边县明长城。有墙体 42568 米、单体建筑 50 座、关堡 6 座。（地图七）

吴起县明长城是由王沛、袁继民、李超、马俊华、吕永乾、薛蕾、李雪峰等负责调查，调查时间为 2007 年 6~12 月。

吴起县明长城因地处白于山区，地下蕴藏着丰富的石油资源，有多段长城因沟壑发育而受到破坏，近年来因为石油开采受到影响，破坏仍在继续。对于吴起县明长城的保护，只在边墙渠村立有一通石碑作为保护标志。

吴起县明长城的保护管理机构为吴起县文物管理办公室，行政隶属吴起县文体事业局，属事业单位，经费由财政提供，在编人员 14 人。

吴起县明长城的保护标志有 1 处，保护范围只涉及部分墙体，无建设控制地带，记录档案不全面。

第二节　吴起县明长城大边

吴起县明长城大边东接靖边县明长城大边，向西北延伸接定边县明长城大边，全长 19108 米，包括墙体 19108 米、单体建筑 44 座、关堡 6 座，全部为夯筑而成。

一　墙体

吴起县大边明长城墙体皆为土墙，共 13 段计 19108 米，占陕西省明长城大边总长的 3.3%，占全部大边土墙长度的 4.3%，保存较差 13208 米、差 2984 米、消失 2916 米。整体呈东南—西北走向。墙体为自然基础上用黄土夹杂黑垆土夯筑而成，夯层厚 0.05~0.14 米。墙体底宽 4~13 米，以 5~8 米为主，个别如岱巷村墩梁长城、营峁村长城 1 段、长城村长城超过了 10 米；顶部边长 0.6~4.1 米，以 1~2.6 米为主。墙体高 2.1~12 米，以 3~8 米为主，仅营峁村长城 1 段超过 10 米。

各段墙体分述如下。

（一）岱巷村墩梁长城（610626382101170001）

该段墙体位于长城乡岱巷村墩梁的山梁上。东临靖边县马家洼村边墙壕消失段长城，与其相接，顺山势起伏。整体呈东南—西北走向。墙体起点位于靖边县中山涧乡马家洼村边墙壕村西 1.551 千米，高程 1545.4 米；止点位于长城乡二道坝村营峁村南 0.585 千米，高程 1655.1 米。墙体长 1683 米，其中，保存较差 1222 米、消失 461 米。（图一六九〇；彩图三一七）

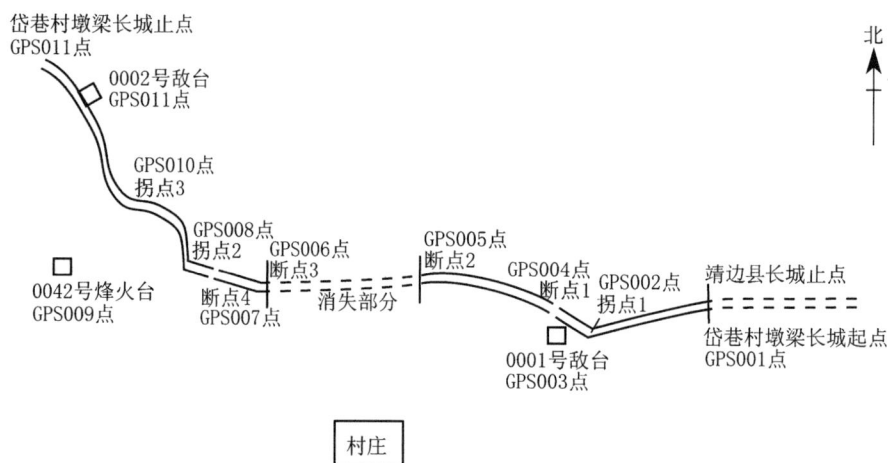

图一六九〇　岱巷村墩梁长城位置示意图

墙体整体保存较差。墙体起点处走向为东—西，起点至 0.199 千米处为拐点 1，走向转为东南—西北；至 0.225 千米处有小路穿行，消失 4 米为断点 1；至 0.321 千米处为断点 2，走向转为东—西，消失 447 米至断点 3；至 0.833 千米处有乡村小路穿行，消失 10 米为断点 4；至 0.953 千米处有电线杆栽在墙体上；至 1.037 千米处为拐点 2，走向转为由南向北延伸；至 1.561 千米处为拐点 3，走向转为由东南—西北延伸；至 1.659 千米处有乡村土路在墙体上通行，路长 98 米；至 1.683 千米处是止点，亦为拐点，走向转为南—北。

墙体为自然基础上人工夯筑而成，夯土为黑垆土夹杂黄土，夯层厚 0.05~0.12 米，夯窝直径 0.05、中心间距 0.11 米。墙体底宽 13、顶宽 1.8~2.5、内高 0.1~4.2、外高 4.4~7.1 米。（图一六九一）

墙体起点为靖边县边墙壕村长城止点，起点至 0.199 千米处有岱巷村墩梁（0001 号）敌台，1.057 千米

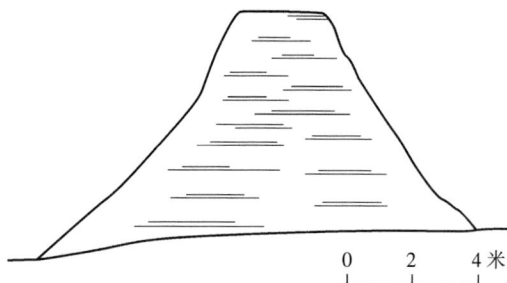

图一六九一　岱巷村墩梁长城墙体剖面图

西 0.041 千米处有营峁村（0042 号）烽火台，1.683 千米处有营峁村 1 号（0002）敌台，为止点。

该段墙体起点处为沟底，沟内有小河流，水资源丰富。附近有一条乡村公路和多条土路。黄涧村有 149 户居民，618 人。

（二）营峁村长城 1 段（610626382101170002）

该段长城位于长城乡二道坝村营峁村（组）的山梁

上。顺山势高低起伏，两侧有耕地，坡度较缓，部分段坡度较陡峭。呈东南—西北走向。墙体起点位于营峁村南 0.585 千米，高程 1655.1 米；止点位于靖边县中山涧乡大台村南 0.81 千米，高程 1575.8 米。墙体长 1567 米，其中，保存较差 1554 米，消失 13 米。（图一六九二；彩图三一八）

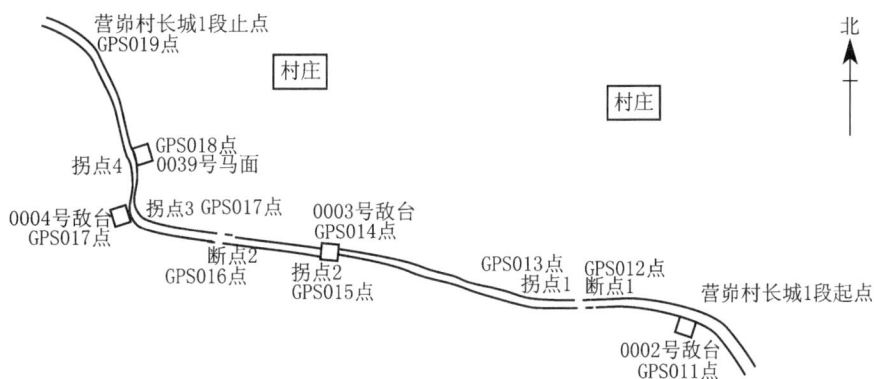

图一六九二　营峁村长城 1 段位置示意图

墙体整体保存较差。墙体起点至 0.176 千米处有土路穿过，消失 7 米，为断点 1；至 0.322 千米处为拐点 1，走向转为东—西；至 0.556 千米处为拐点 2，走向转为东南—西北；至 0.803 千米处有土路穿行，消失 6 米，为断点 2；至 0.853 千米处为拐点 3，走向转为南—北；至 1.342 千米处为拐点 4，走向转为东南—西北；至 1.567 千米处为止点。

墙体为自然基础上夯筑而成，夯土为黑垆土夹杂黄土，夯层厚 0.06～0.13 米，夯窝直径 0.07、中心间距 0.13 米。墙体底宽 6～12、顶宽 1.1～2.5、内高 2.5～10、外高 12～41 米。（图一六九三）

该段墙体起点为岱巷村墩梁长城墙体止点，起点至 0.456 千米处有营峁村 2 号（0003 号）敌台，至 0.853 千米西 0.015 千米处有营峁村 3 号（0004 号）敌台，至 1.342 千米处有营峁村（0039 号）马面。

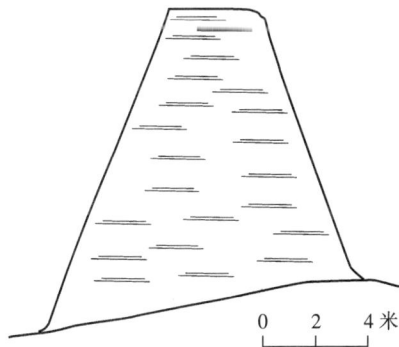

图一六九三　营峁村长城 1 段墙体剖面图

（三）营峁村长城 2 段（610626382101170003）

该段墙体位于长城乡二道坝村营峁村（组）的山梁上和平坦地带。顺山势而建，部分段山势较缓，沟壑较少。沟底为营峁村，止点处为边墙渠水库大坝，附近沟壑纵横，坡度较陡峭。呈东南—西北走向。墙体起点位于靖边县中山涧乡大台村南 0.81 千米，高程 1575.8 米；止点位于长城乡二道坝村营峁村西南 0.318 千米，高程 1524.8 米。墙体长 1493 米，其中，保存较差 1464 米、消失 29 米。（图一六九四；彩图三一九）

墙体整体保存较差。墙体起点至 0.061 千米处墙体为小路通行；至 0.315 千米处有乡村土路穿过墙体，消失 14 米，为断点 1；至 1.06 千米处有土路穿过墙体，消失 7 米，为断点 2；至 1.097 千米处栽有电线杆；至 1.456 千米处有乡村土路穿过墙体，消失 8 米，为断点 3；至 1.493 千米处为止点，因边墙渠水库而消失。

墙体起点至 0.509 千米处为拐点 1，走向转为东—西；至 0.689 千米处为拐点 2，走向转为南—北；至 0.794 千米处有营峁村 5 号（0006 号）敌台，墙体呈弧形延伸；至 1.06 千米处为拐点，走向转为东南—西北；至 1.148 千米处为拐点 3，走向转为东北—西南；至 1.456 千米处为拐点，走向转为东—西。

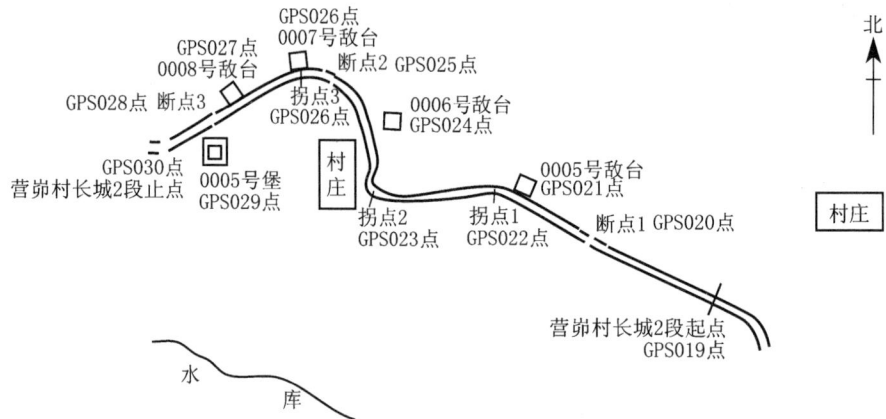

图一六九四　营峁村长城 2 段位置示意图

墙体为自然基础上夯筑而成，夯土为黑垆土夹杂黄土，夯层厚 0.05～0.12 米，夯窝直径 0.06、中心间距 0.13 米。墙体底宽 10、顶宽 1.4、内高 3、外高 5 米。（图一六九五）

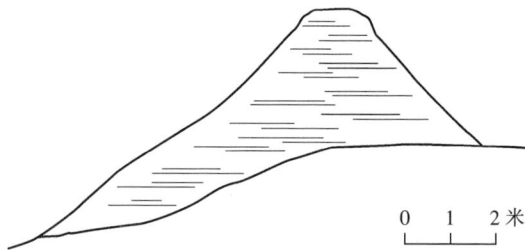

图一六九五　营峁村长城 2 段墙体剖面图

该段墙体起点为营峁村长城 1 段墙体止点，起点至 0.464 千米处有营峁村 4 号（0005 号）敌台，至 0.794 千米处有营峁村 5 号（0006 号）敌台，至 1.148 千米处有营峁村 6 号（0007 号）敌台，至 1.393 千米处有营峁村 7 号（0008 号）敌台，至 1.493 千米南 21 米处有营峁村堡。墙体附近有边墙渠水库，水资源丰富。

（四）边墙渠村长城 1 段（610626382101170004）

该段墙体位于长城乡二道坝村边墙渠村（组）的平缓地带和山梁上。墙体起点为边墙渠水库大坝，沟壑纵横，中部墙体位于平缓地带，被当地居民破坏，墙体后段顺山势而建，高低起伏。附近沟壑较多，较陡峭。呈东—西走向。墙体起点位于长城乡二道坝村营峁村西南 0.318 千米，高程 1524.8米；止点位于长城乡长城村边墙渠村南 0.721 千米，高程 1624 米。墙体长 1722 米，其中，保存较差 1112 米、消失 610 米。（图一六九六）

墙体整体保存较差。墙体起至 0.361 千米处因边墙渠水库消失，为断点 1；至 0.469 千米处有砂石路穿过，消失 8 米，为断点 2，亦为消失段起点，因灌溉站、养猪场等设施造成此段墙体消失 206 米，至 0.675 千米处为断点 3，为消失段止点；至 0.705 千米处为断点 4，因为乡村土路穿行等消失 35 米，至断点 5，为消失段止点；至 1.035 千米处为拐点 1，走向转为东—西；至 1.352 千米处为拐点 2，走向转为东南—西北；至 1.722 千米处为止点。

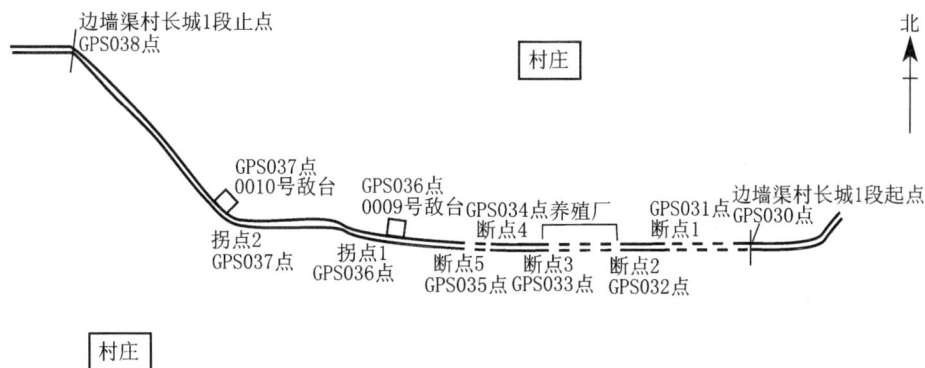

图一六九六 边墙渠村长城1段位置示意图

墙体为自然基础上夯筑而成以黑垆土夹杂黄土，夯层厚0.06~0.13米。墙体底宽5.2~7.8、顶宽1.2~2.6、内高2.3~3、外高3.65~4米。（图一六九七）

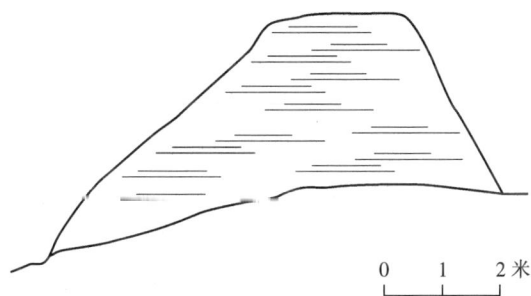

图一六九七 边墙渠村长城1段墙体剖面图

该段墙体起点为营峁村长城2段墙体止点，起点至1.035千米处有边墙渠村1号（0009号）敌台，至1.403千米处有边墙渠村2号（0010号）敌台。墙体附近有边墙渠水库，水资源丰富，附近有一条乡村公路、多条土路。边墙渠村有36户居民，157人。

（五）边墙渠村长城2段（610626382101170005）

该段墙体位于长城乡长城村边边墙渠村（组）南0.721千米的山梁上。顺山势而建，山势较陡峭，山底有村庄，部分沟底较平坦，有移民新区新建的住房。墙体两侧为荒坡地，坡度较缓，植被丰富。呈东南—西北走向。墙体长1361米，其中，保存较差1343米、消失18米。墙体起点位于长城乡长城村边墙渠村南0.721千米，高程1624米；止点位于长城乡加油站南0.03千米，高程1507.2米。（图一六九八；彩图三二〇）

墙体整体保存较差。墙体起点至0.682千米处有电线杆栽在墙体上；至1.195千米处有石子路穿过墙体，断点1至断点2消失18米；至1.361千米处有吴（旗镇）长（城乡）公路穿过墙体，为止点，止点北侧0.012千米处有全国重点文物保护单位标志碑。

墙体起点至0.152千米处为拐点1，走向转为东南—西北；至0.427千米处为拐点2，走向转为东—西；至0.682千米处为拐点3，走向转为东南—西北；至0.829千米处为拐点4，走向转为南—北；至1.018千米处为拐点5，走向转为东—西。

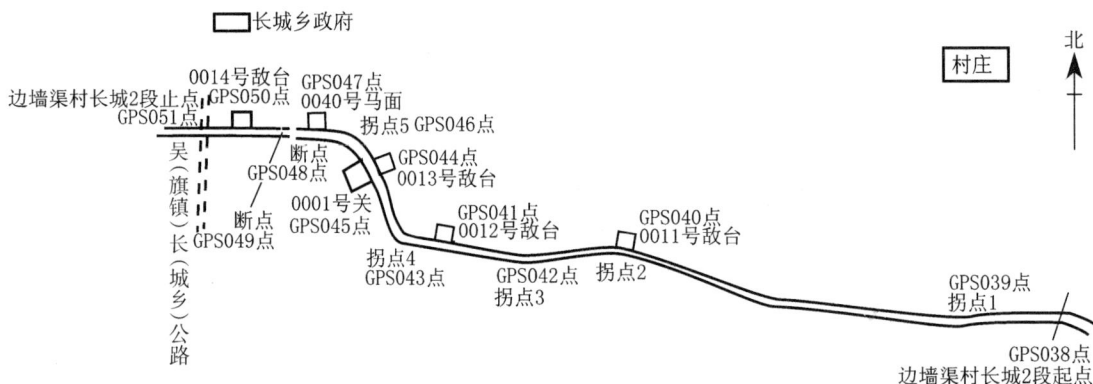

图一六九八 边墙渠村长城 2 段位置示意图

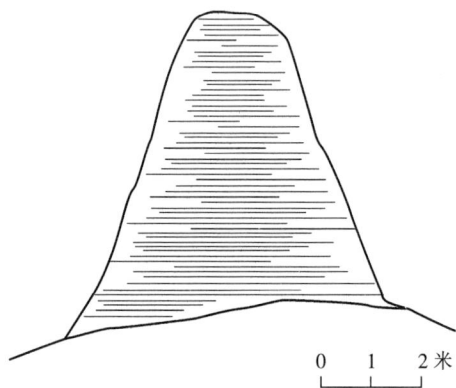

图一六九九 边墙渠村长城 2 段墙体剖面图

墙体为自然基础上夯筑而成，夯土为黑垆土夹杂黄土，夯层厚 0.06 ~ 0.13 米。墙体一处剖面底宽 10、顶宽 4.1、内高 8.1、外高 8.7 米，另一处剖面底宽 6.5 ~ 10、顶宽 2.1 ~ 4.1、内高 5.6、外高 6.1 ~ 8.7 米。（图一六九九）

该段墙体起点为边墙渠村长城 1 段墙体止点，起点至 0.461 千米处为边墙渠村 3 号（0011 号）敌台，至 0.593 千米处有小口湾村 1 号（0012 号）敌台，至 0.927 千米处有小口湾村 2 号（0013 号）敌台，小口湾村 2 号敌台西侧处有小口湾村（0001 号）关，至 1.04 千米处有小口湾村（0040 号）马面，至 1.333 千米处北侧有长城村（0014 号）敌台。长城墙体附近有边墙渠水库，水资源丰富，有一条乡村公路、多条土路。边墙渠村有 36 户居民，157 人。

（六）长城村长城（610626382101170006）

该段墙体位于长城乡长城村的山梁上。顺山势而建，附近沟壑纵横。墙体两侧为荒坡地，坡度较缓。部分段墙体两侧有水冲沟，对墙体直接造成威胁。附近为山地沟壑区，沟壑纵横，坡度较陡峭。呈东—西走向。墙体长 1518 米，其中，保存差 1473 米、消失 45 米。墙体起点位于长城乡加油站南 0.03 千米，高程 1507.2 米；止点位于长城乡河子沟村四庄村东北 0.775 千米，高程 1631.4 米。（图一七〇〇；彩图三二一）

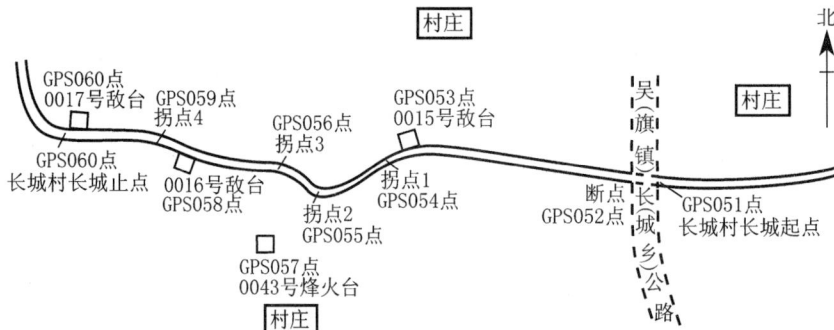

图一七〇〇 长城村长城位置示意图

墙体整体保存差。墙体起点至 0.018 千米处栽有电线杆；至 0.466 千米处墙体上栽有电线杆，将墙体作为道路；墙体上栽种有杨树、防沙柠条等。

墙体保存有三种剖面，一种底宽 11、顶宽 2.5、内高 6、外高 10 米；一种底宽 7、顶宽 2、内高 5、外高 7 米；一种底宽 6、顶宽 1.1 米、内高 3.8、外高 4.6 米。（图一七〇一）

墙体起点至 0.045 千米处为消失段；至 0.307 千米处为拐点 1，走向转为东北—西南；至 0.466 千米处为拐点 2，走向转为东—西；至 0.671 千米处为拐点 3，走向转为东南—西北；至 1.145 千米处为拐点 4，走向转为东—西；至 1.518 千米处为止点，亦为拐点，走向转为南—北。

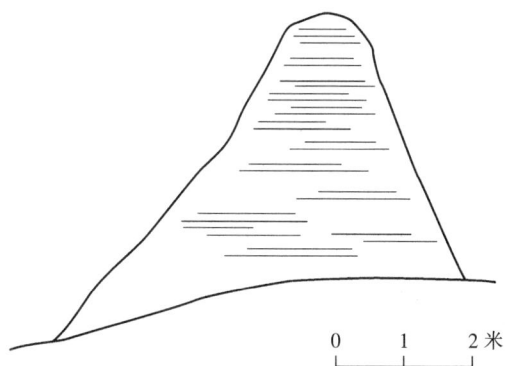

图一七〇一　长城村长城墙体剖面图

墙体为自然基础上夯筑而成，夯土为黑垆土夹杂黄土，夯层厚 0.07～0.14 米，夯窝直径 0.06、中心间距 0.12 米。

该段墙体起点为边墙渠村长城 2 段墙体止点；起点至 0.258 千米处有大河湾村（0015 号）敌台，至 0.671 千米南 0.3 千米处有大河湾村祁雨崾（0043 号）烽火台，至 1.007 千米南 0.026 千米处有四庄村 1 号（0016 号）敌台，至 1.468 千米有四庄村 2 号（0017 号）敌台。附近有周（湾镇）长（城乡）公路和多条乡村土路。长城村有 137 户居民，556 人。

（七）李家湾村长城（610626382101170007）

该段墙体位于长城乡双湾涧村李家湾村（组）的山梁上。顺山势而建，墙体两侧坡度较缓，部分段墙体由于水冲沟而消失。地处山地沟壑区，沟壑坡度较陡峭。呈东南—西北走向。墙体长 1311 米，其中，保存较差 1297 米、消失 14 米。墙体起点位于长城乡河子沟村四庄村东北 0.775 千米，高程 1631.4 米；止点位于长城乡双湾涧村乔圪坨村南 0.775 千米，高程 1684.4 米。（图一七〇二；彩图三二二）

墙体整体保存较差。墙体起点至 0.551 千米墙体北侧有水冲沟，直接对墙体造成威胁，墙体上有道路；至 1.201 千米处有水冲深沟，消失 14 米，为断点。

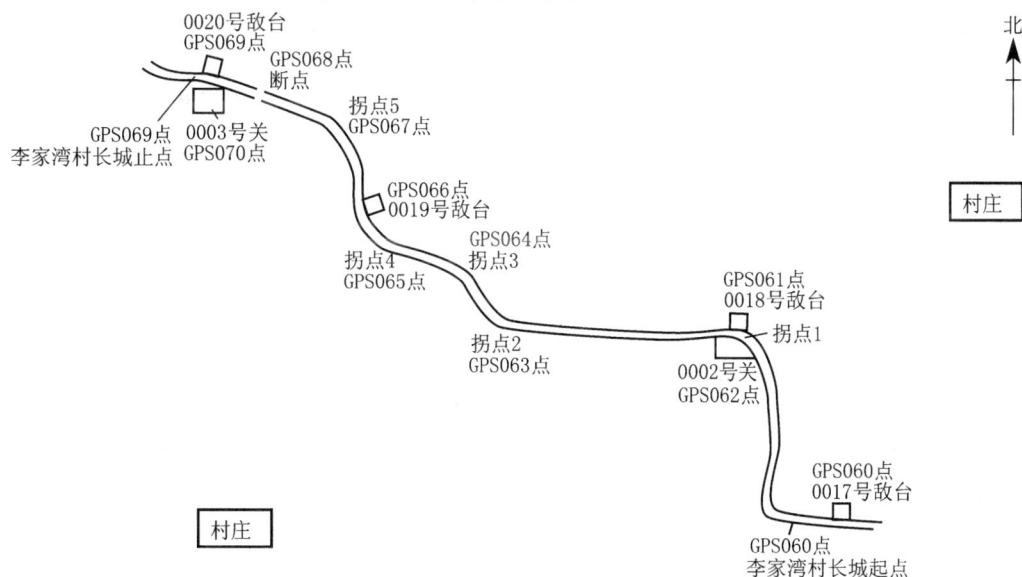

图一七〇二　李家湾村长城位置示意图

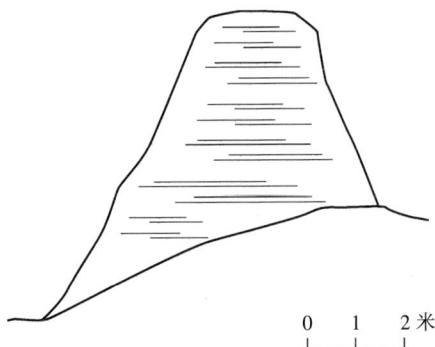

图一七〇三　李家湾村长城墙体剖面图

墙体起点为拐点，走向转为南—北。起点至 0.42 千米处为拐点 1，走向转为东—西；至 0.551 千米处为拐点 2，走向转为东南—西北；至 0.827 千米处为拐点 3，走向转为东—西；至 0.882 千米处为拐点 4，走向转为东南—西北，至 1.101 千米处为拐点 5，走向转为东—西；至 1.311 千米处为止点。

墙体为自然基础上夯筑而成，夯土为黑垆土夹杂黄土，夯层厚 0.05~0.12 米。墙体底宽 6.1~7、顶宽 1.1~2.4、内高 3.6~4.8、外高 5.2~6.8 米。（图一七〇三）

该段墙体起点为长城村长城墙体止点，起点至 0.42 千米处有李家湾村 1 号（0018 号）敌台，敌台南侧正对李家湾村（0002 号）关，至 0.914 千米处有李家湾村 2 号（0019 号）敌台，至 1.311 千米处有乔圪坨村（0020 号）敌台，乔圪坨村敌台南侧正对乔圪坨村（0003 号）关。附近有周（湾镇）长（城乡）公路和多条乡村土路。李家湾村有 23 户居民，117 人。

（八）乔圪坨村长城（610626382101170008）

该面墙体位于长城乡双湾涧村乔圪坨村的山梁上。顺山势而建，部分墙体两侧为缓坡，栽种有防沙柠条等，土质疏松。呈东南—西北走向。墙体长 1110 米，其中，保存较差 1085 米、消失 25 米。墙体起点位于长城乡双湾涧村乔圪坨村南 0.775 千米，高程 1684.4 米；止点位于长城乡双湾涧村大南湾村南 0.5 千米，高程 1657.7 米。（图一七〇四；彩图三二三）

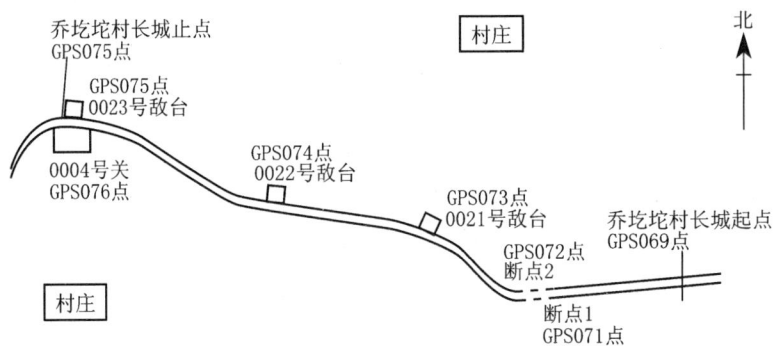

图一七〇四　乔圪坨村长城位置示意图

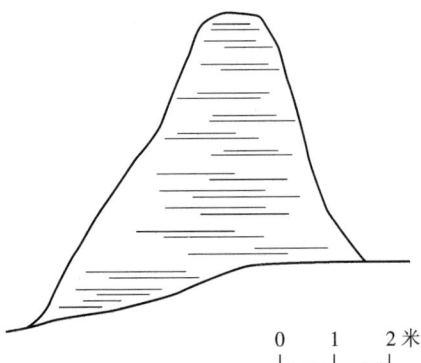

图一七〇五　乔圪坨村长城墙体剖面图

墙体整体保存较差。墙体起点至 0.342 千米处有水冲沟，消失 25 米，自断点 1 起至断点 2 止，断点 2 亦为拐点，走向转为东南向西北；至 0.472 千米处墙体南侧有深沟，直接对墙体造成威胁；至 1.11 千米处为止点、拐点，走向转为北—南。

墙体为自然基础上夯筑而成，夯土为黑垆土夹杂黄土，夯层厚 0.06~0.13 米。墙体底宽 6~7、顶宽 1.1~3.9、内高 3.1~4.3、外高 5.4~7.2 米。（图一七〇五）

该段墙体起点为李家湾村长城墙体止点，起点至 0.472 千米处有小南湾村 1 号（0021 号）敌台，至 0.774 千米处有小南湾村 2 号（0022 号）敌台，至 1.11 千米处有大南湾村（0023 号）

敌台，大南湾村敌台南侧正对大南湾村（0004号）关。附近有一条乡村公路和多条乡村土路。乔圪坨村有16户居民，85人。

（九）大南湾村长城（610626382101170009）

该段墙体位于长城乡双湾涧村大南湾村（组）南0.5千米山梁上。地处山地沟壑区，沟壑纵横。墙体顺山势高低起伏，坡度较缓。部分段墙体两侧为深沟，直接对墙体造成威胁。止点处为沟壑，底部较湿润，有周（湾镇）长（城乡）公路。呈东南—西北走向。墙体长1205米。墙体起点位于长城乡双湾涧村大南湾村南0.5千米，高程1657.7米；止点位于周湾镇王树湾村杨渠村东南0.711千米，高程1503.9米。（图一七〇六；彩图三二四）

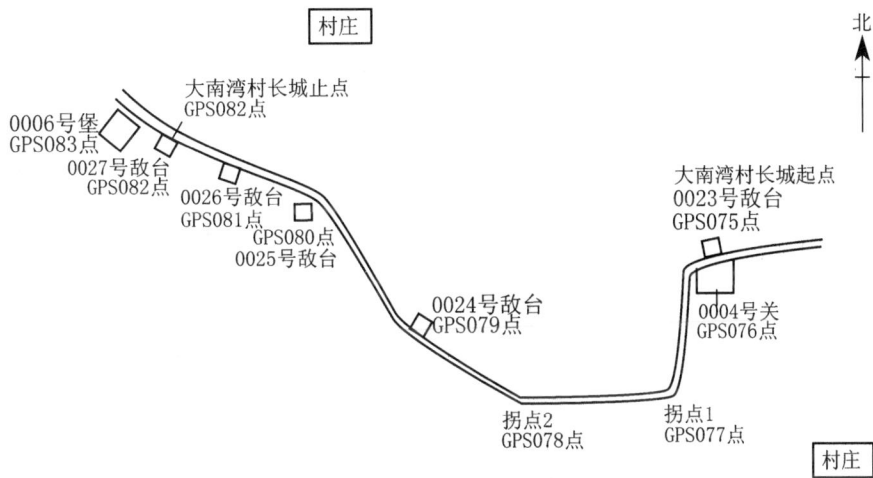

图一七〇六 大南湾村长城位置示意图

墙体整体保存较差。墙体起点至0.13千米处有水冲深沟，直接对墙体造成威胁。墙体起点为拐点，走向转为北—南；至0.13千米处为拐点1，走向转为东—西；至0.25千米处为拐点2，走向转为东南—西北；至1.205千米处为止点。

墙体为自然基础上夯筑而成，夯土为黑垆土夹杂黄土，夯层厚0.05~0.12米，夯窝直径0.05、中心间距0.11米。墙体底宽6.3~7、顶宽1.3~3.9、内高3.6~5.1、外高5.2~7.2米。（图一七〇七）

该段墙体起点为乔圪坨村长城墙体止点，起点至0.56千米处有杨渠村1号（0024号）敌台，至0.694千米处有杨渠村2号（0025号）敌台，至1.117千米处有杨渠村3号（0026号）敌台，至1.205千米南6米处有杨渠村4号（0027号）敌台，西侧有大南湾村（0006号）堡。双湾涧村附近沟壑底部较湿润，水资源较为丰富。双湾涧村有123户居民，577人。附近有周（湾镇）长（城乡）公路和多条乡村土路。

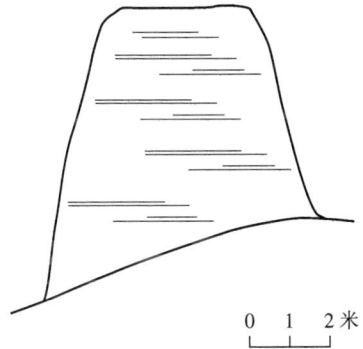

图一七〇七 大南湾村长城
墙体剖面图

（一〇）杨渠村长城（610626382101170010）

该段墙体位于长城乡的部分平缓地带和周湾镇杨渠村平缓地带的山梁上。附近为山地沟壑区，有杨渠村，坡度较缓。部分墙体两侧为深沟，对墙体造成威胁。呈东南—西北走向。墙体长 1696 米，其中，保存较差 1080 米、消失 616 米。墙体起点位于周湾镇王树湾村杨渠村东南 0.711 千米，高程 1503.9 米；止点位于周湾镇王树湾村杨渠村西北 0.89 千米，高程 1599.4 米。（图一七〇八）

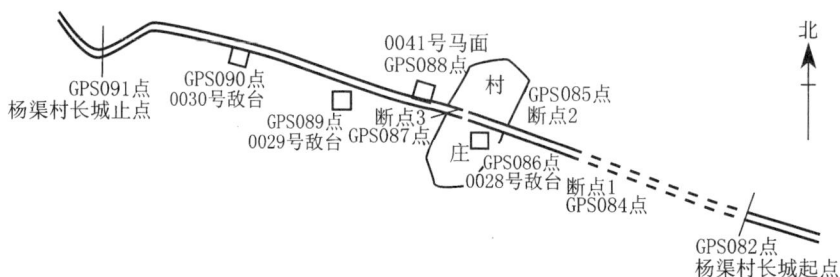

图一七〇八　杨渠村长城位置示意图

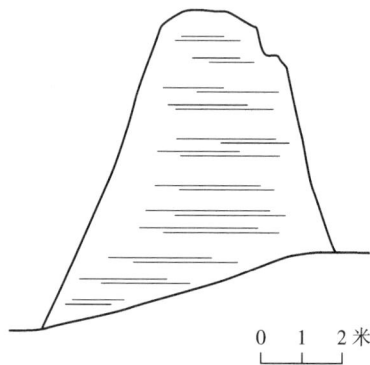

图一七〇九　杨渠村长城墙体剖面图

墙体整体保存较差。墙体起点至 0.603 千米处断点 1 为消失段，因过沟消失，走向为东南—西北；至 0.636 千米处墙体上栽有电线杆；至 0.642 千米处有土路通过墙体，消失 6 米，为断点 2；至 0.672 千米处栽有电线杆；至 0.722 千米处有土路穿过墙体，消失 7 米，为断点 3；至 0.724 千米处栽有电线杆；至 1.696 千米处为止点，同时为拐点和断点，走向转为南—北，因水冲深沟消失 40 米。

墙体为自然基础上夯筑而成，夯土为黑垆土夹杂黄土，夯层厚 0.06~0.13 米。墙体底宽 5~7、顶宽 0.9~2.6、内高 3.2~5.6、外高 4~7.4 米。（图一七〇九）

该段墙体起点为大南湾村长城墙体止点，起点至 0.672 千米南 0.026 千米处有杨渠村 5 号（0028 号）敌台，至 0.853 千米处有杨渠村（0041 号）马面，至 1.101 千米南 0.022 千米处有杨渠村 6 号（0029 号）敌台，至 1.296 千米处有杨渠村 7 号（0030 号）敌台。附近有周（湾镇）长（城乡）公路和多条乡村土路。杨渠村附近沟壑底部较湿润，水资源较丰富。杨渠村有 21 户居民，84 人。

（一一）庆阳山长城（610626382101170011）

该段墙体位于周湾镇王树湾村侯渠村（组）庆阳山的山梁上。顺山势高低起伏，坡度陡峭。部分段由于水冲深沟导致墙体消失。墙体大部分处在山地沟壑区，沟壑较大，坡度陡峭，沟壑纵横。少部分段山势较缓较平整。呈东南—西北走向。墙体长 1626 米，其中，保存差 1511 米、消失 115 米。墙体起点位于周湾镇王树湾村杨渠村西北 0.89 千米，高程 1599.4 米；止点位于周湾镇罗涧村侯渠村西南 0.94 千米，高程 1711.6 米。（图一七一〇）

墙体整体保存差。墙体起点同时为拐点和断点，走向转为南—北，因水冲深沟消失 40 米，为断点 1；至 0.19 千米处为拐点 1，走向转为东—西；至 0.34 千米处为拐点 2，走向转为南—北；至 0.81 千米处因水冲沟消失 75 米，为断点 2 起、断点 3 止，断点 2 为拐点，走向转为西南—东北；至 0.98 千米处为拐点 3，转为东南—西北；至 1.066 千米处为拐点 4，走向转为东—西；至 1.626 千米处为止点。

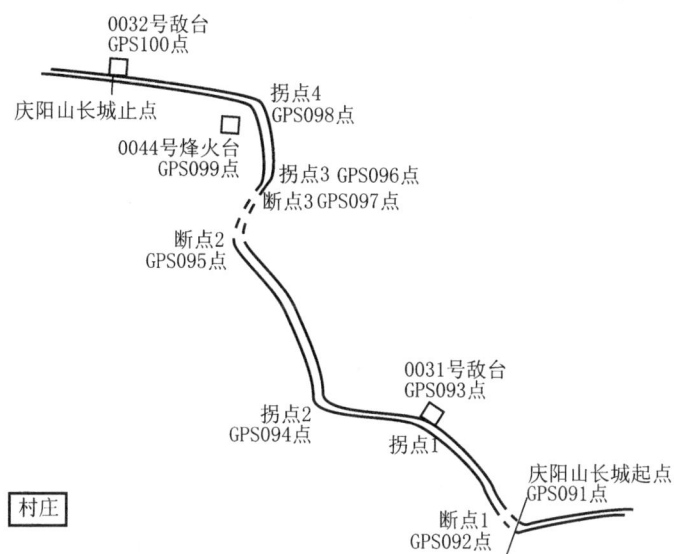

图一七一〇 庆阳山长城位置示意图

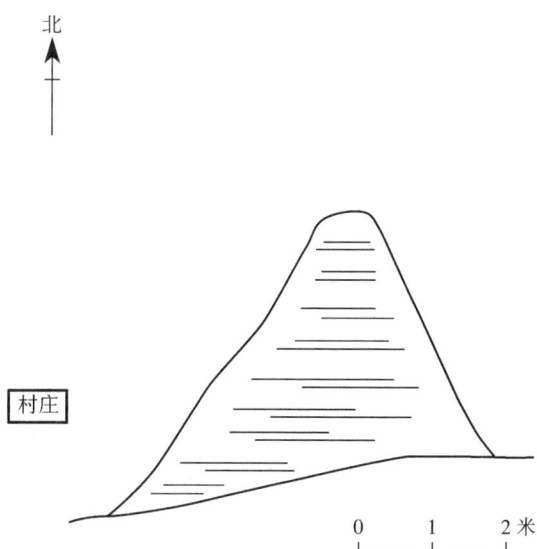

图一七一一 庆阳山长城墙体剖面图

墙体为自然基础上夯筑而成，夯土为黑垆土夹杂黄土，夯层厚 0.07 ~ 0.14 米，夯窝直径 0.06、中心间距为 0.14 米。墙体底宽 5 ~ 6、顶宽 0.8 ~ 1.1、内高 3.2 ~ 4.4、外高 4 ~ 5 米。（图一七一一）

该段墙体起点为杨渠村长城墙体止点。起点至 0.19 千米处有杨渠村 8 号（0031 号）敌台，至 1.066 千米南 0.035 千米处有庆阳山（0044 号）烽火台，至 1.626 千米处有庆阳山（0032 号）敌台。附近有县乡公路和多条乡村土路。该地沟壑底部较湿润，水文较为丰富。侯渠村有居民 56 户，241 人。

（一二）东湾村长城 1 段（610626382101170012）

该段墙体位于周湾镇罗涧村东湾村（组）的山梁上。顺山势高低起伏，山势较陡峭。地处山地沟壑地带，沟壑纵横，部分山梁上有梯田。呈东南—西北走向。墙体长 1465 米。墙体起点位于周湾镇罗涧村侯渠村西南 0.94 千米，高程 1711.6 米；止点位于周湾镇罗涧村东湾村北 0.215 千米，高程 1551.1 米。（图一七一二；彩图三二五）

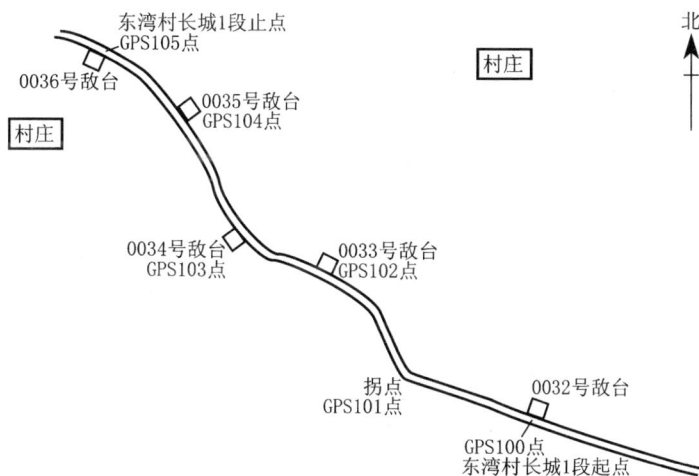

图一七一二 东湾村长城 1 段位置示意图

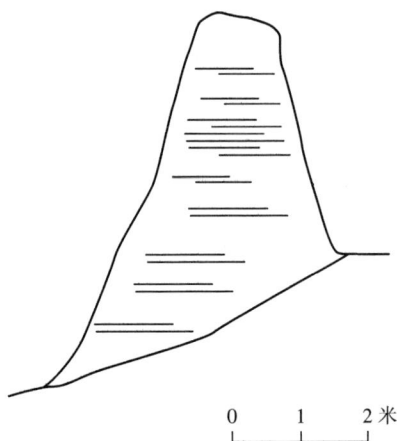

图一七一三　东湾村长城 1 段
墙体剖面图

墙体整体保存较差。墙体由于雨水冲刷侵蚀剥落严重，部分段两侧由于水冲沟对墙体造成威胁。墙体起点至 0.1 千米处为拐点，走向转为东南—西北；至 1.465 千米处为止点。

墙体为自然基础上夯筑而成，夯土为黑垆土夹杂黄土，夯层厚 0.05 ~ 0.12 米。墙体底宽 5 ~ 7、顶宽 1.2 ~ 2.6、内高 3.4 ~ 4.5、外高 5.2 ~ 7.6 米。（图一七一三）

该段墙体起点为庆阳山长城墙体止点，起点至 0.648 千米处有东湾村 1 号（0033 号）敌台，至 0.863 千米处有东湾村 2 号（0034 号）敌台，至 1.308 千米处有东湾村 3 号（0035 号）敌台。墙体附近有罗涧沟，沟内湿润，水资源较为丰富，有县乡公路和多条乡村土路。东湾村有 28 户居民，110 人。

（一三）东湾村长城 2 段（610626382101170013）

墙体位于周湾镇罗涧村东湾村（组）的山梁上。顺山势高低起伏，山梁坡度较陡峭，部分墙体两侧有沟壑，造成墙体剥落严重。附近沟壑纵横，土壤以黄沙土和黑垆土为主。呈东南—西北走向。墙体长 1351 米，其中，保存较差 381 米、消失 970 米。墙体起点位于周湾镇罗涧村东湾村北 0.215 千米，高程 1551.1 米；止点位于定边县郝滩乡四路沟村东南 1.1 千米，高程 1481.5 米。（图一七一四；彩图三二六）

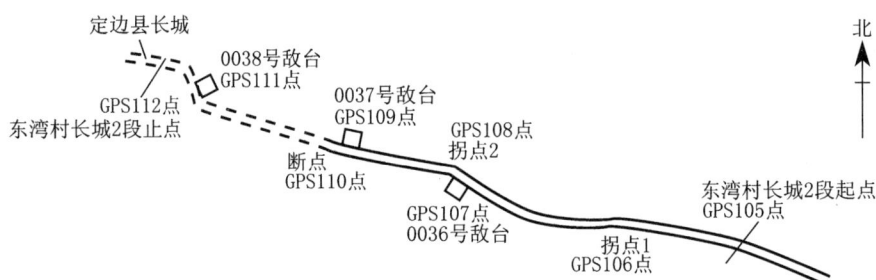

图一七一四　东湾村长城 2 段位置示意图

墙体整体保存较差。墙体起点至 0.192 千米处为拐点 1，走向转为东—西；至 0.228 千米处为拐点 2，走向转为东南—西北；至 0.381 千米处由于罗涧沟和公路，消失 380 米，为断点；至 0.761 千米处有东湾村 6 号（0038 号）敌台，敌台西 0.59 千米处为止点，跨罗涧河与定边县郝滩乡高家湾长城相接。

墙体为自然基础上夯筑而成，夯土为黑垆土夹杂黄土，夯层厚 0.05 ~ 0.13 米。墙体底宽 4 ~ 6、顶宽 0.6 ~ 1.5、内高 2.1 ~ 3.9、外高 2.6 ~ 4.8 米。（图一七一五）

该段墙体起点为东湾村长城 1 段墙体止点，起点至 0.192 千米南 6 米处有东湾村 4 号（0036 号）敌台，至 0.336 千米处有东湾村 5 号（0037 号）敌台，至 0.761 千米处有东湾村 6 号（0038 号）敌台。墙体附近有罗涧沟，沟内湿润，水资源较丰富，东梁村附近有县乡公路和多条乡村土路。东湾村有 28 户居民，110 人。

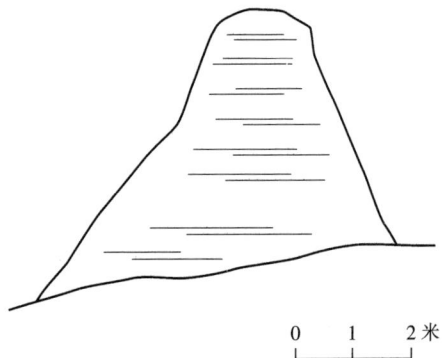

图一七一五　东湾村长城 2 段墙体剖面图

二　单体建筑

吴起县明长城大边单体建筑主要分为敌台、马面、烽火台三类。此次共调查单体建筑44座，其中，敌台38座、马面3座、烽火台3座。

敌台38座。台体皆用黄土夹杂红黏土、小石块、黑垆土、黄焦土、石子等夯筑而成，夯层厚0.04～0.19米，以0.05～0.13米为主（有3座超过0.15米）。有台基者13座，占敌台总数的34.21%；带围墙者有2座，占敌台总数的5.26%；有券洞者6座，占敌台总数的15.79%；全部有包砖。台体平面呈矩形者30座，占敌台总数的78.94%；圆形者有6座，占敌台总数的15.79%；不规则形者有2座。底部边长2.4～14米，以6～12米为主；顶部边长0.8～1米，以3～8米为主（东湾村1号敌台达10米）；高3.2～14米，以4～8米为主（长城村敌台、营峁村1号敌台、小口湾村1号敌台达10米以上）。

马面3座。台体皆用用黄土夯筑而成，夯土中夹杂有红黏土、小石块，夯层厚0.6～0.12米，平面呈矩形，剖面呈梯形，底部东西（与墙体走线平行）7～8、南北（与墙体走向垂直）7～10米，顶部边长2.2～6米，高4.3～5.2米。

烽火台3座。台体皆用黄土或黑垆土夹杂小石块等夯筑而成，夯层厚0.05～0.27米。有台基者2座，有围墙者2座，有包砖者3座，皆有券洞。台体平面呈矩形者2座、圆形者1座，底部边长8～12、顶部边长2.4～6、高3.8～5.3米。

单体建筑分述如下。

（一）岱巷村墩梁敌台（610626352101170001）

该敌台位于长城乡黄涧村岱巷村（组）北1.1千米的墩梁（山名）上。周围比较平整，南、西、北侧为耕地，东侧山底为边墙壕沟，南侧为马坨涧梁，坡度陡峭。地处山地沟壑区，沟壑坡度较陡峭，土质为黄沙土。高程1624.5米。

敌台整体保存较差。台体东壁坍塌呈斜坡状，南壁有宽1.4、高2.3、进深1.4米的豁口，西壁豁口宽2、高1.8、进深1.3米，南壁动物洞穴较多。

台体用黄土夹杂小石块夯筑而成，夯层厚0.07～0.13米，质地细密。台体平面呈近矩形，剖面呈梯形，底部东西10、南北12米，顶部东西3.4、南北6.7米，高4.8米。台体建在矩形基座上，基座东西30、南北32米，高7米，南侧有两个豁口，靠东豁口宽1.9、高1.7米，中部豁口宽6、高1.7米；西侧豁口宽5.2、高1.3米；北侧豁口宽3、高2.1米。台体附近发现有残砖、瓦片、瓷片，砖宽19、厚7厘米，瓦片厚1.8厘米，瓷片厚0.5厘米。（图一七一六）

该敌台东距岱巷村墩梁长城墙体0.026千米。

（二）营峁村1号敌台（610626352101170002）

该敌台位于长城乡二道坝子村营峁村（组）南0.585千米的山峁上。东、西侧为山坡，坡度较陡峭，为荒坡地。附近为黄土沟壑

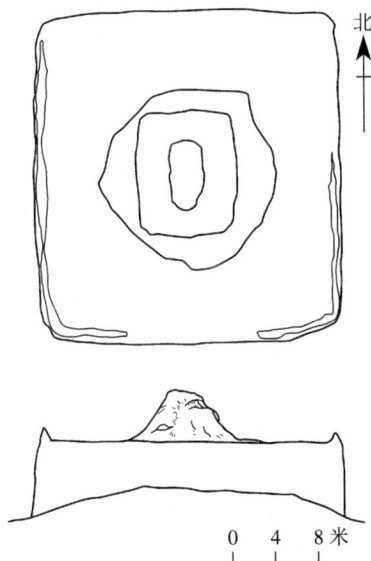

北

图一七一六　岱巷村墩梁
敌台平、立面图

0　4　8米

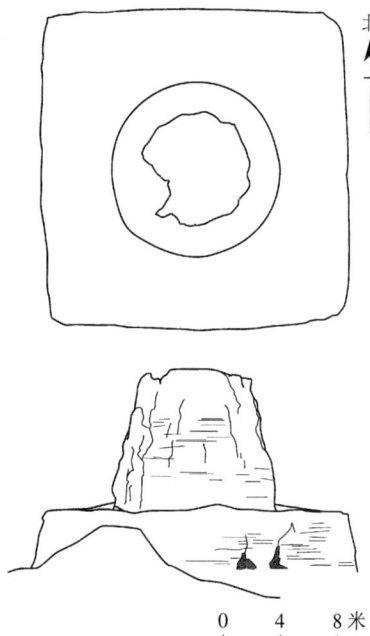

图一七一七　营卯村 1 号
敌台平、立面图

区，沟壑纵横，坡度陡峭。高程 1655.1 米。

敌台整体保存一般。台体由于雨水冲刷侵蚀四壁有不同程度的剥落，顶部西北角豁口宽 1.6、高 2、进深 1.5 米

台体用黄土夹杂小石块夯筑而成，夯层厚 0.07~0.13 米，质地细密，夯窝直径 0.07、中心间距 0.16 米。台体西壁有券洞，坍塌不可登台，券洞直径 0.9 米。台体平面呈圆形，剖面呈梯形，底部直径 12、顶部直径 8、高 10 米。台体建在矩形夯土基座上，基座边长 22 米，高 4.2 米；南侧有两个人为挖掘的小洞，靠西洞宽 1.4、高 1.1、进深 2.6 米，靠东洞宽 1.3、高 1.6、进深 2 米；西侧豁口宽 4、高 1.5、进深 2 米。台体附近发现有残砖、瓦片，砖宽 19、厚 7 厘米，瓦片厚 1.8 厘米。（图一七一七；彩图三二七）

该敌台南距营峁村烽火台 0.61 千米。

（三）营峁村 2 号敌台（610626352101170003）

该敌台位于长城乡二道坝子村营峁村（组）南 1.05 千米的山峁上。西、北侧为陡坡，坡下为沟壑。附近为山地沟壑区，沟壑纵横，土质为黄沙土。高程 1640.1 米。

敌台整体保存一般。台体由于雨水冲刷侵蚀四壁剥落严重，东壁有人为挖掘的小洞，宽 1.2、高 2.1、进深 1.6 米；南壁顶部有豁口，宽 1.6、高 1.8、进深 1.2 米。基座东侧有小洞，宽 1、高 0.5、进深 0.6 米；北侧坍塌呈斜坡状，东侧紧贴长城墙体处坍塌呈斜坡状。

台体用红黏土、黄土夹杂小石块夯筑而成，夯层厚 0.06~0.1 米，没发现夯窝。台体外层有包砖。台体平面呈圆形，剖面呈梯形，顶部坍塌，底部直径 12、顶部直径 6、高 8 米。夯土基座平面呈矩形，东西 16、南北 21、高 4 米。台体周围发现有残砖，砖厚 9 厘米，宽不详。（图一七一八）

该敌台紧贴营峁村长城 1 段墙体，东南距营峁村 1 号敌台 0.461 千米。

（四）营峁村 3 号敌台（610626352101170004）

该敌台位于长城乡二道坝子村营峁村（组）南 1.6 千米的山峁上。东侧与长城墙体之间有水冲沟，西、北侧为山坡，坡度陡峭。附近为山地沟壑区，坡度较陡峭，土壤为黄沙土和红黏土。高程 1620.4 米。

敌台整体保存较差。台体有多处坍塌，坍塌部分呈斜坡状，南壁有宽 2.8、高 5.6、进深 2.2 米的豁口，北壁豁口宽 1.7、高 3.2、进深 1.4 米，北壁有人为踩踏呈 "V" 形的小路。

台体用红黏土、黄土夹杂小石块夯筑而成，夯层厚 0.06~0.13 米。台体平面呈矩形，剖面呈梯形，底部东西 10、南北 12 米，顶部边长 7 米，高 7.2 米。台体建在矩形夯土基座上，由于雨水冲刷侵蚀基座仅存南部，长 12 米。台体周围发现有残砖、瓦片，砖宽 19、厚 7 厘米，瓦片厚 1.8 厘米。（图一七一九；彩图三二八）

该敌台东距营峁村长城 1 段墙体 0.015 千米，东南距营峁村 2 号敌台 0.4 千米。

（五）营峁村 4 号敌台（610626352101170005）

该敌台位于长城乡二道坝子村营峁村（组）南 0.435 千米的山峁上。东、西侧为山坡，坡度较陡

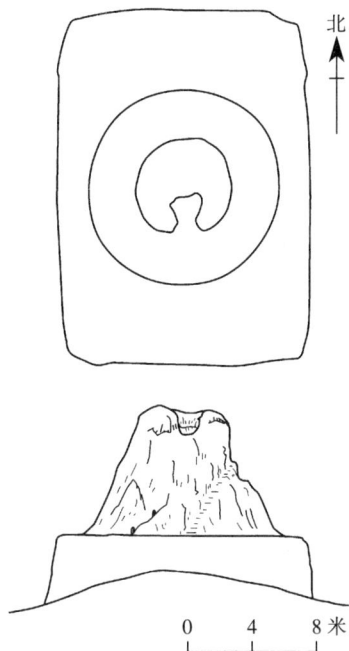

图一七一八　营峁村 2 号敌台平、立面图

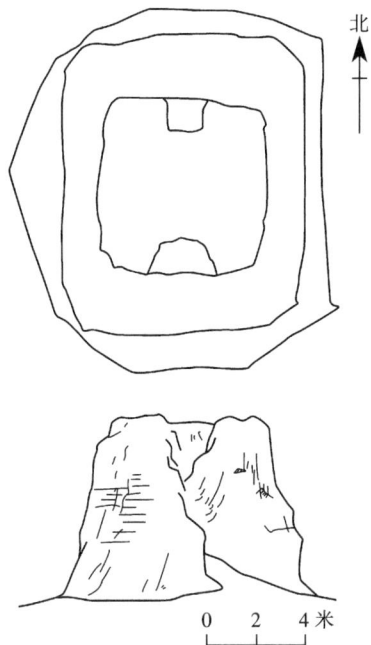

图一七一九　营峁村 3 号敌台平、立面图

峭。地处山地沟壑区，沟壑坡度陡峭，土壤以黄土和红黏土为主。高程 1606.5 米。

敌台整体保存较差。台体南壁底部有宽 1、高 1.2、进深 2.4 米的窑洞，南壁豁口宽 3.3、高 2.4、进深 2.6 米，北、东壁坍塌严重。

台体用红黏土、黄土夹杂小石块夯筑而成，夯层厚 0.05～0.11 米，夯窝直径 0.07、中心间距 0.17 米。台体平面呈矩形，剖面呈梯形，底部东西 16、南北 12 米，顶部东西 3.2、南北 2 米，高 9 米。台体周围发现有残砖、瓦片，砖宽 19、厚 7 厘米，瓦片厚 1.8 厘米。（图一七二〇）

该敌台东南距营峁村马面 0.678 千米。

（六）营峁村 5 号敌台（6106263521011170006）

该敌台位于长城乡二道坝子村营峁村（组）南 0.254 千米的山峁上。南、北侧为斜坡，坡度较缓，西侧地势较低，东侧地势较高。附近为山地沟壑区，沟壑纵横，沟壑底部有村庄。高程 1570 米。

敌台整体保存较差。台体东壁有窑洞，宽 2.4、高 2.6、进深 3.2 米；南壁有 2 孔窑洞，靠东窑洞宽、高 2.7、进深 2.8 米，靠西窑洞宽 2.5、高 1.9、进深 2.5 米；东壁有豁口，宽 2.6 米，高可达顶，进深 1.3 米，底部有宽 1.1、高 0.6、进深 0.5 米的小洞；北壁有水冲裂缝，部分与墙体分离，宽 2、深 1.2 米，高可达顶；顶部中部有一个圆洞（可能为券洞登台），已坍塌，东西 2、南北 1.4、深 2 米。

台体用红黏土、黄土夹杂小石块夯筑而成，夯层厚 0.05～0.18 米，夯窝直径 0.06、中心间距 0.16 米。台体西壁有登台券洞，宽 0.9、高 1.7 米，可登顶。台体平面呈矩形，剖面呈梯形，底部边长 9、顶部边长 7、高 9 米。台体周围发现有残砖、瓦片、瓷片，砖宽 19、厚 7 厘米，瓦片厚 2 厘米，瓷片 0.3 厘米。（图一七二一）

该敌台东南距营峁村 4 号敌台 0.276 千米。

（七）营峁村 6 号敌台（6106263521011170007）

该敌台位于长城乡二道坝子村营峁村（组）北 0.03 千米的平缓地带。西、北侧为坡耕地，南侧地

图一七二〇　营峁村 4 号敌台平、立面图

势较低，为营峁村，东侧有上山的路。地处山地沟壑区，沟壑纵横交错，沟壑坡度较缓，土壤为红黏土和黄土。高程 1573 米。

敌台整体保存较差。台体东壁有窑洞，宽 1.1、高 2.1 米，进深由于门被锁无法测量；南壁豁口宽 4.8、高 5、进深 2.1 米；顶部有一个圆形坑，直径 1.8、高 1.2 米。

台体用红黏土、黄土夹杂小石块夯筑而成，夯层厚 0.05～0.1 米。台体外部有包砖。台体平面呈矩形，剖面呈梯形，底部东西 10、南北 9 米，顶部东西 8、南北 4.5 米，高 7.3 米。台体顶部有大量的石灰渣。台体周围发现有大量的砖、瓦片，砖长 41、宽 21、厚 8 厘米，瓦片厚 2 厘米。（图一七二二；彩图三二九）

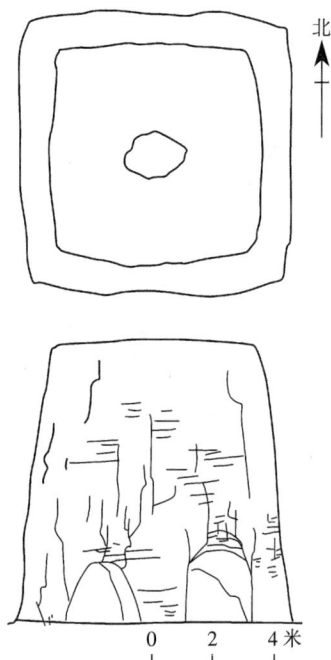

图一七二一　营峁村 5 号敌台平、立面图

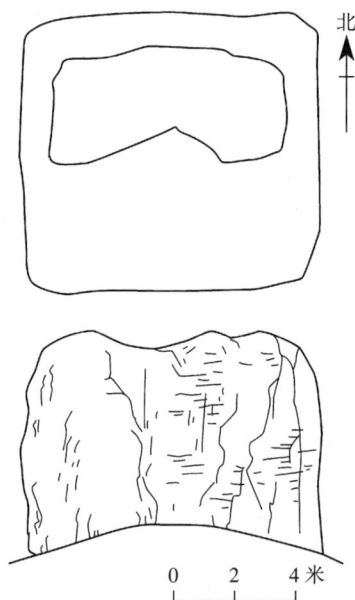

图一七二二　营峁村 6 号敌台平、立面图

该敌台西南距营峁村 7 号敌台 0.245 千米。

（八）营峁村 7 号敌台（6106263521011700008）

该敌台位于长城乡二道坝子村营峁村（组）西南 0.237 千米的山峁上。山峁顶部较平整，东侧为耕地，南、西、北侧为山坡，坡度陡峭，西南侧有边墙渠水库。地处山地沟壑区，沟壑纵横，土壤为红黏土和黄土。高程 1542.8 米。

敌台整体保存较差。台体东壁有宽 2.6、高 1.2、进深 1.3 米的豁口，顶部有一个直径 1.4、高 0.4 米的圆形坑。

台体用红黏土、黄土夹杂小石块夯筑而成，夯层厚 0.05~0.1 米。台体平面呈矩形，剖面呈梯形，底部边长 8、顶部边长 7、西侧高 8、东侧高 3 米。台体包砖脱落或人为拆除，顶部有大量的石灰渣。台体周围发现有残砖、瓦片，砖宽 21、厚 8 厘米，瓦片厚 2 厘米。（图一七二三）

该敌台东北距营峁村 6 号敌台 0.245 千米。

（九）边墙渠村 1 号敌台（6106263521011700009）

该敌台位于长城乡长城村边墙渠村（组）南 0.603 千米的山坡上。东、北侧较平坦，南、西侧为山坡，坡度较陡峭。附近为山地沟壑区，沟壑纵横交错，土壤以黄土和红黏土为主。高程 1531.3 米。

敌台整体保存较差。台体由于雨水冲刷侵蚀四壁剥落严重，东壁有宽 2.1、高 2.7、进深 1.1 米的豁口；北壁有人为挖掘取土形成宽 2.2、高 2.3、进深 1 米的豁口。

台体用红黏土夹杂黄土夯筑而成，夯层厚 0.07~0.13 米。台体平面呈近矩形，剖面呈梯形，底部东西 7、南北 7.8，顶部坍塌严重，南侧坍塌三分之二，东西 3.1、南北 1.4 米，高 5.6 米。台体周围发现有少量的砖、瓦片，砖长 37.5、宽 19.50、厚 9.5 厘米，瓦片厚 2 厘米。距台体南壁 5 米有 2 处墓穴，墓穴上有多块整砖。（图一七二四）

图一七二三　营峁村 7 号敌台平、立面图　　图一七二四　边墙渠村 1 号敌台平、立面图

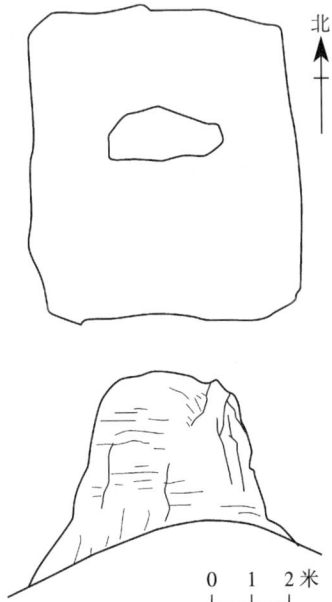

该敌台东距营峁村堡1.05千米。

（一〇）边墙渠村2号敌台（610626352101170010）

该敌台位于长城乡长城村边墙渠村（组）南0.717千米的山峁上。南侧为坡耕地，北侧为山坡，坡度较陡峭，东、西侧坡度较缓，长城墙体顺山势而下。附近为山地沟壑区，沟壑纵横，坡度较陡峭。高程1625米。

敌台整体保存较差。台体由于雨水冲刷侵蚀四壁有不同程度的剥落；南壁有宽2.8、高4、进深4.2米的豁口，有宽0.6、高0.7、进深0.6米的洞；北壁有人为挖掘的小洞，宽0.8、高1.3、进深0.4米。

台体用红黏土夹杂黄土夯筑而成，夯层厚0.07~0.13米。台体平面呈近矩形，剖面呈梯形，底部东西7.2、南北7.5米，顶部塌陷仅存四周，东西3.3、南北3.9米，高5.1米。台体周围发现有少量残砖、瓦片，砖宽19.5、厚7.5厘米，瓦片厚1.8厘米。（图一七二五）

该敌台东距边墙渠村1号敌台0.317千米。

（一一）边墙渠村3号敌台（610626352101170011）

该敌台位于长城乡长城村边墙渠村（组）南0.798千米的山梁上。东、西侧为长城墙体走向，较平坦；南、北侧为山坡，坡度陡峭，坡底较平坦，有边墙渠村。地处山地沟壑区，沟壑纵横，以黄土为主。高程1583.8米。

敌台整体保存较差。台体西南壁有豁口，宽2.3、高5.6、进深1.8米；南壁坍塌，仅剩东南角，有剥落，坍塌呈斜坡状；西壁中部有一个直径0.24米的圆形洞，直通东壁。

台体用黄土夯筑而成，夯层厚0.07~0.12米。台体平面呈近圆形，剖面呈梯形，底部直径9米，顶部坍塌严重，直径6.2米，高7.7米。台体周围发现有少量残砖、瓦片，砖宽19.5、厚7.5厘米，瓦片厚1.8厘米。（图一七二六）

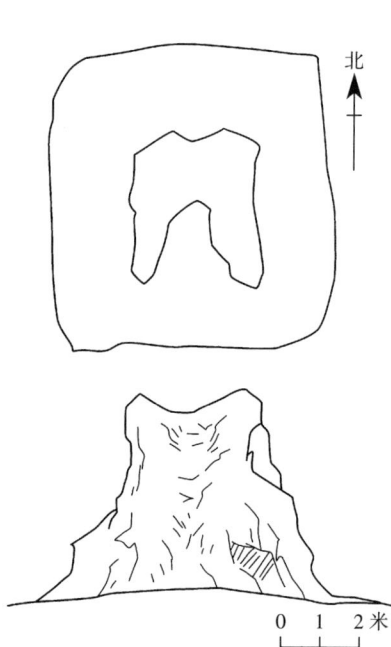

图一七二五　边墙渠村2号敌台平、立面图　　　　图一七二六　边墙渠村3号敌台平、立面图

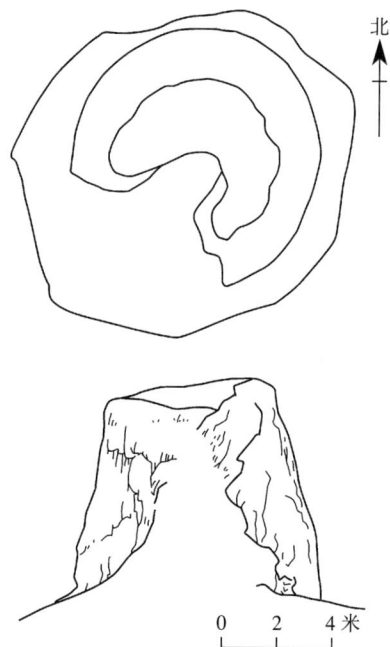

该敌台东南距边墙渠村 2 号敌台 0.746 千米。

（一二）小口湾村 1 号敌台（610626352101170012）

该敌台位于长城乡二道坝村小口湾村（组）东北 0.227 千米的山坡上。南、北侧为山坡，坡度陡峭；西侧底部有水冲沟；东、西侧为山梁，较平缓。附近为山地沟壑区，沟壑纵横，山底为小口湾村。高程 1544.9 米。

敌台整体保存较差。台体东壁豁口宽 1.2、高 1.6、进深 1.1 米；南壁有豁口，宽 3.6、高 4、进深 3 米；西壁有两个豁口，靠南豁口宽 1.9、高 4.4、进深 2.3 米，靠北豁口宽 1.9、高 5、进深 1.3 米，西壁坍塌呈斜坡状；北壁窑洞坍塌，仅存宽 1.8、高 1、进深 0.9 米。

台体用红黏土夹杂黄土夯筑而成，夯层厚 0.07~0.12 米。台体平面呈近矩形，剖面呈梯形，底部东西 6、南北 8 米，顶部坍塌严重，东西 1.8、南北 3.5 米，高 4.1 米。台体周围发现有少量的瓦片，砖宽 19.5、厚 9 厘米，瓦片厚 1.8 厘米。（图一七二七）

该敌台东距边墙渠村 3 号敌台 0.132 千米。

（一三）小口湾村 2 号敌台（610626352101170013）

该敌台位于长城乡二道坝村小口湾村（组）南 0.561 千米的山峁上。南、北侧为山梁，较平坦；东、西侧为山坡，坡度较平缓。地处山地沟壑区，沟壑较多。高程 1578.1 米。

敌台整体保存较差。台体由于雨水冲刷侵蚀坍塌严重，南壁有宽 1.4、高 1.2、进深 1.8 米的窑洞，西壁坍塌宽 5.6、高 3.2、进深 2.1 米。

台体用红黏土夹杂黄土夯筑而成，分层厚 0.07~0.14 米。台体平面呈近矩形，剖面呈梯形，底部东西 6、南北 8 米，顶部东西 1.8、南北 3.5 米，高 4.1 米。台体周围发现有少量残砖瓦片，砖宽 19.5、厚 9 厘米，瓦片厚 1.8 厘米。（图一七二八）

该敌台南依边墙渠村长城 2 段墙体，东南距小口湾村 1 号敌台 0.334 千米。

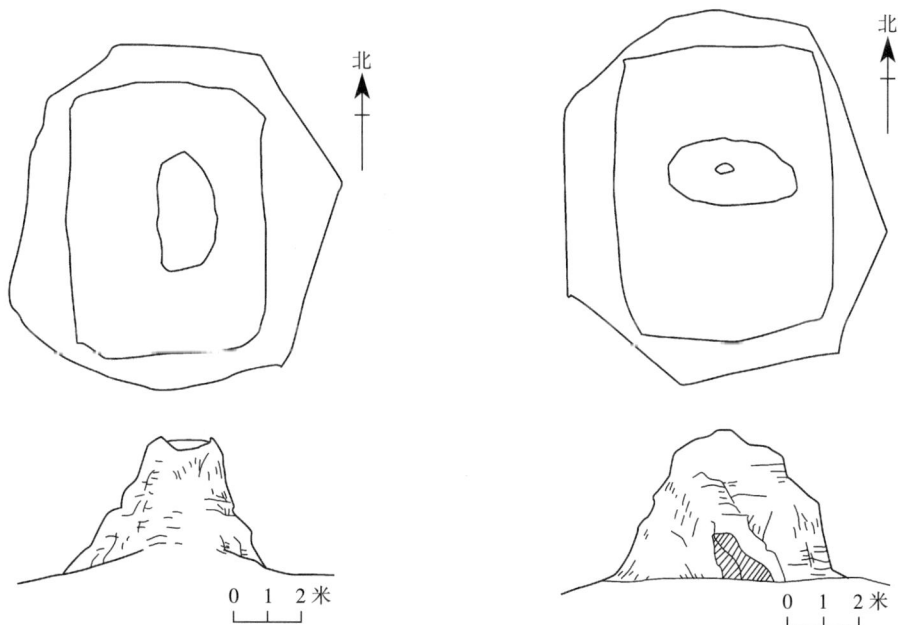

图一七二七　小口湾村 1 号敌台平、立面图

图一七二八　小口湾村 2 号敌台平、立面图

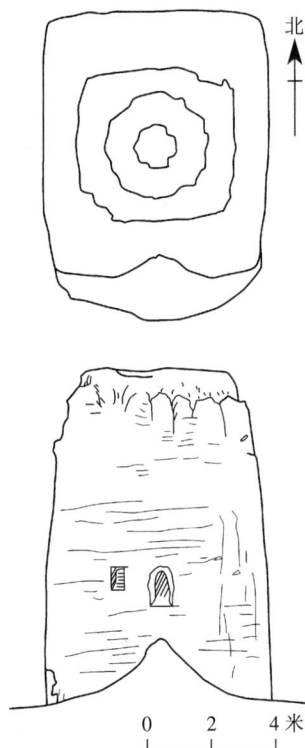

图一七二九　长城村
敌台平、立面图

（一四）长城村敌台（610626352101170014）

该敌台位于长城乡长城村南 0.015 千米的平缓地带。东、西侧为山坡，坡度较陡峭；南、北侧较平坦。附近较平坦，为山谷地带。高程 1509.9 米。

敌台整体保存一般。依靠台体东壁建有猪圈护栏，猪圈处有人为挖掘的小洞，洞宽 1、高 0.4、进深 0.3 米；南壁有登台券洞，券洞西侧有矩形洞，洞宽 0.4、高 0.7 米，进深由于内部有土无法测量；东壁有豁口，宽 1、高 2.2、进深 0.4 米。

台体用黑垆土夹杂黄土夯筑而成，夯层厚 0.07~0.15 米。台体外部包砖被人为拆除，只存周围少量残砖。台体南壁高 2.8 米处有登台券洞，宽 0.7、高 1.2、进深 4 米，可由券洞登台，券洞通往顶部呈漏斗形，底层直径 1.3、高 1.7 米；第二层直径 3.2、高 1.4 米。台体平面呈矩形，剖面呈梯形，底部东西 7、南北 8 米，顶部东西 5、南北 4.6 米，高 10 米。台体周围发现有少量残砖、瓦片，砖宽 19.5、厚 9 厘米，瓦片厚 1.8 厘米。（图一七二九；彩图三三〇）

该敌台南依边墙渠村长城 2 段墙体，东距小口湾村马面 0.281 千米。

（一五）大河湾村敌台（610626352101170015）

该敌台位于长城乡大河湾村移民新区南 0.277 千米的山坡上。南、北侧为山坡，坡度较陡峭；东、西侧为山梁，较平缓。地处山地沟壑区，山脉相连，沟壑纵横，土质壤黄土和黑垆土为主。高程 1536.7 米。

敌台整体保存差。台体坍塌严重，北高南低，呈不规则形，南壁坍塌呈斜坡状。

台体用黑垆土夹杂黄土夯筑而成，夯层厚 0.07~0.19 米。台体平、剖面呈不规则形，底部东西 7、南北 8 米，高 4.2 米。台体建在圆形夯土基座上，基座直径 22、高 5.2 米。台体周围发现有少量残砖碎片和瓦片，砖宽 19.5、厚 9 厘米，瓦片厚 1.8 厘米，瓷片厚 0.13 厘米。（图一七三〇）

该敌台南依长城村长城墙体，东距长城村敌台 0.3 千米。

（一六）四庄村 1 号敌台（610626352101170016）

该敌台位于长城乡河子沟村四庄村（组）北 0.451 千米的山峁上。所处山峁顶部较为平整，地处山地沟壑区，沟壑坡度陡峭，沟壑纵横，土壤以黑垆土、黄土、黄焦土为主。高程 1681 米。

敌台整体保存差。台体由于雨水冲刷侵蚀坍塌呈斜坡状，顶部东侧坍塌宽 3、高 0.8、进深 1 米，西南角坍塌宽 2.2、高 0.7、进深 1 米。

台体用黑垆土、黄土、黄焦土夹杂石子夯筑而成，夯层厚 0.07~0.13 米。台体平面呈矩形，剖面呈梯形，底边长 12 米，顶部东西 4.2、南北 3.2 米，高 8.4 米。夯土基座平面呈矩形，东西 40、南北 38、高 2 米，基座西侧豁口宽 5、高 2 米，基座上有围墙。围墙东墙坍塌，南墙靠东有豁口，宽 4.2、高 2 米，靠西豁口宽 8、高 2 米，西南角豁口宽 4、高 2 米；北墙基本消失。台体周围发现有少量残砖瓦片，砖宽 19.5、厚 9 厘米，瓦片厚 1.8 厘米。（图一七三一）

图一七三〇　大河湾村敌台平、立面图　　　　　图一七三一　四庄村1号敌台平、立面图

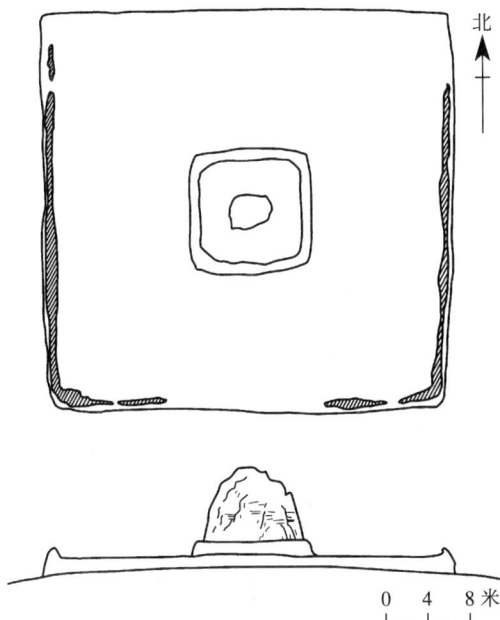

该敌台北距长城村长城墙体0.026千米，东南距大河湾村祁雨峁烽火台0.54千米。

（一七）四庄村2号敌台（610626352101170017）

该敌台位于长城乡河于沟村四庄村（组）东北0.775千米的山嵝岇上。东、西侧为山坡，坡度较陡峭；南、北侧为山嵝岇上，较平缓。地处山地沟壑地带，沟壑纵横，坡度较缓，土壤为黑垆土和黄沙土。高程1631.4米。

敌台整体保存差。台体顶部坍塌不规则，南北呈驼峰状，剥落严重，北壁坍塌呈斜坡状。

台体用黑垆土、黄土夹杂石子夯筑而成，夯层厚0.07～0.16米。台体由于雨水冲刷侵蚀平、剖面呈不规则形，底部东西10、南北8米，顶部东西5米，高8.6米。台体周围发现有少量残砖，砖宽19.5、厚8.5厘米。（图一七三二）

该敌台南依长城村长城墙体，东南距四庄村1号敌台0.453千米。

（一八）李家湾村1号敌台（610626352101170018）

该敌台位于长城乡双湾涧村李家湾村（组）南0.66千米的山峁上。东、南侧为山梁，长城墙体由此拐弯，东侧呈上坡走势，南侧呈下坡走势，西、北侧为陡坡。地处山地沟壑区，沟壑纵横，坡度陡峭，土壤以黑垆上、黄土、黄焦土为主。高程1690米。

敌台整体保存差。台体由于雨水冲刷侵蚀坍塌严重，表面有现代涂画痕迹；顶部西南角坍塌，宽3.4、高3.6、进深3.4米。台体南壁高1.5米处有登台券洞，可登台；券洞内部东侧有窑洞，外小内大，外宽0.6、内宽1.4、高0.7、进深1.4米；窑洞上部西侧有窑洞，直通外部，洞内有现代涂画破坏痕迹，直通部分长2.6米。

台体用黑垆土、黄土、黄焦土夹杂石子夯筑而成，夯层厚0.07～0.13米。台体外部包砖脱落或人为拆除。台体平面呈不规则形，剖面呈梯形，底部边长8、高8米。夯土基座平面呈矩形，东西20、南北22、南侧和西侧高7米。台体周围发现有少量残砖、瓦片、白灰渣，砖宽19.5、厚8.5厘米，瓦

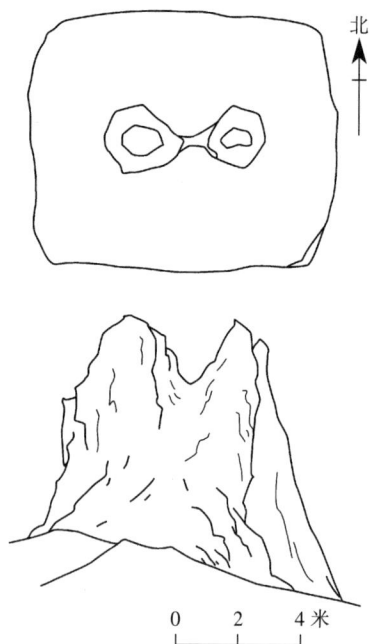

图一七三二　　四庄村 2 号敌台平、立面图

图一七三三　　李家湾村 1 号敌台平、立面图

片厚 1.8 厘米，白灰渣层厚 1 厘米。（图一七三三；彩图三三一）

　　该敌台东、北依李家湾村长城墙体，处于李家湾村关内部，南距四庄村 2 号敌台 0.45 千米。

（一九）李家湾村 2 号敌台（610626352101170019）

　　该敌台位于长城乡双湾涧村李家湾村（组）南 0.873 千米的山崾岘上。东侧为深沟，直接对台体造成威胁；西侧为山坡，坡度较陡峭；南、北侧为山梁，坡度较缓。地处山地沟壑地带，山底较平坦，有村庄。高程 1663.7 米。

　　敌台整体保存较差。台体由于雨水冲刷侵蚀东南角坍塌为豁口，宽 2.5、高 2、进深 1.8 米；顶部西侧坍塌呈斜坡状。

　　台体用黑垆土、黄土、黄焦土夹杂石子夯筑而成，夯层厚 0.07 ~ 0.13 米。台体平面呈近矩形，剖面呈梯形，底部东西 8、南北 10 米，顶部坍塌严重，东西 2.4、南北 2.8 米，高 6.8 米。台体周围发现有少量残砖碎片和瓦片，砖宽 19.5、厚 8.5 厘米，瓦片厚 1.8 厘米。（图一七三四）

　　该敌台西依李家湾村长城墙体，东距李家湾村 1 号敌台 0.494 千米。

（二〇）乔圪坨村敌台（610626352101170020）

　　该敌台位于长城乡双湾涧村乔圪坨村（组）南 0.775 千米的山峁上。南、北侧为山坡，坡度较陡峭；东、西侧为墙体走向，坡度较缓。地处山地沟壑区，沟壑纵横，土壤以黑垆土、黄土、黄焦土为主。高程 1684.4 米

　　敌台整体保存较差。台体由于雨水冲刷侵蚀剥落严重，坍塌处呈斜坡状，南壁豁口宽 3、高 1.7、进深 2 米，底部有人为挖掘的宽和高 0.6、进深 0.3 米的土洞；西壁有人为挖掘的洞，宽 1.6、高 3.1、进深 1.2 米；西南角底部有一个人为挖掘的洞，宽 1.2、高 1.4、进深 1.8 米。

　　台体用黑垆土、黄土、黄焦土夹杂石子夯筑而成，夯层厚 0.07 ~ 0.13 米。台体平面呈矩形，剖面

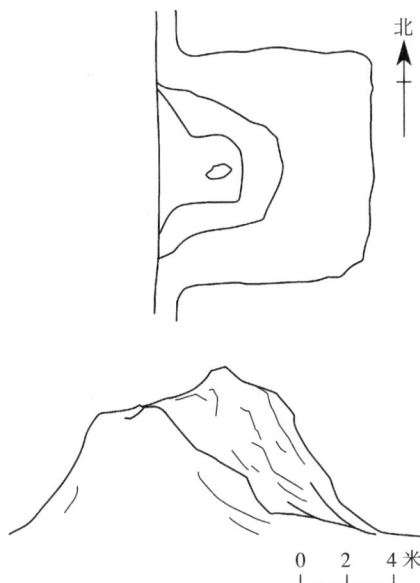

图一七三四　李家湾村2号敌台平、立面图　　　　图一七三五　乔圪坨村敌台平、立面图

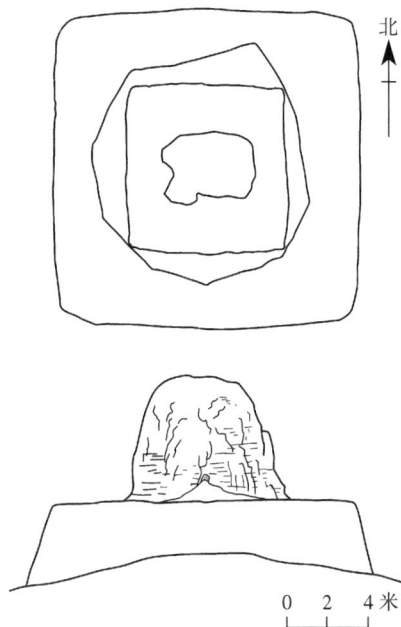

呈梯形，底部边长8米，顶部东西4.6、南北3.4米，高6米。台体建在矩形夯土基座上，基座边长15、高3.8米。基座西侧坍塌，一处豁口宽3.8、高2.8、进深1.6米，另一处豁口宽1.8、高2.8、进深1米。台体周围发现有少量残砖，砖宽19.5、厚8.5厘米。（图一七三五）

该敌台南依李家湾村长城墙体，东南距李家湾村2号敌台0.342千米。

（二一）小南湾村1号敌台（6106263521011700021）

该敌台位于长城乡双湾涧村小南湾村（组）南0.9千米的山峁上。南、北侧为山坡，坡度陡峭；东、西侧为山梁，坡度较缓。地处山地沟壑区，沟壑纵横，土壤为黑垆土、黄土、黄焦土。高程1664.4米。

敌台整体保存差。台体东北角有一个宽1.3、高2.4、进深1.2米的豁口，东、南壁坍塌呈斜坡状。

台体用黑垆土、黄土、黄焦土夹杂石子夯筑而成，夯层厚0.06~0.13米。台体由于雨水冲刷侵蚀，平面呈近矩形，剖面呈不规则形，底部边长7米，顶部东侧残存，东西1.3、南北3.3米，高6米。台体周围发现有少量残砖，砖宽19.5、厚8.5厘米。（图一七三六）

该敌台南依乔圪坨村长城墙体，东距乔圪坨村敌台0.472千米。

（二二）小南湾村2号敌台（6106263521011700022）

该敌台位于长城乡双湾涧村小南湾村（组）南0.7千米的山峁上。南、北侧为山坡，坡度较缓；东、西侧为山梁，呈下坡走势。地处山地沟壑地带，沟壑较平缓，沟底有村庄。高程1662.4米。

敌台整体保存较差。台体东壁有宽1.6、高3.2、进深1.3米的豁口，南壁有宽2、高3.2、进深4米的豁口；底部西南角有宽0.6、高1.4、进深0.4米的豁口。

台体用黄土夹杂小石子夯筑而成，夯层厚0.05~0.12米。台体由于雨水冲刷侵蚀平面呈不规则

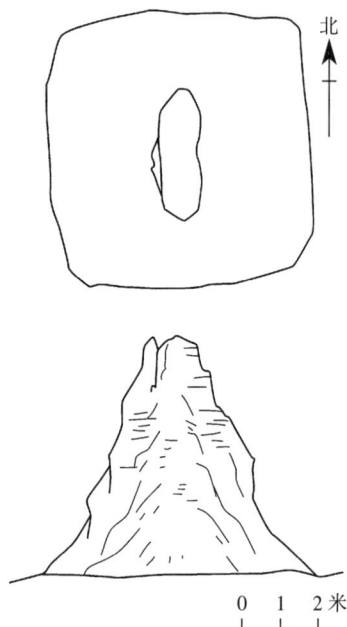

图一七三六　小南湾村1号敌台平、立面图　　　图一七三七　小南湾村2号敌台平、立面图

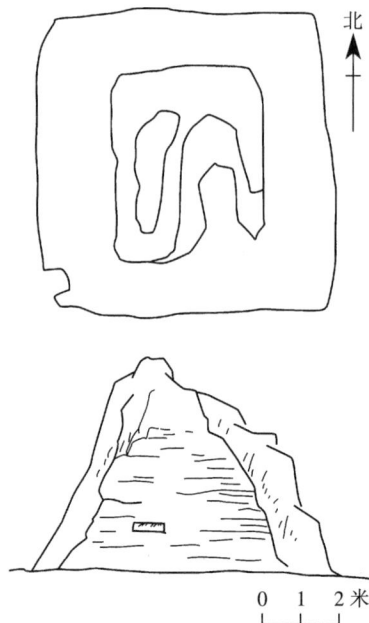

形，剖面呈梯形，底部边长8米，顶部东西4、南北5米，高5.6米。台体周围发现有少量残砖，宽19.5、厚8.5厘米。（图一七三七）

该敌台南依乔圪坨村长城墙体，东南距小南湾村1号敌台0.292千米。

（二三）大南湾村敌台（6106263521011 70023）

该敌台位于长城乡双湾涧村大南湾村（组）南0.5千米的山梁上。东、西侧分别呈上坡和下坡走势，坡度较陡峭；南、北侧为较陡峭的山坡。地处山地沟壑区，沟壑纵横，土壤以黄沙土为主。高程1657.7米。

敌台整体保存差。台体由于雨水冲刷侵蚀坍塌严重，仅存台基。

台体用黄土夹杂小石子夯筑而成，夯层厚0.05～0.12米。台体平面呈近矩形，剖面呈近梯形，底部东西10、南北8米，顶部呈不规则状，东西3.3、南北1.8米，高3.2米。台体周围发现有少量残砖瓦片，砖宽19.5、厚8.5厘米，瓦片厚1.8厘米。（图一七三八；彩图三三二、三三三）

该敌台南依乔圪坨村长城墙体，南侧正对大南湾村关，东南距小南湾村2号敌台0.3千米。

（二四）杨渠村1号敌台（6106263521011 70024）

该敌台位于周湾镇玉树湾村杨渠村（组）东1.3千米的山坡上。西、北侧为山坡，坡度陡峭；东、南侧坡度较缓，坡底有村庄和耕地。地处山地沟壑区，沟壑纵横交错，土壤为黄土、黑垆土，土质疏松。高程1593.5米。

敌台整体保存较差。台体东壁有豁口，宽1.3、高3.6、进深1.5米；南壁东豁口宽1.9、高1.5、进深1.8米，西豁口宽0.6、高0.8、进深1米；西壁豁口宽1.5、高1.3、进深1.6米。

台体用黄土、黑垆土夹杂小石子夯筑而成，夯层厚0.06～0.13米。台体平面呈矩形，剖面呈梯形，底

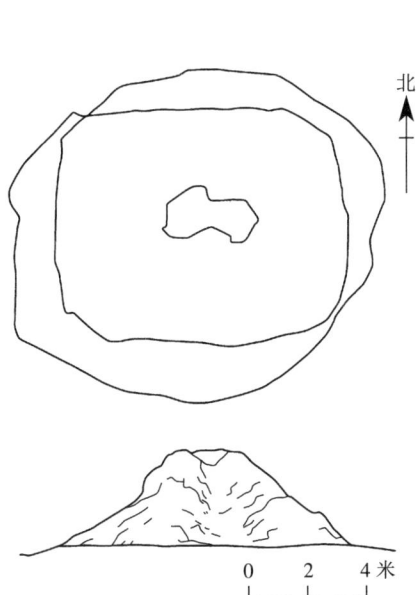

图一七三八　大南湾村敌台平、立面图

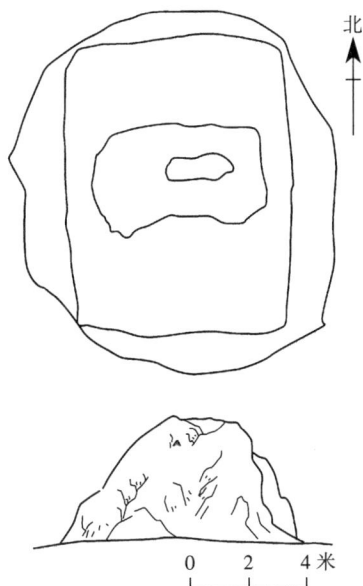

图一七三九　杨渠村1号敌台平、立面图

部东西8、南北10米，顶部有多处豁口，东西6、南北3.6米，高4.2米。台体四周发现有少量残砖，砖宽19.5、厚8.5厘米。（图一七三九）

该敌台南依大南湾村长城墙体，东距小南湾村2号敌台0.38千米。

（二五）杨渠村2号敌台（610626352101170025）

该敌台位于周湾镇玉树湾村杨渠村（组）东1.2千米的山坡上。四周为山坡，坡度较陡峭，西侧为深沟，沟底有周（湾镇）长（城乡）公路。地处山地沟壑区，沟壑纵横，土质以黄土、黑垆土为主。高程1588.6米。

敌台整体保存较差。台体由于雨水冲刷侵蚀东壁有宽0.6、高4、进深0.2米的水冲沟，西壁有宽3.6、高3.4、进深3米的豁口，南壁有人为挖掘宽0.6、高1.3、进深1.2米的小洞，北壁豁口宽1.2、高4、进深0.6米。基座上栽种有大量柠条，对台体造成一定破坏。

台体用黄土、黑垆土夹杂小石子夯筑而成，夯层厚0.06~0.13米。台体外层包砖多脱落。台体平面呈不规则形，剖面呈梯形，底部东西7、南北8米，顶部仅东侧残存，东西1、南北4.5米，高5.2米。台体建在矩形夯土基座上，基座东西16、南北20米，高5米，仅存东、北侧，西、南侧为山坡。台体周围发现有大量残砖、石块、瓦片，砖宽17、厚7.5厘米，瓦片厚2.5厘米。（图一七四〇）

该敌台东南距杨渠村1号敌台0.1千米。

（二六）杨渠村3号敌台（610626352101170026）

该敌台位于周湾镇玉树湾村杨渠村（组）东南0.8千米的山坡

图一七四〇　杨渠村2号敌台
平、立面图

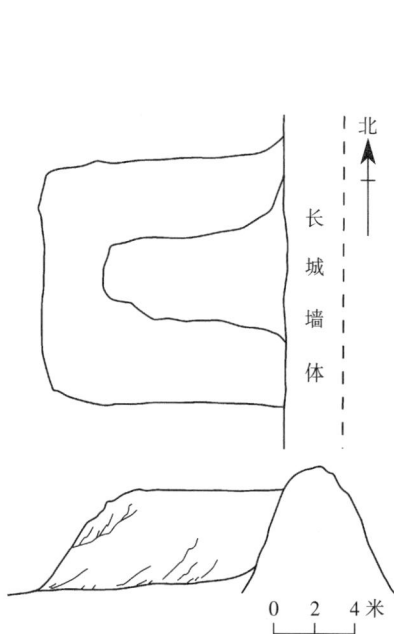

图一七四一　杨渠村 3 号敌台平、立面图

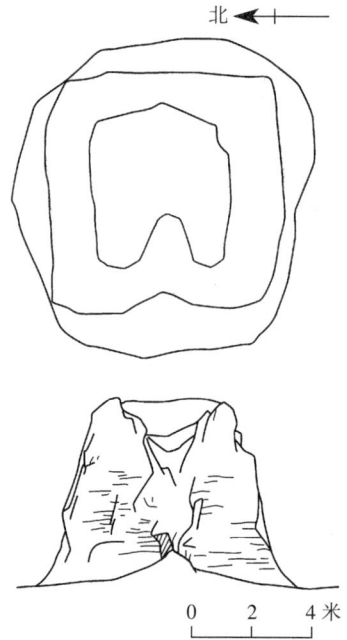

图一七四二　杨渠村 4 号敌台平、立面图

上。四周为荒坡，坡度较陡峭，西侧荒坡有水冲深沟，沟底有周（湾镇）长（城乡）公路通过。地处山地沟壑区。高程 1517.8 米。

敌台整体保存差。台体由于雨水冲刷侵蚀坍塌严重，西壁有宽 3、高 4、进深 2 米的豁口，南北两壁坍塌呈斜坡状。

台体用黄土、黑垆土夹杂小石子夯筑而成，夯层厚 0.06~0.13 米。台体平面呈矩形，剖面呈不规则形，底部边长 12、高 5.2 米。台体周围发现有少量残砖，砖宽 19.5、厚 8.5 厘米。（图一七四一）

该敌体东依大南湾村长城墙体，东南距杨渠村 2 号敌台 0.3 千米。

（二七）杨渠村 4 号敌台（610626352101170027）

该敌台位于周湾镇玉树湾村杨渠村（组）东南 0.711 千米的山坡上。所处较平坦，南侧为上坡走势；北侧为上坡走势；西侧有水冲深沟，沟底较平坦，有村庄和有周（湾镇）长（城乡）公路。地处山地沟壑区，坡度陡峭，土壤为黄土、黑垆土。高程 1503.9 米。

敌台整体保存较差。台体西壁有宽 3、高 4、进深 3.5 米的豁口，坍塌成斜坡状，底部有一个人为挖掘宽 0.9、高 1、进深 0.6 米的小洞；东壁有两个洞，靠南洞宽 0.5、高 0.8、进深 0.5 米，靠北洞宽 0.4、高 0.8、进深 0.6 米。台体顶部由于西壁豁口坍塌，仅存南北两个角。

台体用黄土、黑垆土夹杂小石子夯筑而成，夯层厚 0.06~0.13 米。台体外部包砖脱落。台体平面呈矩形，剖面呈梯形，底部边长 8 米，顶部东西 4.8、南北 5.4 米，高 6.2 米。台体周围发现有大量残砖、瓦片，砖宽 19.5、厚 8.5 厘米，瓦片厚 1.8 厘米。（图一七四二；彩图三三四）

该敌台东距大南湾村长城墙体 6 米，东南距杨渠村 3 号敌台 0.078 千米。

（二八）杨渠村 5 号敌台（610626352101170028）

该敌台位于周湾镇玉树湾村杨渠村（组）中的边墙山山梁上。所处山梁较平整，东侧为下

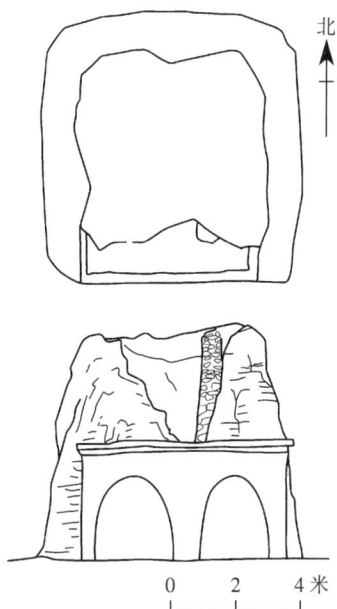

图一七四三　杨渠村 5 号敌
台平、立面图

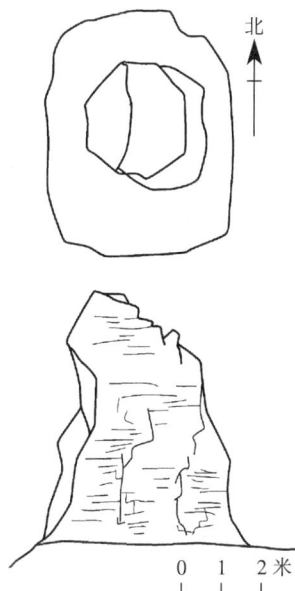

图一七四四　杨渠村 6 号敌
台平、立面图

坡走势，坡底为水冲深沟；南侧为缓坡，有居民；西侧为山坡，呈上坡走势；北侧为缓坡，坡底较平坦，有耕地和村庄。地处山地沟壑区，沟壑坡度陡峭，土壤为黄沙土和黑垆土。高程1492.1 米。

敌台整体保存较差。台体南壁有 2 孔窑洞，有人居住，一孔窑洞宽 2.4、高 2.8、进深 6 米，另一孔窑洞宽 2.2、高 2.8、进深 6 米，窑洞顶部有烟囱和出水口。南壁顶部豁口宽 2.6、高2.8、进深 2 米。

台体用黄土、黑垆土夹杂小石子夯筑而成，夯层厚 0.06～0.13 米。台体外部有包砖。台体平面呈矩形，剖面呈梯形，底部边长 8、顶部边长 6、高 6.6 米。台体周围散落有少量砖、瓦片，砖长 37、宽19，厚 7 厘米，瓦片厚 1.8 厘米。（图一七四三）

该敌台北距杨渠村长城墙体 0.026 千米，东南距杨渠村 4 号敌台 0.68 千米。

（二九）杨渠村 6 号敌台（6106263521011170029）

该敌台位于周湾镇玉树湾村杨渠村（组）西北 0.399 千米的山坡上。西、北侧有水冲沟，东、西侧分别为下坡和上坡走势。地处山地沟壑地带，沟壑纵横，坡度较陡峭，土壤为黄沙土、黑垆土。高程 1571.8 米

敌台整体保存差。台体由于雨水冲刷侵蚀剥落严重，西壁有水冲豁口，直接对台体造成威胁；北壁深沟造成台体坍塌严重。

台体用黄土、黑垆土夹杂小石子夯筑而成，夯层厚 0.04～0.12 米。台体平、剖面呈不规则形，底部东西 2.4、南北 3 米，高 4.1 米。台体周围发现有大量残砖、瓦片，砖宽 19.5、厚 8.5 厘米，瓦片厚1.8 厘米。（图一七四四）

该敌台北距杨渠村长城墙体 0.022 千米，东距杨渠村马面 0.227 千米。

（三〇）杨渠村 7 号敌台（610626352101170030）

该台体位于周湾镇玉树湾村杨渠村（组）西 0.5 千米的山峁上。所处山峁顶部较平整，西侧为上坡走势，东侧为下坡走势，坡度较缓。地处山地沟壑区，沟壑纵横，土壤以黄土、黑垆土为主。高程 1605 米。

敌台整体保存较差。台体南壁豁口宽 2、高 5、进深 2.6 米；东南角顶部坍塌，高 2 米；西壁豁口宽 3、高 5、进深 1.8 米；北壁顶部坍塌，宽 1、高 2.3、进深 0.6 米。台体南壁有人为登台踩踏的小路，呈近直角登顶。

敌台有矩形夯土基座。台体用黄土、黑垆土夹杂小石子夯筑而成，夯层厚 0.06~0.12 米。由于雨水冲刷侵蚀，台体底部平面呈矩形，剖面呈梯形，底部边长 10 米，顶部由于东南角坍塌呈不规则形状，东西 6、南北 5 米，高 7.8 米。基座东西 21、南北 28 米，南侧高 4 米，东、北侧坍塌呈斜坡状，南侧有宽 4、高 2 米的豁口。台体周围发现有少量残砖、瓦片，砖宽 19.5、厚 8.5 厘米，瓦片厚 1.8 厘米。（图一七四五）

该敌台北壁紧贴杨渠村长城墙体，东南距杨渠村 6 号敌台 0.16 千米。

（三一）杨渠村 8 号敌台（610626352101170031）

该敌台位于周湾镇玉树湾村杨渠村（组）西 0.8 千米的山峁上。四周为山坡，坡度较陡峭。地处山地沟壑区，沟壑纵横，坡度陡峭，土壤为黄沙土、黑垆土。高程 1653.3 米。

敌台整体保存一般。台体南壁有登台券洞，洞口有坍塌，宽 1.6、高 2.2、进深 1 米，券洞内呈斜坡状登顶；底部有宽 0.4、高 0.5、进深 1 米的洞，洞上部有宽 0.2、高 1 米的裂缝，进深不详。

台体用黄土、黑垆土夹杂小石子夯筑而成，夯层厚 0.05~0.12 米。台体平面呈圆形，剖面呈梯形，底部直径 10、顶部直径 8、高 8 米。台体附近发现有少量残砖瓦、瓷片，砖宽 19.5、厚 8.5 厘米，瓦片厚 1.8 厘米，瓷片厚 0.3 厘米。（图一七四六）

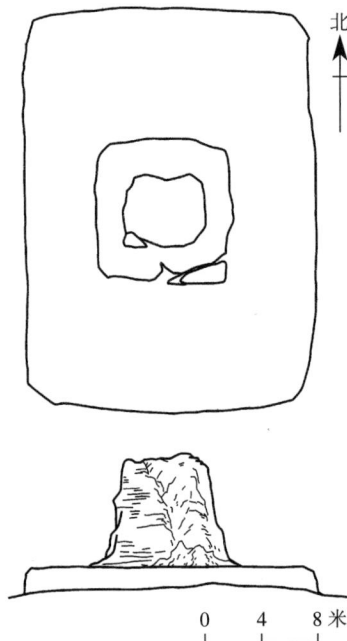

图一七四五　杨渠村 7 号敌台平、立面图　　　　图一七四六　杨渠村 8 号敌台平、立面图

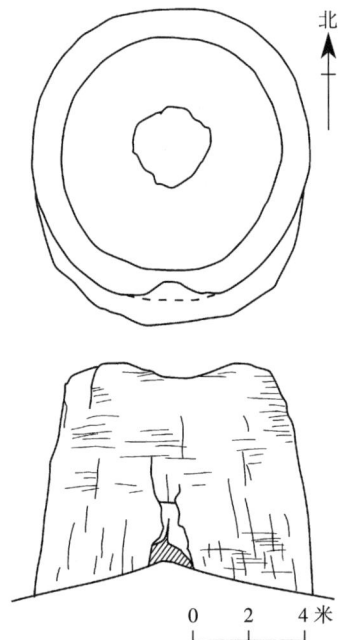

该敌台南依庆阳山长城墙体，东南距杨渠村 7 号敌台 0.508 千米。

（三二）庆阳山敌台（610626352101170032）

该敌台位于周湾镇罗涧村侯渠村（组）东北 0.94 千米的庆阳山上。地处山地沟壑地带，沟壑纵横，四周为山坡，坡度陡峭，土壤以黄沙土和黑垆土为主。高程 1711.6 米。

敌台整体保存差。台体南壁坍塌呈斜坡状，顶部豁口宽 2、高 0.7、进深 2 米；东壁自上而下坍塌，坍塌处底部南北 8、高 4、进深 2 米，顶部豁口宽 2.1、高 1.2、进深 1.6 米；西壁豁口宽 1.8、高 2.3、进深 1.5 米；北壁坍塌呈斜坡状。

台体用黄土夹杂黑垆土夯筑而成，夯层厚 0.05～0.13 米。由于雨水冲刷侵蚀，台体平面呈不规则形，剖面呈梯形，底部边长 12 米，顶部坍塌，东西 4、南北 5 米，高 6.6 米。台体周围发现有少量残砖瓦片，砖宽 19.5、厚 8.5 厘米，瓦片厚 1.8 厘米。（图一七四七）

该敌台南依庆阳山长城墙体，东南距庆阳山烽火台 0.52 千米。

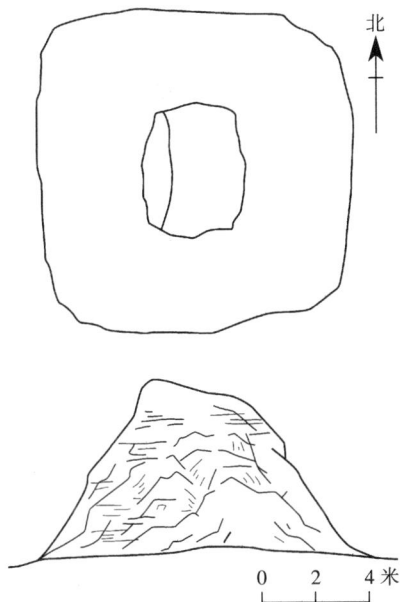

图一七四七　庆阳山敌台平、立面图

（三三）东湾村 1 号敌台（610626352101170033）

该敌台位于周湾镇罗涧村东湾村（组）东 0.9 十米的山梁上。南、北侧分别为上坡和下坡走势；东、西侧为山坡，坡度较陡峭。附近沟壑较多，坡度较大，土壤以黄沙土和黑垆土为主。高程 1588.2 米。

敌台整体保存较差。台体东壁豁口宽 1.8、高 5、进深 1.6 米；南壁底部有宽 1、高 1.2、进深 1 米的窑洞，顶部有宽 1、高 1.4、进深 0.6 米的豁口；南壁有登台券洞，洞口宽 0.7、高 2.2 米，可登台顶，券洞内呈圆形，直径 5.6、高 4 米。

台体用黄土、黑垆土夹杂夯筑而成，夯层厚 0.05～0.12 米。台体平面呈圆形，剖面呈梯形，底部直径 14、顶部直径 10、高 8.3 米。台体建在矩形夯土基座上，基座东西 24、南北 22、高 5 米，北侧有宽 4、高 1.7、进深 1 米的豁口。台体周围发现有少量残砖，砖宽 19.5、厚 8.5 厘米。（图一七四八）

该敌台西依东湾村长城 1 段墙体，东南距庆阳山敌台 0.648 千米。

（三四）东湾村 2 号敌台（610626352101170034）

该敌台位于周湾镇罗涧村东湾村（组）东 0.739 千米的山峁上。地处山地沟壑区，沟壑纵横，四周为山坡，坡度陡峭，土壤以黄沙土和黑垆土为主。高程 1574.2 米。

敌台整体保存差。台体东壁有豁口，宽 1.4、高 2、进深 1.2 米；南壁豁口宽 7、高 6、进深 4 米；北壁豁口宽 1.6、高 2.4、进深 1.4 米；西壁底部豁口宽 6、高 2.8、进深 1.8 米；顶部由于坍塌严重呈不规则状，中间低四周高。基座上有多处豁口，坍塌处呈斜坡状。

台体用黄土、黑垆土夹杂夯筑而成，夯层厚 0.06～0.12 米。由于雨水冲刷侵蚀，台体平面呈不规则形，剖面呈梯形，底部边长 12、高 7 米。台体建在矩形夯土基座上，基座东西 21、南北 26、高 6 米。台体周围发现有少量残砖、瓦片，砖宽 19.5、厚 8.5 厘米，瓦片厚 2.2 厘米。（图一七四九）

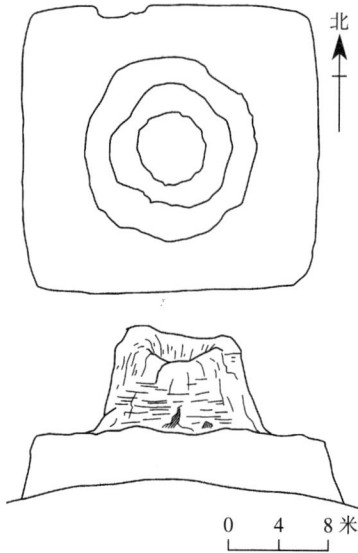

图一七四八　东湾村1号敌台平、立面图

图一七四九　东湾村2号敌台平、立面图

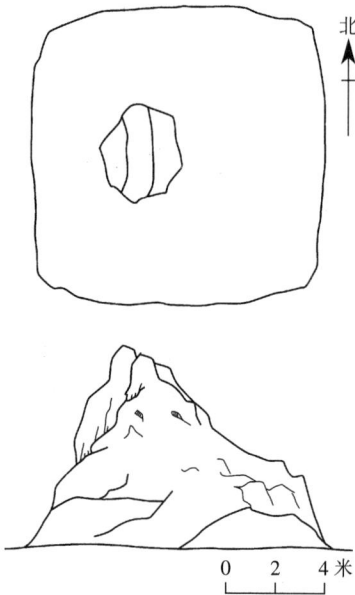

图一七五〇　东湾村3号
敌台平、立面图

该敌台北依东湾村长城1段墙体，东南距东湾村1号敌台0.092千米。

（三五）东湾村3号敌台（610626352101170035）

该敌台位于周湾镇罗涧村东湾村（组）东0.245千米的山梁上。北、南侧分别为下坡和上坡走势；东、西侧为山坡，坡度较缓，坡底较平坦，有东湾村居民区，有梯田。地处山地沟壑区，沟壑纵横，颇陡峭。高程1568.9米。

敌台整体保存差。台体东壁顶部坍塌，宽3、高4、进深3.8米；南壁坍塌严重，由底部直达顶部；顶部由于坍塌南低北高。

台体用黄土、黑垆土夹杂夯筑而成，夯层厚0.06~0.12米。由于雨水冲刷侵蚀，台体平面呈近矩形，剖面呈不规则形，底部边长12米，顶部由于坍塌呈南低北高不规则状，东西3.3、南北3.8米，高8米。台体周围发现有少量残砖、瓦片，砖宽19.5、厚8.5厘米，瓦片厚2.2厘米。（图一七五〇）

该敌台西依东湾村长城1段墙体，东南距东湾村2号敌台0.445千米。

（三六）东湾村4号敌台（610626352101170036）

该敌台位于周湾镇罗涧村东湾村（组）北0.226千米的山梁上。南、西侧基座由于水冲深沟而消失，南侧山底为东湾村；西侧为罗涧沟，较平整，有公路和土路；北侧为山坡，坡度较缓；东侧为山梁，呈上坡走势。高程1562.7米。

敌台整体保存较差。台体由于雨水冲刷侵蚀四壁剥落严重，坍塌部分呈斜坡状。台体南壁有豁口，宽4.6、高1.8、进深2米；西壁顶部豁口宽1.3、高0.6、进深1.4米。围墙东墙有两个豁口，分别宽3米和2米；南墙由于水冲深沟而塌陷；西墙由于水冲深沟而消失。围墙内台体东侧有凹陷处，长12、宽5、深2.3米。

　　台体用黄土、黑垆土夹杂夯筑而成，夯层厚0.06～0.12米。由于雨水冲刷侵蚀，台体平面呈不规则形，剖面呈近梯形，底部东西6、南北8米，顶部东西5、南北6.6米，高4.8米。台体建在矩形夯土基座上，基座东西40、南北28米，基座上有围墙。围墙东墙底宽3、顶宽0.4、高1.5米，南墙底宽1、顶宽0.2、高2.2米。台体周围发现有少量残砖、瓦片，砖宽19.5、厚8.5厘米，瓦片厚2.2厘米。（图一七五一）

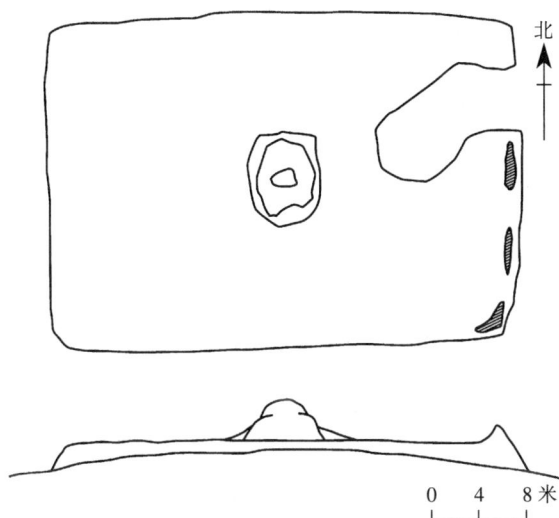

图一七五一　东湾村4号敌台平、立面图

　　该敌台北距东湾村长城2段墙体6米，东南距东湾村3号敌台0.338千米。

（三七）东湾村5号敌台（6106263352101170037）

　　该敌台位于周湾镇罗涧村东湾村（组）北0.15千米的山梁上。东侧为山坡，呈上坡走势；南侧坡度较陡峭，沟底为东湾村；西侧坡底为罗涧沟，沟底较平整；北侧为深沟，直接对台体造成威胁。高程1529.3米。

　　敌台整体保存差。台体东壁坍塌，宽1.5、高2.8、进深0.8米；西壁豁口宽1.4、高2.2、进深1米。

　　台体用黄土、黑垆土夹杂夯筑而成，夯层厚0.05～0.12米。由于雨水冲刷侵蚀，台体平、剖面呈不规则形，底部东西8、南北7米，顶部东西3、南北2米，高6米。台体周围发现有少量残砖和瓦片，砖宽19.5、厚8.5厘米，瓦片厚2.2厘米。（图一七五二）

　　敌台南依东湾村长城2段墙体，东南距东湾村4号敌台0.144千米。

（三八）东湾村6号敌台（6106263352101170038）

　　该敌台位于周湾镇罗涧村东湾村（组）西北0.36千米的平缓地带。东、西、北侧为罗涧沟边缘，南侧为平地，有村庄和耕地。高程1439.7米。

　　敌台西北侧由于有罗涧沟的存在而坍塌严重，整体保存差。台体用黄土、黑垆土夹杂夯筑而成。由于水土流失和人为破坏台体顶部呈不规则形。台体呈坟丘状，上面长满杂草。台体底部直径9、高3.8米。（图一七五三）

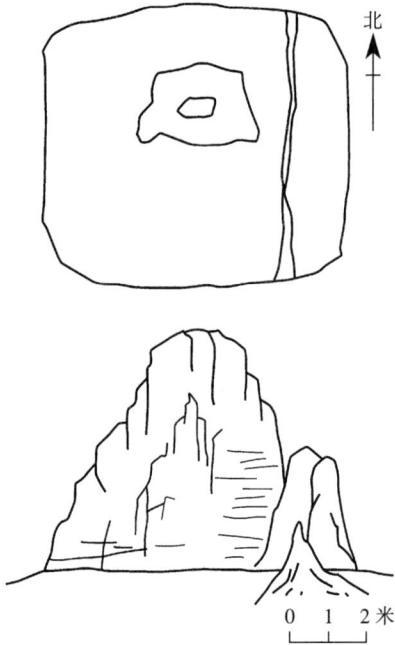

图一七五二　东湾村 5 号敌台平、立面图

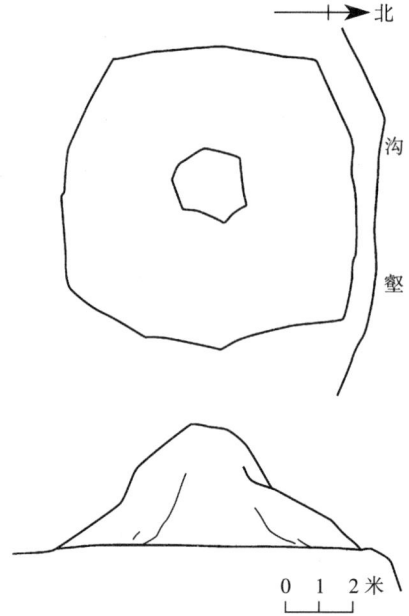

图一七五三　东湾村 6 号敌台平、立面图

该敌台东南距东湾村 5 号敌台 0.41 千米。

（三九）营峁村马面（610626352102170039）

该马面位于在长城乡二道坝村营峁村（组）东南 0.72 千米的山梁上。南、北侧为山坡，有水冲深沟；东、西侧长城墙体顺山势高低起伏。地处山地沟壑区，沟壑纵横交错，坡度陡峭，土壤为黄沙土和红黏土。高程 1641.9 米。

马面整体保存较差。台体由于雨水冲刷侵蚀四壁有不同程度的剥落，北壁剥落最严重，坍塌处呈斜坡状。

台体用黄土、红黏土夹杂小石块夯筑而成，夯层厚 0.06 ~ 0.12 米。台体有矩形夯土基座，平面呈矩形，剖面呈梯形，底部东西 8、南北 10 米，顶部东西 4、南北 6 米，高 4.6 米。台体周围发现有大量残砖、瓦片、白灰渣，砖宽 19、厚 7 厘米，瓦片厚 1.8 厘米，白灰渣厚 1 厘米。（图一七五四）

该马面南依营峁村长城 1 段墙体，南距营峁村 3 号敌台 0.434 千米。

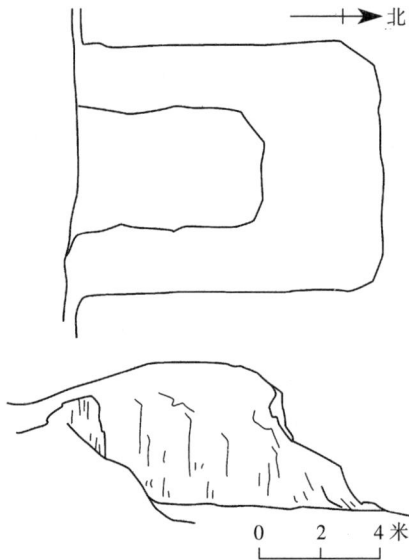

图一七五四　营峁村马面平、立面图

（四〇）小口湾村马面（10626352102170040）

该马面位于长城乡长城村小口湾村（组）南 0.36 千米的山梁上。东、西侧为长城墙体，呈下坡走势，坡度较缓；北侧为山沟，沟底较平整，有长城村；南侧为山坡，坡度较陡峭。地处山地沟壑区。高程 1555.3 米。

马面整体保存较差。台体四壁有不同程度坍塌，呈斜坡状。台体上栽种有榆树，北壁有水冲沟，

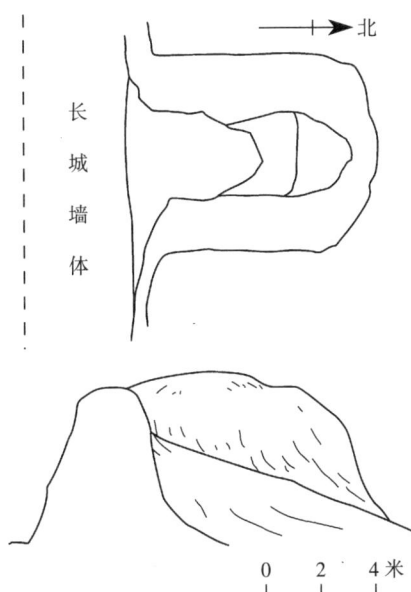

图一七五五　小口湾村马面平、立面图

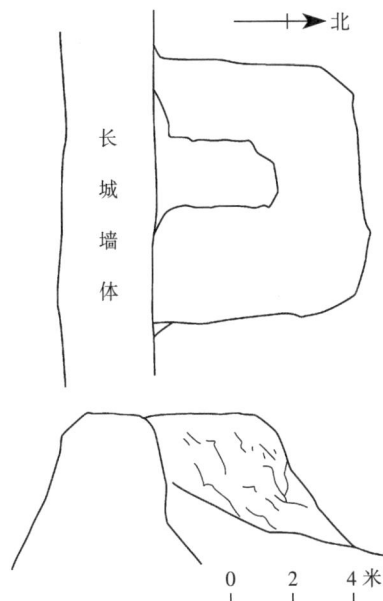

图一七五六　杨渠村马面平、立面图

对台体造成威胁。

台体用红黏土、黄土夹杂小石块夯筑，夯层厚厚0.07～0.12米。台体平面呈矩形，剖面呈梯形，底部东西7、南北8米，顶部东西3、南北7米，高5.2米。台体包砖脱落或人为拆除。台体周围发现有残砖、瓦片、瓷片，砖宽19、厚7厘米，瓦片厚2厘米，瓷片厚0.3厘米。（图一七五五）

该马面南依边墙渠村长城2段墙体，东距小口湾村2号敌台0.113千米。

（四一）杨渠村马面（6106263521102170041）

该马面位于周湾镇玉树湾村杨渠村西0.101千米边墙山（山名）的山坡上。东、西侧为山梁，长城墙体顺山势高低起伏；北侧为山坡，坡度较陡峭，坡底较平坦，有耕地。附近为山地沟壑区，沟壑纵横。高程1529.9米。

马面整体保存差。台体东壁坍塌呈斜坡状，底部西北角坍塌，宽3、高1、进深1米。

台体用红黏土、黄土夹杂小石块夯筑而成，夯层厚0.07～0.12米。台体平面呈矩形，剖面呈梯形，底部东西8、南北7米，顶部坍塌严重，东西2.2、南北4米，高4.3米。（图一七五六）

该马面南依杨渠村长城墙体，东南距杨渠村5号敌台0.186千米。

（四二）营峁村烽火台（6106263532011170042）

该烽火台位于长城乡二道坝村岱巷北1.9千米的山峁（营峁）上。东、南侧为山沟，附近为山地沟壑区，沟壑纵横，土壤为黄沙土。高程1666.2米。

烽火台整体保存较差。台体由于雨水冲刷侵蚀和人为破坏四壁有不同程度的坍塌，东、南壁坍塌处呈斜坡状，南、北壁有豁口，南壁豁口宽3.4、高4.2、进深3米，北壁豁口宽2、高2、进深1.8米。

台体用黄土夹杂小石块夯筑而成，夯层厚0.05～0.27米。台体平面呈矩形，剖面呈梯形，底部边长8米，顶部由于雨水冲刷四周均有剥落，东西3.6、南北3.8米，高4.2米。台体建在矩形夯土基座

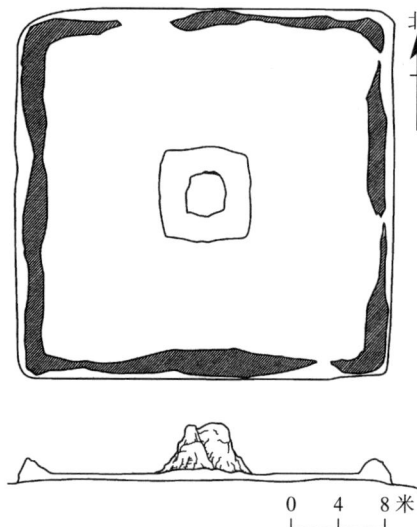

图一七五七　营峁村烽火台平、立面图　　　图一七五八　大河湾村祈雨峁烽火台平、立面图

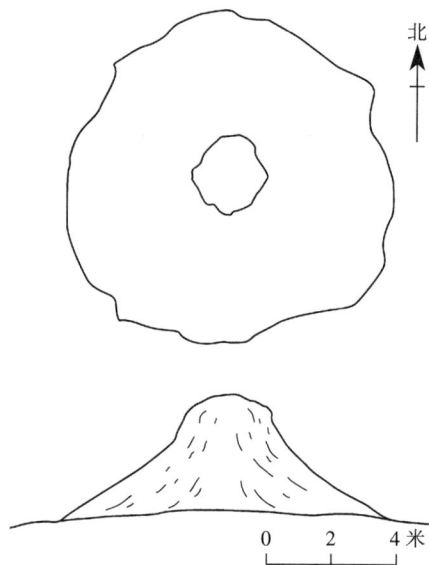

上，基座东西33、南北31米，基座上有围墙。围墙底宽2.8、顶宽0.3、内高1.3、外高2.2米。台体周围发现有残砖、瓦片，砖宽19、厚7厘米，瓦片厚1.8厘米。（图一七五七）

该烽火台东南距岱巷村墩梁敌台0.83千米，东南距马坨涧1.1千米。

（四三）大河湾村祈雨峁烽火台（610626353201170043）

该烽火台位于长城乡二道坝村大河湾村（组）西0.553千米的祈雨峁上。东侧为较陡峭的山坡，南侧较平坦，西侧为陡峭的山坡，北侧为山梁。附近为沟壑地带，沟壑纵横，坡度较大。高程1681.9米。

烽火台整体保存差。台体坍塌严重，四壁呈斜坡状，有3处人为取土的痕迹。紧贴台体处有移动信号发射塔，北侧0.1千米处有联通信号发射塔。

台体用黑垆土夹杂黄土夯筑而成，夯层厚0.07～0.19米。台体平面呈近圆形，剖面呈梯形，底部直径10、顶部直径2.4、高3.8米。台体周围发现有少量残砖、瓦片、瓷片，砖宽19.5、厚9厘米，瓦片厚1.8厘米，瓷片厚0.13厘米。（图一七五八）

该烽火台北距长城村长城墙体0.476千米，东北距大河湾村敌台0.55千米。

（四四）庆阳山烽火台（610626353201170044）

该烽火台位于周湾镇罗涧村侯渠村（组）南1.2千米的庆阳山上。东、北侧为陡峭山坡，西侧为下坡走势，南侧坡度较陡峭。地处山地沟壑区，沟壑纵横，土壤为黑垆土和黄沙土。高程1736.9米。

烽火台整体保存差。台体由于雨水冲刷侵蚀顶部凹陷，四壁坍塌呈斜坡状。

台体用黑垆土夹杂黄土夯筑而成，夯层厚0.07～0.19米。台体平面呈矩形，剖面呈梯形，底部边长12米，顶部东西5.8、南北6米，高5.3米。台体建在矩形夯土基座上，基座东西41、南北36米，基座上有围墙。围墙东墙底宽2.2、顶宽0.3、内高0.8、外高1.3米；南墙底宽2.2、顶宽0.4、内高0.9、外高2.2米；西墙底宽2.2、顶宽0.8、内高1.4、外高1.1米；北墙底宽2.2、顶宽0.6、内高0.7、外高1.3米。台体周围发现有少量残砖，砖宽19.5、厚9厘米。（图一七五九）

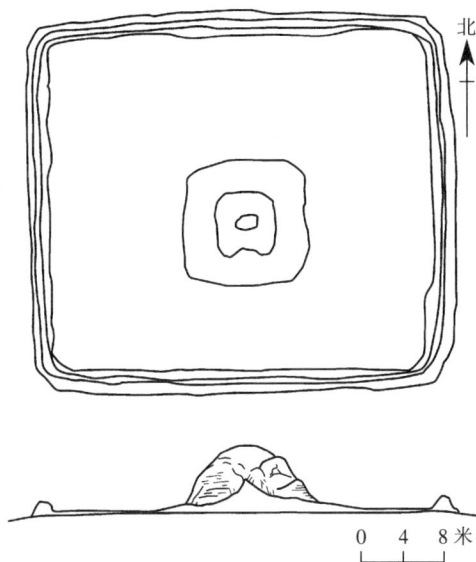

图一七五九 庆阳山烽火台平、立面图

该烽火台北距庆阳山长城墙体 0.035 千米，东南距杨渠村 7 号敌台 1 千米。

三 关 堡

吴起县明长城人边此次共调查关堡 6 座，其中，关 4 座、堡 2 座，分述如下。

（一）小口湾村关（6106263533101170001）

该关位于长城乡长城村小口湾村（组）南 0.51 千米的山坡上。顺山势高低起伏，南、北侧为山坡，南侧较缓，北侧陡峭；西侧为沟壑，坡度陡峭。地处山地沟壑区，沟壑纵横，沟底为小口湾村。高程 1573.1 米。

关整体保存差。南墙有豁口，宽 13 米；北墙无存，呈斜坡状。

关依长城墙体东侧而建，坐向不明。关平面呈矩形，边长 36 米，占地面积 1296 平方米，周长 144 米。关墙夯筑而成，夯土为黄土夹杂红黏土，夯层厚 0.07～0.14 米。关墙最高 4.2 米，东墙依边墙渠村长城 2 段墙体；南墙中部有豁口，宽 13 米；西墙底宽 2.4、顶宽 0.4、内高 2.5、外高 4.2 米；北墙无存，呈斜坡状。（图一七六〇）

关内中间低四周高，较平整，栽种有榆树、柠条等植物。关墙上栽种有榆树等，关内保存有少量砖、瓦片，关东墙正对小口湾村 2 号敌台。

该关附近有边墙渠水库，水资源丰富，附近有一条乡村公路、多条土路。小口湾村有 23 户居民，120 人。

（二）李家湾村关（6106263533101170002）

该关位于长城乡双湾涧村李家湾村（组）南 0.66 千米的山峁上。东、北侧为山梁，长城墙体由此拐弯，有一座敌台。东侧呈上坡走势，南侧呈下坡走势，北侧为陡坡。地处山地沟壑区，沟壑纵横，坡度陡峭。高程 1676.5 米。

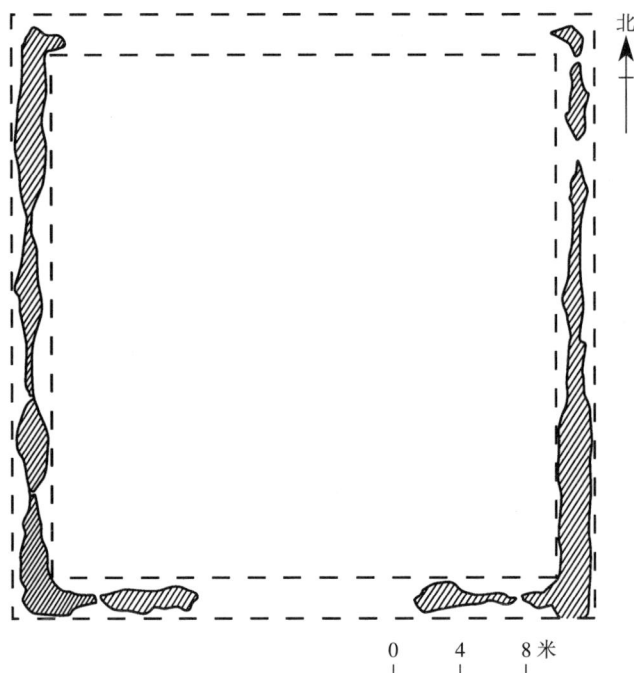

图一七六〇　小口湾村关平面图

　　关整体保存差。东、北墙借用李家湾村长城墙体，仅有南、西墙，西墙上有多处栽种柠条等挖掘的小坑。

　　关位于长城墙体拐角内侧（西南侧），两面关墙依长城墙体而建，坐北朝南。关平面呈矩形，边长31米，周长124米，占地面积961平方米。关墙用红黏土夹杂黄土夯筑而成，夯层由于墙体长满杂草，不可测量。关墙高0.2~1米；西墙底宽2.3、顶宽0.6米，内高1、外高0.6米；南墙底宽2.3、顶宽0.3米，内高0.2、外高0.5米，东北角墙体上有一座敌台。关内东北角敌台处高，其他部位低。关中部较平整。（图一七六一）

　　该关南距四庄村2号敌台0.45千米，附近有周（湾镇）长（城乡）公路和多条乡村土路。

　　李家湾村有23户居民，117人。

（三）乔圪坨村关（610626353101170003）

　　该关位于长城乡双湾涧村乔圪坨村（组）南0.775千米的山梁上。关内较平整，东侧有长城墙体。东侧坡度较陡峭，南、西侧坡度较缓，北侧山坡较陡峭。地处山地沟壑区，沟壑纵横。高程1684.8米。

　　关整体保存差。南墙豁口，宽4、高1米，西墙豁口宽3、高1.2米。

　　关依长城墙体南侧而建，坐西朝东。关平面呈矩形，东西31、南北28米，占地面积868平方米，周长118米。关墙为土墙，高0.7~2.2米，北墙借用李家湾村长城墙体，仅有东、南、西墙。关东墙底宽2.3、顶宽0.1~0.8、内高1.3、外高2.2米；南墙底宽2.3、顶宽0.7~1.2、内高1.4、外高1.8米；西墙底宽2.3、顶宽0.2~0.6、内高0.7、外高2米。（图一七六二）

　　该关东南距李家湾村2号敌台0.342千米，附近有乡村公路和多条乡村土路。乔圪坨村有16户居民，85人。

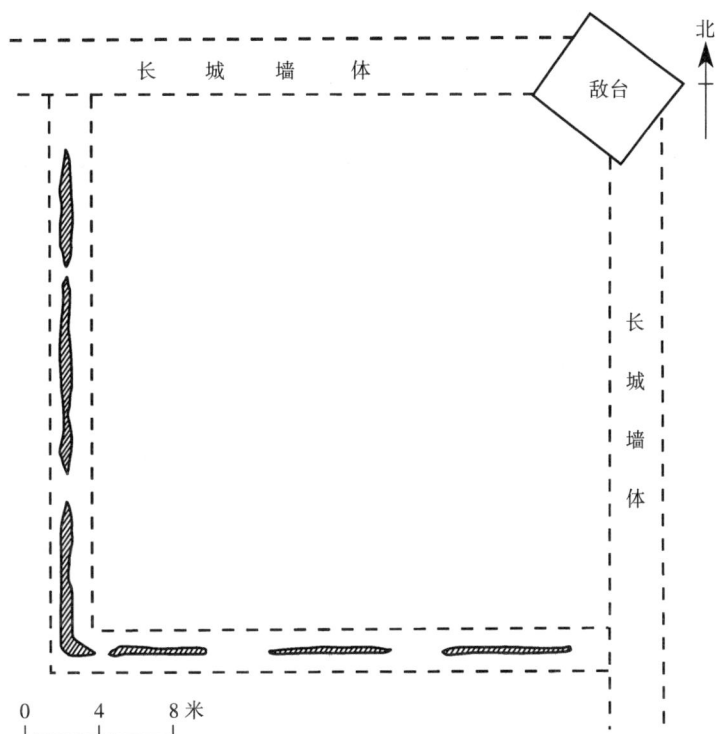

图一七六一　李家湾村关平面图

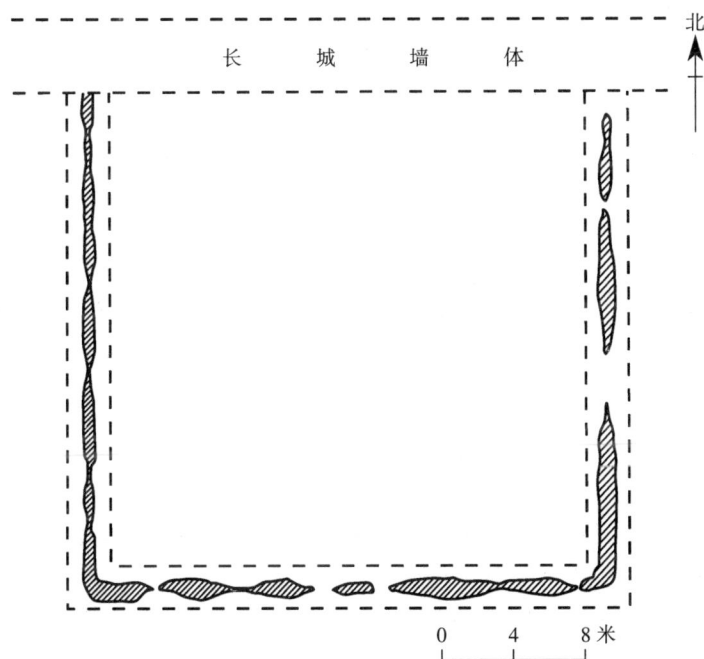

图一七六二　乔圪坨村关平面图

（四）大南湾村关（610626353101170004）

该关位于长城乡双湾涧村大南湾村（组）南0.5千米的山梁上。东侧坡度较缓，南、西侧为山沟，坡度陡峭，地处山地沟壑地带。高程1647.3米。

关整体保存差。西墙豁口底宽2、顶宽3.6、进深2.3米，南墙豁口宽4、高2.2、进深2.6米，关内东侧有长18、宽6米的水冲沟，东墙北部有宽6米的水冲沟。

关坐北朝南，平面呈矩形，边长40米，周长60米，占地面积1600平方米。关墙为土墙，高0.8～2.3米。西墙底宽2.3、顶宽0.3、内高1、外高1.8米；南墙底宽2.3、顶宽0.7、内高0.8、外高2.3米；东墙由于水冲深沟，仅存16米墙基。（图一七六三）

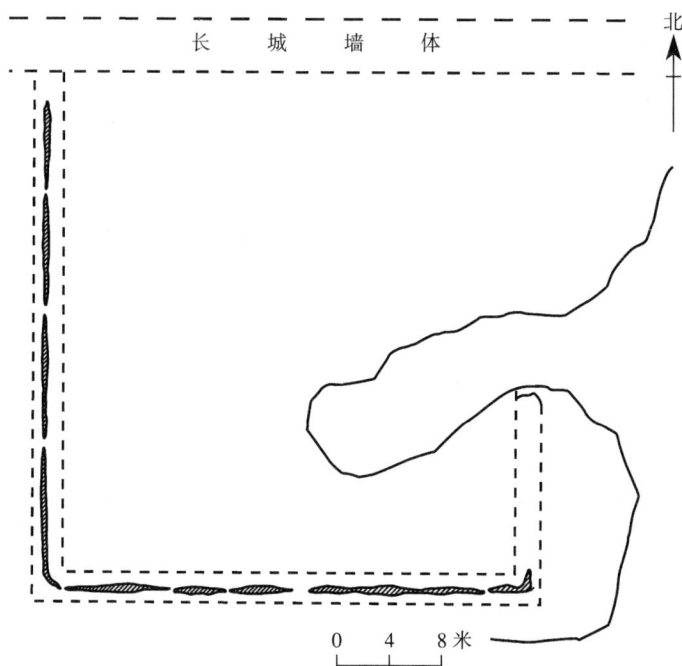

图一七六三　大南湾村关平面图

该关北依乔圪坨村长城墙体而建，北墙正对大南湾村敌台，东南距小南湾村2号敌台0.3千米，附近有周（湾镇）长（城乡）公路和多条乡村土路。关附近有水冲沟，沟内比较湿润，水资源较丰富。双湾涧村有123户居民，577人。

（五）营峁村堡（610626353102170005）

该堡位于长城乡二道坝村营峁村（组）西南0.312千米的山坡上。南、西侧为边墙渠水库，水库处于两座山梁的沟壑处；东侧为山坡，坡度较缓；北侧有一条乡村土路。地处山地沟壑区，沟壑纵横。高程1526.2米。

堡整体保存差。东墙存11米，其余坍塌成斜坡状；南墙由于边墙渠水库，仅存少部分，大部分消失；西墙存14米；北墙有豁口，宽4.4、高3.3米。

堡坐南朝北，平面呈矩形，边长37米，周长为148米，占地面积1369平方米。堡墙高3.3～7米，墙体用红黏土、黄土夹杂石子夯筑而成，夯层厚0.05～0.13米。东墙底宽1.1、顶宽0.7、内

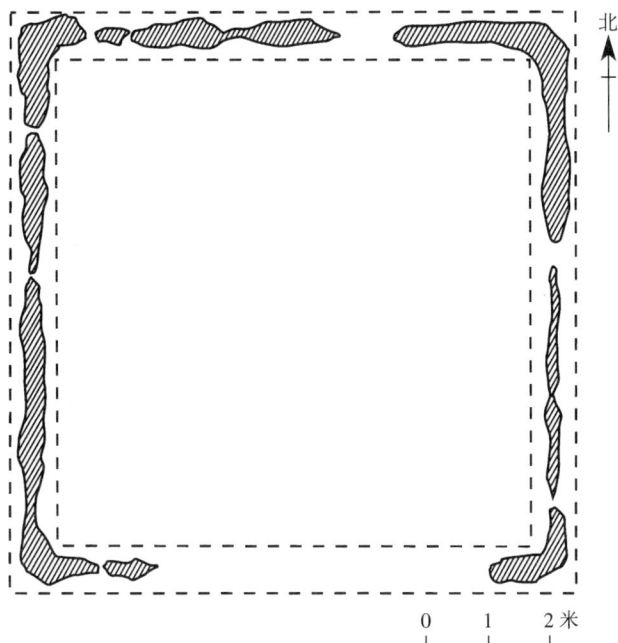

图一七六四　营峁村堡平面图

高4.3、外高4.5米；南墙仅存2~3米；西墙底宽2.1、顶宽0.5、内高3.5、外高5.3米；北墙底宽2.1、顶宽1.3、内高4、外高7米。（图一七六四）

该堡位于营峁村长城2段墙体南侧0.021千米，东北距营峁村7号敌台0.1千米，附近有一条公路和多条乡村土路。堡周围散落有大量残砖、瓦片，砖宽21、厚8厘米，瓦片厚2厘米。堡西侧为边墙渠水库，水资源丰富。营峁村有19户居民，84人。

（六）杨渠村堡（610626353102170006）

该堡位于周湾镇玉树湾村杨渠村（组）东南0.674千米的山坡上。南、西、北侧有水冲深沟，沟坡度较陡峭；东侧为山坡，坡度较缓。地处沟壑边缘，沟壑底部有周（湾镇）长（城乡）公路。高程1503.1米。

堡整体保存差。由于有水冲深沟，南、西墙消失；北墙仅存10米；东墙相对完整，长46米；北墙有宽2.4米豁口。

堡朝向不详，平面呈矩形，边长46米，周长184米，占地面积2116平方米。堡墙用红黏土、黄土夹杂石子夯筑而成，夯层厚0.07~0.17米。墙体底宽2.3、顶宽0.2~0.5、高2~3.2米。东墙内高2、外高3.2米；北墙底宽2.3、顶宽0.1、内高2、外高2.4米，堡内有大量残砖、瓦片，砖宽19.5、厚8.5厘米，瓦片厚1.8厘米。（图一七六五）

该堡北距大南湾村长城墙体0.09千米，西北距杨渠村4号敌台0.06千米。附近有水冲沟，沟内较湿润，水资源较丰富。双湾涧村有123户居民，577人，附近有周（湾镇）长（城乡）公路和多条乡村土路。

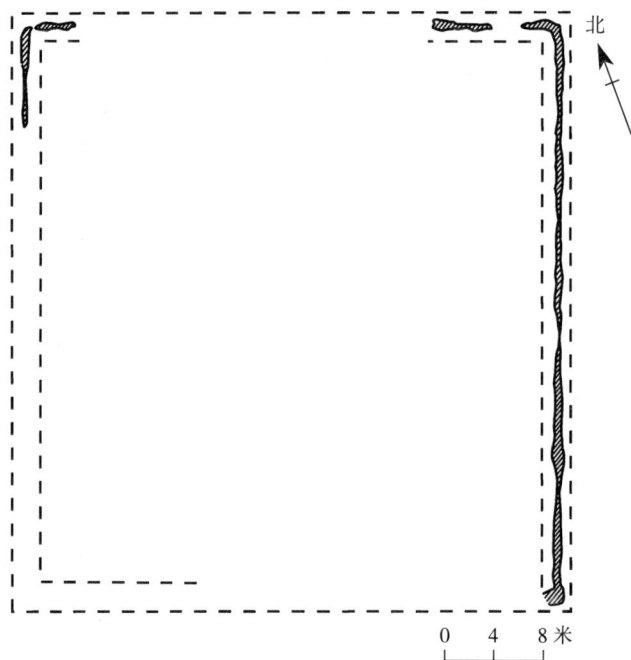

图一七六五　　杨渠村堡平面图

第三节　吴起县明长城二边

吴起县明长城二边东接靖边县明长城二边，沿白于山北侧向西延伸，接定边县明长城二边，全长23460 米，包括墙体 23460 米、单体建筑 6 座。

一　墙体

吴起县明长城二边墙体分布在白于山上，全部为利用沟壑形成的山险。

马湫沟村 ~ 梁火场村山险 （610626382106170014）

该山险为利用山坡、悬崖、沟壑的险要地形形成的防御系统。坡度陡峭难以攀登，山坡时有塌陷，长有杂草及灌木。山沟蜿蜒而前，不失为守卫南边农耕文明的天然屏障。呈东—西走向。山险起点位于五谷城乡马湫沟村东 1.7 千米，高程 1641.13 米；止点位于周湾镇梁火场村西北 0.5 千米，高程1547.36 米。长 23460 米。（图一七六六）

山险保存一般。从明代至今，由于山体塌陷、沟壑发育、不适当的生产生活活动造成山险水土流失和严重山体滑坡，导致地貌发生变化，山沟一直在扩张、塌陷。

山险东接靖边县明长城二边山险，西连定边县明长城二边山险。

该段山险处于吴起县历史悠久的树形水系中，以白于山为界，分成两大水系，均属黄河流域。以洛河为主流，加上 15 条流域面积在 100 平方千米以上的河流，纵横交错的大小河流和支毛沟壑形成了密如蛛网的水系。山险所处吴起县有人口 13 万，以汉族为主。该地道路以乡村山间土路为主，有数条

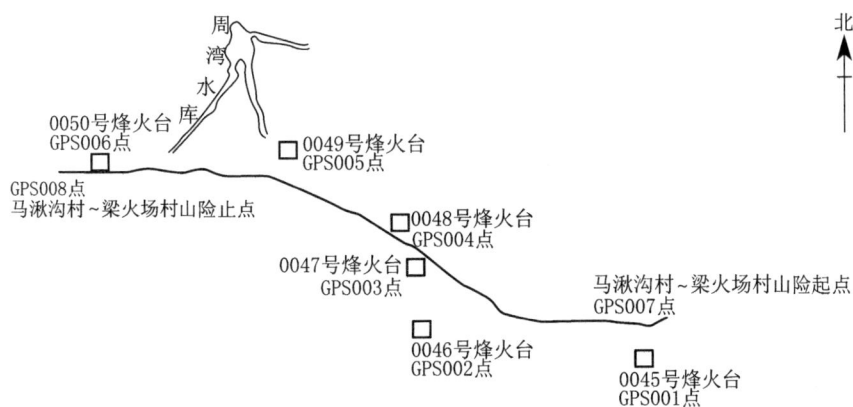

图一七六六　马湫沟村～梁火场村山险位置示意图

石油开采运输使用的道路。

二　单体建筑

吴起县明长城二边单体建筑仅有烽火台一类，共6座。台体皆用黄土为主夯筑而成，部分台体夯土中夹杂有红黏土、料礓石、黑垆土等，夯层厚0.05～0.13米。有台基者1座，皆无围墙、券洞、包砖。台体平面呈矩形的4座，约占烽火台总数的66.7%；圆形的2座，约占烽火台总数的33.3%。底部边长8～16米，以8～12米为主（2座超过12米）；顶部边长2.5～12米，以2～8米为主（1座超过10米）；高2.5～7.2米，以约6米为主。

单体建筑分述如下。

（一）羊羔嵝岘村墩梁烽火台（610626353201170045）

该烽火台位于五谷城乡羊羔嵝岘村西0.068千米的山峁上。附近有耕地，东、南、西侧坡度较陡峭，北侧坡度平缓，南侧有村庄和乡村土路。高程1814.1米。

烽火台整体保存一般。台体四壁有剥落，坍塌处呈斜坡状，南壁有人为挖掘小洞，宽0.8、高1.1、进深1.6米；南壁底部豁口宽1.6米，高达顶部，进深1.4米。

台体用黄土、红黏土、黑垆土夯筑而成，夯层厚0.07～0.13米。台体底部边长10、顶部边长8、高8.2米。台体周围散落有少量瓦片，瓦片厚1.8厘米。（图一七六七；彩图三三五）

该烽火台东北距靖边县和吴起县交界处（吴起县明长城二边起点）1.63千米。

（二）圪栏沟村瓦渣梁烽火台（610626353201170046）

该烽火台位于五谷城乡圪栏沟村北2.1千米瓦渣梁（山名）上。所处山顶较平坦，东、南、西侧为耕地，北侧为荒草地。附近山坡较为陡峭，东侧山坡底部有一条乡村土路。高程1753.7米。

烽火台整体保存差。台体由于雨水冲刷侵蚀坍塌严重，四壁有不同程度的剥落。台体上有多处獾洞，人为在台体底部铲削、开垦耕地等活动对台体造成一定程度的损坏。

台体用黄土夹杂料礓石夯筑而成，夯层厚0.08～0.13米。台体底部边长12、顶部边长8、高2.5米。台体周围散落有少量瓦片，瓦片厚0.6厘米。（图一七六八）

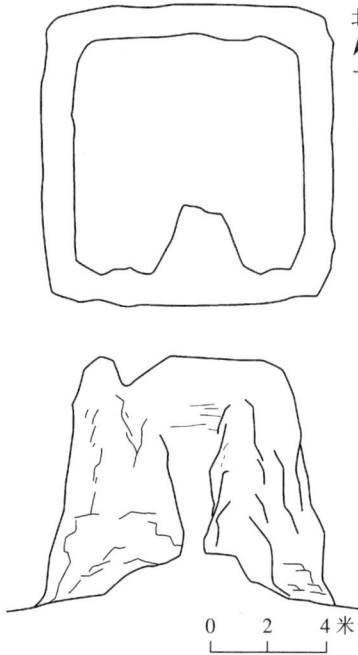

图一七六七　羊羔崾岘村墩梁烽火台平、立面图

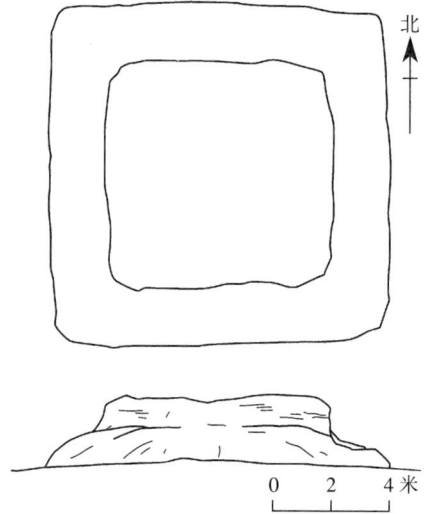

图一七六八　圪栏沟村瓦渣梁烽火台平、立面图

该烽火台北距墩洼村墩儿壕烽火台 1.23 千米。

（三）墩洼村墩儿壕烽火台（610626353201170047）

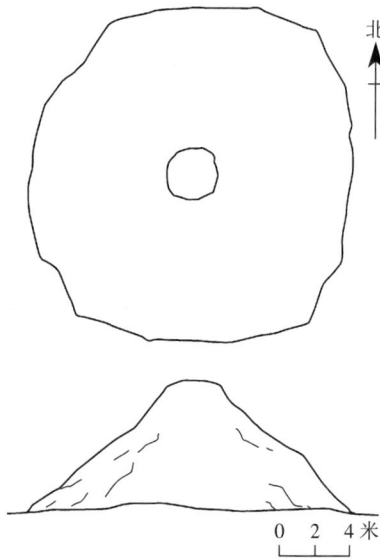

图一七六九　墩洼村墩儿壕
烽火台平、立面图

该烽火台位于长城乡墩洼村东南 2.9 千米的墩梁上。所处梁顶较平坦，东、南侧坡度较平缓，西、北侧坡度陡峭，西侧坡底有一条乡村公路。地处山地沟壑区，沟壑纵横。高程 1757.4 米。

烽火台整体保存差。台体顶部有圆形盗洞，直径 0.9、深 1.2 米，洞内有探铲挖掘的痕迹；北壁有圆形盗洞，直径 0.8、深 5.3 米。台体上长满杂草，栽种有沙棘。

台体用黄土夯筑而成，夯层不详。台体平面呈近圆形，底部直径 18、顶部直径 2.8、高 7.2 米。（图一七六九；彩图三三六）

该烽火台南距圪栏沟村瓦渣梁烽火台 1.23 千米。

（四）墩洼村墩山烽火台（610626353201170048）

该烽火台位于长城乡墩洼村南 0.234 千米墩山上。所处山顶较平坦，四周为耕地，各侧坡度较缓，北侧坡底有吴（起）长（官庙）公路，有村庄。高程 1694.8 米。

烽火台整体保存差。台体周围均为耕地，铲削破坏了台体底部，顶部有植树的小坑。

台体用黄土夯筑而成，夯层厚 0.06~0.12 米。台体平面呈矩形，剖面呈梯形，底部东西 8、南北 10 米，顶部东西 2.5、南北 3 米，高 6 米。台体周围发现有瓦片，瓦片厚 1.4 厘米。（图一七七〇）

该烽火台东南距墩洼村墩儿壕烽火台3.1千米。

（五）大滩村墩梁烽火台（610626353201170049）

该烽火台位于大滩村东北0.8千米的墩梁上。地处山地沟壑区，沟壑坡度较陡峭。高程1720.2米。

烽火台整体保存差。台体南壁有豁口，底宽2.2、顶宽6、高3、进深4米；东壁坍塌呈斜坡状；西壁底部有深沟，对台体造成威胁。

台体用黄土、红黏土夹杂料礓石夯筑而成，夯层厚0.05~0.13米。台体平面呈矩形，剖面呈梯形，底部边长16米，顶部东西10、南北12米，高6米。（图一七七一）

（六）徐窑子村烽火台（610626353201170050）

该烽火台位于徐窑子村西0.3千米的山峁上。四周山坡较陡峭，东侧坡底有乡村土路和村庄，路边缘为深沟壑，西侧坡底有村民碾荞麦用的场。高程1793.5米。

烽火台整体保存一般。台体东壁豁口宽2.2米，高达顶部，进深1.2米；南壁底部有宽1.4、高1.2、进深2.4米的窑洞，顶部有宽3、高1.2、进深1.1米的豁口。

台体用黄土夹杂黑垆土夯筑而成，夯层厚0.05~0.12米。台体底部边长10、顶部边长5米，高6.1米。夯土基座平面呈矩形，东西23、南北27米，东侧高4.2米，南侧坍塌呈斜坡状，南侧高1.4、西侧高5.1、北侧高4米。基座北侧有4个豁口，从东往西依次为宽2、高2.2、进深2.3米，宽3、高2.6、进深1.5米，宽4、高2、进深2.4米，宽1.1、高1.3、进深3米。台体周围发现有少量瓦片、瓷片，瓦片厚1.4厘米，瓷片厚0.3厘米。（图一七七二；彩图三三七）

该烽火台西距吴起县与定边县交界处（吴起县明长城二边止点）3千米。

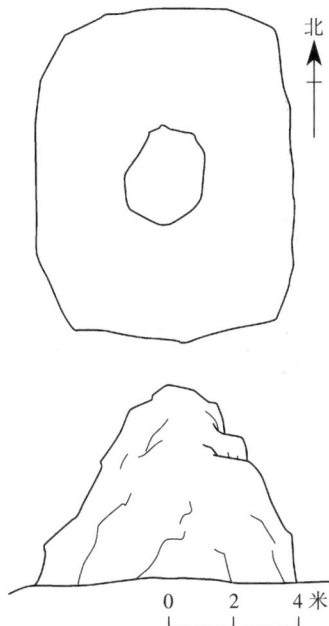

图一七七〇　墩洼村墩山烽火台平、立面图

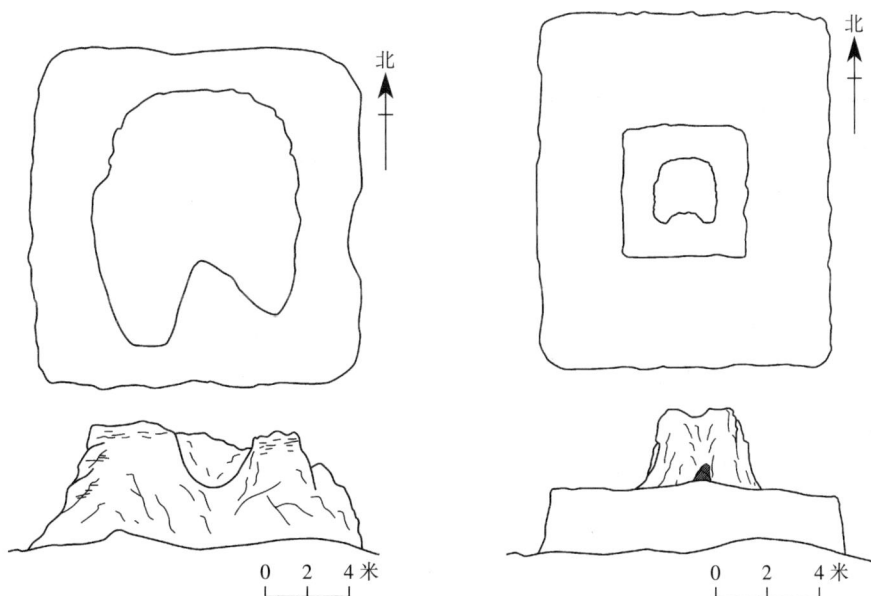

图一七七一　大滩村墩梁烽火台平、立面图　　图一七七二　徐窑子村烽火台平、立面图

第七章

定边县明长城资源

第一节　定边县明长城概述

一　定边县环境

定边县位于陕西省、甘肃省、内蒙古自治区、宁夏回族自治区四省区交界处，地处陕西省西北部、榆林市西端，与内蒙古自治区鄂托克前旗、宁夏回族自治区盐池县，甘肃省华池县、环县以及陕西省延安市吴起县相连。定边县地理坐标为北纬36°49′~37°52′、东经107°15′~108°22′，属陕北黄土高原与内蒙古鄂尔多斯荒漠草原（毛乌素沙漠）的过渡地带，属温带大陆性气候，春迟秋早，夏短冬长，春风秋雨，夏旱冬寒，温差悬殊气温多变。县域东西98、南北118千米，面积6920平方千米，属陕西省第三大县。全县共辖11镇、14乡，人口31万人。

定边县境东西绵延百余里的白于山脉构成南北地带的天然屏障，山南山北的环境、气候迥然相异。山北属滩地风沙区，占全县面积的47.2%，是定边县主要的农林牧区，滩区水地较多，盛产玉米、高粱、瓜果、蔬菜、麻子、向日葵等作物。南部属丘陵沟壑区，占全县总面积的52.8%，盛产五谷杂粮。

定边县年平均气温7.9℃，最高气温37.7℃，最低气温-32℃，年平均降水量323.6毫米，年平均蒸发量2490毫米，年平均风速3.3米/秒，年平均8级以上大风日25天，年平均沙暴日33天，全年最多沙暴日为1958年的82天，每年3~5月是大风沙暴较集中的时段。

定边县境内河流均发源于白于山，十字河、安川河系环河支流，石涝川和新安边川是洛河支流，红柳河为无定河上源，八里河为内流河，境内山脉主要是白于山。

二　定边县沿革

定边县境内县以上行政建制有据可考者始于北魏，此前只是在行政归属上的大致划分，秦汉之际属北地郡，北魏以后，建制几易其名，或州或郡或军，或俱废不置，北宋时在今吴起县头道川置定边县开始，是今县名的由来。直至清雍正九年（1731 年），在明代定边营的基础上复置定边县。

秦昭襄王三十五年（公元前 272 年），宣太后诈杀义渠王于甘泉宫，遂起兵伐残义渠，获取陇西、北地、上郡，定边一带属北地郡（治所在今甘肃省环县）。秦统一全国后，行郡县制，定边属北地郡马岭县，郡治义渠，在今宁县西北，县治在马岭县，位于今甘肃省环县南 65 公里处。

西汉初，该地被匈奴所占。汉武帝元狩四年（公元前 119 年），徙关东贫民 70 余万口于陇西、北地、上郡、西河，"充朔方以南新秦中七十余万口"，定边境内始有汉族居住。定边属朔方刺史部北地郡，该郡领县 19 个，现定边县的一部分归朐衍县（治所在今宁夏回族自治区盐池县境），该县东部属上郡奢延县，南部属北地郡马岭县。新莽元年（公元 9 年）北地郡改名为威成郡，奢延县改名为奢节县。

东汉光武帝建武六年（公元 30 年）裁并郡县，朐衍县并入灵州，隶属凉州刺史部北地郡。

曹魏及西晋，该地为汉族、匈奴、羌族的杂居区域，西晋末年，北方各族混战不已，政权割据，相互征战。407 年，赫连勃勃建立大夏，雄踞河套，南迄高平（固原），定边属大夏管辖范围。北魏时置西安州大兴郡于定边，州郡治所合一，后改大兴郡为五原郡。

隋代，现定边县境分属弘化郡洛源县（南部）、朔方郡长泽县（东滩）、盐川郡五原县（其余地域）。唐代，初属夏州都督府，后隶灵州都督府。北宋初年，定边所在的盐州属全国 15 路中的陕西路。是时，节制银、绥、宥、夏、静五州的定难军节度使拓跋氏，虽然接受宋朝的封授，但与朝廷时时为敌，不断扩展势力范围，宋真宗咸平五年（1002 年）三月，西夏李继迁攻取盐州，定边全境纳入西夏版图。明宗仁道二年（1038 年）宣布不再对宋称臣，李元昊称帝，建都兴庆府（银川），国号大夏，史称西夏，本地仍隶属盐州。

宋元符二年（1099 年）在今吴起县头道川筑城设防，赐名定边城，取"底定边疆"之意，不久定边城改制定边军，宋徽宗政和六年（1116 年），又设定边县，隶属于定边军，定边军县合治一城。元世祖至元十六年（1279 年）盐州并入环州，隶陕西行省。

明代，今定边县境属榆林卫，隶属陕西布政使司延安府；定边堡设参将，后改为游击，领永济等十二营堡为镇属西路。嘉靖四十一年（1562 年），置延绥镇西协副总兵，驻定边营城，辖东起响水堡以西今横山、靖边、定边的营堡。定边营设协台衙门和守御千户所，职官为协镇（副总兵）、守备（后改为都司），各营堡职官有守备、把总等，隶属延绥镇统辖。

清雍正九年（1731 年）设定边县，隶属榆林府。乾隆时期因盐政事务，定边县归属延安府，武职兵马仍归属榆林府。

民国因之，后隶属陕甘宁边区，解放后隶属榆林地区（市）。

三　定边县明长城概述

定边县明长城包括大边、二边和烽燧线，整体呈东南—西北走向，从白于山向西北延伸至荒漠草滩区，东接吴起县明长城，西北连宁夏回族自治区盐池县明长城，包括墙体 252370 米、单体建筑 339 座、关堡 15 座。（地图八）

定边县明长城大边由乔建军、张振峰、郭富强、王春波、刘晓东、李峰、韩喜东、赵传国等负责调查，调查时间为 2007 年 6 月～2008 年 6 月。

　　定边县明长城总体保存较差，由于地处黄土质地的白于山区和沙漠草滩区，沟壑发育和风沙侵蚀以及土壤盐碱化是造成长城墙体破坏最主要的自然因素，人为因素主要是道路修建和在墙体上挖掘窑洞等生产生活活动，目前人为破坏正在逐步得到控制，自然破坏因素仍是长城保护的主要威胁。

　　定边县明长城全部没有保护标志和相关保护设施，盐场堡乡二楼村有八路军三五九旅为保护盐场堡盐池在长城墙体上挖掘的一排窑洞，首先被公布为省级文物保护单位，立有保护标志碑。定边县明长城由定边县文管办管辖，行政隶属定边县文体事业局。

第二节　定边县明长城大边

　　定边县明长城大边东南接吴起县明长城大边，向西北延伸，出白于山后进入沙漠草滩区，至安边镇拐向西延伸，至贺圈镇瓦渣梁村分为两道，一道拐向西北延伸，俗称"二道边"；另一道继续向西延伸至贺圈镇下暗门村拐向西北，俗称"头道边"，两道明长城平行向西北延伸连接宁夏回族自治区盐池县明长城。还有一道长城是从头道边下暗门村拐点处向南延伸至白于山下，再沿东沟（干沟）延伸至白于山上姚台子村，近于二边分布处。定边县明长城大边全长 157050 米，有单体建筑 303 座、关堡 10 座。

一　墙体

　　定边县明长城大边分为土墙、河险和山险三种类型，共 83 段计 157050 米，占陕西省明长城大边总长的 27%，保存 124783 米、消失 32267 米，整体呈东南—西北走向。

　　土墙 143636 米，占定边县长城总长的 73.4%，占全部大边土墙长度的 25.8%。另有消失长城 8 段计 28080 米，土墙保存 111369 米、消失 4187 米，为自然基础上以黄土和黄沙土为主夯筑而成，包含物主要为料礓石、小石块，个别段墙体如水滩则村长城、朱家峁村长城、四路沟村长城、马圈梁村长城 1 段以胶土为主，包含细沙、小石块，另有个别段如东畔村长城 3 段、东梁村长城 2 段、东畔村长城 1 段、东畔村长城 2 段、东畔村长城 4 段等夯土盐碱含量较大，以黄沙土为主，土质较硬，颜色泛白，夯层厚 0.05~0.3 米，以 0.05~0.18 米为主，个别如杜涧村长城、王圈梁村长城夯层厚 0.15~0.3 米。墙体底宽 0.9~15 米，以 1~13 米占绝大多数，15 米的只有下暗门村长城 2 段；顶宽 0.1~6.2 米，以小于 4 米的为主；高 0.5~17 米，以 0.5~10 米为主，个别如薛格托村长城达 17 米。定边县明长城墙体开始离开白于山主脉，向西偏北行，所经之地以沙漠盐碱草滩地为主，风沙侵蚀是使其损毁的最主要因素。

　　河险共 3 段计 347 米，占定边县长城总长的 0.2%，占全部大边河险长度的 2.7%。常年的河水冲刷、风雨侵蚀及水土流失造成的河床变宽是其损毁的主要原因。

　　山险共 2 段计 13067 米，占定边县长城总长的 8.4%，占全部大边河险长度的 25.3%。山体滑坡崩塌及常年风雨侵蚀等是其损毁的主要原因。

　　各段墙体分述如下。

（一）四路沟村长城（610825382101170001）

　　该段墙体位于郝滩乡四路沟村东南的山梁上。地处黄土高原上的沟壑区，南北两侧为深沟。

墙体长 1966 米，其中，保存 1959 米、消失 7 米，整体呈东南—西北走向，属于土墙。（图一七七三）

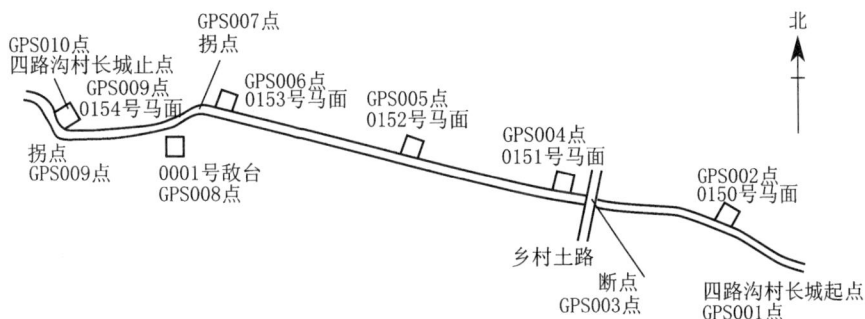

图一七七三　四路沟村长城位置示意图

墙体起点位于郝滩乡四路沟村东南 1.1 千米，高程 1481.5 米；止点位于郝滩乡四路沟村西北 1.2 千米，高程 1692.3 米。

墙体整体保存较差。墙体坍塌严重，两侧剥落严重，顶部基本平整。

墙体为自然基础上夯筑而成，夯土以胶土为主，包含有小石块，颜色泛黄，夯层厚 0.09~0.12 米。墙体剖面呈梯形，底宽 6、顶宽 4、内高 3、外高 3.3 米。墙体起点至 0.383 千米处有一条乡村土路穿过墙体，为断点；至 1.354 千米处为拐点，走向由东南—西北转为东北—西南；至 1.949 千米处为拐点，走向转为东南向西北。

该段墙体起点至 0.078 千米处有四路沟村 1 号（0150 号）马面，至 0.72 千米处有四路沟村 2 号（0151 号）马面，至 0.954 千米处有四路沟村 3 号（0152 号）马面，至 1.354 千米处有四路沟村（0153 号）马面，至 1.538 千米南 0.018 千米处有四路沟村（0001 号）敌台，至 1.96 千米处有朱家峁村 1 号（0154 号）马面。四路沟村南有红柳河，系无定河一级支流，也是吴起县与定边县的分界线之一，附近道路以乡村土路为主。四路沟村有居民 130 人，以汉族为主。

（二）朱家峁村长城（610825382101170002）

该段墙体位于郝滩乡朱家峁村北的双墩梁山脊上。南北两侧为沟壑，两侧坡地大多为农田。墙体长 1992 米，整体呈东南—西北走向，属于土墙。（图一七七四）

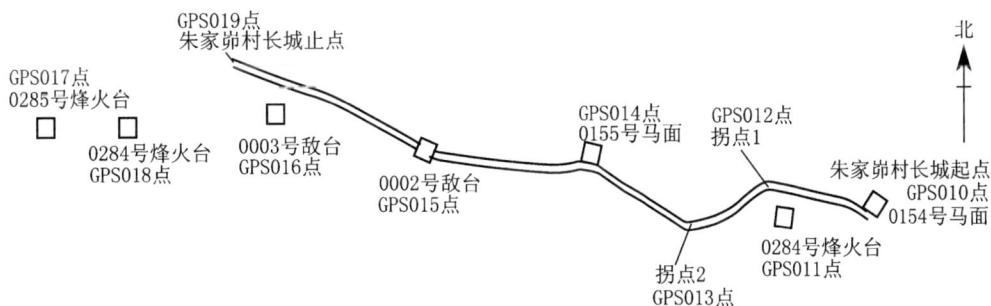

图一七七四　朱家峁村长城位置示意图

墙体起点位于郝滩乡朱家峁村西北0.4千米，高程1692.3米；止点位于郝滩乡海子湾村东南0.387千米，高程1692米。

墙体整体保存差。墙体由于雨水冲刷而坍塌，仅存部分墙基，顶部被踩踏成小路，外壁有多处人为凿洞，内外壁面剥落严重。距起点0.47千米处墙体外壁有4个人为凿洞，高1~1.4、宽1.3~1.5、进深1米~1.4米。

墙体为自然基础上夯筑而成，夯土以胶土为主，包含有细砂砾和小石块，颜色泛黄，夯层厚0.08~0.24米，质地细密。墙体剖面呈梯形，底宽2.1~3.1、顶宽1.3~2.4、内高3、外高5.7~6米。距墙体起点0.5千米为拐点，走向转为东北－西南；1.15千米为拐点，走向转为东南－西北。

该段墙体起点位于朱家峁村1号（0154号）马面，起点西0.45千米墙体南侧0.051千米处有朱家峁村（0284号）烽火台，0.85千米处有朱家峁村2号（0155号）马面，1.52千米处有海子湾村1号（0002号）敌台，1.92千米南3米处有海子湾村2号（0003号）敌台。朱家峁村有居民90人，以汉族为主。

（三）海子湾村长城1段（河险）（610825382107170003）

该段河险位于郝滩乡海子湾村东南0.387千米的沟底。为水库。河险长97米，整体呈东南—西北走向为，属于利用当地河道险要防御的河险。（图一七七五）

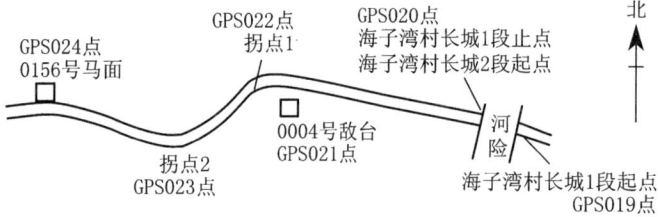

图一七七五　海子湾村长城1段（河险）位置示意图

河险起点位于郝滩乡海子湾东南0.387千米，高程1692米；止点位于郝滩乡海子湾东南0.348千米，高程1486.6米。

该段河险整体保存一般。起点与朱家峁村长城墙体相连，止点与海子湾村长城2段墙体相接。海子湾村有居民190人，以汉族为主，主要种植农作物。

（四）海子湾村长城2段（610825382101170004）

该段墙体位于郝滩乡海子湾村南的山梁上。南北两侧有沟壑，坡地大多为农田。墙体长1874米，整体呈东南—西北走向，属于土墙。（图一七七六；彩图三三八）

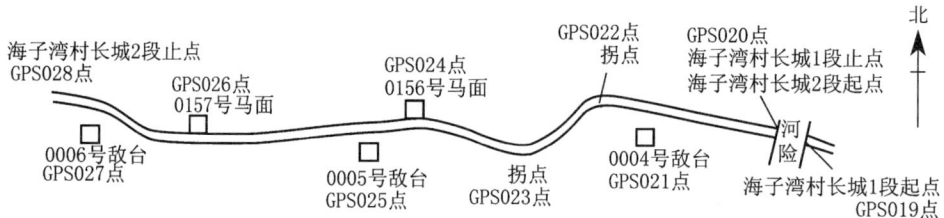

图一七七六　海子湾村长城2段位置示意图

墙体起点位于郝滩乡海子湾村东南0.348千米，高程1486.6米；止点位于学庄乡新集村东南0.8千米，高程1471.8米。

墙体整体保存差。由于山体滑坡和水土流失过大，墙体底部滑塌较多，表面脱落严重，起点至441

米处有宽 4 米的土路穿过，仅存墙基；至 0.518 千米处有一宽 6 米小路穿过；顶部基本平整，部分呈锯齿状。

　　墙体为自然基础上夯筑而成，夯土以黄土为主，包含有小石块和细砂砾，夯层厚 0.05 ~ 0.11 米，夯土质地细密。墙体底宽 2.3 ~ 5.4、顶宽 1.5 ~ 3.4、内高 1.3 ~ 5、外高 2.1 ~ 10 米。墙体起点至 0.345 千米处为拐点，走向转为东北向西南；0.665 千米处为拐点，走向转为东南向西北。

　　该段墙体起点西 0.252 千米处有海子湾村 3 号（0004 号）敌台，0.787 千米处有海子湾村 1 号（0156 号）马面，0.869 千米处有海子湾村 4 号（0005 号）敌台，1.38 千米处有海子湾村 2 号（0157 号）马面，1.67 千米处有海子湾村 5 号（0006 号）敌台。

（五）新集村长城 1 段（河险）（610825382107170005）

　　该段河险位于学庄乡新集村东南 0.8 千米的川道内。东西两侧为黄土山坡断崖。河险长 100 米，整体呈东南—西北走向，属于利用当地河道险要防御的河险。（图一七七七）

　　河险起点位于学庄乡新集村东南 0.8 千米，高程 1471.8 米；止点位于学庄乡新集村东南 0.89 千米，高程 1468.6 米。

　　河险整体保存一般。河险利用季节性河流，河床干枯，宽 100 米。

　　该段河险起点与海子湾长城 4 段墙体相连，止点与新集村长城 2 段墙体相接，东北 0.28 千米处有新集村水库。新集村有居民 130 人，汉族为主。

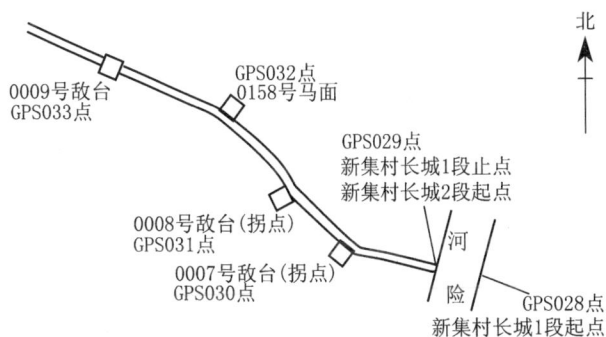

图一七七七　新集村长城 1 段（河险）位置示意图

（六）新集村长城 2 段（610825382101170006）

　　该段墙体位于学庄乡新集村北的山梁上。两侧为沟壑，坡面较陡，大多为耕地。墙体长 2256 米，整体呈东南—西北走向，属于土墙。（图一七七八；彩图三三九）

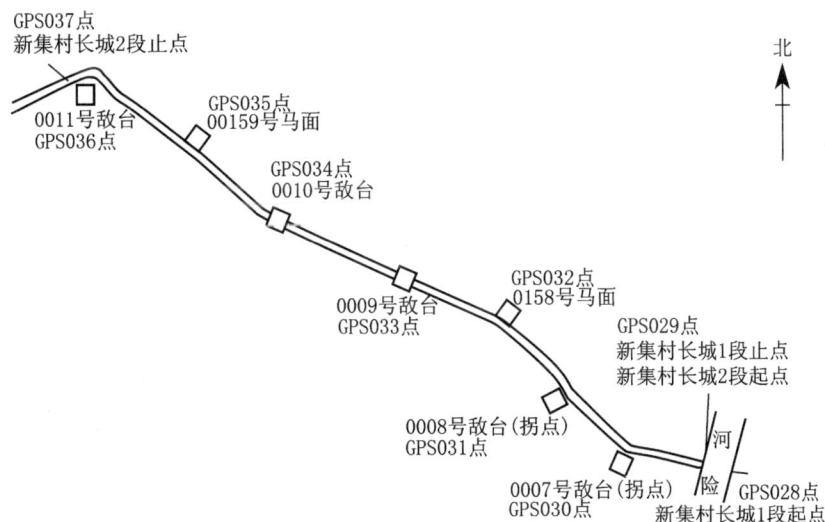

图一七七八　新集村长城 2 段位置示意图

墙体起点位于学庄乡新集村东南 0.89 千米，高程 1468 米；止点位于学庄乡新集村西北 1 千米，高程 1582 米。

墙体整体保存差。墙体基本沿山梁走势修建，大部分尚存，局部坍塌严重，有两条土路、一条管线横穿墙体。

墙体为自然基础上夯筑而成，夯土以黄沙土为主，包含有少量小石块，夯层厚 0.05 ~ 0.17 米，夯土质地细密。墙体底宽 2 ~ 7、顶宽 1.5 ~ 3、内高 2 ~ 5、外高 2.6 ~ 7 米。墙体起点至 0.365 千米处为拐点，走向转为东南—西北偏北；0.626 千米为拐点，转为东南—西北偏南。

该段墙体起点西 0.356 千米南 0.011 千米处有新集村 1 号（0007 号）敌台；0.626 千米处有新集村 2 号（0008 号）敌台，1.02 千米处有新集村（0158 号）马面，1.12 千米处有新集村 3 号（0009 号）敌台，1.57 千米处有新集村 4 号（0010 号）敌台，1.87 千米处有边墙山村 1 号（0159 号）马面，2.25 千米处有边墙山村 1 号（0011 号）敌台。新集村南有季节性河流，墙体附近以乡村土路为主。

（七）边墙山村长城（610825382101170007）

该段墙体位于学庄乡边墙山村西北的山梁上。墙体长 1562 米，其中，保存 1506 米、消失 56 米，整体呈东南—西北走向，属于土墙。（图一七七九；彩图三四〇）

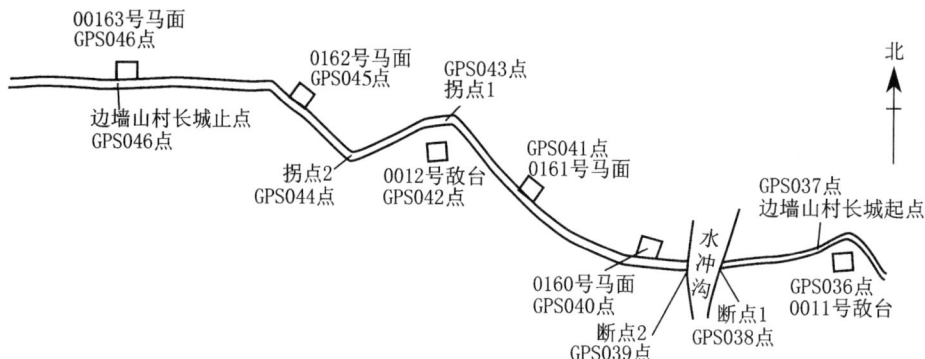

图一七七九　边墙山村长城位置示意图

墙体起点位于学庄乡边墙山村西北 1 千米，高程 1582 米；止点位于学庄乡边墙山村西 2.35 千米，高程 1536.5 米。

墙体整体保存差。沿山体走势修建，临近村庄的墙体仅存墙基，山峁上的墙体保存较好。墙体起点至 0.2 千米处有宽 56 米的雨水冲沟，呈南—北走向，深 10 ~ 30、长 70 米；至 0.324 千米处墙体只存高 1 米的土梁。墙体顶部基本平整，部分段呈驼峰、锯齿状，内外面剥落严重。墙体起点至 0.827 千米处为拐点，走向转为东—西；至 0.926 千米处为拐点，走向转为东南—西北。

墙体为自然基础上夯筑而成，夯土以黄土为主，包含有细砂砾和小石块，夯层厚 0.05 ~ 0.1 米，夯土质地细密。墙体剖面呈梯形，底宽 1.2 ~ 7.5、顶宽 1 ~ 5、内高 1.6 ~ 3、外高 3 ~ 7 米。

该段墙体起点至 0.251 千米处有边墙山村 2 号（0160 号）马面，至 0.545 千米处有边墙山村 3 号（0161 号）马面，至 0.827 千米处有边墙山村 2 号（0012 号）敌台，至 1.28 千米处有边墙山村 4 号（0162 号）马面，至 1.55 千米处有边墙山村 5 号（0163 号）马面。边墙山村有居民 180 人，汉族为主。

（八）唐凹村长城（610825382101170008）

该段墙体大部分位于学庄乡唐凹村北的梁峁上。村内墙体所处地势较平缓。墙体长 1892 米，其中，保存 1881 米、消失 11 米，整体呈东南—西北走向，属于土墙。（图一七八〇；彩图三四一）

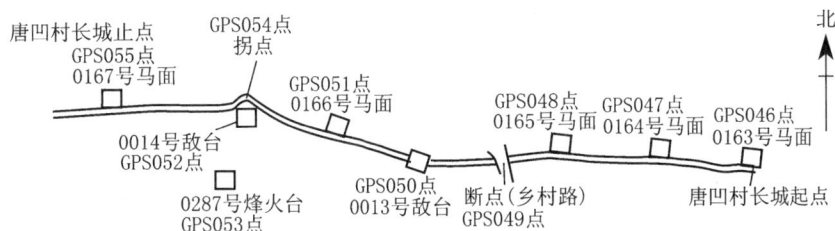

图一七八〇　唐凹村长城位置示意图

墙体起点位于学庄乡边墙山村西 2.35 千米，高程 1536.5 米；止点位于学庄乡唐凹村西北 1.5 千米，高程 1720.8 米。

墙体整体保存差。唐凹村内的墙体破坏严重，有房屋紧靠墙体，或在墙体上挖洞等。位于村外山峁上的墙体保存相对较好，距起点 0.732 千米处墙体上有宽 11 米的豁口，有一条土路横穿。墙体顶部基本平整，部分段顶部呈驼峰、锯齿状，内外面剥落严重。墙体起点至 0.732 千米处为断点，消失 11 米；至 1.626 千米处为拐点，走向转为东—西。

墙体为自然基础上夯筑而成，夯土以黄土为主，包含有细砂砾和少量小石块，夯层厚 0.05~0.1 米，夯土质地细密。墙体剖面呈梯形，底宽 1.2~6.5、顶宽 1~5、内高 1.4~3、外高 3~6.4 米。

该段墙体起点西 0.26 千米处有唐凹村 1 号（0164 号）马面，0.522 千米处有唐凹村 2 号（0165 号）马面，1.08 千米处有唐凹村 1 号（0013 号）敌台，1.3 千米处有唐凹村 3 号（0166 号）马面，1.63 千米处有唐凹村 2 号（0014 号）敌台，1.65 千米南 0.191 千米处有唐凹村（0287 号）烽火台，1.89 千米处有唐凹村 4 号（0167 号）马面。唐凹村有居民 340 多人，以汉族为主。

（九）马圈梁村长城 1 段（610825382101170009）

该段墙体位于安边镇马圈梁村北的山梁上。所处地势较开阔平坦，两侧为农田。墙体长 2005 米，其中，保存 1994 米、消失 11 米，整体呈东南—西走向北，属于土墙。（图一七八一）

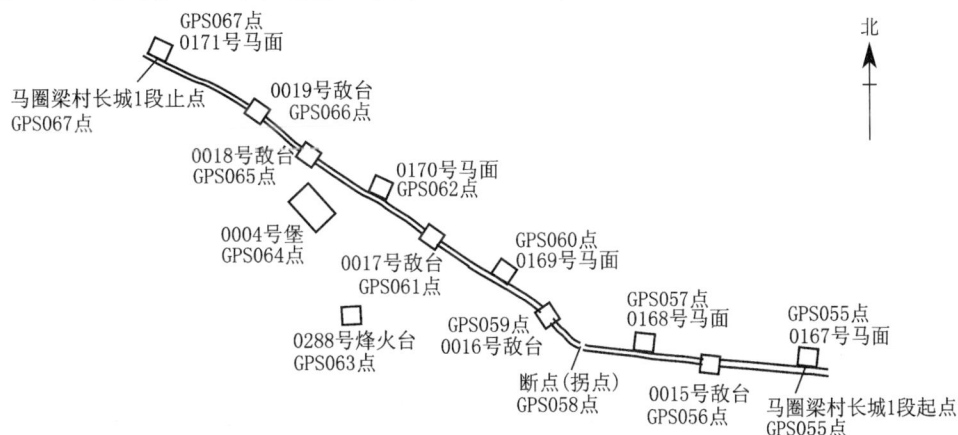

图一七八一　马圈梁村长城 1 段位置示意图

墙体起点位于学庄乡唐凹村西北 1.5 千米, 高程 1720.8 米; 止点位于安边镇马圈梁村西北 0.6 千米, 高程 1471.8 米。

墙体整体保存差。由于风雨浸蚀、人为破坏, 部分墙体有缺口, 呈驼峰状。距起点 0.732 千米处墙体有宽 11 米的豁口, 有一条土路横穿。墙体起点西 0.743 千米处为拐点, 走向由东—西转呈东南—西北。

墙体为自然基础上夯筑而成, 夯土以胶土为主, 包含有小石块和砂砾, 夯层厚 0.05~0.2 米, 夯土质地细密。墙体底宽 3~7、顶宽 2~3.2、内高 1~4、外高 1.5~6 米。

该段墙体起点西 0.271 千米处有马圈梁村 1 号 (0015 号) 敌台, 0.438 千米处有马圈梁村 1 号 (0168 号) 马面, 0.762 千米处有马圈梁村 2 号 (0016 号) 敌台, 0.962 千米处有马圈梁村 2 号 (0169 号) 马面, 1.16 千米处有马圈梁村 3 号 (0017 号) 敌台; 1.36 千米处有马圈梁村 3 号 (0170 号) 马面, 南 0.385 千米处有马圈梁村 (0288 号) 烽火台, 西南 0.09 千米处有马圈梁村 (0004 号) 堡; 1.56 千米处有马圈梁村 4 号 (0018 号) 敌台, 1.76 千米处有马圈梁村 5 号 (0019 号) 敌台, 2 千米处有马圈梁村 4 号 (0171 号) 马面。马圈梁村有居民 300 人, 以汉族为主。

(一○) 马圈梁村长城 2 段 (610825382101170010)

该段墙体位于安边镇马圈梁村西北的山梁上。地处冲洪积平原地带, 远处有沟壑发育, 地势较开阔平坦, 墙体两侧多为农田, 有废弃的村庄。墙体长 1115 米, 整体呈东南—西北走向, 属于土墙。(图一七八二)

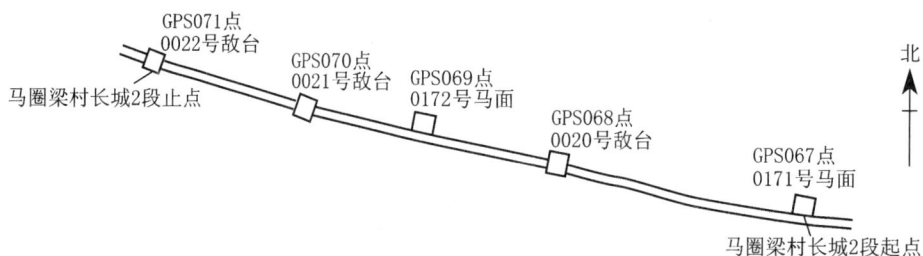

图一七八二　马圈梁村长城 2 段位置示意图

墙体起点位于安边镇马圈梁村西北 0.6 千米, 高程 1471.8 米; 止点位于安边镇薛格托村东南 1.5 千米, 高程 1549.3 米。

墙体整体保存差。墙体大部分坍塌呈斜坡状, 有土路穿过, 墙体旁有废弃的窑洞。

墙体为自然基础上夯筑而成, 夯土以黄土为主, 包含有少量砂砾, 夯层厚 0.05~0.18 米, 夯土质地细密。墙体底宽 2.6~6.7、顶宽 2~3.4、内高 1~3.6、外高 1.5~6 米。

该段墙体起点西北 0.233 千米处有马圈梁村 6 号 (0020 号) 敌台, 0.453 千米处有马圈梁村 5 号 (0172 号) 马面, 0.653 千米处有马圈梁村 7 号 (0021 号) 敌台, 1.11 千米处有薛格托村 1 号 (0022 号) 敌台。

(一一) 薛格托村长城 (610825382101170011)

该段墙体位于安边镇薛格托村北的冲洪积平原和风沙滩交汇地带。周围地势较平坦, 风沙滩区地势略有起伏。墙体长 2470 米, 其中, 保存 2451 米、消失 19 米, 整体呈东南—西北走向, 属于土墙。(图一七八三)

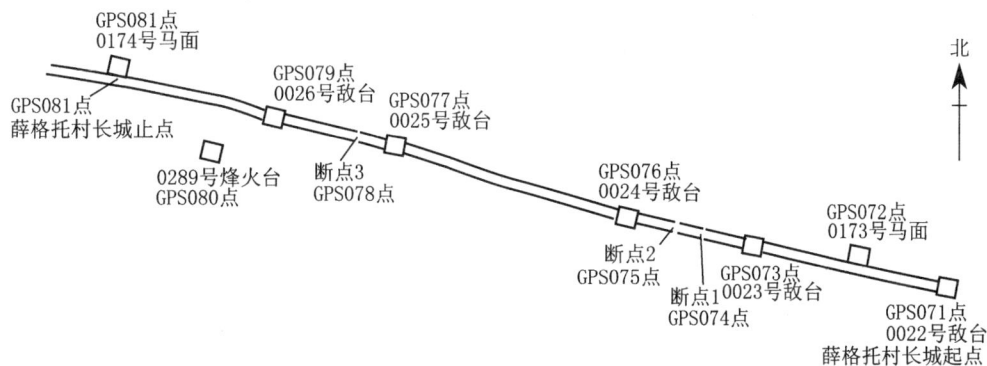

图一七八三　薛格托村长城位置示意图

墙体起点位于安边镇薛格托村东南 0.8 千米，高程 1549.3 米；止点位于安边镇雷圈东北 1.2 千米，高程 1547.6 米。

墙体整体保存差。因耕种、修路、栽树、黄沙掩埋等原因使墙体受损严重。墙体起点西 0.67 千米处有一个宽 10 米的豁口，有一条土路穿过为断点；至 0.783 千米处有一个宽 6 米的豁口，有一条土路穿过，为断点，至 1.444 千米处有 100 多米墙体被沙淹埋为断点，至 1.626 千米处墙体有一个宽 3 米的豁口，为断点。

墙体为自然基础上夯筑而成，夯土以黄土为主，包含有少量石块和砂砾，夯层厚 0.05~0.18 米，夯土质地细密。墙体底宽 3~11、顶宽 1~4 米，内高 2~9、外高 4~17 米。

该段墙体起点西北 0.21 千米处有薛格托村（0173 号）马面，0.46 千米处有薛格托村 2 号（0023 号）敌台，0.95 千米处有雷圈村 1 号（0024 号）敌台，1.46 千米处有雷圈村 2 号（0025 号）敌台，2.01 千米处有雷圈村 3 号（0026 号）敌台，2.09 米南 0.1 千米处有雷圈村（0289 号）烽火台，2.46 千米处有雷圈村 1 号（0174 号）马面。薛格托村有居民 300 多人，以汉族为主。

（一二）雷圈村长城（6108253821011700012）

该段墙体位于安边镇雷圈村北的风沙滩地上。地势东北高西南低，周围较平坦。墙体长 1606 米，整体呈东南—西北走向，属于土墙。（图一七八四）

墙体起点位于安边镇雷圈村东北 1.2 千米，高程 1547.6 米；止点位于安边镇安子屋村东北 1 千米，高程 1506.7 米。

墙体整体保存差。因耕种、修路、栽树及黄沙掩埋等原因使墙体受损严重，起点至 0.844 千米处有 100 多米墙体被沙淹埋，部分墙体呈驼峰状。

墙体为自然基础上夯筑而成，夯土以黄沙

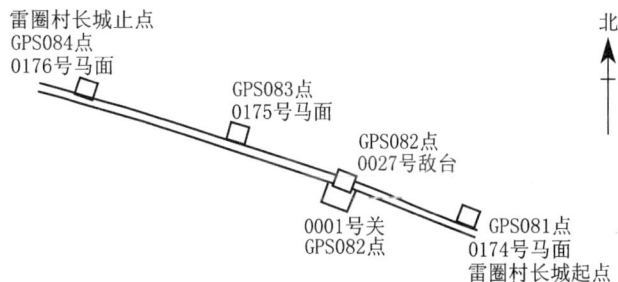

图一七八四　雷圈村长城位置示意图

土为主，夯层厚 0.05~0.17 米，质地细密。墙体底宽 6、顶宽 2.1、内高 3、外高 5.1 米。

该段墙体起点西 0.535 千米处有雷圈村（0001 号）关，0.55 千米处有雷圈村 4 号（0027 号）敌台，1.16 千米处有雷圈村 2 号（0175 号）马面，1.6 千米处有安子屋村 1 号（0176 号）马面。雷圈村有居民 800 多人，以汉族为主。

（一三）安子屋村长城（610825382101170013）

　　该段墙体位于安边镇安子屋村北。地处风沙滩地带，附近地势较平缓，两侧为耕地。墙体长 2420 米，整体呈东南—西北走向，属于土墙。（图一七八五）

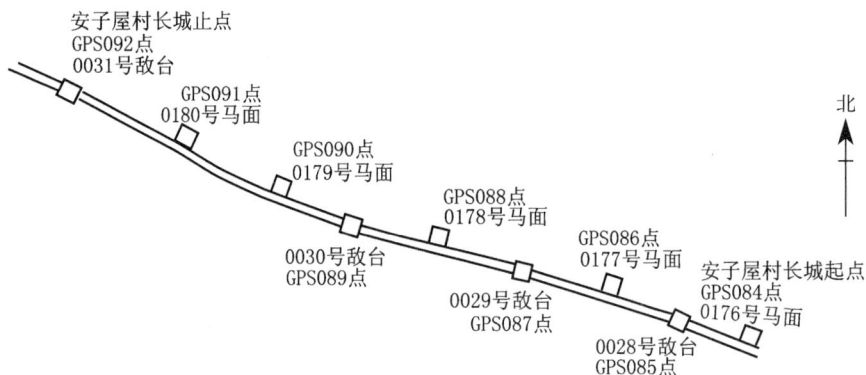

图一七八五　安子屋村长城位置示意图

　　墙体起点位于安边镇安子屋村东南 1 千米，高程 1506.7 米；止点位于安边镇惠楼村东南 2 千米，高程 1490 米。

　　墙体整体保存差。墙体因修路、开挖窑洞、栽种树木等原因受损严重。起点西 1.3 千米处墙体上有 10 孔窑洞，其中 3 孔还在使用；1.8 千米处有一条土路穿过墙体。墙体由于风雨侵蚀坍塌严重，大部分高低不齐，呈驼峰状。

　　墙体为自然基础上夯筑而成，夯土以黄沙土为主，夯层厚 0.05～0.16 米，夯土质地细密。墙体底宽 6、顶宽 1.1、内高 3.8、外高 4.6 米。

　　该段墙体起点西 0.2 千米处有安子屋村 1 号（0028 号）敌台，0.42 千米处有安子屋村 2 号（0177 号）马面，0.72 千米处有安子屋村 2 号（0029 号）敌台，1.01 千米处有安子屋村 3 号（0178 号）马面，1.24 千米处有安子屋村 3 号（0030 号）敌台，1.59 千米处有安子屋村 4 号（0179 号）马面，1.82 千米处有安子屋村 5 号（0180 号）马面，2.42 千米处有惠楼村 1 号（0031 号）敌台。墙体附近无河流，西约 5 千米处有八里河，由北向南流，北侧有一县级公路，基本与墙体平行，附近道路以乡村土路为主。安子屋村有居民 280 人，以汉族为主。

图一七八六　惠楼村长城 1 段位置示意图

（一四）惠楼村长城 1 段（610825382101170014）

　　该段墙体位于安边镇惠楼村东南的风沙滩地上。所处地势平坦，两侧多为耕地。墙体长 1580 米，整体呈东南—西北走向，属于土墙。（图一七八六）

　　墙体起点位于安边镇惠楼村东南 2 千米，高程 1490 米；止点位于安边镇惠楼村东南 0.4 千米，高程 1471.6 米。

　　墙体整体保存差。墙体坍塌有许多缺口，部分段被沙

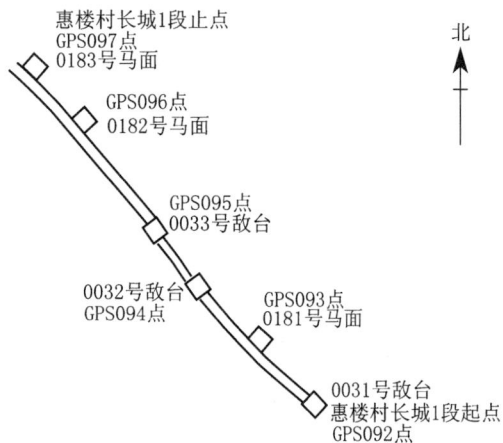

淹埋，整体呈驼峰状，墙体上密植有柠条等植物。

墙体为自然基础上夯筑而成，夯土为黄沙土，夯层厚 0.08~0.12 米。墙体底宽 5.6、顶宽 2.3、内高 3.6、外高 5 米。

该段墙体起点西北 0.45 千米处有惠为楼村 1 号（0181 号）马面，0.71 千米处有惠楼村 2 号（0032 号）敌台，0.9 千米处有惠楼村 3 号（0033 号）敌台，1.4 千米处有惠楼村 2 号（0182 号）马面，1.58 千米处有惠楼村 3 号（0183 号）马面。惠楼村北为八里河，自北向南流经 4 个乡镇，全长 54.5 千米。村西有学（庄乡）石（洞沟乡）公路和乡村土路，北约 3 千米处有 307 国道。惠楼村有居民 150 人，以汉族为主。

（一五）惠楼村长城 2 段（610825382101170015）

该段墙体位于安边镇惠楼村北的缓坡地带。所处地势南高北低。墙体长 1467 米，其中，保存 1377 米、消失 90 米，整体呈东南—西北走向，属于土墙。（图一七八七）

墙体起点位于安边镇惠楼村东南 0.4 千米，高程 1471.6 米；止点位于安边镇惠楼村北 1.15 千米，高程 1410.15 米。墙体起点至 0.799 千米处墙体消失 90 米，为断点。

墙体整体保持差。墙体坍塌严重，呈驼峰状，有一条乡间土路和学（学庄乡）石（石洞沟乡）公路穿越墙体，墙体南侧有洪水冲刷的沟渠。

墙体为自然基础上夯筑而成，夯土为黄土，夯层厚 0.08~0.12 米。墙体底宽 5.8、顶宽 2.4、内高 3.4、外高 5 米。

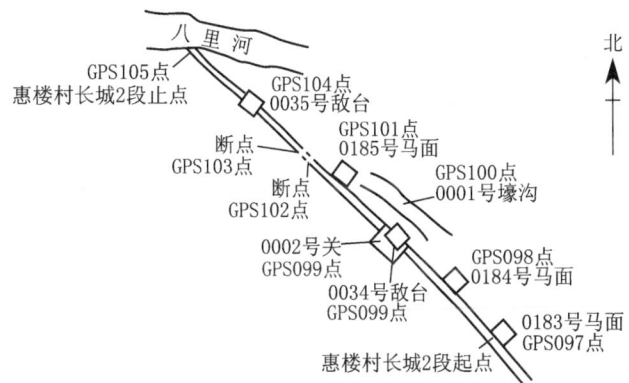

图一七八七　惠楼村长城 2 段位置示意图

该段墙体起点至 0.194 千米处有惠楼村 4 号（0184 号）马面，至 0.55 千米处为惠楼村（0002 号）关；至 0.58 千米处有惠楼村 4 号（0034 号）敌台，敌台东北 0.03 千米处有惠楼村 1 号（0001 号）壕沟；至 0.7 千米处有惠楼村 5 号（0185 号）马面；至 0.799 千米处墙体消失 90 米，为断点；至 1.32 千米处有惠楼村 5 号（0035 号）敌台。墙体西侧有八里河，由北向南流。附近有学（庄乡）石（洞沟乡）公路和乡村土路。

（一六）惠楼村长城 3 段（河险）（610825382107170016）

该段河险位于安边镇惠楼村西北的沟涧中。上游是黄土高原沟壑区，沟宽 300~400 米，下游是平原地带，河床下游高出水面，成为悬河。河险长 150 米，整体呈东南—西北走向，属于利用当地河道险要防御的河险。（图一七八八）

河险起点位于安边镇惠楼村北 1.15 千米，高程 1410.15 米；止点位于安边镇惠楼村北 1.3 千米，高程 1409.4 米。

河险整体保存一般。河两岸坍塌严重，河险起点东南岸为惠楼村长城 2 段墙体止点，西岸为惠楼村长城 4 段墙起点。

该段河险附近有学（学庄乡）石（石洞沟乡）公路和乡村土路。

（一七）惠楼村长城 4 段（610825382101170017）

该段墙体位于安边镇惠楼村西北的风沙滩地上。所处地势较平坦。墙体长 1089 米，整体呈东南—

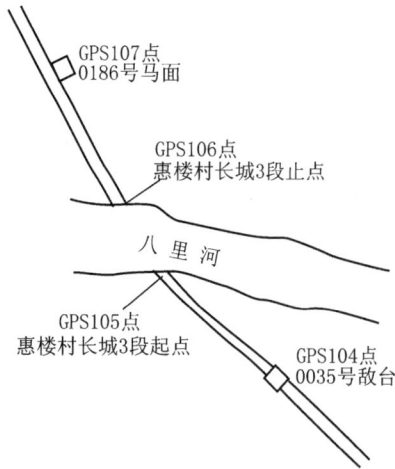

图一七八八　惠楼村长城3段（河险）位置示意图

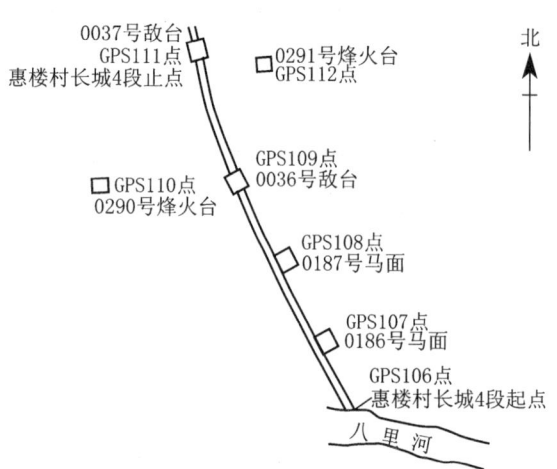

图一七八九　惠楼村长城4段位置示意图

西北走向，属于土墙。（图一七八九）

墙体起点位于安边镇惠楼村北1.3千米，高程1409.4米；止点位于安边镇安寺村东南1.65千米，高程1425.2米。

墙体整体保存差。由于修路、耕种、水毁、沙土掩埋、栽植乔木等原因墙体受损严重，大部分呈驼峰状。

墙体为自然基础上夯筑而成，夯土为黄沙土，夯层厚0.08~0.12米。墙体底宽5.8、顶宽2.4、内高3.4、外高5米。

该段墙体起点西北0.183千米处有惠楼村6号（0186号）马面，0.435千米处有惠楼村7号（0187号）马面，0.67千米处有惠楼村6号（0036号）敌台；西南0.624千米处有惠楼村1号（0290号）烽火台，1.08米处有惠楼村7号（0037号）敌台，0.66千米东北0.264千米处有惠楼村2号（0291号）烽火台，1.08千米东北0.02千米处有惠楼村2号（0002号）壕沟。墙体起点处为八里河，由南向北流。附近有学（学庄乡）石（石洞沟乡）公路和乡村土路。

（一八）安寺村长城1段（610825382101170018）

该段墙体位于安边镇安寺村南的风沙滩上。所处为南高北低的缓坡，两侧大多为耕地。墙体长1287米，其中，保存1282米、消失5米，整体呈东南—西北走向，属于土墙。（图一七九○）

墙体起点位于安边镇安寺村东南1.65千米，高程1425.2米；止点位于安边镇安寺村中，高程1390.3米。

墙体整体保存差。墙体内外面剥落严重，坍塌呈驼峰状。起点至0.142千米处有一条土路穿过墙体，路宽5米，为断点；安寺村位于该段长城中段长0.3千米的墙体两侧，居民在墙体上凿挖窑洞、修建房屋取土、凿挖墓穴和盗洞等，对长城墙体构成破坏。

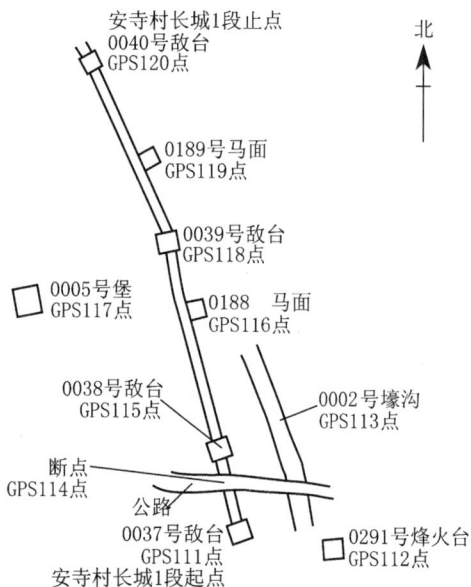

图一七九○　安寺村长城1段位置示意图

　　墙体为自然基础上夯筑而成，夯土为黄沙土，夯层厚0.1～0.25米。墙体底宽8、顶宽2.2、内高5、外高6.6米。

　　该段墙体起点西北0.16千米处有安寺村1号（0038号）敌台，0.432千米处有安寺村1号（0188号）马面，0.5千米西0.507千米处有安寺村（0005号）堡，0.632千米处有安寺村2号（0039号）敌台，0.922千米处有安寺村2号（0189号）马面，1.28千米处有安寺村3号（0040号）敌台。安寺村北有蚂蚁河，自北向南流经3个乡镇，为内流河，源近流短，经常干涸，东有八里河。墙体北侧有一条土路，安寺村南有307国道。安寺村有居民400多人，以汉族为主。

（一九）安寺村长城2段（610825382101170019）

　　该段墙体位于安边镇安寺村西。所处地势平坦，两侧为耕地或草地。墙体长1835米，其中，保存1595米、消失240米，整体呈东南—西北走向，属于土墙。（图一七九一）

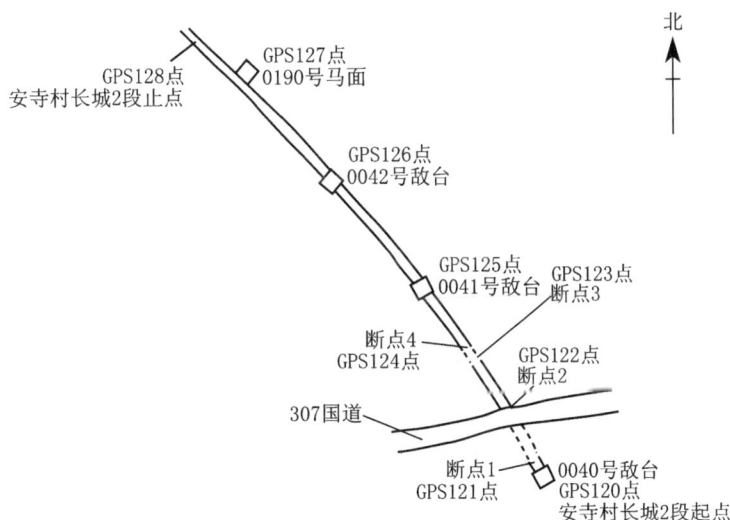

图一七九一　安寺村长城2段位置示意图

　　墙体起点位于安边镇安寺村中，高程1390.3米；止点位于安边镇安寺村西北1.8千米，高程1382.2米。

　　墙体整体保存差。由于修建房屋、挖掘窑洞、修路、耕种、栽电线杆等原因墙体受损严重，起点至0.01千米处有307国道穿墙体而过，消失180米。

　　墙体为自然基础上夯筑而成，夯土为黄沙土，夯层厚0.1～0.25米。墙体底宽1.8～13、顶宽1～3.6、内高0.5～8、外高1.6～9米。

　　该段墙体起点西北0.6千米处有安寺村4号（0041号）敌台，1.09千米处有安寺村5号（0042号）敌台，1.61千米处有安寺村3号（0190号）马面。安寺村北有蚂蚁河，南有八里河。蚂蚁河自北向南流经3个乡镇，为内流河，源近流短，经常干涸断流。八里河自北向南流经4个乡镇，全长54.5千米，流域面积384平方千米。安寺村南有307国道，村北有靖（边）王（圈梁）高速公路。

（二〇）北园则村长城（610825382101170020）

　　该段墙体位于安边镇北园则村西南的风沙滩地上。所处地势平坦，两侧大多为耕地，西侧有榆（林）定（边）高速公路安边收费站。墙体长2322米，其中，保存2163米、消失159米，整体呈东南—西北走向，属于土墙。（图一七九二）

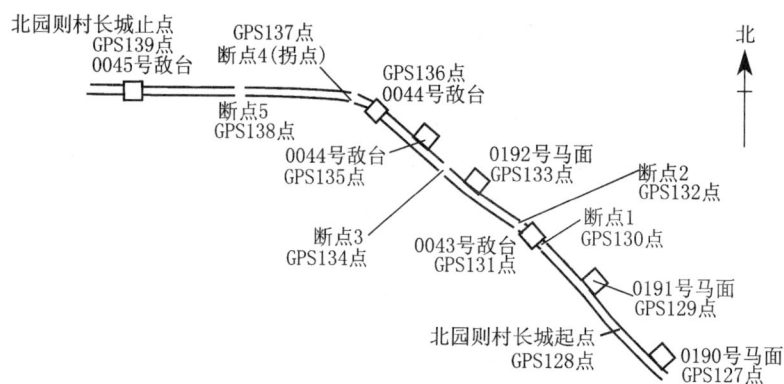

图一七九二　北园则村长城位置示意图

墙体起点位于安边镇安寺村西北 1.8 千米，高程 1382.2 米；止点位于安边镇北园则村西 0.36 千米，高程 1403 米。

墙体整体保存差。由于修路、耕种、栽植柠条、挖掘墓穴、洪水冲刷等原因墙体受损严重，呈驼峰状。

墙体起点至 0.4 千米处由于人为取土和修路，消失 120 米，为断点；至 0.903 千米处有道路穿过墙体，消失 13 米，为断点；至 1.372 千米处有乡村土路穿过，消失 12 米，为断点；至 1.672 千米处有高速路入口处，消失 14 米为断点。墙体起点至拐点呈东南—西北走向，拐点至止点呈东—西走向。

墙体为自然基础上夯筑而成，夯土以黄沙土为主，夯层厚 0.15 ~ 0.23 米。墙体底宽 3 ~ 13、顶宽 0.7 ~ 3.5、内高 1.5 ~ 8.3、外高 3 ~ 9.2 米。

该段墙体起点西北 0.26 千米处有北园则村 1 号（0191 号）马面，0.485 千米处有北园则村 1 号（0043 号）敌台，0.71 千米处有北园则村 2 号（0192 号）马面，1.16 千米处有北园则村 3 号（0193 号）马面，1.37 千米处有北园则村 2 号（0044 号）敌台，2.32 千米处有北园则村 3 号（0045 号）敌台。北园则村南有蚂蚁河，自北向南流经 3 个乡镇，为内流河，村北有靖（边）王（圈梁）高速公路，村南有 307 国道。北园则村有居民 3000 人，以汉族为主。

（二一）张园则村长城 1 段（610825382101170021）

该段墙体位于安边镇张园则村南风沙滩地上。所处地势平坦，两侧大多为耕地，有树林。墙体长 1150 米，其中，保存 1050 米、消失 100 米，整体呈东—西走向，属于土墙。（图一七九三）

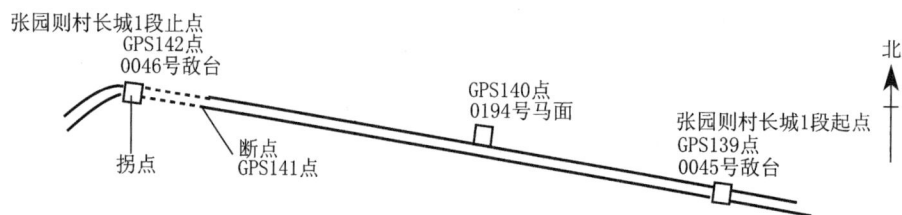

图一七九三　张园则村长城 1 段位置示意图

墙体起点位于安边镇北园则村西 0.36 千米，高程 1403 米；止点位于安边镇张园则村南，高程 1422 米。

墙体整体保存差。由于修路、取土、建房、栽植树木、挖墓穴、风沙掩埋等墙体受损严重，呈驼峰状。起点西1.05千米处墙体由于耕地消失100米，为断点；由于距村庄近，横穿墙体的道路较多，对墙体破坏严重。1.143千米处为拐点，走向转为东北向西南。

墙体为自然基础上夯筑而成，夯土为黄沙土，夯层厚0.15～0.23米。墙体底宽3～13、顶宽0.7～3.5、内高1.5～8.3、外高3～9.2米。

该段墙体起点西0.58千米处有张园则村（0194号）马面，1.14千米处有张园则村1号（0046号）敌台。张园则村东有蚂蚁河，自北向南流经3个乡镇，为内流河，村南有靖（边）王（圈梁）高速公路和307国道。张园则村有居民500人，以汉族为主。

（二二）张园则村长城2段（610825382101170022）

该段墙体位于安边镇张园则村西南的风沙滩地上。所处地势平坦，沙化严重，两侧大多为耕地、树林。墙体长1770米，其中，保存1763米、消失7米，整体呈东北—西南走向，属于土墙。（图一七九四）

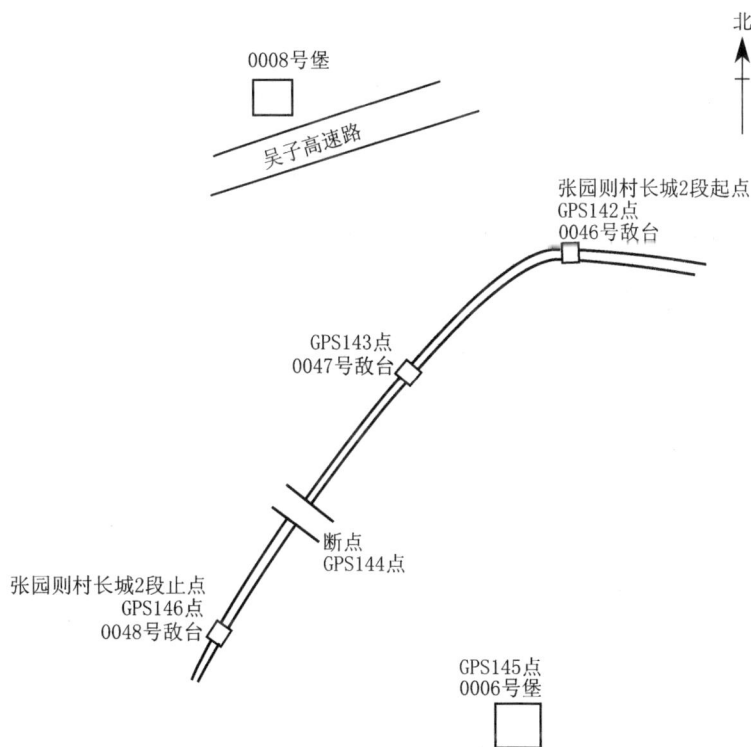

图一七九四　张园则村长城2段位置示意图

墙体起点位于安边镇张园则村南，高程1422米；止点位于安边镇张园则村西1.5千米，高程1439.5米。

墙体整体保存差。墙体内外侧塌落严重，由于修路、取土、植树、建房、黄沙掩埋等原因受损严重，部分段呈驼峰状，起点至1.37千米处墙体由于乡村小路消失7米。

墙体为自然基础上夯筑而成，夯土以黄沙土为主，夯层厚0.12～0.21米。墙体底宽3～13、顶宽0.7～3.5、内高1.5～8.3、外高3～9.2米。

该段墙体起点西南 0.57 千米处有张园则村 2 号（0047 号）敌台，0.9 千米南 1.32 千米处有西园则村（0006 号）堡，1.77 千米处有西园则村 1 号（0048 号）敌台。张园则村东有蚂蚁河，自北向南流经 3 个乡镇，为内流河，村南有靖（边）王（圈梁）高速公路和 307 国道。

（二三）西园则村长城 1 段（610825382101170023）

该段墙体位于安边镇西园则村北的风沙滩地上。所处地势较平坦，北侧多为耕地，南侧为植被较好的草滩地。墙体长 1560 米，其中，保存 1553 米、消失 7 米，整体呈东—西走向，属于土墙。（图一七九五）

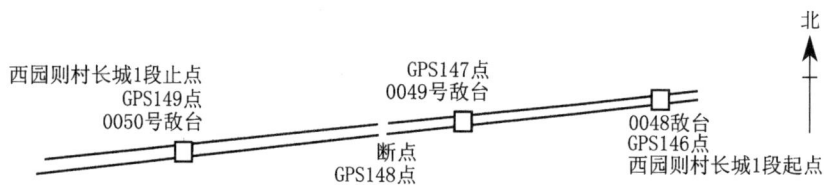

图一七九五 西园则村长城 1 段位置示意图

墙体起点位于安边镇张园则村西 1.5 千米，高程 1439.5 米；止点位于安边镇西园则村西北 2.6 千米，高程 1475.4 米。

墙体整体保存差。起点至 1.182 千米处墙体有一个宽 7 米的豁口，人为取土造成；至 1.56 千米处为止点，为拐点，走向转为东南向西北。墙体呈驼峰状，墙体上和两侧种植有大量柠条等。

墙体为自然基础上夯筑而成，夯土以黄土为主，夯层厚 0.05~0.17 米。墙体底宽 2~7、顶宽 1.5~5、内高 1~9、外高 3~11 米。

该段墙体起点西 0.55 千米处有西园则村 2 号（0049 号）敌台，1.56 千米处有西园则村 3 号（0050 号）敌台。西园则村为蚂蚁河的止点，蚂蚁河自北向南流经 3 个乡镇，为内流河，西园则村北有靖（边）王圈梁高速公路，村南有 307 国道。西园则村有居民 240 人，以汉族为主。

（二四）西园则村长城 2 段（610825382101170024）

该段墙体位于安边镇西园则村西北的风沙滩地上。所处地势较平坦，两侧为沙地和草地。墙体长 1800 米，其中，保存 1785 米、消失 15 米，整体呈东南—西北走向，属于土墙。（图一七九六；彩图三四二）

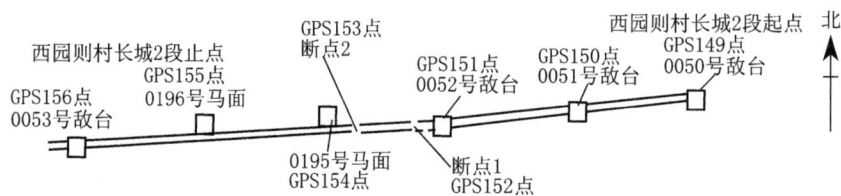

图一七九六 西园则村长城 2 段位置示意图

墙体起点位于安边镇西园则村西北 2.6 千米，高程 1475.4 米；止点位于安边镇西园则村西北 4.5 千米，高程 1511.4 米。

墙体整体保存差。由于风雨侵蚀、黄沙掩埋、修路、栽植柠条等墙体受损严重，呈驼峰状。起点至

1.145 千米处墙体由于乡村土路消失 8 米；至 1.495 千米处墙体由于人为挖掘形成一个豁口，宽 7 米。

墙体为自然基础上夯筑而成，夯土以黄沙土为主，夯层厚 0.05～0.16 米。墙体底宽 2～7、顶宽 1.5～5、内高 1～9、外高 3～11 米。

该段墙体起点西 0.655 千米处有西园则村 4 号（0051 号）敌台，1.12 千米处有西园则村 5 号（0052 号）敌台，1.63 千米处有西园则村 1 号（0195 号）马面，1.8 千米处有西园则村 2 号（0196 号）马面。西园则村为蚂蚁河的止点，蚂蚁河自北向南流经 3 个乡镇，为内流河。西园则村北有靖（边）王（圈梁）高速公路，村南有 307 国道。

（二五）西园则村长城 3 段（610825382101170025）

该段墙体位于安边镇西园则村西北的风沙滩地上。地势较平坦，土壤沙化严重，植被稀疏。墙体长 1374 米，其中，保存 1365 米、消失 9 米，整体呈东北—西南走向，属于土墙。（图一七九七；彩图三四三）

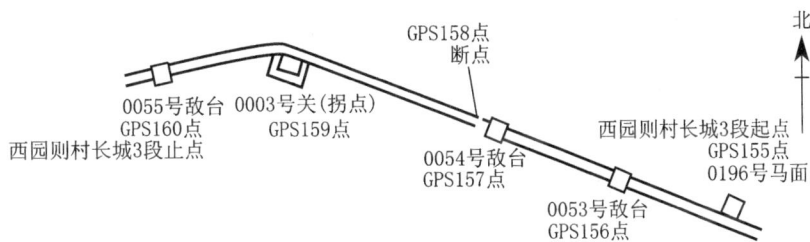

图一七九七　西园则村长城 3 段位置示意图

墙体起点位于安边镇西园则村西北 2.9 千米，高程 1511.4 米；止点位于安边镇西园则村西北 5.8 千米，高程 1500.3 米。

墙体整体保存差。墙体坍塌缺口较多，呈驼峰状，部分段被黄沙掩埋。起点至 0.529 千米处有乡村小路穿过墙体，消失 9 米；至 0.799 千米处为拐点，走向转为东北向西南。

墙体为自然基础上夯筑而成，夯土以黄沙土为主，夯层厚 0.05～0.16 米。墙体底宽 2～6.4、顶宽 1.4～4.3、内高 1～7、外高 3～9 米。

该段墙体起点西北 0.236 千米处有西园则村 6 号（0053 号）敌台，0.509 千米处有西园则村 7 号（0054 号）敌台，0.799 千米处有西园则村（0003 号）关，1.37 千米处有西园则村 8 号（0055 号）敌台。西园则村为蚂蚁河的止点，蚂蚁河自北向南流经 3 个乡镇，为内流河，源近流短，经常干涸断流。西园则村北为靖（边）王（圈梁）高速公路，村南有 307 国道。

（二六）刘朱坑村长城（610825382101170026）

该段墙体位于安边镇刘朱坑村西南的风沙滩地上。所处地势较平坦，植被较好。墙体长 1515 米，其中，保存 1479 米、消失 36 米，整体呈东—西走向，属于土墙。（图一七九八）

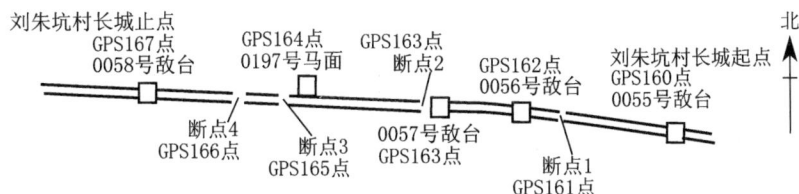

图一七九八　刘朱坑村长城位置示意图

墙体起点位于安边镇西园则村西北 5.8 千米，高程 1500.3 米；止点位于安边镇刘朱坑村西南 5 千米，高程 1508.9 米。

墙体整体呈驼峰状，内外侧塌落严重。起点至 0.342 千米处墙体有宽 7 米的豁口，有水渠穿过，为断点；至 0.635 千米处墙体有一条宽 5 米的水沟穿过，为断点；至 0.915 千米处墙体有一条宽 13 米的水渠穿过，为断点；至 1.001 千米处墙体有一条宽 11 米的水渠穿过，为断点。

墙体为自然基础上夯筑而成，夯土以黄沙土为主，夯层厚 0.05 ~ 0.16 米，质地细密。墙体底宽 3 ~ 12、顶宽 1 ~ 4、内高 3 ~ 7、外高 4.6 ~ 10 米。

该段墙体起点西 0.412 千米处有刘朱坑村 1 号（0056 号）敌台，0.535 千米处有刘朱坑村 2 号（0057 号）敌台，0.915 千米处有刘朱坑村（0197 号）马面，1.51 千米处有刘朱坑村 3 号（0058 号）敌台。刘朱坑村无附近河流，主要饮用井水，村南有靖（边）王（圈梁）高速公路和 307 国道。刘朱坑村有居民 200 多人，以汉族为主。

（二七）东台村长城 1 段（610825382101170027）

该段墙体位于砖井镇东台村东北的风沙滩地上。所处地势平坦，两侧多为耕地，墙体外侧有一条土路，走向与墙体一致。墙体长 1744 米，其中，保存 1728 米、消失 16 米，整体呈东北—西南走向，属于土墙。（图一七九九；彩图三四四）

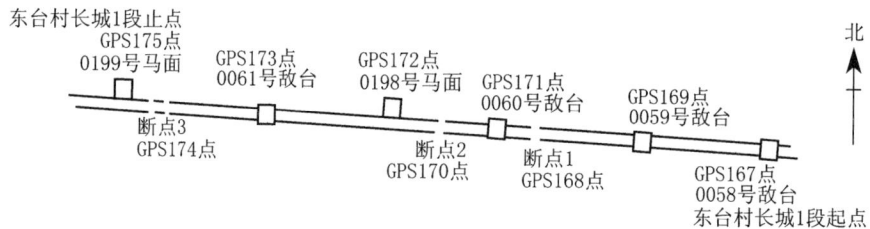

图一七九九　东台村长城 1 段位置示意图

墙体起点位于砖井镇东台村东北 1.8 千米，高程 1508.9 米；止点位于砖井镇东台村西北 1.2 千米，高程 1468.1 米。

墙体整体保存差。由于修路、栽电线杆、耕种、洪水冲刷等因素墙体受损严重，坍塌缺口较多，呈锯齿状。起点至 0.922 千米处墙体有宽 5 米豁口，有一条土路穿过，为断点；至 1.003 米处墙体有宽 11 米的豁口，有一条土路穿过，为断点；至 1.744 千米处为止点，为拐点，走向转为东—西。

墙体为自然基础上夯筑而成，夯土以黄沙土为主，夯层厚 0.05 ~ 0.18 米。墙体底宽 6 ~ 11、顶宽 2 ~ 4、内高 2 ~ 7、外高 5.5 ~ 9 米。

该段墙体起点至 0.486 千米处有东台村 1 号（0059 号）敌台，至 0.986 千米处有东台村 2 号（0060 号）敌台，至 1.24 千米处有东台村 1 号（0198 号）马面，至 1.5 千米处有东台村 3 号（0061 号）敌台，至 1.74 千米处有东台村 2 号（0199 号）马面。东台村居民主要饮用井水，村北有靖（边）王（圈梁）高速公路，村南有 307 国道。东台村有居民 150 人，以汉族为主。

（二八）东台村长城 2 段（610825382101170028）

该段墙体位于砖井镇东台村西北的风沙滩上。南侧为山前缓坡地带，有一条土路与墙体平行；北侧为较平坦的风沙滩地。墙体长 1605 米，其中，保存 1587 米、消失 18 米，整体呈东—西走向，属于土墙。（图一八〇〇）

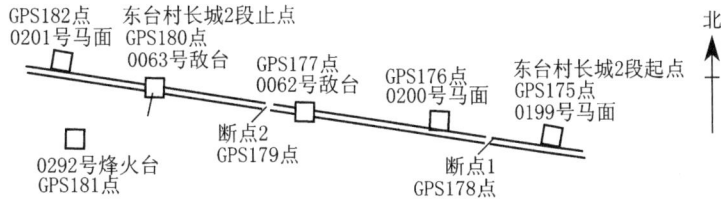

图一八〇〇　东台村长城 2 段位置示意图

墙体起点位于砖井镇东台村西北 0.06 千米，高程 1468.1 米；止点位于砖井镇东台村西北 1.3 千米，高程 1414.8 米。

墙体整体保存差。由于修路、栽电线杆、耕种，水毁等因素墙体受损严重，部分段呈驼峰状。起点至 1.165 千米处有宽 12 米的豁口，为雨水冲刷形成，为断点；至 1.335 千米处有土路通过墙体，消失 6 米，为断点。

墙体为自然基础上夯筑而成，夯土以黄沙土为主，夯层厚 0.05 ~ 0.18 米。墙体底宽 6 ~ 11、顶宽 2 ~ 4、内高 2 ~ 7、外高 5.5 ~ 9 米。

墙体起点至 0.47 千米处有东台村 3 号（0200 号）马面，至 0.935 千米处有东台村 4 号（0062 号）敌台，至 1.61 千米处有东台村 5 号（0063 号）敌台，至 1.74 千米南 0.181 千米处有东台村（0292 号）烽火台。东台村居民主要饮用井水，村北有靖（边）王（圈梁）高速公路，村南有 307 国道。

（二九）三楼村长城 1 段（610825382101170029）

该段墙体位于砖井镇三楼村东的风沙滩地上。大部分墙体经过村庄，周围地势平坦，多为耕地。墙体长 2165 米，其中，保存 2009 米、消失 156 米，整体呈东—西走向，属于土墙。（图一八〇一）

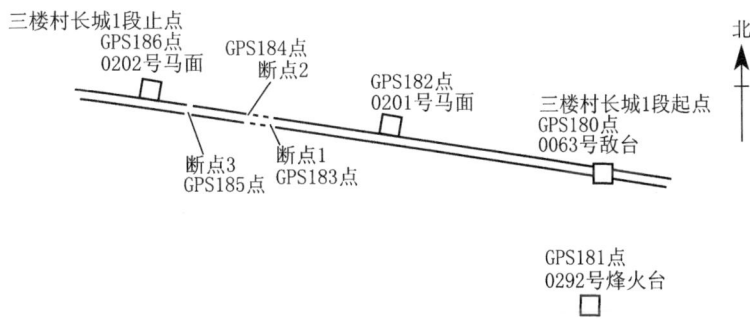

图一八〇一　三楼村长城 1 段位置示意图

墙体起点位于砖井镇东台村西北 2.6 千米，高程 1414.8 米；止点位于砖井镇三楼村西 0.5 千米，高程 1416.5 米。

墙体整体保存差。由于耕种蚕食、修路、修建房屋等因素墙体坍塌严重，经过村庄的墙体大部分消失。起点至 1.53 千米处墙体由于村庄消失 150 米，为断点；至 1.96 千米处墙体由于土路存在消失 6 米，为断点。

墙体为自然基础上夯筑而成，夯土为黄沙土，夯层厚 0.05 ~ 0.18 米。墙体底宽 1.5 ~ 11、顶宽 1 ~

4、内高 3~8.5、外高 3.5~9 米。

　　该段墙体起点西 1.05 千米处有三楼村 1 号（0201 号）马面，2.17 千米处有三楼村 2 号（0202 号）马面。三楼村北有靖（边）王（圈梁）高速公路，村南有 307 国道，村内有土路。三楼村有居民 600 人，以汉族为主。

（三〇）三楼村长城 2 段（610825382101170030）

　　该段墙体位于砖井镇三楼村西的风沙滩地上。所处地势平坦，两侧多为耕地，种植有向日葵等。墙体长 1040 米，其中，保存 1032 米、消失 8 米，整体呈东南—西北走向，属于土墙。（图一八〇二）

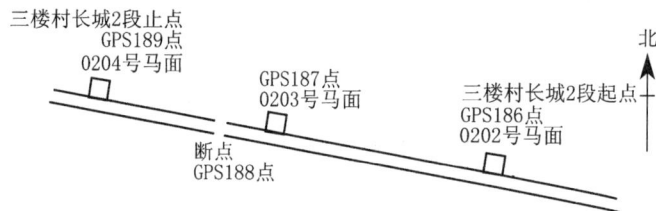

图一八〇二　三楼村长城 2 段位置示意图

　　墙体起点位于砖井镇三楼村西 0.5 千米，高程 1416.5 米；止点位于砖井镇三楼村西 1.5 千米，高程 1412.2 米。

　　墙体整体保存差。由于修路、建房、耕种和踩踏行走等因素墙体受损严重。起点至 0.62 千米有一条土路通过，墙体消失 8 米，为断点。

　　墙体为自然基础上夯筑而成，夯土以黄沙土为主，夯层厚 0.06~0.16 米。墙体底宽 1.5~11、顶宽 1~4、内高 3~8.5、外高 3.5~9 米。

　　该段墙体起点至 0.54 千米处有三楼村 3 号（0203 号）马面，至 1.04 千米处有三楼村 4 号（0204 号）马面。三楼村北有靖（边）王（圈梁）高速公路，村南有 307 国道。

（三一）韩窨子村长城 1 段（610825382101170031）

　　该段墙体位于砖井镇韩窨子村东南的风沙滩地上。所处地势平坦，两侧为村庄和农田。墙体长 1400 米，其中，保存 1387 米、消失 13 米，整体呈东—西走向，属于土墙。（图一八〇三）

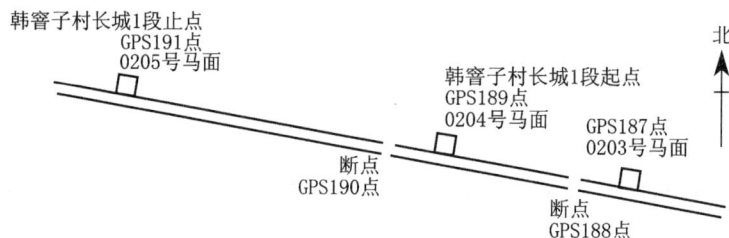

图一八〇三　韩窨子村长城 1 段位置示意图

　　墙体起点位于砖井镇三楼村西 1.5 千米，高程 1412.2 米；止点位于砖井镇韩窨子村中，高程 1411.2 米。

　　墙体整体保存差。由于建房、取土、耕种、栽电线杆等因素墙体受损严重。距起点约 0.5 千米的墙体上种植有马铃薯等，村民在墙体上长期踩踏行走，形成多条小路；大部分墙体成低矮的夯土梁。墙体起点至0.15千米处有乡村土路穿过墙体，消失13米，为断点。

墙体为自然基础上夯筑而成，夯土以黄沙土为主，夯层厚0.06~0.18米。墙体底宽0.9~3.8、顶宽1~3、内高1~6、外高3.2~8米。

该段墙体起点西1.4千米处有韩窨子村1号（0205号）马面。韩窨子村居民主要饮用井水，村北有青（岛）银（川）高速公路，村南有307国道。韩窨子村有居民400多人，以汉族为主。

（三二）韩窨子村长城2段（610825382101170032）

该段墙体位于砖井镇韩窨子村南的风沙滩地上。所处地势平坦，两侧多为耕地，有村庄。墙体长1930米，其中，保存1903米、消失27米，整体呈东—西走向，属于土墙。（图一八〇四）

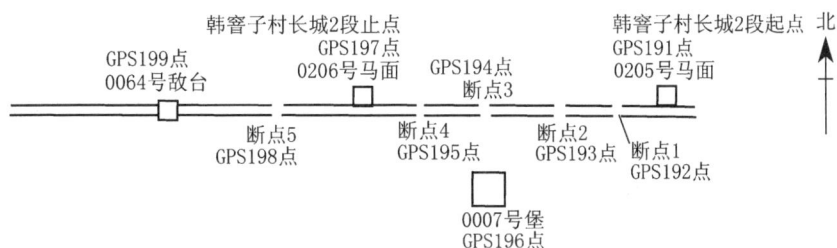

图一八〇四　韩窨子村长城2段位置示意图

墙体起点位于砖井镇韩窨子村中，高程1411.2米；止点位于砖井镇韩窨子村西1.7千米，高程1405.9米。

墙体整体保存差。由于修路、建房、耕种等因素墙体受损严重。起点至0.625千米处墙体有一个豁口，为雨水冲刷形成，宽12米，为断点1；至0.952千米处有土路穿过墙体，路宽4米，为断点2；至1.24千米处有小路穿过墙体，路宽5米，为断点3；至1.45千米处有人为取土豁口，宽6米，为断点4。

墙体为自然基础上夯筑而成，夯土以黄沙土为主，夯层厚0.06~0.18米。墙体底宽0.9~3.8、顶宽1~3、内高1~6、外高3.2~8米。

该段墙体起点至1.93千米处有韩窨子村2号（0206号）马面，至1.4千米南0.33千米处有韩窨子村（0007号）堡。韩窨子村居民主要饮用井水，村北有青银高速公路，村南有307国道。

（三三）付圈村长城（610825382101170033）

该段墙体位于砖井镇付圈村的风沙滩地上。所处地势平坦，两侧有村庄和农田。墙体长2538米，其中，保存2524米、消失14米，整体呈东—西走向，属于土墙。（图一八〇五）

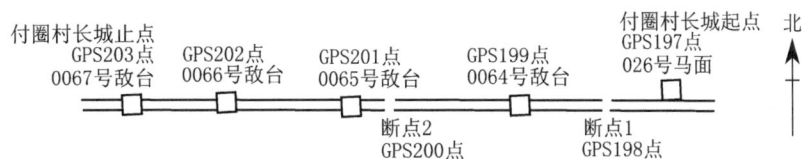

图一八〇五　付圈村长城位置示意图

墙体起点位于砖井镇韩窑子村西 1.7 千米,高程 1405.9 米;止点位于砖井镇付圈村西 1.2 千米,高程 1402.3 米。

墙体整体保存差。由于建房、修路、栽电线杆、耕种等因素墙体损坏严重,部分段坍塌成低矮的土梁。起点至 0.428 千米处有乡村小路穿过墙体,消失 4 米,为断点 1;至 1.85 千米处由于人为取土造成豁口,消失 10 米,为断点 2。

墙体为自然基础上夯筑而成,夯土以黄沙土为主,夯层厚 0.06~0.2 米。墙体底宽 0.9~3.8、顶宽 1~3、内高 1~6、外高 3.2~8 米。

该段墙体起点西 0.96 千米处有付圈村 1 号(0064 号)敌台,1.95 千米有处付圈村 2 号(0065 号)敌台,2.32 千米处有付圈村 3 号(0066 号)敌台,2.54 千米处有付圈村 4 号(0067 号)敌台。付圈村居民主要饮用井水,村北有青(岛)银(川)高速公路,村南有 307 国道。付圈村有居民 400 多人,以汉族为主。

(三四)东关村长城(610825382101170034)

该段墙体位于砖井镇东关村北的风沙滩地上。所处地势平坦,周围有村庄和农田。墙体长 2235 米,其中,保存 2135 米、消失 100 米,整体呈东南—西北走向。属于土墙。(图一八○六)

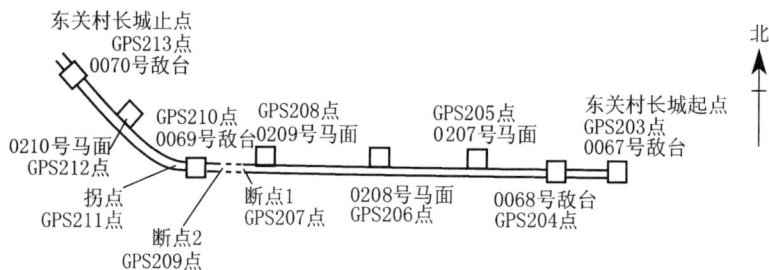

图一八○六 东关村长城位置示意图

墙体起点位于砖井镇付圈村西 1.2 千米,高程 1402.3 米;止点位于砖井镇西关村中,高程 1399.3 米。

墙体整体保存差。由于修路、耕种、挖窑洞、栽电线杆、取土、踩踏等因素墙体损坏严重。起点西 1.17 千米处由于乡村小路通行,形成 6 米宽的缺口,仅存墙基;1.59 千米处由于乡村土路和人为取土,消失 100 米,为断点;1.725 千米处为拐点,走向转为东南向西北。

墙体为自然基础上夯筑而成,夯土以黄沙土为主,包含有料礓石,夯层厚 0.1~0.15 米。墙体底宽 3~12、顶宽 0.8~3.5 米,内高 1.5~6.8、外高 2.3~8 米。

该段墙体起点西 0.23 千米处有东关村 1 号(0068 号)敌台,0.47 千米处有东关村 1 号(0207 号)马面,0.95 千米处有东关村 2 号(0208 号)马面,1.44 千米处有东关村 3 号(0209 号)马面,1.7 千米处有东关村 2 号(0069 号)敌台,1.98 千米处有东关村(0210 号)马面,2.34 千米处有东关村 3 号(0070 号)敌台。东关村居民主要饮用井水,村北有靖(边)王(梁圈)高速公路,村南有 307 国道。东关村有居民 1000 多人,以汉族为主。

(三五)曹家圈村长城(610825382101170035)

该段墙体位于砖井镇曹家圈村北的盐碱沙丘地上。周围地势较平坦,南北两侧有农田和树

林。墙体长 2120 米，其中，保存 2109 米、消失 11 米，整体呈东南—西北走向，属于土墙。（图一八〇七）

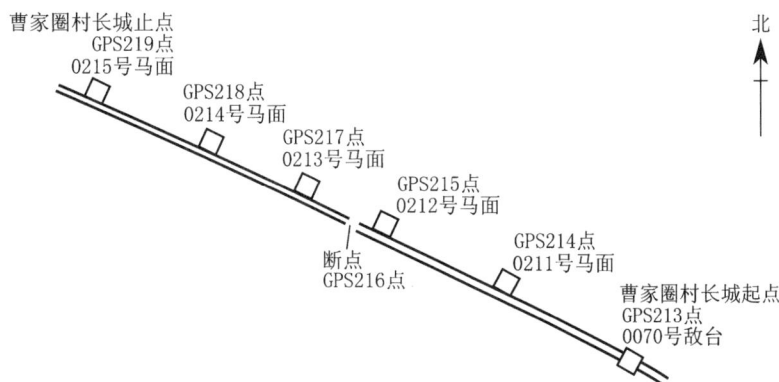

图一八〇七 曹家圈村长城位置示意图

墙体起点位于砖井镇西关村中，高程 1399.3 米；止点位于砖井镇曹家圈村西北 1 千米，高程 1393 米。

墙体整体保存差。由于修路、取土、踩踏、洪水冲刷、黄沙掩埋等因素墙体受损严重，呈低矮土梁状。距起点 0.2 千米起有 810 米的墙体被流沙掩埋较严重；1.01 千米处由于人为取土，消失 11 米，为断点。

该段墙体为自然基础上夯筑而成，夯土为黄土，夯层厚 0.05~0.13 米。墙体底宽 1.5~11、顶宽 1~4、内高 3~8.5、外高 3.5~9 米。

墙体起点西北 0.55 千米处有曹家圈村 1 号（0211 号）马面，0.99 千米处有曹家圈村 2 号（0212 号）马面，1.28 千米处有曹家圈村 3 号（0213 号）马面，1.7 千米处有曹家圈村 4 号（0214 号）马面，2.12 千米处有曹家圈村 5 号（0215 号）马面。曹家圈村居民主要饮用井水，村北有靖（边）王（圈梁）高速公路，村南有 307 国道。曹家圈村有居民 300 人，以汉族为主。

（三六）西高圈村长城（610825382101170036）

该段墙体位于砖井镇西高圈村北的荒沙碱滩地上。两侧大多为荒草地。墙体长 1253 米，整体呈东南—西北走向，属于土墙。（图一八〇八）

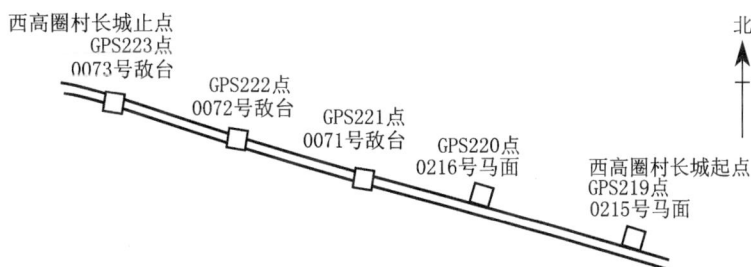

图一八〇八 西高圈村长城位置示意图

墙体起点位于砖井镇曹家圈村西北1千米，高程1393米；止点位于砖井镇西高圈村西北2.1千米，高程1384.3米。

墙体整体保存差。由于雨水冲刷侵蚀、修路、取土、挖洞、踩踏行走等因素墙体坍塌严重，部分呈斜坡状，整体为低矮的土梁。

墙体为自然基础上夯筑而成，夯土以黄沙土为主，夯层厚0.05～0.18米。墙体底宽2.5～5、顶宽1.8～3、内高3～7、外高3.6～7.8米。

该段墙体起点至0.483千米处有西高圈村（0216号）马面，至0.743千米处有西高圈村1号（0071号）敌台，至1千米处有西高圈村2号（0072号）敌台，至1.25千米处有西高圈村3号（0073号）敌台。西高圈村居民主要饮用井水，村北有靖（边）王（圈梁）高速公路，村南有307国道。西高圈村有居民100多人。

（三七）十里塘村长城1段（610825382101170037）

该段墙体位于砖井镇十里塘村的荒沙滩碱地上。所处地势起伏不大，较平坦。墙体长1480米，其中，保存1473米、消失7米，整体呈东南—西北走向，属于土墙。（图一八〇九）

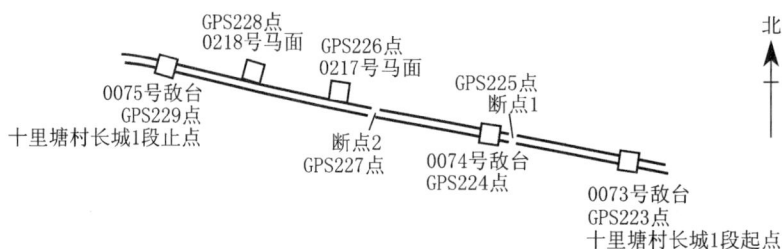

图一八〇九　十里塘村长城1段位置示意图

墙体起点位于砖井镇西高圈村西北2.1千米，高程1384.3米；止点位于砖井镇十里塘村西0.6千米，高程1396.8米。

墙体整体保存差。由于修路、铺设管道、建房、挖洞、放牧等因素墙体受损严重，整体呈低矮的土梁状。起点至1.07千米处有宽2.5、高1.5米的穿墙洞口，至1.63千米处有东西5.5、南北5、深1.2米的土坑（居民取土所致）。起点至0.67千米处有一个宽3米的豁口，为乡村土路通过，为断点；至0.83千米处有宽4米的豁口，为乡村土路、给水管通过，为断点。

墙体为自然基础上夯筑而成，夯土为黄沙土，夯层厚0.1～0.2米，夯土质地疏松。墙体底宽7.3～10.6、顶宽0.6～6.2、内高1.2～6.7、外高3.2～7.8米。

该段墙体起点西0.47千米处有十里塘村1号（0074号）敌台，1千米处有十里塘村1号（0217号）马面，1.25千米处有十里塘村2号（0218号）马面，1.55千米处有十里塘村2号（0075号）敌台。十里塘村居民多饮用井水，村南是307国道村北有靖（边）王（圈梁）高速公路，墙体北侧有青（银）吴（定）公路。十里塘村有居民140人，以汉族为主。

（三八）十里塘村长城2段（610825382101170038）

该段墙体位于砖井镇十里塘村南的荒沙滩碱地上。所处地势起伏不大，较平坦。北侧为耕地，种植有向日葵等。墙体长980米，整体呈东南—西北走向，属于土墙。（图一八一〇）

墙体起点位于砖井镇十里塘村西0.6千米，高程1396.8米；止点位于贺圈镇瓦渣梁村东南1.4千米，高程1399.8米。

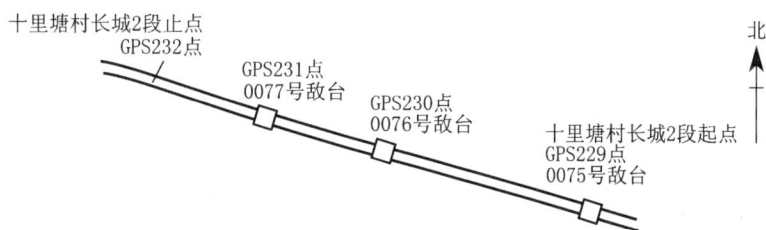

图一八一〇　十里塘村长城2段位置示意图

墙体整体保存差。由于风沙掩埋、风雨侵蚀、耕种、修路、挖洞、踩踏、放牧等因素墙体受损严重，呈土梁状。起点至0.18千米处墙体被流沙掩埋；至0.606千米处有宽2米豁口（小路穿过），仅存墙基；至0.895千米处有人工凿挖的洞，宽1、高1.5米；至0.98千米处有一个洞，高1.3、宽1.2米；至0.98千米北50米处有西气东输74号阀室。

墙体为自然基础上夯筑而成，夯土以黄沙土为主，包含有少量料礓石，夯层厚0.1~0.2米，质地疏松。墙体底宽6~12、顶宽0.6~3、内高2~8、外高1~4米。

该段墙体起点西北0.5千米处有十里塘村3号（0076号）敌台，0.73千米处有十里塘村4号（0077号）敌台。十里塘村南有307国道，村北有靖（边）王（圈梁）高速公路。

（三九）瓦渣梁村长城1段（610825382101170039）

该段墙体位于贺圈镇瓦渣梁村东南的荒沙滩碱地上。所处地势起伏不大，较平缓，两侧大部分为荒草滩。墙体长1413米，其中，保存1403米、消失10米，整体呈东南—西北走向，属于土墙。（图一八一一）

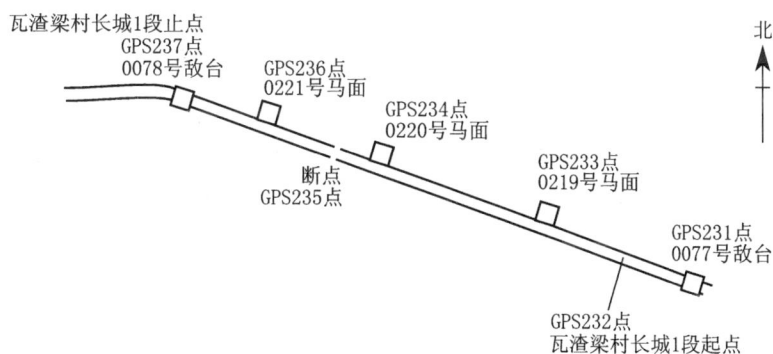

图一八一一　瓦渣梁村长城1段位置示意图

墙体起点位于贺圈镇瓦渣梁村东南1.4千米，高程1399.8米；止点位于贺圈镇瓦渣梁村中，高程1432.2米。

墙体整体保存差。墙体大部分被沙土掩埋，成低矮的土梁，由于修路、放牧、踩踏等因素对墙体破坏较大。起点西北0.11千米处有西气东输管道。起点至0.893千米处墙体有宽10米的豁口，为乡村路穿过，为断点；至1.413千米处为止点，为瓦渣梁村长城2段墙体拐点，走向转为东北向西南。

墙体为自然基础上夯筑而成，夯土为黄沙土，夯层厚0.18～0.27米。墙体底宽7～12、顶宽0.6～2.8、内高2.5～8、外高4～10米。

该段墙体起点西0.25千米处有瓦渣梁村1号（0219号）马面，0.8千米处有瓦渣梁村2号（0220号）马面，1.18千米处有瓦渣梁村3号（0221号）马面，1.41千米处有瓦渣梁村1号（0078号）敌台。瓦渣梁村耕种以井灌为主，村北为靖（边）王（圈梁）高速公路，村南有307国道。瓦渣梁村有居民200多人，以汉族为主。

（四〇）瓦渣梁村长城2段（610825382101170040）

该段墙体位于贺圈镇瓦渣梁村的荒沙滩碱地上。所处地势起伏不大，较平缓，南侧为村庄，北侧为耕地。墙体长1290米，其中，保存1282米、消失8米，整体呈东北—西南走向，属于土墙。（图一八一二）

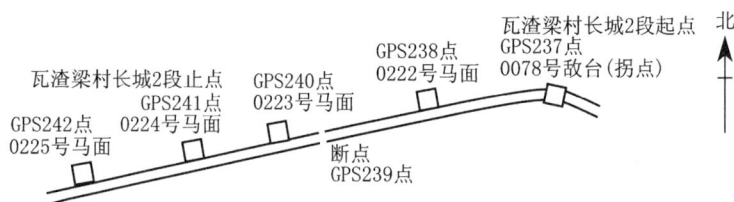

图一八一二　瓦渣梁村长城2段位置示意图

墙体起点位于贺圈镇瓦渣梁村中，高程1432.2米；止点位于砖井镇石井子村中，高程1395.5米。

墙体整体保存差。墙体成高低不平的土梁。起点西南0.075千米处有30米的墙体（东南侧）被当地居民凿挖了一半，0.12千米处墙体东南有2户居民在墙体上凿挖5孔窑洞（现居住），0.73千米至0.9千米处有废弃和居住的窑洞40余孔，1.21千米处将墙体拓宽，建有直径10米的圆形打谷场。起点至0.866千米处有一条宽8米的乡村路通过，为断点。

墙体为自然基础上夯筑而成，夯土为黄沙土，夯层厚0.08～0.15米。墙体底宽3～11、顶宽0.4～2.3、内高0.7～7.3、外高1.2～8米。

该段墙体起点西0.35千米处有瓦渣梁村4号（0222号）马面，0.97千米处有石井子村1号（0223号）马面，1.28千米处有石井子村2号（0224号）马面。瓦渣梁村耕种以井灌为主，村北有靖（边）王（圈梁）高速公路，村南有307国道。

（四一）石井子村长城（610825382101170041）

该段墙体位于砖井镇石井子村与园墩台村之间的荒沙滩碱地上。所处地势起伏不大，较平缓，两侧为耕地或草滩地。墙体长1773米，其中，保存1751米、消失22米，整体呈东北—西南走向，属于土墙。（图一八一三；彩图三四五）

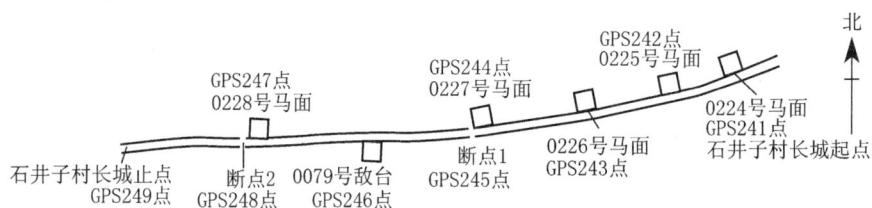

图一八一三　石井子村长城位置示意图

墙体起点位于砖井镇石井子村中，高程 1395.5 米；止点位于贺圈镇梁圈村东南 1.2 千米，高程 1391 米。

墙体整体保存差。由于修路、建房、挖窑洞、建烧砖窑、取土、耕种、放牧、踩踏等因素墙体破坏严重。起点至 0.374 千米处墙体东北侧有宽 6、长 7、深 2 米的取土坑，至 0.39 千米处有现代砖窑，至 0.4 千米西南侧墙体上有 12 孔废弃的窑洞，至 0.54 千米处墙体西南侧有 10 孔窑洞，至 0.858 千米处有一座现代砖窑，至 0.728 千米处有宽 5 米的路，至 1.638 千米处墙体西侧有 13 孔窑洞，至 1.773 千米处有一座现代砖窑。距起点 0.015 千米处有一条路横穿墙体，宽约 12 米；0.848 千米处有宽 5 米的路口，为断点；1.45 千米处有宽 5 米的路口，为断点；1.751 千米处有宽 5 米的路口，为断点，为墙体止点。

墙体为自然基础上夯筑而成，夯土为黄沙土，夯层厚 0.08 ~ 0.15 米。墙体底宽 1.5 ~ 11、顶宽 1 ~ 4 米，内高 3 ~ 8.5、外高 3.5 ~ 9 米。

该段墙体起点至 0.268 千米处有石井子村 3 号（0225 号）马面，至 0.528 千米处有石井子村 4 号（0226 号）马面，至 0.838 千米处有石井子村 5 号（0227 号）马面，至 1.15 千米处有圆墩台村（0079 号）敌台，至 1.46 千米处有圆墩台村（0228 号）马面。石井子村居民饮用井水，村北有靖（边）王（圈梁）高速公路，村南有 307 国道，长城墙体北侧有一条青吴公路。石井子村有居民 200 多人，以汉族为主。

（四二）梁圈村长城 1 段（610825382101170042）

该段墙体位于贺圈镇梁圈村东南盐碱草滩地。西北侧地势较低洼，东北侧地势较高，两侧为耕地或草滩地。墙体长 923 米，整体呈东北—西南走向，属于土墙。（图一八一四）

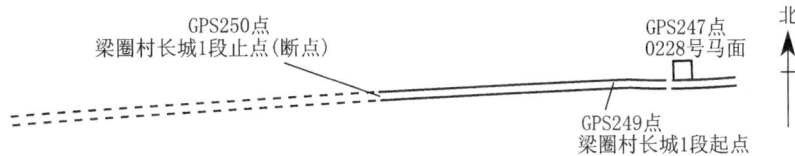

图一八一四　梁圈村长城 1 段位置示意图

墙体起点位于贺圈镇梁圈村东南 1.2 千米，高程 1391 米；止点位于贺圈镇梁圈村东南 0.8 千米，高程 1395.8 米。

墙体整体保存差。由于挖掘窑洞、修建烧砖窑、流沙掩埋、村民开垦耕地等因素墙体破坏严重。距起点 0.13 千米处墙体上有一座现代砖窑，0.923 千米处为止点，为梁圈村长城 2 段墙体断点。

墙体为自然基础上夯筑而成，夯土为黄沙土，夯层厚 0.08 ~ 0.15 米。墙体底宽 2 ~ 3、顶宽 1.5 ~ 2.5 米，内高 0.3 ~ 1.6、外高 1.5 ~ 3.3 米。

该段墙体与石井子村长城墙体止点相接。附近无河流，常年干旱少雨。梁圈村北有靖（边）王（圈梁）高速公路，村南有 307 国道。梁圈村有居民 1500 多人，以汉族为主。

（四三）梁圈村长城 2 段（610825382301170043）

该段墙体位于贺圈镇梁圈村东南风沙滩地上。所处地势平坦，为耕地或草滩地。墙体长 3300 米，全部消失，整体呈东北—西南走向。（图一八一五）

该段墙体起点位于贺圈镇梁圈村东南 0.8 千米，高程 1395.8 米；止点位于贺圈镇梁圈村西南 2 千米，高程 1395.8 米。墙体起点与梁圈村长城 1 段终点相接。梁圈村居民主要饮用井水，长城墙体止点有 307 国道穿过，梁圈村东北有靖（边）王（圈梁）高速公路。

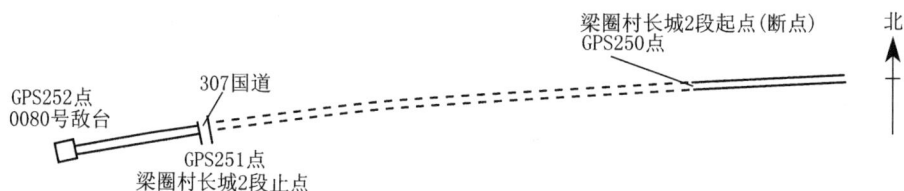

图一八一五　梁圈村长城 2 段位置示意图

（四四）梁圈村长城 3 段（610825382101170044）

该段墙体位于贺圈镇梁圈村和下暗门村的风沙滩地上。所处地势平坦，为耕地或草滩地。墙体长 1580 米，整体呈东北—西南走向。（图一八一六）

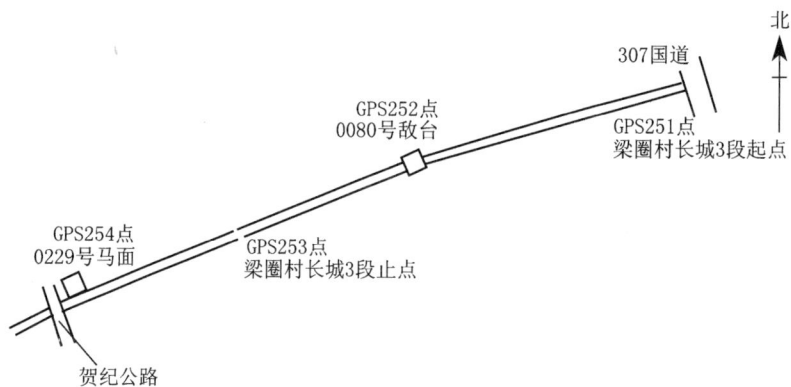

图一八一六　梁圈村长城 3 段位置示意图

墙体起点位于贺圈镇梁圈村西南 2 千米，高程 1395.8 米；止点位于贺圈镇下暗门村东北 0.66 千米。高程 1395.8 米。

墙体整体保存差。墙体原高不到 1 米，1994 年，为防洪灾在原有墙体上加高、加宽筑成一条防洪大堤，看不出墙体形制，夯层不明。

该段墙体起点西 1.35 千米处有下暗门村 1 号（0080 号）敌台。圈梁村东北有靖（边）王（圈梁）高速公路，西南有 307 国道。

（四五）下暗门村长城 1 段（610825382101170045）

该段墙体位于贺圈镇下暗门村北的盐碱草滩地上。所处地势平坦，两侧多为耕地。墙体长 900 米，其中，保存 870 米、消失 30 米，整体呈东北—西南走向，属于土墙。（图一八一七）

墙体起点位于贺圈镇下暗村东北 0.66 千米，高程 1395.8 米；止点位于贺圈镇下暗门村中，高程 1395.8 米。

墙体整体保存差。起点至 0.46 千米处墙体上有大小 100 多座废弃的现代砖窑，对墙体破坏严重；至 0.52 千米处有贺纪公路穿过墙体，豁口宽 30 米，为断点。

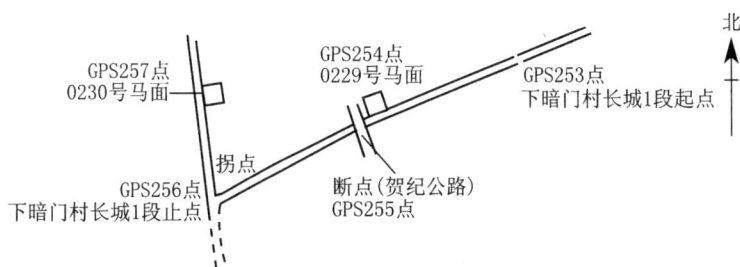

图一八一七 下暗门村长城1段位置示意图

墙体为自然基础上夯筑而成，夯土以黄沙土为主，包含有红沙岩，夯层厚 0.15~0.25 米。墙体底宽 1.5~9、顶宽 1~4 米，内高 3~5.5、外高 3.5~6 米。

该段墙体起点西南 0.6 千米有下暗门村 1 号（0229 号）马面。贺纪公路从下暗门村中穿过，暗门村有居民 1200 多人，以汉族为主。

（四六）下暗门村长城 2 段（610825382101170046）

该段墙体位于贺圈镇下暗门子村北盐碱草滩地。所处地势平坦，部分墙体被村舍破坏。墙体长 760 米，整体呈南—北走向，属于土墙。（图一八一八）

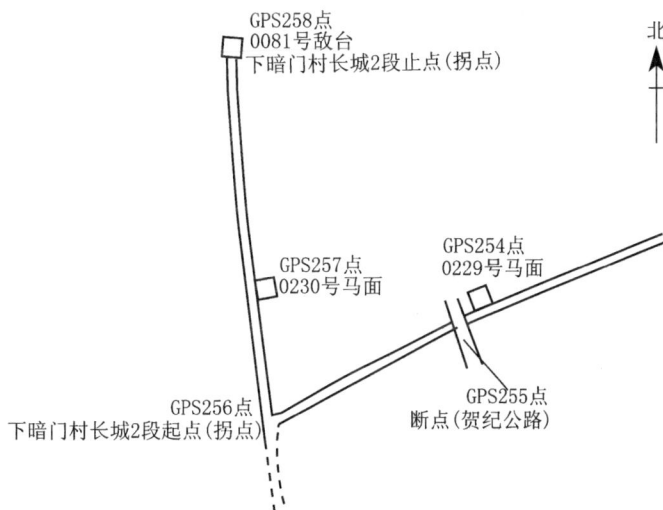

图一八一八 下暗门村长城 2 段位置示意图

墙体起点位于贺圈镇下暗门村中，高程 1397.3 米；止点位于贺圈镇下暗门子村北 0.95 千米，高程 1400.6 米。

墙体整体保存差。由于修路、挖掘、取土、踩踏等因素，墙体受损严重成土梁。距起点 0.23 千米西 0.03 千米处有 3 口油井。

墙体为自然基础上夯筑而成，夯土以沙土为主，包含有少量红沙岩、料礓石，夯层厚 0.15~0.2 米，质地疏松。墙体底宽 8~15、顶宽 1.5~3 米，内高 1~2.5、外高 8~12 米。

该段墙体起点北 0.23 千米处东侧有下暗门村 2 号（0230 号）马面，0.76 千米处有下暗门村 2 号（0081 号）敌台。墙体东侧有贺纪公路穿过下暗门村。

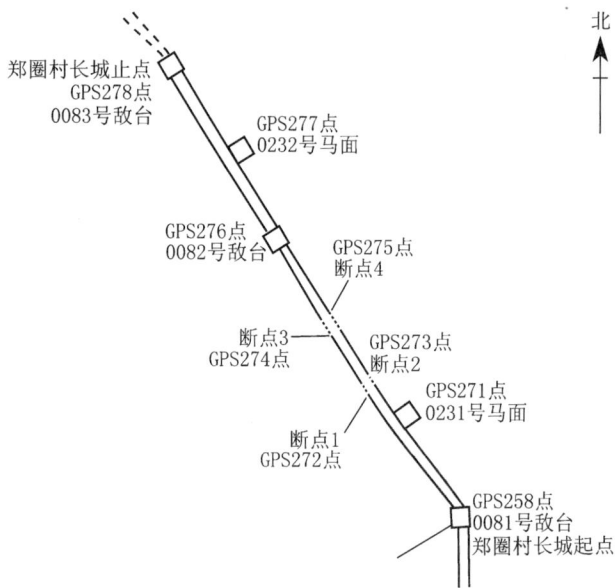

图一八一九　郑圈村长城位置示意图

（四七）郑圈村长城

（610825382101170047）

该段墙体位于贺圈镇郑圈村。地处盐碱草滩地，地势平坦，部分墙体被村舍破坏。墙体长2226米，其中，保存2099米、消失127米，整体呈东南—西北走向，属于土墙。（图一八一九）

墙体起点位于贺圈镇郑圈村南1千米，高程1400.6米；止点位于贺圈镇郑圈村北0.73千米，高程1381.9米。

墙体整体保存差。由于修路、建房、耕种、踩踏、放牧等因素墙体受损严重，成低矮的土梁。起点至0.743千米处墙体西侧有一石子厂，院墙（长60米）占用了长城墙体西侧，毁坏了墙体；0.95千米处有中国联通光缆；至1.211千米处有三笑娘娘庙，长5、宽2.2、高2.7米；至2.075千米处有天燃气管道。起点至0.943千米处有宽38米的豁口，贺圈镇至红柳沟公路通过，为断点；至1.296千米处有宽100米的豁口，有一条乡村路通过，为断点。

墙体为自然基础上夯筑而成，夯土以黄沙土为主，包含有料少量料礓石和红沙岩，夯层厚0.15~0.2米。墙体底宽4.5~14、顶宽1.5~4米，内高0.6~2、外高5~12米。

该段墙体起点西北0.563千米处东侧有郑圈村1号（0231号）马面，1.9千米处有郑圈村1号（0082号）敌台，2.06千米处东侧有郑圈村2号（0232号）马面，2.37千米处有郑圈村2号（0083号）敌台。郑圈村东有贺纪公路、贺红公路，有居民1200多人，以汉族为主。

（四八）南园则村长城1段（610825382301170048）

该段墙体位于定边镇南园则村西北开发区。所处地势平坦，墙体被移民新区耕地破坏。墙体长1570米，全部消失，整体呈南—北走向。（图一八二〇）

该段墙体起点位于贺圈镇郑圈村北0.73千米，高程1381.9米；止点位于定边镇南园则村，高程1375.1米。附近居民饮用自来水。南园则村东有307国道，有居民3000多人，以汉族为主。

（四九）南园则村长城2段（610825382101170049）

该段墙体位于定边镇南园则村西北开发区。所处地势平坦，两侧大多为民居，有少量耕地。墙体长2478米，其中，保存0.258千米、消失1580米，整体呈南—北走向，属于土墙。（图一八二一）

墙体起点位于定边镇南园则村，高程1375.1米；止点位于定边镇北园则村西南0.4千米，高程1357.8米。

墙体整体保存差。由于建房、修路、踩踏对墙体破坏严重。起点北0.03千米处为断点1，至断点2墙体消失580米，由于2000年后新建金龙建材市场、金龙大酒店、定边县电力局、电力阳光宾馆、一条马路等导致墙体消失。

墙体为人工基础上夯筑而成，夯土以黄沙土为主，包含有少量料礓石、红沙岩，夯层厚0.1~0.15

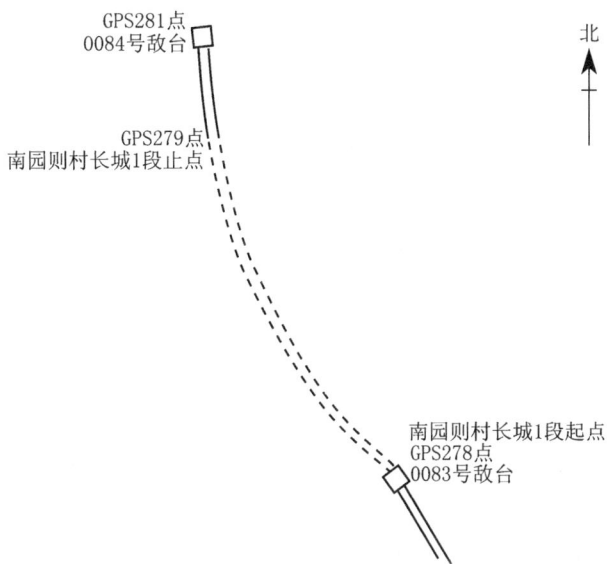

图一八二〇　南园则村长城 1 段位置示意图

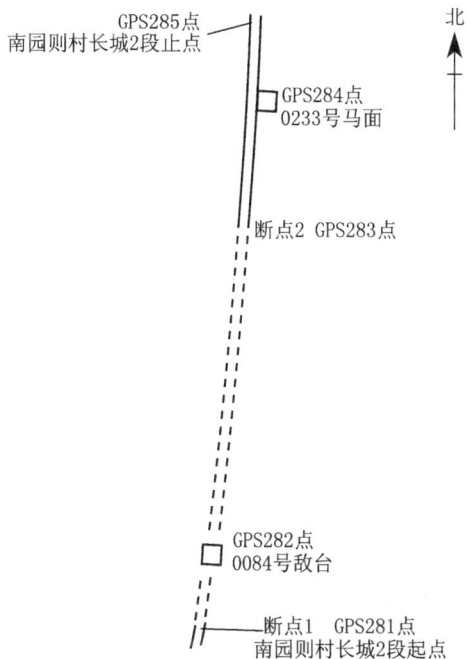

图一八二一　南园则村长城 2 段位置示意图

米，夯土质地细密。墙体底宽 1.5 ~ 3.2、顶宽 1 ~ 2 米，内高 1 ~ 1.4、外高 1.5 ~ 2 米。

　　该段墙体起点北 0.09 千米处有南园则村（0084 号）敌台，0.81 千米处有南园则村（0233 号）马面，断点 3 至止点长 1000 米，为定边县城，找不到墙体遗迹，从航片上看可能与定边营接近或相接。附近居民饮用自来水，南园则村东有 307 国道。

（五〇）北园则村长城 1 段（6108253382101170050）

　　该段墙体位于定边镇北园则村西南沙滩地上。地势平坦，两侧多农田。墙体长 2310 米，整体呈东南—西北走向。属于土墙。（图一八二二）

　　墙体起点位于定边镇北园则村西南 0.4 千米，高程 1357.8 米；止点位于定边镇北园则村西北 0.05 千米，高程 1356 米。

　　墙体整体保存差。由于修路、挖掘、取土、修建坟墓、建烧砖窑、踩踏行走等因素墙体破坏严重。距起点 0.04 千米处墙体东侧有 6 座废弃的现代砖窑，1.1 千米有一座现代墓葬。

　　墙体为自然基础上的夯筑，夯土以黄沙土为主，包含有少量料礓石和红沙岩，夯层厚 0.08 ~ 0.12 米。墙体底宽 5 ~ 8、顶宽 1.2 ~ 3.5 米，内高 1 ~ 2、外高 1.8 ~ 6.5 米。

　　距该段墙体起点 1.5 千米处有北园则村 4 号（0234 号）马面。

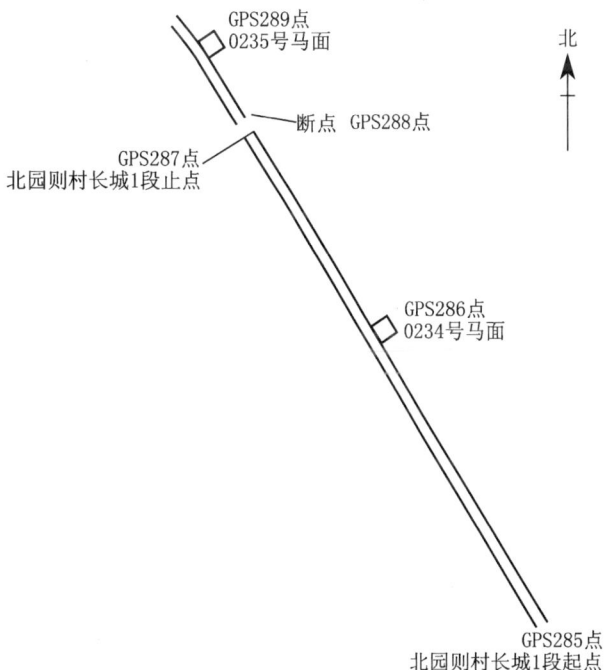

图一八二二　北园则村长城 1 段位置示意图

该段墙体东侧为定边县环城西路。北园则村居民主要饮用井水，村东为307国道，村西有靖（边）王（圈梁）高速公路，村内多为乡间土路。北园则村有居民3000多人，以汉族为主。

（五一）北园则长城2段（610825382101170051）

该段墙体位于定边镇北园则村西北盐碱沙滩地上。所处地势平坦，两侧为农田或荒草地。墙体长1426米，其中，保存1310米、消失116米，整体呈东南—西北走向，属于土墙。（图一八二三）

墙体起点位于定边镇北园则村西北0.05千米，高程1356米；止点位于定边镇北园则村西北2.4千米，高程1344.5米。

墙体整体保存差。由于修路、挖墓穴、栽电线杆、建庙、耕种等因素墙体受损严重。距起点0.51千米处墙体上有一座关帝庙，宽4、长5、高3.5米。起点处有一个宽61米的豁口，定边县长城路通过；至0.575千米处有宽55米豁口，定（边）银（川）高速公路入口公路通过和一条水渠通过。

墙体为自然基础上夯筑而成，夯土以黄土为主，包含有少量料礓石，夯层厚0.1～0.15米。墙体底宽1.5～3.2、顶宽0.3～1.8米，内高1～2.6、外高1.5～3.6米。

该段墙体起点西北0.42千米处有北园则村5号（0235号）马面，0.84千米处有北园则村6号（0236号）马面，1.02千米处有北园则村7

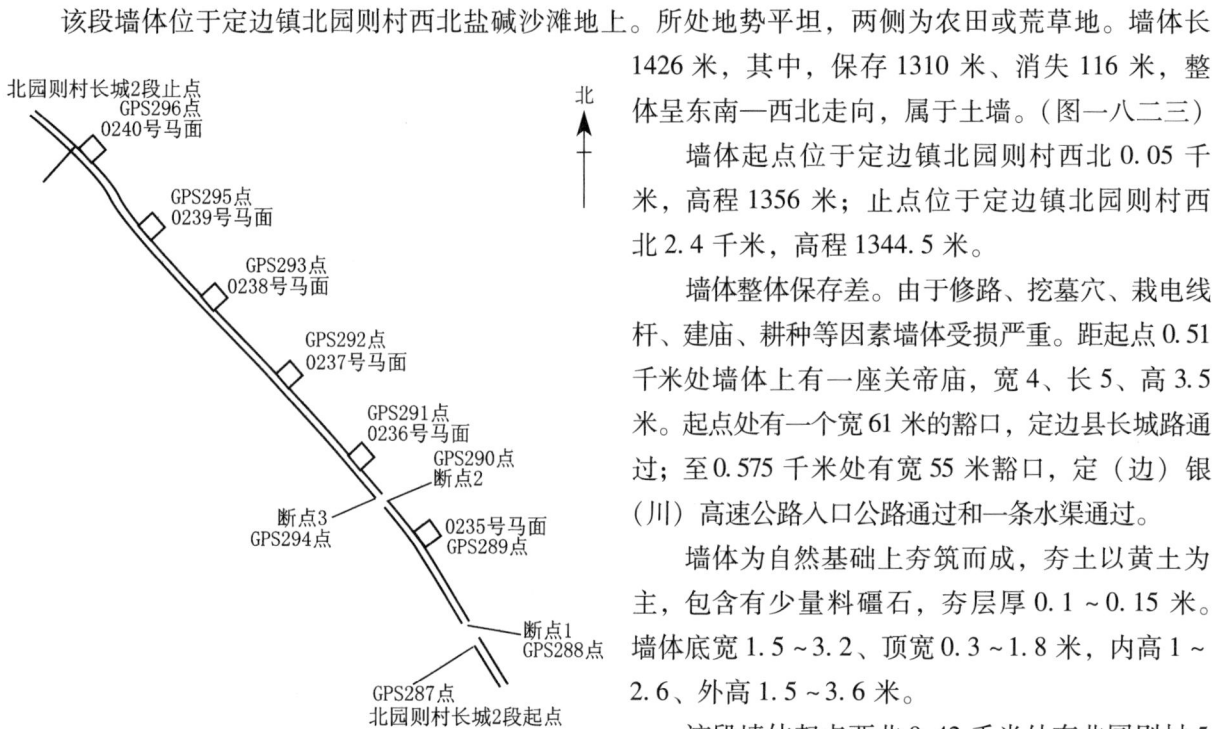

图一八二三　北园则村长城2段位置示意图

号（0237号）马面，1.17千米处有北园则村8号（0238号）马面，1.3千米处有北园则村9号（0239号）马面，1.43千米处有北园则村10号（0240号）马面。北园则村居民主要饮用井水，村西为靖（边）王（圈梁）高速公路，307国道穿墙体而过。

（五二）水滩则村长城（610825382101170052）

该段墙体位于盐场堡乡水滩则村东荒沙盐碱草滩地上。所处地势为东南低西北高的缓坡，起伏不大，较平坦，植被脆弱。墙体长3426米，整体呈东南—西北走向，属于土墙。（图一八二四）

墙体起点位于定边镇北园则村北1.9千米，高程1344.5米；止点位于盐场堡乡三楼村东南1.1千米，高程1382.6米。

墙体整体保存差。由于雨水冲刷、风蚀、黄沙掩埋、放牧、踩踏、建庙等因素墙体破坏严重，部分段呈锯齿状。起点至2.9千米处墙体大部分被流沙掩埋，呈刃状，止点处建有关帝庙。

墙体为自然基础上夯筑而成，夯土以胶土和黄土为主，包含有少量料礓石，夯层厚0.08～0.12米。墙体底宽1.5～7.5、顶宽0.3～1.5米，内高1～3、外高1.5～6.5米。

该段墙体起点西北1千米处有水滩则村1号（0241号）马面，1.3千米处有水滩则村2号（0242号）马面，1.61千米处有水滩则村3号（0243号）马面，1.91千米处有水滩则村4号（0244号）马面，2.12千米处有水滩则村5号（0245号）马面，2.37千米处有水滩则村6号（0246号）马面，

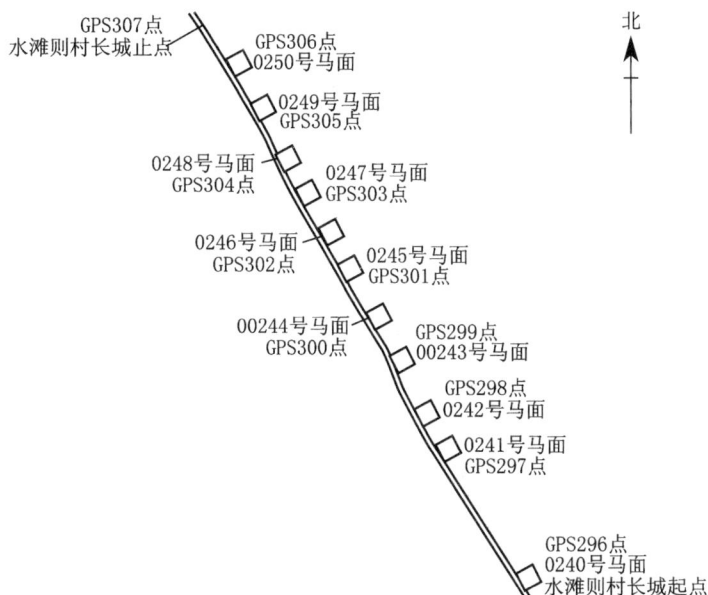

图一八二四　水滩则村长城位置示意图

2.52 千米处有水滩则村 7 号（0247 号）马面，2.71 千米处有水滩则村 8 号（0248 号）马面，2.92 千米处有水滩则村 9 号（0249 号）马面，3.13 千米处有水滩则村 10 号（0250 号）马面。附近村民主要饮用井水。水滩则村有居民 2000 多人，以汉族为主，村东有靖（边）王（圈梁）高速公路。

（五三）三楼村长城 3 段（610825382101170053）

该段墙体位于盐场堡乡三楼村东荒沙盐碱地上。所处地势呈东南高西北低的缓坡状。墙体长 2398 米，整体呈东南—西北走向，属于土墙。（图一八二五）

墙体起点位于盐场堡乡三楼村东南 1.1 千米，高程 1382.6 米；止点位于盐场堡乡三楼村西北 1.4 千米，高程 1314.2 米。

墙体整体保存差。由于修路、建房、风蚀、沙化等因素墙体受损严重。距起点 1.12 千米处墙体被村民挖掘了宽 4、长 6 米的缺口当作羊圈，存墙基。

墙体为自然基础上的夯筑，夯土以黄土为主，包含有细砂、料礓石。夯层分为两种，一种厚 0.06~0.1 米，夯土质地细密；一种厚 0.1~0.16 米，夯土质地疏松。墙体底宽 4~6.5、顶宽 0.35~1.3 米，内高 1.5~5、外高 2~5.8 米。

距该段墙体起点 0.32 千米处有三楼村 1 号（0251 号）马面，0.6 千米处有三楼村（0085 号）敌台，0.86 千米处有三楼村 2 号（0252 号）马面，1.44 千米处有三楼村 3 号（0253 号）马面，2.4 千米处有三楼村 4 号（0254 号）马面。三楼村居民主要饮用井水，有居民 100 多人，以汉族为主。墙体东北 0.6 千米处有定（边）银（川）高速公路，与墙体

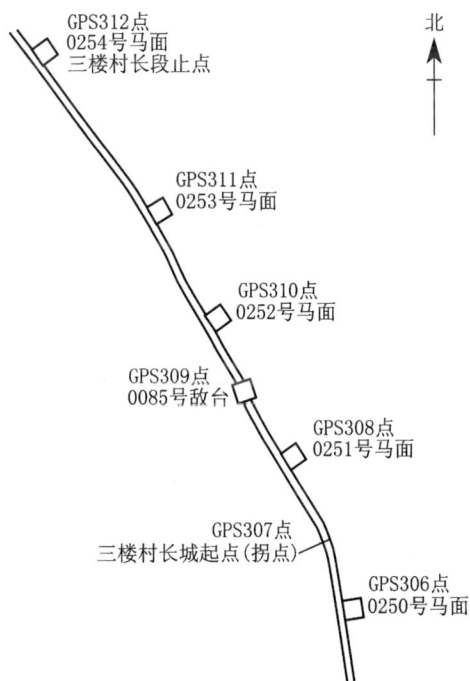

图一八二五　三楼村长城位置示意图

走向基本平行。

（五四）二楼村长城1段（610825382101170054）

该段墙体位于盐场堡乡三楼村西南0.5千米的荒沙盐碱地上。所处地势较平坦。墙体长1830米，其中，保存1757米、消失73米，整体呈东南—西北走向，属于土墙。（图一八二六；彩图三四六）

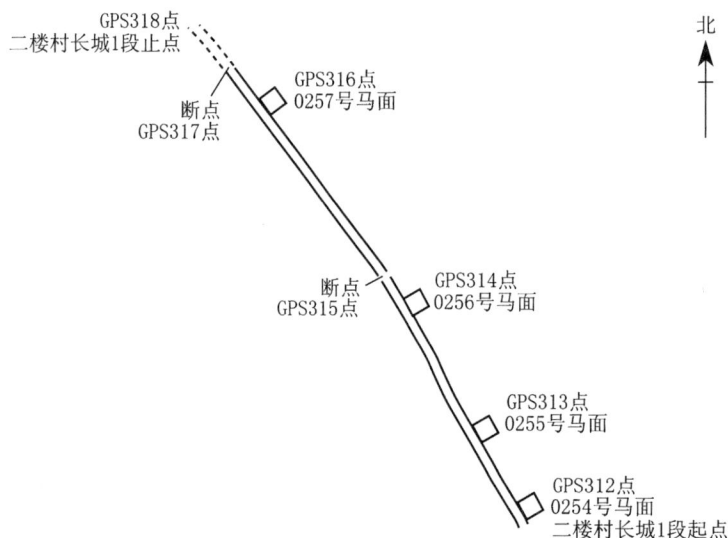

图一八二六　二楼村长城1段位置示意图

墙体起点位于盐场堡乡二楼村东南2千米，高程1314.2米；止点位于盐场堡乡二楼村西南0.9千米，高程1302.3米。

墙体整体保存差。由于修路、取土、挖窑洞、耕种、风蚀、盐碱化等因素墙体破坏严重。1940年秋，三五九旅四支队2000余指战员，到定边盐场堡驻防打盐，在该段墙体上挖掘土窑洞175孔，现为县级文物保护单位。距起点0.87千米处有一宽3米的豁口，有乡村路穿过，为断点；1.68千米处由于307国道穿过消失70米，为断点。

墙体为自然基础上夯筑而成，夯土以黄沙土为主，包含有少量料礓石，夯层厚0.1～0.16米，夯土质地细密。墙体底宽3～6.5、顶宽1.5～3.5、内高2.2～4.2、外高2.8～5.8米。

该段墙体起点位于三楼村4号（0254号）马面西北侧，与三楼村长城3段墙体止点相接，走向基本相同。距起点0.3千米处有二楼村1号（0255号）马面，0.71千米处有二楼村2号（0256号）马面，1.55千米处有二楼村3号（0257号）马面。二楼村西有一座盐场，为定边县产盐之地，墙体北面有一处地下水渗出地表形成的水滩。当地村民主要饮用井水。二楼村有居民800多人，以汉族为主，村西有靖（边）王（圈梁）高速公路，墙体北侧有307国道。

（五五）二楼村长城2段（610825382101170055）

该段墙体位于盐场堡乡二楼村西南荒沙盐碱地上。所处地势较平坦。墙体长1419米，整体呈东南—西北走向，属于土墙。（图一八二七；彩图三四七）

墙体起点位于盐场堡乡二楼村西南0.9千米，高程1302.3米；止点位于盐场堡乡二楼村西2.1千米，高程1304.3米。

墙体整体保存差。由于修路、取土、踩踏、放牧等因素墙体受损严重，呈低矮的土梁状。距起点

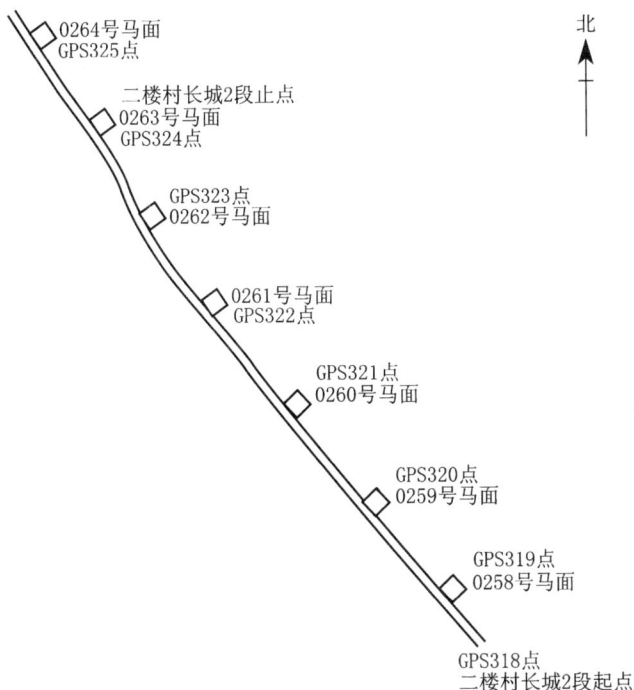

图一八二七　二楼村长城 2 段位置示意图

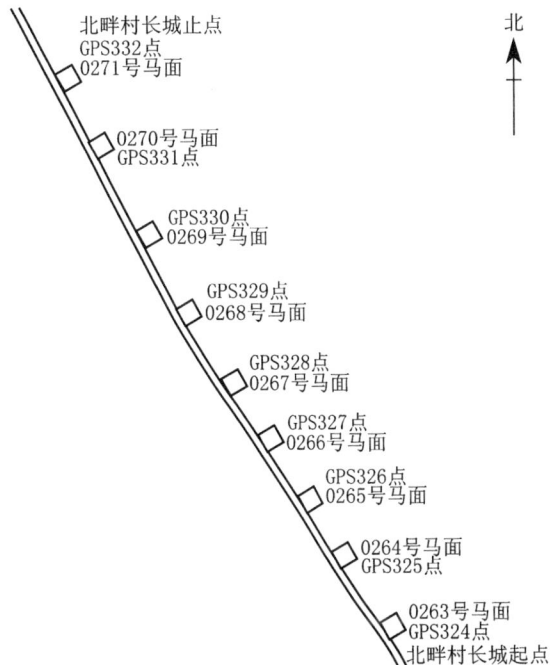

图一八二八　北畔村长城位置示意图

0.57 千米处有宽 2.8 米的豁口，有一条乡村路通路，豁口底部墙体高 1 米。

墙体为自然基础上的夯筑，夯土以黄沙土为主，包含有少量料礓石，夯层厚 0.12～0.2 米，墙体底宽 5～8、顶宽 0.4～2.3、内高 4～7、外高 6～8 米。

该段墙体起点西北 0.036 千米处有二楼村 4 号（0258 号）马面，0.316 千米处有二楼村 5 号（0259 号）马面，0.561 千米处有二楼村 6 号（0260 号）马面，0.849 千米处有二楼村 7 号（0261 号）马面，1.12 千米处有二楼村 8 号（0262 号）马面，1.42 千米处有二楼村 9 号（0263 号）马面。附近村民主要饮用井水，墙体东侧有 307 国道，二楼村西有靖（边）王（圈梁）高速公路。

（五六）北畔村长城（6108253821011700056）

该段墙体位于盐场堡乡北畔村东北 1.2 千米的盐碱沙滩地上。所处地势平坦，两侧为荒草地，植被脆弱。墙体长 1683 米，整体为东南—西北走向，属于土墙。（图一八二八；彩图三四八）

墙体起点位于盐场堡乡北畔村东南 2.5 千米，高程 1304.3 米；止点位于周台子乡王圈梁村西南 2 千米，高程 1312.5 米。

墙体整休保存差。由于风蚀、盐碱腐蚀、流沙掩埋、人为踩踏、放牧、取土等因素墙体受损严重，部分墙体上部呈刀状，个别段呈锯齿状。

墙体为自然基础上夯筑而成，夯土以黄沙土为主，包含有少量料礓石，夯层厚 0.15～0.25 米。墙体底宽 5～7、顶宽 0.2～1.5、内高 2～4、外高 2.6～6.4 米。

该段墙体起点位于二楼村 9 号（0263 号）马面西北侧，与二楼村长城 2 段墙体止点相接，走向基本相同。距起点 0.165 千米处有北畔村 1 号（0264 号）马面，0.337 千米处有北畔村 2 号（0265 号）马面，0.577 千米处有北畔村 3 号（0266 号）马面，0.807 千米处有北畔村 4 号（0267 号）马面，1.05 千米处有北畔村 5 号（0268 号）马面，1.27 千米处有北畔村 6 号（0269

号）马面，1.52 千米处有北畔村 7 号（0270 号）马面，1.68 千米处有北畔村 8 号（0271 号）马面。北畔村南为花马池盐田，村北有苟池盐田，无地表河流，村北有 307 国道和靖（边）王（圈梁）高速公路。北畔村有居民 300 多人，以汉族为主。

（五七）王圈梁村长城（610825382101170057）

该段墙体位于周台子乡王圈梁村西南 1 千米的盐碱草滩地上。所处地势起伏不大，较平坦。墙体长 2337 米，其中，保存 2330 米、消失 7 米，整体呈东南—西北走向，属于土墙。（图一八二九）

图一八二九　王圈梁村长城位置示意图

墙体起点位于周台子乡王圈梁村西南 2 千米，高程 1312.5 米；止点位于周台子乡王圈梁村西北 1.4 千米，高程 1325.3 米。

墙体整体保存差。由于风雨侵蚀、人为挖掘、放牧、修路等因素墙体受损严重，整体呈低矮的脊梁状。距起点 0.05 千米处有一个盗洞，长 2.3、宽 0.8、深 1.6 米；0.95 千米处由于乡村土路穿过墙体，消失 7 米，为断点。

墙体为自然基础上的夯筑，夯土以黄沙土为主，夯层厚 0.18 ~ 0.3 米，夯土质地疏松。墙体底宽 4 ~ 6、顶宽 0.2 ~ 1.2、内高 2.2 ~ 4、外高 2.5 ~ 5 米。

该段长城墙体止点也是定边段长城的止点。墙体起点西北 0.165 千米处有王圈梁村 1 号（0272 号）马面，0.325 千米处有王圈梁村 2 号（0273 号）马面，0.497 千米处有王圈梁村 3 号（0274 号）马面，0.653 千米处有王圈梁村 4 号（0275 号）马面，0.963 千米处有王圈梁村 5 号（0276 号）马面，1.26 千米处有王圈梁村 6 号（0277 号）马面，1.56 千米处有王圈梁村 7 号（0281 号）马面，1.86 千米处有王圈梁村 8 号（0282 号）马面，2.14 千米处有王圈梁村 9 号（0283 号）马面。墙体附近有 307 国道、靖（边）王（圈梁）高速公路。王圈梁村有居民 300 多人，以汉族为主。

（五八）蔡马场村长城 1 段（610825382301170058）

该段墙体位于定边镇蔡马场村东南的沙漠地带。所处地势起伏较大，植被较差。墙体长 1770 米，全部消失，整体呈东南—西北走向。（图一八三〇）

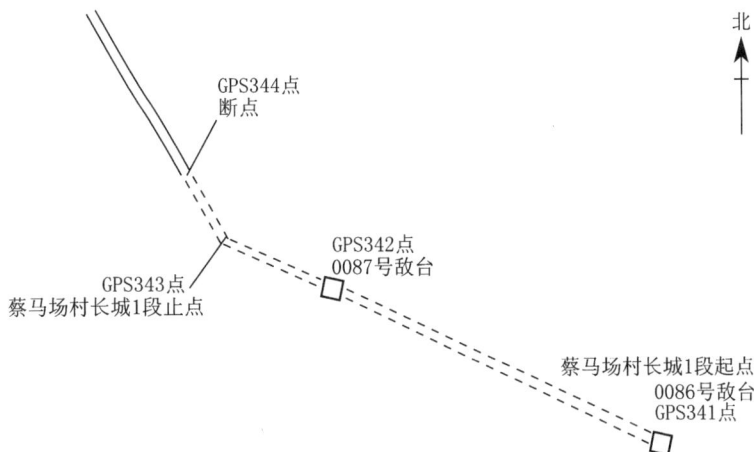

图一八三〇　蔡马场村长城 1 段位置示意图

墙体起点位于定边镇蔡马场村东南 1.5 千米，高程 1403.3 米；止点位于定边镇蔡马场村中，高程 1380.9 米。

该段长城是定边县城西北的第二条长城（大边），墙体被流沙掩埋。

按《定边县志》记载，该段长城可能是明代成化年间延绥都御史余子俊所筑，起点应该在定边县贺圈镇瓦渣梁村。

该段墙体起点位于蔡马场村 1 号（0086 号）敌台；起点西北 1.1 千米处有蔡马场村 2 号（0087 号）敌台，1.77 千米处蔡马场村中为止点。蔡马场村有居民 200 多人，以汉族为主。

（五九）蔡马场村长城 2 段（610825382101170059）

该段墙体位于定边镇蔡马场村与十里沙村之间的沙漠草滩地带。所处地势平缓，东北侧为石光银林场。墙体长 2060 米，其中，保存 1620 米、消失 440 米，整体呈东南—西北走向，属于土墙。（图一八三一）

墙体起点位于定边镇蔡马场村中，高程 1380.9 米；止点位于定边镇十里沙村中，高程 1362.3 米。

墙体整体保存差。由于修路、建房、挖掘、取土、造林等因素，墙体损坏严重。距起点 1.66 千米至终点的墙体上种植有杨树。起点至 0.34 千米处由于公路修筑在墙体上，造成墙体消失 340 米；至 1.367 千米处有公路穿过，豁口宽 40 米；至 1.6 千米处有修路和人为取土造成的宽 60 米的豁口。

墙体为自然基础上夯筑而成，夯土以黄沙土为主，包含有少量料礓石，夯层厚 0.06～0.16 米，质地疏松。墙体底宽 1.2～2、顶宽 0.2～1、内高 0.3～1、外高 0.5～1.2 米。

该段长城墙体与蔡马场村长城 1 段墙体止点相接。

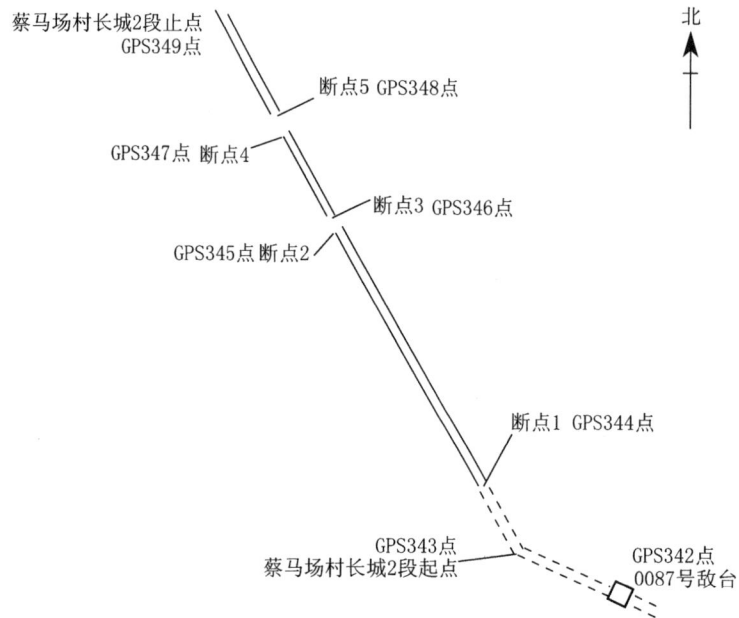

图一八三一　蔡马场村长城 2 段位置示意图

（六〇）十里沙村长城（610825382301170060）

该段墙体位于定边镇十里沙村与贾圈村之间的沙漠地带。所处地势平缓，植被稀疏，多为沙生植物。墙体长 3520 米，全部消失，整体呈东南—西北走向，属于土墙。（图一八三二）

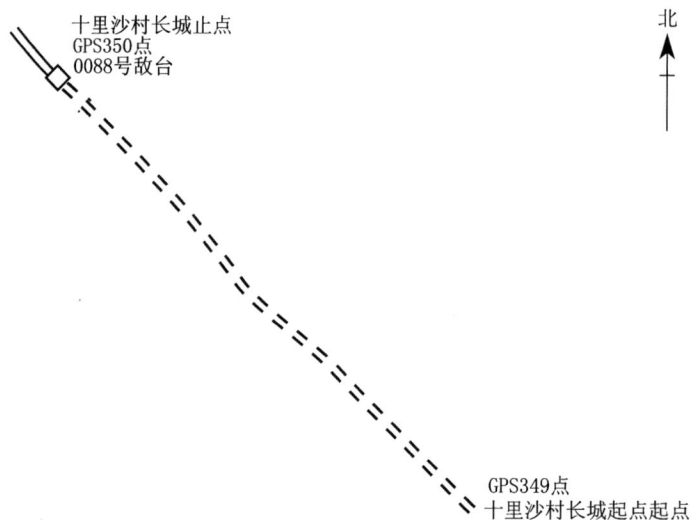

图一八三二　十里沙村长城位置示意图

墙体起点位于定边镇十里沙村中，高程 1362.3 米；止点位于定边镇十里沙村西北 3 千米，高程 1364.4 米。

该段墙体被流沙掩埋消失，止点处有贾圈村 1 号（0088 号）敌台。十里沙村有居民 300 多人，以汉族为主。

（六一）贾圈村长城 1 段（610825382101170061）

该段墙体位于周台子乡贾圈村西的沙漠草滩地带。所处地势平缓，植被稀疏。墙体长 1880 米，整体呈东南—西北走向，属于土墙。（图一八三三）

墙体起点位于定边镇十里沙村西北 3 千米，高程 1364.4 米；止点位于周台子乡贾圈村南 0.2 千米，高程 1257.1 米。

墙体整体保存差。由于风沙掩埋、水土流失、修路、放牧等因素墙体受损严重，顶部坍塌严重。前 500 米墙体顶部呈刃状；后 1380 米墙体为高 0.5～1.5 米的土梁，只能分辨墙体走向。

墙体为自然基础上夯筑而成，夯土以黄沙土为主，夯层厚 0.1～0.18 米，夯土质地疏松。墙体底宽 1.2～2.5、顶宽 0.3～1、内高 0.5～1.5、外高 1～1.8 米。

该段墙体起点处有贾圈村 1 号（0088 号）敌台，止点处有贾圈村 2 号（0089 号）敌台。墙体附近村民主要饮用井水，西侧有靖（边）王（圈梁）高速公路。贾圈村有居民 400 多人，以汉族为主。

（六二）贾圈村长城 2 段（610825382101170062）

该段墙体位于周台子乡贾圈村西北的沙漠草滩地带。所处地势平缓，植被稀疏。墙体长 1330 米，整体呈东南—西北走向，属于土墙。（图一八三四）

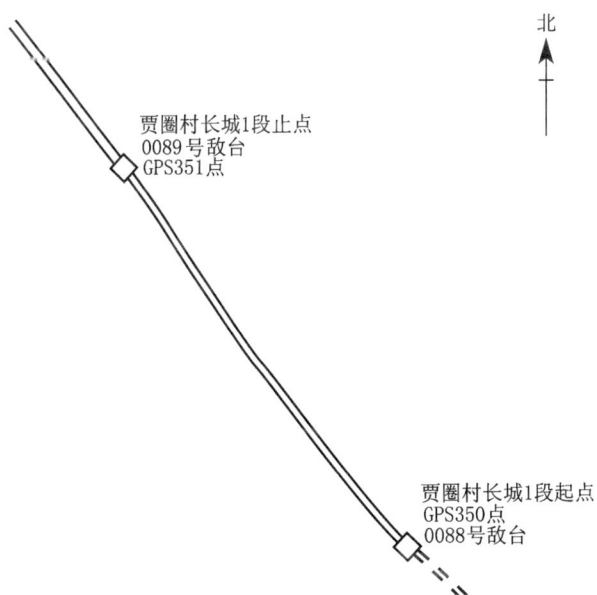

图一八三三　贾圈村长城 1 段位置示意图　　　　图一八三四　贾圈村长城 2 段位置示意图

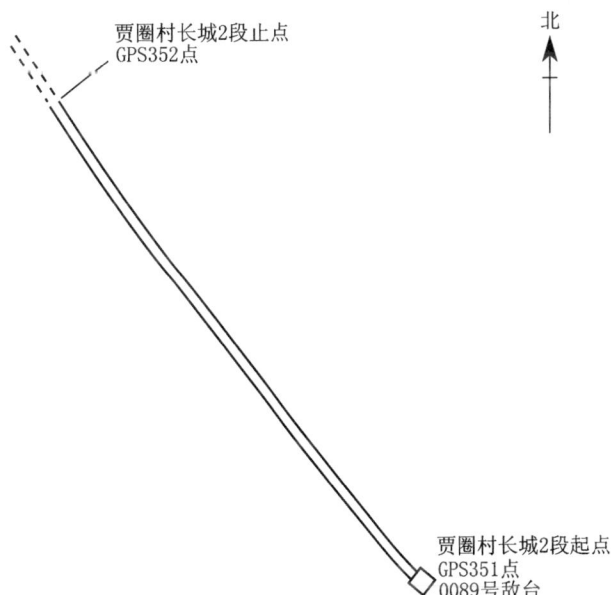

墙体起点位于周台子乡贾圈村南 0.2 千米，高程 1257.1 米；止点位于周台子乡贾圈村西北 1.1 千米，高程 1339.1 米。

墙体整体保存差。墙体大部分被流沙掩埋，基本消失，呈小土梁状。

墙体为自然基础上夯筑而成，夯土以黄沙土为主，夯层厚 0.1～0.18 米，夯土质地疏松。墙体底宽 1.2～2.5、顶宽 0.3～1、内高 0.5～1.5、外高 1～1.8 米。

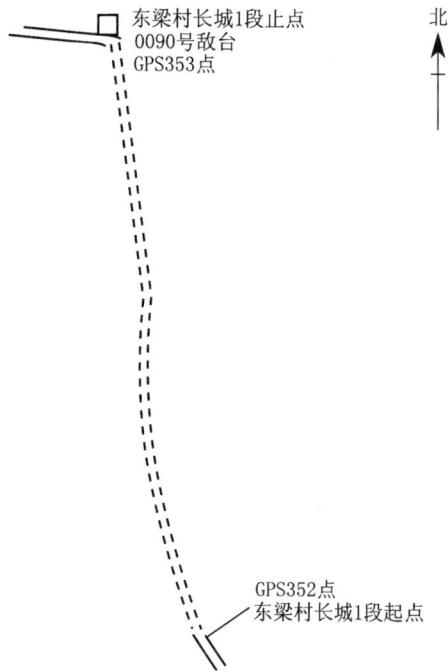

东梁村长城1段止点
0090号敌台
GPS353点

GPS352点
东梁村长城1段起点

图一八三五　东梁村长城 1 段位置示意图

该段墙体起点有贾圈村 2 号（0089 号）敌台，止点与东梁村长城 1 段墙体起点相接。墙体附近村民主要饮用井水，贾圈村西有靖（边）王（圈梁）高速公路。

（六三）东梁村长城 1 段（610825382301170063）

该段墙体位于周台子乡东梁村东的沙漠草滩盐碱地带。所处地势平缓，植被稀疏。墙体长 6300 米，全部消失，整体呈东南—西北走向，属于土墙。（图一八三五）

墙体起点位于周台子乡贾圈村西北 1.1 千米，高程 1339.1 米；止点位于周台子乡东梁村二队东北 1.5 千米，高程 1329 米。

墙体因流沙掩埋、雨水冲刷侵蚀消失。

该段墙体起点位于贾圈村长城 2 段墙体止点，止点位于东梁村 1 号（0090 号）敌台南侧。东梁村居民主要饮用井水，村西北有苟池盐田，村北有定海公路。东梁村有居民 400 多人，以汉族为主。

（六四）东梁村长城 2 段（610825382101170064）

该段墙体位于周台子乡东梁村西北的沙漠草滩地带。所处地势平缓，植被稀疏。墙体长 1568 米，整体呈东—西向为，属于土墙。（图一八三六）

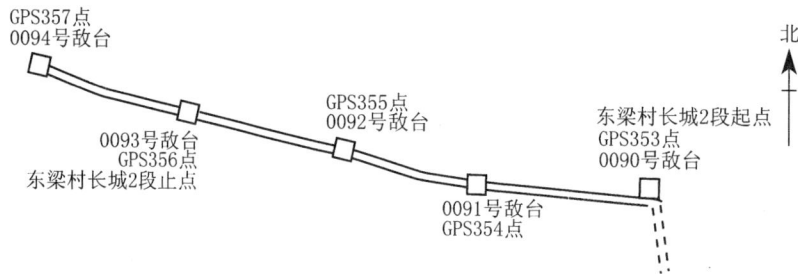

GPS357点
0094号敌台

0093号敌台
GPS356点
东梁村长城2段止点

GPS355点
0092号敌台

东梁村长城2段起点
GPS353点
0090号敌台

0091号敌台
GPS354点

图一八三六　东梁村长城 2 段位置示意图

墙体起点位于周台子乡东梁村二队东北 1.5 千米，高程 1329 米；止点位于东梁村二队北 0.8 千米，高程 1323.9 米。

墙体整体保存差。由于雨水冲刷侵蚀墙体坍塌严重，部分墙体被沙土掩埋，根据凸起的沙丘走向尚可辨认。

墙体为自然基础上夯筑而成，夯土以盐碱黄沙土为主，夯层厚 0.12 ~ 0.2 米，夯土质地疏松。墙体底宽 1.5 ~ 2.5、顶宽 0.3 ~ 0.8、内高 0.6 ~ 1.5、外高 1.2 ~ 2.5 米。

该段墙体起点位于东梁村 1 号（0090 号）敌台西侧，与上东梁村长城 1 段墙体止点相接。距墙体起点 0.62 千米处有东梁村 2 号（0091 号）敌台，1.07 千米处有东梁村 3 号（0092 号）敌台，1.57 千米处有东梁村 4 号（0093 号）敌台。东梁村西有苟池盐田，无其他河流，有乡级柏油公路。

（六五）东畔村长城 1 段（610825382101170065）

该段墙体位于周台子乡东畔村南的沙漠盐碱草滩地带。所处地势平缓，西南 2 千米处有苟池盐田。墙体长 1881 米，整体呈东—西走向，属于土墙。（图一八三七）

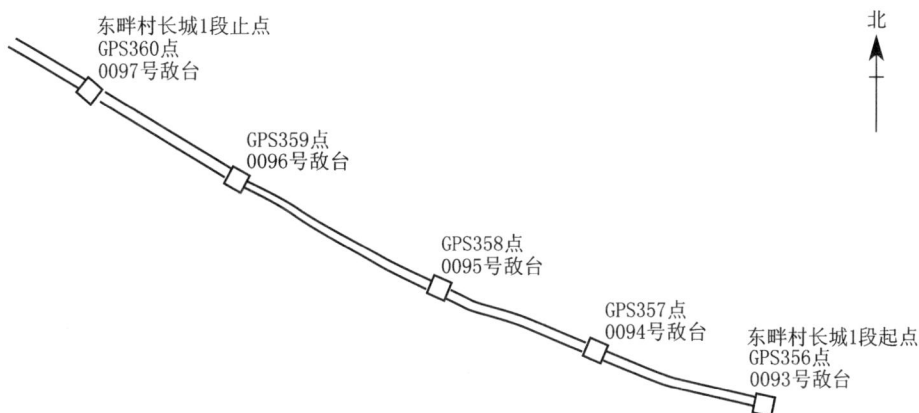

图一八三七　东畔村长城 1 段位置示意图

墙体起点位于周台子乡东梁村二队北 0.8 千米，高程 1323.9 米；止点位于周台子乡东畔村南 0.2 千米，高程 1300.7 米。

墙体整体保存差。由于雨水冲刷侵蚀、风沙掩埋人为挖掘、修路等因素墙体损毁严重，整体呈低矮的脊梁状，沙丘掩埋严重。

墙体为自然基础上夯筑而成，夯土以盐碱黄沙土为主，夯层厚 0.12 ~ 0.18 米。墙体底宽 1.5 ~ 2.5、顶宽 0.3 ~ 0.8、内高 0.6 ~ 1.5、外高 1.2 ~ 2.5 米。

墙体起点位于东梁村 4 号（0093 号）敌台，与东梁村长城 2 段墙体止点相接。起点西北 0.65 千米处有东畔村 1 号（0094 号）敌台，1.01 千米处有东畔村 2 号（0095 号）敌台，1.48 千米处有东畔村 3 号（0096 号）敌台，1.88 千米处有东畔村 4 号（0097 号）敌台。

该段墙体南侧 0.2 ~ 0.3 千米处有 2 段长约 1300 米和 370 米的长城墙体，当地百姓称其为"小边墙"。据说，当时修筑长城工程的强度和速度惊人，有"跑马打边墙"之说，意思是马跑多快，修筑长城的速度就有多快。东畔村居民主要饮用井水，村西有苟池盐场、靖（边）王（圈梁）高速公路，村内有多条乡村土路。东畔村有居民 300 多人，以汉族为主。

（六六）东畔村长城 2 段（610825382101170066）

该段墙体位于周台子乡东畔村西南的沙漠盐碱草滩地带。所处地势平缓，西南 1.5 千米处为苟池盐田。墙体长 1480 米，整体呈东南—西北走向，属于土墙。（图一八三八）

墙体起点位于周台子乡东畔村南 0.2 千米，高程 1301.6 米；止点位于周台子乡东畔村西北 0.3 千米，高程 1307.6 米。

墙体整体保存差。墙体大部分被流沙掩埋，有许多沙丘堆积在墙体上或墙体两侧，夯层较清晰。部分墙体坍塌，有许多豁口。

墙体为自然基础上夯筑而成，夯土以盐碱黄沙土为主，土色泛白，质地较硬，夯层厚 0.12 ~ 0.18 米，质地疏松。墙体底宽 1.2 ~ 2.8、顶宽 0.2 ~ 1.2、内高 0.3 ~ 1.8、外高 0.8 ~ 2.5 米。

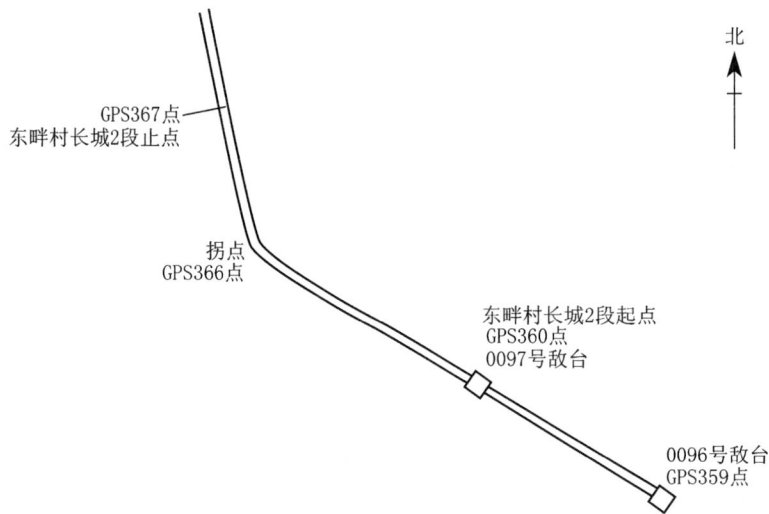

图一八三八　东畔村长城 2 段位置示意图

该段墙体起点位于东畔村 4 号（0097 号）敌台，与东畔村长城 1 段墙体止点相接。墙体起点西北 0.67 千米处为拐点，走向由东向西转为东南向西北。东畔村居民主要饮用井水，村西面有苟池盐场、靖（边）王（圈梁）高速公路。

（六七）西畔村长城 1 段（610825382101170067）

该段墙体位于周台子乡西畔村北的盐碱地上。所处地势较平坦，植被较差。墙体长 1000 米，整体呈东南—西北走向，属于土墙。（图一八三九）

墙体起点位于周台子乡西畔村南 0.2 千米，高程 1307.6 米；止点位于周台子乡西畔村东北 1.5 千米，高程 1322.2 米。

墙体整体保存差。由于雨水冲刷、盐碱侵蚀、耕种、放牧、踩踏等因素墙体呈低矮的土梁状。

墙体为自然基础上夯筑而成，夯土以黄沙土为主，包含有少量的料礓石，夯层厚 0.1～0.25 米。墙体底宽 1.5～2.5、顶宽 0.3～1.2、内高 0.6～1.5、外高 1～2.6 米。

该段墙体起点为东畔村长城 2 段墙体止点，起点西北 1 千米西南 0.09 千米处有西畔村 1 号（0293 号）烽火台。西畔村居民主要饮用井水，村南有苟池盐场，村西有银（川）定（边）高速公路。西畔村有居民 300 多人，以汉族为主。

（六八）西畔村长城 2 段（610825382101170068）

该段墙体位于周台子乡西畔村西北的盐碱荒沙地上。所处地势较平坦，植被较差。墙体长 600 米，整体呈东南—西北走向，属于土墙。（图一八四〇）

墙体起点位于西畔村东北 1.5 千米，高程 1322.2 米；止点位于西畔村北 2.5 千米，高程 1343.9 米。

墙体整体保存差。由于雨水冲刷、盐碱侵蚀、黄沙掩埋墙体呈低矮的脊梁状，部分段墙体坍塌有缺口，呈锯齿状。

墙体为自然基础上夯筑而成，夯土以黄沙土为主，包含有少量料礓石，夯层厚 0.1～0.2 米。墙体底宽 1.5～3.1、顶宽 0.5～1.2、内高 0.6～2.3、外高 1～3.1 米。

墙体止点西南 1.5 千米处有西畔村 2 号（0294 号）烽火台。

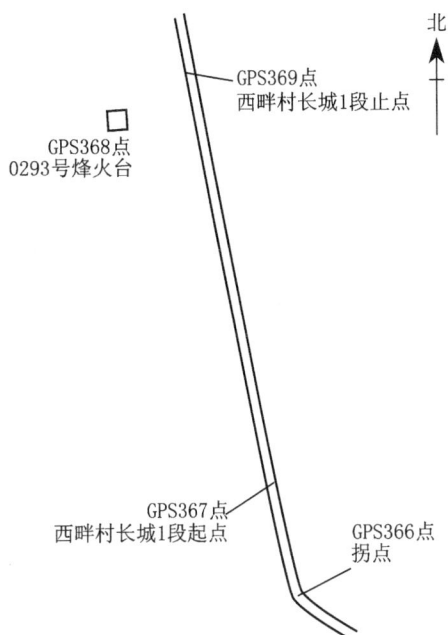

图一八三九　西畔村长城1段位置示意图

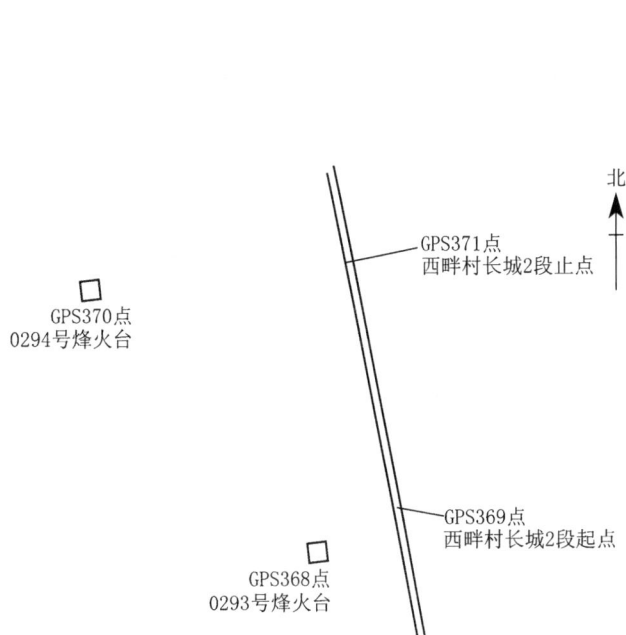

图一八四〇　西畔村长城2段位置示意图

该段墙体的止点也是陕西省定边县明长城大边的止点，与宁夏回族自治区长城墙体相接。西畔村居民饮水主要为井水，村西是银（川）定（边）高速公路。

（六九）东畔村长城3段（610825382101170069）

该段墙体位于周台子乡东畔村南的沙漠盐碱草滩地带。所处地势平缓，两侧为耕地。墙体长1100米，其中，保存950米、消失150米，整体呈东南—西北走向，属于土墙。（图一八四一）

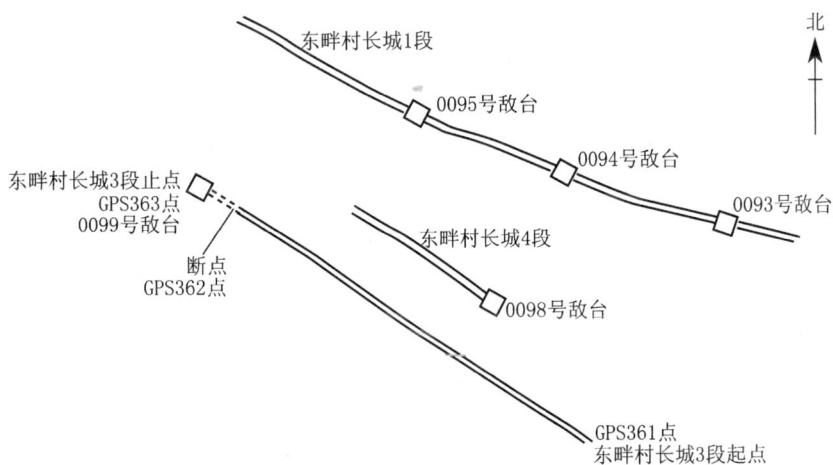

图一八四一　东畔村长城3段位置示意图

墙体起点位于周台子乡东畔村东南1.2千米，高程1308.8米；止点位于周台子乡东畔村南0.2千米，高程1302.4米。

墙体整体保存差。当地村民称之为"小边墙"。墙体两侧为耕地，坍塌呈缓坡脊梁状，南侧被耕地破坏严重。

墙体为自然基础上夯筑而成，夯土以盐碱黄沙土为主，夯层厚0.1~0.15米。墙体底宽3~5、顶宽1~2、内高2.5、外高3米。

该段墙体与东畔村长城1段墙体基本平行，止点处有东畔村6号（0099号）敌台。东畔村西有苟池盐田，无河流，村南有乡级柏油公路。

（七〇）东畔村长城4段（6108253821011700070）

该段墙体位于周台子乡东畔村南的沙漠盐碱草滩地带。所处地势平缓。墙体长370米，整体呈东南—西北走向，属于土墙。（图一八四二）

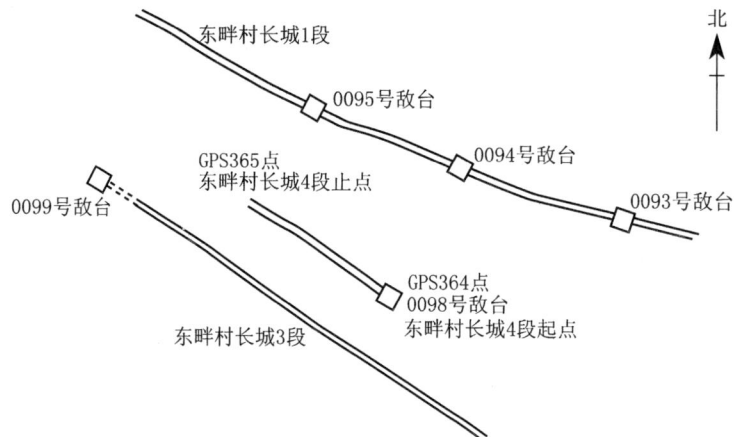

图一八四二　东畔村长城4段位置示意图

墙体起点位于周台子乡东畔村东南0.8千米，高程1321.7米；止点位于周台子乡东畔村南0.42千米，高程1320.4米。

墙体整体保存差。当地村民称之为"小边墙"。由于风雨侵蚀、开垦耕地、放牧等因素墙体受损严重，成为高1~2米的低矮土梁。

墙体为自然基础上夯筑而成，夯土以盐碱土为主，土色泛白，质地坚硬，夯层厚0.08~0.15米。墙体底宽3、顶宽1、内高1.5、外高2米。

该段墙体起点位于东畔村5号（0098号）敌台，与东畔村长城3段墙体基本平行，相距0.03千米；与东畔村长城1段墙体相距0.1~0.2千米。东畔村西有苟池盐田，村南有乡级柏油公路。

（七一）下暗门村长城3段（6108253821011700071）

该段墙体位于贺圈镇下暗门村。周围地势平坦，东侧有贺纪公路，两侧大多为耕地。墙体长583米，其中，保存213米、消失370米，整体呈北—南走向，属于土墙。（图一八四三）

墙体起点位于贺圈镇下暗门村中，高程1397.3米；止点位于下贺圈镇上暗门村南，高程1400米。

墙体整体保存差。由于修路、耕种、修建烧砖窑、建房、取土等因素墙体破坏严重。距起点0.02千米有2户居民，0.06千米有耕地，0.365千米有一条宽5米的乡村土路，0.365千至0.37千

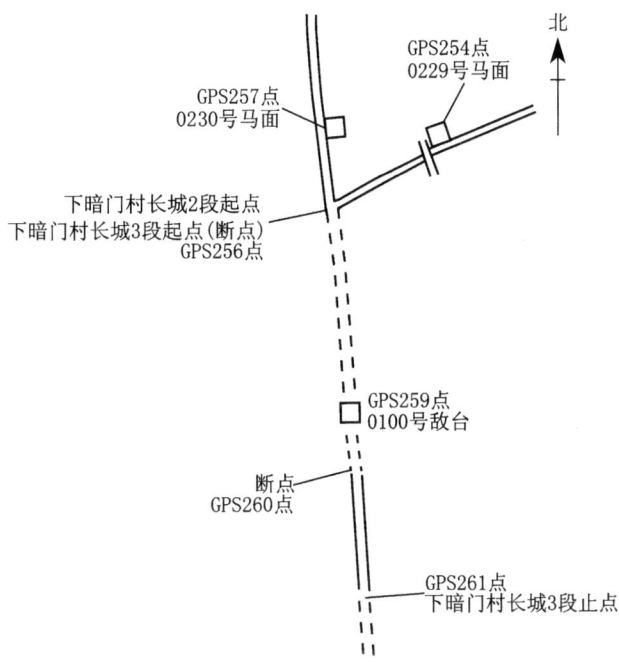

图一八四三　下暗门村长城 3 段位置示意图

米之间由于耕地、小路和建筑房屋造成墙体消失。止点处有 3 座废弃的现代烧砖窑，被居民当作储藏窑。

墙体为自然基础上夯筑而成，夯土为黄沙土，夯层厚 0.1～0.16 米。墙体底宽 1.5～2.3、顶宽 0.3～1、内高 0.5～1.5、外高 0.8～2.2 米。

距该段墙体起点 0.283 千米处有下暗门村 1 号（0100 号）敌台。下暗门村南有洪水冲成的干渠，常年干涸，有贺纪公路穿过。

（七二）上暗门村长城 1 段（6108253823011170072）

该段墙体位于贺圈镇上暗门村中。所处地势平坦，两侧多为农田。墙体长 1000 米，全部消失，整体呈东南—西北走向。属于土墙。（图一八四四）

墙体起点位于上暗门村北，高程 1400 米；止点位于上暗门村中，高程 1328 米。

暗门村居民在墙体上建房和开垦耕地导致墙体消失，墙体上有村舍和天燃气管道。

该段墙体起点为下暗门村长城 3 段墙体止点，止点为上暗门村长城 2 段墙体起点。上暗门村南有干沟，常年干涸无水，村东为贺纪公路。上暗门有居民 600 多人，以汉族为主。

（七三）上暗门村长城 2 段（6108253821011170073）

该段墙体位于贺圈镇上暗门村中。周围地势平坦，两侧多为农田，止点东侧有一座大型现代砖窑。墙体长 789 米。整体为东南—西北走向，属于土墙。（图一八四五）

墙体起点位于贺圈镇上暗门村中，高程 1328 米；止点位于贺圈镇上暗门村南 0.6 千米，高程 1400.8 米。

墙体整体保存差。由于耕种、修路、建烧砖窑等因素墙体坍塌严重，顶部呈坡状。

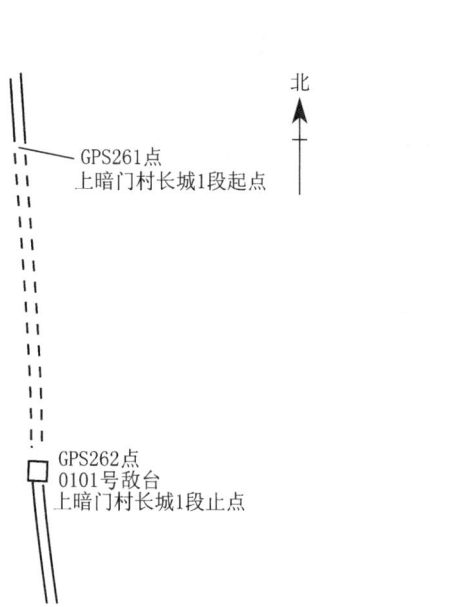

图一八四四　　上暗门村长城 1 段
位置示意图

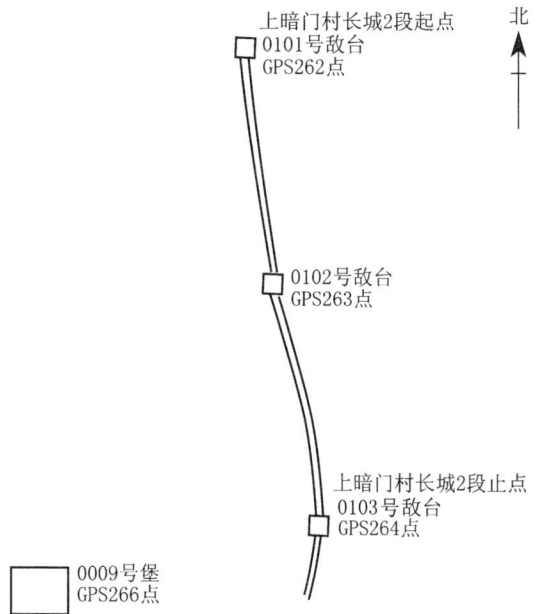

图一八四五　　上暗门村长城 2 段位置示意图

　　墙体为自然基础上夯筑而成，夯土为黄沙土，夯层厚 0.06 ~ 0.1 米。墙体底宽 1.5 ~ 3.2、顶宽 0.3 ~ 1.2、内高 0.5 ~ 1.7、外高 1.2 ~ 2.8 米。

　　该段墙体起点处有上暗门村 1 号（0101 号）敌台。起点南 0.516 千米处有上暗门村 2 号（0102 号）敌台，0.789 千米处有上暗门村 3 号（0103 号）敌台。上暗门村南有干沟，长年干涸无水。墙体东 0.23 千米处有与墙体平行的贺纪公路。

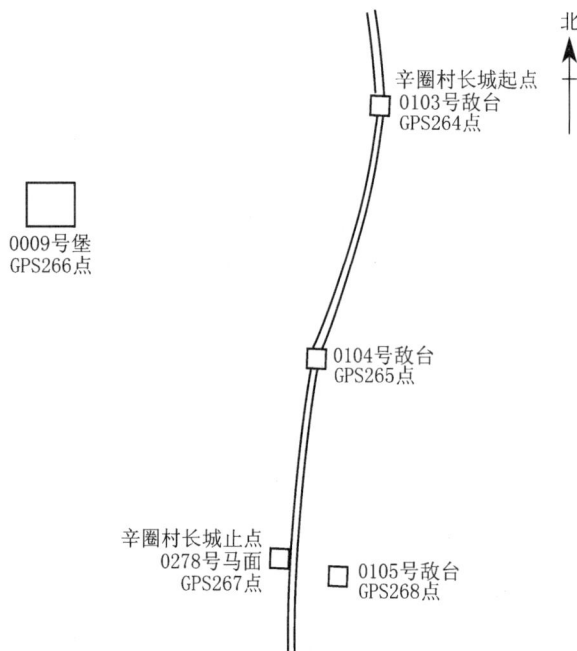

图一八四六　　辛圈村长城位置示意图

（七四）辛圈村长城（610825382101170074）

　　该段墙体位于贺圈镇辛圈村东的山坡上。所处地势由北向南逐渐升高，两侧大多为耕地。墙体长 1030 米，整体呈北—南走向，属于土墙。（图一八四六；彩图三四九）

　　墙体起点位于贺圈镇上暗门村南 0.6 千米，高程 1400.8 米；止点位于贺圈镇辛圈村东南 0.9 千米，高程 1434.6 米。

　　墙体整体保存差。墙体坍塌严重，顶部呈刃状，整体呈锯齿状。距起点 0.154 千米处有两座现代废弃的砖窑，0.2 千米东 0.03 千米处有一座大型现代砖厂，面积 15000 平方米。

　　墙体为自然基础上夯筑而成，夯土为黄土，夯层厚 0.06 ~ 0.1 米。墙体底宽 1.5 ~ 3.2、顶宽 0.4 ~ 1、内高 1.2 ~ 2.3、外高 1.6 ~ 3.4 米。

　　墙体起点位于上暗门村 3 号（0103 号）敌台

南侧，与上暗门村长城 2 段墙体止点相接。起点南 0.45 千米处有辛圈村（0104 号）敌台，0.46 千米西 0.34 千米处有辛圈村（0009 号）堡，1.03 千米处有辛圈村（0278 号）马面。辛圈村东有干沟，长年干涸无水。墙体东 0.23 千米处有与墙体平行的贺纪公路。辛圈村有居民 500 多人，以汉族为主。

（七五）何梁村长城 1 段（610825382101170075）

该段墙体位于贺圈镇何梁村西的山梁上。东侧临沟。墙体长 2057 米，整体呈北—南走向，属于土墙。（图一八四七）

墙体起点位于贺圈镇辛圈村东南 0.9 千米，高程 1434.6 米；止点位于贺圈镇何梁村西南 1.2 千米，高程 1472.6 米。

墙体整体保存差。由于风雨侵蚀、耕种、修路、放牧等因素墙体坍塌严重，顶部呈刃状，墙体上有人为挖掘的土洞。

墙体为自然基础上夯筑而成，夯土为黄土，夯层厚 0.08 ~ 0.12 米。墙体底宽 1.5 ~ 3.5、顶宽 0.5 ~ 1.2、内高 1.3 ~ 2.7、外高 1.6 ~ 3.4 米。

该段墙体起点位于辛圈村（0278 号）马面南侧，与辛圈村长城墙体止点相接。起点南 0.08 千米东 0.04 千米处有何梁村 1 号（0105 号）敌台，0.5 千米处有何梁村 2 号（0106 号）敌台，0.53 千米西 0.18 千米处有何梁村（0295 号）烽火台，0.98 千米处有何梁村（0279 号）马面，1.09 千米东 0.03 千米处有何梁村 3 号（0107 号）敌台，1.54 千米处有何梁村 4 号（0108 号）敌台，1.63 千米东 0.035 千米处有何梁村 5 号（0109 号）敌台，2.06 千米处有何梁村 6 号（0110 号）敌台。何梁村西有干沟，长年干涸无水，村民饮水主要为井水，村东有贺纪公路。何梁村有居民 1000 多人，以汉族为主。

（七六）何梁村长城 2 段（山险）（610825382106170076）

该段山险位于贺圈镇何梁村至姚台村的黄土梁峁沟壑区。山险长 6667 米，整体呈北—南走向，属于利用自然峭壁形成的山地险要来防御的山险。（图一八四八）

山险起点位于贺圈镇何梁村西南 1.2 千米（干沟北端），高程 1472.6 米；止点位于纪畔乡张畔村北 1.3 千米（干沟中部），高程 1531.6 米。

山险整体保存差。洪水冲刷严重，沟两侧塌落严重，沟壑纵深。

该段山险起点位于何梁村 6 号（0110 号）敌台。起点南 0.2 千米处有何梁村 7 号（0111 号）敌台，0.82 千米处有何梁村 8 号（0112 号）敌台，1.43 千米处有何梁村 9 号（0113 号）敌台，2.06 千米处有何梁村 10 号（0114 号）敌台，3.36 千米处有新墩村 1 号（0115 号）敌台，3.66 千米西 0.38 千米处有新墩村（0296 号）烽火台，3.96 千米处有新墩村 2 号（0116 号）敌台，4.19 千米处有新墩村 3 号（0117 号）敌台，4.92 千米处有姚庄村 1 号（0118 号）敌台，5.84 千米处有姚庄村 2 号（0119 号）敌台，6.67 千米处有张畔村 1 号（0120 号）敌台。山险东侧是干沟，宽 30 ~ 80、深 60 ~ 80 米，西侧是梁峁。张畔村西的干沟长年干涸无水，村民饮水主要为井水，村东是贺纪公路。

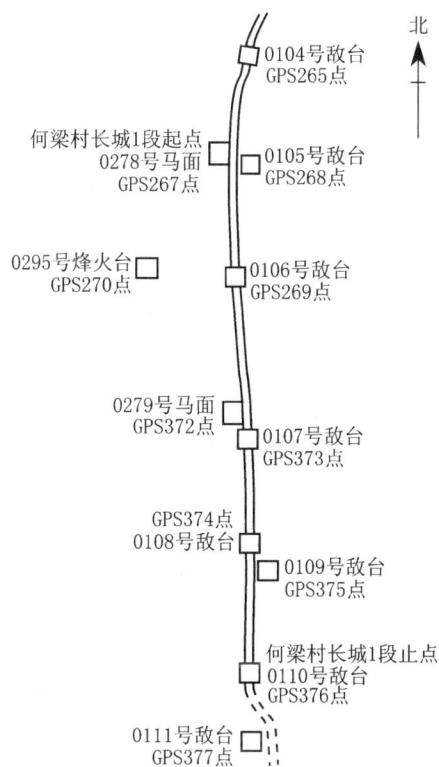

图一八四七　何梁村长城 1 段
位置示意图

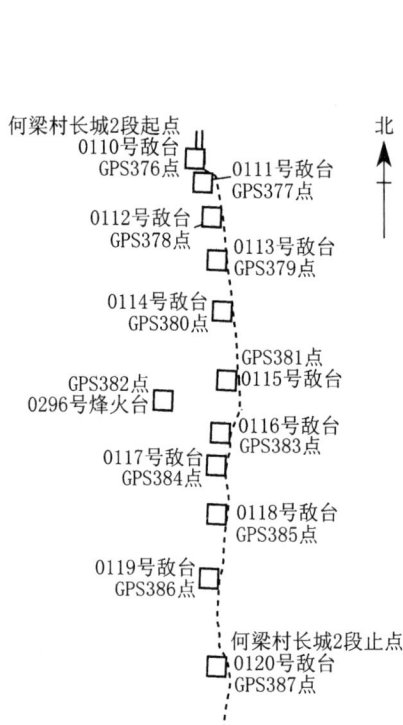

图一八四八　何梁村长城 2 段（山险）
位置示意图

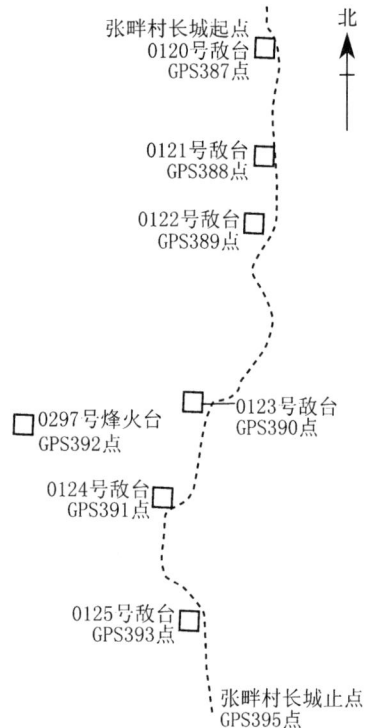

图一八四九　张畔村长城（山险）
位置示意图

（七七）张畔村长城（山险）（610825382106170077）

该段山险位于纪畔乡张畔村至姚台村的沟壑地带。所处两侧为山梁，地势较陡，中间为沟壑（干沟）地貌，沟岸陡峭。山险长 6400 米，整体呈东北—西南走向，属于利用自然峭壁而形成的山地险要来防御山险。（图一八四九）

山险起点位于纪畔乡张畔村北 1.3 千米，高程 1531.6 米；止点位于纪畔乡张畔村南 4.14 千米，高程 1572.3 米。

山险整体保存差。由于雨水冲刷，沟两侧塌落严重。

该段山险起点位于张畔村 1 号（0120 号）敌台。距起点 1.33 千米有张畔村 2 号（0121 号）敌台，距起点 2.26 千米有张畔村 3 号（0122 号）敌台，3.56 千米有张畔村 4 号（0123 号）敌台，4.5 千米有张畔村 5 号（0124 号）敌台，至张畔村 6 号（0125 号）敌台西 2.4 千米有高庄洼村（0297 号）烽火台。距起点 5.6 千米有高庄洼村（0010 号）堡，6.4 千米处为墙体止点（姚台村（0280 号）马面北 230 米）。山险东侧是干沟，宽 30～80、深 60～80 米，两侧是山梁地。张畔村东为干沟，常年干涸，为季节性河流。山险附近道路以乡村土路为主。张畔村有居民 400 多人，以汉族为主。

（七八）杜涧村长城（610825382101170078）

该段墙体位于纪畔乡杜涧村的沟壑地带。东西两侧为洪水冲沟，南侧为平缓梁峁。墙体长 1450 米，整体呈北—南走向，属于土墙。（图一八五〇）

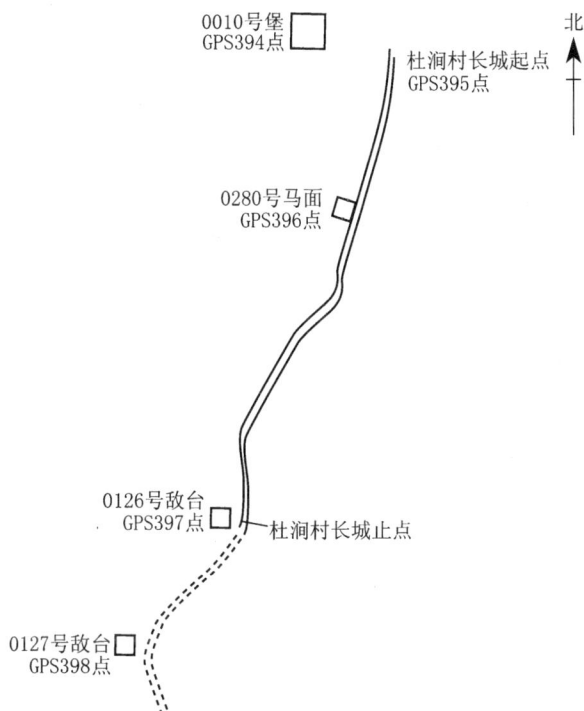

图一八五〇　杜涧村长城位置示意图

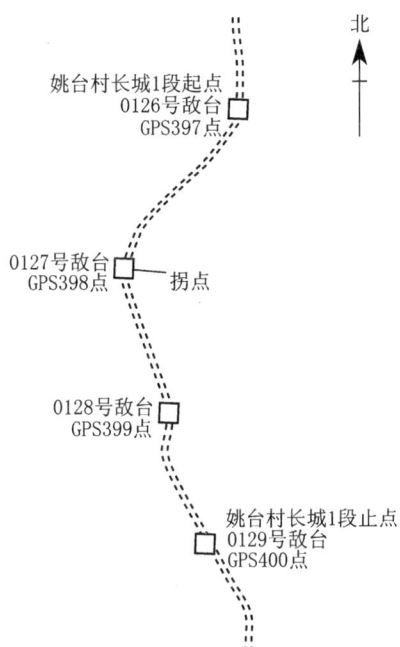

图一八五一　姚台村长城1段位置示意图

墙体起点位于纪畔乡杜涧村东北1.4千米，高程1572.3米；止点位于纪畔乡杜涧村东南1.2千米，高程1614米。

墙体整体保存差。墙体破损严重，轮廓不清，杂草丛生。起点北侧为干沟，西侧有南北向宽20、深10～15米的雨水冲刷沟，东侧0.15千米有宽15～20、深8～12米的冲刷沟。

墙体为自然基础上夯筑而成，夯土以黄土为主，夯层厚0.15～0.3米，质地疏松。墙体底宽1.5～3.2、顶宽0.4～1.5、内高0.3～1.6、外高0.8～2.8米。

该段墙体起点南0.23千米处有姚台村（0280号）马面，1.45千米处有姚台村1号（0126号）敌台。墙体两侧为干沟，长年干涸，为季节性河流，附近有乡村土路。杜涧村有居民300多人，以汉族为主。

（七九）姚台村长城1段（6108253823011700079）

该段墙体位于白湾子镇姚台村西南山梁沟壑地带。墙体长3030米，全部消失，整体呈北—南走向，属于土墙。（图一八五一）

墙体起点位于白湾子镇姚台子村西1.5千米，高程1614米；止点位于白湾子镇姚台子村西南2.5千米，高程1621.1米。

距墙体起点1.5千米处有宽8米的公路通过，2.4、2.55千米处分别有宽20、16米，深12、8米的冲刷沟。开垦耕地是墙体消失的主要原因。据当地老人讲，原敌台之间有墙体，现找不到遗迹。

该段墙体起点位于姚台村1号（0126号）敌台南侧。起点南0.95千米处有姚台村2号（0127号）敌台，1.81千米处有姚台村3号（0128号）敌台，3.03千米处有姚台村4号（0129号）敌台。距墙体起点0.95千米为拐点，走向由北向南转为西北向东南。墙体附近有乡村土路。姚台村有居民400多人，以汉族为主。

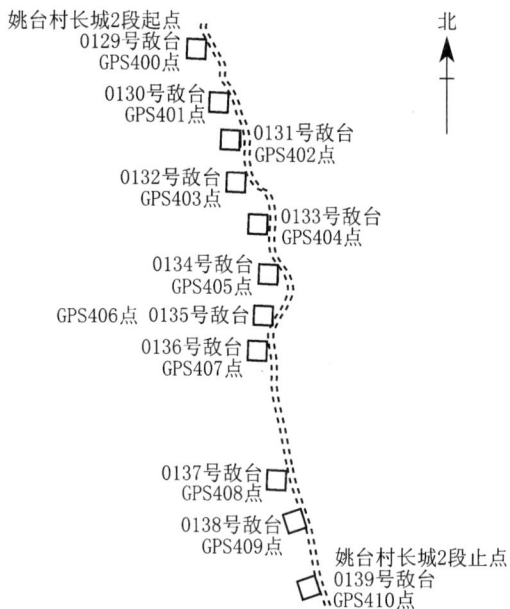

姚台村长城2段起点
0129号敌台
GPS400点

0130号敌台
GPS401点

0131号敌台
GPS402点

0132号敌台
GPS403点

0133号敌台
GPS404点

0134号敌台
GPS405点

GPS406点 0135号敌台

0136号敌台
GPS407点

0137号敌台
GPS408点

0138号敌台
GPS409点

姚台村长城2段止点

0139号敌台
GPS410点

北

图一八五二　姚台村长城2段位置示意图

（八〇）姚台村长城2段（610825382301170080）

该段墙体位于姚台子村至郝庄村的山峁沟壑区。墙体长7590米，全部消失，整体呈西北—东南走向，属于土墙。（图一八五二）

墙体起点位于白湾子镇姚台子村西南2.5千米，高程1621.1米；止点位于王盘山乡郝庄村东南0.1千米，高程1777.9米。

该段墙体起点南0.35千米处有姚台村5号（0130号）敌台，0.85千米处有小涧子村1号（0131号）敌台，1.63千米处有小涧子村2号（0132号）敌台，2.43千米处有小涧子村3号（0133号）敌台，3.08千米处有小涧子村4号（0134号）敌台，3.47千米处有兰腰贯村1号（0135号）敌台，5.27千米处有兰腰贯村2号（0136号）敌台，7.07千米处有兰腰贯村3号（0137号）敌台，7.27千米处有郝庄村1号（0138号）敌台，7.59千米处有郝庄村2号（0139号）敌台。姚台村有居民400多人，郝庄村有居民100多人，以汉族为主。

（八一）瓦渣梁村长城3段（610825382101170081）

该段墙体地处贺圈镇瓦渣梁村北的毛乌素沙漠地带。两侧为盐碱风沙草滩地，东南侧有瓦渣梁村长城2段墙体。墙体长2246米，其中，保存2204米、消失42米，整体呈东南—西北走向，属于土墙。（图一八五三）

墙体起点位于贺圈镇瓦渣梁村东0.13千米，高程1427.5米；止点位于贺圈镇瓦渣梁村西北2.4千米，高程1386.4米。

墙体整体保存差。墙体坍塌，基本被流沙掩埋，呈低矮的沙土梁状。墙体两侧多为耕地，种植有沙葱或为盐碱草滩，墙体上长满杂草。据当地一位老人讲，该段墙体低矮，大概有一人多高。墙体起点为瓦渣梁村1号（0078号）敌台西壁。起点西北0.374千米处有36米宽的靖（边）王（圈梁）高速公路，0.833千米处有乡村土路穿过墙体，2.246千米处有正在修筑的中银铁路路基。

墙体为自然基础上夯筑而成，夯土以黄沙土为主，土质疏松，夯层不清。墙体底宽3~6、顶宽1~2、内高1、外高1~1.5米。

该段墙体起点与瓦渣梁村长城2段墙体相接。起点西北0.339千米处有瓦渣梁村2号（0140号）敌台，0.601千米处有瓦渣梁村3号（0141号）敌台，1.05千米处有瓦渣梁村4号（0142号）敌台，1.51千米处有瓦渣梁村5号（0143号）敌台，1.9千米处有瓦渣梁村6号（0144号）敌台。瓦渣梁村居民饮用井水，村南有307国道，村北有靖（边）王（圈梁）高速公路。瓦渣梁村有居民400多人，以汉族为主。

据《定边县志》记载，该段墙体可能属于明代成化墙。墙体与东西走向的嘉靖墙相接。

（八二）海子坑村长城1段（610825382101170082）

该段墙体位于定边镇海子坑村西北的毛乌素沙漠地带。两侧为盐碱风沙草滩地和沙漠。墙体长1953米，其中，保存1883米、消失70米，整体呈东南—西北走向，属于土墙。（图一八五四）

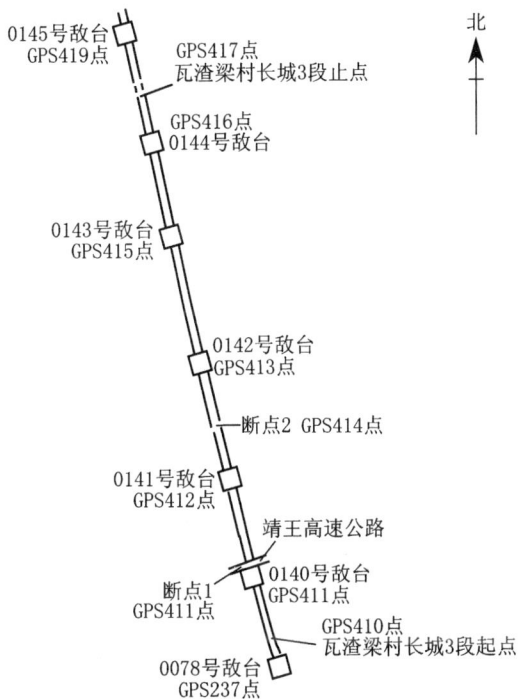

图一八五三　瓦渣梁村长城3段位置示意图

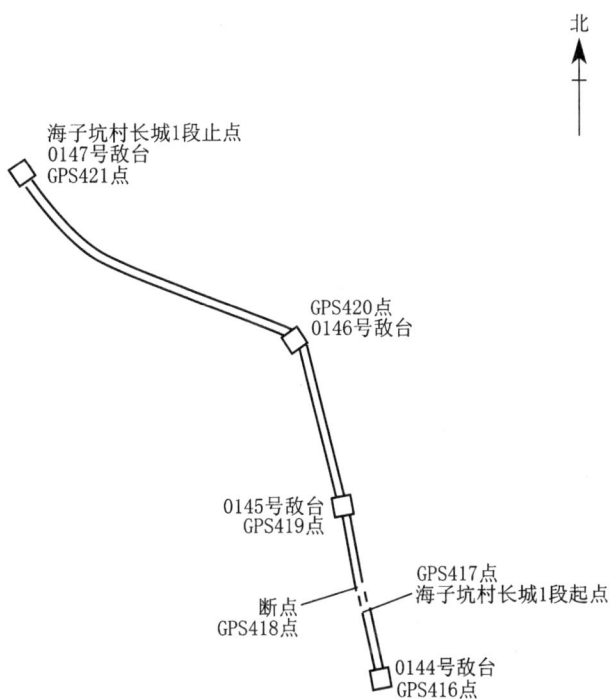

图一八五四　海子坑村长城1段位置示意图

墙体起点位于贺圈镇瓦渣梁村西北2.4千米，高程1386.4米；止点位于定边镇海子坑村东北1.4千米，高程1414.5米。

墙体基本被流沙掩埋，两侧多为荒沙草滩地，少部分墙体呈低矮的梁状，可辨别大致走向。墙体上保存有敌台，敌台之间为沙丘，长满杂草。

墙体为自然基础上夯筑而成，夯土无法辨认，夯层不清。

距该段墙体起点0.55千米处有海子坑村1号（0145号）敌台，1.03千米处有海子坑村2号（0146号）敌台，1.953千米处有海子坑村3号（0147号）敌台。海子坑村居民饮用井水，村南有铁路、靖（边）王（圈梁）高速公路和307国道。海子坑村有居民100多人，以汉族为主。据《定边县志》记载，该段墙体可能属于明代成化墙，墙体与东西走向的嘉靖墙相接。

（八三）海子坑村长城2段（610825382 101170083）

该段墙体位于定边镇海子坑村西北的毛乌素沙漠地带。墙体被沙漠掩埋，敌台之间的沙丘呈月牙形。墙体长2250米，整体呈东南—西北走向，属于土墙。（图一八五五）

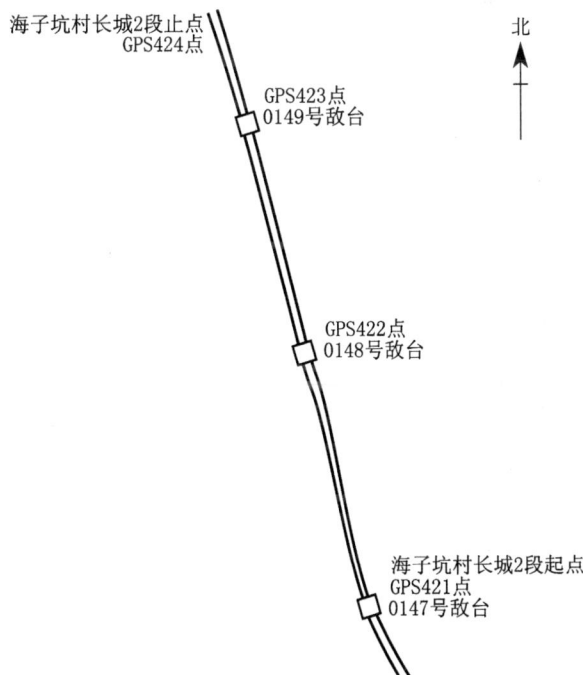

图一八五五　海子坑村长城2段位置示意图

墙体起点位于定边镇海子坑村西北1.4千米，高程1414.5米；止点位于定边镇蔡马场村东南1.1千米，高程1403.3米。

墙体整体保存差。墙体基本被流沙掩埋，只存敌台，敌台之间为月牙状的沙梁，海子坑村4号（0148号）敌台和海子坑村5号（0149号）敌台之间有长61米的墙体裸露，可分辨大致走向。

墙体为自然基础上夯筑而成，土质无法辨认，夯层不清。

距该段墙体起点0.1千米处有海子坑村4号（0148号）敌台，1.8千米处有海子坑村5号（0149号）敌台，2.25千米处有四路沟村1号（0150号）敌台。海子坑村南有铁路、靖（边）王（圈梁）高速公路和307国道。

据《定边县志》记载，该段墙体可能属于明代成化墙，墙体与东西走向的嘉靖墙相接。

二　单体建筑

定边县明长城大边单体建筑主要分为敌台、马面和烽火台三大类。此次共调查单体建筑313座，其中，敌台149座、马面134座、烽火台30座。

敌台149座，台体皆以黄土或黄沙土为主夯筑而成，夯土包含物中有少量料礓石，少数黄沙土中盐碱含量较多，土质较硬，土色发白，夯层厚0.04~0.2米，以0.04~0.12米为主，有3座夯层厚0.12~0.2米。有台基者50座，约占敌台总数的33.6%；有围墙者8座，约占敌台总数的5.4%。台体外部有包砖者4座，占敌台总数的2.7%；2座带券洞。台体平面呈矩形者64座，占敌台总数的43%；圆形者57座，占敌台总数的38.3%；28座因台体坍塌呈不规则形，约占敌台总数的18.8%。台体底部边长2~30米，以4~14米为主（有11座达15米以上，新集村2号敌台达30米）；顶部边长0.7~12米，以2~11米为主；高2.6~9.1米，以5~9米为主。

马面134座，台体夯筑而成，夯土可分为两种，一种为黄沙土夹杂少量料礓石，一种为黄土夹杂小砂砾，有几座为白胶土夹杂少量料礓石，夯层厚0.03~0.18米，以0.04~0.12米厚为主，有9座夯层厚大于0.13米。有台基者9座，约占马面总数的6.7%；有围墙者8座，约占马面总数的6%。台体外部有包砖者22座，占马面总数的16.4%；1座有券洞。台体平面呈矩形者87座，占马面总数的64.9%；圆形者30座，占马面总数的22.4%；17座因台体坍塌呈不规则形，约占马面总数的12.7%。台体底部边长2~21米，以5~13米为主（有5座达14米以上，海子湾村1号马面达21米）；顶部边长1~15米，以2~9米为主（超过10米的有5座）；高1~10米，以2~8米为主。

烽火台30座，还包括烽燧线上的10座。台体皆以黄土或黄沙土为主夯筑而成，夯土包含有少量料礓石，夯层厚0.03~0.3米，以0.05~0.12米为主，有4座夯层厚0.12~0.2米，谢墩村烽火台夯层厚0.2~0.3米。有台基者9座，约占烽火台总数的30%，有围墙者5座，约占烽火台总数的16.7%。外部无券洞、无包砖石。台体平面呈矩形者有14座，占烽火台总数的46.7%；圆形者有10座，占烽火台总数的33.3%；有6座因台体坍塌呈不规则形，约占烽火台总数的20%。台体底部边长4~18.5米，以6~13米为主（惠楼村2号烽火台、刘峁塬村烽火台达18米以上）；顶部边长1.3~11米，以3~9米为主（有3座超过10米）；高5~9米，以5~8米为主（有1座9米）。

定边县所在地域属风沙滩斜坡地貌。风沙侵蚀、雨水冲刷是单体建筑损毁的主要原因，动植物破坏、人为削铲挖凿台体等是其继续遭到破坏的重要因素。

单体建筑分述如下。

（一）四路沟村敌台（610825352101170001）

该敌台位于郝滩乡四路沟村西 0.85 千米的山梁上。南北两侧有洪水冲刷的小沟。地处山地丘陵沟壑区，丘陵沟壑发育良好。高程 1570.6 米。

敌台整体保存较差。台体受风雨侵蚀及人为破坏严重，西壁有一道雨水冲刷的沟槽，西南角坍塌，西壁雨水冲刷的沟槽里发现后期人为的脚窝台阶。

台体建在夯土基座上，基座四周有围墙，围墙基本消失。基座平面呈矩形，边长 26、高 1.8 米。台体用黄土夯筑而成，夯土包含有料礓石等，夯层厚 0.05～0.1 米。台体平面呈矩形，剖面呈梯形，底部边长 10、顶部边长 8、高 6 米。（图一八五六）

该敌台位于四路沟村长城墙体西北 0.05 千米，南距四路沟村 4 号马面 0.184 千米。

（二）海子湾村 1 号敌台
（610825352101170002）

该敌台位于郝滩乡海子湾村东南 1 千米的山梁上。南北两侧为沟壑，坡度较陡，大多为农田。地处山地丘陵沟壑区，丘陵沟壑地貌发育较好。高程 1541.8 米。

敌台整体保存差。台体坍塌成两半，表面有裂缝和凹坑，顶部不复存在，四周堆积坍塌的夯土。

台体用黄沙土夯筑而成，夯土包含有少量料礓石，夯层厚 0.08～0.15 米。台体平面呈矩形，剖面呈梯形，底部边长 9 米，顶部呈凹字形，边长 7 米，高 5 米。基座平面呈矩形，东西 34、南北 20 米，高 2 米。台体周围发现有少量明代砖瓦片。（图一八五七）

该敌台位于海子湾村 2 号敌台东南 0.282 千米。

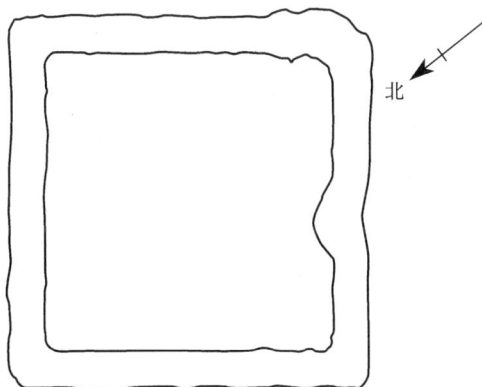

图一八五六 四路沟村敌台平、立面图

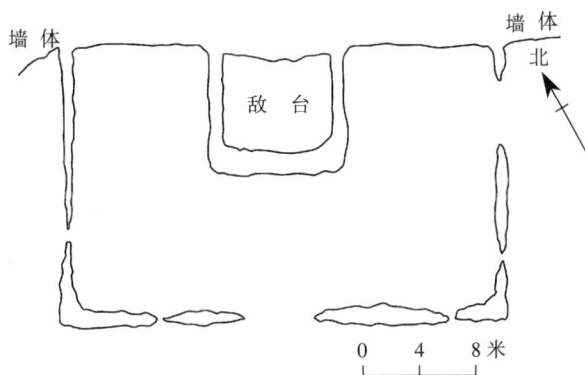

图一八五七 海子湾村 1 号敌台平面图

（三）海子湾村 2 号敌台（610825352101170003）

该敌台位于郝滩乡海子湾村东南 1.28 千米的山梁上。西侧为洪水冲沟，地处山地丘陵沟壑区，丘陵沟壑地貌发育较好。高程 1512.12 米。

敌台整体保存一般。台体保存较完整，东壁有人为的攀登小道，雨水冲刷使台体表面不平整，顶部长满杂草。

台体用黄土夯筑而成，夯土包含有料礓石，夯层厚 0.04～0.12 米。台体平面呈圆形，剖面呈梯形，底部直径 14、顶部直径 7.6、高 8 米。台体周围发现有少量明代砖。（图一八五八）

该敌台北距长城墙体 7 米，东南距海子湾村 1 号敌台 0.282 千米。

（四）海子湾村 3 号敌台（610825352101170004）

该敌台位于郝滩乡海子湾村东南 0.348 千米的山梁上。南北两侧为沟壑，东侧坡地为农田，地处山地丘陵沟壑区，丘陵沟壑地貌发育较好。高程 1528.9 米。

敌台整体保存差。台体坍塌成圆堆状，形制不明。

台体用黄土夯筑而成，夯土包含有料礓石，夯层厚 0.12～0.16 米。台体平面呈半圆形，剖面呈不规则梯形，底部直径 10、高 3 米。台体周围发现有明代条石、砖，砖长 40、宽 20、厚 7 厘米。（图一八五九）

该敌台北距长城墙体 0.015 千米，西北距海子湾村 1 号马面 0.535 千米。

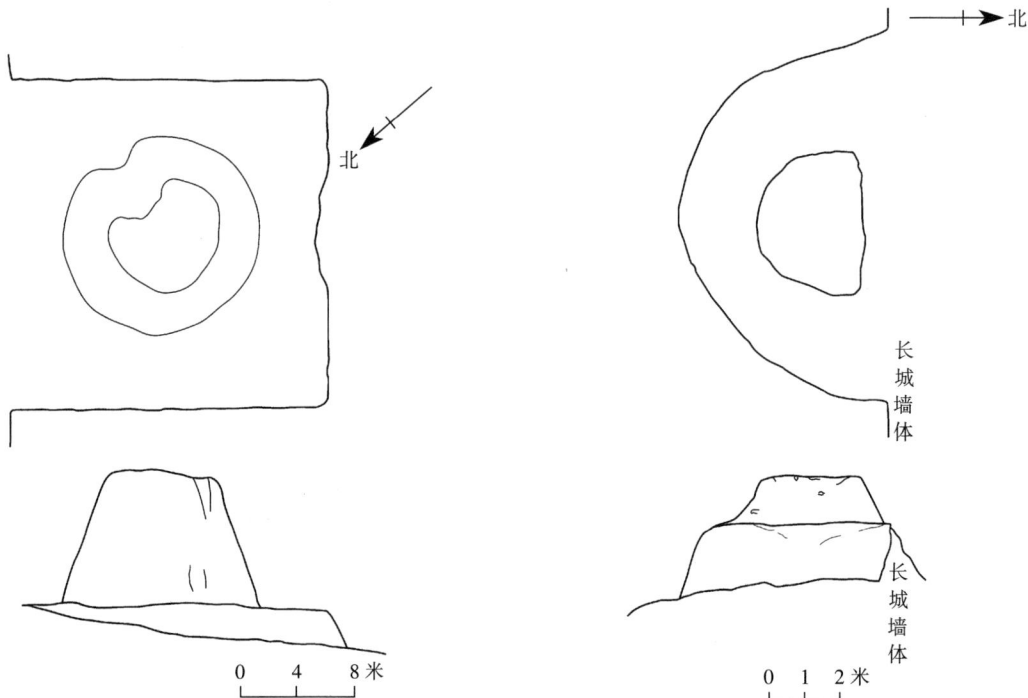

图一八五八　海子湾村 2 号敌台平、立面图

图一八五九　海子湾村 3 号敌台平、立面图

（五）海子湾村 4 号敌台（610825352101170005）

该敌台位于郝滩乡海子湾村西南 0.5 千米的山梁上。南北两侧为沟壑，东西两侧坡地为农田，地处

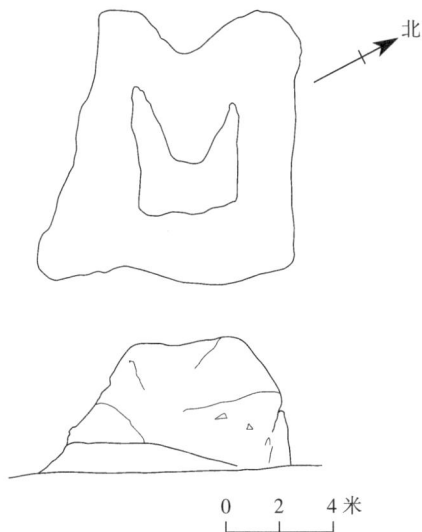

图一八六〇　海子湾村4号敌台平、立面图

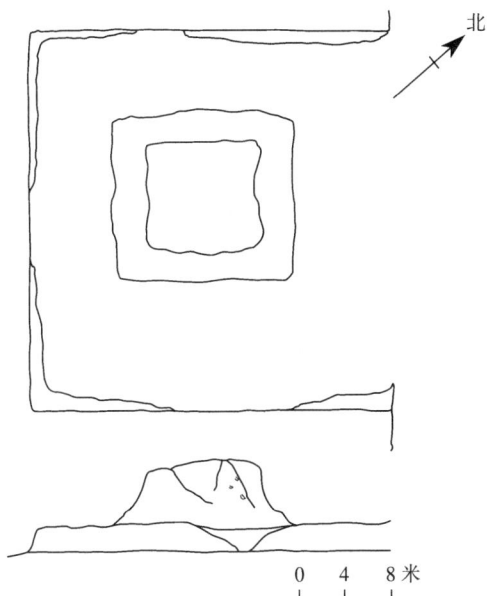

图一八六一　海子湾村5号敌台平、立面图

山地丘陵沟壑区，丘陵沟壑地貌发育较好。高程1547.米。

敌台整体保存差。台体表面由于雨水冲刷、人为破坏凹凸不平，顶部坍塌呈锥形。

台体用黄土夯筑而成，夯土包含有少量料礓石，夯层厚0.12~0.16米。台体平面呈近矩形，剖面呈梯形，底部边长10、高5米。台体周围发现有残砖、板瓦、筒瓦。（图一八六〇）

该敌台位于海子湾村长城2段墙体西南侧0.014千米、海子湾村1号马面西南0.082千米。

（六）海子湾村5号敌台（6108253352101170006）

该敌台位于郝滩乡海子湾村西南0.15千米的山梁上。南北两侧为沟壑，东西两侧坡地为农田。高程1524米。

敌台整体保存差。台体四壁坍塌，顶部呈凹字形，长有杂草。基座坍塌呈缓坡状。围墙坍塌严重，大多仅存墙基。

台体有夯土基座，基座平面呈矩形，边长30、高2米。围墙建在基座上，墙体底宽1.2、顶宽0.5、内高1.5、外高2.5米；东墙有一个缺口，上宽7、下宽5米；西、南墙保存较差，东墙保存差。台体用黄土夯筑而成，夯层厚0.08~0.12米。台体平面呈矩形，剖面呈梯形，底部边长14、顶部边长10、高4米。台体周围发现有残砖，砖长40、宽14、厚7厘米。（图一八六一）

该敌台位于海子湾村长城2段墙体南侧，东南距海子湾村2号马面0.3千米。

（七）新集村1号敌台（6108253352101170007）

该敌台位于学庄乡新集村东南0.5千米的山梁上。东西两侧为沟壑，坡面较陡，坡地上种植有杨树。高程1527.7米。

敌台整体保存较差。台体西壁底部有小洞穴，顶部长满杂草；北壁有一条可以攀登的小沟槽，宽0.5、高0.9、通长6.5米。台体包砖被拆除。基座南部被开垦破坏，基座上被开垦为耕地。

台体用黄沙土夹杂料礓石夯筑而成，夯层厚0.08~0.12米。台体平面呈矩形，剖面呈梯形，底部

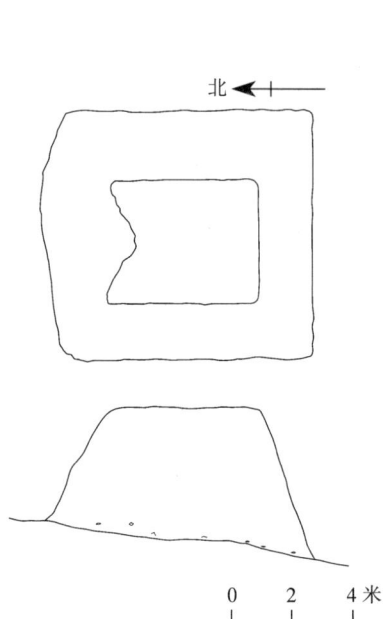

图一八六二　新集村 1 号敌台平、立面图

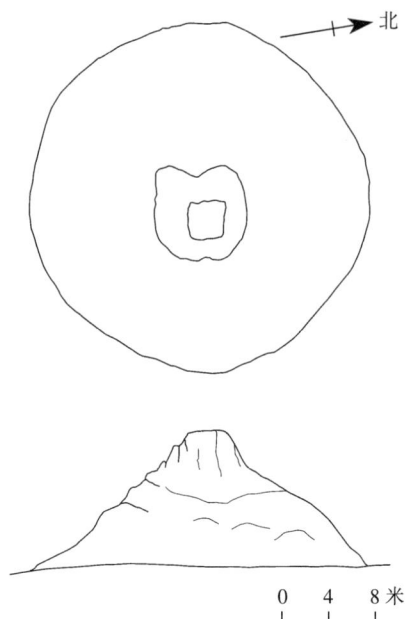

图一八六三　新集村 2 号敌台平、立面图

东西 8、南北 9 米，顶部呈回字形，东西 4、南北 5 米，高 6 米。基座平面呈矩形，边长 30、高 2.2 米。台体周围发现有明代砖、瓷片。（图一八六二）

该敌台北距新集村长城 2 段墙体 0.011 千米，西北距新集村 2 号敌台 0.37 千米。

（八）新集村 2 号敌台（6108253521011170008）

该敌台位于学庄乡新集村北的山梁上。东西两侧为坡面较陡的沟壑，南北两侧大多为耕地。高程 1584.9 米。

敌台整体保存较差。台体坍塌严重，呈圆锥形。基座仅存南部。围墙仅存东南部，其余消失。

敌台包括基座和台体两部分。夯土基座平面呈圆角矩形，边长 50、高 9 米。台体用黄土夹杂少量料礓石夯筑而成，夯层厚 0.08～0.12 米。台体平面呈近圆形，剖面呈圆锥形，底部直径 30 米，顶部坍塌，高 12 米。台体周围发现有明代砖、瓷片。（图一八六三）

该敌台北距新集村长城 2 段墙体 0.1 千米，西北距新集村 2 号马面 0.27 千米。

（九）新集村 3 号敌台（6108253521011170009）

该敌台位于学庄乡新集村西北 0.5 千米的山梁上。东西两侧为坡面较陡的沟壑，南北两侧大多为耕地。高程 1564.3 米。

敌台整体保存较差。台体呈锥形，东南壁顶部坍塌成缺口，北面有人为攀登的小路。基座周边由于耕种而被破坏。

台体用黄土夯筑而成，夯层厚 0.09～0.12 米。台体平面呈近矩形，剖面呈梯形，底部边长 10 米，顶部坍塌呈凹字形，东西 5、南北 6.5，高 8 米。基座平面呈矩形，边长 30、高 2 米。台体周围发现有明代砖。（图一八六四）

该敌台北距新集村长城 2 段墙体 0.015 千米，东距新集村马面 0.2 千米。

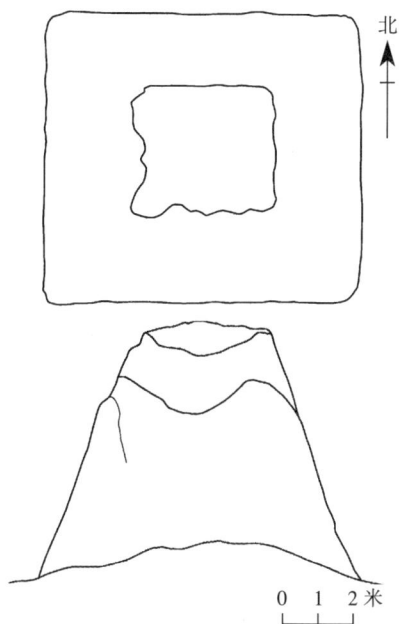

图一八六四　新集村3号敌台平、立面图

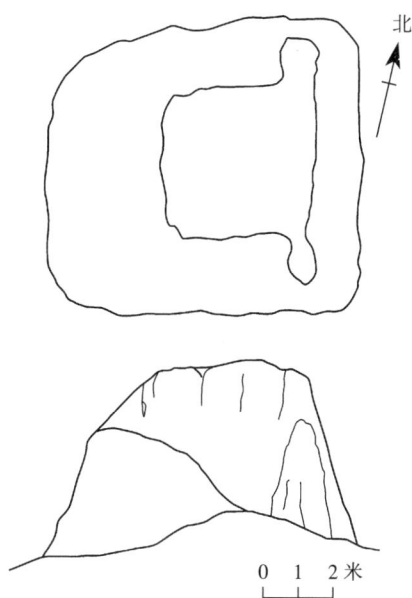

图一八六五　新集村4号敌台平、立面图

（一〇）新集村4号敌台（610825352101170010）

该敌台位于学庄乡新集村西北1千米的山梁上。南北两侧坡地较缓，大多为耕地。高程1584.7米。

敌台整体保存差。台体南壁保存较好，其余坍塌严重，南壁有人为踩踏的小道可达台顶，步道长7米，顶部呈不规则形。基座坍塌严重，周边不规整，西侧发现围墙痕迹。

台体用黄土夹杂少量料礓石夯筑而成，夯层厚0.1~0.18米。台体平面呈矩形，剖面呈梯形，底部东西9、南北7米，顶部东西4、南北3米，高5米。基座平面呈矩形，边长25、高1.8米。台体周围发现有明代砖，砖长40、宽24、厚10厘米。（图一八六五）

该敌台南距新集村长城2段墙体9米，东南距新集村3号敌台0.46千米。

（一一）边墙山村1号敌台（610825352101170011）

该敌台位于学庄乡边墙山村西南1千米。南北两侧为川地，大多为耕地，坡降较大。地处南部山地丘陵沟壑区，属于黄土沟壑地带。高程1583.2米。

敌台整体保存差。台体坍塌严重，东南壁垮塌成斜坡，西北壁有人为开挖的小坑。

台体用黄土夹杂少量料礓石夯筑而成，夯层厚0.06~0.12米。台体平面呈矩形，剖面呈梯形，底部东西8.2、南北7米，顶部东西3.5、南北3.6米，高5米。台体周围发现有砖。（图一八六六）

该敌台位于新集村长城2段墙体南侧，东南距边墙山村1号马面0.4千米。

（一二）边墙山村2号敌台（610825352101170012）

该敌台位于学庄乡边墙山村西北1.54千米的山峁上。地处山地丘陵沟壑区，沟壑地貌发育良好。高程1595米。

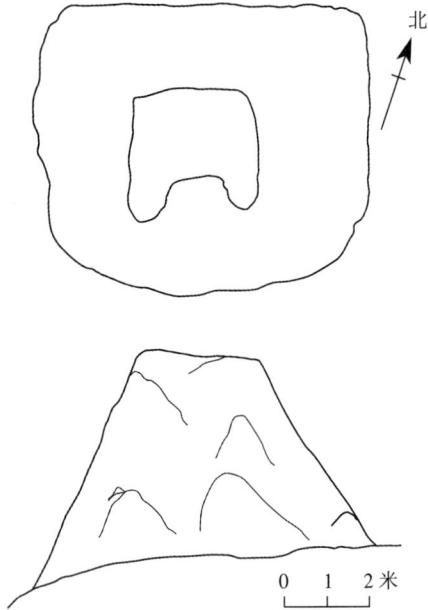

图一八六六　边墙山村1号敌台平、立面图

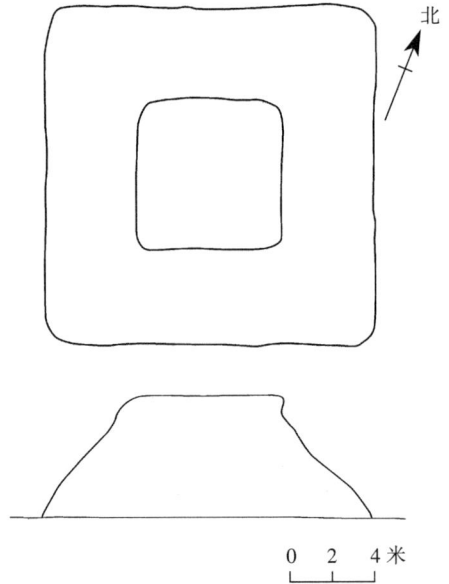

图一八六七　边墙山村2号敌台平、立面图

敌台整体保存差。台体坍塌严重，由于风雨侵蚀夯土塌落堆积，堆积上散落有大量的砖。

台体用黄土夯筑而成，夯层厚0.06~0.12米。台体平面呈矩形，剖面呈梯形，底部边长14、顶部边长7、高5米。台体周围发现有明代砖。（图一八六七）

该敌台南距边墙山村长城墙体3米，东南距边墙山村3号马面0.282千米。

（一三）唐凹村1号敌台

（610825352101170013）

该敌台位于学庄乡唐凹村西北的山梁上。南北两侧为坡地，种植有荞麦；北侧坡地有一条乡间土路，与长城墙体走向一致。地处黄土沟壑地带，沟壑地貌发育较好，土层较厚，有沙化迹象，水土流失比较严重。高程1686.1米。

敌台整体保存差。风雨侵蚀使台体表面斑驳；西壁坍塌，夯土剥落；东南壁中间有雨水冲刷的沟槽，为攀登台顶的便道。

台体用黄土夹杂料礓石夯筑而成，夯层厚0.06~0.12米。台体平面呈近矩形，剖面呈梯形，底部边长8、顶部边长4.8、高9米。基座平面呈矩形，边长17米。台体周围发现有碎砖。（图一八六八）

该敌台东南距唐凹村2号马面0.558千米，西北距唐凹村3号马面0.224千米。

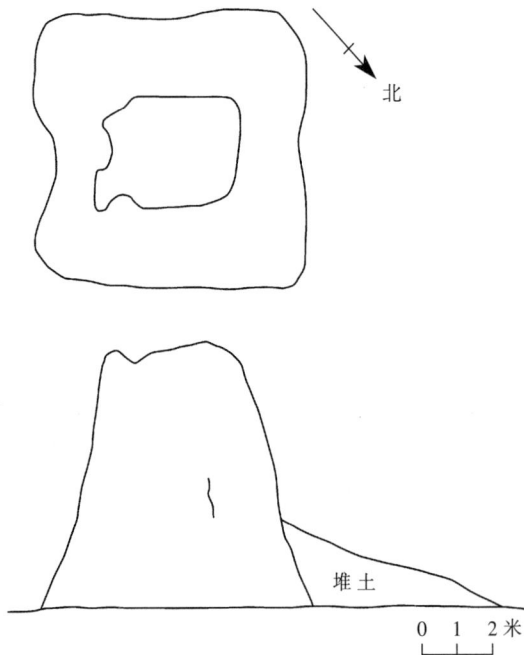

图一八六八　唐凹村1号敌台平、立面图

（一四）唐凹村 2 号敌台（610825352101170014）

该敌台位于学庄乡唐凹村西北 1 千米的山梁上。南北两侧地势较平坦，被开垦为耕地。高程 1746.1 米。

敌台整体保存差。台体由于风雨侵蚀坍塌呈堆状，长有杂草。基座被耕种破坏，围墙仅存东半部，已坍塌。

台体用黄土夹杂少量料礓石夯筑而成，夯层厚 0.06~0.12 米。台体平面呈矩形，剖面呈梯形，底部东西 10、南北 7.2 米，顶部坍塌呈凹字形，东西 6、南北 5.6 米，高 4.2 米。台体周围发现有明代砖残块，砖长 20、厚 8 厘米。（图一八六九）

该敌台位于唐凹村长城 1.572 千米处，东南距唐凹村 4 号马面 0.268 千米。

（一五）马圈梁村 1 号敌台（610825352101170015）

该敌台位于安边镇马圈梁村东南 1.5 千米的山梁上。东西两侧为农田，地处南部山地丘陵沟壑区向北部滩地风沙区过渡地带，地势较开阔平坦。高程 1718.3 米。

敌台整体保存较差。由于风雨侵蚀和耕种破坏基座周边凹凸不齐。台体东壁坍塌，有人为开挖的小洞；西壁顶部有洪水冲刷的沟槽；北壁有啮齿动物洞穴。

台体基座南北两侧凸出于长城墙体。台体用黄土夹杂少量料礓石夯筑而成，夯层厚 0.1~0.17 米。台体平面呈圆形，剖面呈梯形，底部直径 12、顶部直径 7、高 8 米。基座平面呈矩形，边长 20、高 6 米。台体周围发现有残砖、瓷片等。（图一八七〇；彩图三五〇）

该敌台位于马圈梁村长城 1 段墙体上，西北距马圈梁村 1 号马面 0.167 千米。

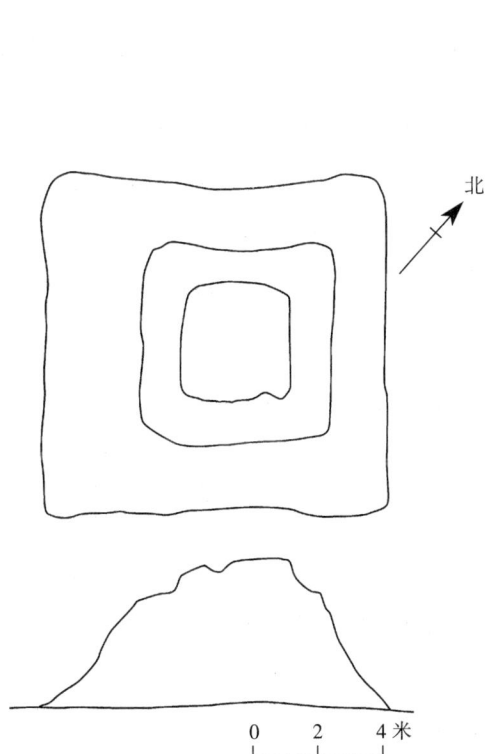

图一八六九 唐凹村 2 号敌台平、立面图　　　图一八七〇 马圈梁村 1 号敌台平、立面图

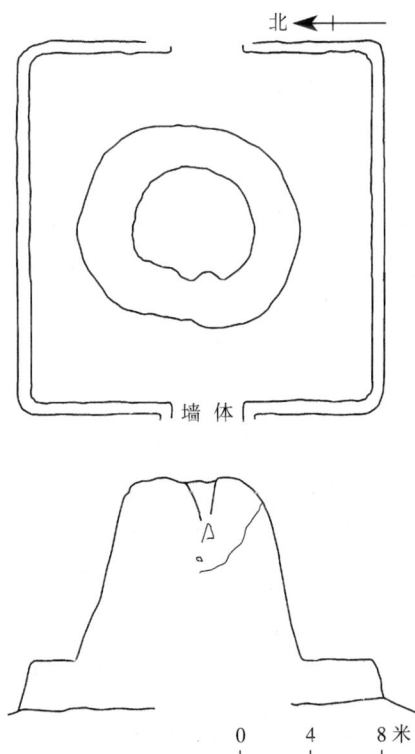

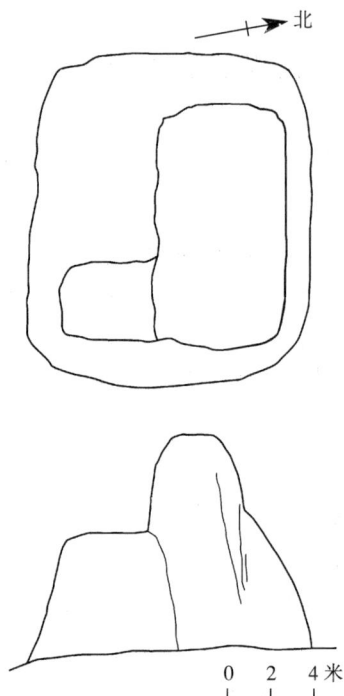

图一八七一　马圈梁村 2 号敌台平、立面图　　图一八七二　马圈梁村 3 号敌台平、立面图

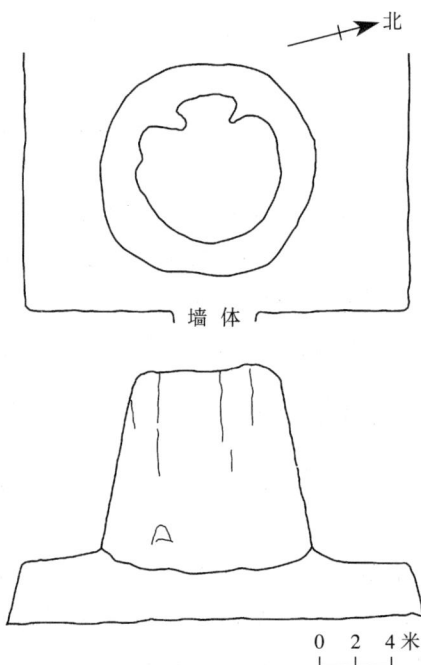

（一六）马圈梁村 2 号敌台（610825352101170016）

该敌台位于安边镇马圈梁村东南 0.95 千米。地处冲洪积平原地带，两侧为耕地，地势较平缓，种植有荞麦。高程 1672.6 米。

敌台整体保存较差。台体南壁坍塌呈台阶状，四壁有许多裂缝。基座坍塌成斜坡。

台体用黄土夹杂料礓石夯筑而成，夯层厚 0.09～0.11 米。夯土基座平面呈矩形，边长 15、高 6 米。台体平、剖面呈不规则形，底部边长 6、顶部边长 5、高 5 米。（图一八七一）

该敌台位于马圈梁村长城 1 段墙体上，东南距马圈梁村 1 号马面 0.324 千米。

（一七）马圈梁村 3 号敌台（610825352102170017）

该敌台位于安边镇马圈梁村东南 0.36 千米。地处冲洪积平原地带，两侧为地势较平坦的耕地，种植有玉米、荞麦。高程 1672.6 米。

敌台整体保存一般。由于耕地的蚕食基座周边被破坏。因风雨侵蚀和人为破坏，台体四壁有小沟槽，底部有窑洞，南壁底部坍塌成斜坡，顶部凹凸不平长有杂草。

台体用黄土夹杂少量料礓石夯筑而成，夯层厚 0.08～0.12 米。台体平面呈圆形，剖面呈梯形，底部直径 11、顶部直径 7、高 9 米。生土基座平面呈矩形，边长 20 米。（图一八七二）

该敌台位于马圈梁村 2 号马面西北 0.2 千米处。

（一八）马圈梁村 4 号敌台（610825352101170018）

该敌台位于安边镇马圈梁村中。两侧多为农田，农田两边种有杨树，地处冲洪积平原地带，远处

图一八七三　马圈梁村4号敌台平、立面图　　　　图一八七四　马圈梁村5号敌台平、立面图

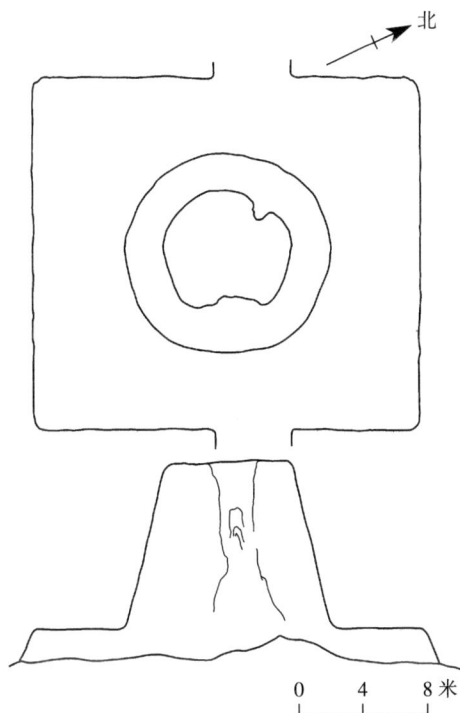

为沟壑，地势较开阔平坦。高程1599.1米。

　　敌台整体保存一般。耕地对基座蚕食较严重，东侧呈缓坡状。台体东壁底部有一个人工开挖的洞穴，中部有一道人为铲削的窄台阶。台体四壁有许多啮齿动物洞穴和小裂缝，因风雨侵蚀表面斑驳，顶部长有杂草。

　　台体用黄土夹杂少量料礓石夯筑而成，夯层厚0.06~0.12米，夯土质地细密。台体平面呈圆形，剖面呈梯形，底部直径10、顶部直径8、高7米。夯土基座平面呈正方形，边长20、高5.8米。（图一八七三）

　　该敌台位于马圈梁村长城1段城墙体上，西距马圈梁村5号敌台0.2千米。

（一九）马圈梁村5号敌台（610825352101170019）

　　该敌台位于安边镇马圈梁村西0.6千米。两侧为农田，西侧种植有杨树，地处南部山地丘陵沟壑区和滩地风沙区的过渡地带，地势较开阔平坦。高程1580.5米。

　　敌台整体保存一般。基座周边由于耕地蚕食凹凸不平，东南角成斜坡。台体东壁有人为开挖的窄台阶可达台顶，西壁有人为掏挖的矩形凹槽，四壁有许多啮齿动物的小洞穴，风雨侵蚀使表面斑驳。

　　台体用黄土夹杂少量料礓石夯筑而成，夯层厚0.04~0.1米，夯土质地细密。台体平面呈圆形，剖面呈梯形，底部直径11.2、顶部直径6.4、高8米。夯土基座平面呈矩形，边长20、高2米。（图一八七四）

　　该敌台位于马圈梁村长城1段墙体上，东南距马圈梁村4号敌台0.2千米，西北距马圈梁村4号马面0.243千米。

（二〇）马圈梁村6号敌台（610825352101170020）

　　该敌台位于安边镇马圈梁村西北1千米。两侧为农田，地处冲积平原地带，地势较开阔平坦。高程 1588.9 米。

　　敌台整体保存一般。台体东壁有人工开挖的小土洞和啮齿动物的洞穴，风雨侵蚀使表面斑驳，顶部东侧坍塌。

　　台体用黄土夹杂少量料礓石夯筑而成，夯层厚 0.06~0.12 米，夯土质地细密。台体平面呈圆形，剖面呈梯形，底部直径 14、顶部直径 10、高 9 米。生土基座与台体底部凸出于墙体，基座平面呈矩形，边长 20、高 2 米。台体周围发现有明代砖、瓷片等。（图一八七五）

　　该敌台位于马圈梁村长城 2 段墙体上，东距马圈梁村 4 号马面 0.233 千米。

（二一）马圈梁村 7 号敌台（610825352101170021）

　　该敌台位于安边镇马圈梁村西北 1.5 千米。两侧为农田，地处滩地风沙区，地势较开阔平坦。高程 1557 米。

　　敌台整体保存差。风雨侵蚀致使台体表面斑驳，基座、台体坍塌成土堆。

　　台体用黄土夹杂少量料礓石夯筑而成，夯层厚 0.06~0.12 米，夯土质地细密。台体平、剖面呈不规则形，底部东西 6、南北 9 米，顶部坍塌成凹坑，高 4 米。夯土基座平面呈矩形，边长 15、高 5 米。台体周围发现有明代砖、瓷片等。（图一八七六）

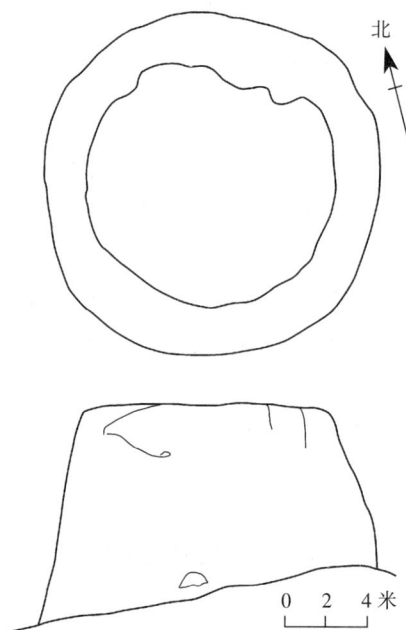

图一八七五　马圈梁村 6 号敌台平、立面图

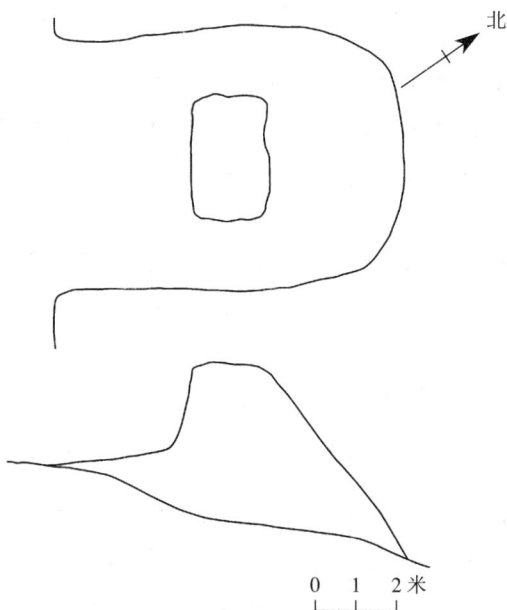

图一八七六　马圈梁村 7 号敌台平、立面图

　　该敌台位于位于马圈梁村长城 2 段墙体上，东距马圈梁村 5 号马面 0.2 千米。

（二二）薛格托村 1 号敌台（610825352101170022）

　　该敌台位于安边镇薛格托村东南 1.5 千米。周围种植有沙柳、杨树，地处滩地风沙区，地势较开阔平坦。高程 1549.3 米。

　　敌台整体保存一般。风雨侵蚀致使基座、台体坍塌严重，形状不规则。台体上栽有柠条。

　　台体用黄土夹杂少量料礓石夯筑而成，夯层厚 0.06~0.12 米，夯土质地细密。台体平面呈近矩形，剖面呈不规则形，底部东西 6、南北 8 米，顶部东西 4、南北 6 米，高 4 米。夯土基座平面呈矩形，边长 18、高 3 米。（图一八七七）

该敌台位于马圈梁村长城 2 段墙体上，东南距马圈梁村 7 号敌台 0.462 千米。

（二三）薛格托村 2 号敌台（610825352101170023）

该敌台位于安边镇薛格托村东南 0.8 千米。南侧为农田，北侧为荒草地，地处风沙滩地带，地势较开阔平坦。高程 1561.3 米。

敌台整体保存一般。由于风雨侵蚀、耕种使基座成斜坡。台体北壁坍塌较严重，东壁有昆虫洞穴，顶部呈弧拱形，周边长满柠条和沙柳。

台体用黄土夹杂少量料礓石夯筑而成，夯层厚 0.05～0.12 米，夯土质地细密。台体平面呈近圆形，剖面略呈梯形，底部直径 13、顶部直径 8、高 6 米。夯土基座平面呈矩形，边长 15、高 7 米。台体周围发现有明代砖、瓷片。（图一八七八）

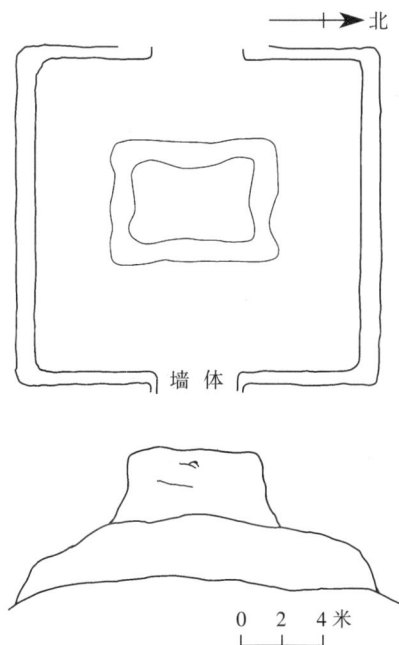

图一八七七　薛格托村 1 号敌台平、立面图　　　　图一八七八　薛格托村 2 号敌台平、立面图

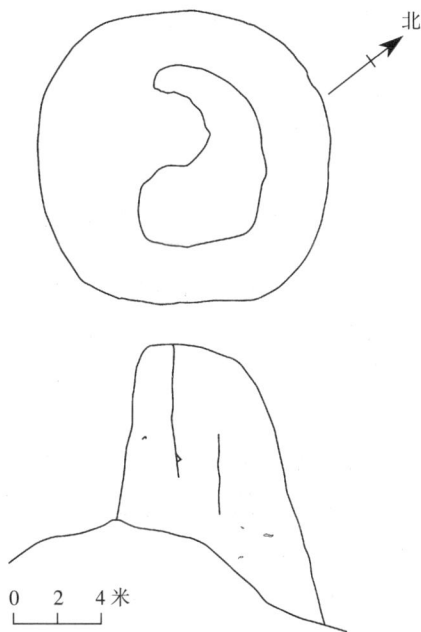

该敌台位于薛格托村长城墙体上，东距薛格托村马面 0.25 千米。

（二四）雷圈村 1 号敌台（610825352101170024）

该敌台位于安边镇雷圈村东北 2 千米。两侧为农田，地处风沙滩地，地势较开阔平坦。高程 1529.7 米。

敌台整体保存差。台体坍塌呈馒头形，风雨侵蚀使表面斑驳，四壁有动物小洞穴。

台体用黄土夹杂少量料礓石夯筑而成，夯层厚 0.06～0.1 米，夯土质地细密。台体平面呈近圆形，剖面呈馒头形，底部直径 10、顶部直径 2、高 4 米。夯土基座平面呈矩形，边长 12、高 4 米。台体周围发现有明代砖、瓷片。（图一八七九）

该敌台位于薛格托村长城墙体上，东距薛格托村 2 号敌台 0.48 千米。

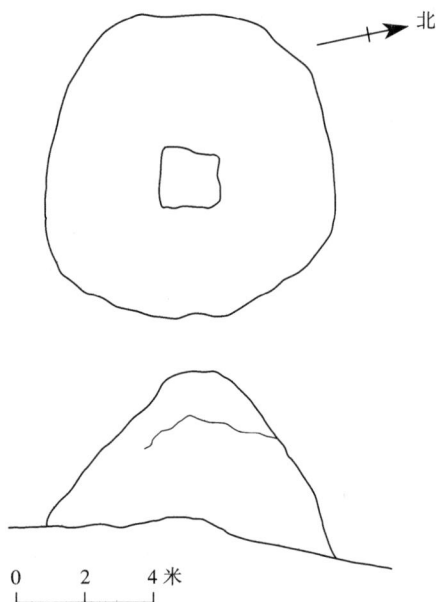

图一八七九　雷圈村1号敌台平、立面图　　　图一八八〇　雷圈村2号敌台平、立面图

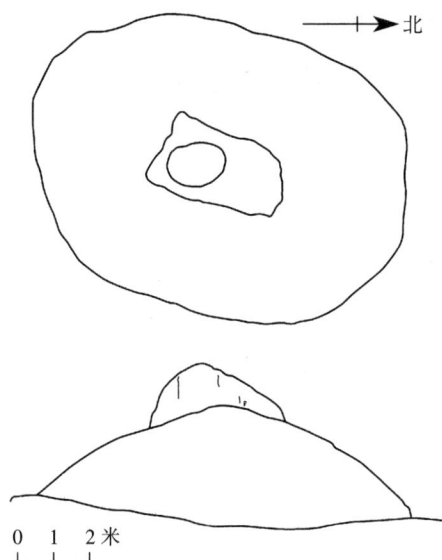

（二五）雷圈村2号敌台（610825352101170025）

该敌台位于安边镇雷圈村东北1.5千米。两侧为植被较差的沙滩，北侧沙化严重，地处风沙滩地带，地势起伏不大，较开阔平坦。高程1542.6米。

敌台整体保存差。台体坍塌成大土堆，呈圆锥状，风雨侵蚀使表面斑驳，四壁有人为和动物掏挖的小洞穴。

台体用黄土夹杂少量料礓石夯筑而成，夯层厚0.09~0.15米，夯土质地细密。台体平面呈近圆形，剖面呈馒头形，底部直径9、高4米。夯土基座平面呈近矩形，边长15、高3.5米。台体周围发现有少量明代砖。（图一八八〇）

该敌台位于薛格托村长城墙体上，东南距雷圈村1号敌台0.56千米。

（二六）雷圈村3号敌台（610825352101170026）

该敌台位于安边镇雷圈村东北1千米。两侧为植被较差的沙滩，地处风沙滩地带，地势起伏不大，较开阔平坦。高程1541.7米。

敌台整体保存差。台体坍塌严重，呈不规则的多棱状，风雨侵蚀致使表面斑驳。基座坍塌呈不规则四边形，底部大部分被黄沙掩埋。

台体用黄土夹杂少量料礓石夯筑而成，夯层厚0.08~0.1米，夯土质地细密。台体平面呈多边形，剖面呈梯形，底部边长4、顶部边长2、高6米。夯土基座平面呈近圆形，直径13、高2.4米。（图一八八一）

该敌台位于薛格托村长城墙体上，东南距雷圈村2号敌台0.55千米。

（二七）雷圈村4号敌台（610825352101170027）

该敌台位于安边镇雷圈村北1.5千米。周围多为耕地，地处风沙滩地带，地势平缓，起伏不大。

高程 1544.4 米。

敌台整体保存差。台体南壁有沟槽，可登顶部，表面布满啮齿动物的洞穴，顶部坍塌凹陷。基座坍塌呈不规则形，断面上布满啮齿动物的洞穴。

台体用黄沙土夯筑而成，夯层厚 0.06～0.1 米，夯土质地细密。台体平面呈矩形，剖面呈梯形，底部边长 8、顶部边长 6、高 5 米。夯土基座平面呈不规则形，边长 20、高 4 米。（图一八八二）

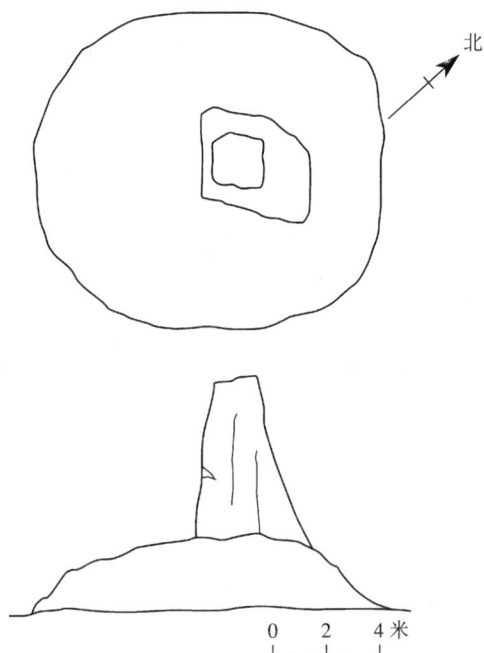

图一八八一　雷圈村 3 号敌台平、立面图　　　　图一八八二　雷圈村 4 号敌台平、立面图

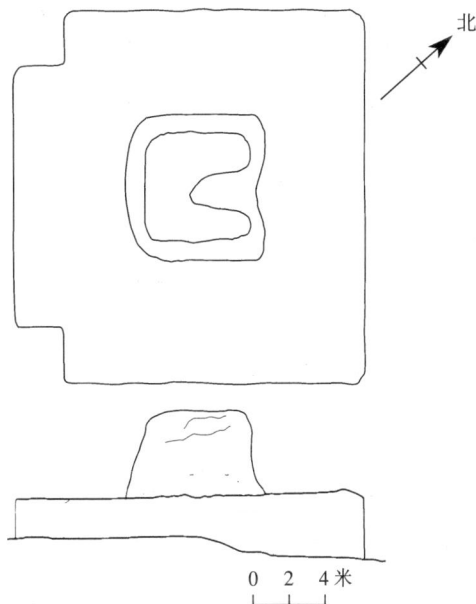

该敌台位于雷圈村关内，东距雷圈村 1 号马面 0.5 千米。

（二八）安子屋村 1 号敌台（6108253352101170028）

该敌台位于安边镇安子屋村东北 0.8 千米处。东西两侧多为耕地，植被良好，种植有沙柳、柠条等。地为风沙滩地带，附近地势比较平缓。高程 1537 米。

敌台整体保存差。台体南壁有 2 个人为挖掘的土洞，上部有塌陷的土坑，四壁布满啮齿动物的洞穴，顶部凹凸不平。基座东侧有一条土路穿过墙体，南侧有一个人为挖掘的土洞，周壁布满啮齿动物的小洞穴，壁面不规整。

台体用黄沙土夹杂少量料礓石夯筑而成，夯层厚 0.05～0.1 米，夯土质地细密。台体平面呈圆形，剖面呈梯形，底部直径 11、顶部直径 8、高 7 米。基座平面呈近矩形，边长 16、高 2.4 米。（图一八八三）

该敌台位于安子屋村长城墙体上，西距安子屋村 2 号马面 0.22 千米，南侧有一条乡村土路穿过长城墙体。附近无河流，当地农业以井灌为主。

（二九）安子屋村 2 号敌台（6108253352101170029）

该敌台位于安边镇安子屋村东北 0.4 千米。两侧多为耕地，西侧为生长茂密的杨树林，地处风沙滩地带，附近地势比较平缓。高程 1521.8 米。

敌台整体保存差。台体东壁有一条垮塌形成的斜坡小道，可登台顶；西壁布满裂缝和小洞穴。基座坍塌成土堆，南、东侧各有一个人为挖掘的深洞。

台体用黄沙土夹杂少量料礓石夯筑而成，夯层厚0.05~0.9米，夯土质地细密。台体平、剖面呈不规则形，底部边长7、顶部边长5、高7米。夯土基座平面略呈矩形，边长15、高4米。（图一八八四）

图一八八三　安子屋村1号敌台平、立面图　　　　图一八八四　安子屋村2号敌台平、立面图

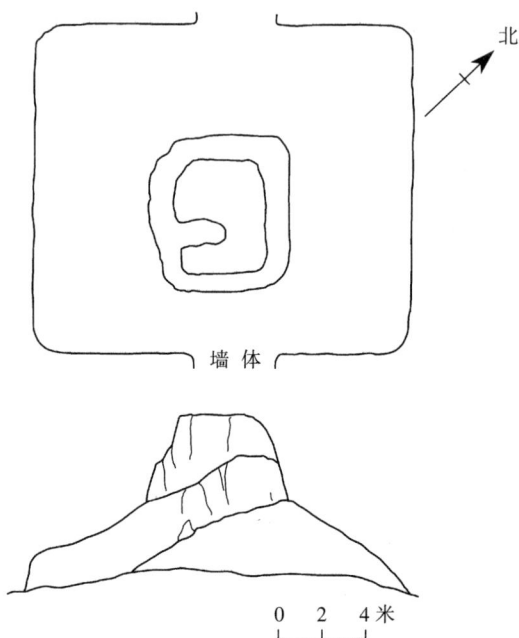

该敌台位于安子屋村长城墙体上，东距安子屋村2号马面0.3千米，东侧有一条乡村土路穿过墙体。

（三〇）安子屋村3号敌台（610825352101170030）

该敌台位于安边镇安子屋村中。两侧为耕地，地处风沙滩地带，附近地势比较平缓。高程1507.8米。

敌台整体保存差。台体东壁底部有一个人为挖掘的洞穴，四壁布满啮齿动物的洞穴和裂缝。台体坍塌成两部分，中间有一条斜坡通道可达顶部，顶部高低错落不平。台体局部坍塌成凹坑，东侧靠长城墙体有一户人家。

台体用黄沙土夯筑而成，夯层厚0.04~0.1米。台体平面近似圆形，剖面呈不规则形，底部直径12、顶部直径9、高10米。台体周围发现有少量残砖瓦。（图一八八五）

该敌台位于安子屋村长城墙体上，东距安子屋村3号马面0.23千米。

（三一）惠楼村1号敌台（610825352101170031）

该敌台位于安边镇惠楼村东南2千米。两侧为耕地，植被较好，多种植有沙柳、柠条。地处风沙滩地带，附近地势比较平缓。高程1490米。

敌台整体保存差。台体坍塌成土堆，顶部呈弧拱形，底部种植有柠条、沙柳等植物。

台体用黄沙土夯筑而成，夯层厚0.05～0.1米。台体平面呈近圆形，剖面呈拱形，底部直径8、高3米。基座平面呈矩形，边长10、高4米。（图一八八六）

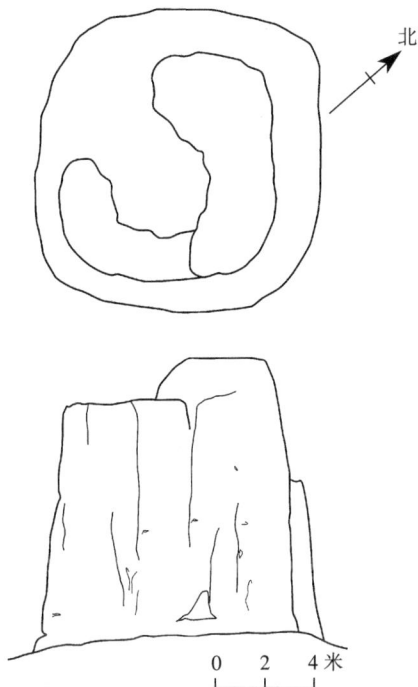

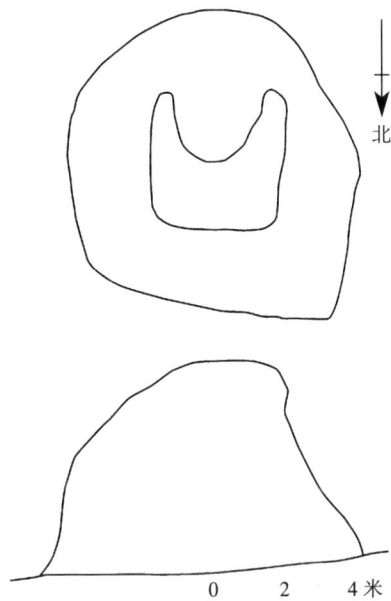

图一八八五　安子屋村3号敌台平、立面图　　　　图一八八六　惠楼村1号敌台平、立面图

该敌台位于安子屋村长城墙体止点处，西北距惠楼村1号马面0.45十米。

（三二）惠楼村2号敌台（6108253521011700032）

该敌台位于安边镇惠楼村东南1.2千米。东侧有一条乡村土路穿过墙体，两侧多为耕地，地处风沙滩地带，地势平坦。高程1488.2米。

敌台整体保存差。台体东壁底部有人为挖掘的土洞，顶部有雨水冲沟；南壁底部有人为挖掘的洞穴和啮齿动物的洞穴，顶部坍塌呈台阶状；北壁坍塌成断面；顶部凹凸不平，东侧边沿呈锥形。

台体用黄土夹杂少量料礓石夯筑而成，夯层厚0.08～0.12米，夯土质地细密。台体平面略呈圆形，剖面呈不规则形，底部直径17米，顶部东西8、南北11米，高8米。（图一八八七）

该敌台位于惠楼村长城1段墙体上，东距惠楼村1号马面0.26千米。

（三三）惠楼村3号敌台（6108253521011700033）

该敌台位于安边镇惠楼村东南1千米。两侧为耕地，地处风沙滩地带，地势平坦。高程1493.3米。

敌台整体保存差。风雨侵蚀致使台体表面斑驳、凹凸不平、布满凹陷，东壁底部有啮齿动物的洞穴和小沟槽，顶部生长有柠条。

台体用黄沙土夹杂少量料礓石夯筑而成，夯层厚0.05～0.12米，夯土质地细密，夯层清晰。台体平面呈矩形，剖面呈梯形，底部边长5、顶部边长3、高4米。（图一八八八）

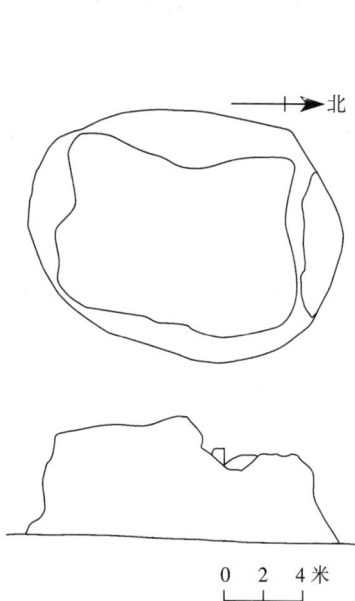

图一八八七　惠楼村2号敌台平、立面图　　　　图一八八八　惠楼村3号敌台平、立面图

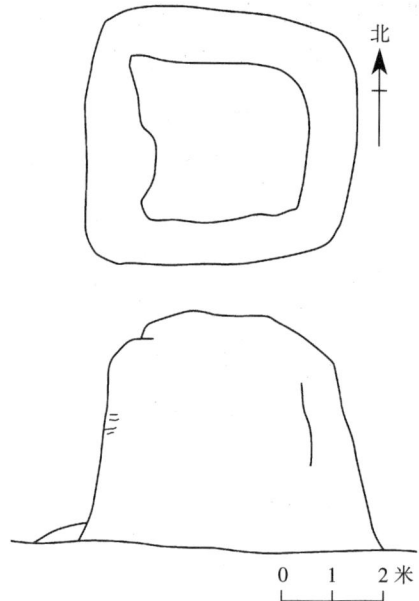

该敌台位于惠楼村长城1段墙体上，东距惠楼村2号敌台0.19千米。

（三四）惠楼村4号敌台（610825352101170034）

该敌台位于安边镇惠楼村东0.4千米处。两侧有洪水冲沟，所处区域为风沙滩地带，地势平坦，呈南高北低的缓坡状。高程1473.7米。

敌台整体保存差。台体四壁呈锯齿状，西南角有一个人为挖掘的洞穴；西壁有一条登台步道，因风雨侵蚀，呈斜坡状，步道口呈椭圆形。台体四壁斑驳，凹凸不平，有裂缝和虫穴。基座因洪水冲刷坍塌严重。

台体用黄土夹杂少量料礓石夯筑而成，夯层厚0.06~0.1米，夯土质地细密。台体平面呈圆形，剖面呈梯形，底部直径10米，顶部呈回字形，直径8米，高8米。台体西壁登台土洞宽0.9、高1.5、长5米。夯土基座平面呈矩形，边长15、高3米。台体周边发现有少量的砖。（图一八八九）

该敌台位于惠楼村长城1段墙体南侧、惠楼村关内，东南距惠楼村4号马面0.35千米。

（三五）惠楼村5号敌台（610825352101170035）

该敌台位于安边镇惠楼村北1千米。两侧为耕地，所处区域为风沙滩地带，地势平坦呈南高北低的缓坡状。高程1416.4米。

敌台整体保存差。台体北壁及东北壁坍塌成斜坡，西南壁有雨水冲刷形成的槽渠，顶部凹凸不平布满凹陷。

台体用黄沙土夯筑而成，夯层厚0.05~0.1米，质地细密。台体平面呈矩形，剖面呈不规则形，底部边长8米，顶部东西5、南北3米，高5米。台体周围发现有残砖，砖宽20、厚9厘米。（图一八九〇）

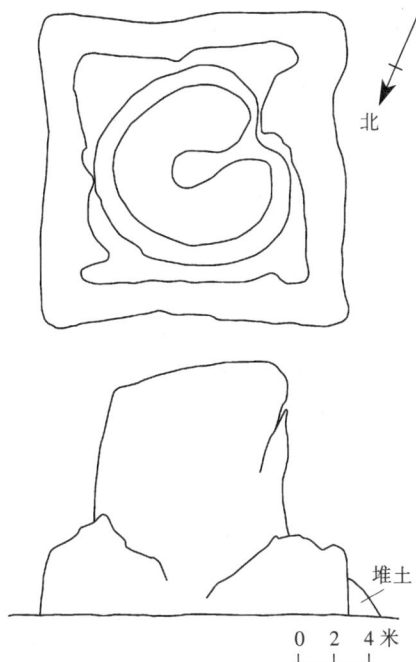

图一八八九　惠楼村4号敌台平、立面图

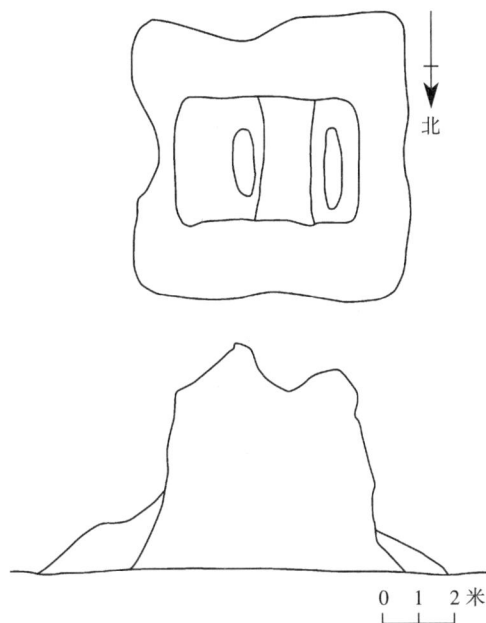

图一八九○　惠楼村5号敌台平、立面图

该敌台位于惠楼村马面西0.617千米处。

（三六）惠楼村6号敌台（6108253521011700 36）

该敌台位于安边镇惠楼村西北2千米处。外侧为裸露的沙梁，植被稀疏。所处区域为风沙滩斜坡地貌，坡度较缓，地势平坦。高程1442.4米。

敌台整体保存较差。台体西壁坍塌严重，呈斜坡状，为登顶便道；南壁中部有一级台阶，下部坍塌成陷坑，有裂缝。风雨侵蚀使台体表面斑驳、凹凸不平。

台体用黄沙土夯筑而成，夯层厚0.08~0.12米，夯土质地细密，夯层清晰。台体平面呈不规则形，剖面呈梯形，底部最长8、顶部直径6.5、高5米。台体西壁有斜坡道通向顶部，坡道长5.5、宽0.7米。台体周围发现有少量砖。（图一八九一）

该敌台位于惠楼村7号马面东南0.245千米处。

（三七）惠楼村7号敌台（6108253521011700 37）

该敌台位于安边镇惠楼村西北2.2千米处。西侧为农田，东侧为植被较好的草地。所处区域为风沙滩斜坡地貌，坡度较缓，地势平坦。高程1425.2米。

敌台整体保存较好。围墙南墙中间底部有一个人为挖掘的洞口，呈不规则形，东墙被黄沙掩埋。围墙及台体上有小洞穴，台体包砖被拆毁。

台体建在夯土基座上，有壕沟、围墙。台体用黄土夯筑而成，夯层厚0.04~0.09米，夯土质地细密。台体上有包砖。台体平面呈矩形，剖面呈梯形，底部边长20、顶部边长12、高18米。台体南壁有登台土洞可达顶部，洞高1.5、面宽0.7、进深2米，台体内登台通道长17米。基座平面呈矩形，边长32.6、高4.7米；东侧有壕沟，长252、宽7、深4米。围墙沿基座边缘夯筑而成，四角有角

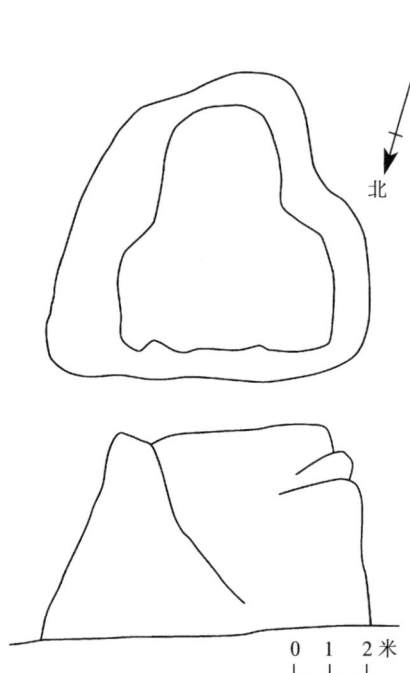

图一八九一　惠楼村 6 号敌台平、立面图

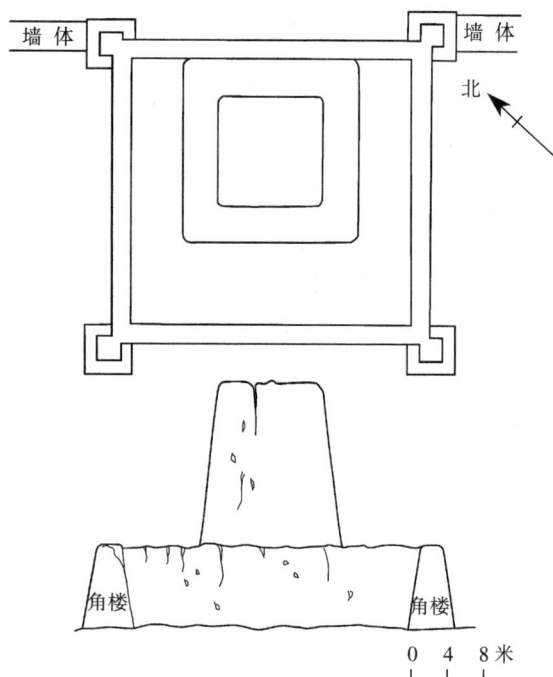

图一八九二　惠楼村 7 号敌台平、立面图

楼，整体保存较好；围墙边长 32.6 米，墙体底宽 4.5、顶宽 1.8、内高 3.3、外高 8 米；墙体上保存部分女墙，顶宽 0.5、高 0~1.5 米；南墙有一个土洞，宽 1.8、高 2.4 米，似门的位置。台体周围发现有砖。

　　该敌台位于惠楼村 6 号敌台北 0.409 千米处。（图一八九二；彩图三五一）

（三八）安寺村 1 号敌台（610825352101170038）

　　该敌台位于安边镇安寺村南 1.2 千米的风沙滩地上。两侧大多为耕地，所处区域为风沙滩斜坡地貌，坡度较缓，地势平坦呈南高北低的缓坡。高程 1434.1 米。

　　敌台整体保存较差。台体底部风蚀严重，四壁有裂缝。

　　台体用黄沙土夹杂少量料礓石夯筑而成，夯层厚 0.06~0.12 米，夯土质地细密。台体平面呈矩形，剖面呈梯形，底部边长 8、顶部边长 6、高 5 米。台体西壁有登台步道可达顶部，步道宽 0.9、长 6 米，倾斜通向顶部。夯土基座平面呈矩形，边长 15、高 4 米。（图一八九三）

　　该敌台位于安寺村长城 1 段墙体上，南距惠楼村 7 号敌台 0.16 千米。

（三九）安寺村 2 号敌台（610825352101170039）

　　该敌台位于安边镇安寺村南 0.8 千米的风沙滩地上。两侧大多为耕地，所处区域为风沙滩斜坡地貌，坡度较缓，地势平坦呈南高北低的缓坡。高程 1420.9 米。

　　敌台整体保存差。台体坍塌，南壁有较大塌陷坑，西壁中部有二层台，四壁有虫穴。风雨侵蚀使台体表面斑驳、剥落。

　　台体用黄沙土夹杂少量料礓石夯筑而成，夯层厚 0.04~0.6 米，夯土质地细密。台体平面呈不规则形，剖面呈不规则形，底部东西 11、南北 12 米，顶部东西 3.8、南北 5 米，高 6.5 米。（图一八九四）

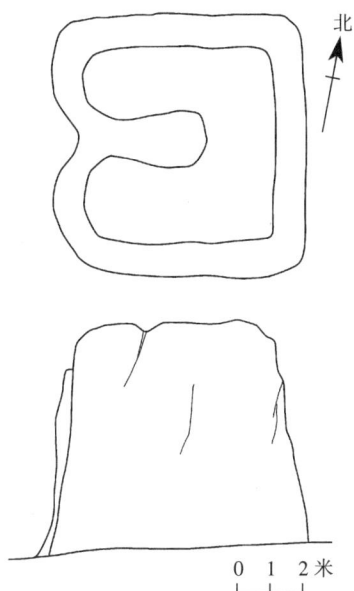

图一八九三　安寺村 1 号敌台平、立面图

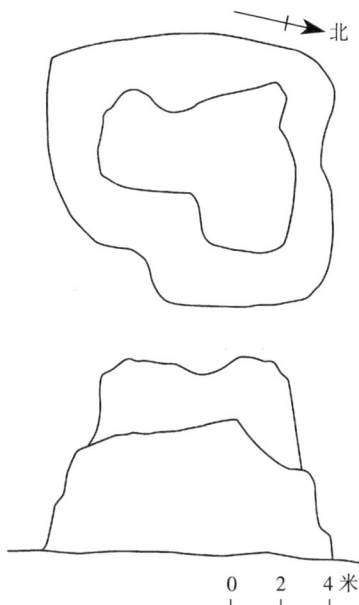

图一八九四　安寺村 2 号敌台平、立面图

该敌台位于安寺村长城墙体上，西北距安寺村 2 号马面 0.29 千米。

（四〇）安寺村 3 号敌台（610825352101170040）

该敌台位于安边镇安寺村中的树林里。南北两侧有房屋，所处区域为风沙滩斜坡地貌，坡度较缓，地势平坦。高程 1390.3 米。

敌台整体保存差。台体由于取土、坍塌、风雨侵蚀等原因四壁斑驳、凹凸不平、布满凹陷，上部有裂缝。

台体用黄沙土夹杂少量料礓石夯筑而成，夯层厚0.06～0.12米，夯土质地细密。台体平面呈近矩形，剖面呈梯形，底部东西12、南北 10 米，顶部中间有凹字形坑，东西 9、南北 7.5 米，高 9 米。台体周围发现有少量砖。（图一八九五）

该敌台位于安寺村马面西北 0.362 千米处。

（四一）安寺村 4 号敌台（610825352101170041）

该敌台位于安边镇安寺村西北 0.46 千米处。所处区域为风沙滩斜坡地貌，坡度较缓，地势平坦。高程 1390.6 米。

敌台整体保存较差。台体坍塌严重，壁面凹凸不平布满凹坑，风雨侵蚀使四壁有小沟槽，顶部生长有杂草。

台体用黄沙土夹杂少量料礓石夯筑而成，夯层厚0.04～0.1米，夯土质地细密。台体平面呈矩形，剖面呈梯形，底部东西 8、南北 7.5 米，顶部东西 5、南北 4.5 米，高 4.5 米。台体顶部有三合土，厚0.2 米。台体周围发现有少量砖。（图一八九六）

该敌台位于安寺村长城 2 段墙体外侧，东南距安寺村 3 号敌台 0.6 千米，西北距安寺村 5 号敌台0.485 千米。

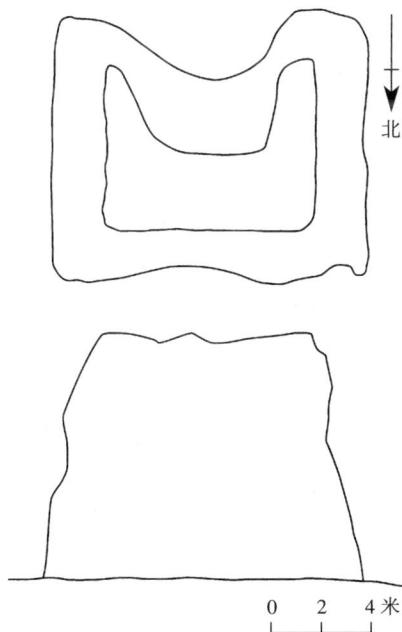

图一八九五　安寺村 3 号敌台
平、立面图

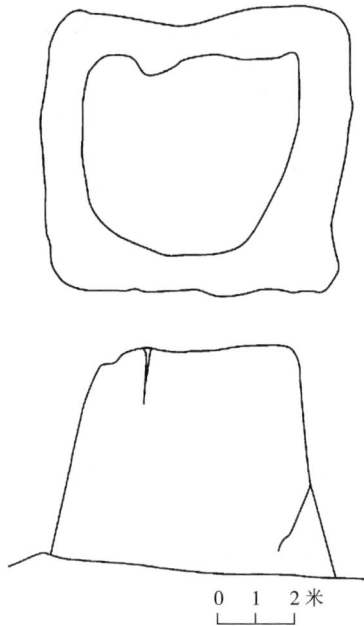

图一八九六　安寺村 4 号敌台平、立面图　　　　图一八九七　安寺村 5 号敌台平、立面图

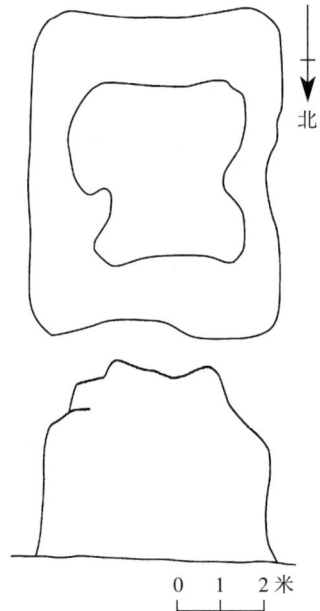

（四二）安寺村 5 号敌台（610825352101170042）

该敌台位于安边镇安寺村北 0.8 千米处。所处区域为风沙滩斜坡地貌，坡度较缓，地势平坦。高程 1384.3 米。

敌台整体保存差。台体西壁坍塌成斜坡，其余三壁凹凸不平，表面布满凹坑，南壁有一个人为取土挖掘的大土坑，整体成不规则的土堆。

台体用黄沙土夯筑而成，夯层厚 0.04~0.08 米，夯土质地细密。台体平面呈矩形，剖面呈不规则形，底部东西 7、南北 6 米，顶部东西 4.5、南北 4 米，高 4.5 米。台体顶部有三合土。台体周围发现有少量砖。（图一八九七）

该敌台位于安寺村长城 2 段墙体外侧，南距安寺村 4 号敌台 0.489 千米。

（四三）北园则村 1 号敌台（610825352101170043）

该敌台位于安边镇北园则村南 0.8 千米的风沙滩地上。所处地势平坦，两侧为耕地，为风沙滩斜坡地貌，坡度较缓。高程 1386.8 米。

敌台整体保存差。台体坍塌严重有裂缝，南壁由于取土形成大坑，北壁由于耕地剥蚀严重。台体壁面凹凸不平，布满裂缝，有进一步坍塌的威胁。

台体用黄沙土夯筑而成，夯层厚 0.05~0.1 米。台体平面呈矩形，剖面呈梯形，底部东西 24、南北 7 米，顶部边长 6 米，高 5 米。（图一八九八）

该敌台东南距北园则村 1 号马面 0.225 千米，西北距北园则村 2 号马面 0.225 千米。

（四四）北园则村 2 号敌台（610825352101170044）

该敌台位于安边镇北园则村西南 0.3 千米处的风沙滩地上。周围有杨树林，两侧为耕地。所处区域为风沙滩斜坡地貌，坡度较缓，地势平坦。高程 1399.25 米。

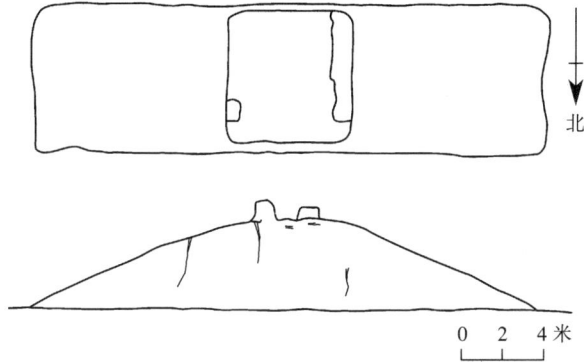

图一八九八　北园则村1号敌台平、立面图

敌台整体保存差。台体坍塌成大土堆，上面生长有树木，顶部有凹陷坑。

台体用黄沙土夯筑而成，夯层厚0.06～0.1米。台体平面呈矩形，剖面呈不规则形，底部边长6米，顶部东西4.2、南北3.5米，高4.2米。台体周围发现有砖。（图一八九九）

该敌台位于北园则村3号马面西北0.2千米处。

（四五）北园则村3号敌台（610825352101170045）

该敌台位于安边镇北园则村西南0.5千米的风沙滩地上。两侧为耕地，种植玉米。所处区域为风沙滩斜坡地貌，坡度较缓，地势平坦。高程1403米。

敌台整体保存差。台体坍塌成大土堆。

台体用黄沙土夹杂少量料礓石夯筑而成，夯层厚0.04～0.06米，夯土质地细密。台体平面呈近圆形，剖面呈馒头形，底部直径10、顶部直径8、高5米。台体周边发现有砖。（图一九〇〇）

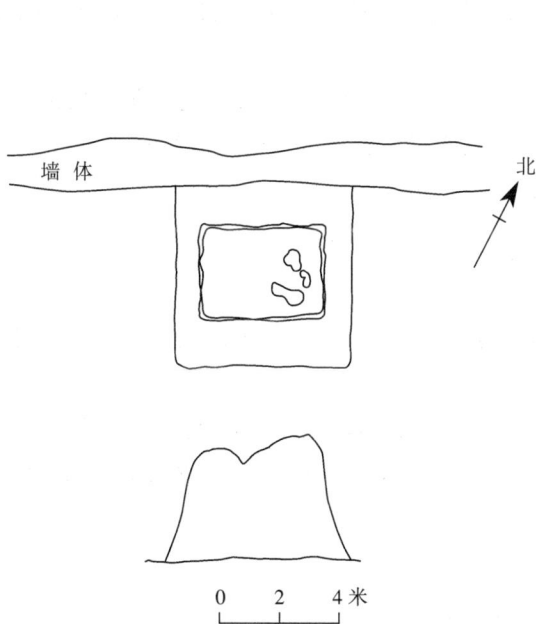

图一八九九　北园则村2号敌台平、立面图

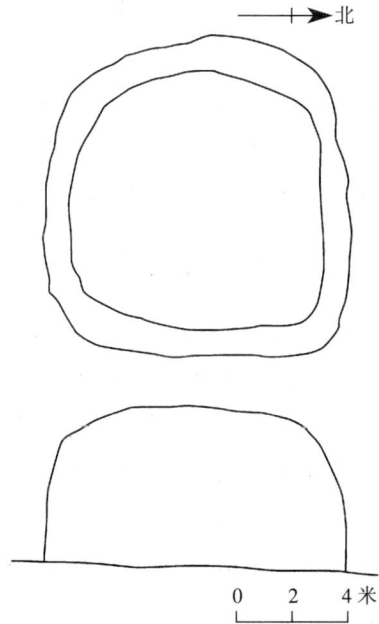

图一九〇〇　北园则村3号敌台平、立面图

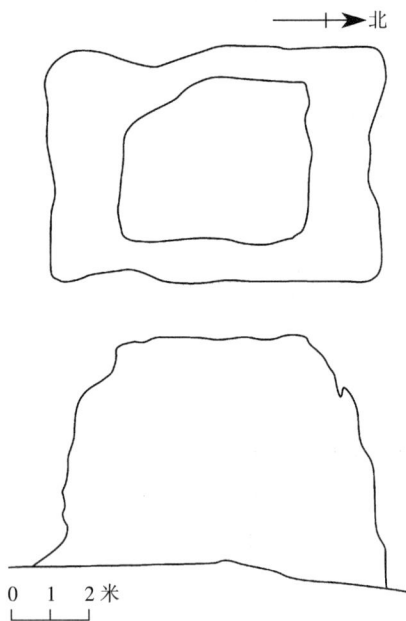

图一九〇一　张园则村1号敌台平、立面图

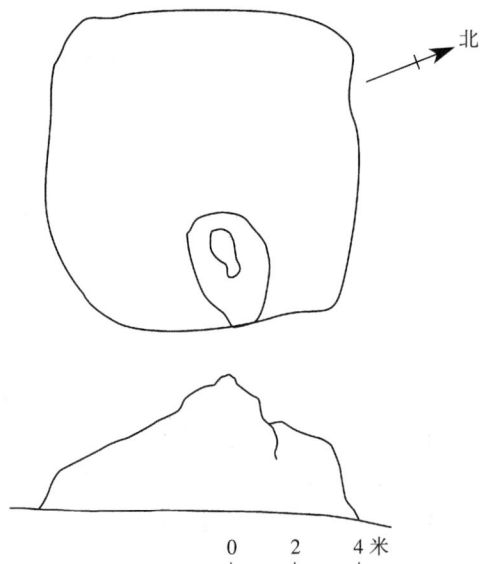

图一九〇二　张园则村2号敌台平、立面图

该敌台位于北园则村长城墙体北侧，东距北园则村2号敌台0.58千米。

（四六）张园则村1号敌台（6108253521011170046）

该敌台位于安边镇张园则村中。两侧大多为耕地，有树林。地处风沙滩地，沙化严重，地势平坦。高程1422米。

敌台整体保存差。台体坍塌严重，底部周围成斜坡；东壁风蚀严重，底部有凹槽。台体表面斑驳、凹凸不平。

台体用黄沙土夯筑而成，夯层厚0.05~0.1米。台体平面呈近矩形，剖面呈近梯形，底部东西5、南北7.5米，顶部东西3.5、南北4米，高5.6米。台体周围发现有砖。（图一九〇一）

该敌台位于张园则村长城1段墙体上，东南距张园则村马面0.57千米。

（四七）张园则村2号敌台（6108253521011170047）

该敌台位于安边镇张园则村中。两侧大多为耕地，有树林。所处区域为风沙滩斜坡地貌，坡度较缓，地势平坦。高程1422.3米。

敌台整体保存差。台体坍塌严重，只存大土堆。台体顶部由于人为取土凹陷成大坑，生长有杂草。

台体用黄沙土夯筑而成，夯层厚0.05~0.1米。台体平面呈矩形，剖面呈不规则形，底部边长9、高3.5米。（图一九〇二）

该敌台位于张园则村1号敌台西南0.57千米处。

（四八）西园则村1号敌台（6108253521011170048）

该敌台位于安边镇西园则村西北1.5千米的风沙滩地上。两侧植被良好。所处区域为风沙滩斜坡

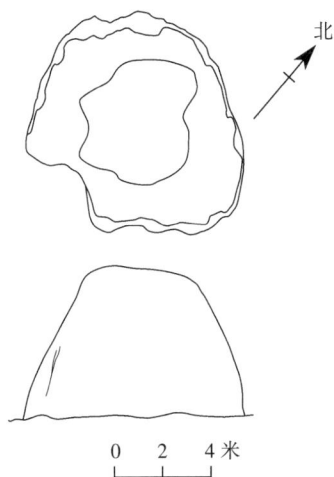

图一九〇三　西园则村 1 号敌台平、立面图

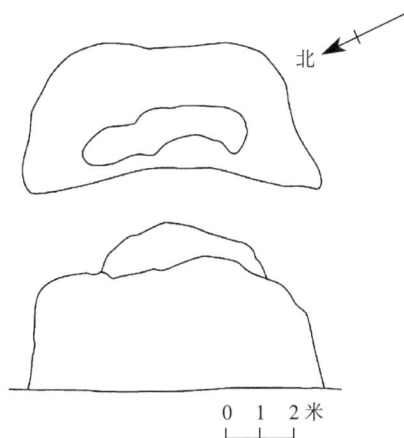

图一九〇四　西园则村 2 号敌台平、立面图

地貌，坡度较缓，地势平坦。高程 1439.5 米。

敌台整体保存差。风雨侵蚀使基座周壁凹凸不平，台体坍塌成大土堆，表面布满凹陷。

台体用黄沙土夯筑而成，夯层厚 0.05~0.1 米。台体平面呈近圆形，剖面呈近弧拱形，底部直径 4.5、顶部直径 1.8~3、高 3 米。夯土基座平面呈近矩形，边长 10、高 4 米。（图一九〇三）

该敌台位于张园则村长城 1 段墙体上，东距张园则村 2 号敌台 1.2 千米。

（四九）西园则村 2 号敌台（610825352101170049）

该敌台位于安边镇西园则村西北 1.4 千米的风沙滩地上。北侧多为耕地，南侧为植被较好的草滩地。所处区域为风沙滩斜坡地貌，坡度较缓，地势平坦。高程 1458.6 米。

敌台整体保存差。台体坍塌严重，整体呈阶梯形，底部坍塌成斜坡，东壁有小洞穴，表面布满凹陷。

台体用黄土夯筑而成，夯层厚 0.06~0.12 米，夯土质地细密。台体平面呈不规则形，剖面呈梯形，底部东西 4、南北 8 米，顶部东西 1、南北 4.5 米，高 5 米。夯土基座平面呈矩形，边长 15、高 2.4 米。（图一九〇四）

该敌台位于西园则村 1 号敌台西 0.55 千米处。

（五〇）西园则村 3 号敌台（610825352101170050）

该敌台位于安边镇西园则村西北 2.6 千米的风沙滩地上。南侧为沙地，所处区域为风沙滩斜坡地貌，坡度较缓，地势平坦。高程 1475.4 米。

敌台整体保存差。台体由于风蚀、雨水冲刷而坍塌，夯土成块脱落。台体表面凹凸不平，布满凹陷和沟槽。

台体用黄沙土夯筑而成，夯层厚 0.04~0.06 米，夯土质地细密。台体平面呈矩形，剖面呈梯形，底部边长 6、顶部边长 4、高 3 米。夯土基座平面呈矩形，边长 12、高 4.5 米。（图一九〇五）

该敌台西距西园则村 4 号敌台 0.655 千米。

图一九〇五　西园则村 3 号敌台平、立面图

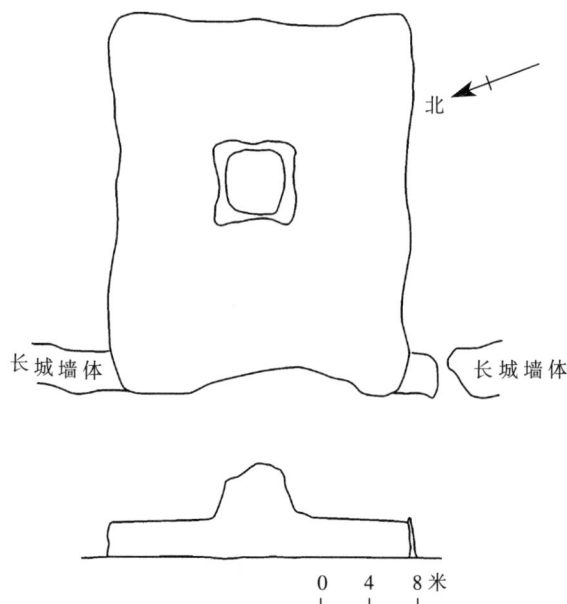

图一九〇六　西园则村 4 号敌台平、立面图

（五一）西园则村 4 号敌台（610825352101170051）

该敌台位于安边镇西园则村西北 3.2 千米的风沙滩地上。两侧为沙地和草地，所处区域为风沙滩斜坡地貌，坡度较缓，地势平坦。高程 1468.6 米。

敌台整体保存较差。台体东壁底部有一个洞穴；西壁坍塌成斜坡，坡道宽 0.8、长 4 米；表面剥落。基座有雨水冲刷的沟槽，呈缓坡状。

台体用黄沙土夹杂少量料礓石夯筑而成，夯层厚 0.08 ~ 0.18 米，夯土质地细密。台体平面呈矩形，剖面呈梯形，底部边长 5.5、顶部边长 4、高 3.5 米。夯土基座平面呈矩形，东西 25、南北 20、高 2 米。（图一九〇六）

该敌台位于西园则村长城 2 段墙体上，东距西园则村 3 号敌台 0.65 千米。

（五二）西园则村 5 号敌台（610825352101170052）

该敌台位于安边镇西园则村西北 3.7 千米的风沙滩地上。两侧为沙地和草地，附近长满柠条。所处区域为风沙滩斜坡地貌，坡度较缓，地势平坦。高程 1493 米。

敌台整体保存差。台体坍塌成土堆，壁面有小洞穴，布满凹陷。基座坍塌较严重，周壁凹凸不平。

台体用黄沙土夹杂料礓石夯筑而成，夯层厚 0.06 ~ 0.12 米，夯土质地细密。台体平面呈近矩形，剖面呈弧拱形，底部边长 6、顶部边长 4.5、高 3 米。夯土基座平面呈矩形，边长 12、高 5 米。台体周围发现有砖。（图一九〇七）

该敌台位于西园则村长城 2 段墙体上，东距西园则村 4 号敌台 0.5 千米。

（五三）西园则村 6 号敌台（610825352101170053）

该敌台位于安边镇西园则村西北 4.7 千米的风沙滩地上。两侧为沙地和草地，所处区域为风沙滩斜坡地貌，坡度较缓，地势平坦。高程 1505.9 米。

敌台整体保存差。台体顶部坍塌呈尖状，有一个风蚀圆孔；南壁呈两级台阶状。基座周壁有雨水冲刷的沟槽，凹凸不平。

台体用黄沙土夹杂少量料礓石夯筑而成，夯层厚 0.05～0.1 米，夯土质地细密。台体平面呈矩形，剖面呈不规则形，底部边长 8 米，顶部东西 0.4、南北 2.5 米，高 2.1 米。夯土基座平面呈矩形，边长 11 米，高 4.5 米。（图一九〇八）

该敌台位于西园则村 2 号马面西 0.236 千米处。

（五四）西园则村 7 号敌台（610825352101170054）

该敌台位于安边镇西园则村西北 5 千米的风沙滩地上。两侧为沙地和草地，所处区域为风沙滩斜坡地貌，坡度较缓，地势平坦。高程 1510.4 米。

敌台整体保存差。台体由于风雨侵蚀呈四棱锥状，壁面有风蚀小洞穴，底部被流沙掩埋。基座北侧有 4 道雨水冲刷沟槽。

台体用黄沙土夯筑而成，夯层厚 0.05～0.1 米，夯土质地细密。台体平面呈矩形，剖面呈锥形，底部边长 7 米，顶部东西 2.5、南北 2.6 米，高 4 米。夯土基座平面呈矩形，边长 8.5、高 3 米。台体周围发现有砖。（图一九〇九）

该敌台位于西园则村长城 3 段墙体上，东距西园则村 6 号敌台 0.273 千米。

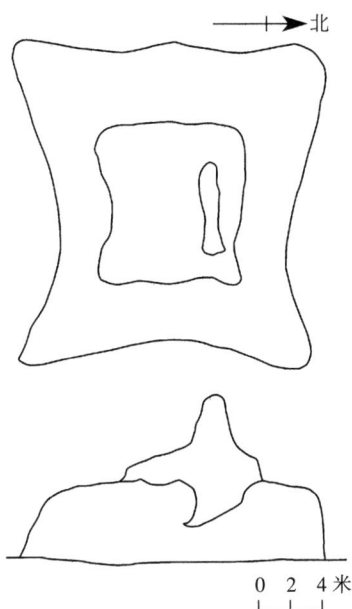

图一九〇七　西园则村 5 号敌台平、立面图

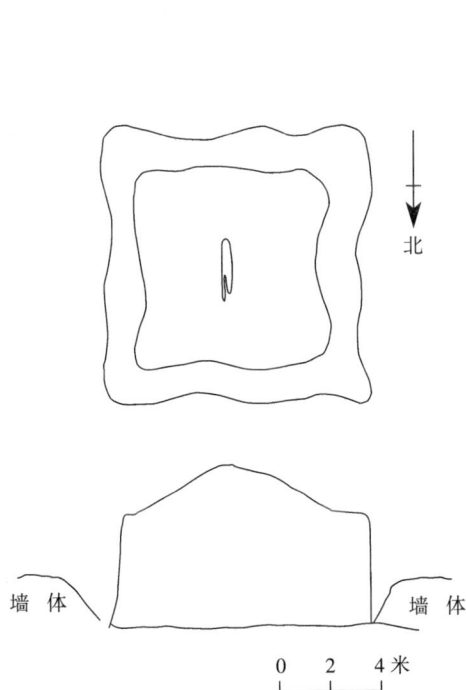

图一九〇八　西园则村 6 号敌台平、立面图

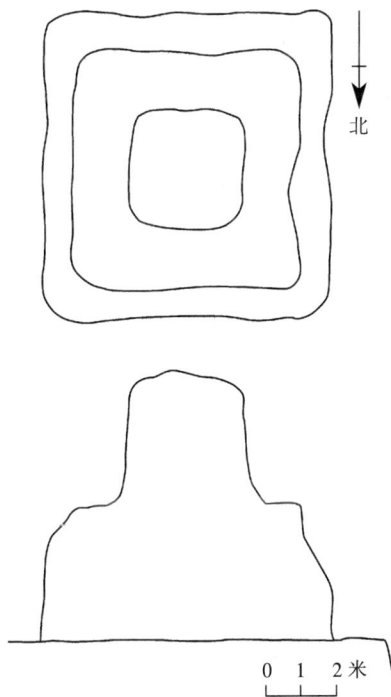

图一九〇九　西园则村 7 号敌台平、立面图

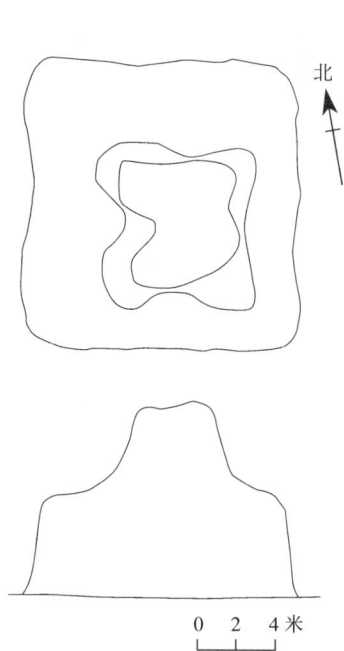

图一九一〇　西园则村 8 号敌台平、立面图

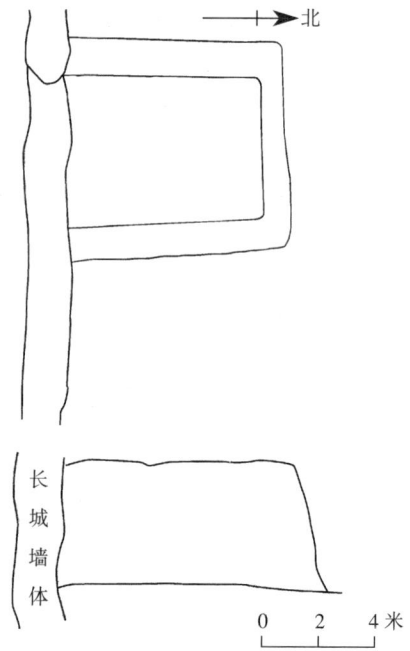

图一九一一　刘朱坑村 1 号敌台平、立面图

（五五）西园则村 8 号敌台（610825352101170055）

该敌台位于安边镇西园则村西北 5.8 千米的风沙滩地上。附近多为草地，所处区域为风沙滩斜坡地貌，坡度较缓，地势平坦。高程 1500.3 米。

敌台整体保存差。台体东壁有 2 个取土坑，四壁有裂缝。基座由于风雨侵蚀周壁凹凸不平。

台体用黄沙土夹杂少量料礓石夯筑而成，夯层厚 0.04~0.6 米，夯土质地细密。台体平面呈矩形，剖面呈梯形，底部边长 8.5、顶部边长 6.5、高 4.5 米。台体南壁有斜坡通向台顶，坡道宽 0.6、长 5 米。夯土基座平面呈矩形，边长 15、高 5.5 米。（图一九一〇）

该敌台位于西园则村关西 0.575 千米处。

（五六）刘朱坑村 1 号敌台（610825352101170056）

该敌台位于安边镇刘朱坑村西南的风沙滩地上。所处区域为风沙滩斜坡地貌，坡度较缓，地势较平坦，植被较好。高程 1504.2 米。

敌台整体保存差。台体东壁有人为挖掘的洞穴，壁面坍塌成斜坡，坍塌的夯土堆积成一圈；顶部长有杂草。

台体用黄沙土夯筑而成，夯层厚 0.05~0.12 米。台体平面呈矩形，剖面呈梯形，底部边长 8、顶部边长 7、高 4 米。（图一九一一）

该敌台位于刘朱坑村长城墙体北侧，东距西园则村 8 号敌台 0.412 千米。

（五七）刘朱坑村 2 号敌台（610825352101170057）

该敌台位于安边镇刘朱坑村西南 4.2 千米的风沙滩地上。所处区域为风沙滩斜坡地貌，坡度较缓，地势平坦，植被较好。高程 1503.8 米。

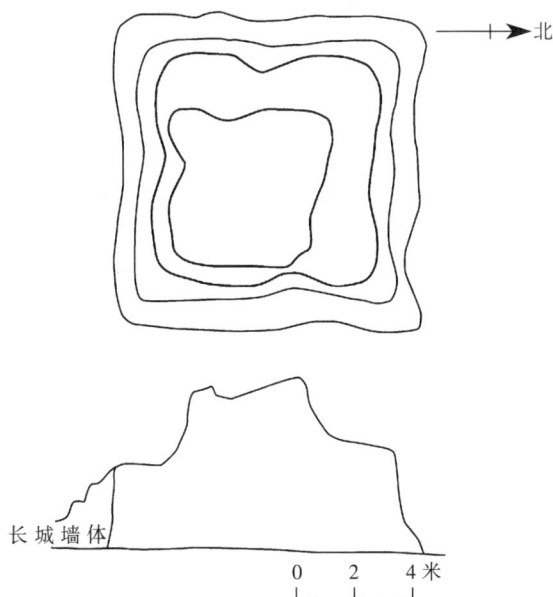

图一九一二　刘朱坑村2号敌台平、立面图

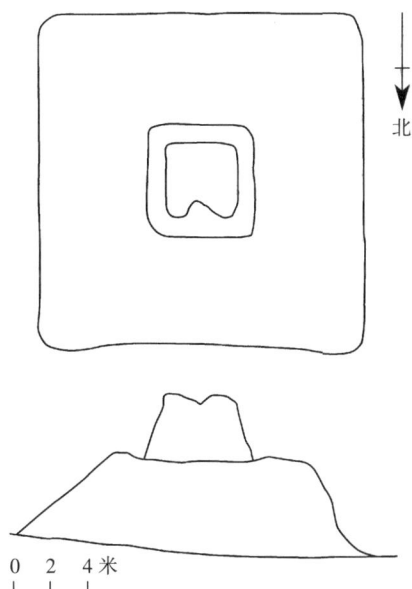

图一九一三　刘朱坑村3号敌台平、立面图

敌台整体保存差。台体坍塌成大土堆，四壁有裂缝，凹凸不平，顶部呈倾斜状。

台体用黄沙土夯筑而成，夯层厚0.05~0.1米，夯土质地细密。台体平面呈矩形，剖面呈梯形，底部边长8、顶部边长6、高3米。夯土基座平面呈矩形，边长10、高2~3米。台体周围发现有砖。（图一九一二）

该敌台位于刘朱坑村长城墙体上，东距刘朱坑村1号敌台0.123千米。

（五八）刘朱坑村3号敌台（6108253521011170058）

该敌台位于安边镇刘朱坑村西南5千米的风沙滩地上。所处区域为风沙滩斜坡地貌，坡度较缓，地势平坦，植被较好。高程1508.9米。

敌台整体保存差。台体北壁坍塌形成凹陷，壁面凹凸不平。基座坍塌成大土堆周壁呈斜坡状。

台体用黄土夹杂少量料礓石夯筑而成，夯层厚0.05~0.1米，夯土质地细密。台体平面呈矩形，剖面呈梯形，底部边长6、顶部边长3.5、高3米。夯土基座平面呈矩形，边长17、高4米。台体周围发现有砖。（图一九一三）

该敌台位于刘朱坑村长城墙体上，东距刘朱坑村马面0.6千米。

（五九）东台村1号敌台（6108253521011170059）

该敌台位于砖井镇东台村东北0.5千米的风沙滩地上。两侧多为耕地，南侧有一个雨水冲沟。所处区域为风沙滩斜坡地貌，坡度较缓，地势平坦。高程1500.2米。

敌台整体保存差。台体东壁底部有2个人为挖掘的洞穴，东北角有一条人为踩踏的坡道，坡道宽1、长4.5米，通向台顶。基座由于雨水冲刷坍塌，周壁不规整。

台体用黄沙土夹杂少量料礓石夯筑而成，夯层厚0.06~0.15米，夯土质地细密。台体平面呈矩

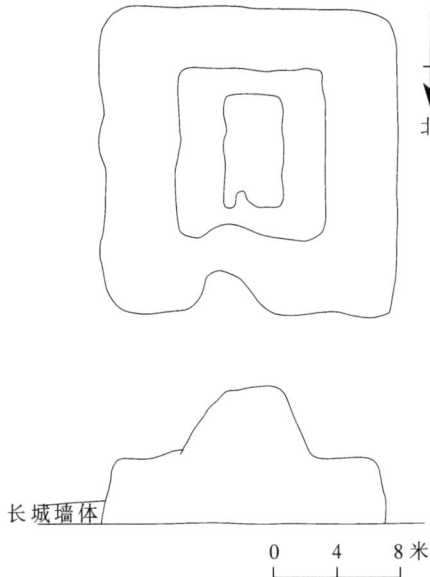

图一九一四　东台村 1 号
敌台平、立面图

形，剖面呈梯形，底部东西 9、南北 10 米，顶部东西 3.5、南北 6.5 米，高 4 米。夯土基座平面呈矩形，边长 18、高 3.5 米。台体周边发现有砖。（图一九一四）

该敌台位于东台村长城 1 段墙体上，东距刘朱坑村 3 号敌台 0.486 千米。

（六〇）东台村 2 号敌台（610825352101170060）

该敌台位于砖井镇东台村东北 0.5 千米的风沙滩地上。外侧有土路和耕地，所处区域为风沙滩斜坡地貌，坡度较缓，地势平坦。高程 1486.3 米。

敌台整体保存差。基座坍塌严重呈土堆状，台体垮塌严重呈不规则形。

台体用黄土夯筑而成，夯层厚 0.06 ~ 0.12 米。台体平面呈不规则形，剖面呈梯形，底部边长 5 米，顶部东西 1.5、南北 3 米，高 3.5 米。夯土基座平面呈矩形，东西 17、南北 20、高 4 米。（图一九一五）

该敌台位于东台村长城 1 段墙体上，东距东台村 1 号敌台 0.5 千米。

（六一）东台村 3 号敌台（610825352101170061）

该敌台位于砖井镇东台村西北 1 千米的风沙滩地上。南侧为山前缓坡地带，北侧为较平坦的风沙滩地。所处区域为风沙滩斜坡地貌，坡度较缓，地势平坦。高程 1464.8 米。

敌台整体保存差。台体周边因人为取土、风雨侵蚀而与长城墙体断开，形成一个独立的台体。基座和台体坍塌呈不规则形。

台体用黄土夹杂少量料礓石夯筑而成，夯层厚 0.06 ~ 0.12 米，夯土质地细密。台体平面呈矩形，剖面呈不规则形，底部边长 3、顶部边长 2、高 2.5 米。夯土基座平面呈矩形，边长 10、高 4.1 米。（图一九一六）

该敌台位于东台村长城 1 段墙体上，东距东台村 1 号马面 0.254 千米。

（六二）东台村 4 号敌台（610825352101170062）

该敌台位于砖井镇东台村西北 2 千米的风沙滩地上。南侧为山前缓坡地带，北侧为较平坦的风沙滩。所处区域为风沙滩斜坡地貌，坡度较缓，地势平坦。高程 1419.8 米。

敌台整体保存差。台体坍塌成不规则的夯土堆，顶部有缺口。

台体用黄土夹杂少量料礓石夯筑而成，夯层厚 0.05 ~ 0.1 米，夯土质地细密。台体平面呈矩形，剖面呈不规则形，底部东西 5、南北 6 米，顶部东西 3、南北 5.5 米，高 3 米。（图一九一七）

该敌台位于东台村长城 2 段墙体上，东距东台村 3 号马面 0.67 千米。

（六三）东台村 5 号敌台（610825352101170063）

该敌台位于砖井镇东台村西北 2.6 千米的风沙滩地上。两侧为较平坦的农田，所处区域为风沙滩斜坡地貌，坡度较缓，地势平坦。高程 1414.8 米。

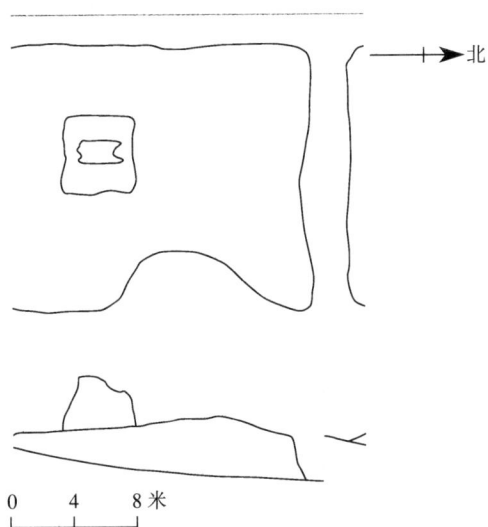

图一九一五　东台村 2 号敌台平、立面图

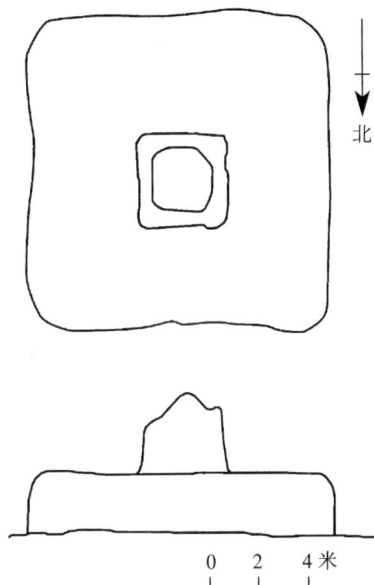

图一九一六　东台村 3 号敌台平、立面图

　　敌台整体保存差。台体因风雨侵蚀坍塌严重，西壁坍塌成斜坡，表面斑驳，凹凸不平，布满凹陷。基座由于耕种破坏呈圆形，壁面有虫洞。

　　台体用黄土夹杂少量料礓石夯筑而成，夯层厚 0.05～0.1 米，夯土质地细密。台体平面呈矩形，剖面呈近梯形，底部边长 6.5 米，顶部东西 5.5、南北 5 米，高 5 米。夯土基座平面近圆形，直径 10、高 3 米。(图一九一八)

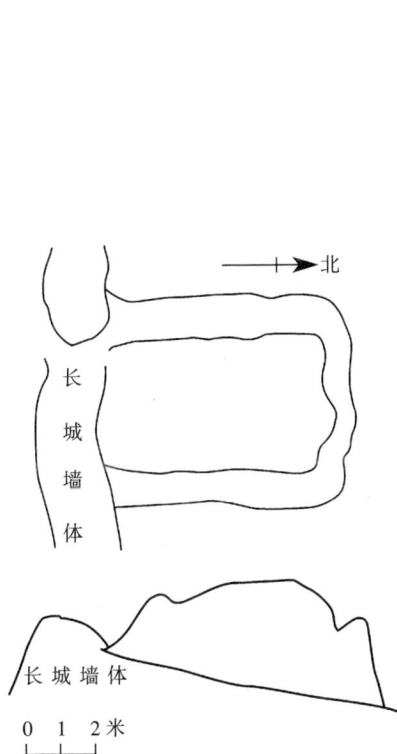

图一九一七　东台村 4 号敌台平、立面图

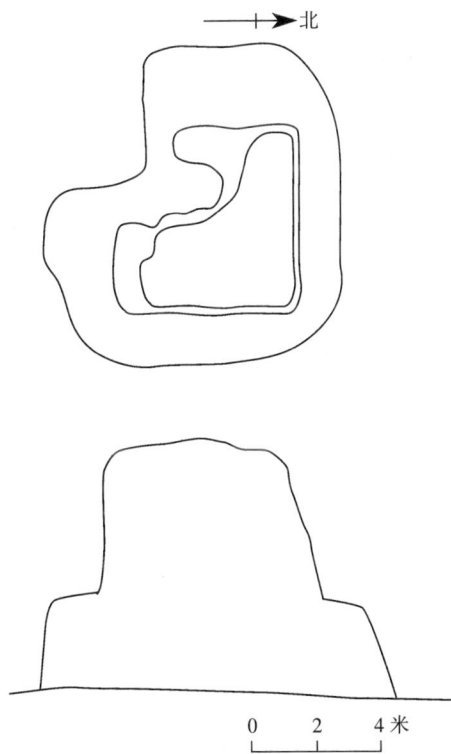

图一九一八　东台村 5 号敌台平、立面图

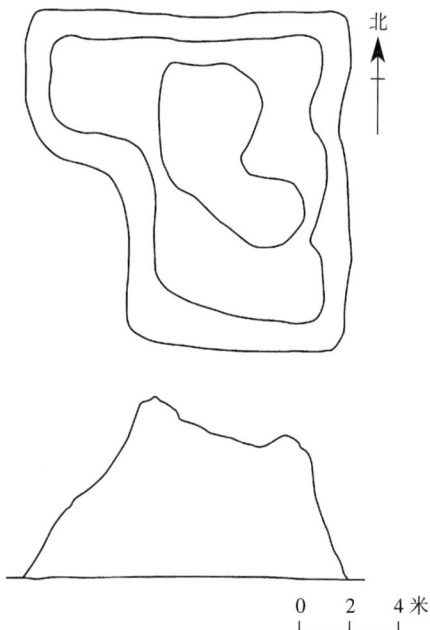

图一九一九　付圈村 1 号敌台平、立面图　　　　图一九二〇　付圈村 2 号敌台平、立面图

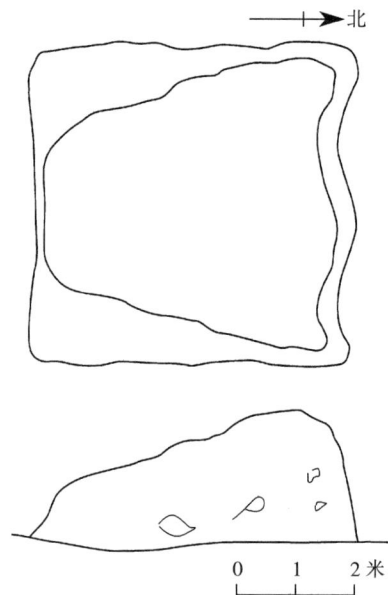

该敌台位于东台村 4 号敌台西 0.67 千米处。

（六四）付圈村 1 号敌台（610825352101170064）

该敌台位于砖井镇付圈村的风沙滩地。所处区域为风沙滩斜坡地貌，坡度较缓，地势平坦。高程 1417.6 米。

敌台整体保存差。台体坍塌呈圆锥状，表面斑驳，凹凸不平，包砖大部分被拆毁。基座坍塌成土堆，西南侧由于人为取土，开挖成大土坑，北侧取土坑内发现有垒砌整齐的条砖，保存 4 层。

台体用黄沙土夯筑而成，夯层厚 0.06～0.12 米，夯土质地细密。台体平面呈近矩形，剖面呈不规则形，底部东边长 10、南边长 6、西边长 4、北边长 11 米，顶部边长 1～2.5 米，高 2 米。夯土基座平面呈矩形，东侧长 13、南侧长 18、西侧长 5、北侧长 12 米，高 4 米。台体周围发现有条砖。（图一九一九）

该敌台位于付圈村长城墙体上，东距韩窑子村 2 号马面 0.96 千米。

（六五）付圈村 2 号敌台（610825352101170065）

该敌台位于砖井镇付圈村西 0.5 千米的风沙滩地上。所处地势略有起伏，周围大多为耕地，沙化严重，为风沙滩斜坡地貌，坡度较缓，地势平坦。高程 1405.9 米。

敌台整体保存差。台体四壁有风蚀和人为挖掘的小洞穴，北壁坍塌较严重凹凸不平。

台体用黄沙土夯筑而成，夯层厚 0.05～0.1 米。台体平面呈矩形，剖面呈梯形，底部边长 6、顶部边长 5.5、高 3 米。台体周围发现有砖。（图一九二〇）

该敌台位于付圈村 1 号敌台西 0.99 千米处。

（六六）付圈村 3 号敌台（610825352101170066）

该敌台位于砖井镇付圈村西 0.874 千米的风沙滩地上。周围大多为耕地，沙化严重。所处区域为风沙滩斜坡地貌，坡度较缓，地势平坦。高程1398.7米。

敌台整体保存差。台体底部塌陷成大土堆，顶部坍塌成土坑，仅存北壁，呈锥状。

台体用黄沙土夯筑而成，夯层厚0.06~0.1米，夯土质地细密。台体平面呈近矩形，剖面呈不规则形，底部东西12、南北8米，顶部东西8、南北4米，高4.5米。台体周围发现有砖。（图一九二一）

该敌台位于付圈村4号敌台东0.214千米处。

（六七）付圈村4号敌台（610825352101170067）

该敌台位于砖井镇付圈村西1.2千米的风沙滩地上。周围大多为耕地，北侧有一座坟冢。所处区域为风沙滩斜坡地貌，土地沙化严重，地势较平坦。高程1402.3米。

敌台整体保存较差。台体底部因风蚀有凹槽，西、北壁各有一道雨水冲刷的沟槽，有裂缝；南壁坍塌成斜坡。台体包砖被拆毁。

台体用黄沙土夯筑而成，夯层厚0.05~0.1米，夯土质地细密。台体平面呈矩形，剖面呈梯形，底部边长8、顶部边长7、高4.5米。台体周围发现有砖。（图一九二二）

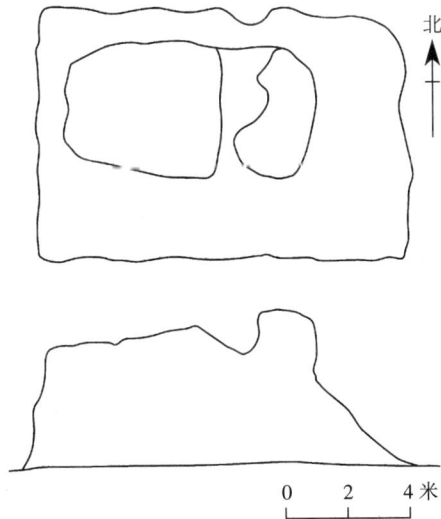

图一九二一　付圈村3号敌台平、立面图

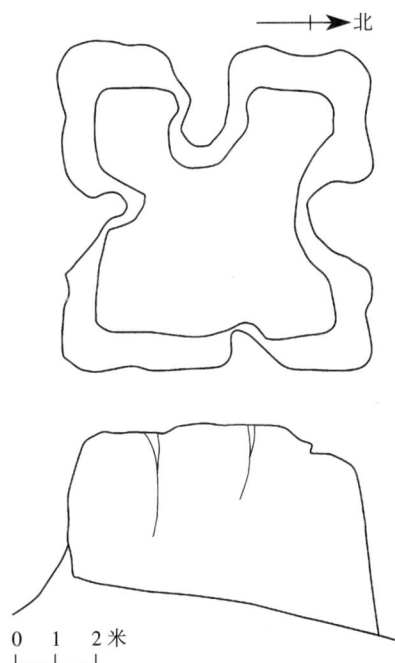

图一九二二　付圈村4号敌台平、立面图

该敌台位于付圈村长城墙体北侧，东距付圈村3号敌台0.214千米。

（六八）东关村1号敌台（610825352101170068）

该敌台位于砖井镇东关村东1千米的风沙滩地上。周围为农田，所处区域为风沙滩斜坡地貌，坡度较缓，地势平坦。高程1256.86米。

敌台整体保存差。台体坍塌严重呈土堆状，表面布满小凹坑，顶部坍塌成凹坑，仅存一侧为锥状，整体形状不规则。

台体用黄沙土夹杂少量料礓石夯筑而成，夯层厚0.05~0.1米。台体平面呈近矩形，剖面呈不规

则形，底部东西6、南北7米，顶部东西5、南北6米，高2.5米。台体周围发现有砖。（图一九二三）

该敌台位于东关村长城墙体上，东距付圈村4号敌台0.23千米。

（六九）东关村2号敌台（610825352101170069）

该敌台位于砖井镇东关村。周围地势平坦，南北两侧为农田，西侧有房屋，东侧有一条土路穿过。高程1398.32米。

敌台整体保存差。台体北壁有2孔废弃的窑洞，导致台体坍塌严重；西壁有一豁口。

台体用黄沙土夯筑而成，夯层厚0.04~0.1米。台体平面呈近矩形，剖面呈弧拱形，底部东西12、南北10米，顶部东西9、南北8米，高4.5米。台体周围发现有砖。（图一九二四）

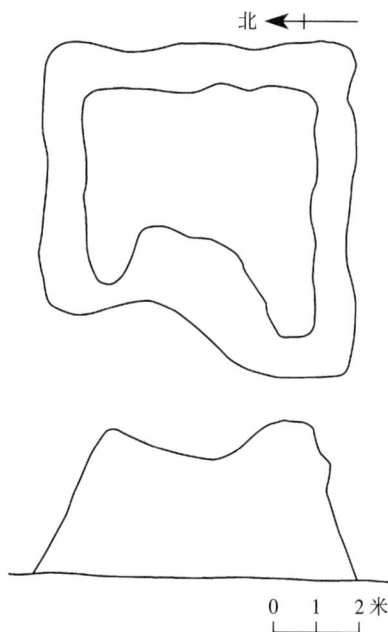

图一九二三　东关村1号敌台平、立面图

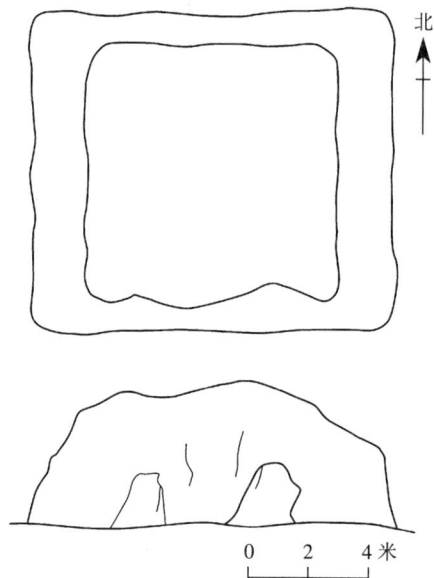

图一九二四　东关村2号敌台平、立面图

该敌台位于东关村长城墙体北侧，西距西关村马面0.28千米。

（七○）西关村敌台（610825352101170070）

该敌台位于砖井镇西关村。周围地势平坦，南北两侧为农田。高程1399.3米。

敌台整体保存差。台体西、南壁因人为取土破坏严重，形成大凹坑；西壁被铲削一半；其他台壁呈缓坡状，上面长满杂草。

台体用黄沙土夯筑而成，夯层厚0.05~0.1米。台体平面呈不规则形，剖面呈梯形，底部最宽10、顶部最宽6、高3.5米。（图一九二五）

该敌台位于东关村长城墙体上，东距西关村马面0.33千米。

（七一）西高圈村1号敌台（610825352101170071）

该敌台位于砖井镇西高圈村北1.5千米的荒沙碱滩地上。两侧大多为荒草地。高程1393.2米。

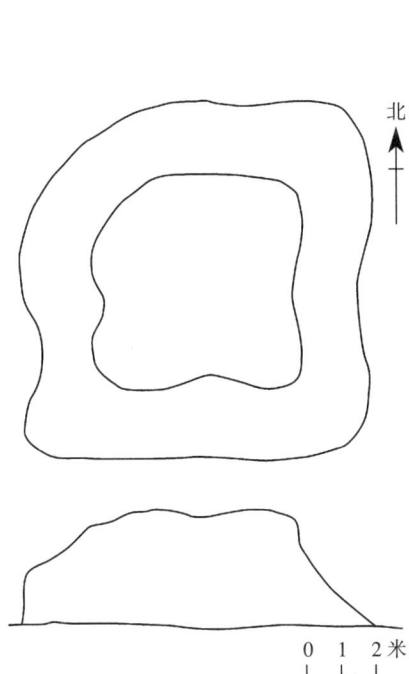

图一九二五　西关村敌台平、立面图　　　　图一九二六　西高圈村1号敌台平、立面图

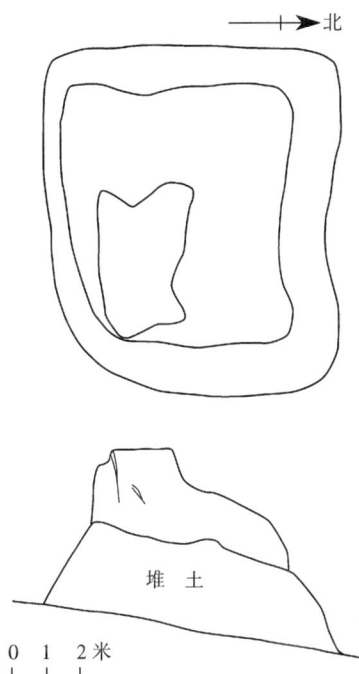

敌台整体保存差。台体坍塌成不规则的土堆，东壁底部有一个洞穴；北壁有人为挖掘的上下两排土洞；顶部坍塌严重，仅存东部，呈柱状。

台体用黄沙土夯筑而成，夯层厚0.05~0.1米。台体平面呈近矩形，剖面呈不规则形，底部边长8、顶部边长3、高5米。（图一九二六）

该敌台位于西高圈村长城墙体北侧，东距西高圈村马面0.206千米。

（七二）西高圈村2号敌台（610825352101170072）

该敌台位于砖井镇西高圈村西北1.8千米的荒沙碱滩地上。两侧大多为荒草地。高程1392.3米。

敌台整体保存差。台体坍塌成不规则的土堆，东壁底部有风蚀的凹槽和人为挖掘的土坑，东南角有人为挖掘的土洞，西壁呈斜坡状。

台体用黄沙土夹杂少量料礓石夯筑而成，夯层厚0.04~0.08米，夯土质地细密。台体平面呈近矩形，剖面呈不规则形，底部东西5.8、南北7米，顶部东西2、南北6.5米，高3米。台体周围发现有大量砖。（图一九二七）

该敌台位于西高圈村长城墙体北侧，东距西高圈村1号敌台0.26千米。

（七三）西高圈村3号敌台（610825352101170073）

该敌台位于砖井镇西高圈村西北2.1千米的荒沙碱滩地上。两侧大多为荒草地，有沙化倾向。高程1384.3米。

敌台整体保存差。台体坍塌成圆土堆，上面长满杂草，顶部有人为踩踏的小道。

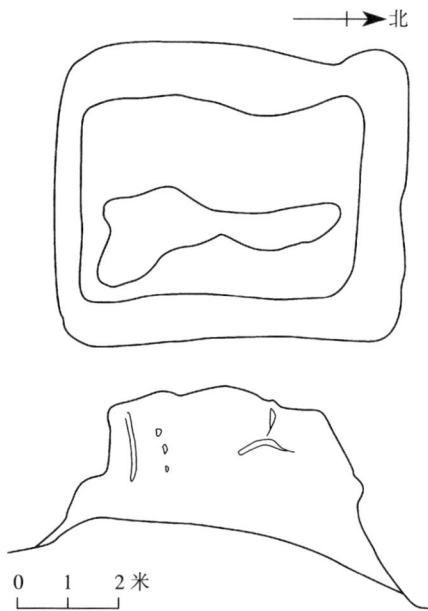

图一九二七　西高圈村 2 号敌台平、立面图

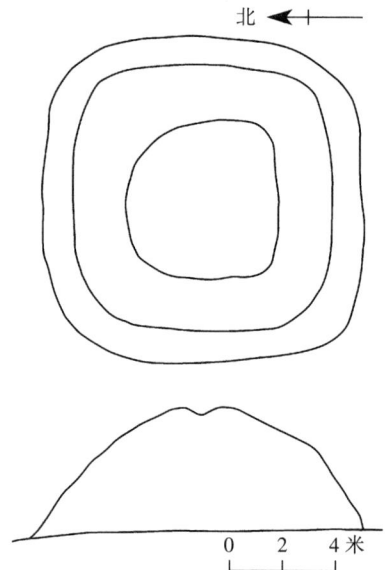

图一九二八　西高圈村 3 号敌台平、立面图

台体用黄沙土夯筑而成，夯层厚 0.05～0.1 米。台体平面呈圆形，剖面呈弧拱形，底部直径 12、顶部直径 6、高 5 米。台体周围发现有砖。（图一九二八）

该敌台位于西高圈村长城墙体北侧，东距西高圈村 2 号敌台 0.25 千米。

（七四）十里塘村 1 号敌台 （610825352101170074）

该敌台位于砖井镇十里塘村的荒沙滩碱地上。所处地势起伏不大，较平坦。高程 1397.7 米。

敌台整体保存差。台体坍塌成圆土堆，上面长满杂草，顶部有人为踩踏小路。

台体用黄沙土夯筑而成，夯层厚 0.05～0.1 米。台体平面呈矩形，剖面呈弧拱形，底部东西 10、南北 8.5 米，顶部东西 6、南北 5 米，高 3 米。（图一九二九）

该敌台位于十里塘村长城 1 段墙体北侧，西距十里塘村 1 号马面 0.53 千米。

（七五）十里塘村 2 号敌台 （610825352101170075）

该敌台位于砖井镇十里塘村西 0.6 千米处的荒沙滩碱地。所处地势起伏不大，较平坦，北侧为耕地。高程 1396.8 米

敌台整体保存差。台体坍塌严重，四壁有风蚀凹坑和动物的小洞穴。

台体用黄沙土夹杂少量料礓石夯筑而成，夯层厚 0.05～0.1 米。台体平面略呈矩形，剖面呈梯形，底部东西 5、南北 5.5 米，顶部东西 3.5、南北 4 米，高 3 米。（图一九三〇）

该敌台位于十里塘村长城 1 段墙体上，东距十里塘村 2 号马面 0.3 千米。

（七六）十里塘村 3 号敌台 （610825352101170076）

该敌台位于砖井镇十里塘村西 1 千米的荒沙滩碱地上。所处地势起伏不大，较平坦，北侧为耕地。高程 1413.9 米。

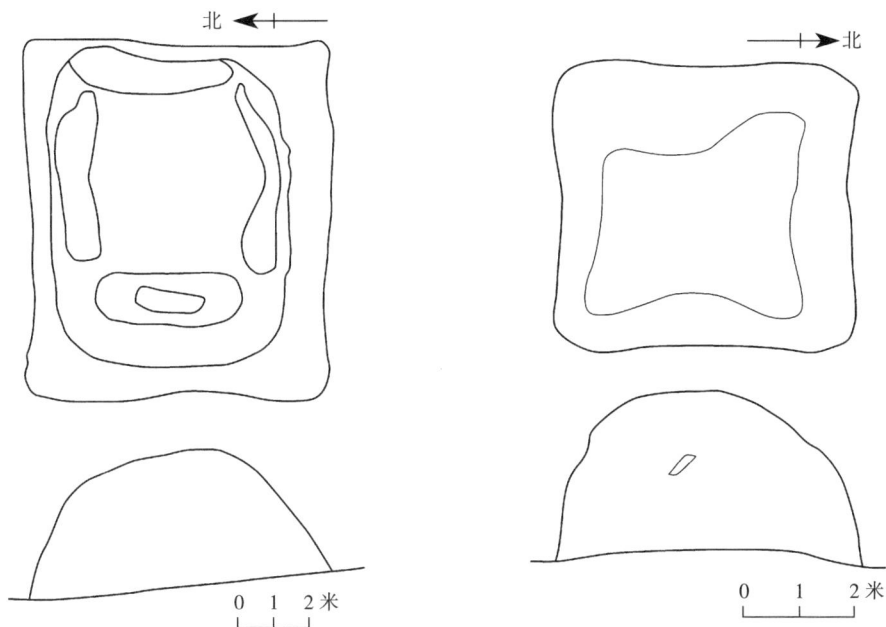

图一九二九　十里塘村 1 号敌台平、立面图　　　　图一九三〇　十里塘村 2 号敌台平、立面图

敌台整体保存差。台体坍塌成圆土堆，上面长满杂草。

台体用黄沙土夹杂少量料礓石夯筑而成，夯层厚 0.05 ~ 0.1 米。台体平面呈矩形，剖面呈弧拱形，底部边长 8、顶部边长 5、高 3 米。（图一九三一）

该敌台位于十里塘村长城 2 段墙体上，东距十里塘村 2 号敌台 0.5 千米。

（七七）十里塘村 4 号敌台（6108253521011170077）

该敌台位于砖井镇十里塘村西 1.3 千米的荒沙滩碱地上。所处地势起伏不大，较平坦，北侧为耕地。高程 1413.9 米。

敌台整体保存差。台体坍塌成低矮的圆土堆，上面长满杂草。

台体用黄沙土夹杂少量料礓石夯筑而成，夯层厚 0.06 ~ 0.09 米，夯土质地细密。台体平面略呈半椭圆形，剖面呈弧拱形，底部东西 7、南北 7 米，顶部东西 4、南北 6 米，高 2 米。（图一九三二）

该敌台位于十里塘村长城墙体北侧，东距十里塘村 3 号敌台 0.23 千米。

（七八）瓦渣梁村 1 号敌台（6108253521011170078）

该敌台位于贺圈镇瓦渣梁村中的荒沙滩碱地上。所处地势起伏不大，较平缓。高程 1432.2 米。

敌台整体保存较差。台体四壁有风蚀小坑，西、北壁顶部有雨水冲槽，表面剥落，包砖被拆毁。

台体用黄土夹杂少量料礓石夯筑而成，夯层厚 0.05 ~ 0.1 米，夯土质地细密。台体平面呈矩形，剖面呈梯形，底部边长 8.6、顶部边长 7.5、高 5.5 米。台体南壁中部有一个缺口，为斜坡状的登台通道，长 6、宽 1.2 米。台体周围发现有砖，东南侧 0.05 千米处有古井一口。（图一九三三；彩图三五二）

该敌台位于瓦渣梁村长城 1 段墙体北侧，东距瓦渣梁村 1 号马面 0.225 千米。

（七九）园墩台村敌台（6108253521011170079）

该敌台位于贺圈镇园墩台村中的荒沙滩碱地上。所处地势较平缓，南、北侧为耕地。高程 1385.2 米。

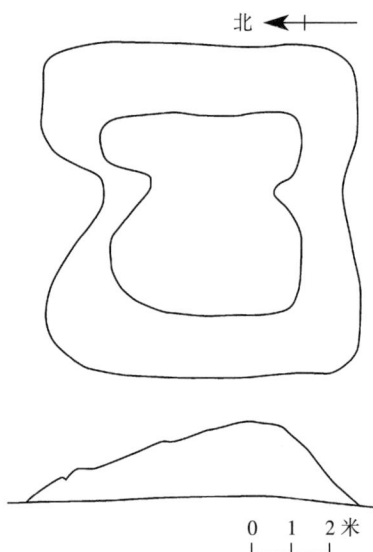

图一九三一　十里塘村3号敌台平、立面图　　　图一九三二　十里塘村4号敌台平、立面图

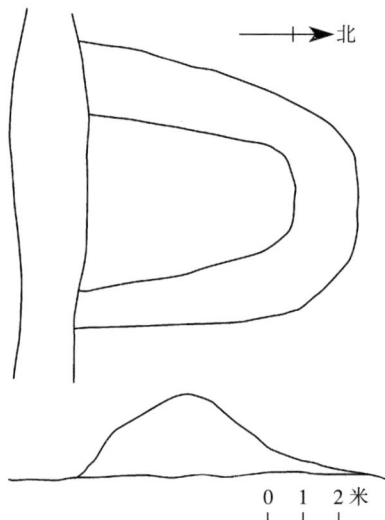

敌台整体保存差。台体坍塌呈圆锥状，东壁中部有窑洞，西壁塌陷成斜坡，四壁有风蚀凹坑。

台体用黄土夹杂少量料礓石夯筑而成，夯层厚0.05～0.07米，夯土质地细密。台体平面呈矩形，剖面呈不规则形，底部边长8、顶部边长7、高5.5米。（图一九三四）

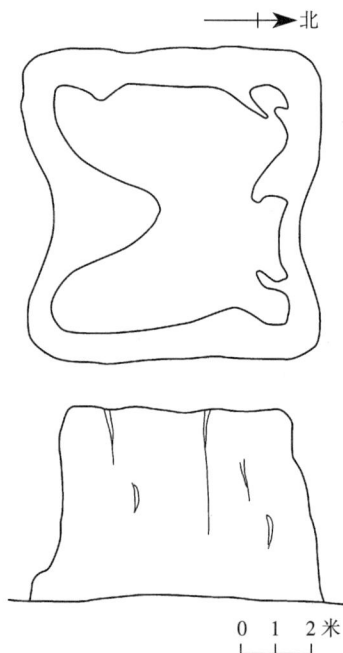

图一九三三　瓦渣梁村1号敌台平、立面图　　　图一九三四　园墩台村敌台平、立面图

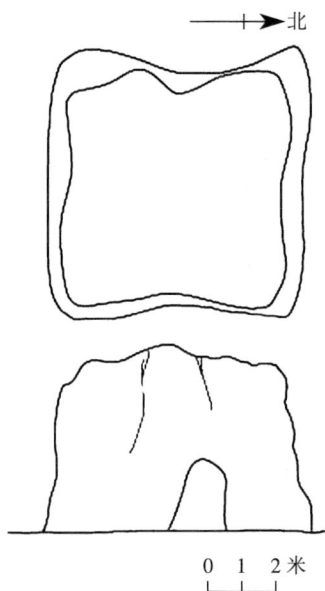

该敌台位于石井子村长城墙体北侧，东距石井子村5号墩马面0.31千米。

（八〇）下暗门村1号敌台（610825352101170080）

该敌台位于贺圈镇下暗门村北0.32千米的盐碱草滩地上。所处地势平坦，四周为耕地或草滩地。

高程1409米。

敌台整体保存差。台体坍塌成土堆，上面长有杂草。

台体用黄沙土夯筑而成，夯层厚0.05~0.08米。台体平面呈矩形，剖面呈不规则形，底部东西5、南北6米，顶部东西4、南北4.5米，高1.5米。（图一九三五）

该敌台南距圈梁村长城3段墙体3米，西距下暗门村1号马面0.83千米。

（八一）下暗门村2号敌台（610825352101170081）

该敌台位于贺圈镇下暗门村北0.95千米处。周围地势平坦，西侧有现代墓地。高程1400.6米。

敌台整体保存差。台体坍塌成圆土堆，上面长满杂草。

台体用黄沙土夯筑而成，夯层厚0.05~0.08米。台体平面呈圆形，剖面呈弧拱形，底部直径8、顶部直径5、高4米。（图一九三六）

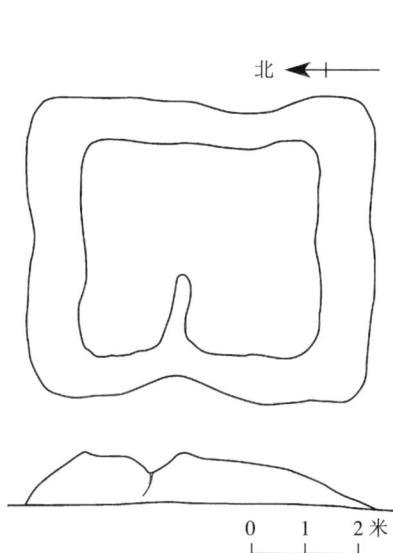

图一九三五 下暗门村1号敌台平、立面图

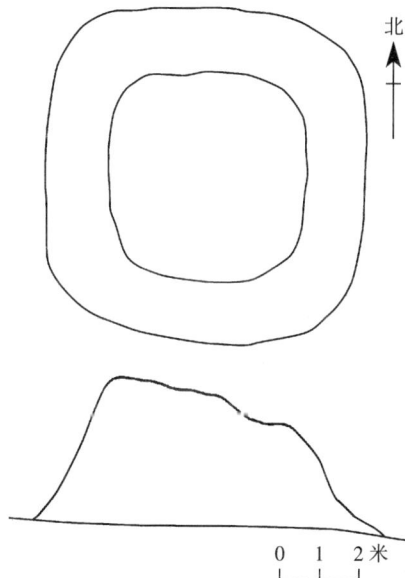

图一九三六 下暗门村2号敌台平、立面图

该敌台位于下暗门村长城2段墙体上，南距下暗门村2号马面0.53千米。

（八二）郑圈村1号敌台（610825352101170082）

该敌台位于贺圈镇郑圈村中。所处地势平坦，西侧有耕地。高程1385.6米。

敌台整体保存较差。台体分两层，南壁第一层底部有3孔窑洞，上层有2孔窑洞，壁面布满虫穴和裂缝；东壁底部有2孔窑洞，壁面布满虫穴；西壁顶部有一个冲槽，为登台坡道。

台体用黄沙土夹杂少量料礓石分筑而成，夯层厚0.04~0.06米。台体平面呈矩形，剖面呈梯形，第一层底部边长22、顶部边长18、高10米，第二层底部边长14、顶部边长10、高5米。台体周围发现有残砖。（图一九三七；彩图三五三）

该敌台西距郑圈村长城墙体0.01千米，北距郑圈村2号马面0.16千米。

（八三）郑圈村2号敌台（610825352101170083）

该敌台位于贺圈镇郑圈村北0.73千米处。所处地势平坦，周围有村庄。高程1381.9米。

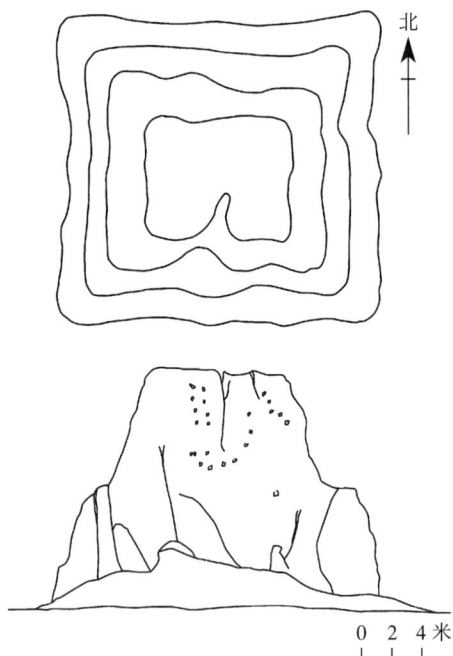

图一九三七　郑圈村 1 号敌台平、立面图　　　　图一九三八　郑圈村 2 号敌台平、立面图

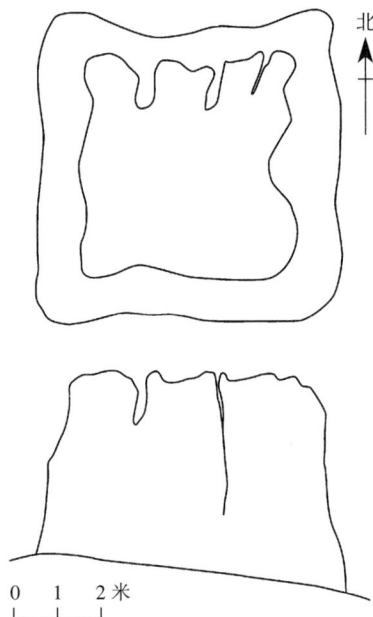

敌台整体保存差。台体底部风蚀严重；南壁顶部有雨水冲刷的小槽和虫穴；北壁坍塌，有人为踩踏的斜坡小道。因风雨侵蚀台壁斑驳，凹凸不平。

台体用黄土夹杂少量料礓石夯筑而成，夯层厚 0.05～0.08 米。台体平面略呈矩形，剖面呈梯形，底部边长 7、顶部边长 5、高 4 米。（图一九三八）

该敌台位于郑圈村长城墙体上，南距郑圈村 2 号马面 0.308 千米。

（八四）南园则村敌台（610825352101170084）

该敌台位于定边镇南园则村中。四周楼房林立，西侧是长城大街，被房舍包围。高程 1382.4 米。

敌台整体保存差。台体四壁坍塌，底部风蚀严重，南壁有 2 孔窑洞，周边堆满生活垃圾。

台体用黄土夹杂少量料礓石夯筑而成，夯层厚 0.08～0.12 米。台体平面呈矩形，剖面呈梯形，底部东西 10、南北 8 米，顶部东西 6、南北 8 米，高 4.5 米。（图一九三九）

该敌台东距南园则村长城 2 段墙体 5 米，北距南园则村马面 0.52 千米。

（八五）三楼村敌台（610825352101170085）

该敌台位于盐场堡乡三楼村东南 0.5 千米的荒沙盐碱地上。所处地势呈东南高西北低的缓坡状。高程 1362.1 米。

敌台整体保存较差。台体坍塌严重，底部风蚀严重，仅存中间一大块夯土，整体向西倾斜。

台体用黄沙土夹杂少量料礓石夯筑而成，夯层厚 0.08～0.12 米，夯土质地疏松。台体平面呈矩形，剖面呈梯形，底部边长 3、顶部边长 2、高 3 米。（图一九四〇）

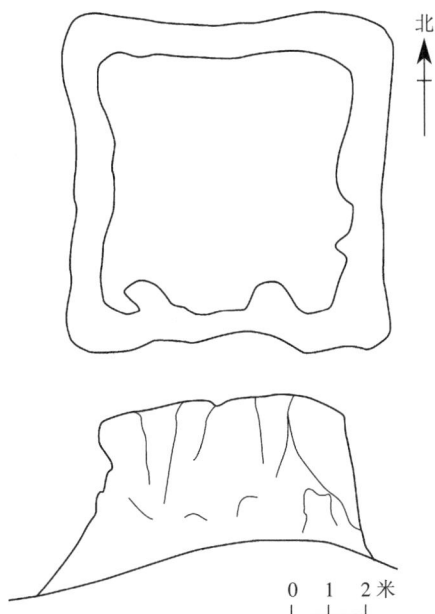

图一九三九　南园则村敌台平、立面图

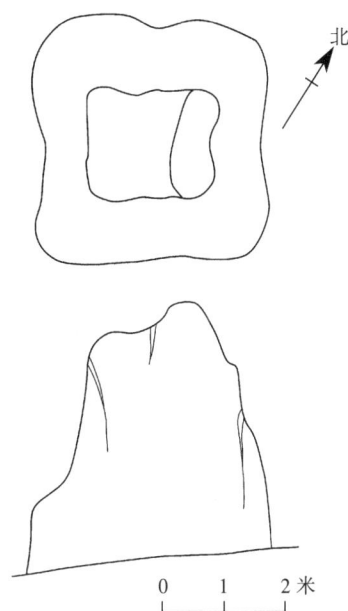

图一九四○　三楼村敌台平、立面图

该敌台位于三楼村长城墙体上，东南距三楼村1号马面0.28千米。

（八六）蔡马场村1号敌台（610825352101170086）

该敌台位于定边镇蔡马场村东南1.5千米的沙漠地带。所处地势起伏较大，植被较差。高程1403.3米。

敌台整体保存差。台体坍塌严重呈土堆状，上面长满杂草，南壁布满昆虫洞穴和风蚀凹坑。

台体用黄沙土夯筑而成，夯层厚0.06~0.12米。台体平面呈近圆形，剖面呈不规则形，底部直径11米，顶部东西3.5、南北3米，高4米。（图一九四一）

该敌台西北距蔡马场村2号敌台1.03千米。

（八七）蔡马场村2号敌台（610825352101170087）

该敌台位于定边镇蔡马场村东南0.3千米的沙漠草滩地带上。高程1378.5米。

敌台整体保存差。台体坍塌成大土堆，上面长满杂草，东壁呈缓坡状。

台体用黄沙土夯筑而成，夯层厚0.05~0.13米。台体平面呈圆形，剖面呈梯形，底部直径16、顶部直径9.5、高6米。（图一九四二）

该敌台东南距蔡马场村1号敌台1.03千米。

（八八）贾圈村1号敌台（610825352101170088）

该敌台位于周台子乡贾圈村东南1.85千米的沙漠地带。高程1364.4米。

敌台整体保存差。台体坍塌严重，夯土向四周裂开，台壁布满较宽较深的裂缝，底部有风蚀凹槽和坑穴，西北角夯土成块塌落。

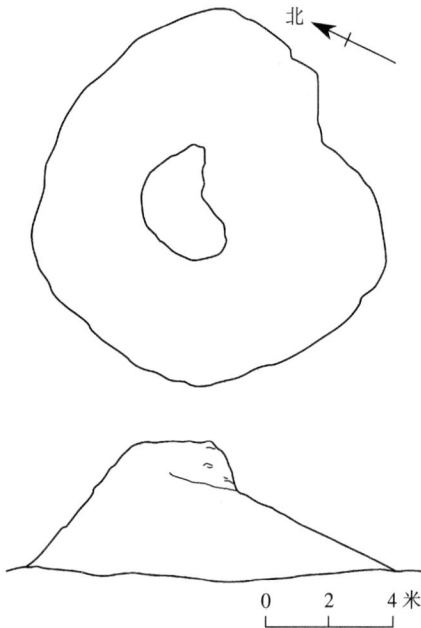

图一九四一　蔡马场村 1 号敌台平、立面图　　　　　图一九四二　蔡马场村 2 号敌台平、立面图

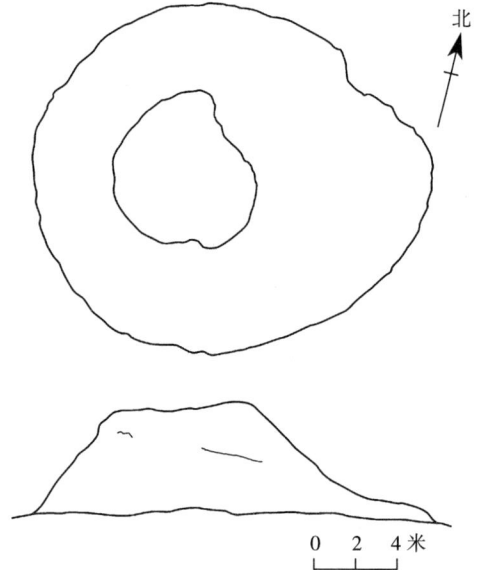

　　台体用黄沙土夯筑而成，夯层厚 0.08 ~ 0.15 米，质地较硬，夯层清晰。台体平、剖面呈不规则形，底部东西 13.5、南北 11.5 米，顶部东西 9.5、南北 8.4 米，高 5.5 米。（图一九四三）

　　该敌台北距贾圈村长城 1 段墙体 0.012 千米，西北距贾圈村 2 号敌台 1.85 千米。

（八九）贾圈村 2 号敌台（610825352101170089）

　　该敌台位于周台子乡贾圈村南 0.22 千米的沙漠草滩地带。高程 1257.1 米。

　　敌台整体保存差。台体坍塌成凹坑状，上面长满杂草。

　　台体用黄沙土夯筑而成，夯层厚 0.08 ~ 0.12 米，夯土质地疏松。台体平面呈近圆形，剖面呈不规则形，底部东西 6.5、南北 4 米，顶部东西 3、南北 5 米，高 2 米。（图一九四四）

　　该敌台位于贾圈村长城 1 段墙体南侧 0.015 千米，东南距贾圈村 1 号敌台 1.85 千米。

（九〇）东梁村 1 号敌台（610825352101170090）

　　该敌台位于周台子乡东梁村二组东北 1.5 千米的沙漠草滩地带，所处地势平缓，植被稀疏。高程 1329 米。

　　敌台整体保存差。台体坍塌成大土堆，顶部因踩踏光秃，生长有少量耐旱植物。

　　台体用盐碱黄沙土夯筑而成，夯层厚 0.06 ~ 0.12 米。台体平面呈圆形，剖面呈梯形，底部直径 17、顶部直径 5、高 6 米。台体周围发现有砖。（图一九四五）

　　该敌台位于东梁村长城 2 段墙体上，东距东梁村 2 号敌台 0.62 千米。

（九一）东梁村 2 号敌台（610825352101170091）

　　该敌台位于周台子乡东梁村二组东北 1.1 千米的沙漠草滩地带。周围地势平缓，土壤沙化、盐碱化严重。高程 1320.6 米。

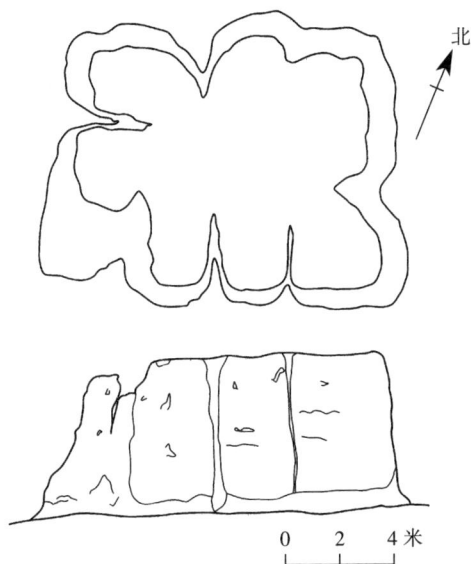

图一九四三　贾圈村1号敌台平、立面图

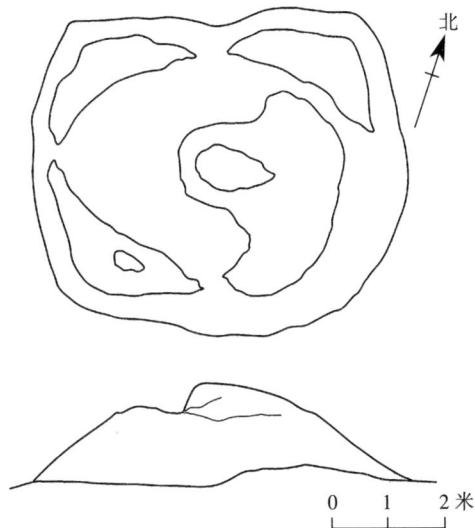

图一九四四　贾圈村2号敌台平、立面图

敌台整体保存差。台体坍塌成大土堆，上面长满杂草，夯层无法判断。台体平面呈圆形，剖面呈拱形，底部直径7、高3米。台体周围发现有少量砖。（图一九四六）

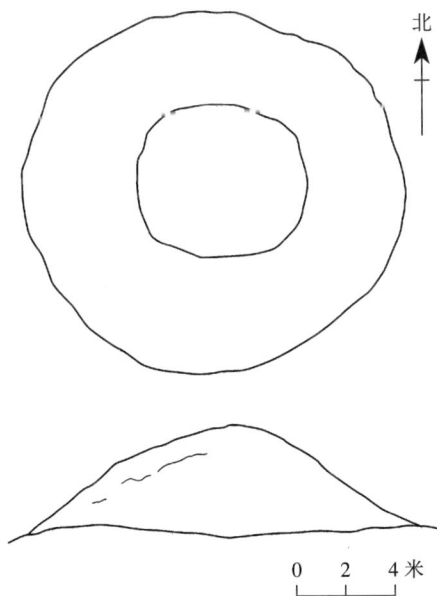

图一九四五　东梁村1号敌台平、立面图

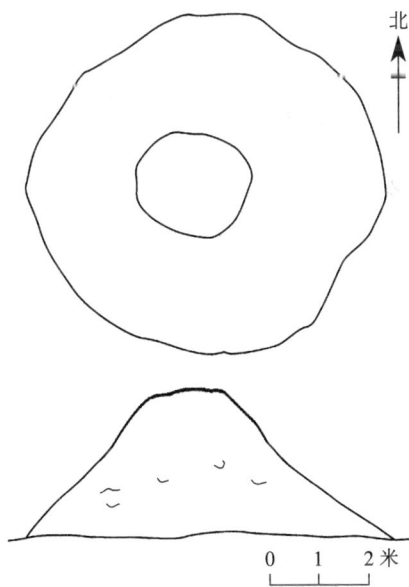

图一九四六　东梁村2号敌台平、立面图

该敌台位于东梁村长城2段墙体上，东距东梁村1号敌台0.62千米。

（九二）东梁村3号敌台（6108253521011170092）

该敌台位于周台子乡东梁村二组东北0.8千米的沙漠草滩盐碱地带。周围地势平缓，土壤沙化、盐碱化严重。高程1325米。

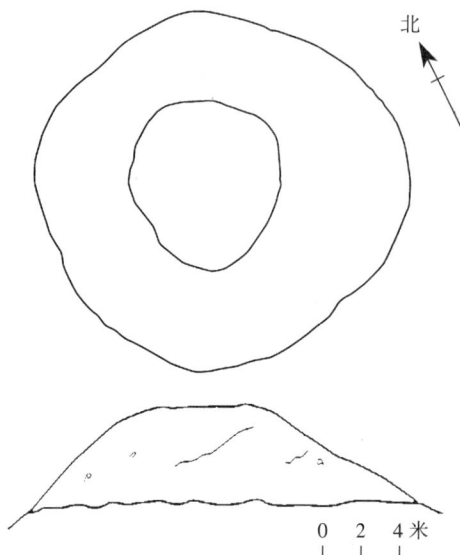

图一九四七　东梁村3号敌台平、立面图　　　图一九四八　东梁村4号敌台平、立面图

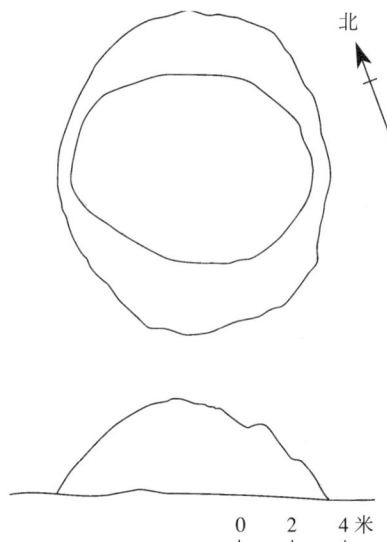

敌台整体保存差。台体坍塌成大土堆，顶部光秃，附近生长有杂草。

台体用盐碱黄沙土夯筑而成，土色泛白，质地较硬，夯层厚0.07~0.13米。台体平面呈圆形，剖面呈梯形，底部直径22、顶部直径10、高5米。台体周围发现有砖。（图一九四七）

该敌台位于东梁村长城2段上，东距东梁村2号敌台0.448千米。

（九三）东梁村4号敌台（6108253521011700093）

该敌台位于周台子乡东梁村二组北0.8千米的沙漠草滩盐碱地带。周围地势平缓，土壤沙化、盐碱化严重。高程1323.9米。

敌台整体保存差。台体坍塌成大土堆，顶部凹凸不平，生长有杂草。

台体用盐碱黄沙土夯筑而成，夯层厚0.07~0.12米。台体平面呈近圆形，剖面呈梯形，底部东西9、南北12米，顶部东西10、南北7米，高3.5米。台体周围发现有砖。（图一九四八）

该敌台位于东梁村长城2段墙体上，东距东梁村3号敌台0.5千米。

（九四）东畔村1号敌台（6108253521011700094）

该敌台位于周台子乡东畔村东1千米的沙漠盐碱草滩地带。所处地势平缓。高程1312.3米。

敌台整体保存差。台体坍塌成大土堆，上面长满杂草，北壁部分被沙土掩埋。

台体用盐碱黄沙土夯筑而成，夯层厚0.06~0.12米。台体平面呈圆形，剖面呈梯形，底部直径13、顶部直径7、高3.5米。台体周围发现有少量砖。（图一九四九）

该敌台位于东畔村长城1段墙体上，西距东畔村2号敌台0.36千米。

（九五）东畔村2号敌台（6108253521011700095）

该敌台位于周台子乡东畔村东0.7千米的沙漠盐碱草滩地带。所处地势平缓，北侧为沙滩耕地。高程1303.9米。

敌台整体保存差。台体坍塌严重呈土堆状，沙化严重。台体上生长有黄蒿等耐旱沙生植物。

台体用盐碱黄沙土夯筑而成，夯层厚0.05～0.1米。台体平面呈圆形，剖面呈梯形，底部直径12、顶部直径9、高3米。台体周围发现有残砖。（图一九五〇）

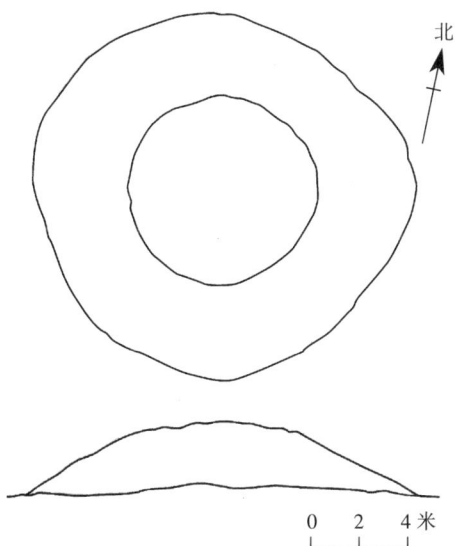

图一九四九　东畔村1号敌台平、立面图

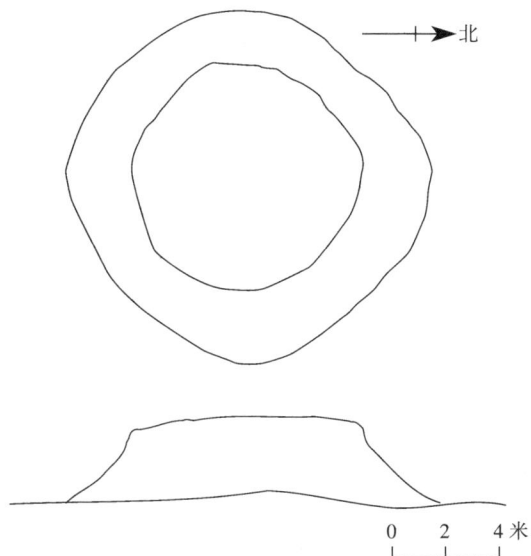

图一九五〇　东畔村2号敌台平、立面图

该敌台位于东畔村长城1段墙体上，东距东畔村1号敌台0.36千米。

（九六）东畔村3号敌台（6108253521 01170096）

该敌台位于周台子乡东畔村东0.4千米的沙漠盐碱草滩地带。所处地势平缓。高程1300.7米。

敌台整体保存差。台体坍塌严重呈土堆状，顶部光秃。

台体用盐碱黄沙土夯筑而成，土质坚硬，土色泛白，夯层厚0.07～0.11米。台体平面呈圆形，剖面呈梯形，底部直径13、顶部直径7、高3.5米。台体周围发现有砖。（图一九五一）

该敌台位于东畔村长城1段墙体上，东南距东畔村2号敌台0.46千米。

（九七）东畔村4号敌台（6108253521 01170097）

该敌台位于周台子乡东畔村南0.2千米的沙漠盐碱草滩地带。所处地势平缓，北侧为东畔村耕地。高程1301.6米。

敌台整体保存差。台体坍塌严重呈土堆状，北壁大部分被黄沙掩埋。台体上长有黄蒿等耐旱沙生植物。

台体用盐碱黄沙土夯筑而成，夯层不明。台体平面呈圆形，剖面呈梯形，底部直径8、顶部直径5、高2.1米。台体周围发现有砖。（图一九五二）

该敌台位于东畔村长城1段墙体上，东南距东畔村3号敌台0.406千米。

（九八）东畔村5号敌台（6108253521 01170098）

该敌台位于周台子乡东畔村南0.2千米的沙漠盐碱草滩地带。所处地势平缓。高程1302.4米。

敌台整体保存差。台体损毁严重，南壁有2孔窑洞；北壁有人为取土形成的大土坑，有许多风蚀和昆虫形成的洞穴；顶部由于雨水冲刷形成许多凹凸不平的凹槽。

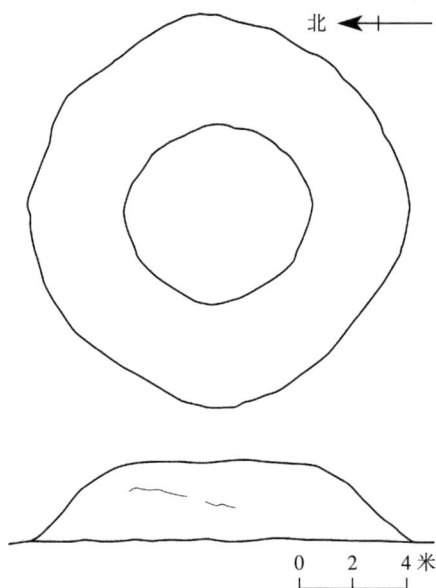

图一九五一　东畔村 3 号敌台平、立面图　　　　图一九五二　东畔村 4 号敌台平、立面图

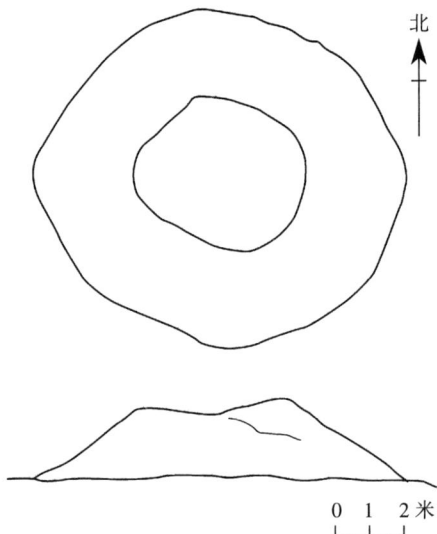

台体用盐碱黄沙土为主夯筑而成，夯层厚 0.05～0.12 米，夯土质地疏松。台体平面呈矩形，剖面呈梯形，底部边长 8～10、顶部边长 4～6、高 3.5 米。（图一九五三）

该敌台为东畔村长城 3 段墙体止点。

（九九）东畔村 6 号敌台（610825352101170099）

该敌台位于周台子乡东畔村东南 0.8 千米的沙漠盐碱草滩地带。所处地势平缓。高程 1321.7 米。

敌台整体保存差。台体由于风雨侵蚀、人为取土等原因损毁严重，呈平缓的土堆状，几近消失。

台体建在夯土基座上，有围墙。基座平面呈矩形，东西 35、南北 20 米，基座上有围墙。围墙东、南墙消失，北墙保存较好，墙体底宽 3、顶宽 0.8～1.5 米。台体用盐碱黄沙土夯筑而成，土色泛白、质地较硬，夯层厚 0.07～0.13 米。台体平、剖面呈不规则形，底部最宽 15、顶部最宽 2、高 3 米。（图一九五四）

该敌台为东畔村长城 4 段墙体起点。

（一〇〇）下暗门村敌台（610825352101170100）

该敌台位于贺圈镇下暗门村西 0.08 千米。周围地势平坦，东侧为村庄，西侧大多为耕地。高程 1395 米。

敌台整体保存差。台体坍塌成大土堆，上面长满杂草。

台体用黄沙土夯筑而成，夯层厚 0.07～0.11 米。台体平面呈圆形，剖面呈梯形，底部直径 10 米、顶部直径 4、高 3.5 米。台体周围发现有残砖。（图一九五五）

该敌台位于下暗门村长城 3 段墙体上，南距下暗门村 1 号敌台 1.2 千米。

（一〇一）上暗门村 1 号敌台（610825352101170101）

该敌台位于贺圈镇上暗门村中。周围地势较平坦，多为农田。高程 1328 米。

敌台整体保存差。台体坍塌成圆土台，上面长满杂草。

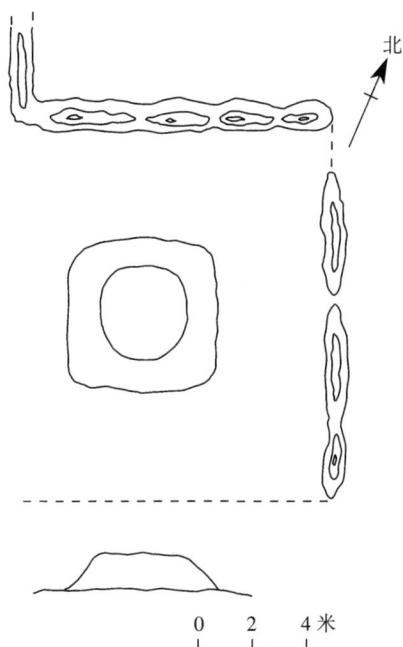

图一九五三　东畔村5号敌台平、立面图

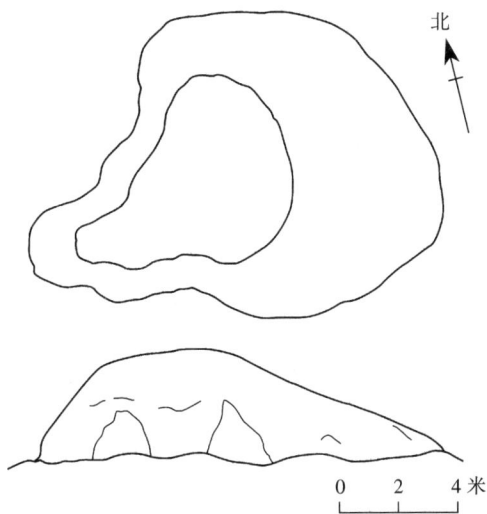

图一九五四　东畔村6号敌台平、立面图

台体用黄土夯筑而成，夯层厚0.06~0.12米。台体平面呈圆形，剖面呈梯形，底部直径11、顶部直径8、高3.5米。（图一九五六）

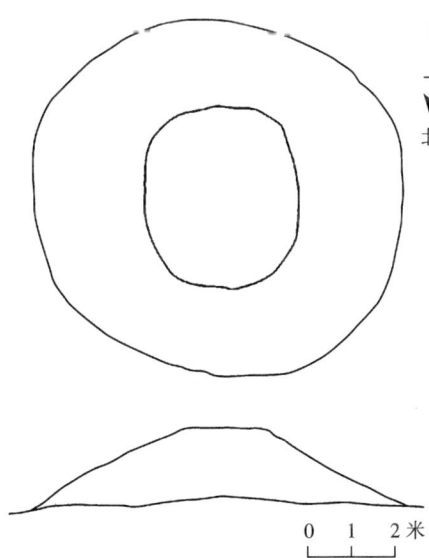

图一九五五　下暗门村敌台平、立面图

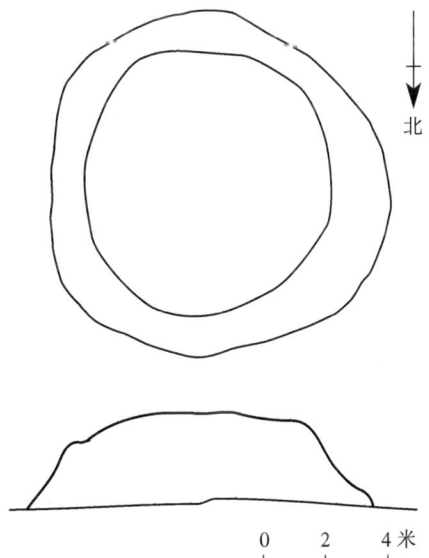

图一九五六　上暗门村1号敌台平、立面图

该敌台位于上暗门村长城1段墙体上，西北距下暗门村敌台1.2千米。

（一〇二）上暗门村2号敌台（610825352101170102）

该敌台位于贺圈镇上暗门村南0.326千米。周围地势较平坦，多为农田。高程1403.2米。敌台整体保存差。台体坍塌成土堆，上面长满杂草。

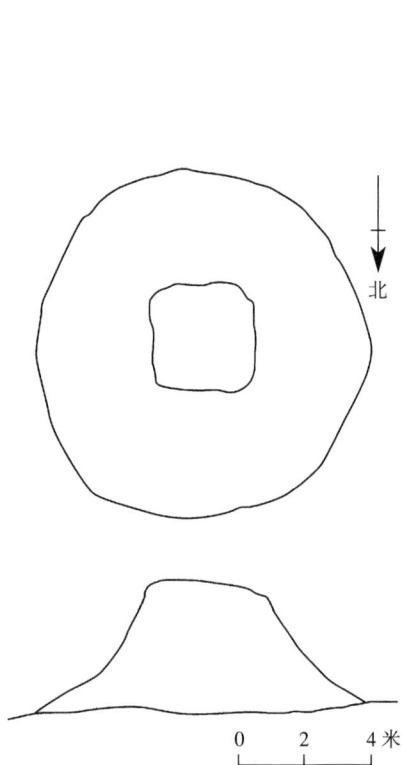

图一九五七　上暗门村2号敌台平、立面图

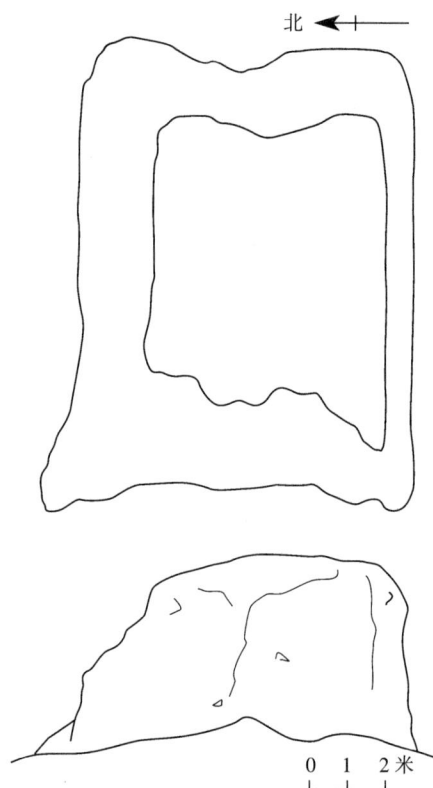

图一九五八　上暗门村3号敌台平、立面图

台体用黄沙土夯筑而成，夯层厚0.06～0.11米。台体平面呈圆形，剖面呈梯形，底部直径12、顶部直径4、高3.2米。台体周围发现有砖。（图一九五七）

该敌台位于上暗门村长城2段墙体上，北距上暗门村1号敌台0.326千米。

（一〇三）上暗门村3号敌台（610825352101170103）

该敌台位于贺圈镇上暗门村南0.6千米处。周围地势较平坦，多为农田。高程1400.8米。

敌台整体保存差。台体坍塌严重，南壁有裂缝；北壁坍塌呈缓坡状；东、西壁面斑驳，凹凸不平，有风蚀的凹坑。

台体用黄土夯筑而成，夯层厚0.07～0.12米，夯土质地细密。台体平面呈矩形，剖面呈梯形，底部东西12、南北10米，顶部东西8、南北6米，高5米。台体周围发现有残砖。（图一九五八）

该敌台位于上暗门村长城2段墙体东侧；北距上暗门村2号敌台0.273千米。

（一〇四）辛圈村敌台（610825352101170104）

该敌台位于贺圈镇辛圈村东0.5千米处。周围地势较平坦，多为农田。高程1422.2米。

敌台整体保存差。台体东、南壁坍塌严重，夯土成块脱落；西壁坍塌成缓坡，有踩踏的小路；北壁有裂缝，顶部生长有杂草；东壁有大型砖瓦厂，有土路穿过墙体。

台体用黄土夯筑而成，夯层厚0.05～0.12米，夯土质地细密。台体平面呈矩形，剖面呈梯形，底部东西13.2、南北11.5米，顶部东西7.5、南北8.7米，高7米。台体周围发现有残砖。（图一九五九）

该敌台位于辛圈村长城墙体东侧，西北距上暗村3号敌台0.45千米。

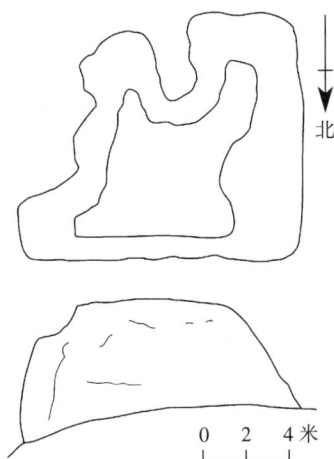

图一九五九　辛圈村敌台平、立面图

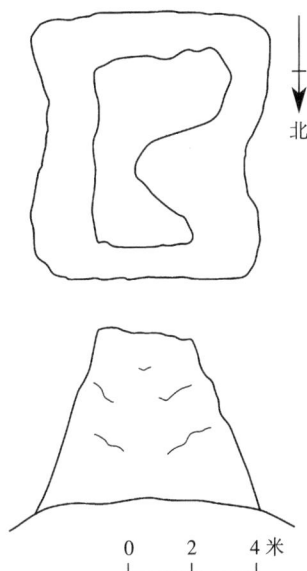

图一九六〇　何梁村 1 号敌台平、立面图

（一〇五）何梁村 1 号敌台（610825352101170105）

该敌台位于贺圈镇何梁村西北 1.2 千米的山坡上。东侧临沟。高程 1434 米。

敌台整体保存差。台体坍塌成两半，西壁中部有雨水冲刷的沟槽，可登台顶，通道长 7.5、宽 0.6 米；其余三壁斑驳，凹凸不平；顶部坍塌凹陷。

台体用黄土夯筑而成，夯层厚 0.06～0.1 米。台体平面呈矩形，剖面呈梯形，底部边长 8、顶部边长 5、高 6 米。（图一九六〇）

该敌台位于何梁村长城 1 段墙体东侧 0.05 千米处，西北距辛圈村马面 0.048 千米。

（一〇六）何梁村 2 号敌台（610825352101170106）

该敌台位于贺圈镇何梁村西北 0.7 千米的山坡上。东侧临沟。高程 1445.1 米。

敌台整体保存较差。因风雨侵蚀台壁斑驳，凹凸不平；北壁上部有冲沟，顶部为凹坑。

台体用黄土夯筑而成，夯层厚 0.05～0.1 米，夯土质地细密。台体平面呈矩形，剖面呈梯形，底部边长 10、顶部边长 8、高 7 米。台体周围发现有残砖。（图一九六一）

该敌台位于何梁村长城 1 段墙体东侧，西北距何梁村 1 号敌台 0.5 千米。

（一〇七）何梁村 3 号敌台（610825352101170107）

该敌台位于贺圈镇何梁村西 0.48 千米的山坡上。东侧临沟。高程 1468.8 米。

敌台整体保存差。台体坍塌严重，四壁坍塌成斜坡，整体呈圆锥状土台，上面生长有杂草。

台体用黄土夯筑而成，夯层厚 0.05～0.12 米。台体平面呈近圆形，剖面呈弧拱形，底部直径 12、高 4.5 米。（图一九六二）

该敌台西距何梁村长城 1 段墙体 0.015 千米，北距何梁村马面 0.1 千米。

（一〇八）何梁村 4 号敌台（610825352101170108）

该敌台位于贺圈镇何梁村西南 0.7 千米的山坡上。东侧临沟。高程 1473.8 米。

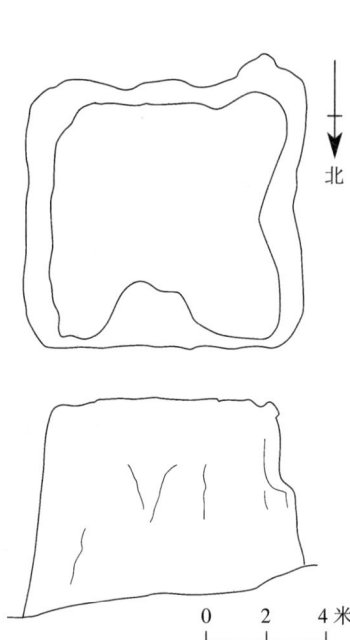

图一九六一　何梁村 2 号敌台平、立面图　　　图一九六二　何梁村 3 号敌台平、立面图

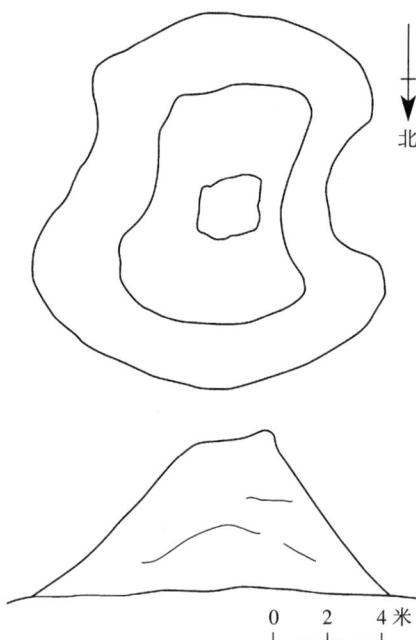

敌台整体保存较差。风雨侵蚀使台壁斑驳、凹凸不平，夯土剥落；南北两壁裂缝较多，南壁挖凿有窑洞，为何梁村祖师庙。

台体用黄土夯筑而成，夯层厚 0.05 ~ 0.12 米。台体平面呈矩形，剖面呈梯形，底部东西 17、南北 15 米，顶部东西 11、南北 10 米，高 8 米。（图一九六三）

该敌台北距何梁村 3 号敌台 0.46 千米。

（一○九）何梁村 5 号敌台（610825352101170109）

该敌台位于贺圈镇何梁村西南 0.8 千米的山坡上。东侧临沟，南侧有一条土路穿过长城墙体。高程 1460.3 米。

敌台整体保存差。台体坍塌严重，呈锥状，南壁有冲刷沟槽，可登台顶。台壁斑驳，凹凸不平。

台体用黄土夯筑而成，夯层厚 0.06 ~ 0.11 米。台体平面呈圆形，剖面呈锥形，底部直径 6 米，高 5 米。（图一九六四）

该敌台北距何梁村 4 号敌台 0.09 千米。南侧为干沟，由北向南流，长年干涸，雨季有水，附近有乡村土路。

（一一○）何梁村 6 号敌台（610825352101170110）

该敌台位于贺圈镇何梁村西南 1.2 千米的山坡上。地处黄土梁峁沟壑区，东、南侧临沟。高程 1472.6 米。

敌台整体保存较差。台体坍塌严重，东南壁坍塌成断崖，北壁坍塌、铲削成缓坡，东壁有较多裂缝和凹坑。

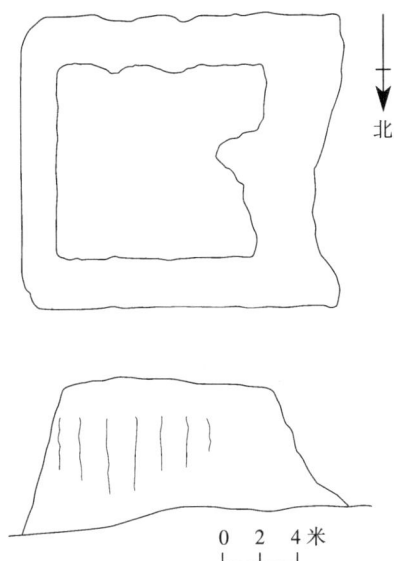

图一九六三　何梁村 4 号敌台平、立面图　　　图一九六四　何梁村 5 号敌台平、立面图

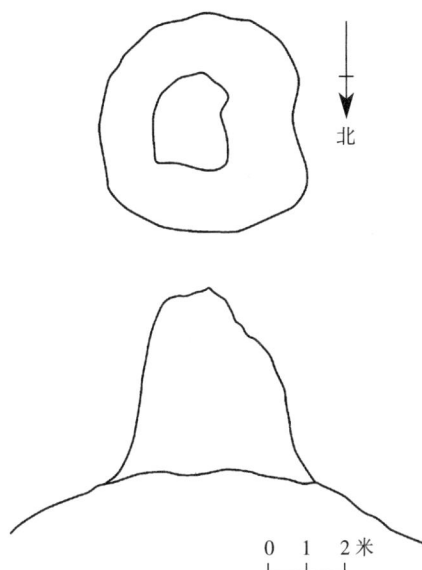

台体用黄土夯筑而成，夯层厚 0.06~0.1 米，夯土质地细密。台体平面呈矩形，剖面呈梯形，底部东西 8、南北 10 米，顶部东西 5、南北 7 米，高 6 米。（图一九六五）

该敌台北距何梁村 5 号敌台 0.5 千米。

（一一一）何梁村 7 号敌台（610825352101170111）

该敌台位于贺圈镇何梁村南 1.5 千米的黄土梁峁沟壑区。东侧临干沟，西侧是梁峁地带。高程 1463.7 米。

敌台整体保存差。台体向南倾斜，坍塌严重，壁面布满凹陷，上面长满杂草。

台体用黄土夯筑而成，夯层厚 0.06~0.12 米，夯土质地疏松。台体平面呈近矩形，剖面呈梯形，底部边长 7、顶部边长 4、高 5 米。（图一九六六）

该敌台北距何梁村 6 敌台 0.2 千米。

（一一二）何梁村 8 号敌台（610825352101170112）

该敌台位于贺圈镇何梁村南 2.1 千米的黄土梁峁沟壑区。东侧临干沟，西侧是梁峁地带。高程 1472.5 米。

敌台整体保存较差。台体南壁有一大一小 2 个人为挖掘的土洞；北壁底部有塌土堆积；东、西壁斑驳，凹凸不平，有较多裂缝；顶部长满杂草。

台体用黄土夯筑而成，夯层厚 0.05~0.1 米，夯土质地细密，夯层清晰。台体平面呈矩形，剖面呈梯形，底部边长 9、顶部边长 7、高 7 米。（图一九六七；彩图三五四）

该敌台北距何梁村 7 号敌台 0.6 千米。

（一一三）何梁村 9 号敌台（610825352101170113）

该敌台位于贺圈镇何梁村南 2.75 千米的黄土梁峁沟壑区。东侧临干沟。高程 1471.9 米。

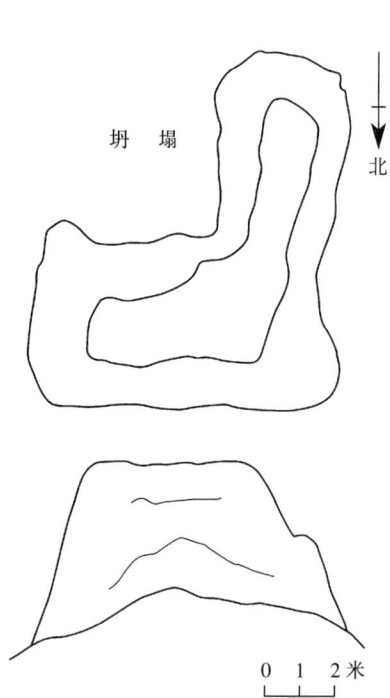

图一九六五　何梁村 6 号敌台平、立面图

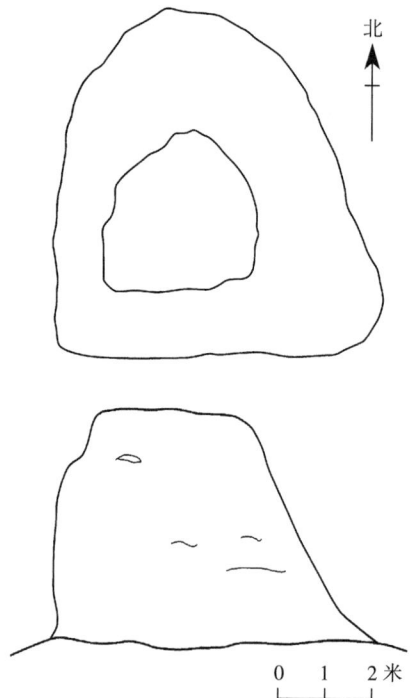

图一九六六　何梁村 7 号敌台平、立面图

敌台整体保存差。台体坍塌成斜坡，南壁顶部布满凹陷和裂缝，坍塌土堆上长满杂草。

台体用黄土夯筑而成，夯层厚 0.06~0.12 米。台体平面呈近圆形，剖面呈梯形，底部直径 8 米，顶部东西 2、南北 4 米，高 3.5 米。（图一九六八）

该敌台北距何梁村 8 号敌台 0.63 千米。

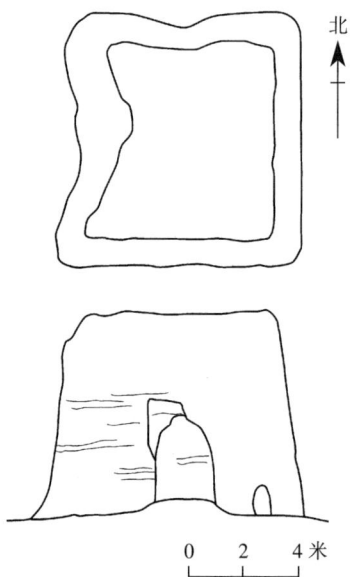

图一九六七　何梁村 8 号敌台平、立面图

图一九六八　何梁村 9 号敌台平、立面图

（一一四）何梁村 10 号敌台（610825352101170114）

该敌台位于贺圈镇何梁村南 3.35 千米的黄土梁峁沟壑区。东侧临干沟。高程 1490.8 米。

敌台整体保存较差。台体北壁坍塌成斜坡，南壁中部有人为挖掘的凹槽，东、西壁有裂缝和昆虫洞穴等，顶部长满杂草。

台体用黄土夯筑而成，夯层厚 0.05~0.12 米，夯层清晰。台体平面呈矩形，剖面呈梯形，底部边长 8、顶部边长 6、高 5 米。（图一九六九）

该敌台北距何梁村 9 号敌台 0.63 千米。

（一一五）新墩村 1 号敌台（610825352101170115）

该敌台位于贺圈镇新墩村东北 2.2 千米的黄土梁峁沟壑区。东侧临干沟。高程 1492.7 米。

敌台整体保存较差。台体坍塌成圆土堆，上面长满杂草。

台体用黄土夹杂少量料礓石夯筑而成，夯层厚 0.06~0.12 米，夯土质地疏松。台体平面呈近矩形，剖面呈梯形，底部东西 6、南北 8 米，顶部东西 3、南北 5 米，高 3 米。（图一九七〇）

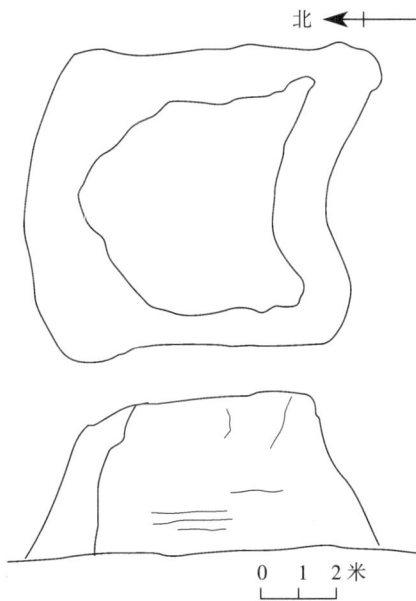

图一九六九　何梁村 10 号敌台平、立面图

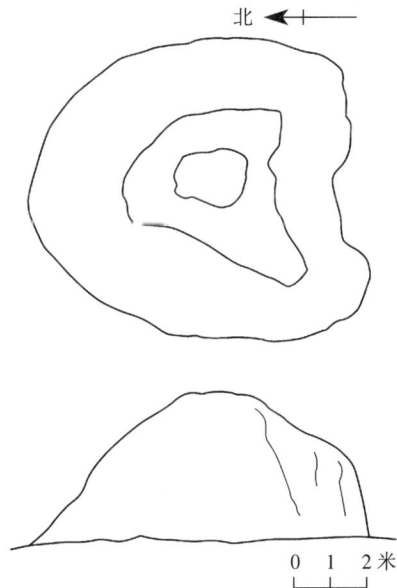

图一九七〇　新墩村 1 号敌台平、立面图

该敌台北距何梁村 10 号敌台 1.1 千米。

（一一六）新墩村 2 号敌台（610825352101170116）

该敌台位于贺圈镇新墩村东南 2 千米的黄土梁峁沟壑区。东临干沟。高程 1488 米。

敌台整体保存差。台体坍塌严重呈柱状，因临干沟而建，东、南壁坍塌成断崖，台壁斑驳布满裂缝和虫穴。

台体用黄土夯筑而成，夯层厚 0.06~0.1 米。台体平面呈矩形，剖面呈不规则形，底部东西 2、南北 2.3 米，顶部东西 1、南北 1.2 米，高 2.5 米。（图一九七一）

该敌台北距新墩村 1 号敌台 0.6 千米处。

（一一七）新墩村 3 号敌台（610825352101170117）

该敌台位于贺圈镇新墩村东南 2.6 千米的黄土梁峁沟壑区。北侧有一条沟壑，东临干沟。高程 1513.5 米。

敌台整体保存差。台体坍塌严重，东、南壁夯土成块坍塌成斜坡；四壁布满风蚀的凹坑和虫穴；顶部坍塌成缓坡，上面长满杂草。

台体用黄土夹杂少量料礓石夯筑而成，夯层厚 0.05～0.12 米，夯土质地疏松。台体平面呈矩形，剖面呈梯形，底部边长 10、顶部边长 8、高 5 米。（图一九七二）

图一九七一　新墩村 2 号敌台平、立面图　　　　图一九七二　新墩村 3 号敌台平、立面图

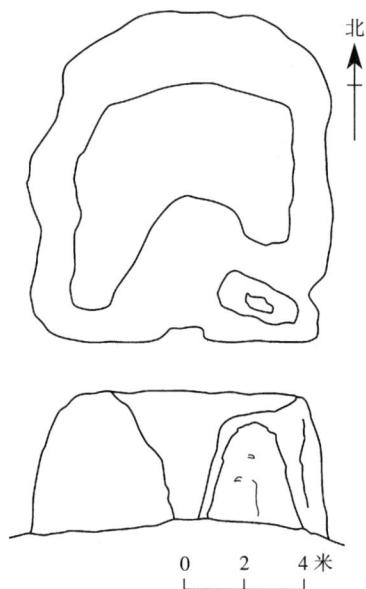

该敌台位于新墩村 2 号敌台南 0.23 千米。

（一一八）姚庄村 1 号敌台（610825352101170118）

该敌台位于纪畔乡姚庄村东南 1.8 千米的黄土梁峁沟壑区。东临干沟。高程 1526 米。

敌台整体保存差。台体坍塌成圆土堆，上面长满杂草。

台体用黄土夯筑而成，夯层厚 0.05～0.1 米。台体平面呈圆形，剖面呈弧拱形，底部直径 11、高 3.5 米。（图一九七三）

该敌台北距新墩村 3 号敌台 0.8 千米处。

（一一九）姚庄村 2 号敌台（610825352101170119）

该敌台位于纪畔乡姚庄村东南 2.2 千米的黄土梁峁沟壑区。东临干沟。高程 1532.3 米。

敌台整体保存差。台体南、东壁底部各有一个人为挖掘的土洞，北壁坍塌成斜坡。风雨侵蚀使台壁斑驳，布满虫穴。

台体用黄土夹杂少量料礓石夯筑而成，夯层厚 0.06～0.12 米，夯土质地疏松。台体平面呈矩形，剖面呈梯形，底部边长 10、顶部边长 8、高 5.5 米。（图一九七四）

该敌台北距姚庄村 1 号敌台 0.85 千米。

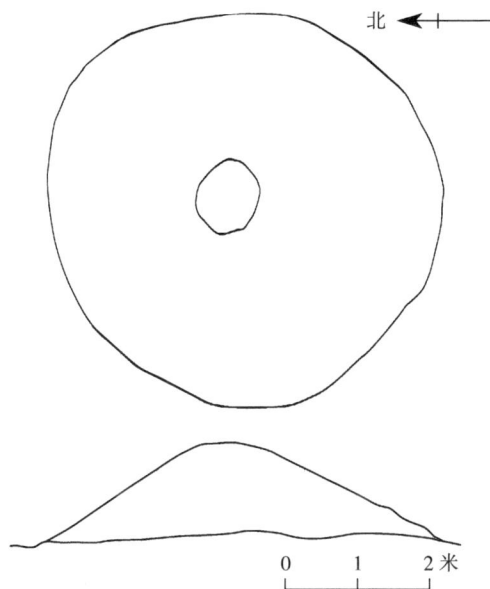

图一九七三　姚庄村 1 号敌台平、立面图　　　图一九七四　姚庄村 2 号敌台平、立面图

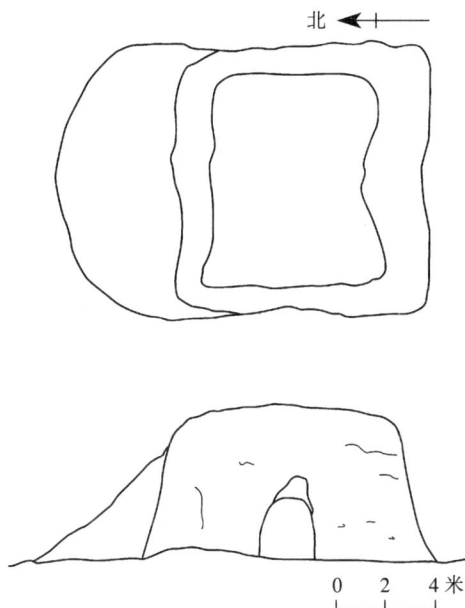

（一二〇）张畔村 1 号敌台 （610825352101170120）

该敌台位于纪畔乡张畔村北 0.8 千米的山坡上。东临干沟。高程 1531.6 米。

敌台整体保存差。台体坍塌严重，东壁有一个大豁口，部分夯土脱离台体；南壁有虫穴，北壁坍塌成斜坡。

台体用黄土夯筑而成，夯层厚 0.05～0.12 米。台体平面呈近矩形，剖面呈不规则形，底部边长 7、顶部边长 5、高 4.5 米。（图一九七五）

该敌台北距姚庄村 2 号敌台 0.83 千米。

（一二一）张畔村 2 号敌台 （610825352101170121）

该敌台位于纪畔乡张畔村北 1.3 千米的缓坡地带。南侧有房屋，东侧有打谷场。高程 1535 米。

敌台整体保存差。台体坍塌严重，南壁有一个大豁口，夯土整块脱落；北壁坍塌成斜坡；西壁有人为挖掘的土洞；东壁斑驳，凹凸不平有裂缝。

台体用黄土夯筑而成，夯层厚 0.06～0.1 米，夯土质地细密。台体平面呈近矩形，剖面呈梯形，底部边长 10、顶部边长 8、高 5 米。（图一九七六）

该敌台北距张畔村 1 号敌台 1.33 千米。

（一二二）张畔村 3 号敌台 （610825352101170122）

该敌台位于纪畔乡张畔村中。周围有民居。高程 1546.2 米。

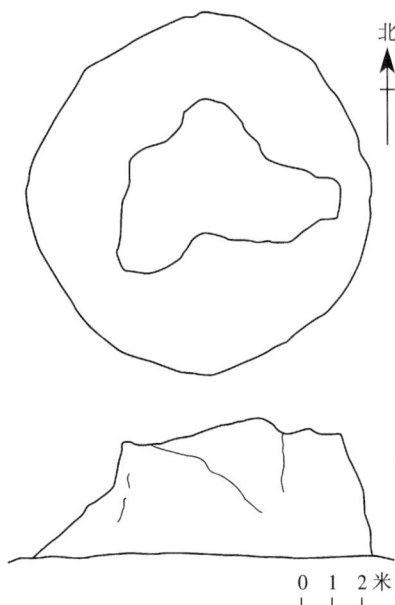

图一九七五　张畔村 1 号敌台平、立面图

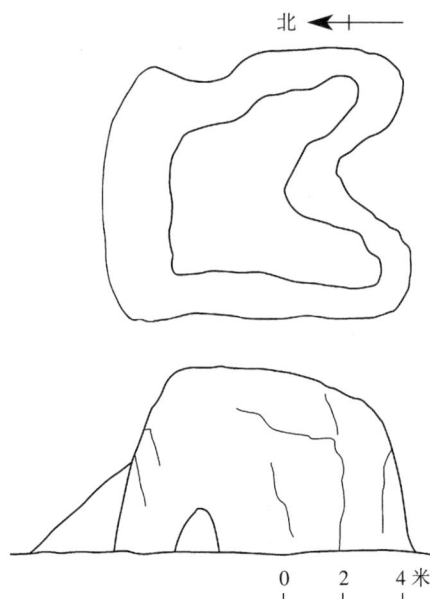

图一九七六　张畔村 2 号敌台平、立面图

敌台整体保存差。台体损坏严重，西壁有废弃窑洞，东壁凿有窗户，南壁上部被雨水冲刷、坍塌成一道沟槽。因风雨侵蚀台壁斑驳，凹凸不平，布满裂缝。

台体用黄土夯筑而成，夯层厚 0.05 ~ 0.1 米。台体平面呈矩形，剖面呈梯形，底部边长 10、顶部边长 7、高 6 米。（图一九七七）

该敌台北距张畔村 2 号敌台 0.93 千米。

（一二三）张畔村 4 号敌台（610825352101170123）

该敌台位于纪畔乡张畔村南 1.3 千米。周围为农田，东西两侧为黄土梁峁。高程 1536.3 米。

敌台整体保存状况差。台体坍塌严重，西、南壁有夯土成块脱落，形成豁口和裂缝；顶部坍塌凹陷，长满杂草。由于风雨侵蚀台壁斑驳，布满虫穴和裂缝。

台体用黄土夹杂少量料礓石夯筑而成，夯层厚 0.06 ~ 0.1 厘米，夯土质地细密。台体平面呈矩形，剖面呈梯形，底部边长 10、顶部边长 8、高 5 米。（图一九七八）

该敌台北距张畔村 3 号敌台 1.3 千米。

（一二四）张畔村 5 号敌台（610825352101170124）

该敌台位于纪畔乡张畔村南 2.1 千米处。周围为农田，东侧临沟。高程 1539.4 米。

敌台整体保存差。台体顶部坍塌严重，夯土滑落，上面长满杂草；南壁底部有人为挖掘的洞穴；东、西壁斑驳，凹凸不平，布满虫穴。

台体用黄土夯筑而成，夯层厚 0.06 ~ 0.1 米，夯土质地细密。台体平面呈矩形，剖面呈梯形，底部边长 8、顶部边长 6、高 7 米。夯土基座平面呈矩形，边长 20、高 3 米。（图一九七九）

该敌台北距张畔村 4 号敌台 1.06 千米。

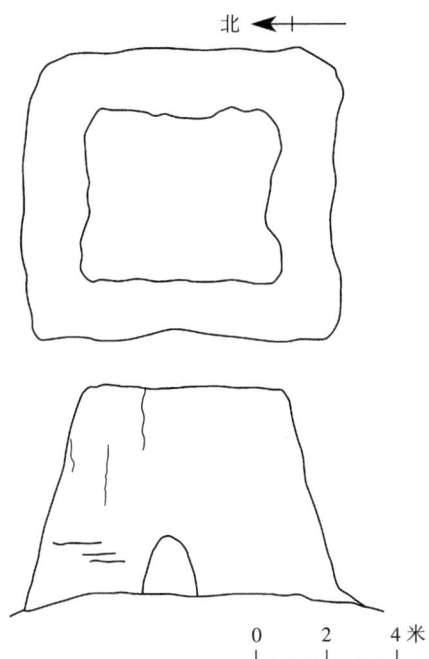

图一九七七　张畔村 3 号敌台平、立面图

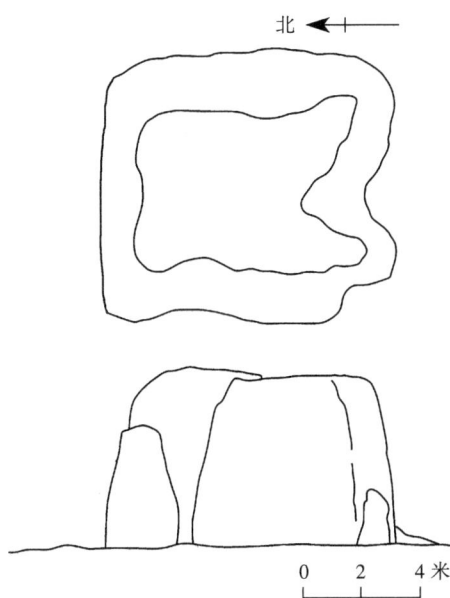

图一九七八　张畔村 4 号敌台平、立面图

（一二五）高庄洼村敌台（610825352101170125）

该敌台位于纪畔乡高庄洼村。周围是农田，西侧有洪水冲沟。高程 1554 米。

敌台整体保存差。台体顶部坍塌严重，呈圆峁状；台壁布满孔穴，斑驳、凹凸不平；南壁中间有一条雨水冲沟。

台体用黄土夹杂少量料礓石夯筑而成，夯层厚 0.06~0.1 米，质地细密。台体平面呈矩形，剖面呈梯形，底部边长 10、顶部边长 6、高 6 米。（图一九八○；彩图三五五）

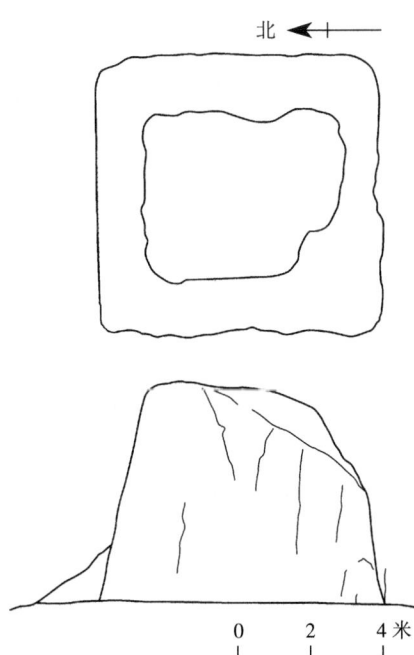

图一九七九　张畔村 5 号敌台平、立面图

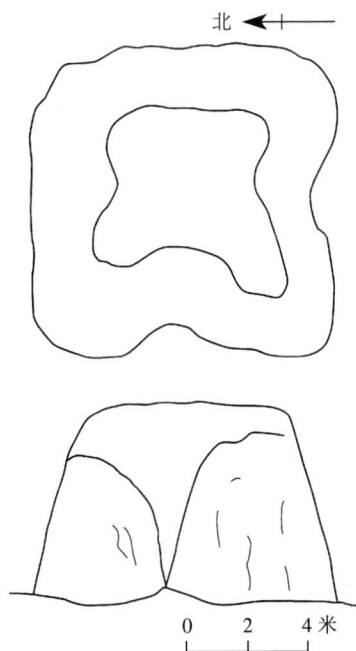

图一九八○　高庄洼村敌台平、立面图

该敌台北距张畔村 5 号敌台 1 千米。

（一二六）姚台村 1 号敌台（610825352101170126）

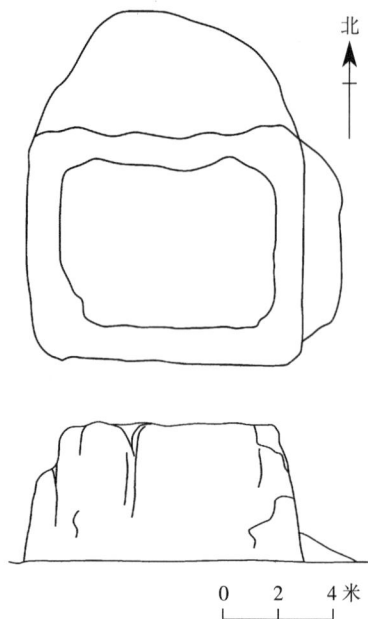

图一九八一　姚台村 1 号
敌台平、立面图

该敌台位于白湾子镇姚台村西 1.5 千米的缓坡上。东西两侧为农田，地势较平缓。高程 1614 米。

敌台整体保存差。台体坍塌严重，西壁坍塌成斜坡，其余三壁斑驳，布满虫穴和裂缝。

台体用黄土夯筑而成，夯层厚 0.07 ~ 0.12 米，夯土质地疏松。台体平面呈矩形，剖面呈梯形，底部东西 10、南北 7 米，顶部东西 7、南北 5 米，高 4.5 米。（图一九八一）

该敌台东北距姚台村马面 1.22 千米。

（一二七）姚台村 2 号敌台（610825352101170127）

该敌台位于白湾子镇姚台村西 1.4 千米的较高山峁上。东西两侧为农田，地势较平缓。高程 1654.5 米。

敌台整体保存较差。台体北壁坍塌成斜坡；南壁有较多裂缝；东、西壁斑驳，凹凸不平，布满凹陷。基座坍塌成平台。

台体用黄土夯筑而成，夯层厚0.05 ~ 0.1 米，夯土质地细密。台体平面呈矩形，剖面呈梯形，底部边长 10、顶部边长 6、高 5 米。夯土基座平面呈矩形，东西 35、南北 30 米，高 1.5 米。（图一九八二）

该敌台北距姚台村 1 号敌台 0.95 千米。

（一二八）姚台村 3 号敌台（610825352101170128）

该敌台位于白湾子镇姚台村中的山坡上。南侧为农田。高程 1617.1 米。

敌台整体保存差。台体坍塌严重，底部堆积成斜坡，上面长满杂草。

台体用黄土夹杂料礓石夯筑而成，夯层厚 0.07 ~ 0.13 米。台体平面呈近圆形，剖面呈不规则形，底部边长7 ~ 9、顶部边长 2 ~ 4、高 4 米。（图一九八三）

该敌台北距姚台村 2 号敌台 1.2 千米。

（一二九）姚台村 4 号敌台（610825352101170129）

该敌台位于白湾子镇姚台村西南 2.5 千米的山坡上。周围是农田，东侧为低洼坡地。高程 1621.1 米。

敌台整体保存差。台体坍塌严重，壁面布满凹陷和昆虫等动物的洞穴，西壁中部有一道较宽的凹陷，北壁坍塌成斜坡。

台体用黄土夯筑而成，夯层厚 0.1 ~ 0.16 米，夯土质地疏松，西壁夯层较清晰。台体平面呈矩形，剖面呈梯形，底部边长 10、顶部边长 5 ~ 6、高 5 米。（图一九八四）

该敌台北距姚台村 3 号敌台 0.4 千米。

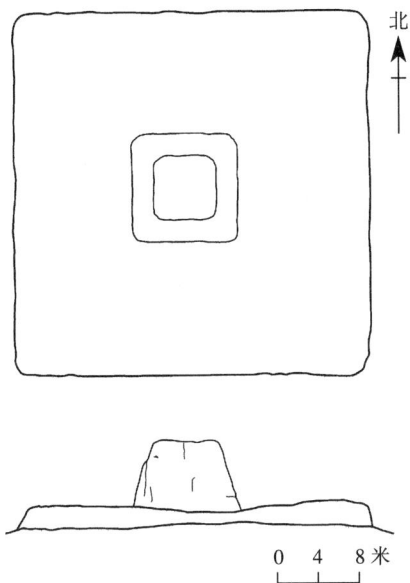

图一九八二　姚台村 2 号敌台平、立面图

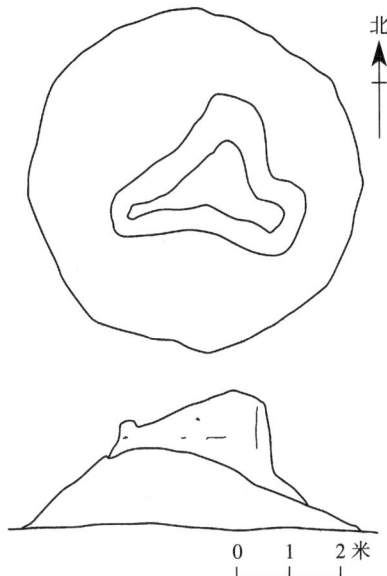

图一九八三　姚台村 3 号敌台平、立面图

（一三〇）姚台村 5 号敌台（610825352101170130）

该敌台位于白湾子镇姚台村西南 2.8 千米的地势较低的缓坡地带。周围为农田，东侧有一条乡间土路。高程 1584.8 米。

敌台整体保存差。台体坍塌成大土台，上面长满杂草，夯土塌落堆积而形成的斜坡被踩踏成小路通向台顶。

台体用黄土夯筑而成，夯层厚 0.1～0.14 米，夯土质地疏松。台体平面呈矩形，剖面呈梯形，底部边长 10、顶部边长 6、高 5 米。（图一九八五）

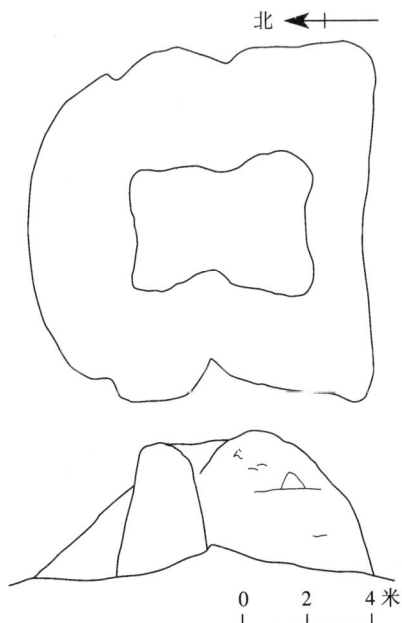

图一九八四　姚台村 4 号敌台平、立面图

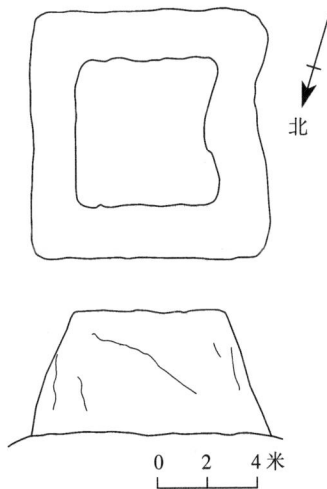

图一九八五　姚台村 5 号敌台平、立面图

该敌台北距姚台村 4 号敌台 0.9 千米。

（一三一）小涧子村 1 号敌台（610825352101170131）

该敌台位于白湾子镇小涧子村中地势较低的缓坡地带。周围为农田，西侧为乡村土路。高程 1589 米。

敌台整体保存差。台体受损严重，西、南壁各有一个人为挖掘的土洞，西壁洞宽 2、高 4、进深 5 米。台壁斑驳，布满昆虫等的洞穴。

台体用黄土夯筑而成，夯层厚 0.05～0.12 米，夯土质地细密。台体平面呈矩形，剖面呈梯形，底部边长 12、顶部边长 9，高 7 米。（图一九八六）

该敌台北距姚台村 5 号敌台 0.5 千米。

（一三二）小涧子村 2 号敌台（610825352101170132）

该敌台位于白湾子镇小涧子村西 0.6 千米地势较高的梁峁地带。周围是梯田。高程 1645.9 米。

敌台整体保存差。风雨侵蚀使台壁斑驳、剥落、凹凸不平，东壁底部有一人为挖掘的凹槽，南壁中间有一道雨水冲蚀的沟槽，基座坍塌成土台。

台体用黄土夹杂少量料礓石夯筑而成，夯层厚 0.06～0.12 米，夯土质地细密。台体平面呈矩形，剖面呈梯形，底部边长 10、顶部边长 8、高 6 米。夯土基座平面呈矩形，边长 30、高 1.2 米。（图一九八七；彩图三五六）

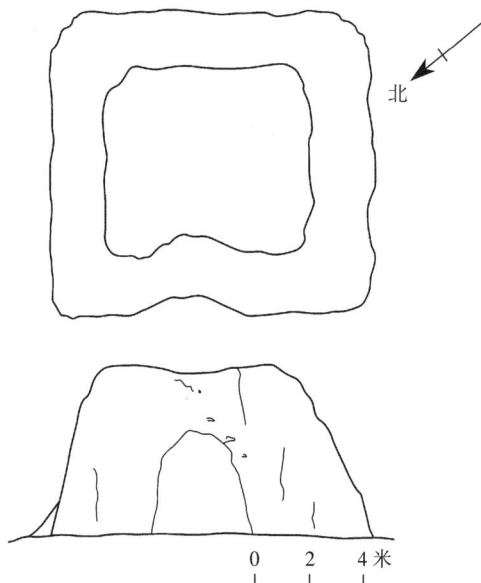

图一九八六　小涧子村 1 号敌台平、立面图

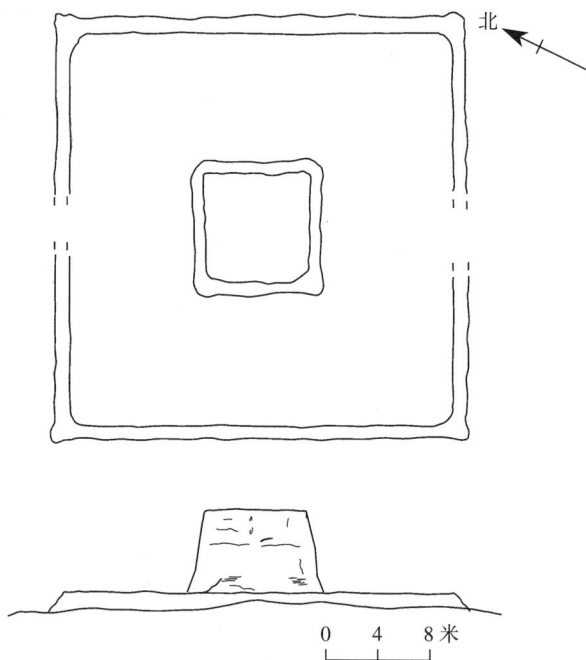

图一九八七　小涧子村 2 号敌台平、立面图

该敌台西北距小涧子村 1 号敌台 0.78 千米。

（一三三）小涧子村 3 号敌台（610825352101170133）

该敌台位于白湾子镇小涧子村西 1.3 千米的梁峁制高点上。周围是梯田，坡度较陡。高程 1732.6 米。

敌台整体保存较差。风雨侵蚀使台壁斑驳、布满凹陷，西南部坍塌，南壁有 2 个人为挖掘的小土洞。

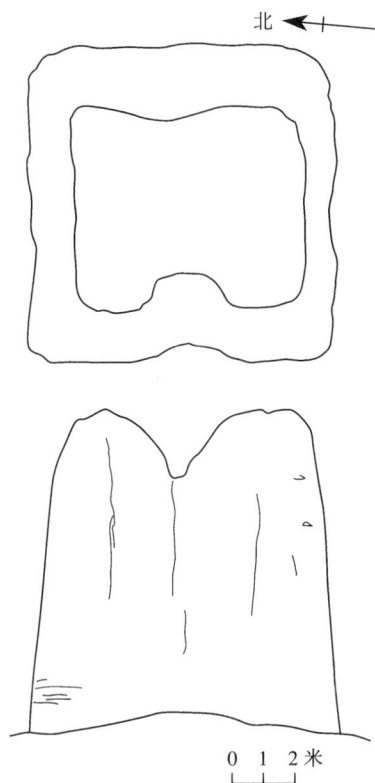

图一九八八　小涧子村 3 号敌台平、立面图

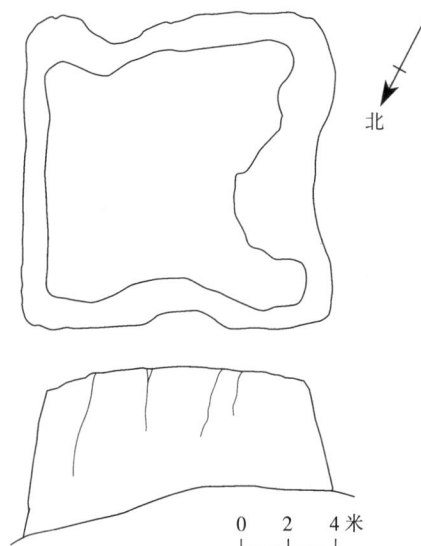

图一九八九　小涧子村 4 号敌台平、立面图

台体用黄土夯筑而成，夯层厚 0.05～0.12 米，夯土质地细密。台体平面呈矩形，剖面呈梯形，底部边长 9、顶部边长 5、高 10 米。（图一九八八；彩图三五七）

该敌台西北距小涧子村 2 号敌台 0.8 千米。

（一三四）小涧子村 4 号敌台（610825352101170134）

该敌台位于白湾子镇小涧子村西南 1.5 千米两山相连的嵝岘处。所处地势较低。高程 1664.4 米。

敌台整体保存差。台体坍塌严重，东南角夯土塌落，东、北壁布满雨水侵蚀的沟槽，西壁有坍塌形成的斜坡道通向台顶。

台体用黄土夯筑而成，夯层厚 0.07～0.13 米。台体平面呈矩形，剖面呈梯形，底部边长 13、顶部边长 11、高 7 米。（图一九八九）

该敌台北距小涧子村 3 号敌台 0.65 千米。

（一三五）兰腰贯村 1 号敌台（610825352101170135）

该敌台位于白湾子镇兰腰贯村北 1.1 千米的梁峁缓坡地带。所处地势较低。高程 1644.1 米。

敌台整体保存差。台体坍塌严重，塌土在底部堆积成斜坡；南壁剥落严重，有 2 个人为挖掘的土洞；西壁顶部坍塌成缓坡。

台体用黄土夹杂少量料礓石夯筑而成，夯层厚 0.06～0.12 米。台体平面呈矩形，剖面呈梯形，底部东西 12、南北 7 米，顶部东西 10、南北 5 米，高 6 米。（图一九九○）

该敌台西南距兰腰贯村 2 号敌台 0.39 千米。

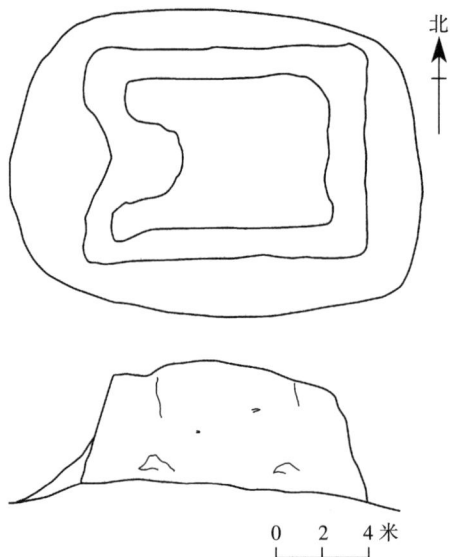

图一九九〇　兰腰贯村 1 号敌台平、立面图

（一三六）兰腰贯村 2 号敌台（610825352101170136）

该敌台位于白湾子镇兰腰贯村西北 1 千米的山梁上。所处地势较高，周围是荒草坡地。高程 1726.2 米。

敌台整体保存差。台体坍塌较严重，北壁上部有一道雨水冲蚀的缺口，其余台壁斑驳，布满裂缝和凹陷。基座保存较差，西、南部保存部分围墙。

台体夯土基座平面呈矩形，边长 30、高 1.5 米。围墙建在基座上，墙体底宽 3、顶宽 0.4 ~ 1.1、高 0.5 ~ 1.2 米，西、南墙保存较好，北墙保存较差，东墙消失。台体用黄土夯筑而成，夯层厚 0.05 ~ 0.12 米，夯土质地细密。台体平面呈矩形，剖面呈梯形，底部边长 12、顶部边长 9、高 5 米。（图一九九一）

该敌台东北距兰腰贯村 1 号敌台 0.39 千米。

（一三七）兰腰贯村 3 号敌台（610825352101170137）

该敌台位于白湾子镇兰腰贯村西 0.8 千米的山梁制高点上。所处地势较高，周围是台塬耕地。高程 1842.3 米。

敌台整体保存差。台体坍塌严重，大部分塌落，呈土堆状，壁面夯层清晰，有裂缝。

台体用黄土夹杂少量料礓石夯筑而成，夯层厚 0.08 ~ 0.14 米，夯层清晰。台体平、剖面呈不规则形，底部东西 7、南北 5 米，顶部东西 4、南北 2 米，高 2.5 米。（图一九九二）

该敌台东北距兰腰贯村 2 号敌台 1.8 千米。

（一三八）郝庄村 1 号敌台（610825352101170138）

该敌台位于王盘山乡郝庄村东 0.1 千米的山梁缓坡上。东侧有一条乡村土路。高程 1755.1 米。

敌台整体保存差。台体坍塌严重，东、西壁坍塌成缓坡；南壁凹凸不平，上部有人为挖掘的小土洞；北壁布满雨水冲刷的小沟槽。

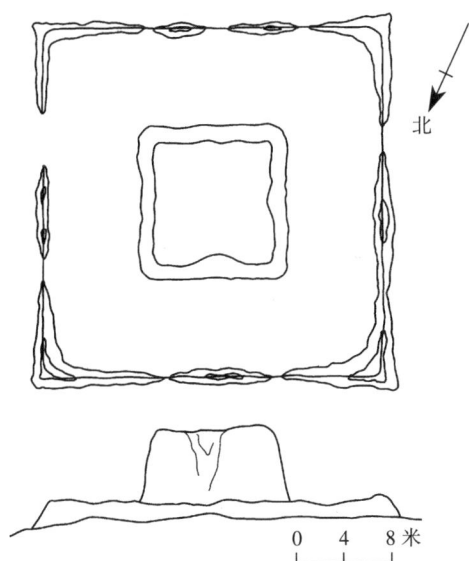

图一九九一　兰腰贯村 2 号敌台平、立面图

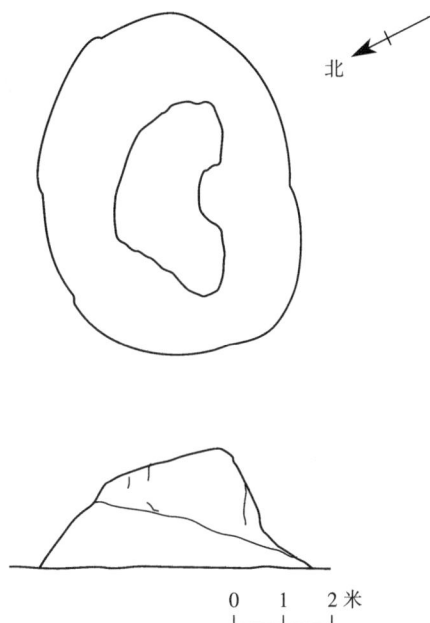

图一九九二　兰腰贯村 3 号敌台平、立面图

台体用黄土夯筑而成，夯层厚 0.07~0.12 米。台体平面呈矩形，剖面呈梯形，底部东西 13、南北 9 米，顶部东西 11、南北 5 米，高 6 米。（图一九九三）

该敌台南距郝庄村 2 号敌台约 0.32 千米。

（一三九）郝庄村 2 号敌台（610825352101170139）

该敌台位于王盘山乡郝庄村西南 0.1 千米的山梁上。高程 1777.9 米。

敌台整体保存差。台体受损严重，南壁底部有一个人为挖掘的洞穴；东壁被坍塌的夯土堆积成斜坡；其余台壁斑驳，布满凹陷、虫穴。

台体用黄土夯筑而成，夯层厚 0.05~0.14 米，夯土质地细密，夯层清晰。台体平面呈矩形，剖面呈梯形，底部边长 9、顶部边长 5、高 6 米。（图一九九四；彩图三五八）

该敌台北距郝庄村 1 号敌台约 0.32 千米。

（一四○）瓦渣梁村 2 号敌台（610825352101170140）

该敌台位于贺圈镇瓦渣梁村北 0.36 千米的荒沙滩碱地。所处地势起伏不大，较平缓，东西两侧为红沙土耕地，种植有沙葱。高程 1420.6 米。

敌台整体保存差。台体坍塌成圆土堆，上面长满杂草，耕地蚕食现象严重台体濒临消失。台体四周散落有大量残砖。北侧为银（川）青（岛）高速公路靖（边）王（圈梁）段穿过长城墙体，路宽 36 米。

台体用黄沙土夹杂料礓石夯筑而成，由于坍塌、沙土掩埋严重夯层不清。台体平面呈圆形，剖面呈梯形，底部直径 17.5、顶部直径 3.6、高 4 米。台体周围发现有残砖，砖宽 18、厚 8 厘米。（图一九九五）

该敌台位于瓦渣梁村长城 3 段墙体上，北距瓦渣梁村 3 号敌台 0.233 千米。

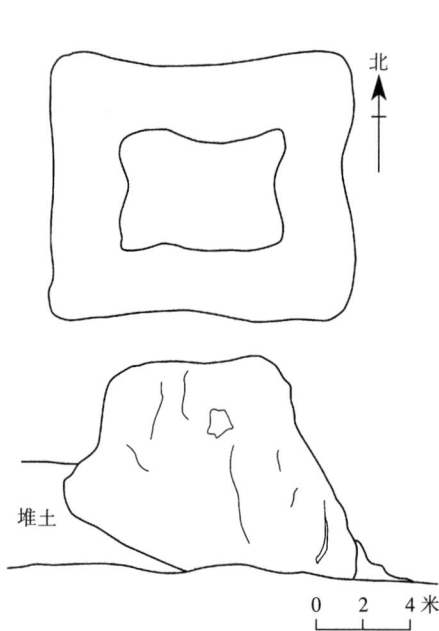

图一九九三　郝庄村1号敌台平、立面图

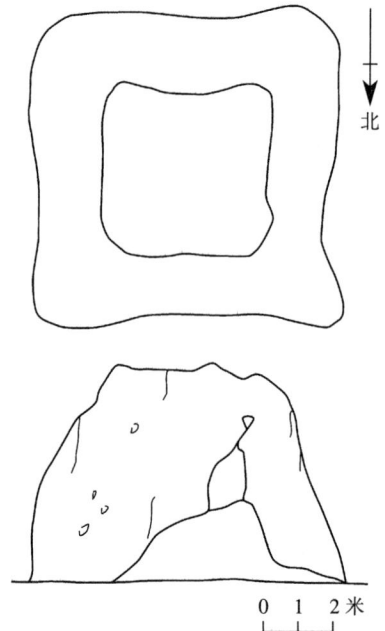

图一九九四　郝庄村2号敌台平、立面图

（一四一）瓦渣梁村3号敌台（610825352101170141）

该敌台位于贺圈镇瓦渣梁村北0.593千米处。地处毛乌素沙漠南缘的荒沙滩碱地，地势起伏不大，较平缓。高程1396.5米。

敌台整体保存差。台体坍塌呈圆土堆状，上面长满杂草，东西两壁被流沙掩埋严重，顶部呈平台状。

台体用黄沙土夯筑而成，由于坍塌、沙土掩埋夯层不清。台体平面呈矩形，剖面呈梯形，底部边长7、顶部边长3、高2.7米。台体周围发现有残砖，砖宽18、厚8厘米。（图一九九六）

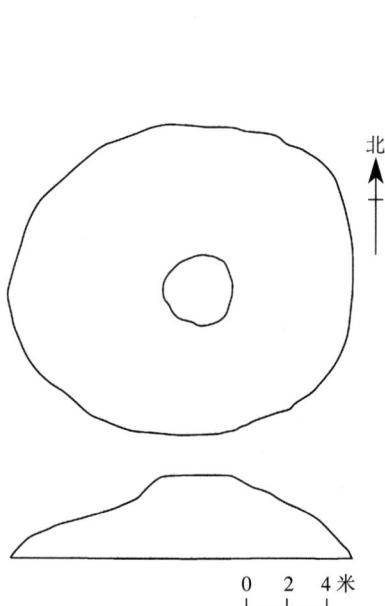

图一九九五　瓦渣梁村2号敌台平、立面图

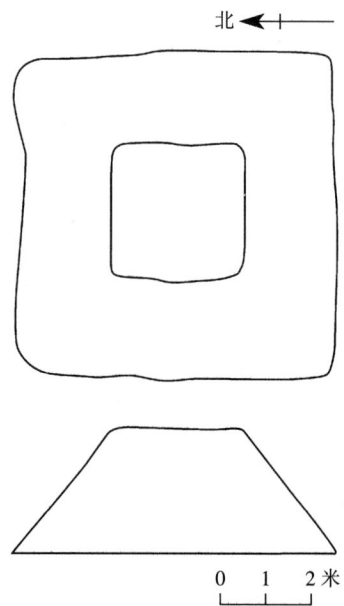

图一九九六　瓦渣梁村3号敌台平、立面图

该敌台南距瓦渣梁村 2 号敌台 0.233 千米。

（一四二）　瓦渣梁村 4 号敌台　（610825352101170142）

该敌台位于贺圈镇瓦渣梁村北 1.08 千米处。地处毛乌素沙漠南缘的荒沙滩碱地，地势起伏不大，较平缓。高程 1394.7 米。

敌台整体保存差。台体坍塌成大圆土堆，上面长满杂草，四壁被流沙掩埋严重，顶部凹凸不平。

台体用黄沙土夯筑而成，由于坍塌、沙土掩埋夯层不清。台体平面呈近圆形，剖面呈梯形，底部直径 11 米，顶部东西 5.4、南北 3.8 米，高 3 米。台体周围发现有残砖。（图一九九七）

该敌台南距瓦渣梁村 3 号敌台 0.45 千米。

（一四三）　瓦渣梁村 5 号敌台　（610825352101170143）

该敌台位于贺圈镇瓦渣梁村北 1.54 千米处。地处毛乌素沙漠南缘的荒沙滩碱地，地势起伏不大，较平缓。西南侧为黄沙耕地，种植有沙葱。高程 1386.2 米。

敌台整体保存差。台体坍塌成圆土堆，顶部被人为挖掘成凹坑，坑深 0.3～0.7 米。台体四周长满杂草。

台体用黄沙土夯筑而成，由于坍塌、沙土掩埋夯层不清。台体平面呈近圆形，剖面呈梯形，底部直径 11.4 米，顶部东西 4.2、南北 6.4 米，高 3 米。台体周围发现有残砖。（图一九九八）

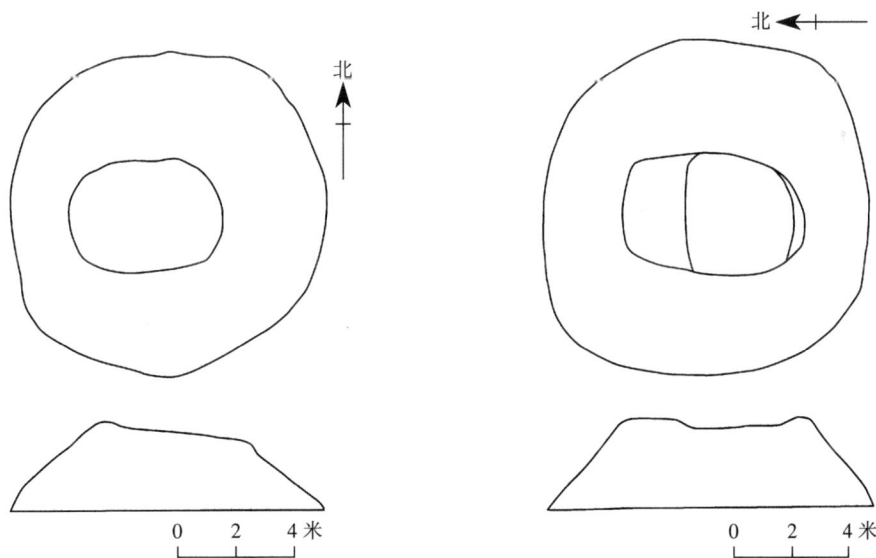

图一九九七　瓦渣梁村 4 号敌台平、立面图　　　图一九九八　瓦渣梁村 5 号敌台平、立面图

该敌台南距瓦渣梁村 4 号敌台 0.46 千米。

（一四四）　瓦渣梁村 6 号敌台　（610825352101170144）

该敌台位于贺圈镇瓦渣梁村北 1.92 千米。地处毛乌素沙漠南缘的荒沙滩碱地，地势起伏不大，较平缓，四周为荒草滩地。高程 1382.5 米。

敌台整体保存差。台体坍塌严重，濒临消失，只存东壁，成低矮的土梁，中部形成平缓的凹坑，散落有大量残砖。

台体用黄沙土夹杂料礓石夯筑而成，由于坍塌、沙土掩埋，夯层不清。台体平面呈近半圆形，剖面呈梯形，底部东西6、南北10米，顶部东西3、南北7.4米，高1.7米。台体周围发现有残砖。（图一九九九）

该敌台南距瓦渣梁村5号敌台0.385千米。

（一四五）海子坑村1号敌台（610825352101170145）

该敌台位于定边镇海子坑村西0.5千米的荒沙滩碱地。所处地势较平缓，北侧为月牙状沙丘，植被稀疏。高程1401米。

敌台整体保存差。台体坍塌成圆土堆，上面长满杂草，西壁有一个盗坑。

台体用黄沙土夯筑而成，由于坍塌、沙土掩埋、植物生长而夯层不清，土质疏松。台体平面呈圆形，剖面呈梯形，底部直径13.6、顶部直径5、高2.8米。台体周围发现有残砖，砖宽18、厚8厘米。（图二〇〇〇）

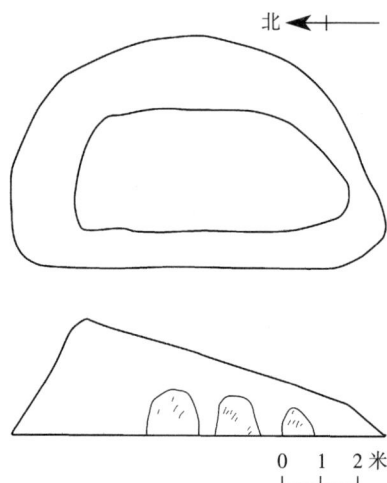

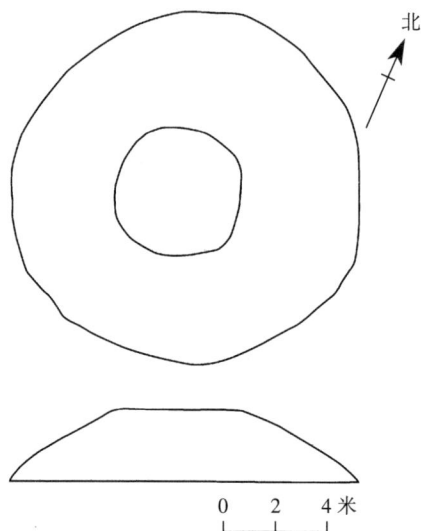

图一九九九　瓦渣梁村6号敌台平、立面图　　　　图二〇〇〇　海子坑村1号敌台平、立面图

该敌台北距海子坑村2号敌台0.48千米。

（一四六）海子坑村2号敌台（610825352101170146）

该敌台位于定边镇海子坑村西北1.5千米的沙漠地带。所处地势较平缓，北侧为月牙状沙丘，东北侧为杨树林，植被稀疏。高程1407.3米。

敌台整体保存差。台体坍塌呈圆土堆状，东、北壁布满雨水冲槽和裂缝。台体东侧有残砖堆积，西侧有现代坟坑，西壁有小土洞。

台体用黄沙土夯筑而成，夯层厚0.07~0.2米，土质粗疏。台体平面呈圆形，剖面呈梯形，底部直径21、顶部直径6.4、高5.4米。夯土基座平面呈矩形，东西49、南北38、高3~5.1米。台体周围发现有残砖。（图二〇〇一）

该敌台南距海子坑村1号敌台0.48千米。

（一四七）海子坑村3号敌台

（610825352101170147）

该敌台位于定边镇海子坑村西北1.5千米的沙漠地带。四周是凸起的沙丘，台体被掩埋其中，植被稀疏，多为沙柳等沙生植物。高程1407.3米。

敌台整体保存差。台体坍塌成圆土堆，北壁被流沙堆积掩埋成斜坡，四壁底部被流沙掩埋严重。台体西侧堆积有大量残砖、少量瓷片，顶部夯土裸露布满土蜂洞穴。

台体用黄沙土夯筑而成，夯层厚0.13～0.2米，土质粗疏。台体平面呈圆形，剖面呈梯形，底部直径22、顶部直径4、高10米。台体周围发现有残砖、瓷片。（图二〇〇二）

该敌台东南距海子坑村2号敌台0.91千米。

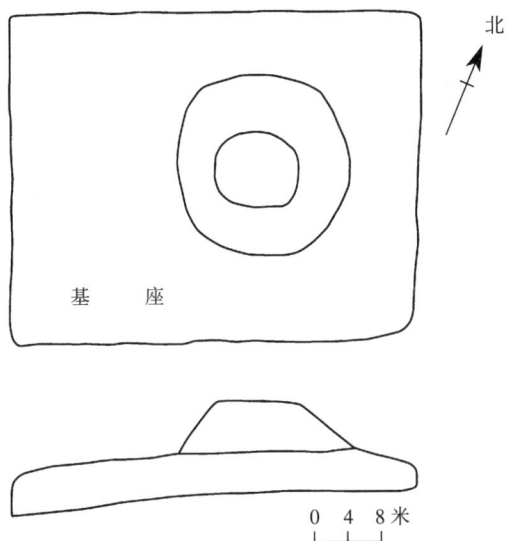

图二〇〇一　海子坑村2号敌台平、立面图

（一四八）海子坑村4号敌台（610825352101170148）

该敌台位于定边镇海子坑村西北1.5千米的沙漠地带。四周是凸起的沙丘，植被多为沙柳等沙生植物。高程1389.1米。

敌台整体保存差。台体因坍塌、流沙掩埋濒临消失。基座东侧坍塌呈土脊状，周围散落有大量残砖、瓷片。台体坍塌成圆土堆，上面长满沙柳、柠条等沙生植物，西壁由于风蚀形成凹坑。

台体用黄沙土夯筑而成，由于沙化严重、长满沙生植物而夯层不清。台体平面呈圆形，剖面呈梯形，底部直径8、高5米。基座呈近矩形，边长13、高1.5～3米。台体周围发现有残砖、瓷片。（图二〇〇三）

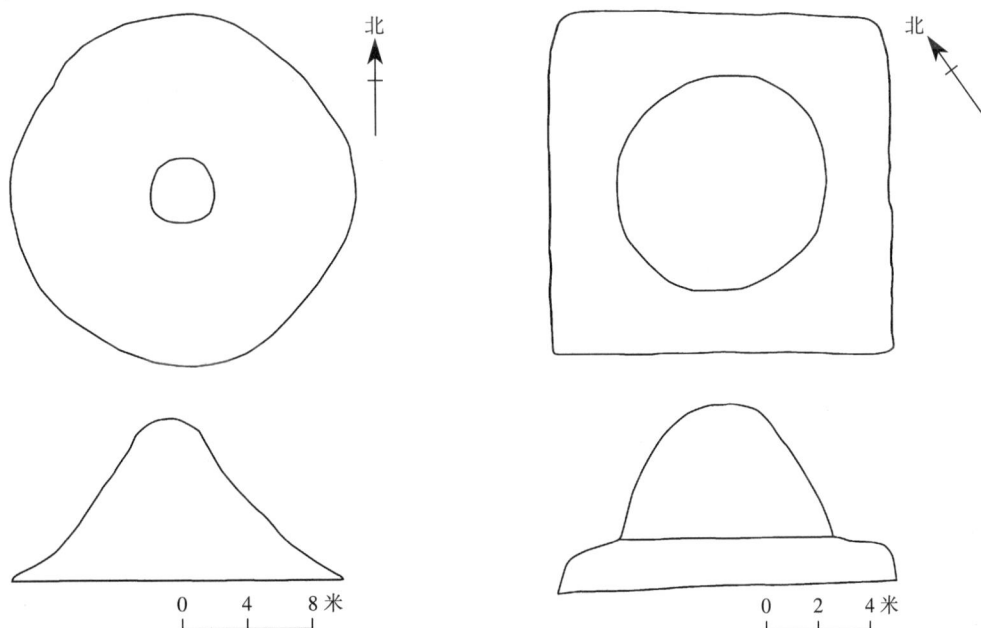

图二〇〇二　海子坑村3号敌台平、立面图

图二〇〇三　海子坑村4号敌台平、立面图

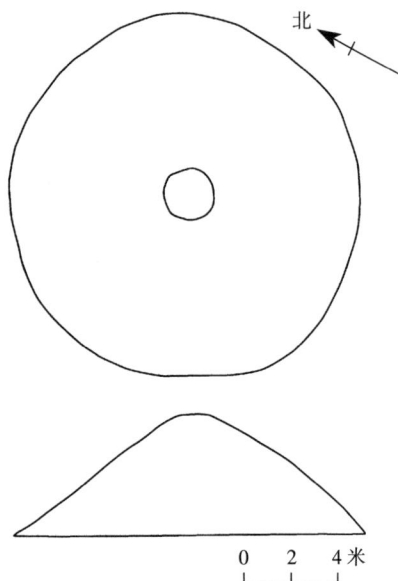

图二〇〇四　海子坑村5号
敌台平、立面图

该敌台北距海子坑村5号敌台0.3千米。

（一四九）海子坑村5号敌台（610825352101170149）

该敌台位于定边镇海子坑村西北1.5千米的沙漠地带。四周是凸起的沙丘，台体被掩埋其中，植被多为沙柳等沙生植物。高程1415米。

敌台整体保存差。台体因坍塌和流沙掩埋成圆土堆，上面长满沙柳、柠条等沙生植物，北侧沙丘地势较高，南壁为凹坑。台体上散落有大量残砖、少量瓷片。

台体用黄沙土夯筑而成，由于夯土沙化严重、长满沙生植物而夯层不清。台体平面呈圆形，剖面呈不规则形，底部直径15、高5米。台体周围发现有残砖、瓷片。（图二〇〇四）

该敌台南距海子坑村4号敌台0.8千米。

（一五〇）四路沟村1号马面（610825352102170150）

该马面位于郝滩乡四路沟村西0.364千米的山坡上。附近黄土层较厚，有沟壑发育，周围植被稀疏。高程1478米。

马面整体保存较差。台体有裂缝，四壁剥落严重，顶部坍塌，包砖被拆除。

台体用胶土夹杂细砂砾夯筑而成，夯层厚0.05~0.1米，夯土质地细密。台体平面呈矩形，剖面呈梯形，底部边长7.8、顶部边长6、高6.4米。台体周围发现有砖。（图二〇〇五；彩图三五九）

该马面北距四路沟村2号马面0.642千米。

（一五一）四路沟村2号马面（610825352102170151）

该马面位于郝滩乡四路沟村西北0.364千米的山坡上。附近黄土层较厚，有沟壑发育。周围有零星植被，以荒草地和耕地为主。高程1510.2米。

马面整体保存较差。台体有裂缝，四壁剥落严重，顶部坍塌，风雨侵蚀使台面斑驳。

台体用黄沙土夯筑而成，夯层厚0.05~0.1米。台体平面呈矩形，剖面呈梯形，底部东西8、南北6.5米，顶部东西4.6、南北4.8米，高6.5米。台体周围发现有残砖、瓷片，砖宽22.5、厚8厘米。（图二〇〇六）

该马面南距四路沟村1号马面0.642千米。

（一五二）四路沟村3号马面（610825352102170152）

该马面位于郝滩乡四路沟村西南0.5千米的山梁上。两侧为斜坡草地。高程1524.8米。

马面整体保存较差。台体有裂缝，四壁剥落严重，顶部坍塌呈凹字形，西壁底部有一个人为开挖的呈近椭圆形的洞穴。

台体用黄沙土夯筑而成，夯层厚0.08~0.12米。台体平面呈近圆形，剖面呈梯形，底部东西6、南北8米，顶部东西4.2、南北4.8米，高5米。台体周围发现有明代砖、瓦片及少量的陶器残片。（图二〇〇七）

该马面东南距四路沟村2号马面0.234千米。

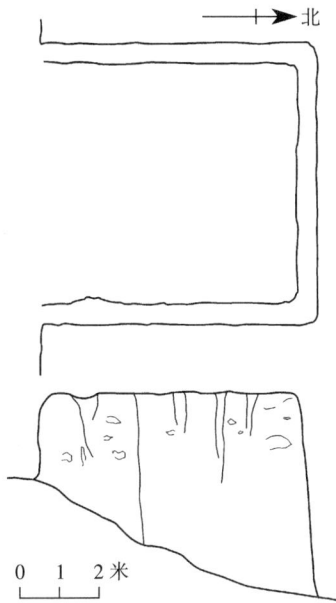

图二○○五 四路沟村 1 号马面平、立面图

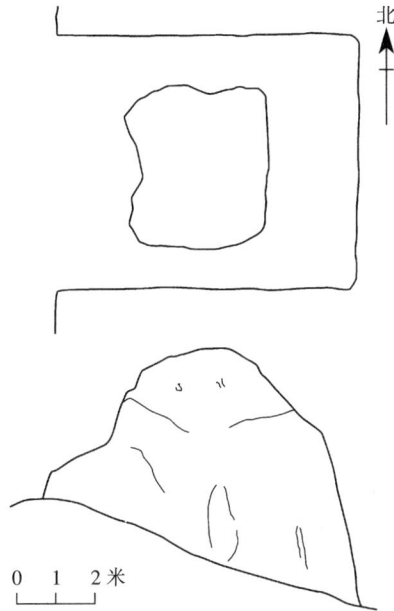

图二○○六 四路沟村 2 号马面平、立面图

（一五三） 四路沟村 4 号马面 （610825352102170153）

该马面位于郝滩乡四路沟村西 0.4 千米的山梁上。外侧为陡坡，内侧呈台阶式。高程 1570.5 米。马面整体保存一般。风雨侵蚀使台面斑驳，有几处凹陷、小裂缝，包砖被拆除。

台体用黄土夯筑而成，夯层厚 0.03 ~ 0.06 米，夯土质地细密。台体平面呈矩形，剖面呈梯形，底部边长 8、顶部边长 7、高 5 米。台体周围发现有完整的明代砖、瓷片。（图二○○八；彩图三六○）

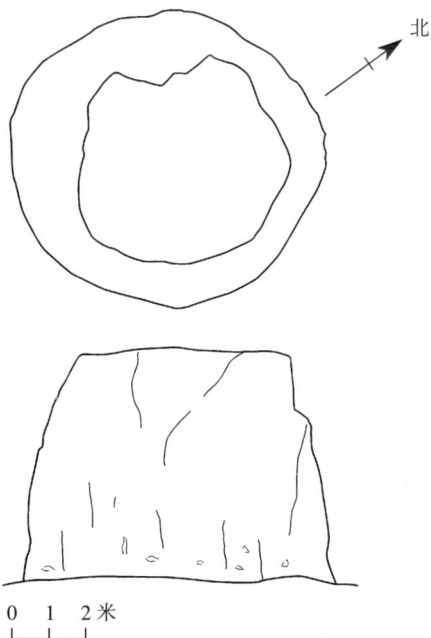

图二○○七 四路沟村 3 号马面平、立面图

图二○○八 四路沟村 4 号马面平、立面图

该马面东南距四路沟村 3 号马面 0.4 千米。

（一五四）朱家峁村 1 号马面（610825352102170154）

该马面位于郝滩乡朱家峁村西北 0.4 千米的山梁上。两侧坡度较大，坡底为洪水冲刷的干沟。高程 1692.3 米。

马面整体保存差。台体剥落严重，顶部坍塌，西北壁有人为铲削的两个方坑，东南壁有人为挖掘的两个洞穴。由于风雨侵蚀台体四壁凹凸不平，外侧包砖被拆除。

台体用黄沙土夯筑而成，夯层厚 0.1～0.12 米，夯土质地细密。台体平面呈矩形，剖面呈梯形，底部边长 9、顶部边长 8、高 6 米。夯土基座平面呈矩形，长 25、宽 20、高 2 米。台体周围发现有明砖。（图二〇〇九）

该马面位于四路沟村长城起点西北，东距四路沟村敌台 0.428 千米。

（一五五）朱家峁村 2 号马面（610825352102170155）

该马面位于郝滩乡朱家峁村西北侧 1.7 千米的山梁上。两侧为沟壑，坡度较陡。高程 1660.1 米。

马面整体保存较差。台体西壁有人为开挖的小坑道可登顶部，四壁剥落严重，顶部坍塌。基座四围坍塌成斜坡。

台体用黄土夯筑而成，夯层厚 0.05～0.09 米，夯土质地细密。台体平面呈矩形，剖面呈梯形，底部边长 9.5、顶部边长 4、高 6.5 米。基座平面呈矩形，长 30、宽 20、高 2 米。台体周围发现有明砖。（图二〇一〇）

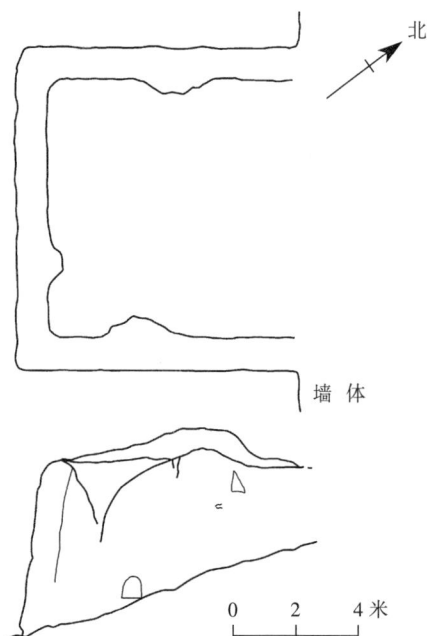

图二〇〇九　朱家峁村 1 号马面平、立面图　　　图二〇一〇　朱家峁村 2 号马面平、立面图

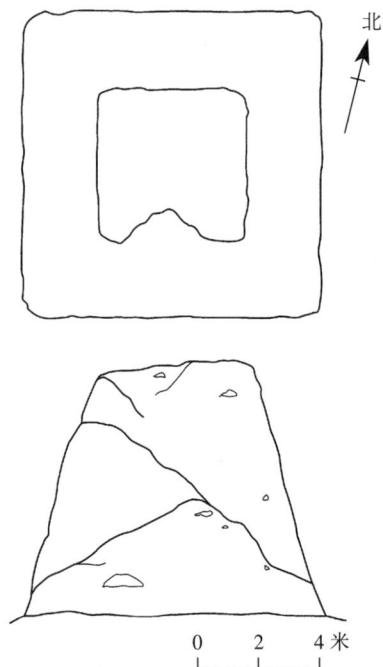

该马面东南距朱家峁村烽火台 0.587 千米。

（一五六）海子湾村 1 号马面（610825352102170156）

该马面位于郝滩乡海子湾村西南方向 0.427 千米处。两侧为沟壑，北坡较陡，南坡较缓，附近有耕地、荒草地。高程1559.1米。

马面整体保存较差。台体由于坍塌、水毁形成较深的沟槽，东北壁坍塌严重，呈斜坡状，长有2棵榆树；东南壁有鸟穴和人工挖掘的小洞；顶部有一个圆形土坑。

台体用黄土夯筑而成，夯层厚0.08～0.12米，夯土质地细密。台体外侧包砖被拆除。台体平面呈矩形，剖面呈梯形，底部东西18、南北21米，顶部东西10、南北15米，高8米。台体周围发现有少量明代砖、瓷片。(图二○一一)

该马面位于海子湾村长城2段墙体上，东南距海子湾村2号敌台0.443千米，北距柳树涧堡0.15千米，东距海子湾村4号敌台0.082千米。

(一五七) 海子湾村2号马面 (610822352102170157)

该马面位于郝滩乡海子湾村砖楼湾(组)内。地处川道滩地，南北两侧地势较平坦。高程1465.8米。

马面整体保存一般。台体东壁底部有一个人为挖掘的土洞，为储藏室；东壁有几道裂缝，表面上沿凹凸不平；顶部生长有杂草。台体外侧包砖被拆除。

台体用黄土夯筑而成，夯层厚0.04～0.1米，夯土质地细密。台体平面呈矩形，剖面呈梯形，底部边长8、顶部边长7、高6米。台体周围发现有明代条砖、瓷片。(图二○一二)

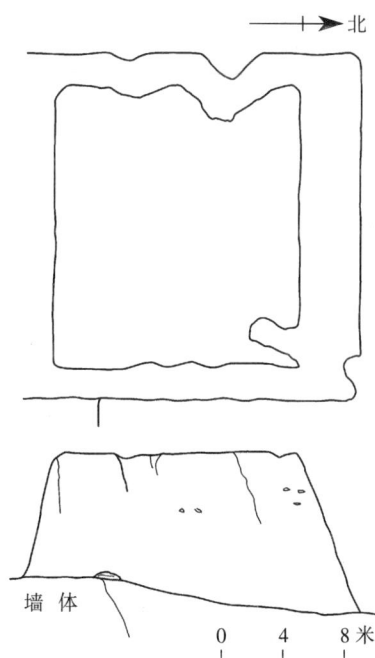

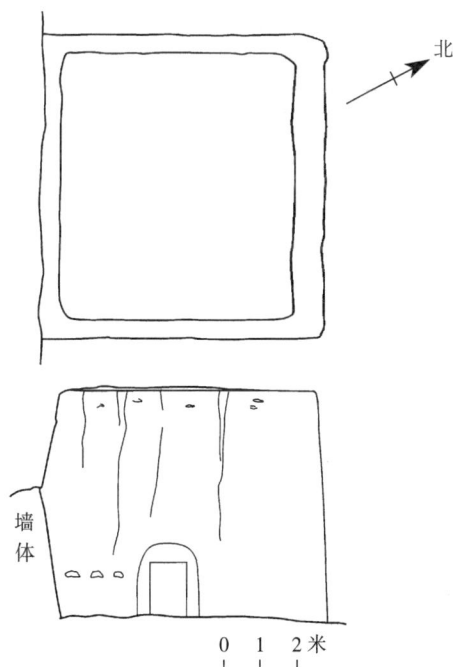

图二○一一　海子湾村1号马面平、立面图　　　　图二○一二　海子湾村2号马面平、立面图

该马面位于海子湾村长城2段墙体北侧，东南距海子湾村4号敌台0.505千米，西北距海子湾村5号敌台0.3千米。

(一五八) 新集村马面 (610825352102170158)

该马面位于学庄乡新集村西北0.3千米的山梁上。两侧为沟壑，坡面较陡，北侧大多为耕地。高程1573.3米。

马面整体保存差。台体坍塌呈圆堆状。

台体用黄土夯筑而成，夯层厚 0.12～0.18 米，质地细密。台体平面呈矩形，剖面呈不规则梯形，底部东西 9、南北 8 米，顶部不规则，东西 6、南北 7 米，高 5 米。（图二〇一三）

该马面位于新集村长城 2 段墙体北侧，东南距新集村 2 号敌台 0.27 千米，附近有乡村土路。

（一五九）边墙山村 1 号马面（610825352102170159）

该马面位于学庄乡边墙山村。所处属于黄土沟壑地带，南北两侧为川地，大多为耕地，坡降较大。高程 1573.3 米。

马面整体保存差。台体东南壁有许多裂缝和虫蚁洞穴，西北壁底部长满杂草，顶部坍塌呈拱形。

台体用黄土夯筑而成，夯层厚 0.05～0.1 米，夯土质地细密。台体平面呈矩形，剖面呈梯形，底部东西 7、南北 4 米，顶部东西 5、南北 2 米，高 5 米。（图二〇一四）

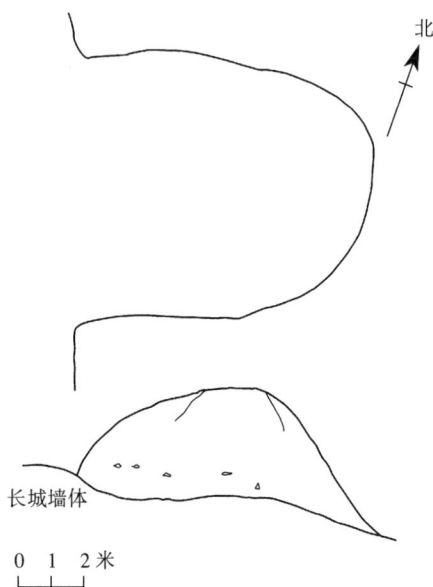

图二〇一三　新集村马面平、立面图　　　　图二〇一四　边墙山村 1 号马面平、立面图

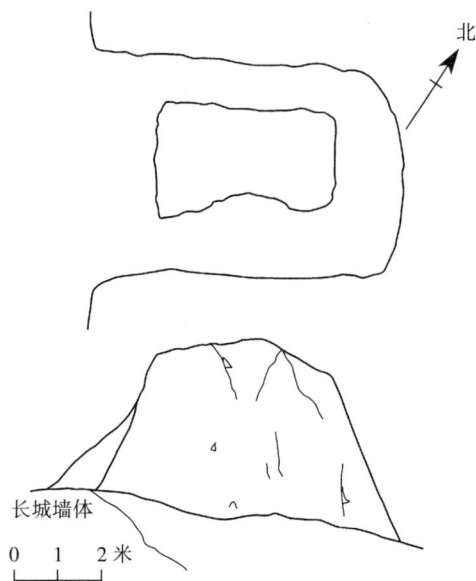

该马面东南距新集村 4 号敌台 0.4 千米。

（一六〇）边墙山村 2 号马面（610825352102170160）

该马面位于学庄乡边墙山村西北 1 千余米。周围以耕地为主，间有乔木、灌木和杂草生长。高程 1546 米。

马面整体保存差。风雨侵蚀使台面斑驳，剥落，坍塌严重，只存一大块夯土堆。

台体用黄土夯筑而成，夯层厚 0.06～0.1 米，夯土质地细密。台体平、剖面呈不规则形，底部东边长 7、南边长 8.6、北边长 7.1、西边长 4.8 米，顶部坍塌呈凹字形，东西 6、南北 6.1 米，高 4 米。（图二〇一五）

该马面西距边墙山村 3 号马面 0.294 千米。

（一六一）边墙山村 3 号马面（610825352102170012）

该马面位于学庄乡边墙山村西北 1.2 千米的山坡地带。坡度比较平缓，周围多为耕地，有沙化迹象，西侧有一条洪水冲沟。高程1574米。

马面整体保存状况较差。台体呈圆锥形，表面裂缝较多，有昆虫和啮齿动物洞穴，南壁有雨水冲刷的小沟渠，顶部边沿有坍塌。基座东面坍塌。

台体用黄土夯筑而成，夯层厚0.05～0.1米，夯土质地细密。台体平面呈矩形，剖面呈梯形，底部边长9.8米，顶部坍塌呈凹字形，边长6米，高8米。夯土基座平面呈矩形，边长22、高4米。（图二〇一六；彩图三六一）

该马面位于边墙山村长城墙体上，东距边墙山村2号马面0.294千米。

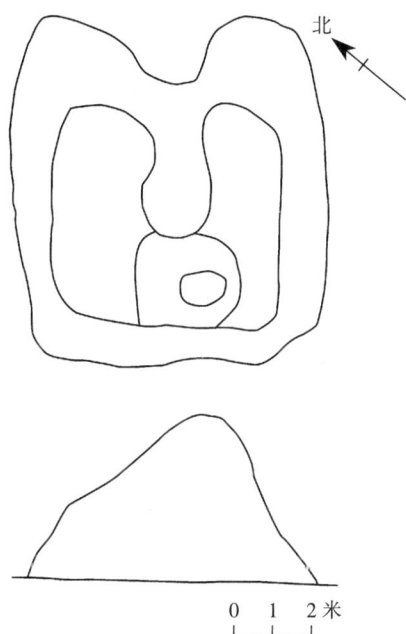

图二〇一五　边墙山村2号马面平、立面图　　　图二〇一六　边墙山村3号马面平、立面图

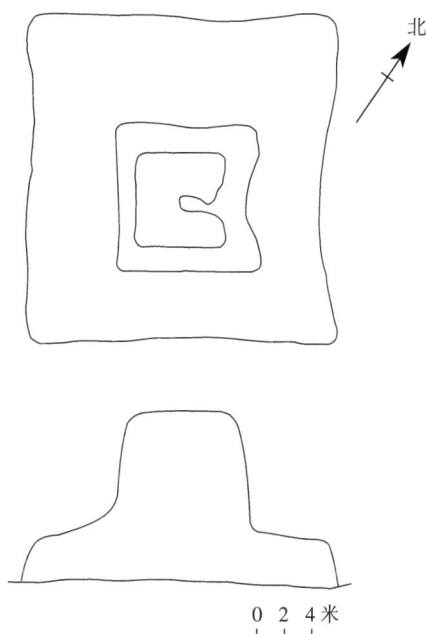

（一六二）边墙山村4号马面（610825352102170162）

该马面位于学庄乡边墙山村西2千米的山坡上。附近多是耕地，生长有零星植被。高程1558.1米。

马面整体保存较差。台体四壁有雨水冲刷的小沟槽，顶部长满杂草。台体外侧包砖被拆除。

台体用黄土夯筑而成，夯层厚0.05～0.1米，夯土质地细密。台体平面呈矩形，剖面呈梯形，底部东长7.5、南边长8、北边长8、西边长8米，顶部东西6.7、南北5.6米，高8米。台体周围发现有砖。（图二〇一七）

该马面位于边墙山村长城墙体北侧，东南距边墙山村2号敌台0.27千米。

（一六三）边墙山村5号马面（610825352102170163）

该马面位于学庄乡边墙山村西2.35千米的平缓坡地上。周围是农田和草地。高程1536.5米。

马面整体保存差。台体由于风雨侵蚀坍塌成大土堆，上面长满杂草，有啮齿动物的洞穴。

台体用黄沙土夯筑而成，夯层厚0.05～0.1米，夯土质地细密。台体平面呈矩形，剖面呈梯形，底部边长11、顶部边长3～4、高6米。台体周围发现有少量碎砖。（图二〇一八）

该马面位于边墙山村4号马面西北0.35千米。

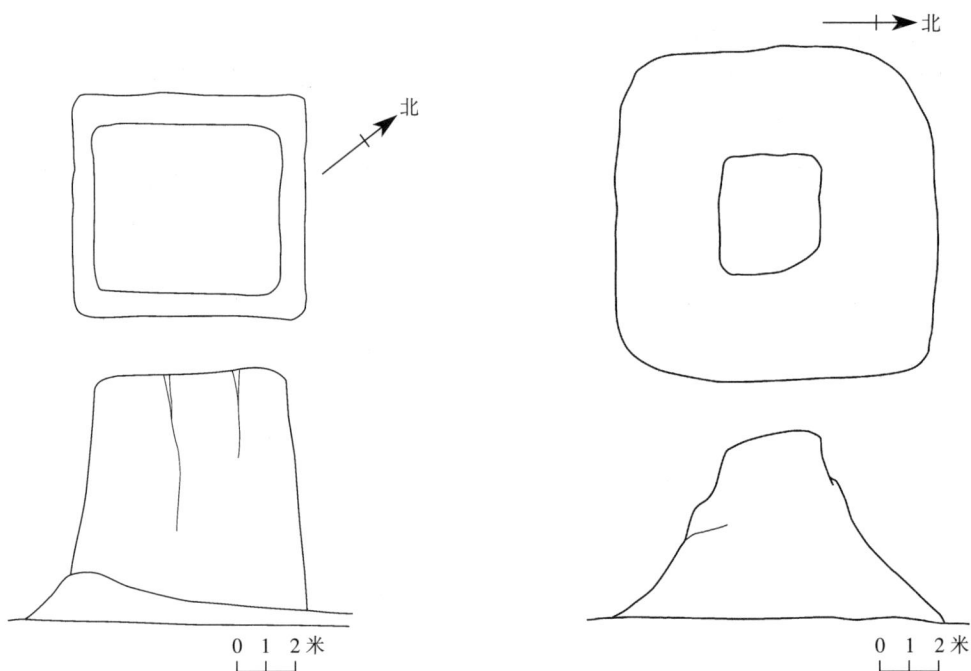

图二〇一七　边墙山村 4 号马面平、立面图　　　　图二〇一八　边墙山村 5 号马面平、立面图

（一六四）唐凹村 1 号马面（610825352102170164）

该马面位于学庄乡唐凹村内。附近地势平缓，周围是耕地，西北侧有一处房屋和一条南北向的小路。高程 1542.2 米。

马面整体保存较差。风雨侵蚀使台面斑驳，东壁有 4 道雨水冲沟，顶部长有杂草。

台体用黄土夯筑而成，夯层厚 0.05～0.09 米，夯土质地细密。台体平面呈矩形，剖面呈梯形，底部东西 9.1、南北 5.2 米，顶部因坍塌呈凹字形，东西 5.5、南北 3.2 米，高 7 米。（图二〇一九）

该马面东南距边墙山村 5 号马面 0.26 千米，西南 8 米处有一座高压电杆，西北有一条宽 11 米的土路。

（一六五）唐凹村 2 号马面（610825352102170165）

该马面位于学庄乡唐凹村内。附近草地与耕地相间，土层较厚，有沙化迹象，水土流失比较严重。南侧有深 4 米的洪水冲沟，北侧为坡地。高程 1557.5 米。

马面整体保存差。台体东壁有裂缝和啮齿动物洞穴，顶部长有杂草，台壁斑驳。

台体用黄土夯筑而成，夯层厚 0.05～0.09 米，夯土质地细密。台体平面呈矩形，剖面呈梯形，底部边长 9、顶部边长 4.5、高 9.2 米。夯土基座仅存西南南面，长 10、高 6 米。（图二〇二〇）

该马面位于唐凹村长城墙体北侧，东距唐凹村 1 号马面 0.262 千米，西南 5 米处有一户人家，紧靠该马面建有 3 间砖房。

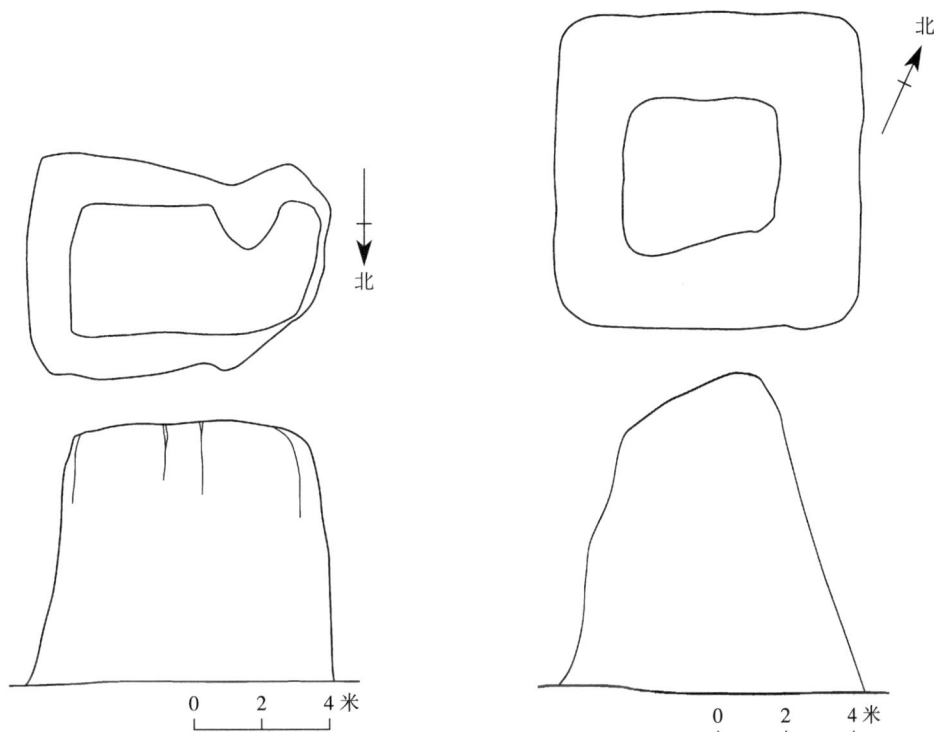

图二〇一九　唐凹村1号马面平、立面图　　　　　图二〇二〇　唐凹村2号马面平、立面图

（一六六）唐凹村3号马面（610825352102170166）

该马面位于学庄乡唐凹村西北0.6千米的山梁上。北侧有一条乡间土路，周围耕地与草地相间，外侧坡降较大。高程1697.4米。

马面整体保存差。台体冲蚀、坍塌严重，北壁形制尚存，其余三壁坍塌成土堆。

台体用黄土夯筑而成，夯层厚0.05~0.09米，夯土质地细密。台体平面呈矩形，剖面呈梯形，东西3~6、南北9.6~10.3、高6.2米，顶部坍塌不规则。（图二〇二一）

该马面东南距唐凹村1号敌台0.224千米。

（一六七）唐凹村4号马面（610825352102170167）

该马面位于学庄乡唐凹村西北1.5千米。两侧为耕地，东侧有一条乡间土路。地处黄土沟壑向草滩地过渡地带，地势平坦。高程1720.8米。

马面整体保存较差。台体由于风雨侵蚀四壁有雨水冲刷的小沟槽，南壁坍塌，台面斑驳，顶部生长有杂草。

台体用黄沙土夯筑而成，夯层厚0.05~0.09米，夯土质地细密。台体平面呈矩形，剖面呈梯形，底部边长7米，顶部东西4.1、南北4.3米，高6.8米。（图二〇二二）

该马面东距唐凹村2号敌台0.268千米。

（一六八）马圈梁村1号马面（610822352102170168）

该马面位于安边镇马圈梁村东南1.3千米的山梁上。两侧为农田，西侧有一条土路横穿长城墙体。所处区域为风沙滩斜坡地貌，地势较开阔平坦，坡度较缓。高程1721.2米。

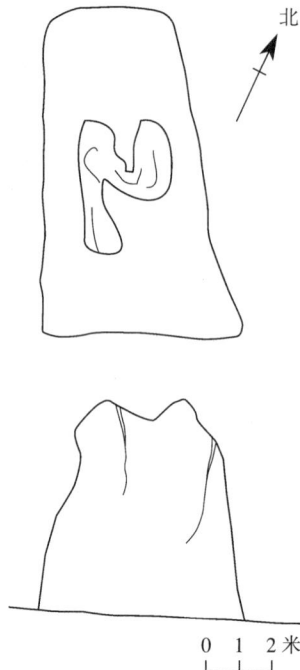

图二〇二一　唐凹村3号马面平、立面图　　　　图二〇二二　唐凹村4号马面平、立面图

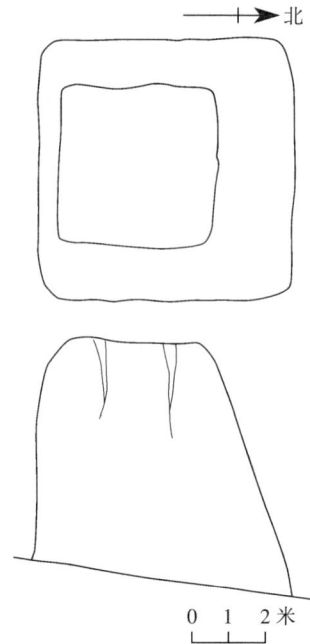

马面整体保存一般。因风雨侵蚀台面斑驳、剥落，长满杂草，有啮齿动物洞穴。基座由于耕地蚕食损毁严重。

台体用黄沙土夯筑而成，夯层厚0.1～0.17米，夯土质地细密。台体平面呈矩形，剖面呈梯形，底部东西13、南北8米，顶部东西11.5、南北6米，高6米。夯土基座平面呈矩形，边长15、高8米。（图二〇二三）

该马面东南距马圈梁村1号敌台0.167千米。

（一六九）马圈梁村2号马面（6108253352102170169）

该马面位于安边镇马圈梁村东南0.75千米。两侧为农田，所处区域为冲积平原地带，地势较开阔平坦。高程1677.6米。

马面整体保存较差。由于雨水冲刷台体表面斑驳、剥落，东壁有2道小沟槽。

台体用黄土夹杂少量小砂砾夯筑而成，夯层厚0.08～0.15米，夯土质地细密。台体平面呈矩形，剖面呈梯形，底部东西10、南北7米，顶部东西8、南北5米，高6米。夯土基座平面呈矩形，边长20、高1.5～2米。（图二〇二四）

该马面位于马圈梁村长城1段墙体北侧，东南距马圈梁村2号敌台0.2千米。

（一七〇）马圈梁村3号马面（6108253352102170170）

该马面位于安边镇马圈梁村东南0.1千米。两侧多为农田，间有荒坡草地。所处区域属冲洪积平原地带，远处有沟壑发育，地势较开阔平坦。高程1622.3米。

马面整体保存较差。台体由于风雨侵蚀冲刷四壁坍塌成斜坡，壁面不平整，斑驳、剥落，东侧被一条南北向土路切割，顶部有高压电线杆。

台体用黄土夹杂少量小砂砾夯筑而成，夯层厚0.07～0.15米，夯土质地细密。台体平面呈矩形，

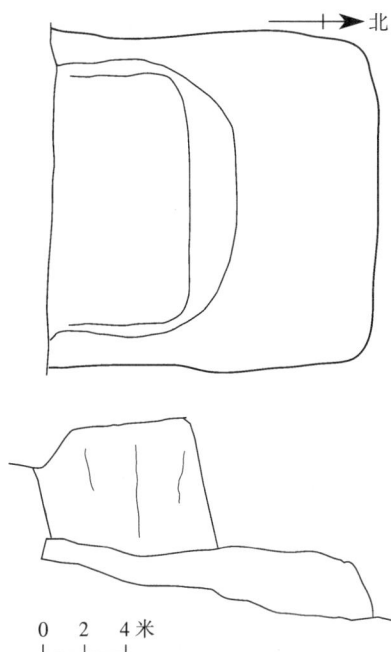

图二〇二三　马圈梁村1号马面平、立面图

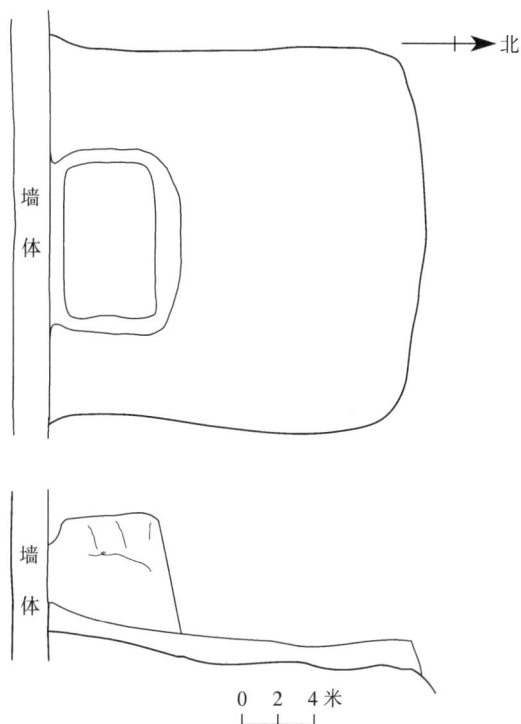

图二〇二四　马圈梁村2号马面平、立面图

剖面呈梯形，底部东西12、南北6米，顶部东西6、南北4米，高5米。（图二〇二五）

该马面位于马圈梁村长城1段墙体北侧，东南距马圈梁村3号敌台0.2千米。

（一七一）马圈梁村4号马面（610825352102170171）

该马面位于安边镇马圈梁村西北0.6千米。两侧为农田，所处区域属冲洪积平原地带，远处有沟壑发育，地势较开阔平坦。高程1587.9米。

马面整体保存较差。由于风雨侵蚀，台体四壁斑驳剥落，凹凸不平，有啮齿动物的小洞穴。

台体用黄土夹杂少量小砂砾夯筑而成，夯层厚0.06～0.12米，夯土质地细密。台体平面呈矩形，剖面呈梯形，底部东西8、南北6米，顶部东西6、南北5米，高4米。（图二〇二六）

该马面东距马圈梁村5号敌台0.243千米。

（一七二）马圈梁村5号马面（610825352102170172）

该马面位于安边镇马圈梁村西北1.2千米处。两侧为农田，地处冲洪积平原地带，远处有沟壑发育，地势较开阔平坦。高程1560.5米。

马面整体保存较差。由于风雨侵蚀台体坍塌成大土堆，表面斑驳、剥落。台体用黄土夹杂少量砂砾夯筑而成，夯层厚0.1～0.13米，夯土质地细密。台体平面呈矩形，剖面略呈梯形，底部东西8、南北6米，顶部东西6、南北4米，高5米。（图二〇二七）

该马面位于马圈梁村长城2段墙体北侧，东距马圈梁村6号敌台0.22千米。

（一七三）薛格托村马面（610825352102170173）

该马面位于安边镇薛格托村东南1.3千米。地处冲积平原地带，远处有沟壑发育，地势较开阔平

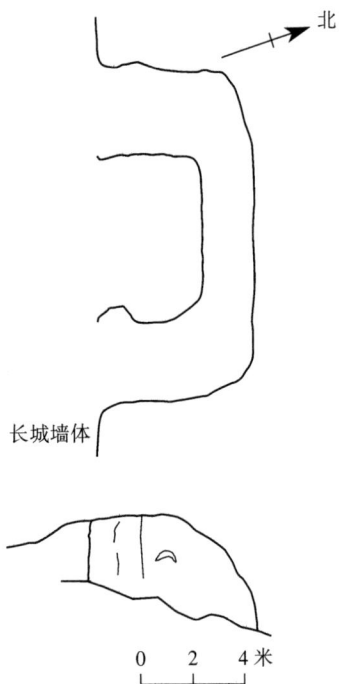

图二〇二五　马圈梁村3号马面平、立面图

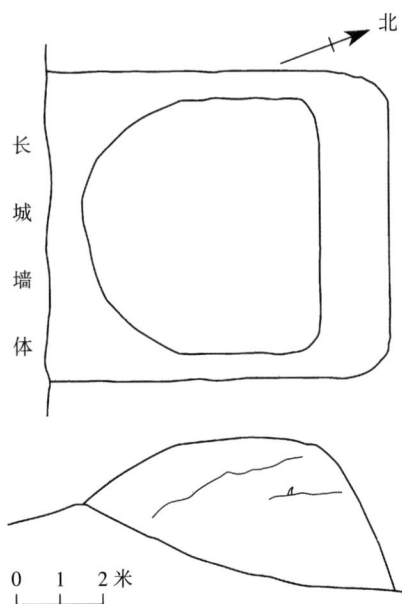

图二〇二六　马圈梁村4号马面平、立面图

坦。高程1578米。

马面整体保存较差。因风雨侵蚀，台体坍塌成大土堆，表面斑驳、剥落，壁面有人为和啮齿动物掏挖的小洞穴。台体上栽种有柠条、沙柳。

台体用黄土夹杂少量小砂砾夯筑而成，夯层厚0.06~0.12米，夯土质地细密。台体平面呈矩形，剖面呈梯形，底部东西6、南北7米，顶部东西5、南北6米，高1米。（图二〇二八）

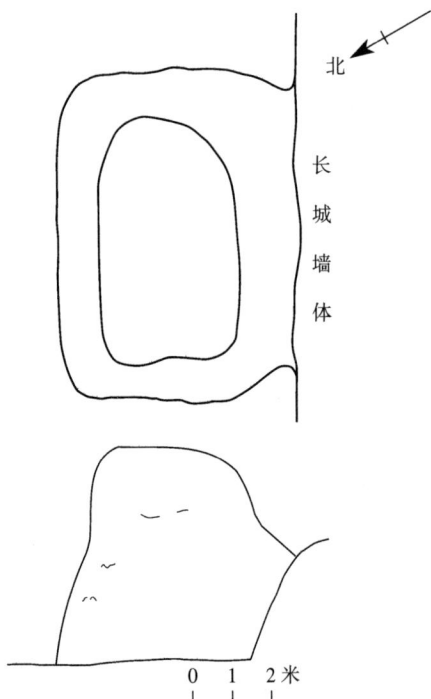

图二〇二七　马圈梁村5号马面平、立面图

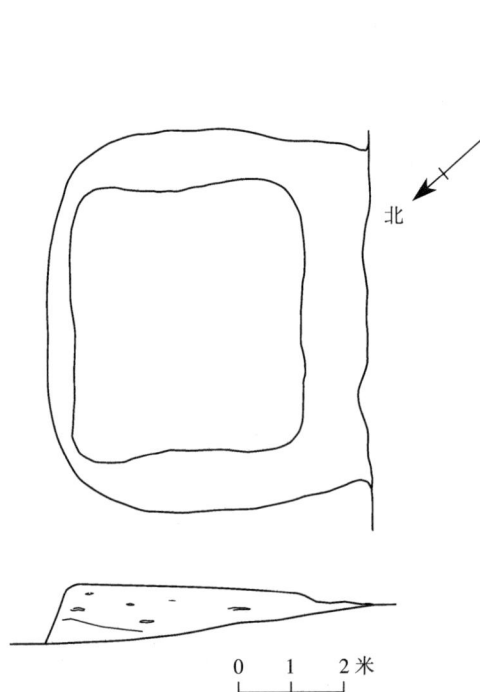

图二〇二八　薛格托村马面平、立面图

该马面东南距薛格托村 1 号敌台 0.25 千米。

（一七四）雷圈村 1 号马面（610825352102170174）

该马面位于安边镇雷圈村西北 1.2 千米处。南侧沙化严重，北侧为农田。地处风沙滩地带，地势起伏不大，较开阔平坦。高程 1547.6 米。

马面整体保存差。台体底部呈不规则土堆状，上半部略呈圆柱状，四壁有许多人为和动物掏挖的洞穴。

台体用黄沙土夯筑而成，夯层厚 0.06～0.12 米，夯土质地细密。台体平面呈矩形，剖面呈不规则形，底部东西 6.2、南北 5.4 米，顶部东西 1.2、南北 0.9 米，高 4.3 米。（图二〇二九）

该马面西北距雷圈村关东南 0.5 千米。

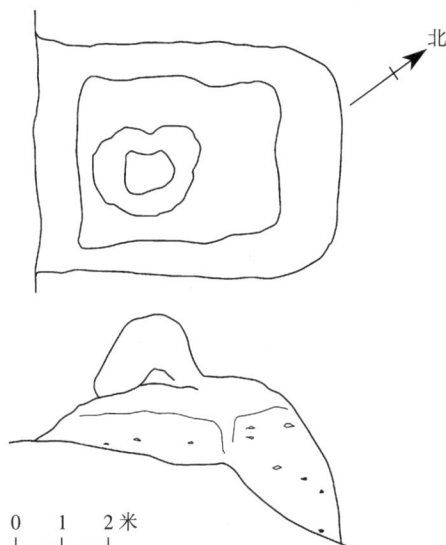

图二〇二九　雷圈村 1 号马面平、立面图

（一七五）雷圈村 2 号马面（610825352102170175）

该马面位于安边镇雷圈村西北 1.5 千米处。两侧为耕地，地处风沙滩地带，地势平缓，起伏不大。高程 1533.7 米。

马面整体保存差。台体东壁有 3 个人为挖掘的土洞；南壁坍塌呈缓坡状，凹凸不平；西壁底部有一条乡村小路穿过长城墙体。

台体用黄沙土夯筑而成，夯层厚 0.06～0.12 米。台体平面呈矩形，剖面呈梯形，底部边长 15 米，顶部坍塌，高 5 米。（图二〇三〇）

该马面位于雷圈村长城墙体北侧，西北距安子屋村 1 号马面 0.45 千米。

（一七六）安子屋村 1 号马面（610825352102170176）

该马面位于安边镇安子屋村东北 1 千米处。两侧为耕地，所处区域为风沙滩地带，附近地势比较平缓。高程 1506.7 米。

马面整体保存差。台体因风雨侵蚀坍塌成大土堆，上面长满柠条等植物。

台体用黄沙土夯筑而成，夯层厚 0.08～0.12 米。台体平面呈不规则形，剖面呈梯形，底部东西 5、南北 6 米，顶部东西 2、南北 3 米，高 2 米。（图二〇三一）

该马面位于雷圈村长城墙体北侧，西距安子屋村 1 号敌台 0.2 千米。

（一七七）安子屋村 2 号马面（610825352102170177）

该马面位于安边镇安子屋村东北 0.6 千米处。两侧为耕地，所处区域为风沙滩地带，附近地势比较平缓。高程 1511.4 米。

马面整体保存差。风雨侵蚀使台体风化严重，东壁有啮齿动物的小洞穴，西壁靠长城墙体部分被黄沙掩埋。

台体用黄沙土夯筑而成，夯层厚 0.06～0.12 米，夯土质地细密。台体平面呈矩形，剖面呈梯形，底部东西 11、南北 9 米，顶部东西 8、南北 6 米，高 4 米。（图二〇三二）

该马面东距安子屋村 1 号敌台 0.22 千米。

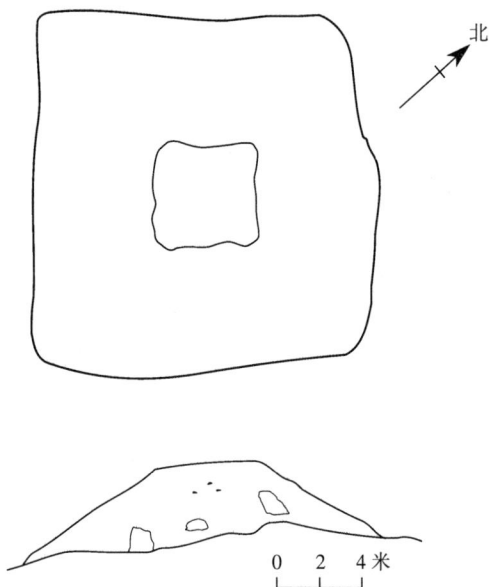

图二○三○　雷圈村2号马面平、立面图

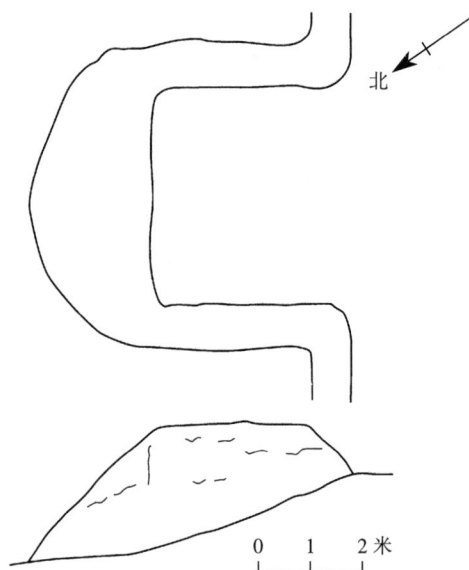

图二○三一　安子屋村1号马面平、立面图

（一七八）安子屋村3号马面（610825352102170178）

该马面位于安边镇安子屋村北0.3千米处。两侧为耕地，所处区域为风沙滩地带，附近地势比较平坦。高程1508米。

马面整体保存差。台体由于风雨侵蚀坍塌成大土堆。

台体用黄沙土夯筑而成，夯层厚0.08~0.15米。台体平面呈圆形，剖面呈梯形，底部直径6、顶部直径3、高3米。（图二○三三）

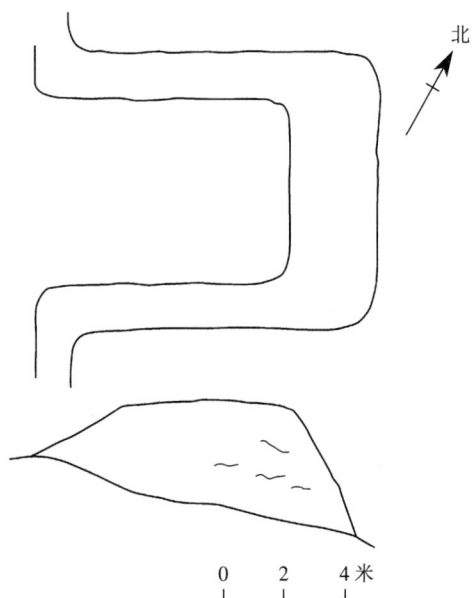

图二○三二　安子屋村2号马面平、立面图

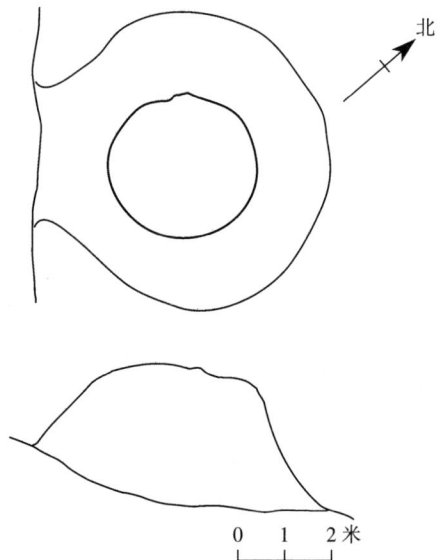

图二○三三　安子屋村3号马面平、立面图

该马面位于安子屋村 2 号敌台西 0.3 千米处。

（一七九）安子屋村 4 号马面（610825352102170179）

该马面位于安边镇安子屋村西北 0.5 千米处。两侧为耕地，所处区域为风沙滩地带，附近地势比较平缓。高程 1503.4 米。

马面整体保存差。台体东壁有人为挖掘的洞穴和啮齿动物的洞穴，西壁有一人为挖掘的拱顶土洞，南壁有一条人为踩踏的小道可达顶部。台体四壁布满裂缝和动物小洞穴，顶部凹凸不平。基座南侧坍塌成斜坡状。

台体用黄沙土夯筑而成，夯层厚 0.06～0.12 米。台体平面呈圆形，剖面呈梯形，底部直径 7、顶部直径 6、高 4 米。基座平面呈矩形，边长 15、高 5 米。（图二〇三四）

该马面距安子屋村长城墙体起点 1.815 千米，东距安子屋村 3 号敌台 0.35 千米。

（一八〇）安子屋村 5 号马面（610825352102170180）

该马面位于安边镇安子屋村西北。两侧为耕地，所处区域为风沙滩地带，附近地势比较平缓。高程 1500.2 米。

马面整体保存差。台体东壁底部有人为挖掘的洞穴；顶部坍塌严重，布满裂缝，呈锥形。基座南侧坍塌成斜坡状，北侧有人为挖掘的洞坑。

台体用黄沙土夯筑而成，夯层厚 0.05～0.1 米，质地细密。台体平面呈圆形，剖面呈梯形，底部直径 7、顶部直径 4、高 4 米。夯土基座平面呈矩形，边长 15、高 5 米。台体周围发现有砖。（图二〇三五）

该马面距安子屋村长城起点 2.23 千米，东距安子屋村 4 号马面 0.23 千米。

图二〇三四 安子屋村 4 号马面平、立面图

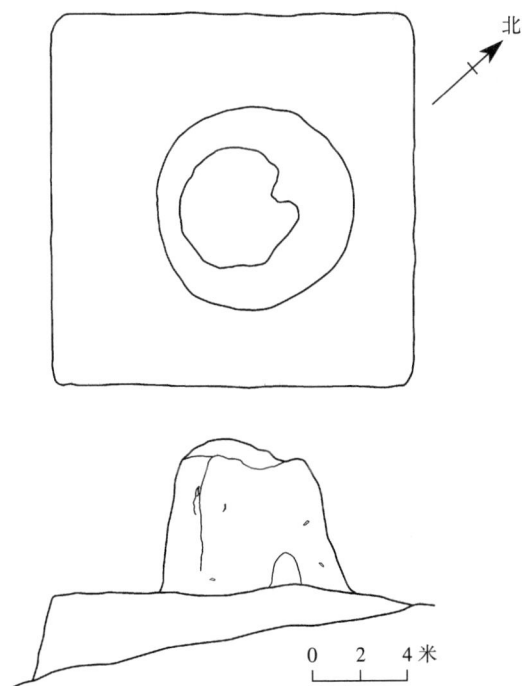

图二〇三五 安子屋村 5 号马面平、立面图

（一八一）惠楼村 1 号马面（610825352102170181）

该马面位于安边镇惠楼村东南 1.5 千米的风沙滩地上。南侧多为耕地，种植有马铃薯、黄芥、荞麦等；北侧为草滩地。所处区域为风沙滩斜坡地貌，坡度较缓，地势平坦。高程 1487.6 米。

马面整体保存差。风雨侵蚀使台体表面斑驳剥落布满虫穴，东壁有凹陷和雨水冲刷的沟槽，西壁有许多裂缝，顶部长有柠条。

台体用黄沙土夯筑而成，夯层厚 0.05～0.08 米。台体平面呈矩形，剖面呈梯形，底部边长 8、顶部边长 6、高 5 米。台体周围发现有砖。（图二○三六）

该马面位于惠楼村长城 1 段墙体上，西北距惠楼村 2 号敌台 0.26 千米。

（一八二）惠楼村 2 号马面（610825352102170182）

该马面位于安边镇惠楼村东南 0.7 千米处。附近耕地和荒草地相间，生长有沙生耐旱植物。所处区域为风沙滩斜坡地貌，坡度较缓，地势平坦。高程 1479.4 米。

马面整体保存较差。风雨侵蚀使台体表面斑驳、剥落，东壁因流水冲刷形成 5 道小冲沟，南壁中部有一道形制较规整的豁口，底部冲蚀严重。

台体用黄土夯筑而成，夯层 0.04～0.08 米。台体平面呈矩形，剖面呈梯形，底部边长 10 米，顶部呈回字形，边长 8 米，高 9 米。台体南壁有登台步道可达顶部，步道宽 0.5、通长 9 米。台体周围发现有砖。（图二○三七；彩图三六二）

该马面位于惠楼村长城 1 段墙体北侧，东距惠楼村 3 号敌台 0.19 千米。

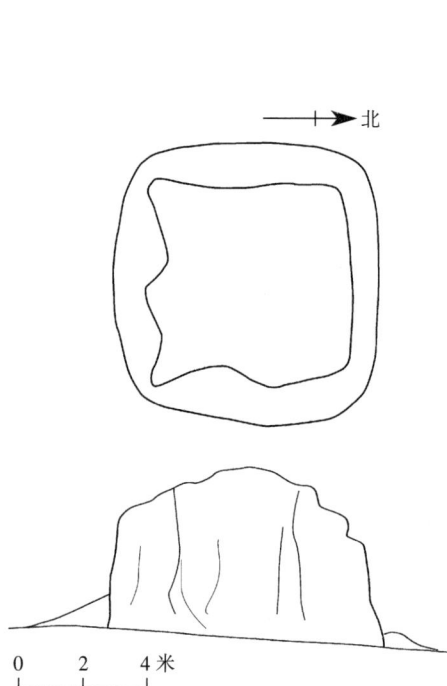

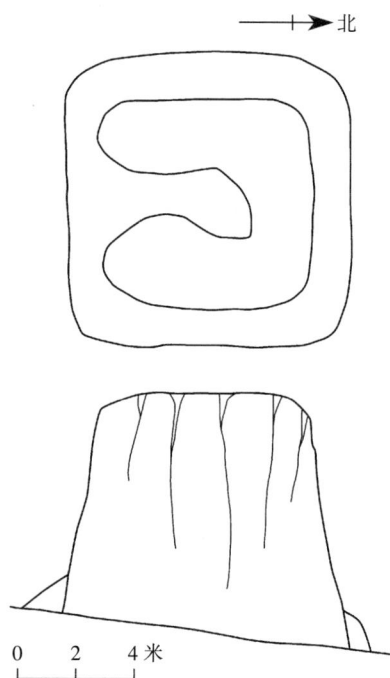

图二○三六　惠楼村 1 号马面平、立面图　　　图二○三七　惠楼村 2 号马面平、立面图

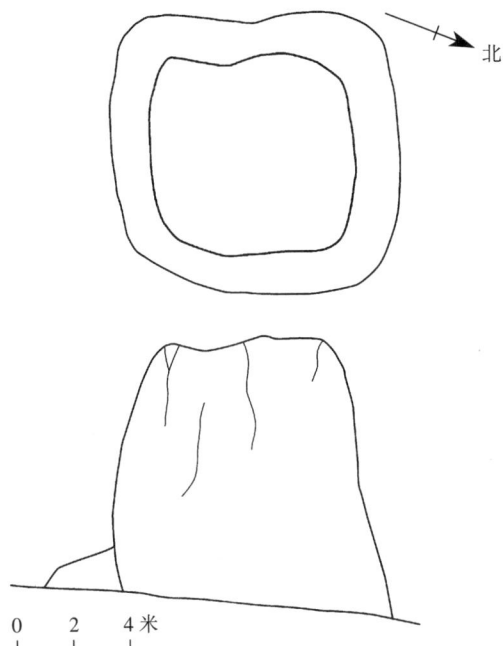

图二〇三八　惠楼村 3 号马面平、立面图

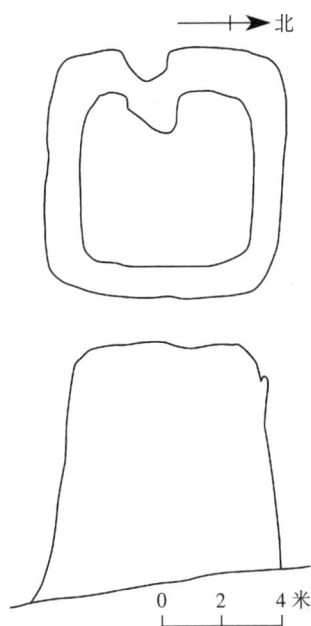

图二〇三九　惠楼村 4 号马面平、立面图

（一八三）惠楼村 3 号马面（610825352102170183）

该马面位于安边镇惠楼村东南 0.4 千米处。附近耕地和荒草地相间，生长有沙生耐旱植物。所处区域为风沙滩斜坡地貌，坡度较缓，地势平坦。高程 1471.6 米。

马面整体保存较差。台体底部有啮齿类动物的洞穴，四壁有裂缝，顶部南侧塌陷有缺口。

台体用黄土夯筑而成，夯层厚 0.05 ~ 0.1 米。台体平面呈矩形，剖面呈梯形，底部东西 10、南北 11 米，顶部呈回字形，东西 8、南北 9 米，高 9 米。台体南壁有登台土洞可达顶部，洞宽 0.6、高 0.9、长 10 米。（图二〇三八）

该马面位于惠楼村长城 1 段墙体北侧，东距惠楼村 2 号马面 0.18 千米。

（一八四）惠楼村 4 号马面（610825352102170184）

该马面位于安边镇惠楼村东 0.4 千米处。所处地势呈南高北低的缓坡状，周围是耕地，东侧有条柏油公路穿过长城墙体，有一些小的沟壑发育。所处区域为风沙滩斜坡地貌，坡度较缓，地势平坦。高程 1473.2 米。

马面整体保存较差。风雨侵蚀致使台体表面斑驳、剥落。台体东南角塌陷，有一个塌陷形成的土洞可登台顶，洞宽 0.6、高 1.2、深 3 米；西壁上部正中有一条洪水冲沟。台体包砖被拆毁。

台体用黄沙土夯筑而成，夯层厚 0.04 ~ 0.1 米，夯土质地细密。台体平面呈矩形，剖面呈梯形，底部边长 8 米，顶部呈回字形，边长 6 米，高 7 米。台体周围发现有砖。（图二〇三九）

该马面位于惠楼村长城 2 段墙体北侧，西距惠楼村 4 号敌台 0.194 千米。

（一八五）惠楼村 5 号马面（610825352102170185）

该马面位于安边镇惠楼村北 0.48 千米处。所处地势呈南高北低的缓坡状，北侧为耕地，南侧为洪水冲沟。所处区域为风沙滩斜坡地貌，坡度较缓，地势平坦。高程 1446.9 米。

马面整体保存较差。风雨侵蚀使台体表面斑驳、剥落，西壁有几道雨水冲刷形成的小沟槽，四壁有昆虫洞穴，顶部长有杂草。台体包砖全部被拆除。

台本用黄沙土夯筑而成，夯层厚 0.04～0.1 米，质地细密。台体平面呈矩形，剖面呈梯形，底部边长 8、顶部边长 7、高 7 米。台体周围发现有明代砖。（图二〇四〇）

该马面位于惠楼村长城 2 段墙体北侧，东距惠楼村 4 号敌台 0.265 千米。

（一八六）惠楼村 6 号马面（610825352102170186）

该马面位于安边镇惠楼村西北 1.5 千米处。南临八里河，所处区域为风沙滩斜坡地貌，坡度较缓，地势平坦。高程 1433.7 米。

马面整体保存较差。台体底部风蚀严重，四壁有裂缝和虫穴，南壁顶部坍塌、凹陷。台体包砖被拆毁。

台体用黄沙土夯筑而成，夯层厚 0.06～0.1 米，质地细密。台体平面呈矩形，剖面呈梯形，底部东西 8.5、南北 4.5 米，顶部呈凹字形，东西 6.5、南北 2 米，高 4.5 米。台体周围发现有大量明代砖。（图二〇四一）

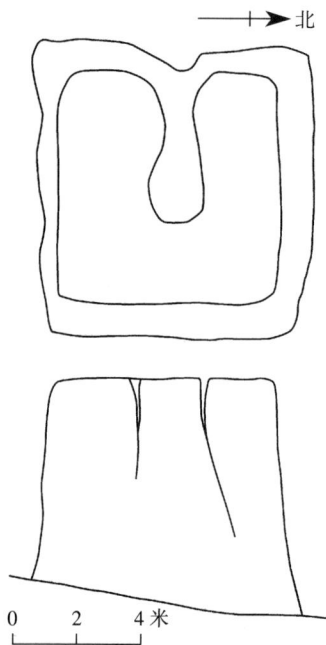

图二〇四〇　惠楼村 5 号马面平、立面图　　　　　　图二〇四一　惠楼村 6 号马面平、立面图

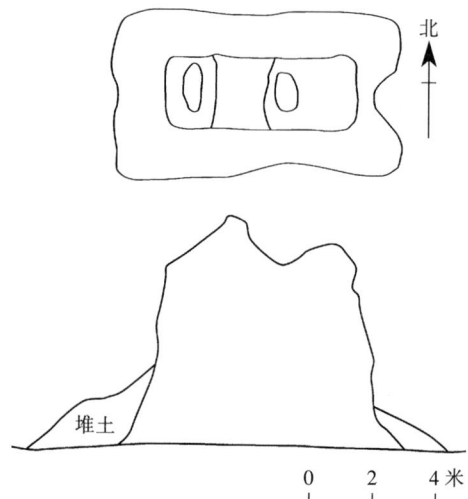

该马面西北距惠楼村 7 号马面 0.26 千米。

（一八七）惠楼村 7 号马面（610825352102170187）

该马面位于安边镇惠楼村西北 1.8 千米。附近有农田，生长有大量柠条。所处区域为风沙滩斜坡地貌，坡度较缓。高程 1438.1 米。

马面整体保存差。台体表面有许多啮齿类动物的洞穴和人为挖掘的小洞穴，有雨水冲刷的沟槽，依长城墙体部分塌陷成斜坡，顶部生长有柠条。台体包砖被拆毁，周围散落有砖。

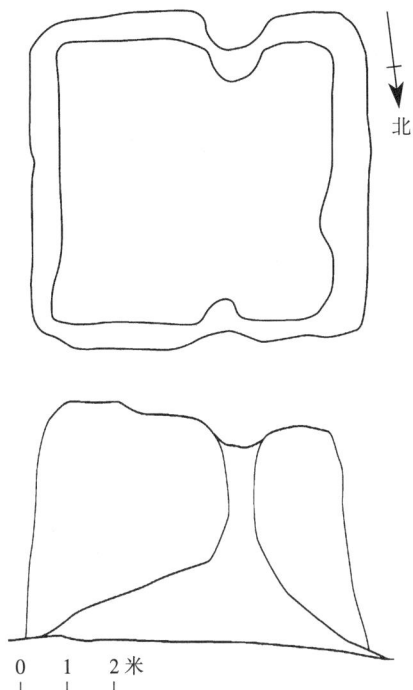

图二〇四二　惠楼村 7 号马面平、立面图　　　　图二〇四三　安寺村 1 号马面平、立面图

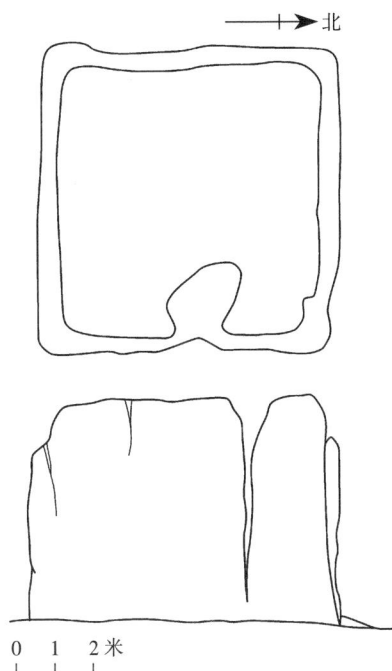

台体用黄沙土夯筑而成，夯层厚 0.05 ~ 0.1 米，质地细密。台体平面呈矩形，剖面呈梯形，底部边长 7、顶部边长 6、高 5 米。台体顶部有砖、瓦、碎石子，周围发现有大量明代砖。（图二〇四二）

该马面位于惠楼村长城 4 段墙体的外侧，东南距惠楼村 6 号马面 0.26 千米。

（一八八）安寺村 1 号马面（610825352102170188）

该马面位于安边镇安寺村南 1 千米的风沙滩地上。所处地势呈南高北低的缓坡，东侧大多为耕地，种植有荞麦等。所处区域为风沙滩斜坡地貌，坡度较缓，地势平坦。高程 1437.5 米。

马面整体保存差。台体风蚀严重，表面斑驳，南壁有雨水冲刷的沟槽，东壁上部有圆形小洞穴，四壁有裂缝和虫穴，顶部生长有杂草。台体包砖被拆毁。

台体用黄沙土夯筑而成，夯层厚 0.06 ~ 0.10 米，夯土质地细密，夯层清晰。台体平面呈矩形，剖面呈梯形，底部边长 8、顶部边长 7、高 5.5 米。台体顶部有石灰渣，周围有砖。（图二〇四三；彩图三六三）

该马面位于安寺村长城 1 段墙体外侧，东南距安寺村 1 号敌台 0.272 千米。

（一八九）安寺村 2 号马面（610825352102170189）

该马面位于安边镇安寺村南 0.2 千米的风沙滩地上。所处地势呈南高北低的缓坡状，两侧大多为耕地，种植有荞麦、马铃薯等。高程 1426.3 米。

马面整体保存差。台体底部风蚀严重，北壁上部坍塌成斜坡，南壁上部塌陷、凹凸不平，四壁底部有啮齿类动物的洞穴，表面斑驳、剥落。台体包砖被拆毁。

台体用黄沙土夯筑而成，夯层厚 0.04 ~ 0.08 米，夯土质地细密。台体平面呈近矩形，剖面呈梯形，底部东西 8.5、南北 7.5 米，顶部东西 6.5、南北 5.5 米，高 4.6 米。台体顶部有海墁层，厚 0.3 米。台体周围发现有大量的明代砖。（图二〇四四）

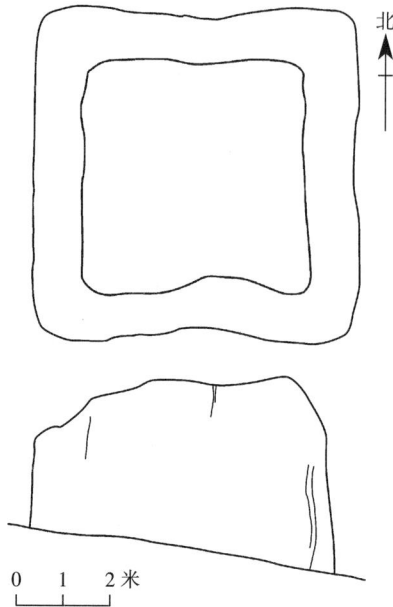

图二〇四四　安寺村2号马面平、立面图

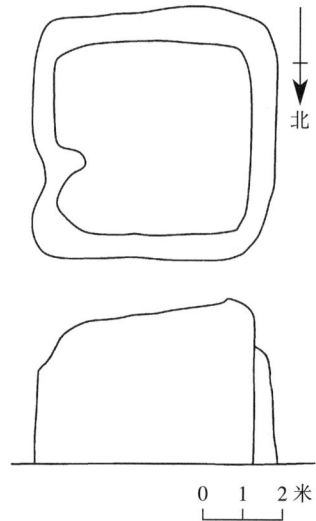

图二〇四五　安寺村3号马面平、立面图

该马面位于安寺村长城1段墙体外侧，南距安寺村2号敌台0.29千米。

（一九〇）安寺村3号马面（610825352102170190）

该马面位于安边镇安寺村北侧1.2千米处。所处地势平坦，南侧有一条土路。所处区域为风沙滩斜坡地貌，坡度较缓。高程1385.5米。

马面整体保存差。台体底部被风蚀成一圈凹陷，东壁有2道洪水冲刷的沟槽，南壁凹凸不平，顶部长有杂草。台体包砖被拆毁。

台体用黄沙土夯筑而成，夯层厚0.04~0.08米，夯土质地细密，夯层清晰、均匀。台体平面呈近矩形，剖面呈梯形，底部东西6、南北5.8米，顶部坍塌严重，呈不规则形，东西4、南北3.7米，高4.5米。台体周围发现有砖。（图二〇四五）

该马面位于安寺村长城2段墙体外侧，南距安寺村5号敌台0.52千米。

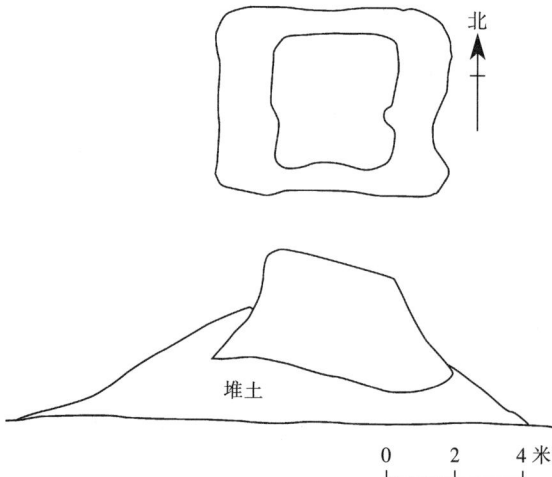

图二〇四六　北园则村1号马面平、立面图

（一九一）北园则村1号马面（610825352102170191）

该马面位于安边镇北园则村南1.5千米的风沙滩地上。所处地势平坦，西侧为耕地，东侧为植被较好的草地。高程1392.2米。

马面整体保存差。台体底部堆积成斜坡，南壁底部有一圈风蚀形成的凹槽，东壁有雨水冲刷的沟槽，表面布满风蚀形成的凹陷坑。

台体用黄沙土夯筑而成，夯层厚0.06~0.1米，夯土质地细密。台体平面呈近矩形，剖面呈梯形，底部东西7、南北5.5米，顶部呈凹字形，东西3.7、南北3.2米，高3.5米。台体周围发现有少量的砖。

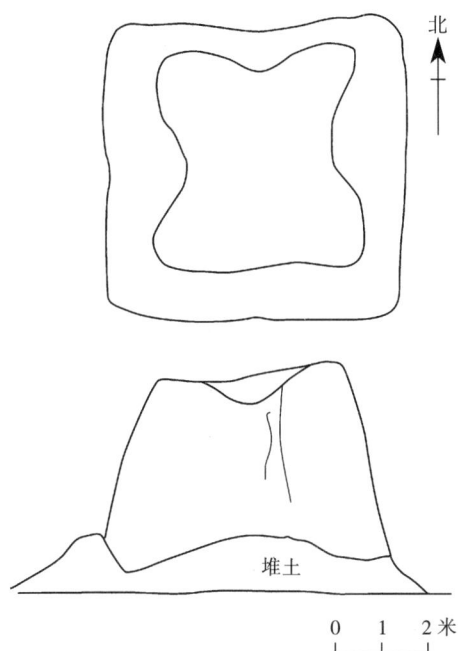

图二〇四七　北园则村2号马面平、立面图

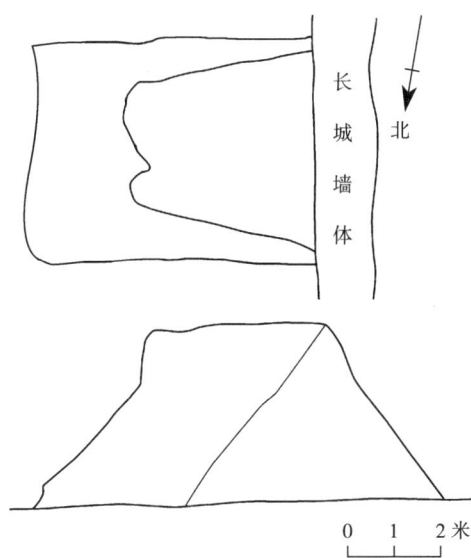

图二〇四八　北园则村3号马面平、立面图

（图二〇四六）

该马面位于北园则村长城墙体东侧，西北距北园则村1号敌台0.225千米。

（一九二）北园则村2号马面（610825352102170192）

该马面位于安边镇北园则村南0.6千米的风沙滩地上。所处地势平坦，东侧为耕地。高程1394.4米。

马面整体保存差。台体坍塌严重，风雨侵蚀使表面斑驳、剥落，布满凹陷，四壁底部有一圈风蚀形成的凹槽，紧靠台体南壁有一座现代坟墓。

台体用黄沙土夯筑而成，夯层厚0.05～0.1米，夯土质地细密。台体平面呈矩形，剖面呈梯形，底部边长6.5、顶部边长4.5、高4.8米。台体周围发现有少量砖。（图二〇四七）

该马面位于北园则村长城墙体东侧，南距北园则村1号敌台0.625千米。

（一九三）北园则村3号马面（610825352102170193）

该马面位于安边镇北园则村南0.3千米的风沙滩地上。所处地势平坦，两侧为耕地，大多种植有玉米。高程1397.3米。

马面整体保存差。风雨侵蚀使台体坍塌成人土堆。

台体用黄沙土夯筑而成，夯层厚0.05～0.09米。台体平、剖面呈不规则形，底部东西6、南北4.5米，顶部东西4.2、南北3.5米，高4.2米。（图二〇四八）

该马面位于北园则村长城墙体东侧，东南距北园则村2号马面0.452千米。

（一九四）张园则村马面（610825352102170194）

该马面位于安边镇张园则村南风沙滩地上。所处地势平坦，土壤沙化严重，两侧大多为耕地，有

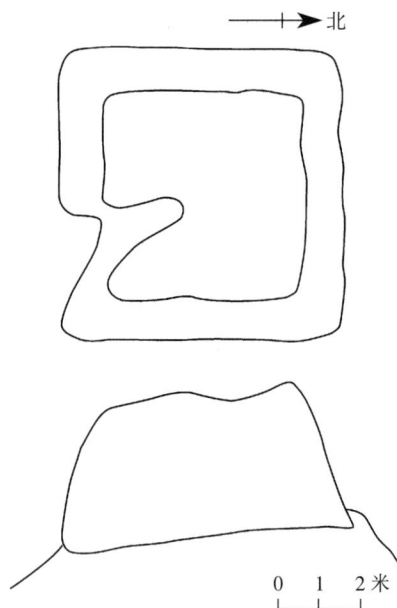

图二〇四九　张园则村马面平、立面图

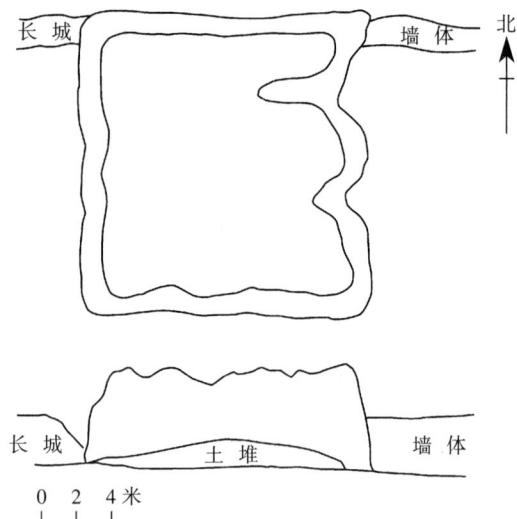

图二〇五〇　西园则村 1 号马面平、立面图

树林。高程 1410.1 米。

马面整体保存差。台体坍塌成不规则形的土堆，向南倾斜，由于风蚀表面斑驳凹陷。

台体用黄沙土夯筑而成，夯层厚 0.06~0.12 米，夯土质地细密。台体平面呈矩形，剖面呈不规则形，底部边长 7、顶部边长 5、高 3.5 米。夯土基座平面呈矩形，边长 20、高 2 米。（图二〇四九）

该马面位于北园则村 3 号敌台西 0.58 千米。

（一九五）　西园则村 1 号马面（610825352102170195）

该马面位于安边镇西园则村西北 4.2 千米的风沙滩地上。所处地势较平坦，周围散落有小石块。高程 1506.8 米。

马面整体保存差。台体东壁坍塌严重，有一个大豁口；西壁有裂缝和小洞穴；顶部呈斜坡状。

台体用黄沙土夯筑而成，夯层厚 0.05~0.11 米，夯土质地细密。台体平面呈矩形，剖面呈梯形，底部边长 17、顶部边长 15、高 5.5 米。台体东壁有登台坡道可达顶部，坡道宽 1、长 6.5 米。台体周围发现有少量砖。（图二〇五〇）

该马面位于西园则村长城 2 段墙体南侧，东距西园则村 5 号敌台 0.474 千米。

（一九六）　西园则村 2 号马面（610825352102170196）

该马面位于安边镇西园则村西北 4.5 千米的风沙滩地上。所处地势较平坦，沙化严重。高程 1511.4 米。

马面整体保存差。风雨侵蚀使台体表面斑驳、剥落，东壁有人为挖掘的洞穴，西壁有斜坡豁口。

台体用黄沙土夯筑而成，夯层厚 0.05~0.12 米，夯土质地细密。台体平面呈矩形，剖面呈梯形，底部边长 13、顶部边长 11、高 4.2 米。台体周围发现有少量的砖。（图二〇五一）

该马面位于西园则村长城 2 段墙体北侧，东距西园则村 1 号马面 0.23 千米。

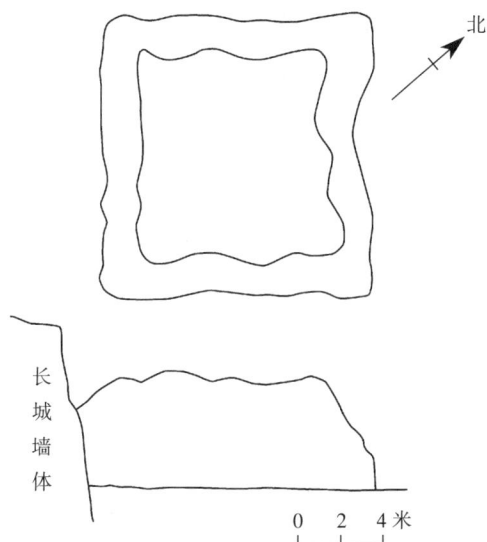

图二〇五一　西园则村2号马面平、立面图

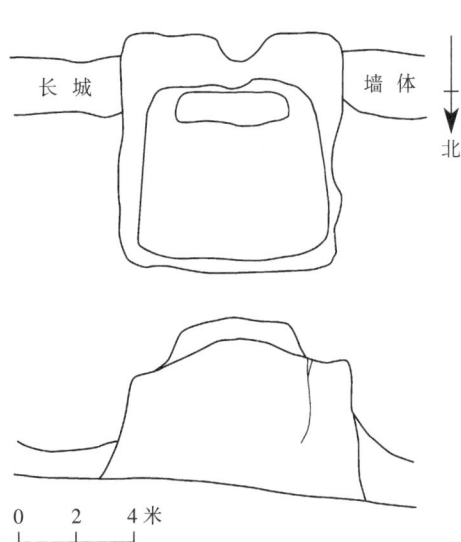

图二〇五二　刘朱坑村马面平、立面图

（一九七）刘朱坑村马面（610825352102170197）

该马面位于安边镇刘朱坑村西南4.6千米的风沙滩地上。所处地势较平坦，植被较好。高程1507.2米。

马面整体保存差。台体坍塌严重，四壁凹凸不平，风雨侵蚀使表面斑驳、剥落。

台体用黄沙土夯筑而成，夯层厚0.06~0.12米，夯土质地细密。台体平面呈近矩形，剖面呈梯形，底部边长8、顶部边长7、高5米。台体周围发现有少量的砖。（图二〇五二）

该马面位于刘朱坑村长城墙体北侧，东距刘朱坑村2号敌台0.38千米。

（一九八）东台村1号马面（610825352102170198）

该马面位于砖井镇东台村西北0.7千米的风沙滩地上。所处地势平坦，外侧有土路和耕地。高程1479.4米。

马面整体保存差。台体表面斑驳、剥落严重，东壁垮塌成斜坡，其余三壁凹凸不平。

台体用黄沙土夯筑而成，夯层厚0.05~0.1米。台体平面呈矩形，剖面呈梯形，底部东西7、南北8米，顶部东西6、南北7米，高4.2米。（图二〇五三）

该马面位于东台村长城1段墙体北侧，东距东台村2号敌台0.254千米。

（一九九）东台村2号马面（610825352102170199）

该马面位于砖井镇东台村西北1.2千米的风沙滩地上。所处地势平坦，外侧有土路和耕地。高程1468.1米。

马面整体保存差。台体坍塌成大土堆，壁面凹凸不平。

台体用黄沙土夯筑而成，夯层厚0.06~0.15米，夯土质地细密。台体平、剖面呈不规则形，底部东西7.5、南北8.5米，顶部东西6、南北7米，高3米。（图二〇五四）

该马面位于东台村长城1段墙体北侧，东距东台村3号敌台0.252千米。

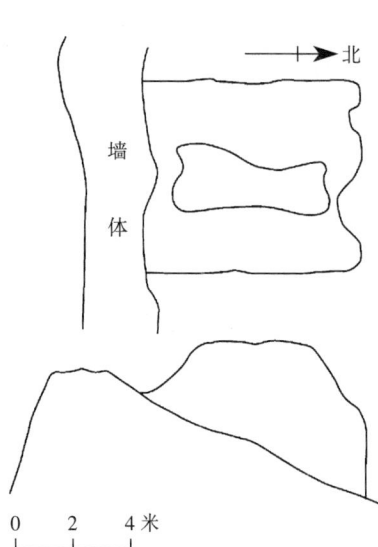

图二〇五三　东台村1号马面平、立面图　　　　图二〇五四　东台村2号马面平、立面图

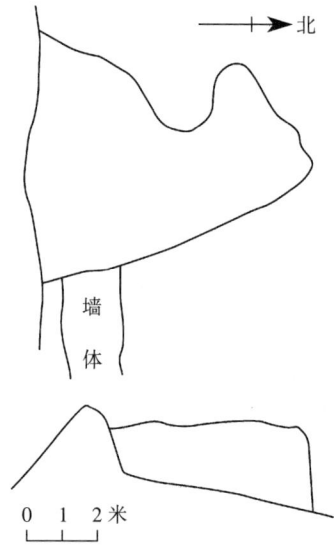

（二〇〇）东台村3号马面（610825352102170200）

该马面位于砖井镇东台村西北1.5千米的风沙滩地上。南侧为山前缓坡地带，北侧为较平坦的风沙滩地，南侧有一条土路与长城墙体平行，东西两侧墙体上有踩踏的小路。高程1451.7米。

马面整体保存较差。台体底部有坍塌土堆积，呈斜坡状；北壁有洪水冲槽，底部有小洞穴；东、西壁不平整；顶部生长有杂草。风雨侵蚀使台体表面斑驳、剥落。

台体用黄沙土夯筑而成，夯层厚0.06~0.12米，夯土质地细密。台体平面呈矩形，剖面呈梯形，底部边长7、顶部边长6、高3.5米。（图二〇五五）

该马面位于东台村长城2段墙体北侧，东距东台村2号马面0.47千米。

（二〇一）三楼村1号马面（610825352102170201）

该马面位于砖井镇三楼村中的风沙滩地上。所处地势平坦，周围多为耕地，东侧长城墙体消失。高程1413米。

马面整体保存较差。台体东壁底部有一个矩形土洞；西壁中部有一个豁口，宽0.1~0.3米；南壁有一个豁口和许多风蚀凹坑，底部堆积成斜坡。台体包砖被拆毁。

台体用黄沙土夯筑而成，夯层厚0.04~0.09米，夯土质地细密。台体平面呈矩形，剖面呈梯形，底部边长8、顶部边长7、高6米。台体周围发现有砖。（图二〇五六）

该马面位于三楼村长城1段墙体北侧，东南距东台村5号敌台1.05千米。

（二〇二）三楼村2号马面（610825352102170202）

该马面位于砖井镇三楼村西0.5千米的风沙滩地上。所处地势平坦，周围多为耕地，南侧有一条乡村土路穿过长城墙体。高程1416.5米。

马面整体保存差。台体底部有风蚀凹槽，东北角底部有人为挖掘的洞穴，四壁有多条塌陷裂缝，南壁顶部塌陷呈凹状。

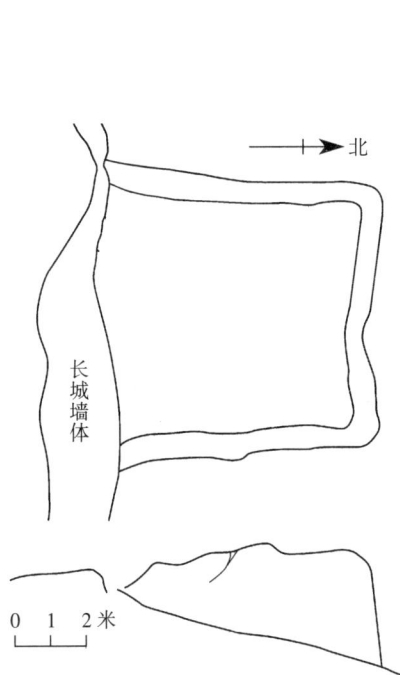

图二〇五五　东台村 3 号马面平、立面图　　　　图二〇五六　三楼村 1 号马面平、立面图

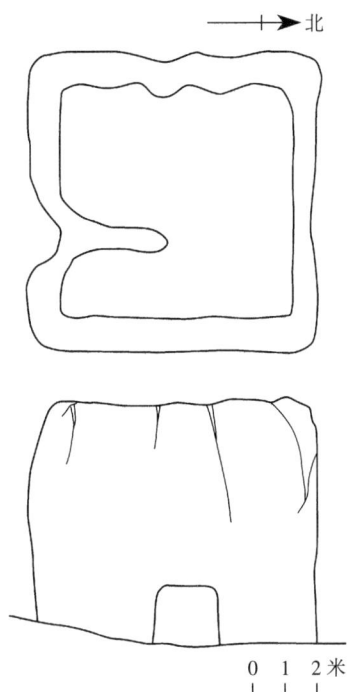

台体用黄沙土夯筑而成,夯层厚 0.05 ~ 0.09 米,夯土质地细密。台体平面呈矩形,剖面呈梯形,底部边长 8、顶部边长 7、高 6 米。台体周围发现有少量的砖。(图二〇五七)

该马面西距三楼村 3 号马面 0.54 千米。

(二〇三) 三楼村 3 号马面 (610825352102170203)

该马面位于砖井镇三楼村西 1 千米的风沙滩地上。所处地势平坦,周围多为耕地,西侧有一条乡间小路穿过长城墙体。高程 1418.8 米。

马面整体保存差。台体坍塌严重,底部有风蚀凹槽,四壁因风蚀形成许多凹陷,南壁有人为踩踏形成的斜坡通向顶部。

台体用黄沙土夯筑而成,夯层厚 0.04 ~ 0.1 米,夯土质地细密。台体平面呈矩形,剖面呈梯形,底部边长 8、顶部边长 7、高 3.5 米。台体周围发现有少量的砖。(图二〇五八)

该马面位于三楼村长城 2 段城墙体北侧,东距三楼村 2 号马面 0.54 千米。

(二〇四) 三楼村 4 号马面 (610825352102170204)

该马面位于砖井镇三楼村西 1.5 千米的风沙滩地上。所处地势平坦,周围多为耕地,有沙化倾向。高程 1412.2 米。

马面整体保存差。台体坍塌严重,表面布满凹坑,有许多雨水冲刷形成的小沟槽;西壁沟槽较深,被踩踏成通向台顶的斜坡道。

台体用黄沙土夯筑而成,夯层厚 0.04 ~ 0.09 米。台体平面呈矩形,剖面呈梯形,底部东西 7、南北 10 米,顶部东西 6、南北 8 米,高 3 米。台体周围发现有少量的砖。(图二〇五九)

该马面位于三楼村 3 号马面西 0.5 千米处。

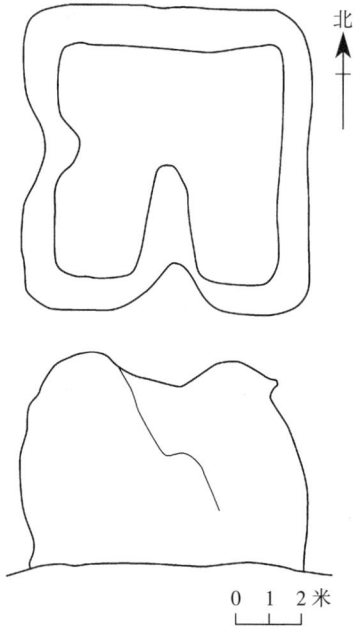

图二〇五七　三楼村 2 号马面平、立面图

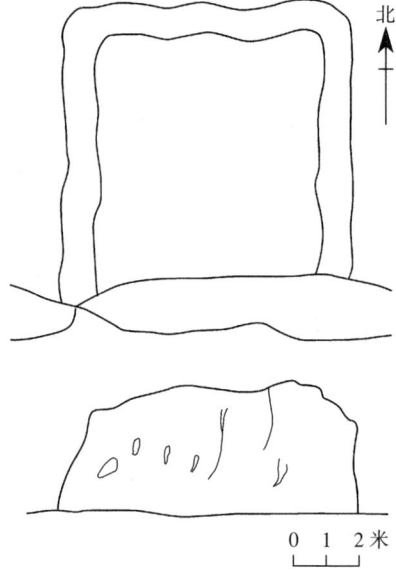

图二〇五八　三楼村 3 号马面平、立面图

（二〇五）韩窖子村 1 号马面（610825352102170205）

该马面位于砖井镇韩窖子村中的风沙滩地上。所处地势平坦，周围为农田，种植有糜子等。高程 1411.2 米

马面整体保存差。台体底部风蚀严重，有凹槽，四壁凹凸不平，南壁有一道较宽的沟槽，风雨侵蚀使表面斑驳、剥落。

台体用黄沙土夯筑而成，夯层厚 0.05~0.1 米，夯土质地细密。台体平面呈矩形，剖面呈梯形，底部东西 6、南北 5 米，顶部东西 5、南北 4.5 米，高 2.6 米。台体周围发现有少量的砖。（图二〇六〇）

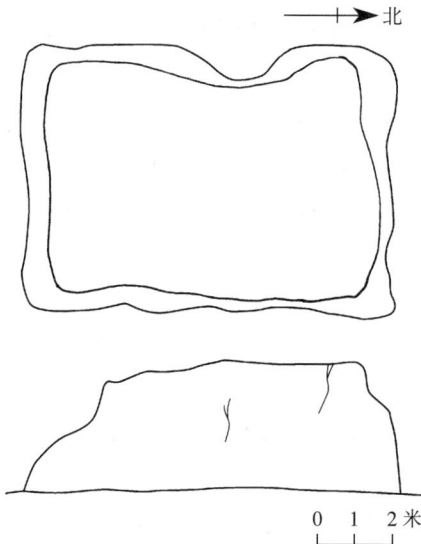

图二〇五九　三楼村 4 号马面平、立面图

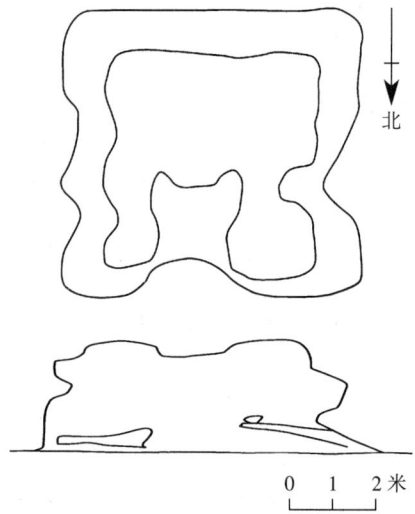

图二〇六〇　韩窑子村 1 号马面平、立面图

该马面位于韩窨子村长城 1 段墙体西侧，东南距三楼村 4 号马面 0.9 千米。

（二〇六）韩窨子村 2 号马面（610825352102170206）

该马面位于砖井镇韩窨子村西 1.7 千米的风沙滩地上。所处地势平坦，周围为农田，种植有向日葵等。高程 1405.9 米。

马面整体保存差。台体底部坍塌成土堆，上面长满杂草，有一个人为挖掘的坑穴；南壁坍塌，上部风蚀严重。

台体用黄沙土夯筑而成，夯层厚 0.05～0.1 米，夯土质地细密，东壁夯层清晰。台体平面呈矩形，剖面呈梯形，底部东西 4.5、南北 4 米，顶部东西 3.2、南北 3 米，高 1.6 米。台体周围发现有少量的砖。（图二〇六一）

该马面位于韩窨子村长城 2 段墙体西侧，东距韩窨子村 1 号马面 1.93 千米。

（二〇七）东关村 1 号马面（610825352102170207）

该马面位于砖井镇东关村东 0.8 千米的风沙滩地上。所处地势平坦，南北两侧为农田，北侧有一条乡村土路。高程 1398.1 米。

马面整体保存较差。风雨侵蚀使台体表面斑驳、剥落，四壁有许多雨水冲刷形成的小沟槽。

台体用黄沙土夯筑而成，夯层厚 0.05～0.1 米，夯土质地细密。台体平面呈矩形，剖面呈梯形，底部边长 8、顶部边长 6.5、高 4.2 米。台体包砖被拆毁，周围发现有大量的砖。（图二〇六二）

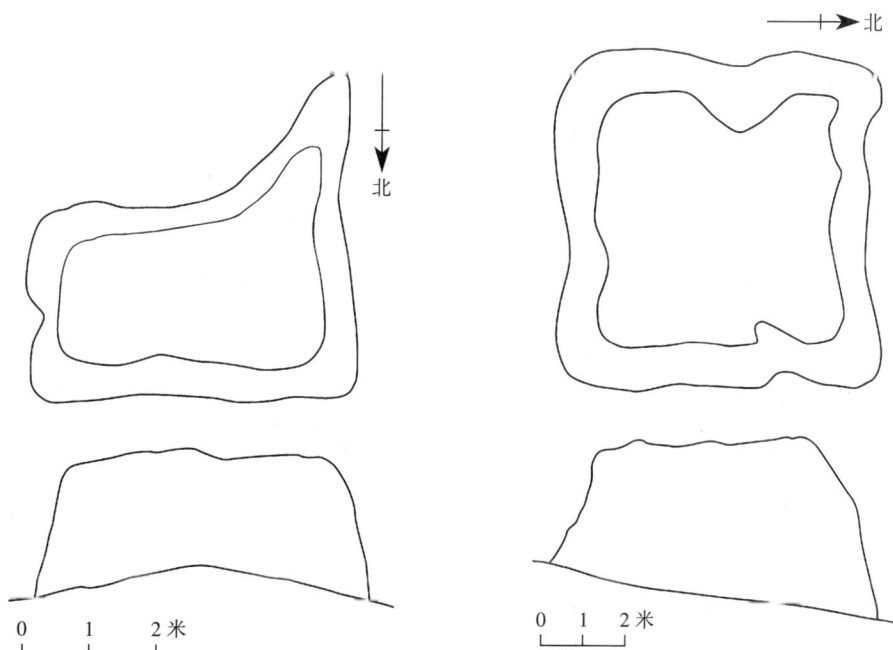

图二〇六一　韩窑子村 2 号马面平、立面图　　　　图二〇六二　东关村 1 号马面平、立面图

该马面位于东关村长城墙体北侧，东距韩窨子村 1 号敌台 0.24 千米。

（二〇八）东关村 2 号马面（610825352102170208）

该马面位于砖井镇东关村东北 0.4 千米的风沙滩地上。所处地势平坦，南北两侧为农田，东侧有一个变电房和一条小路。高程1391.8米。

马面整体保存较差。台体底部有风蚀凹槽，北壁底部正中有一个人为挖掘的土洞，四壁布满雨水冲刷的小沟槽。台体包砖被拆毁。

台体用黄沙土夯筑而成，夯层厚0.04~0.06米，夯土质地细密。台体平面呈矩形，剖面呈梯形，底部边长8、顶部边长7、高5米。台体周围发现有大量的砖。（图二〇六三）

该马面位于东关村长城墙体北侧，东距东关村1号马面0.48千米。

（二〇九）东关村3号马面（610825352102170209）

该马面位于砖井镇东关村中的风沙滩地上。所处地势平坦，南北两侧为农田，西侧有房屋。高程1391.8米。

马面整体保存较差。台体北壁底部正中有一个人为挖掘的土洞，洞口周围堆有砖，南壁坍塌呈缓坡状，其余三壁布满风蚀凹坑。

台体用黄沙土夯筑而成，夯层厚0.04~0.08米，夯土质地细密。台体平面呈矩形，剖面呈梯形，底部边长8、顶部边长7、高4.5米。台体周围发现有少量的条砖。（图二〇六四）

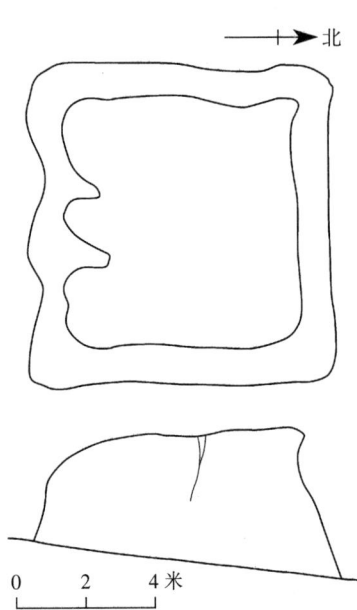

图二〇六三　东关村2号马面平、立面图　　　　图二〇六四　东关村3号马面平、立面图

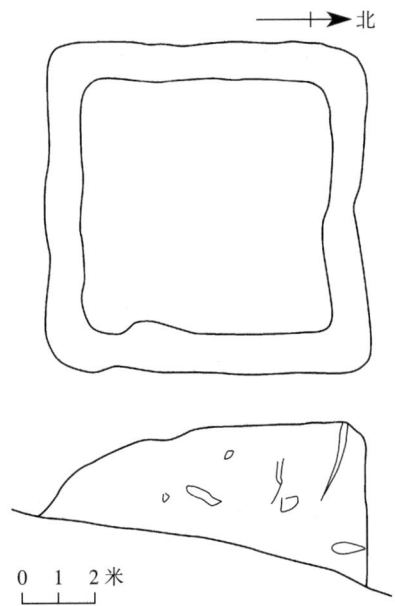

该马面位于东关村长城墙体北侧，东距东关村2号马面0.49千米。

（二一〇）西关村马面（610825352102170210）

该马面位于砖井镇西关村。周围地势平坦，南北两侧为农田，东侧有一条土路穿过长城墙体。高程1387.5米。

马面整体保存较差。台体底部有风蚀凹槽，北壁东部有一个人为挖掘的土洞，洞口平面呈矩形，南壁坍塌呈斜坡状，四壁有风蚀的凹坑，顶部长满杂草。

台体用黄沙土夯筑而成，夯层厚0.05~0.09米，夯土质地细密。台体平面呈矩形，剖面呈梯形，

底部边长 8、顶部边长 6.5、高 5 米。台体周围发现有少量的砖。（图二〇六五）

该马面位于东关村长城墙体北侧，西距东关村 2 号敌台 0.28 千米。

（二一一）曹家圈村 1 号马面（610825352102170211）

该马面位于砖井镇曹家圈村东北 0.6 千米的盐碱沙丘地。周围地势较平坦，南北两侧有农田和树林，北侧有一条走向与墙体一致的土路。高程 1400 米。

马面整体保存差。台体坍塌成大土堆，顶部有风蚀孔洞。

台体用黄沙土夯筑而成，夯层厚 0.08～0.1 米。台体平面呈圆形，剖面呈弧拱形，底部直径 4、顶部直径 2.5、高 1.5 米。（图二〇六六）

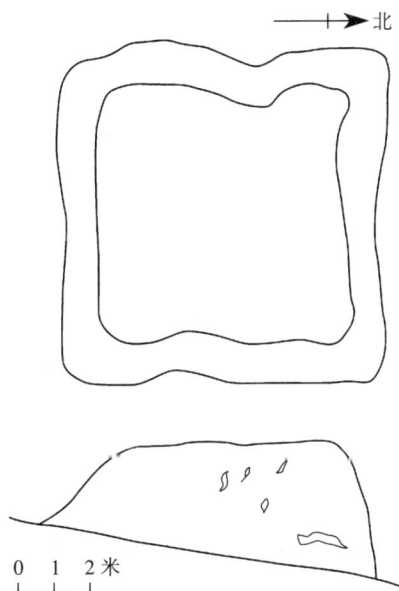

图二〇六五　西关村马面平、立面图

图二〇六六　曹家圈村 1 号马面平、立面图

该马面位于曹家圈村长城墙体上，东距西关村敌台 0.55 千米。

（二一二）曹家圈村 2 号马面（610825352102170212）

该马面位于砖井镇曹家圈村东北 650 米的盐碱沙丘地上。周围地势较平坦，南北两侧有树林。高程 1401.4 米。

马面整体保存差。台体坍塌严重，呈土台状，上面长满杂草。

台体用黄沙土夯筑而成，夯层厚 0.1～0.12 米。台体平面呈近矩形，剖面呈梯形，底部东西 5、南北 7 米，顶部东西 4、南北 6 米，高 2 米。（图二〇六七）

该马面位于曹家圈村长城墙体北侧，东距曹家圈村 1 号马面 0.44 千米。

（二一三）曹家圈村 3 号马面（610825352102170213）

该马面位于砖井镇曹家圈村北的盐碱沙丘地上。周围地势较平坦。高程 1395.6 米。

马面整体保存差。台体坍塌严重，呈土台状，上面长有杂草。

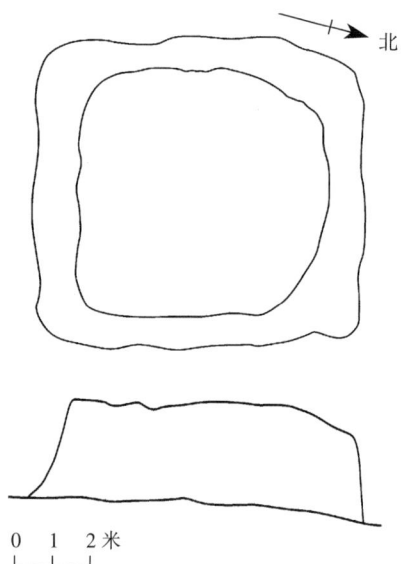

图二〇六七　曹家圈村2号马面平、立面图　　　　图二〇六八　曹家圈村3号马面平、立面图

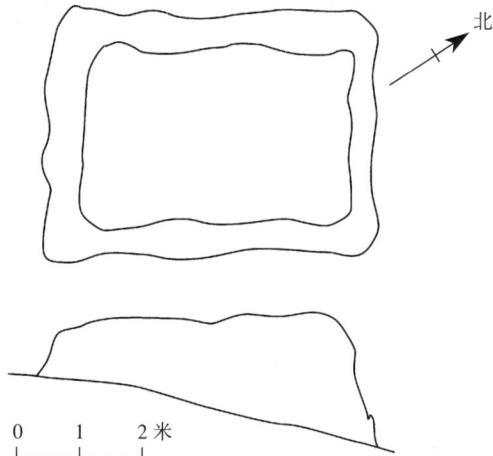

台体用黄沙土夯筑而成，夯层厚0.04~0.06米。台体平面呈近矩形，剖面呈梯形，底部东西3.5、南北5米，顶部东西3、南北4.5米，高1米。（图二〇六八）

该马面位于曹家圈村长城墙体北侧，东距曹家圈村2号马面0.29千米。

（二一四）曹家圈村4号马面（6108253521021 70214）

该马面位于砖井镇曹家圈村西北0.65千米的盐碱沙丘地上。周围地势较平坦。高程1390.2米。

马面整体保存差。台体底部有风蚀凹槽，四壁有风蚀凹坑，西壁有一道雨水冲刷的沟槽，北壁上部有一个豁口，南壁有踩踏形成的台阶。

台体用黄沙土夯筑而成，夯层厚0.04~0.08米，夯土质地细密。台体平面呈近矩形，剖面呈梯形，底部边长6.5、顶部边长6、高3.5米。台体周围发现有少量砖。（图二〇六九）

该马面位于曹家圈村长城墙体北侧，西距曹家圈村5号马面0.42千米。

（二一五）曹家圈村5号马面（6108253521021 70215）

该马面位于砖井镇曹家圈村西北1千米的盐碱沙丘地上。周围地势较平坦，长满杂草。高程1393米。

马面整体保存较差。台体底部因风蚀形成一圈凹槽，四壁上部有风蚀凹坑，东壁北端一块夯土将与台体分离，北壁有两条裂缝。

台体用黄沙土夯筑而成，夯层厚0.04~0.08米，夯土质地细密。台体平面呈近矩形，剖面略呈梯形，底部东西8、南北7.5米，顶部东西7、南北6.5米，高5米。台体周围发现有少量的砖。（图二〇七〇）

该马面位于曹家圈村长城墙体北侧，东距曹家圈村4号马面0.42千米。

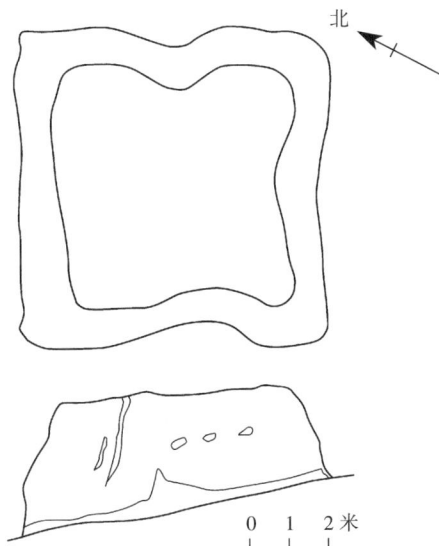

图二〇六九　曹家圈村 4 号马面平、立面图

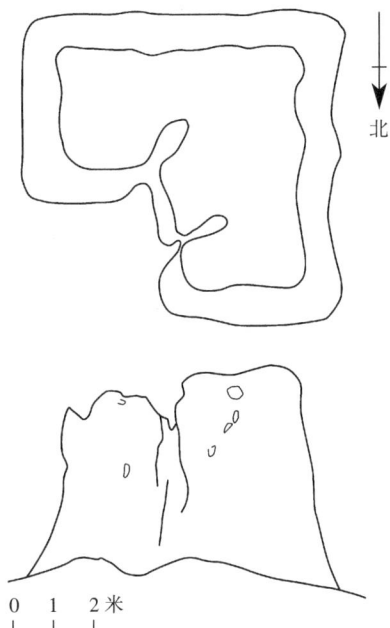

图二〇七〇　曹家圈村 5 号马面平、立面图

（二一六）西高圈村马面（610825352102170216）

该马面位于砖井镇西高圈村北 1.2 千米的荒沙碱滩地上。两侧大多为荒草地。高程 1383 米。

马面整体保存较差。台体底部有风蚀凹槽，北壁中部有一道雨水冲刷的沟槽，西壁上部有几道雨水冲刷的小沟槽，顶部长有杂草。台体包砖被拆毁。

台体用黄沙土夯筑而成，夯层厚 0.06 ~ 0.13 米，质地细密。台体平面呈矩形，剖面呈梯形，底部边长 8、顶部边长 7、高 8 米。台体顶部有海墁层，厚 0.4 米。台体周围发现有砖、石块、瓦片和少量瓷片。（图二〇七一；彩图三六四）

该马面位于西高圈村长城墙体北侧，东距西高圈村 5 号马面 0.483 千米。

（二一七）十里塘村 1 号马面（610825352102170217）

该马面位于砖井镇十里塘村的荒沙滩碱地上。所处地势起伏不大较平坦，长城墙体北侧有青吴公路，南侧有房舍。高程 1398.5 米。

马面整体保存较差。台体坍塌成圆土台，周边不规整，上面长满杂草，顶部有人为踩踏的小路。

台体用黄沙土夯筑而成，夯层厚 0.05 ~ 0.09 米，夯土质地细密。台体平面呈近矩形，剖面近呈梯形，底部东西 7.5、南北 9 米，顶部东西 6、南北 7 米，高 3.5 米。

该马面位于十里塘村长城 1 段墙体北侧，东距十里塘村 1 号敌台 0.53 千米。（图二〇七二）

（二一八）十里塘村 2 号马面（610825352102170069）

该马面位于砖井镇十里塘村西 0.3 千米的荒沙滩碱地上。所处地势起伏不大，较平坦。长城墙体北侧有青吴公路，两侧有房舍。高程 1390.5 米。

马面整体保存差。台体坍塌呈圆台状，北壁底部有人为挖掘的土坑，有雨水冲槽；东壁有风蚀凹坑；西壁外有一条小路穿过长城墙体。

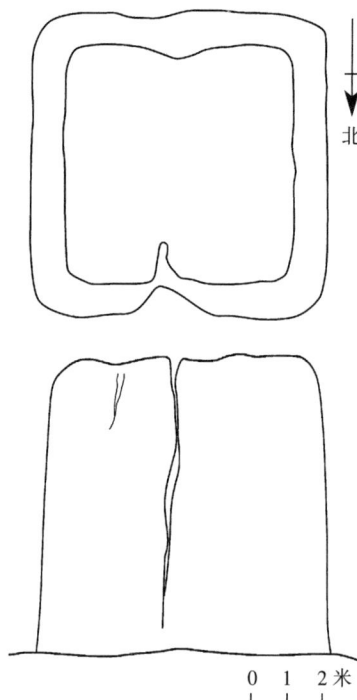

图二〇七一　西高圈村马面平、立面图

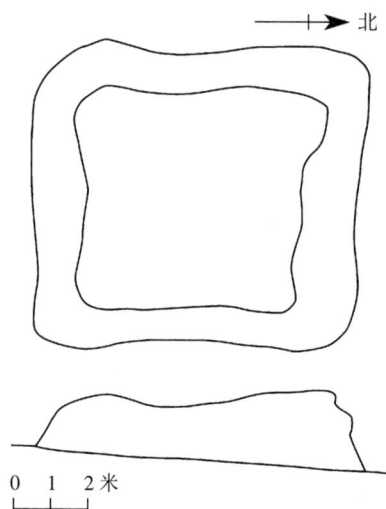

图二〇七二　十里塘村 1 号马面平、立面图

台体用黄沙土夯筑而成，夯层厚 0.05 ~ 0.1 米，夯土质地细密。台体平面呈近圆形，剖面呈梯形，底部东西 2、南北 3 米，顶部东西 1、南北 2 米，高 2 米。台体附近发现有少量的砖。（图二〇七三）

该马面东距十里塘村 1 号马面 0.245 千米。

（二一九）瓦渣梁村 1 号马面（610825352102170219）

该马面位于贺圈镇瓦渣梁村东南 1 千米的荒沙滩碱地上。所处地势起伏不大较平缓，长城墙体北侧有青吴公路，两侧为荒草滩。高程 1417.7 米。

马面整体保存差。台体坍塌成低矮的圆土堆，上面长满杂草，顶部中间塌陷成凹坑。

台体用黄沙土夯筑而成，夯层厚 0.06 ~ 0.1 米。台体平、剖面呈不规则形，底部边长 8 ~ 8.5、顶部边长 4 ~ 7、高 5.5 米。（图二〇七四）

该马面位于瓦渣梁村长城 1 段墙体北侧，东距十里塘村 4 号敌台 0.5 千米。

（二二〇）瓦渣梁村 2 号马面（610825352102170220）

该马面位于贺圈镇瓦渣梁村东 0.5 千米的荒沙滩碱地上。所处地势起伏不大较平缓，长城墙体北侧有青吴公路，两侧为荒草滩。高程 1418.8 米。

马面整体保存差。台体坍塌成圆土堆，上面长满杂草。

台体用黄沙土夯筑而成，夯层厚 0.05 ~ 0.09 米。台体平面呈近矩形，剖面呈梯形，底部东西 6、南北 10 米，顶部东西 2、南北 6.5 米，高 4 米。（图二〇七五）

该马面位于瓦渣梁村长城 1 段墙体北侧，东距瓦渣梁村 1 号马面 0.55 千米。

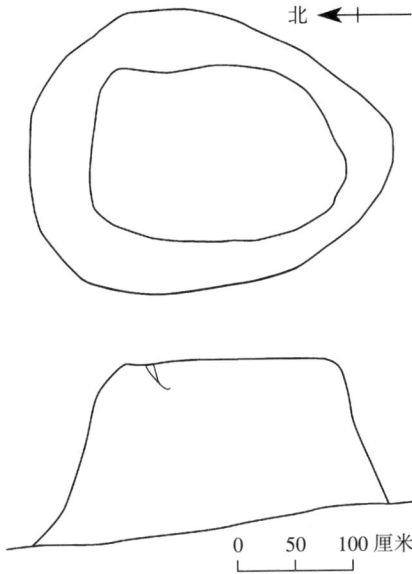

图二〇七三　十里塘村2号马面平、立面图

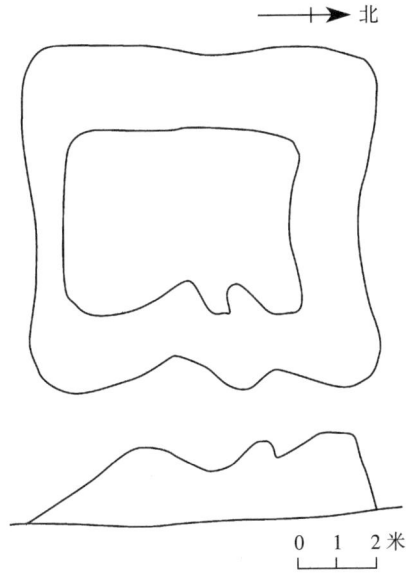

图二〇七四　瓦渣梁村1号马面平、立面图

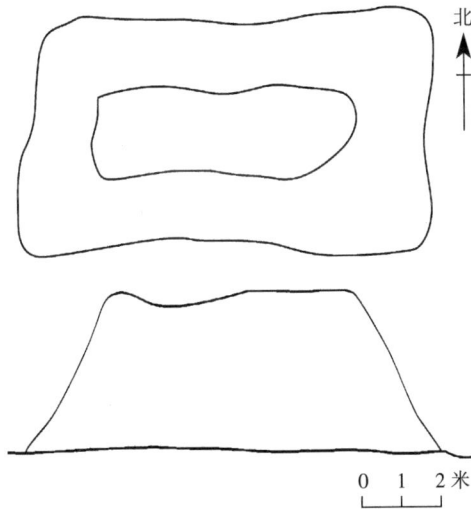

图二〇七五　瓦渣梁村2号马面平、立面图

（二二一）瓦渣梁村3号马面（610825352102170221）

该马面位于贺圈镇瓦渣梁村东0.2千米的荒沙滩碱地上。所处地势起伏不大较平缓，长城墙体北侧有青吴公路，两侧为耕地。高程1437米。

马面整体保存较差。风雨侵蚀使台体表面斑驳，东、西壁有雨水冲槽和裂缝、风蚀小坑，东南角底部垮塌，顶部长有杂草。台体包砖被拆毁。

台体用黄沙土夹杂少量料礓石、红砂石夯筑而成，夯层厚0.05～0.08米，夯土质地细密。台体平面呈矩形，剖面呈梯形，底部边长8、顶部边长5.5、高5米。台体顶部原有建筑物，有海墁层，厚0.2米。台体周围发现有砖、石、瓦片和少量瓷片等。（图二〇七六）

该马面位于瓦渣梁村长城1段北侧，东距瓦渣梁村2号马面0.38千米。

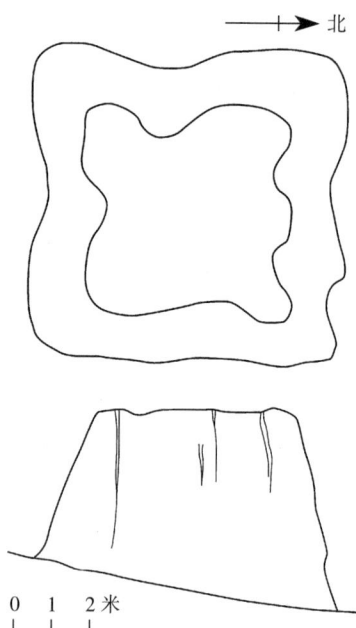

图二〇七六　瓦渣梁村 3 号马面平、立面图

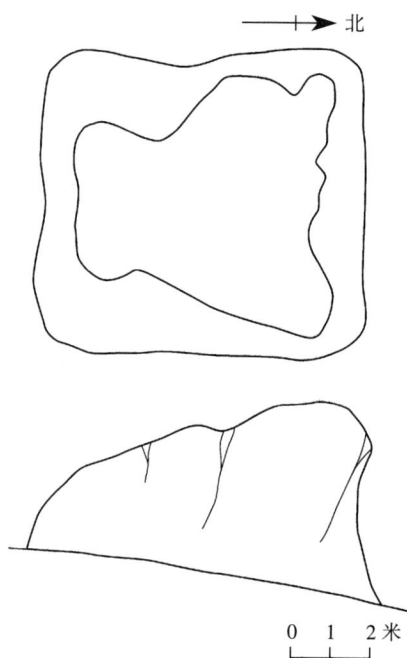

图二〇七七　瓦渣梁村 4 号马面平、立面图

（二二二）瓦渣梁村 4 号马面（610825352102170222）

该马面位于贺圈镇瓦渣梁村的荒沙滩碱地上。所处地势起伏不大较平缓，南侧为村庄，北侧为耕地。高程 1416.5 米。

马面整体保存较差。风雨侵蚀使台面斑驳、剥落，北壁底部有一个人为挖掘的洞穴，西壁中部有一个缺口，南壁坍塌成斜坡，四壁有裂缝。

台体用黄沙土夹杂少量料礓石夯筑而成，夯层厚 0.05～0.1 米，夯土质地细密。台体平面呈矩形，剖面呈梯形，底部边长 8、顶部边长 6.6、高 5.5 米。台体包砖被拆毁。台体周围发现有砖。（图二〇七七）

该马面位于瓦渣梁村长城 2 段墙体北侧，东距瓦渣梁村 1 号敌台 0.35 千米。

（二二三）石井子村 1 号马面（610825352102170074）

该马面位于贺圈镇石井子村的荒沙滩碱地上。所处地势起伏不大较平缓，南侧为村庄，北侧为耕地。高程 1399.9 米。

马面整体保存较差。台体东壁有一个人为挖掘的土洞，东南角塌陷；西壁有 3 道雨水冲刷的沟槽，宽 0.08～0.15 米，有风蚀的坑穴；南壁坍塌斜坡通道。

台体用黄沙土夹杂少量料礓石、红砂石夯筑而成，夯层厚 0.05～0.08 米，夯土质地细密。台体平面呈矩形，剖面呈梯形，底部东西 9、南北 7 米，顶部东西 6.6、南北 6.5 米，高 6 米。台体周围发现有少量的砖。（图二〇七八）

该马面位于瓦渣梁村长城 2 段北侧，东距瓦渣梁村 4 号马面 0.62 千米。

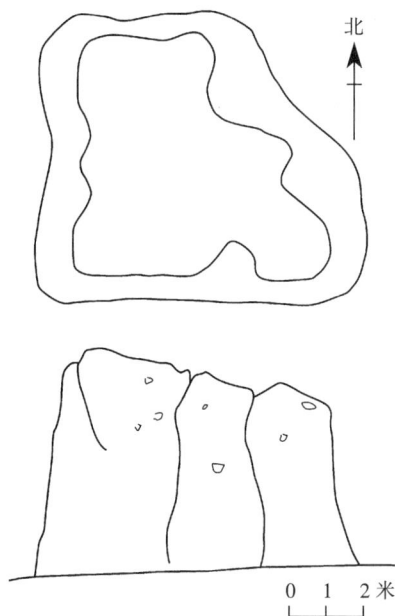

北

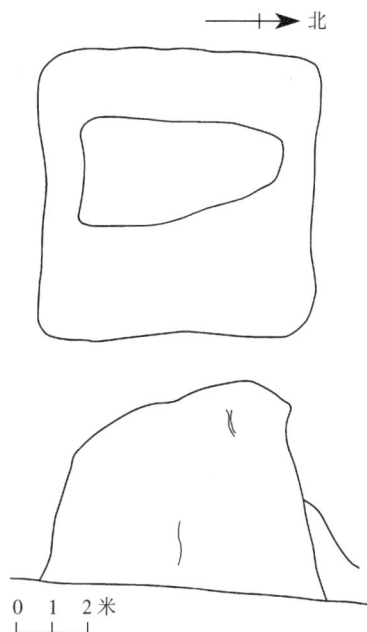

北

0　1　2米

0　1　2米

图二〇七八　石井子村1号马面平、立面图　　　图二〇七九　石井子村2号马面平、立面图

（二二四）石井子村2号马面（6108253521021702 24）

该马面位于贺圈镇石井子村的荒沙滩碱地上。所处地势起伏不大较平缓，北侧为耕地，有一条土路穿过墙体。高程1395.5米。

马面整体保存差。台体北壁坍塌成斜坡，东壁有垮塌裂缝。

台体用黄沙土夹杂少量料礓石夯筑而成，夯层厚0.05~0.08米，夯土质地细密。台体平面略呈矩形，剖面呈梯形，底部东西6、南北7米，顶部东西3、南北5米，高5米。（图二〇七九）

该马面位于瓦渣梁村长城2段段墙体北侧，东距石井子村1号马面0.305千米。

（二二五）石井子村3号马面（6108253521021702 25）

该马面位于贺圈镇石井子村的荒沙滩碱地上。所处地势起伏不大较平缓，北侧为耕地，东侧有一条土路穿过墙体。高程1415.1米。

马面整体保存较差。台体西壁有2道裂缝；东、北壁有风蚀凹坑；南壁中部有登台通道，呈斜坡状。台体包砖全部被拆毁。

台体用黄沙土夹杂少量料礓石夯筑而成，夯层厚0.05~0.08米，夯土质地细密。台体平面呈矩形，剖面呈梯形，底部边长8.5、顶部边长7、高6米。台体南壁有斜坡状登台步道可达台顶，长3.6、宽1.2米。台体周围发现有残砖。（图二〇八〇）

该马面位于石井子村长城墙体北侧，东距石井子村2号马面0.268千米。

（二二六）石井子村4号马面（6108253521021702 26）

该马面位于贺圈镇石井子村的荒沙滩碱地上。所处地势起伏不大较平缓，北侧为耕地，东侧有一条土路穿过墙体，南侧为村舍。高程1394米。

马面整体保存较差。风雨侵蚀使台体表面斑驳、剥落，底部坍塌；东壁底部有人为挖掘的土洞，有 2 条裂缝；西壁北端底部有一个洞穴；南壁底部被取土破坏；北壁坍塌成斜坡。

台体用白胶土夹杂少量料礓石夯筑而成，夯层厚 0.04～0.08 米，夯土质地细密。台体平面呈矩形，剖面呈梯形，底部东西 7、南北 12 米，顶部东西 4、南北 7 米，高 10 米。（图二〇八一）

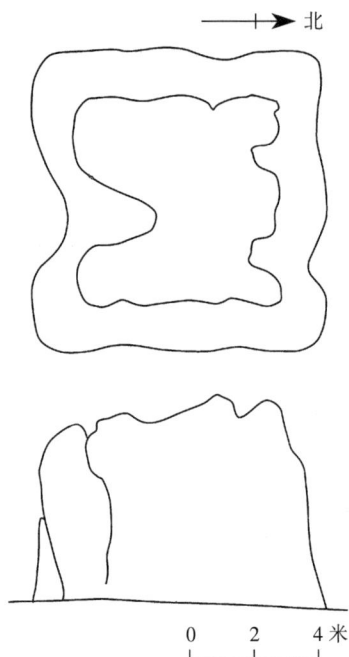

图二〇八〇　石井子村 3 号马面平、立面图　　　图二〇八一　石井子村 4 号马面平、立面图

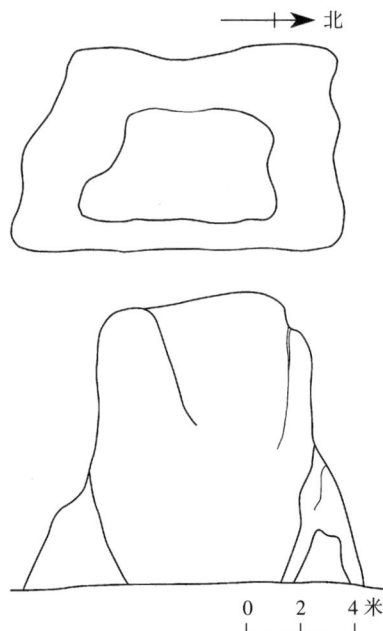

该马面位于石井子村长城墙体北侧，东距石井子村 2 号马面 0.31 千米。

（二二七）石井子村 5 号马面（6108253521021 70227）

该马面位于贺圈镇石井子村的荒沙滩碱地上。所处地势起伏不大较平缓，北侧为耕地，东侧有一条土路穿过墙体，南侧为村舍。高程 1385.2 米。

马面整体保存较差。台体底部有风蚀凹槽，壁面有风蚀凹坑，东壁中部有一雨水冲刷的沟槽。台体包砖全部脱落。

台体用白胶土夹杂少量料礓石夯筑而成，夯层厚 0.05～0.07 米，夯土质地细密。台体平面呈矩形，剖面呈梯形，底部边长 8、顶部边长 6、高 5 米。台体周围发现的遗物有砖。（图二〇八二）

该马面位于石井子村长城墙体北侧，东距石井子村 4 号马面 0.31 千米。

（二二八）园墩台村马面（6108253521021 70228）

该马面位于贺圈镇园墩台村的荒沙滩碱地上。所处地势起伏不大较平缓，南、北侧为耕地，西侧有一条土路穿过墙体。高程 1394.9 米。

马面整体保存差。台体底部有风蚀凹槽；中部有一条东西向坍塌宽 1～2 米的裂缝，坍塌成两半；四壁有风蚀凹坑；北壁有坍塌的缺口，宽 0.5～1 米；顶部中间塌陷。台体包砖被拆毁。

台体用白胶土夹杂少量料礓石夯筑而成，夯层厚 0.05～0.07 米，夯土质地细密。台体平面呈矩形，剖面呈梯形，底部边长 8、顶部边长 7、高 5.5 米。台体周围发现有砖。（图二〇八三）

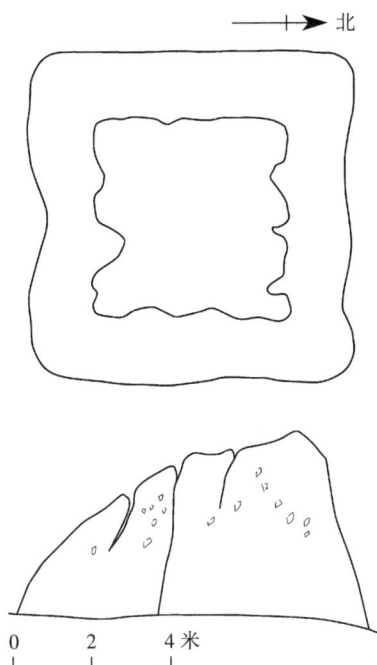

图二〇八二 石井子村 5 号马面平、立面图

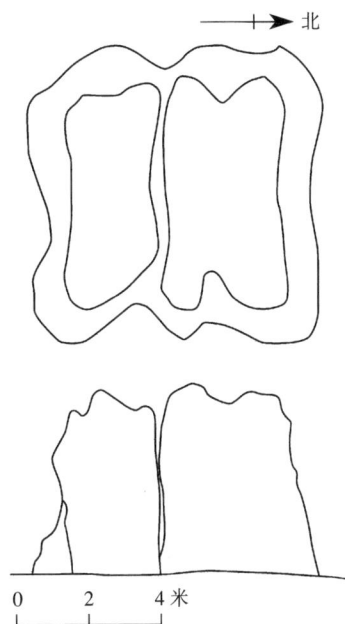

图二〇八三 园墩台村马面平、立面图

该马面位于石井子村长城墙体北侧，东距园墩台村敌台 0.31 千米。

（二二九）下暗门村 1 号马面（610825352102170229）

该马面位于贺圈镇下暗门村。所处地势平坦，西侧有贺纪公路穿过墙体。高程 1394.5 米。

马面整体保存较差。台体北壁有 2 条雨水冲沟，西壁被贺纪公路破坏；东壁坍塌成斜坡，有冲沟。

台体用黄沙土夹杂少量料礓石夯筑而成，夯层厚 0.05～0.08 米，夯土质地细密。台体平面呈矩形，剖面呈梯形，底部边长 8 米，顶部东西 5、南北 6 米，高 6 米。（图二〇八四）

该马面位于下暗门村长城 1 段墙体北侧，东距下暗门村敌台 0.83 千米。

（二三〇）下暗门村 2 号马面（610825352102170230）

该马面位于贺圈镇下暗门村。所处地势平坦，西侧有 3 口油井。高程 1392.7 米。

马面整体保存差。台体坍塌成土堆，上部有坑凹。

台体用黄沙土夯筑而成，夯层厚 0.06～0.09 米。台体平、剖面呈不规则形，底部东西 8、南北 10 米，顶部东西 6、南北 6.5 米，高 9.2 米。（图二〇八五）

该马面距下暗门村长城 2 段起点 0.24 千米，北距下暗门村 2 号敌台 0.53 千米。

（二三一）郑圈村 1 号马面（610825352102170231）

该马面位于贺圈镇郑圈村南 0.42 千米的盐碱滩地上。所处地势平坦，西侧有耕地，东侧有贺纪公路。高程 1393.9 米。

马面整体保存差。台体坍塌严重，上面长满杂草，底部风蚀严重，壁面有虫穴，南壁有裂缝、缺口，北壁塌成斜坡。

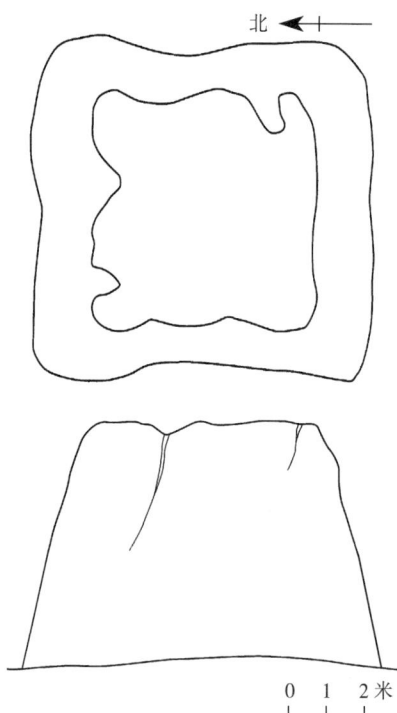

图二〇八四　下暗门村 1 号马面平、立面图

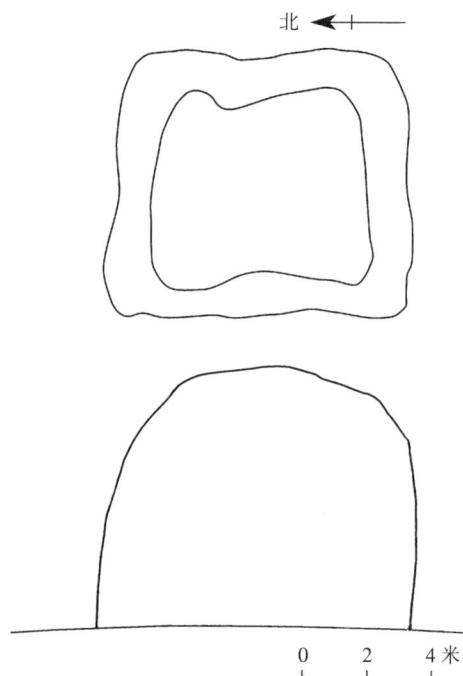

图二〇八五　下暗门村 2 号马面平、立面图

台体用黄土夹杂料礓石夯筑而成，夯层厚 0.04～0.06 米，夯土质地细密。台体平面呈不规则形，剖面呈近梯形，底部东西 7、南北 10 米，顶部东西 6、南北 9 米，高 4 米。（图二〇八六）

该马面位于郑圈村长城墙体东侧，东南距下暗门村 2 号敌台 0.563 千米。

（二三二）郑圈村 2 号马面（610825352102170232）

该马面位于贺圈镇郑圈村北 0.42 千米处。所处地势平坦，西侧有村庄，东侧有贺纪公路。高程 1384.9 米。

马面整体保存差。台体北壁底部有坍塌堆积土，呈斜坡状；四壁有许多流水冲刷形成的沟槽。

台体用黄沙土夹杂少量料礓石夯筑而成，夯层厚 0.06～0.08 米。台体平面呈矩形，剖面呈梯形，底部边长 10、顶部边长 9、高 4.5 米。（图二〇八七）

该马面位于郑圈村长城墙体东侧，南距郑圈村 1 号敌台 0.16 千米。

（二三三）南园则村马面（610825352102170233）

该马面位于定边镇南园则村中。西侧为耕地，东侧有居民小区。高程 1382.7 米。

马面整体保存差。台体坍塌成圆土堆，底部被耕地侵蚀，南壁底部有人为挖掘的土洞。

台体用黄土夹杂少量料礓石夯筑而成，夯层厚 0.08～0.12 米。台体平、剖面呈不规则形，底部东西 8、南北 10 米，顶部东西 6、南北 8 米，高 4 米。（图二〇八八）

该马面位于南园则村长城 2 段墙体东侧，南距南园则村敌台 0.52 千米。

（二三四）北园则村 4 号马面（610825352102170234）

该马面位于定边镇北园则村中的沙滩地上。所处地势平坦，两侧多为农田和林、草地相间地带。

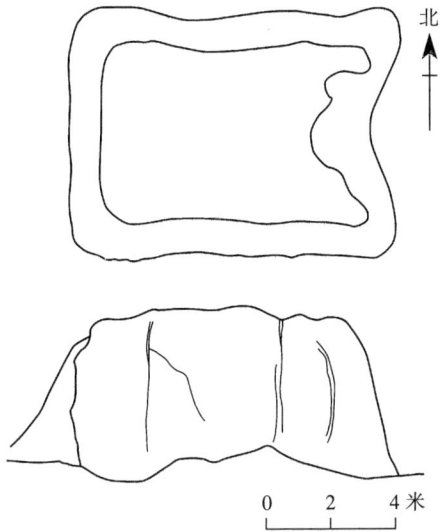

图二〇八六　郑圈村 1 号马面平、立面图

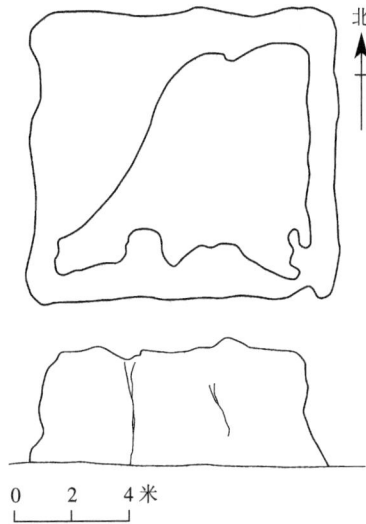

图二〇八七　郑圈村 2 号马面平、立面图

高程 1360.6 米。

　　马面整体保存差。风雨侵蚀使台体表面斑驳、剥落，凸凹不平，底部风蚀严重，东壁底部有人为挖掘的洞穴和人为踩踏的斜坡小道，西壁有裂缝。

　　台体用黄土夹杂少量料礓石夯筑而成，夯层厚 0.06~0.12 米。台体平面呈矩形，剖面呈梯形，底部边长 6、顶部边长 4.5、高 3.5 米。（图二〇八九）

　　该马面位于北园则村长城 1 段墙体东侧，西北距北园则村 5 号马面 1.3 千米。

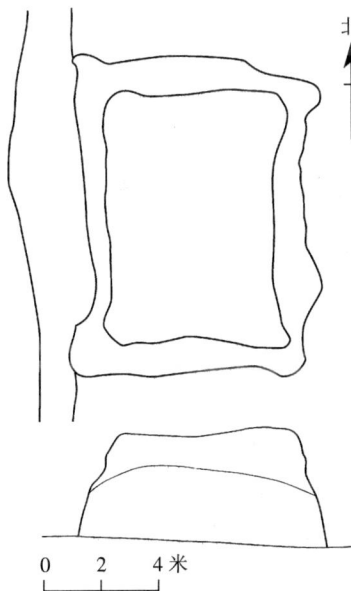

图二〇八八　南园则村马面平、立面图

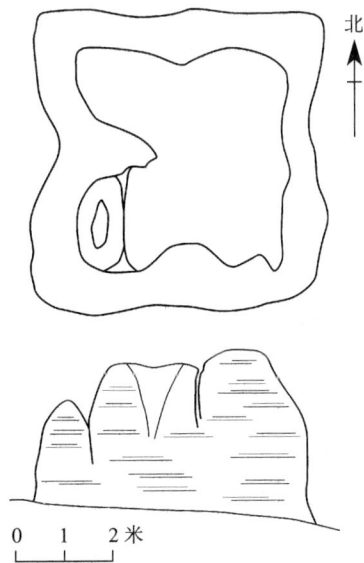

图二〇八九　北园则村 4 号马面平、立面图

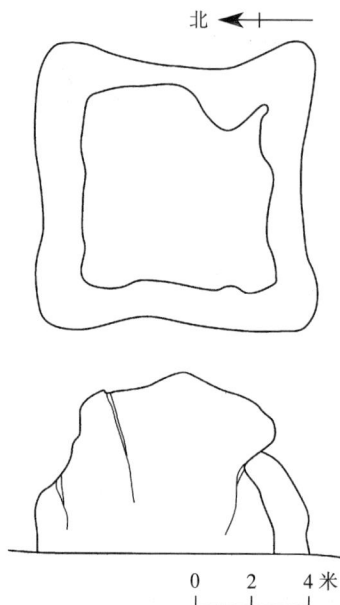

图二〇九〇　北园则村5号马面平、立面图

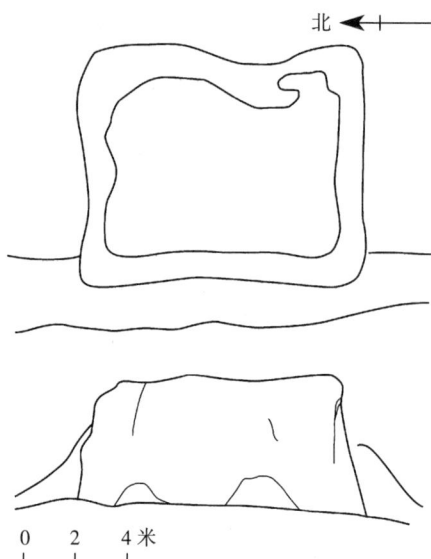

图二〇九一　北园则村6号马面平、立面图

（二三五）北园则村5号马面（610825352102170235）

该马面位于定边镇北园则村北0.8千米的盐碱沙滩地上。所处地势平坦，两侧为农田和荒草地，西侧有一条走向与长城墙体一致的土路。高程1365.1米。

马面整体保存较差。台体东壁底部风蚀严重；南壁中部有窑洞和风蚀小凹坑；西壁坍塌成斜坡，有风蚀凹坑。

台体用黄土夹杂少量料礓石夯筑而成，夯层厚0.05~0.08米。台体平面呈矩形，剖面呈梯形，底部边长10、顶部边长7、高6米。（图二〇九〇）

该马面位于北园则村长城2段墙体东侧，西北距北园则村6号马面0.42千米。

（二三六）北园则村6号马面（610825352102170236）

该马面位于定边镇北园则村西北1.22千米的盐碱沙滩地上。所处地势平坦，两侧为农田或荒草地，东侧有一条土路。高程1349.3米。

马面整体保存差。台体坍塌严重，南壁中部有2孔窑洞，夯土成块脱落，其余三壁面凸凹不平，长满杂草。

台体用红褐色胶土夹杂少量料礓石夯筑而成，夯层厚0.1~0.15米。台体平面呈近矩形，剖面呈梯形，底部东西9、南北11米，顶部东西7、南北9米，高4.5米。（图二〇九一）

该马面位于北园则村长城2段墙体东侧，南距北园则村5号马面0.42千米。

（二三七）北园则村7号马面（610825352102170237）

该马面位于定边镇北园则村西北1.4千米的盐碱沙滩地上。所处地势平坦，两侧为农田或荒草地。高程1348.2米。

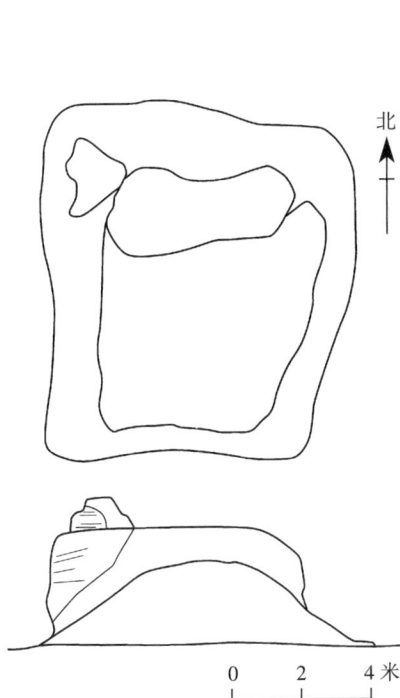

图二〇九二　北园则村 7 号马面平、立面图　　　图二〇九三　北园则村 8 号马面平、立面图

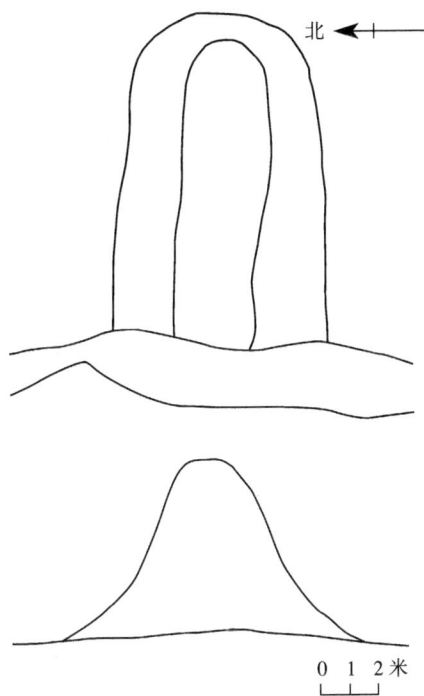

马面整体保存差。台体坍塌成不规则土台，上面长满杂草；西壁底部有风蚀凹槽，处于悬空状态，摇摇欲坠。

台体用黄沙土夹杂少量料礓石夯筑而成，夯层厚 0.1～0.12 米。台体平、剖面呈不规则形，底部东西 7、南北 10 米，顶部东西 6、南北 9 米，高 3.5 米。（图二〇九二）

该马面位于北园则村长城 2 段墙体西侧，东南距北园则村 6 号马面 0.18 千米。

（二三八）北园则村 8 号马面（610825352102170238）

该马面位于定边镇北园则村北 1.6 千米的盐碱沙滩地上。所处地势平坦，两侧为荒草地。高程 1351 米。

马面整体保存差。台体坍塌严重，上面长满杂草，南壁底部有一个人为挖掘的洞穴，四壁凸凹不平。

台体用黄沙土夹杂少量料礓石夯筑而成，夯层厚 0.06～0.12 米。台体平面呈近矩形，剖面呈梯形，底部东西 10.5、南北 5 米，顶部东西 9、南北 2 米，高 4 米。（图二〇九三）

该马面位于北园则村长城 2 段墙体的东侧，东南距北园则村 7 号马面 0.15 千米。

（二三九）北园则村 9 号马面（610825352102170239）

该马面位于定边镇北园则村北 1.65 千米的盐碱沙滩地上。所处地势平坦，两侧为荒草地。高程 1344.6 米。

马面整体保存差。台体坍塌成不规则土台，风雨侵蚀使表面斑驳、剥落，北壁底部有 2 孔窑洞，西壁有风蚀凹坑。

台体用黄沙土夹杂少量料礓石夯筑而成，夯层厚 0.08～0.12 米。台体平面呈近矩形，剖面呈梯形，底部东西 10、南北 8 米，顶部东西 9、南北 7 米，高 4 米。（图二〇九四）

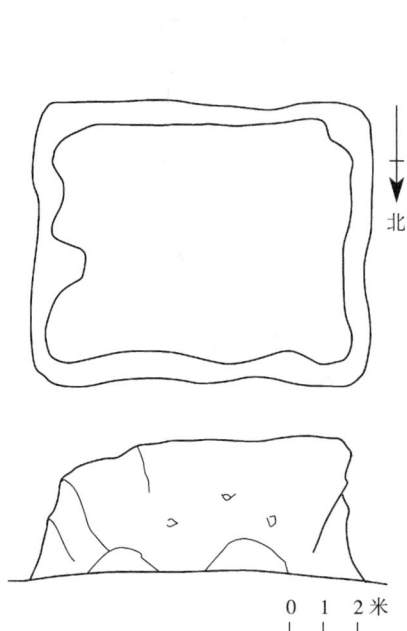

图二○九四　北园则村9号马面平、立面图　　　　图二○九五　北园则村10号马面平、立面图

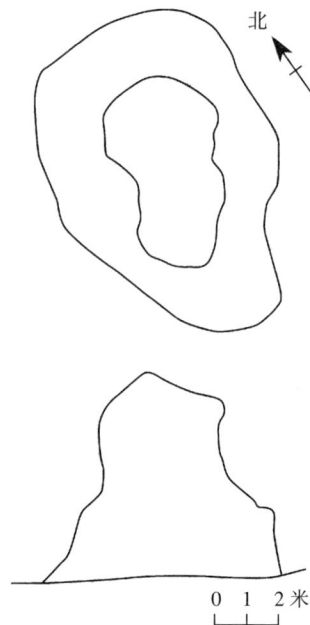

该马面位于北园则村长城2段墙体东侧，南距北园则村8号马面0.13千米。

（二四○）北园则村10号马面（610825352102170240）

该马面位于定边镇北园则村北1.9千米的盐碱沙滩地上。所处地势平坦，两侧为荒草地。高程1344.5米。

马面整体保存状况差。台体坍塌严重，四壁有风蚀小凹坑和虫穴，表面斑驳剥落、凸凹不平。

台体用黄沙土夹杂少量料礓石夯筑而成，夯层厚0.06～0.1米。台体平面呈不规则形，剖面呈梯形，底部东西5、南北3米，顶部东西3、南北2米，高2米。（图二○九五）

该马面位于北园则村长城2段墙体东侧，东南距北园则村9号马面0.122千米。

（二四一）水滩则村1号马面（610825352102170241）

该马面位于盐场堡乡水滩则村东南3千米的荒沙盐碱草滩地上。所处地势为东南低西北高的缓坡，起伏不大，较平坦。两侧为荒草地，植被脆弱。高程1342.3米。

马面整体保存差。台体东壁坍塌呈凸凹不平的断崖状，西壁成斜坡，长满杂草。

台体用黄沙土夹杂少量料礓石夯筑而成，夯层厚0.07～0.12米。台体平面呈近矩形，剖面近呈梯形，底部东西6.5、南北5.5米，顶部东西6、南北5米，高3米。（图二○九六）

该马面位于北园则村长城2段墙体东侧，东南距北园则村10号马面1.1千米。

（二四二）水滩则村2号马面（610825352102170242）

该马面位于盐场堡乡水滩则村东2千米的荒沙盐碱草滩地上。所处地势为东南低西北高的缓坡，起伏不大，较平坦。两侧为荒草地，植被脆弱，沙化严重。高程1348.6米。

马面整体保存差。台体坍塌成圆土堆，上面长满杂草。

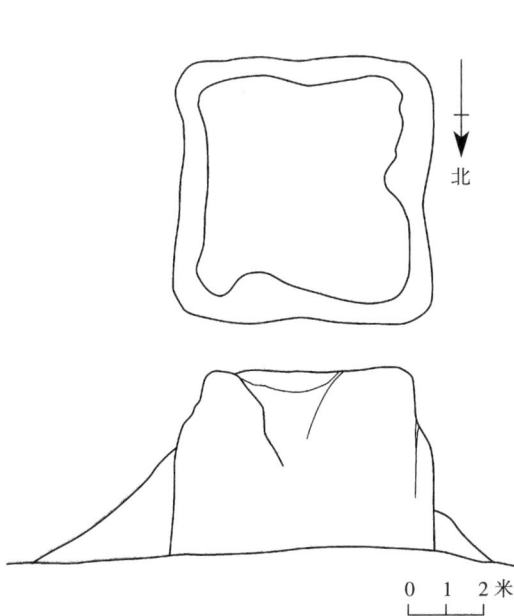

图二〇九六　水滩则村 1 号马面平、立面图　　　　图二〇九七　水滩则村 2 号马面平、立面图

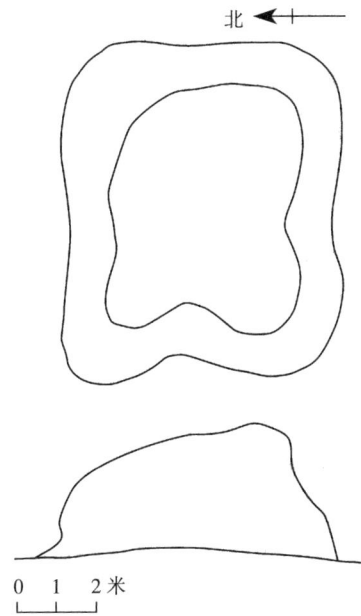

台体用黄沙土夹杂少量料礓石夯筑而成，夯层厚 0.06～0.12 米。台体平面呈不规则形，剖面呈不规则形，底部东西 9、南北 7 米，顶部东西 7、南北 5 米，高 3 米。（图二〇九七）

该马面位于水滩则村长城墙体东侧，东南距水滩则村 1 号马面 0.3 千米。

（二四三）水滩则村 3 号马面（610825352102170243）

该马面位于盐场堡乡水滩则村东北 2.3 千米的荒沙盐碱草滩地上。所处地势为东南低西北高的缓坡，起伏不大，较平坦。两侧为荒草地，植被脆弱，沙化严重。高程 1346.5 米。

马面整体保存差。台体坍塌成土堆，北壁风蚀严重，长满杂草。

台体用黄沙土夹杂少量料礓石夯筑而成，夯层厚 0.06～0.1 米。台体平面呈近矩形，剖面呈不规则形，底部边长 5.5、顶部边长 4、高 2 米。（图二〇九八）

该马面位于水滩则村长城墙体东侧，东南距水滩则村 2 号马面 0.3 千米。

（二四四）水滩则村 4 号马面（610825352102170244）

该马面位于盐场堡乡水滩则村东北 2.6 千米的荒沙盐碱草滩地上。所处地势为东南低西北高的缓坡，略有起伏。两侧为荒草地，植被脆弱，沙化严重。高程 1345.9 米。

马面整体保存较差。台体坍塌严重，底部堆积成斜坡；夯土成块脱落，四壁有裂缝和风蚀凹坑。

台体用黄沙土夹杂少量料礓石夯筑而成，夯层厚 0.06～0.12 米。台体平、剖面呈不规则形，底部东西 7、南北 10 米，顶部东西 5、南北 7 米，高 6 米。（图二〇九九）

该马面位于水滩则村长城墙体东侧，东南距水滩则村 3 号马面 0.302 千米。

（二四五）水滩则村 5 号马面（610825352102170245）

该马面位于盐场堡乡水滩则村东北 2.9 千米的荒沙盐碱草滩地上。所处地势为东南低西北高的缓

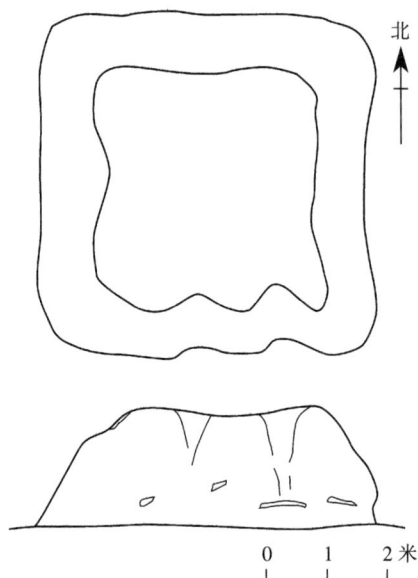

图二〇九八　水滩则村 3 号马面平、立面图　　　　图二〇九九　水滩则村 4 号马面平、立面图

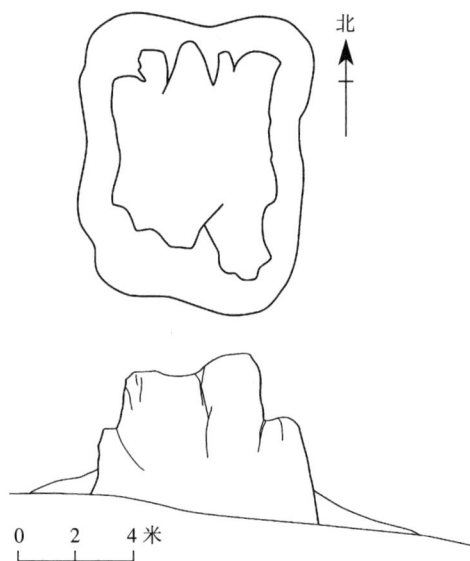

坡，略有起伏。两侧为荒草地，植被脆弱，沙化严重，东侧有一条土路。高程 1348.9 米。

马面整体保存一般。台体西、南、北壁坍塌成斜坡，斜坡上长满杂草，南壁有凹槽，东壁有雨水冲刷的沟槽。

台体用黄沙土夹杂少量料礓石夯筑而成，夯层厚 0.05 ~ 0.08 米，夯土质地细密。台体平面呈近矩形，剖面呈梯形，底部边长 12、顶部边长 9、高 7 米。台体周围发现有少量的明砖。（图二一〇〇）

该马面位于水滩则村长城墙体东侧，东南距水滩则村 4 号马面 0.25 千米。

（二四六）水滩则村 6 号马面（610825352102170246）

该马面位于盐场堡乡水滩则村东北 3.2 千米的荒沙盐碱草滩地上。所处地势为东南低西北高的缓坡，略有起伏。两侧为荒草地，植被脆弱，沙化严重，东侧有一条土路。高程 1339.2 米。

马面整体保存较差。台体坍塌严重，西壁坍塌成斜坡，有人为踩踏的斜坡小路；其余三壁风蚀严重，有许多虫穴和洪水冲刷沟槽。

台体黄土夹杂少量料礓石夯筑而成，夯层厚 0.06 ~ 0.1 米，夯土质地细密。台体平面呈矩形，剖面呈近梯形，底部边长 11、顶部边长 9、高 6 米。台体周围发现有少量的明砖。（图二一〇一）

该马面位于水滩则村长城墙体东侧，东南距水滩则村 5 号马面 0.25 千米。

（二四七）水滩则村 7 号马面（610825352102170247）

该马面位于盐场堡乡水滩则村东北 3.5 千米的荒沙盐碱草滩地上。所处地势为东南低西北高的缓坡，略有起伏。两侧为荒草地，植被脆弱，沙化严重，东侧有一条土路。高程 1353.9 米。

马面整体保存较差。台体坍塌呈三棱锥状，夯土脱落，西壁坍塌成斜坡，四壁有裂缝，生长有杂草。

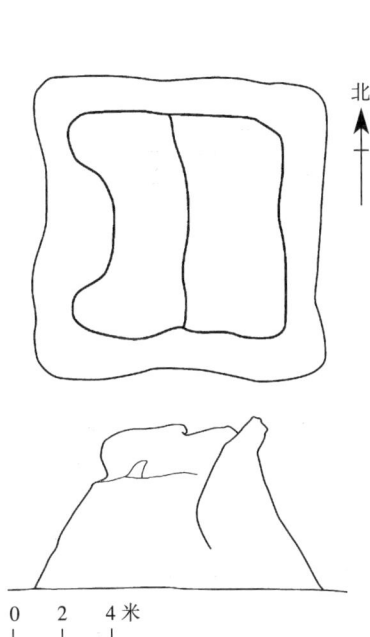

图二一〇〇　水滩则村5号马面平、立面图　　　　图二一〇一　水滩则村6号马面平、立面图

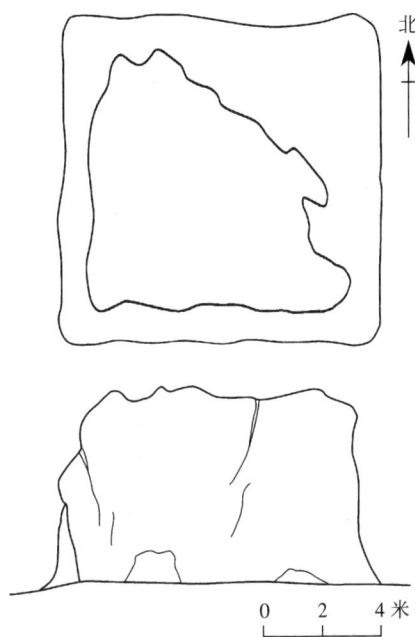

台体黄沙土夹杂少量料礓石夯筑而成，夯层厚0.06~0.1米，夯土质地细密。台体平、剖面呈不规则形，底部边长9米，顶部东西2、南北1米，高6米。(图二一〇二)

该马面位于水滩则村长城墙体东侧，东南距水滩则村6号马面0.153千米。

(二四八)　水滩则村8号马面（610825352102170248）

该马面位于盐场堡乡水滩则村东北3.7千米的荒沙盐碱草滩地上。所处地势为东南低西北高的缓坡，略有起伏。两侧为沙滩地，植被脆弱，沙化严重。高程1363.8米。

马面整体保存较差。台体坍塌成圆台，四壁有裂缝，风雨侵蚀使表面斑驳、剥落。

台体用黄沙土夹杂少量料礓石夯筑而成，夯层厚0.06~0.12米，夯土质地细密。台体平面呈不规则形，剖面呈梯形，底部东西13、南北10米，顶部东西10、南北8米，高6米。台体周围发现有少量的明砖。(图二一〇三)

该马面位于水滩则村长城墙体东侧，东南距水滩则村7号马面0.19千米。

(二四九)　水滩则村9号马面（610825352102170249）

该马面位于盐场堡乡水滩则村东北3.9千米的荒沙盐碱草滩地上。所处地势为东南低西北高的缓坡，略有起伏。两侧为沙滩地，植被脆弱，沙化严重。高程1377.8米。

马面整体保存差。台体坍塌呈圆锥状，上面生长有杂草。风雨侵蚀使台体表面斑驳剥落，北壁有裂缝。

台体用黄沙土夹杂少量料礓石夯筑而成，夯层厚0.06~0.1米，夯土质地细密。台体平面呈近圆角矩形，剖面呈梯形，底部边长6、顶部边长4、高4.5米。台体周围发现有少量的明砖。(图二一〇四)

该马面位于水滩则村长城墙体东侧，东南距水滩则村8号马面0.202千米。

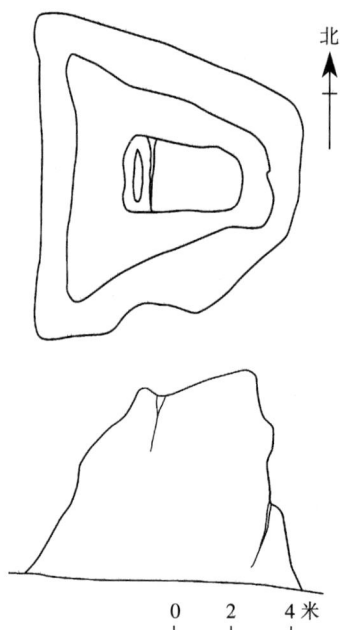

图二一○二　水滩则村 7 号马面平、立面图

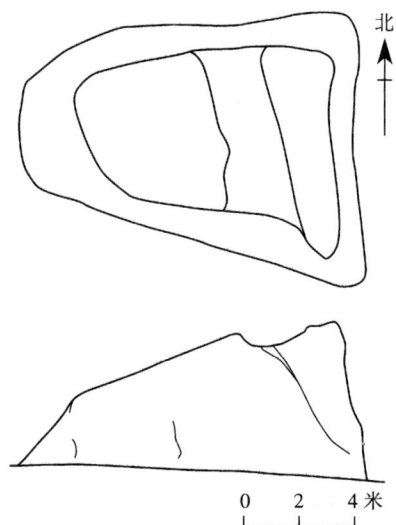

图二一○三　水滩则村 8 号马面平、立面图

（二五○）水滩则村 10 号马面（610825352102170250）

该马面位于盐场堡乡水滩则村东北 4.1 千米的荒沙盐碱草滩地上。所处地势为东南低西北高的缓坡，略有起伏。两侧为沙滩地，植被脆弱，沙化严重。高程 1379.3 米。

马面整体保存差。台体坍塌成土堆，上面长满杂草。

台体用黄沙土夯筑而成，夯层厚 0.06~0.12 米，夯土质地细密。台体平面呈近圆形，剖面呈梯形，底部直径 6、顶部直径 4、高 3.5 米。台体周围发现有红砂岩石，石块长 60、宽 40、厚 30 厘米。（图二一○五）

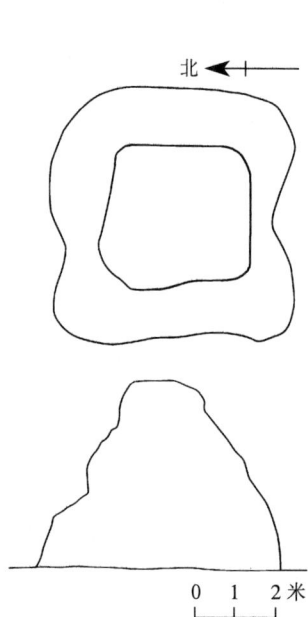

图二一○四　水滩则村 9 号马面平、立面图

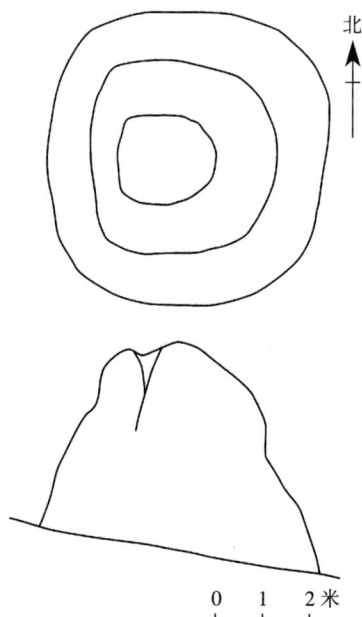

图二一○五　水滩则村 10 号马面平、立面图

该马面位于水滩则村长城墙体东侧，东南距水滩则村9号马面0.218千米。

（二五一）三楼村1号马面（610825352102170251）

该马面位于盐场堡乡三楼村东南0.8千米的荒沙盐碱地上。所处地势为东南高西北低的缓坡状，东侧有一条土路与墙体平行，西北有一院房舍。高程1371.1米。

马面整体保存差。台体四壁风蚀严重，有洪水冲刷的凹槽和风蚀凹坑。

台体用黄沙土夹杂少量红砂岩夯筑而成，夯层厚0.06～0.1米。台体平面呈近矩形，剖面呈梯形，底部东西17、南北13米，顶部东西13、南北5米，高5米。（图二一〇六）

该马面位于三楼村长城墙体东侧，西北距三楼村2号马面0.54千米、三楼村敌台0.28千米。

（二五二）三楼村2号马面（610825352102170252）

该马面位于盐场堡乡三楼村东南0.3千米的荒沙盐碱地上。所处地势为东南高西北低的缓坡状，东侧有一条土路与墙体平行。高程1352.1米。

马面整体保存较差。台体坍塌严重，只存大夯土堆，长满杂草。台体底部风蚀严重，南壁有一道洪水冲槽。

台体用黄沙土夯筑而成，夯层厚0.06～0.1米，质地细密。台体平面呈近矩形，剖面呈梯形，底部东西13、南北6.5米，顶部东西11、南北6米，高5米。（图二一〇七）

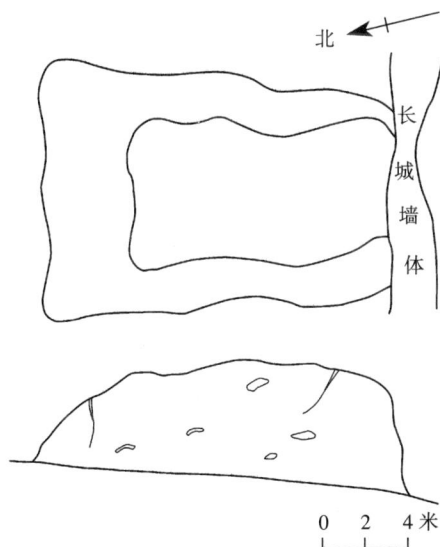

图二一〇六　三楼村1号马面平、立面图　　　图二一〇七　三楼村2号马面平、立面图

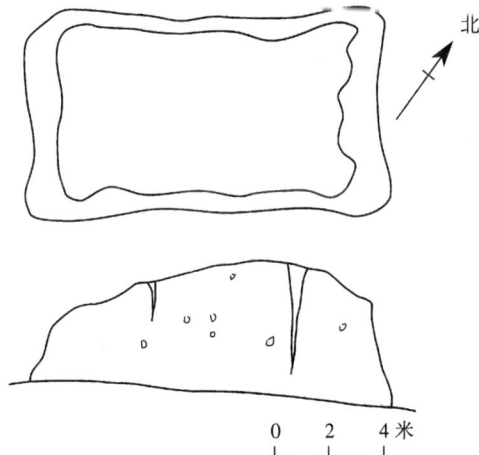

该马面位于三楼村长城墙体东侧，东南距三楼村敌台0.26千米。

（二五三）三楼村3号马面（610825352102170253）

该敌台位于盐场堡乡三楼村东北0.3千米的荒沙盐碱地上。所处地势为东南高西北低的缓坡状，北侧有一条土路穿过墙体，南侧有挖掘墙体修建而成的羊圈。高程1327.2米。

马面整体保存差。台体坍塌成大土堆，四壁不规整，生长有杂草。

台体用黄沙土夹杂少量红砂岩、料礓石夯筑而成，夯层厚0.06~0.1米。台体平面呈近矩形，剖面近呈梯形，底部东西8、南北9米，顶部东西2、南北5米，高2米。（图二一〇八）

该马面位于三楼村长城墙体东侧，东南距三楼村2号马面0.58千米。

（二五四）三楼村4号马面（610825352102170254）

该马面位于盐场堡乡三楼村西北1.4千米的荒沙盐碱地上。所处地势平坦，东侧有一条土路。高程1314.2米。

马面整体保存较差。台体底部风蚀严重，四壁有洪水冲槽和风蚀的凹坑，坍塌严重，夯土脱落。

台体用黄沙土夹杂少量料礓石夯筑而成，夯层厚0.04~0.06米，夯土质地细密。台体平面呈矩形，剖面呈梯形，底部边长9、顶部边长6、高5米。（图二一〇九）

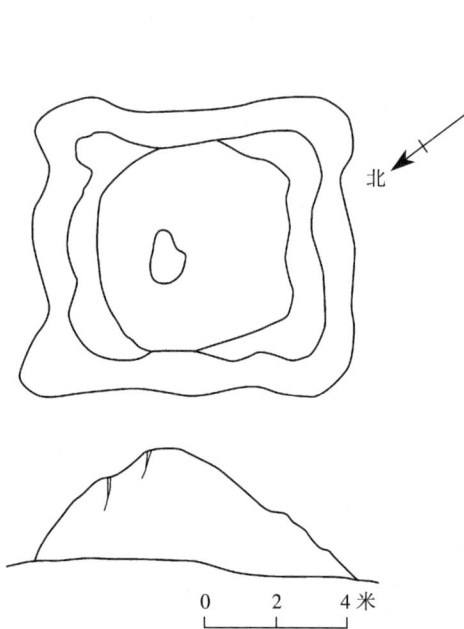

图二一〇八 三楼村3号马面平、立面图

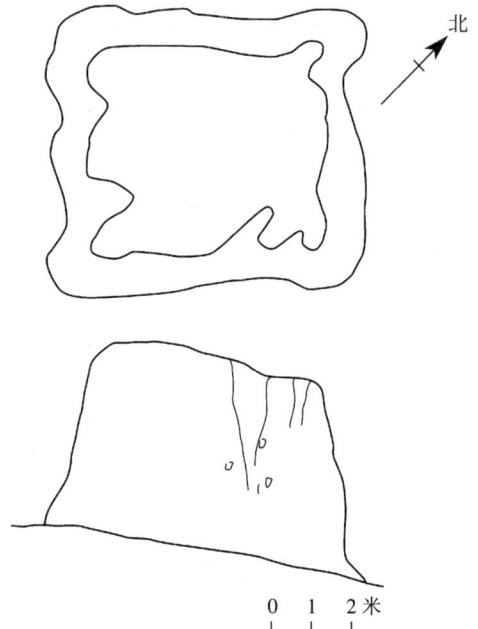

图二一〇九 三楼村4号马面平、立面图

该马面位于三楼村长城墙体东侧，东南距三楼村3号马面1.1千米。

（二五五）二楼村1号马面（610825352102170255）

该马面位于盐场堡乡二楼村南1.8千米的荒沙盐碱地上。所处地势较平坦，北侧有307国道。高程1318.2米。

马面整体保存差。台体坍塌成大土堆，上面长满杂草。

台体用黄沙土夹杂少量料礓石夯筑而成，夯层厚0.06~0.1米。台体平、剖面呈不规则形，底部东西7、南北5.5米，顶部东西6、南北4米，高2米。（图二一一〇）

该马面位于二楼村长城1段墙体东侧，东南距三楼村4号马面0.3千米。

（二五六）二楼村2号马面（610825352102170256）

该马面位于盐场堡乡二楼村南1.5千米的荒沙盐碱地上。所处地势较平坦，北侧有307国道。高程1311.6米。

马面整体保存差。台体坍塌成土堆，上面长满杂草。

台体用黄沙土夹杂少量料礓石夯筑而成，夯层厚0.08～0.13米。台体平面呈矩形，剖面呈不规则形，底部东西8、南北6米，顶部东西6、南北4米，高3.5米。（图二一一〇）

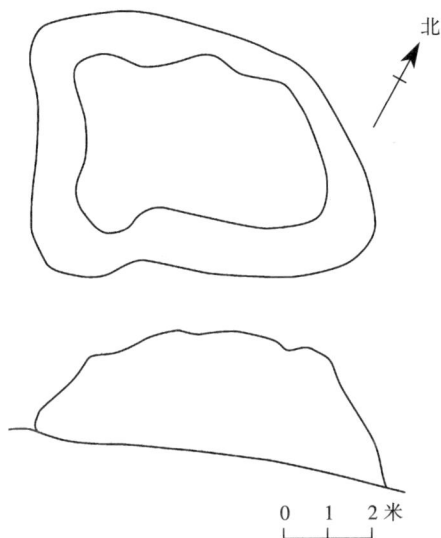

图二一一〇　二楼村1号马面平、立面图

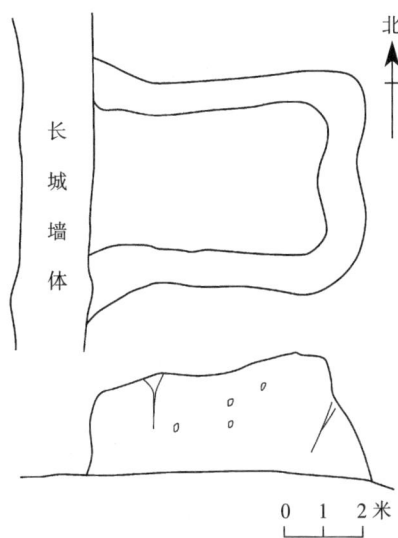

图二一一一　二楼村2号马面平、立面图

该马面位于二楼村长城1段墙体东侧，东南距二楼村1号马面0.41千米。

（二五七）二楼村3号马面（610825352102170257）

该马面位于盐场堡乡二楼村南1千米的荒沙盐碱地上。所处地势较平坦，北侧有307国道。高程1299.4米。

马面整体保存差。台体坍塌成圆土堆，上面长满杂草。

台体用黄沙土夯筑而成，夯层厚0.06～0.12米，夯土质地细密。台体平面呈近圆角矩形，剖面呈梯形，底部边长13、顶部边长5、高6米。（图二一一二）

该马面位于二楼村长城1段墙体东侧，东南距二楼村2号马面0.83千米。

（二五八）二楼村4号马面（610825352102170258）

该马面位于盐场堡乡二楼村西南0.9千米的荒沙盐碱地上。所处地势较平坦，东侧有307国道。高程1313米。

马面整体保存差。台体西壁大部分坍塌，成为大凹坑；南壁有风蚀凹坑；东、北壁呈斜坡状，长满杂草。

台体用黄沙土夯筑而成，夯层厚0.06～0.12米，夯土质地细密。台体平、剖面呈不规则形，底部东西8、南北8米，顶部东西2.2、南北5.5米，高5.5米。（图二一一三）

该马面位于二楼村长城1段墙体东侧，东南距二楼村3号马面0.28千米。

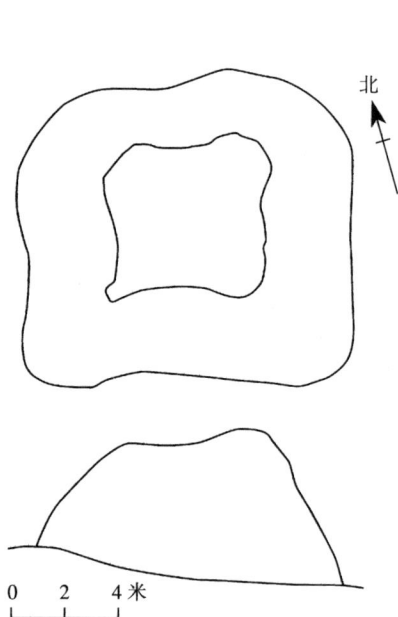

图二一一二　二楼村3号马面平、立面图　　　　图二一一三　二楼村4号马面平、立面图

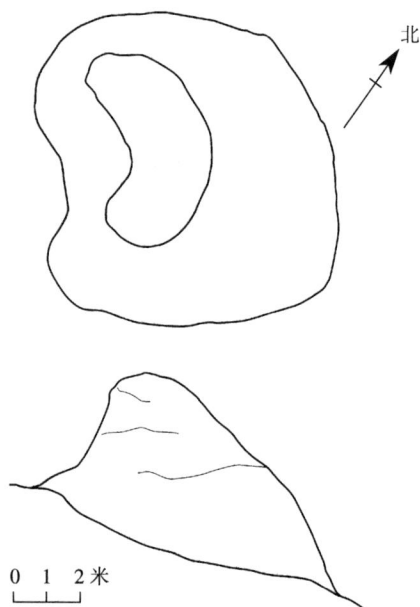

（二五九）二楼村5号马面（6108253521021700259）

该马面位于盐场堡乡二楼村西南1千米的荒沙盐碱地上。所处地势较平坦，两侧有民房，东侧有307国道。高程1314.9米。

马面整体保存差。台体坍塌成大土堆，南壁有风蚀的坑，东、西、北壁长满杂草。

台体用黄沙土夯筑而成，夯层厚0.06～0.09米。台体平面呈矩形，剖面呈梯形，底部东西10、南北7米，顶部东西5、南北3米，高5米。（图二一一四）

该马面位于二楼村长城2段墙体的东侧，东南距二楼村4号马面0.28千米。

（二六〇）二楼村6号马面（6108253521021700260）

该马面位于盐场堡乡二楼村西南1.3千米的荒沙盐碱地上。所处地势较平坦，东侧有307国道。高程1314.5米。

马面整体保存较差。台体底部因风蚀而形成凹陷；南壁有风蚀凹坑；北壁中部有洪水冲槽，壁面布满小洞穴；东壁有一道裂缝，上部有许多小缺口。

台体用黄沙土夹杂少量料礓石夯筑而成，夯层厚0.05～0.08米，夯土质地细密。台体平面呈矩形，剖面呈梯形，底部边长8、顶部边长6、高5米。台体周围发现有少量的明代砖。（图二一一五）

该马面位于二楼村长城2段墙体东侧，东南距二楼村5号马面0.245千米。

（二六一）二楼村7号马面（6108253521021700261）

该马面位于盐场堡乡二楼村西南1.5千米的荒沙盐碱地上。所处地势较平坦，东侧有307国道。高程1302.1米。

马面整体保存较差。台体坍塌成圆土堆，南壁有风蚀凹坑、虫穴。

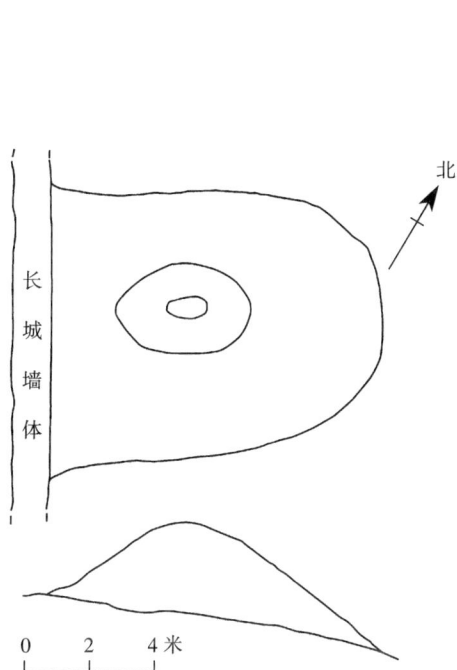

图二一一四　二楼村5号马面平、立面图

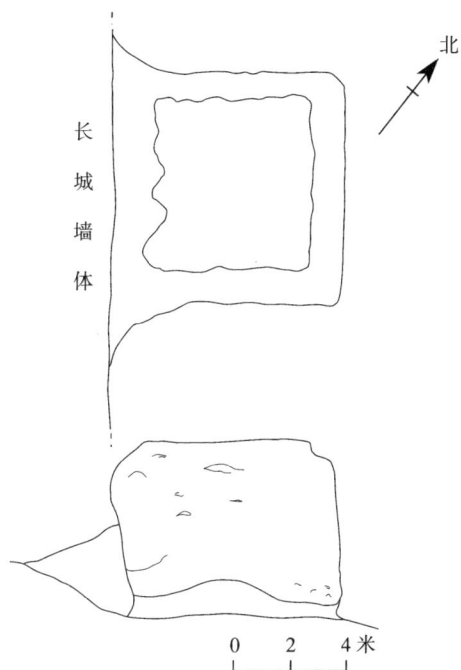

图二一一五　二楼村6号马面平、立面图

台体用黄沙土夯筑而成，夯层厚0.06~0.1米。台体平面呈近半圆形，剖面呈不规则形，底部直径8米，顶部东西6、南北3米，高4米。（图二一一六）

该马面位于长城2段墙体东侧，东南距二楼村6号马面0.2千米。

（二六二）二楼村8号马面（6108253521021702 62）

该马面位于盐场堡乡二楼村西1.8千米的荒沙盐碱地上。所处地势较平坦，东侧有307国道。高程1317.5米。

马面整体保存差。台体坍塌成土堆，上面长满杂草。

台体用黄沙土夹杂少量料礓石夯筑而成，夯层厚0.04~0.09米，夯土质地细密。台体平面呈圆角矩形，剖面呈梯形，底部东西7、南北5米，顶部东西5、南北3米，高4米。（图二一一七）

该马面位于二楼村长城2段墙体东侧，东南距二楼村7号马面0.27千米。

（二六三）二楼村9号马面（6108253521021701 14）

该马面位于盐场堡乡二楼村西2.1千米的荒沙盐碱地上。所处地势较平坦，植被稀疏，东侧有307国道。高程1304.3米。

马面整体保存较差。台体坍塌严重，底部有风蚀凹槽，南壁有5道雨水冲刷形成的沟槽，东、北壁上部有冲槽，西壁呈斜坡状，顶部海墁层厚0.04米。台体包砖被拆毁。

台体用黄沙土夯筑而成，夯层厚0.06~0.12米。台体平面呈矩形，剖面呈梯形，底部边长8、顶部边长6、高5米。台体周围发现有明代砖。（图二一一八；彩图三六五）

该马面位于二楼村长城2段墙体东侧，东南距二楼村8号马面0.3千米。

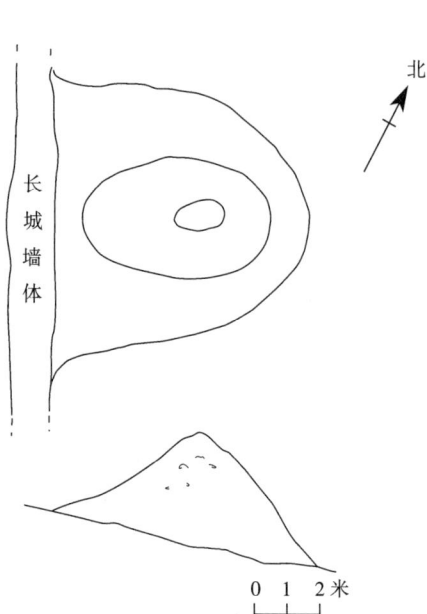

图二一一六　二楼村7号马面平、立面图　　　　图二一一七　二楼村8号马面平、立面图

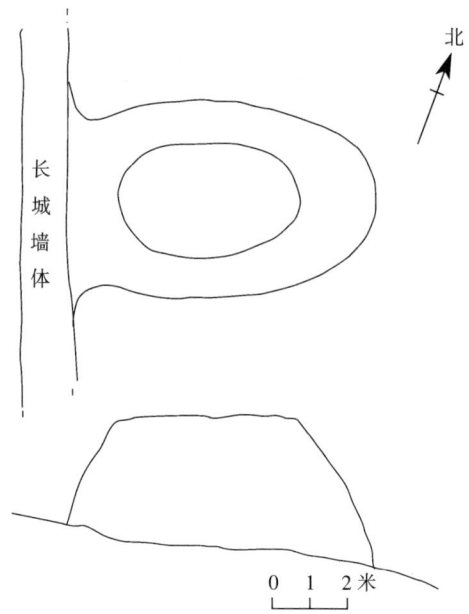

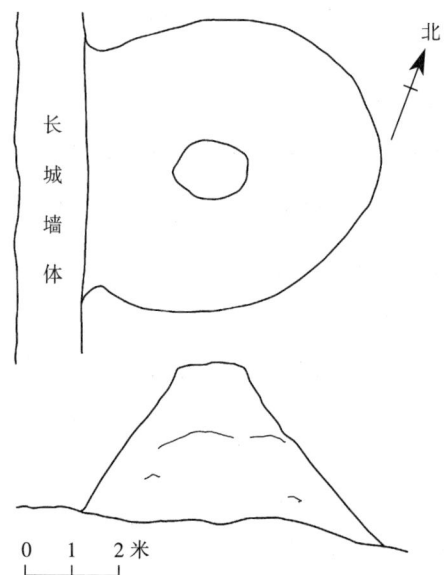

（二六四）北畔村1号马面（610825352102170264）

该马面位于盐场堡乡北畔村东南2千米的盐碱沙滩地上。所处地势平坦，两侧为荒草地，植被脆弱。高程1330.8米。

马面整体保存差。台体坍塌成圆锥状土堆，上面长满杂草。

台体用黄沙土夹杂少量料礓石夯筑而成，夯层厚0.06~0.1米，夯土质地细密。台体平面呈近圆形，剖面呈梯形，底部直径6、顶部直径2、高3.5米。（图二一一九）

该马面位于北畔村长城墙体东侧，东南距二楼村9号马面0.165千米。

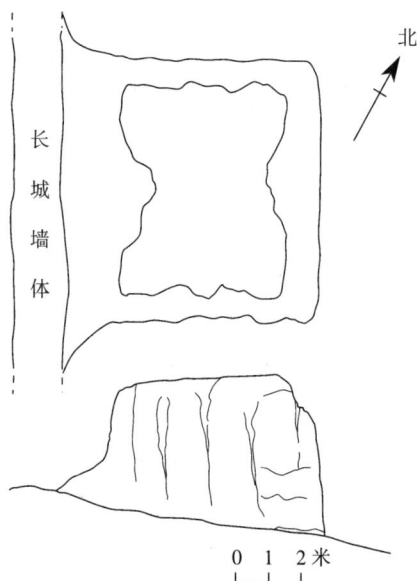

图二一一八　二楼村9号马面平、立面图　　　　图二一一九　北畔村1号马面平、立面图

（二六五）北畔村 2 号马面（610825352102170265）

该马面位于盐场堡乡北畔村东南 1.8 千米的盐碱沙滩地上。所处地势平坦，两侧为荒草地，植被脆弱。高程 1307.2 米。

马面整体保存差。台体坍塌成大土堆，上面生长有杂草。台体南壁有人为取土坑，北壁有人为踩踏的小路和啮齿类动物的洞穴。

台体用黄土夹杂少量料礓石夯筑而成，夯层厚 0.04～0.08 米，夯土质地细密。台体平面呈近圆形，剖面呈梯形，底部直径 12、顶部直径 4、高 6 米。（图二一二〇）

该马面位于北畔村长城墙体东侧，东南距北畔村 1 号马面 0.172 千米。

（二六六）北畔村 3 号马面（610825352102170266）

该马面位于盐场堡乡北畔村东南 1.64 千米的盐碱沙滩地上。所处地势平坦，两侧为荒草地，植被脆弱。高程 1302 米。

马面整体保存差。台体坍塌成大土堆，四壁有凹坑，生长有杂草。

台体用黄沙土夹杂少量料礓石夯筑而成，夯层厚 0.06～0.1 米，夯土质地细密。台体平面呈近圆形，剖面呈梯形，底部直径 11、顶部直径 4.5、高 5 米。（图二一二一）

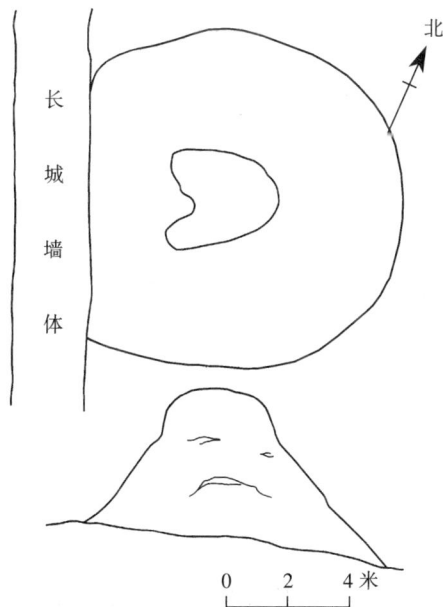

图二一二〇　北畔村 2 号马面平、立面图　　　　图二一二一　北畔村 3 号马面平、立面图

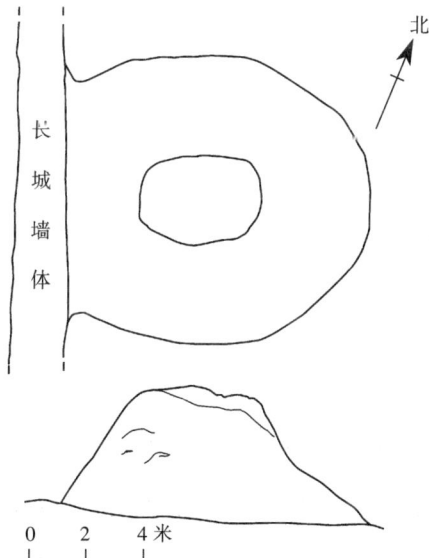

该马面位于北畔村长城墙体东侧，东南距北畔村 2 号马面 0.24 千米。

（二六七）北畔村 4 号马面（610825352102170267）

该马面位于盐场堡乡北畔村东南 1.4 千米的盐碱沙滩地上。所处地势平坦，两侧为荒草地，植被脆弱。高程 1309.2 米。

马面整体保存差。台体坍塌成大土堆，四壁成斜坡，生长有杂草，西壁有人为修建的一条斜坡路。

台体用黄沙土夹杂少量料礓石夯筑而成，夯层厚0.05～0.1米，夯土质地细密。台体平面呈矩形，剖面呈不规则形，底部东西11、南北5米，顶部东西7、南北2米，高3.5米。（图二一二二）

该马面位于北畔村长城墙体东侧，东南距北畔村3号马面0.23千米。

（二六八）北畔村5号马面（610825352102170268）

该马面位于盐场堡乡北畔村东南1.1千米的盐碱沙滩地上。所处地势平坦，两侧为荒草地，植被脆弱。高程1351.7米。

马面整体保存差。台体坍塌成不规则的土堆，上面生长有柠条。

台体用黄沙土夹杂少量料礓石夯筑而成，夯层厚0.06～0.12米，夯土质细密。台体平面呈近圆形，剖面呈梯形，底部直径12、顶部直径5、高4米。（图二一二三）

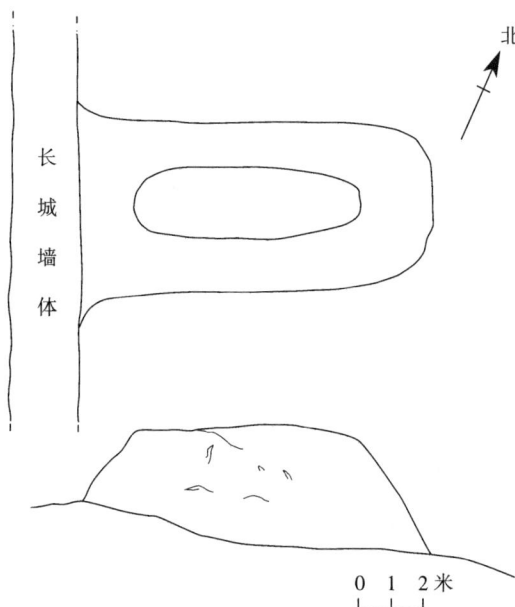

图二一二二　北畔村4号马面平、立面图　　　　图二一二三　北畔村5号马面平、立面图

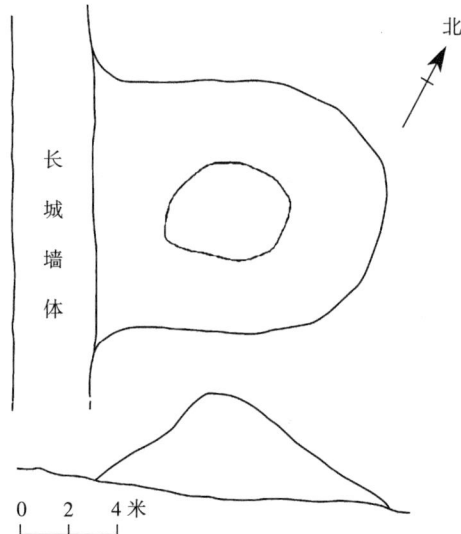

该马面位于北畔村长城墙体东侧，东南距北畔村4号马面0.24千米。

（二六九）北畔村6号马面（610825352102170269）

该马面位于盐场堡乡北畔村东南0.9千米的盐碱沙滩地上。所处地势平坦，两侧为荒草地，植被脆弱。高程1316.1米。

马面整体保存差。台体坍塌成大土堆，底部生长有柠条，南壁有两个凹坑。

台体用黄沙土夯筑而成，夯层厚0.06～0.1米，夯土质地细密。台体平面、剖面呈不规则形，底部东西10、南北6米，顶部东西7、南北2米，高4米。（图二一二四）

该马面位于北畔长城墙体东侧，东南距北畔村5号马面0.22千米。

（二七〇）北畔村7号马面（610825352102170270）

该马面位于盐场堡乡北畔村东南0.7千米的盐碱沙滩地上。所处地势平坦，两侧为荒草地，植被脆弱。高程1306.8米。

马面整体保存差。台体坍塌成大土堆，上面生长有柠条，南壁上部有一个凹坑。

台体用黄沙土夹杂少量料礓石夯筑而成，夯层厚 0.06~0.1 米，夯土质地细密。台体平、剖面呈不规则形，底部东西 14、南北 10 米，顶部东西 9、南北 4 米，高 3 米。（图二一二五）

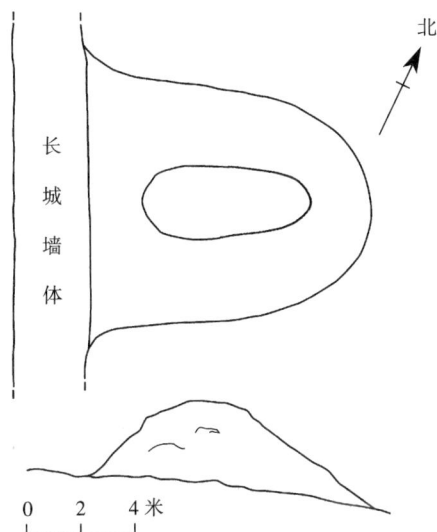

图二一二四　北畔村 6 号马面平、立面图　　　　图二一二五　北畔村 7 号马面平、立面图

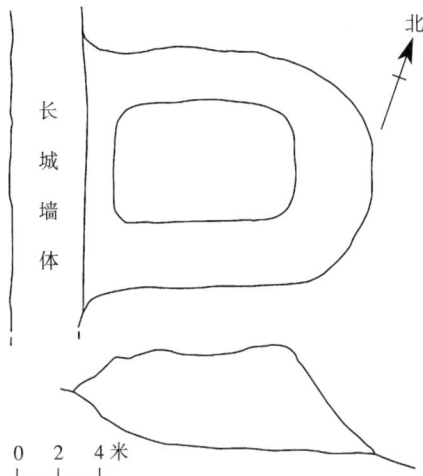

该马面位于北畔村长城墙体东侧，东南距北畔村 6 号马面 0.256 千米。

（二七一）北畔村 8 号马面 （6108253352102170271）

该马面位于盐场堡乡北畔村东南 0.65 千米的盐碱沙滩地。所处地势平坦，两侧为荒草地，植被脆弱。高程 1312.5 米。

马面整体保存差。台体坍塌成大土堆，四壁成斜坡，东壁风蚀呈层状。

台体用黄土夹杂少量料礓石夯筑而成，夯层厚 0.05~0.1 米，夯土质地细密。台体平面呈近圆形，剖面呈不规则形，底部直径 11.5、高 4 米。（图二一二六）

该马面位于北畔村长城墙体东侧，东南距北畔村 7 号马面 0.16 千米。

（二七二）王圈梁村 1 号马面 （6108253352102170272）

该马面位于周台子乡王圈梁村西南 1.2 千米的盐碱草滩地上。周围地势平坦，东侧生长有两棵榆树。高程 1317.2 米。

马面整体保存差。风雨侵蚀使台体坍塌成大土堆，上面长满杂草。

台体用盐碱黄沙土夯筑而成，夯层厚 0.07~0.12 米。台体平、剖面呈不规则形，底部东西 11.5、南北 9 米，顶部东西 7、南北 3 米，高 5 米。（图二一二七）

该马面位于王圈梁村长城墙体东侧，东南距北畔村 8 号马面 0.18 千米。

（二七三）王圈梁村 2 号马面 （6108253352102170273）

该马面位于周台子乡王圈梁村西南 1 千米的盐碱草滩地上。周围地势平坦，东侧有电线杆。高程 1305.5 米。

马面整体保存差。风雨侵蚀使台体坍塌成土堆，上面长满柠条、黄蒿等。

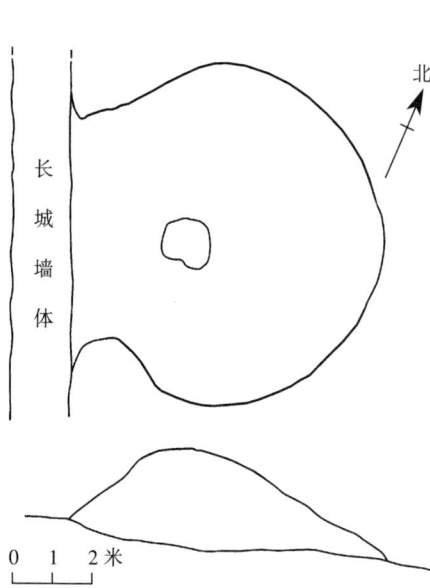

图二一二六　北畔村8号马面平、立面图　　　图二一二七　王圈梁村1号马面平、立面图

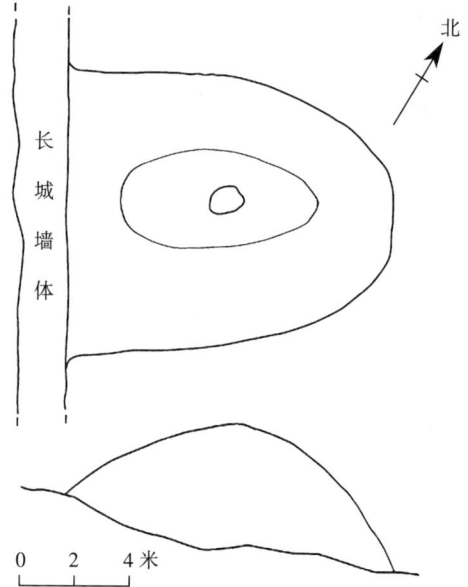

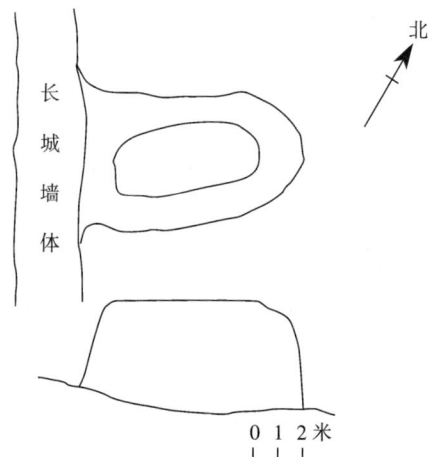

台体用盐碱黄沙土夯筑而成，夯层厚 0.06~0.13 米。台体平、剖面呈不规则形，底部东西13、南北8米，顶部东西8、南北2米，高5.5米。（图二一二八）

该马面位于王圈梁村长城墙体东侧，东南距王圈梁村1号马面0.17千米。

（二七四）王圈梁村3号马面（610825352102170274）

该马面位于周台子乡王圈梁村西南0.8千米的盐碱草滩地上。周围地势平坦，东侧有电线杆。高程1294.4米。

马面整体保存差。风雨侵蚀使台体坍塌成大土堆，南壁顶部有许多风蚀凹坑，北壁长满柠条。

台体用盐碱黄沙土夯筑而成，夯层厚 0.06~0.1 米。台体平、剖面呈不规则形，底部东西5、南北9米，顶部东西3、南北6米，高4米。（图二一二九）

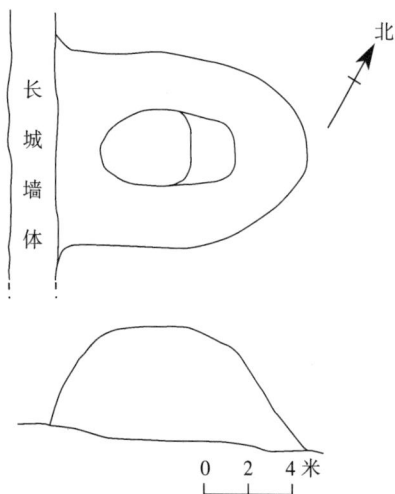

图二一二八　王圈梁村2号马面平、立面图　　　图二一二九　王圈梁村3号马面平、立面图

该马面位于王圈梁村长城墙体东则，东南距王圈梁村 2 号马面 0.172 千米。

（二七五）王圈梁村 4 号马面（6108253521021702 75）

该马面位于周台子乡王圈梁村西南 0.6 千米的盐碱草滩地上。周围地势平坦，南侧有乡村土路穿过长城墙体。高程 1311 米。

马面整体保存差。风雨侵蚀使台体坍塌成大土堆，上面长满柠条等植物。

台体用盐碱黄沙土夯筑而成，夯层厚 0.06 ~ 0.14 米。台体平面呈矩形，剖面呈梯形，底部东西 9、南北 7 米，顶部东西 6、南北 4 米，高 5 米。（图二一三〇）

该马面位于王圈梁村长城墙体东侧，东南距王圈梁村 3 号马面 0.165 千米。

（二七六）王圈梁村 5 号马面（6108253521021702 76）

该马面位于周台子乡王圈梁村西南 0.3 千米的盐碱草滩地上。周围地势平坦，南侧有一条较宽的乡村土路穿过长城墙体。高程 1341.9 米。

马面整体保存差。风雨侵蚀使台体坍塌成大土堆，顶部因放牧被踩踏光秃。

台体用盐碱黄沙土夯筑而成，夯层厚 0.05 ~ 0.1 米。台体平面呈近圆形，剖面呈弧拱形，底部直径 13、顶部直径 5、高 6 米。（图二一三一）

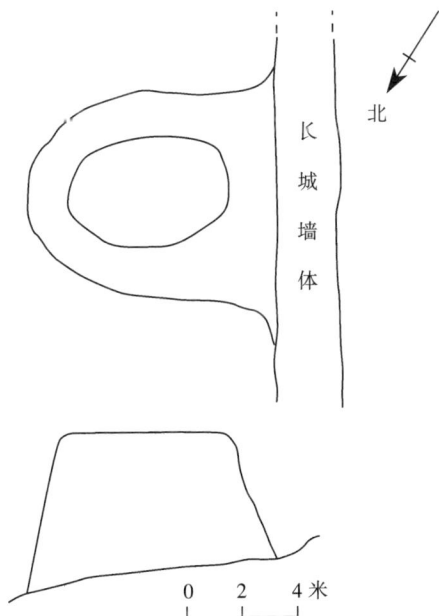

图二一三〇　王圈梁村 4 号马面平、立面图

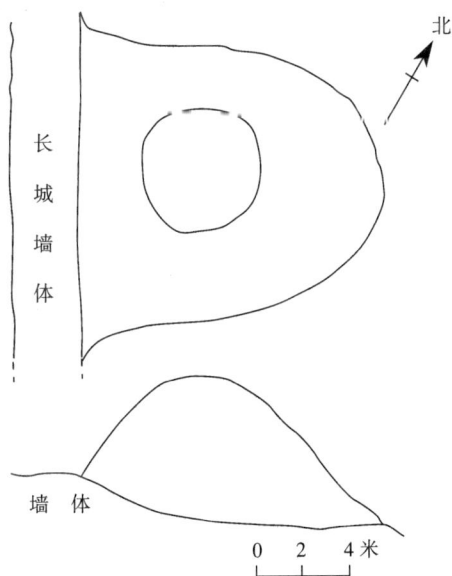

图二一三一　王圈梁村 5 号马面平、立面图

该马面位于王圈梁村长城墙体东侧，东南距王圈梁村 4 号马面 0.31 千米。

（二七七）王圈梁村 6 号马面（6108253521021702 77）

该马面位于周台子乡王圈梁村西的盐碱草滩地上。周围地势平坦。高程 1320.3 米。

马面整体保存差。台体坍塌成土堆，上面长满杂草。

台体用盐碱黄沙土夯筑而成，夯层厚 0.06 ~ 0.14 米。台体平面呈近圆形，剖面呈梯形，底部直径 8、顶部直径 2.5、高 3 米。（图二一三二）

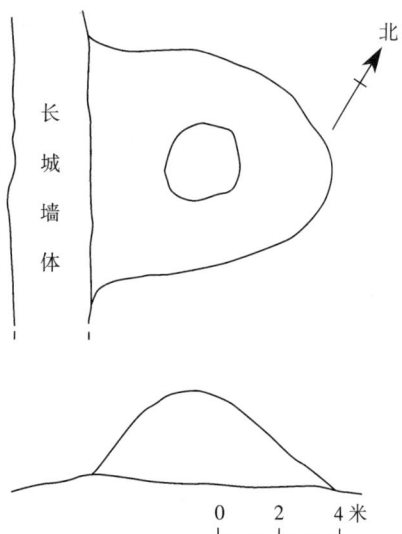

图二一三二　王圈梁村6号
马面平、立面图

该马面位于王圈梁村长城墙体东侧，东南距王圈梁村5号马面0.3千米。

（二七八）辛圈村马面（610825352102170278）

该马面位于贺圈镇辛圈村东南0.9千米。周围地势较平坦，多为农田。高程1434.6米。

马面整体保存差。风雨侵蚀使台体表面斑驳，凹凸不平；西壁坍塌较严重，夯土脱落。

台体用黄土夯筑而成，夯层厚0.05～0.1米，夯土质地细密。台体平面呈矩形，剖面呈梯形，底部边长8、顶部边长7、高7米。（图二一三三）

该马面位于辛圈村长城墙体西侧，东北距辛圈村敌台0.58千米。

（二七九）何梁村马面（610825352102170279）

该马面位于贺圈镇何梁村西0.5千米的山坡上。东侧临沟。高程1468.6米。

马面整体保存差。台体坍塌严重，表面斑驳、剥落，有风蚀小凹坑；南、北壁坍塌成斜坡，西壁上中部有一个坍塌豁口，顶部凹陷。

台体用黄土夯筑而成，夯层厚0.05～0.1米。台体平面呈矩形，剖面呈梯形，底部边长10、顶部边长8、高5.5米。（图二一三四）

该马面位于何梁村长城1段墙体东侧，北距何梁村2号敌台0.5千米。

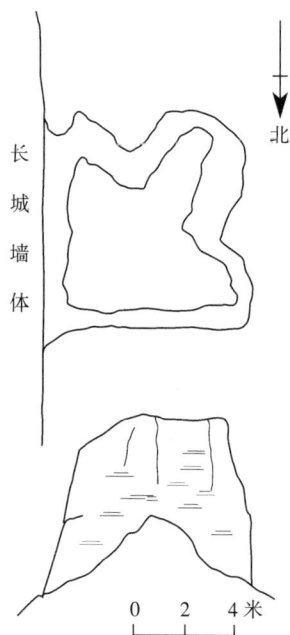

图二一三三　辛圈村马面平、立面图

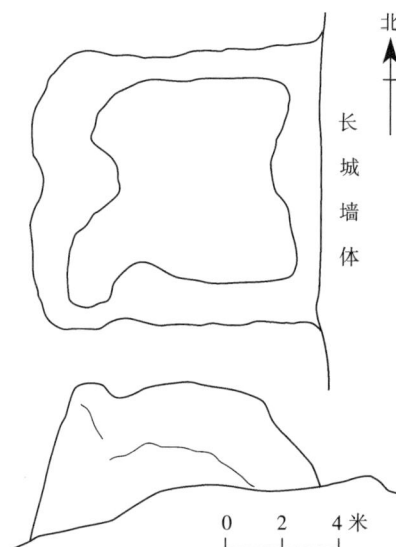

图二一三四　何梁村马面平、立面图

（二八〇）姚台村马面（610825352102170280）

该马面位于白湾子镇姚台村西南的梁峁缓坡地带上。西侧临沟。高程1588.8米。

马面整体保存差。台体因风雨侵蚀受损严重，南壁表面斑驳有雨水冲刷的沟槽，北壁布满裂缝，东壁坍塌成斜坡。

台体用黄土夯筑而成，夯层厚0.05～0.1米，夯土质地细密。台体平面呈矩形，剖面呈梯形，底部东西7、南北8米，顶部东西4、南北4.5米，高4米。（图二一三五）

该马面位于杜涧村长城墙体东侧，南距姚台村1号敌台0.8千米。

（二八一）王圈梁村7号马面（610825352102170281）

该马面位于周台子乡王圈梁村西北0.6千米的盐碱草滩地上。周围地势平坦，四周长有蒿类植物。高程1307.8米。

马面整体保存差。风雨侵蚀造成台体剥落严重，坍塌成斜坡，表面凹凸不平，长满杂草，北壁底部有一个人为挖掘的洞穴。台体顶部南侧有2个雨水冲刷豁口，靠东的豁口宽2.7、进深2.3米，呈缓坡状延伸到底部；靠西的豁口宽3、进深2米；顶部有动物洞穴，东北角、西南角坍塌。台体底部西南角有一个洞，高0.7、宽0.8、进深0.3米；西侧有一个矩形坑，长1.5、宽0.4、进深0.5米。

台体用盐碱黄沙土夯筑而成。台体平面呈矩形，剖面呈梯形，底部东西14.7、南北11.5米，顶部东西9、南北5米，高4.5米。（图二一三六）

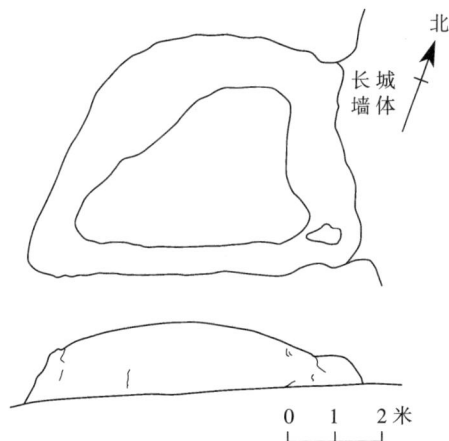

图二一三五 姚台村马面平、立面图　　　图二一三六 王圈梁村7号马面平、立面图

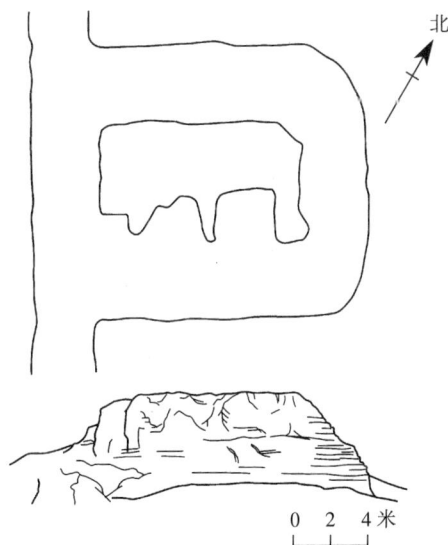

该马面东南距王圈梁村6号马面0.298千米。东0.121千米处有一座黄色涂料粉刷的3层楼，0.118千米处有307国道，0.157千米处有超速检测站，0.29千米处有吴（起）定（边）高速公路；南0.32千米处有3个大的红色铁桶罐；西0.092千米处有一根水泥电线杆；北0.099千米处有一排电线杆，0.29千米处有收费站。王圈梁村北为苟池盐田，有地下盐水渗出。

（二八二）王圈梁村8号马面（610825352102170282）

该马面位于周台子乡王圈梁村西北0.9千米的盐碱草滩地上。周围地势平坦。高程1320.5米。

马面整体保存差。台体坍塌成土堆，表面长满杂草，基本被沙土覆盖，顶部有一个动物洞穴。

台体用盐碱黄沙土夯筑而成。台体平面呈近椭圆形，剖面呈弧拱形，底部东西 8、南北 9 米，高 2.6 米。因台体坍塌严重，夯层不明。（图二一三七）

该马面东南距王圈梁村 7 号马面 0.297 千米。

（二八三）王圈梁村 9 号马面（610825352102170283）

该马面位于周台子乡王圈梁村西北 1.2 千米的盐碱草滩地上。周围地势平坦。高程 1329.3 米。

马面整体保存差。台体坍塌成土堆，表面长满杂草，大部分被沙土掩埋，顶部生长有柠条，有动物洞穴。

台体用盐碱黄沙土夯筑而成。台体平面呈近圆形，剖面呈弧拱形，底部东西 11、南北 9.5 米，高 3 米。（图二一三八）

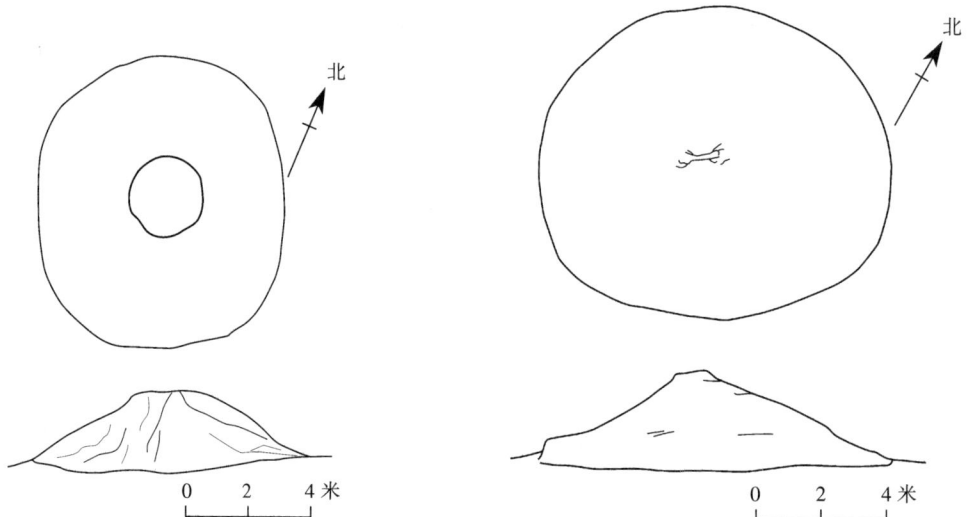

图二一三七　王圈梁村 8 号马面平、立面图　　　图二一三八　王圈梁村 9 号马面平、立面图

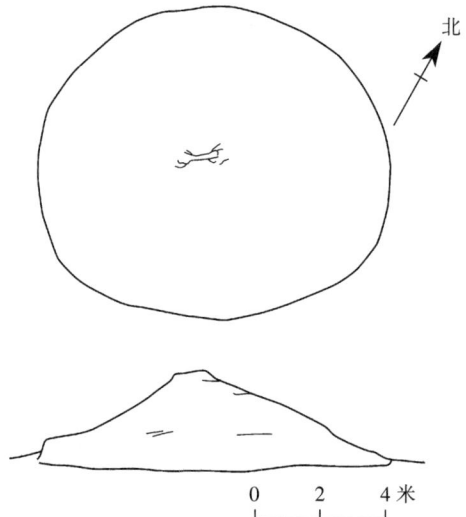

该马面东南距王圈梁村 8 号马面 0.28 千米；东 0.088 千米处有一小土堆，土堆上有一座铁架信号塔和一间房屋，0.115 千米处有一座收费站和 307 国道；西 0.186 千米处有一根水泥电线杆；北 0.304 千米处有一座加油站。

（二八四）朱家峁村烽火台（610825353201170284）

该烽火台位于郝滩乡朱家峁村北侧 0.9 千米的山梁上。周围是坡地，外围有沟壑。高程 1710.6 米。

烽火台整体保存差。台体南壁坍塌呈斜坡状，基座上有围墙。基座南侧由于雨水冲刷形成许多小沟槽。

台体用黄土夯筑而成，夯层厚 0.05 ～0.09 米。台体平面呈不规则形，剖面呈梯形，底部边长 7、顶部边长 6、高 1.5 米。台体底部北侧散落有碎砖、残瓦片和碎骨头。夯土基座平面呈矩形，边长 30、高 3 米。

该烽火台北距朱家峁村长城墙体 0.051 千米，西距朱家峁 1 号马面 0.451 千米。

（二八五）新集村 1 号烽火台（610825353201170285）

该烽火台位于学庄乡新集村东南方向 1.56 千米的山坡上。北侧为缓坡耕地，南侧临沟，地处黄土沟壑地带，沟壑地貌发育较好。高程 1511.5 米。

烽火台整体保存较差。台体北壁上半部有一个塌陷坑，南壁上有许多小洞穴和裂缝，顶部长满杂草。基座南侧坍塌成断崖。

台体用黄土夯筑而成，夯层厚 0.08~0.12 米。台体平面呈圆形，剖面呈梯形，底部直径 15、顶部直径 11、高 9 米。夯土基座平面呈矩形，边长 30、高 2 米。（彩图三六六）

烽火台西北距新集村 2 号烽火台 0.2 千米，东北距新集村长城 2 段墙体 1.56 千米。

（二八六）新集村 2 号烽火台（610825353201170286）

该烽火台位于学庄乡新集村东南方向 1.7 千米的山坡上。四周为缓坡耕地，地处区域为黄土沟壑地带，沟壑地貌发育较好。高程 1554.8 米。

烽火台整体保存较差。台体保存较差，东壁坍塌呈缓坡状。基座由于洪水冲刷形成许多小沟槽。围墙损毁严重，墙体坍塌，围墙内被开垦为农田。

台体基座平面呈矩形，边长 25、高 1.5 米。围墙建在基座上，平面呈矩形，西、南墙保存较好，底宽 2、顶宽 1.2 米，内高 1.5、外高 2 米，东墙有一个缺口，疑为门的位置。台体用黄土夯筑而成，夯层厚 0.12~0.18 米。台体平面呈矩形，剖面呈梯形，底部边长 6、顶部边长 3、高 5 米。

该烽火台东北距新集村 1 号烽火台 0.2 千米。

（二八七）唐凹村烽火台（610825353201170287）

烽火台位于学庄乡唐凹村西北 700 米的山梁上。周围地势较平坦为农田，地处黄土沟壑地带，沟壑地貌发育较好。高程 1737.8 米。

烽火台整体保存较差。台体坍塌呈圆锥形，由于风雨侵蚀台体顶部驳蚀、坍塌，表面凸凹不平，生长有杂草。

台体用黄土夯筑而成，夯土以黄土为主，包含有少量料礓石，夯层厚 0.05~0.12 米。台体平面呈矩形，剖面呈梯形，底部东西 7.2、南北 7.5 米，顶部边长 3 米，高 6 米。

该烽火台北距唐凹村长城墙体 0.191 千米，东北距唐凹村 2 号敌台 0.163 千米。

（二八八）马圈梁村烽火台（610825353201170288）

该烽火台位于安边镇马圈梁南 0.05 千米。两侧多为农田，地处冲洪积平原地带，远处有沟壑发育，地势较开阔平坦。高程 1601.1 米。

烽火台整体保存较差。台体由于风雨侵蚀坍塌较严重，西壁底部成斜坡；东壁底部有一个洞穴，上部有 4 个小洞；南壁有人为开挖的台阶可登台顶。台体四壁凸凹不平，底部和顶部生长有杂草。

台体建在自然基础上，黄土夯筑而成，夯层厚 0.07~0.12 米。台体平面呈近圆形，剖面呈梯形，底部东西 8.5、南北 9 米，顶部边长 4 米，高 7.2 米。（彩图三六七）

该烽火台北距马圈梁村长城 1 段墙体 0.385 千米。

（二八九）雷圈村烽火台（610825353201170289）

烽火台位于安边镇雷圈村东北 0.8 千米。四周植被较差，地处风沙滩地带，地势起伏不大，较开阔平坦。高程 1535.6 米。

烽火台整体保存差。台体由于风雨侵蚀坍塌严重，裂缝多，有人为挖掘的洞坑，壁面不规整，顶部凹凸不平，夯土成块脱落。

台体建在自然基础上，黄沙土夯筑而成，夯土以黄沙土为主，包含有少量料礓石，夯层厚0.06～0.12米。台体平面呈不规则形，剖面呈近梯形，底部东西7、南北8米，顶部东西6、南北7米，高5米。

该烽火台北距薛格托村长城墙体0.1千米，西北距雷圈村1号马面0.35千米。

（二九〇）惠楼村1号烽火台（610825353201170290）

该烽火台位于安边镇惠楼村西北2.2千米处。周围是荒草地，植被较好，所处区域风沙滩斜坡地貌，坡度较缓。高程1443.6米。

烽火台整体保存差。可见台体。台体坍塌成大土堆，四壁布满啮齿动物的洞穴，长满杂草。

台体用黄沙土夯筑而成，夯层厚0.06～0.12米。台体平面呈圆形，剖面呈梯形，底部直径13、顶部直径6、高5米。台体东壁有登台步道。夯土基座平面呈矩形，底部边长30、高2米。台体周围发现有残砖、瓦、瓷片、陶片。

该烽火台东距惠楼村长城4段墙体0.624千米。

（二九一）惠楼村2号烽火台（610825353201170291）

该烽火台位于安边镇惠楼村西北2.3千米处。西、北侧为农田，植被较好，所处区域为风沙滩地貌，地势平坦。高程1442.5米。

烽火台整体保存差。台体坍塌成大土堆，上面长满柠条。

台体用黄沙土夯筑而成，夯层厚0.06～0.12米。台体平面呈圆形，剖面呈梯形，底部直径18.5、顶部直径10、高5米。

该烽火台东距惠楼村长城4段墙体西0.624千米。

（二九二）东台村烽火台（610825353201170292）

该烽火台位于砖井镇东台村中。周边为农田，种植有向日葵，所处区域为风沙滩地貌，地势平坦。高程1422.9米。

烽火台整体保存较差。台体坍塌较严重，塌土在底部堆积成斜坡，南壁有风雨水冲刷的沟槽，四壁有风蚀坑穴。

台体建在自然基础上，黄土夯筑而成，夯层厚0.06～0.12米。台体平面呈圆形，剖面呈不规则形，底部直径4、顶部直径2.5、高3米。

该烽火台北距东台村长城2段墙体0.181千米，北距东台村5号敌台0.19千米。

（二九三）西畔村1号烽火台（610825353201170293）

该烽火台位于周台子乡西畔村西北1.5千米的盐碱沙地上。所处区域为风沙滩地貌，地势平坦，植被差。高程1332.8米。

烽火台整体保存差。台体坍塌成不规则土台，上面长满杂草。

台体建在自然基础上，有围墙。围墙平面呈矩形，边长38米，墙体底宽3、顶宽1～1.5米，内高0.5～2.1、外高0.5～3米，西墙保存较好，北、南墙保存较差，东墙消失。台体建在围墙内中央，夯筑而成，夯土以黄沙土为主，包含有少量料礓石，夯层厚 0.06 ~ 0.12 米。台体平面、剖面呈不规则形，底部边长 18、顶部边长 9、高 3.5 米。

该烽火台东北距西畔村长城 1 段墙体 0.09 千米，东南距东畔村 4 号敌台 3.5 千米。

（二九四）西畔村 2 号烽火台（610825353201170294）

该烽火台位于周台子乡西畔村西北 3.8 千米处。地处盐碱荒沙地，地势较平坦，植被差。高程 1356.9 米。

烽火台整体保存差。台体底部坍塌成圆土堆，上部为不规则四边形，顶部坍塌成大凹坑。

台体建在自然基础上，黄沙土夯筑而成，夯层厚 0.06 ~ 0.15 米。台体平面呈矩形，剖面呈梯形，底部边长 12、顶部边长 7、高 5 米。

该烽火台东北距西畔村长城 2 段墙体 1 千米。

（二九五）何梁村烽火台（610825353201170295）

该烽火台位于贺圈镇何梁村西北 0.9 千米的山坡上。四周为耕地，地处风沙滩地带，地势平坦。高程 1453.2 米。

烽火台整体保存差。台体坍塌成圆土堆，上面长满杂草。

台体建在自然基础上，黄土夯筑而成，夯层厚 0.05 ~ 0.12 米。台体平面呈圆形，剖面呈不规则形，底部直径 10、高 4 米。

该烽火台东距何梁村长城 1 段墙体 0.22 千米，东北距何梁村 2 号敌台 0.2 千米。

（二九六）新墩村烽火台（610825353201170296）

该烽火台位于贺圈镇新墩村东 1.2 千米处。东侧临干沟，地处黄土梁峁沟壑地带，沟壑地貌发育较好。高程 1559.8 米。

烽火台整体保存较差。台体底部有风蚀的凹槽，南壁中部有一条裂缝，北壁风蚀严重布满凹坑、昆虫的洞穴，由于风雨侵蚀表面斑驳。

台体用黄土夯筑而成，夯层厚 0.05 ~ 0.12 米，质地细密，夯层清晰。台体平面呈矩形，剖面呈梯形，底部边长 4、顶部边长 3、高 6 米。（彩图三六八）

该烽火台东北距新墩村 1 号敌台 0.5 千米。

（二九七）高庄洼村烽火台（610825353201170297）

该烽火台位于贺圈镇高庄洼村西南 1.5 千米的梁峁上。两侧有水冲刷的沟壑，周边为农田，地处黄土沟壑地带，沟壑地貌发育较好。高程 1717.2 米。

烽火台整体保存差。台体由于风雨侵蚀表面斑驳，南壁上部有风雨侵蚀的凹槽。基座坍塌成平缓土台。

台体用黄土夯筑而成，夯层厚 0.05 ~ 0.1 米，质地细密。台体平面呈矩形，剖面呈梯形，底部边长 10、顶部边长 6、高 5 米。夯土基座平面呈矩形，边长 20、高 1.5 ~ 2.1 米。

该烽火台东北距张畔村 4 号敌台 1.7 千米。

（二九八）邓新庄村烽火台（610825353201170298）

该烽火台位于学庄乡邓新庄村西 0.5 千米山峁上。高程 1538.2 米。

烽火台整体保存较差。台体呈土丘状，据称是被人为平整所致，底部有 2 个直径 0.3 米的动物洞穴，顶部有人工挖掘长 1.3、宽 1、深 0.4 米的凹洞。台体上杂草丛生，以柠条、沙蒿为主。

台体用黄土夯筑而成，夯层厚 0.05 ~ 0.1 米，夯土质地细密。台体平面呈矩形，剖面呈梯形，底部东西 13.8、南北 13.2 米，顶部南北 2.5、东西 2.4 米，高 2.6 米。

该烽火台东南距苗寨子村堡 1.06 千米。

（二九九）武峁子村烽火台 （610825353201170299）

该烽火台位于武峁子乡武峁子村西 1.7 千米的山峁上。高程 1757.1 米。

烽火台整体保存较差。台体东壁夯土有小面积坍塌，底部有堆土；南壁夯土剥离严重，下部夯土堆积高 1.8 米；西壁有大量风蚀窝、虫洞，夯土剥离严重；北壁左侧顶部坍塌，在底部形成 3.5 米高的坡状堆土。台体受风雨侵蚀较多，杂草丛生。

台体用黄土夯筑而成，夯层厚 0.08 ~ 0.12 米，夯土质地细密。台体平面呈矩形，剖面呈梯形，底部东西 9.6、南北 9.8 米，顶部东西 2 ~ 5.2、南北 6 米，高 7.7 米。

（三〇〇）墩湾村烽火台 （610825353201170300）

该烽火台位于油房庄乡墩湾村西 0.15 千米山峁上。高程 1860.8 米。

烽火台整体保存较差。台体东壁小面积坍塌，下有堆土；南壁剥离严重，下部夯土堆积高 1.8 米；西壁有大量风蚀窝、虫洞，剥离严重；北壁左侧顶部坍塌，在底部形成 3.5 米高的坡状堆土。台体上杂草丛生，以柠条、沙蒿为主。。

台体用黄土夯筑而成，夯层厚 0.08 ~ 0.12 米，夯土质地细密。台体平面呈矩形，剖面呈梯形，底部东西 6.9、南北 8.8 米，顶部东 2、南北 6.2 米，高 5.6 米。

台体东壁紧邻一处夯土寨子遗址，遗址只存夯土围墙，东西 29、南北 49 米，南、西、北墙保存，有 0.8 ~ 3.2 米的豁口，东墙不存；墙体最高 1.8 米，大部分高约 1 米，底宽 0.5、顶宽 0.1 米。

（三〇一）张洼村烽火台 （610825353201170301）

该烽火台位于油房庄乡张洼村西北 0.11 千米的山峁上。高程 1750.3 米。

烽火台整体保存较差。台体受风雨侵蚀较大，有大小豁口及剥离痕迹，有大量因风蚀、羊啃、虫洞等原因形成的洞穴；东壁风蚀、剥离严重，下部中间有一个宽 1.2、高 0.55、进深 0.5 米的凹坑；南壁顶部右侧有一个水冲豁口，左侧 3.4 米以上整体向内剥离 0.4 米；西壁上部中间有水冲豁口，豁口内有 3 个直径 0.5 ~ 0.8 米的水冲洞穴，其他部位水冲、剥离痕迹明显；北壁上部中间坍塌成豁口，豁口中间有人工挖掘的登台通道，斜向左下角通往底部。台体上杂草丛生，以柠条、沙蒿为主。

台体用黄土夯筑而成，夯层厚 0.08 ~ 0.16 米，夯土质地细密。台体平面呈圆形，剖面呈梯形，底部直径 10.7、顶部直径 6.6、高 7.9 米。

（三〇二）王新庄村烽火台 （610825353201170302）

该烽火台位于纪畔乡王新庄村南部山峁上。高程 1701.6 米。

烽火台整体保存较差。台体东壁中部有一个豁口，宽 1.8、进深 1 米，顶部中间有一个大洞，旁边有几个小虫洞；南面顶部右侧有一个水冲形成的宽 1.3、高 1.8、进深 0.3 米的豁口，豁口内有 3 个直径约 0.6 米大小不等的洞，左下部有一个人工挖掘的宽 2.3、高 1.6、进深 1.8 米的洞穴，洞内有一条较宽的竖裂纹，有较多的小虫洞，有大量人畜粪便，上部有高 2.8 米的夯土剥离，有直径 0.4 米的洞；西壁夯土剥离，在下部形成高 1.2 米的堆土；北壁左侧水冲痕迹严重，即将坍塌，中上部有一个宽 2.3、高 1.4、进深 1 米的水冲豁口，豁口下有人工挖掘的斜向左下角的窝状登台台阶，坍塌成豁口，豁口中间为人工挖掘的登台通道，斜向左下角通往底部；顶部有直径 1.4、深 0.8 米的凹坑。台体受风雨侵蚀及人为破坏严重，杂草丛生。

台体用黄土夯筑而成，夯层厚 0.12 ~ 0.2 米，夯土质地细密。台体平面呈矩形，剖面呈梯形，底部东西 7.2、南北 6.4 米，顶部东西 4.2、南北 3.6 米，高 6.7 米。

（三〇三）王盘山烽火台（610825353201170303）

该烽火台位于王盘山乡定（边县）铁（边城）公路 44 千米里程碑东侧的山顶上。高程 1695.3 米。

烽火台整体保存较差。台体东壁剥离严重，右侧有一宽 1.2、高 2、进深 0.6 米的豁口，坍塌豁口内有 3 个直径 0.2 米的大虫洞及较多小虫洞；南壁中部有水冲形成的豁口，由顶至底，上宽 2.1、下宽 1.1 米，豁口两侧夯土破碎严重，有大小不等的洞穴，左下角离地面 0.7 米有宽 0.3、高 0.15、进深 0.4 米的虫洞，右下角有宽 0.8、高 0.9 米的豁口，豁口内有 2 个直径 0.25 米的虫洞；西壁夯土整体剥离严重，有大小不等的凹洞；北壁下部夯土剥离严重，有 1 米高的堆土，中下部离地面 0.8 米有一个人为挖掘的宽 1、高 0.8、进深 0.6 米的拱形洞穴，右侧 2.1 米以上有大块夯土剥离。台体受风雨侵蚀严重，杂草丛生。

台体用黄土夯筑而成，夯层厚 0.08 ~ 0.17 米，夯土质地细密。台体平面呈矩形，剖面呈梯形，底部东西 8、南北 9.9 米，顶部东西 3.8、南北 3.1 米，高 5.4 米。

三　关堡

定边县调查明长城大边关、堡共 10 座，其中，关 3 座、堡 7 座。

关 3 座，平面呈矩形，边长 40 ~ 60 米，周长 160 ~ 210 米，面积约 2000 平方米。关墙为夯筑土墙，夯层厚 0.05 ~ 0.1 米；墙体底宽 2.5 ~ 4、顶宽 0.4 ~ 1.8、高 3.8 ~ 7 米。关内各有一个门，均荒废。

堡 7 座，平面呈矩形的有 5 座、圆形的有 1 座，边长 24 ~ 100 米，周长 128 ~ 600 米，面积大小不一，除 2 座面积分别为 10000、30000 平方米外，其余为 1000 ~ 3000 平方米。堡墙为夯筑土墙，夯层厚 0.05 ~ 0.2 米；墙体底宽 1.5 ~ 5、顶宽 0.4 ~ 2、高 0.5 ~ 9 米。堡内多有门、角楼、马面等设施，有 4 座堡各有 1 个门、4 个角楼，1 座有 4 个角楼，门不详；1 座堡内有 1 座马面，疑有 1 门。堡内多荒废或为耕地，有 1 座仍被村民居住使用。

长年的风雨侵蚀、动物破坏及当地居民的不合理利用，如开挖窑洞、开垦耕地等是其损毁的主要原因。

由关到堡详述如下。

（一）雷圈村关（610825353101180001）

该关位于安边镇雷圈村北 1.5 千米处。地处风沙滩地带，地势平缓，起伏不大，两侧多为耕地。高程 1544.4 米。

关整体保存差。关墙坍塌严重，部分呈斜坡状，高低参差不齐。南墙为城门所在，坍塌成一个豁口，宽4米。关内平整，西墙外侧2米处有一条乡村沙石路，与关墙平行，路宽7米。

关坐北朝南，平面呈矩形，边长40米，周长160米，占地面积1600平方米。关墙夯筑而成，墙体底宽3.5~4、顶宽0.4~1.5、内高3.8~5、外高5~7米。北墙借用长城墙体；南墙正中有关门，底宽4、顶宽8、高4.6米；北墙（长城墙体）南侧中部依墙体有安寺村1号马面。（图二一三九；彩图三六九）

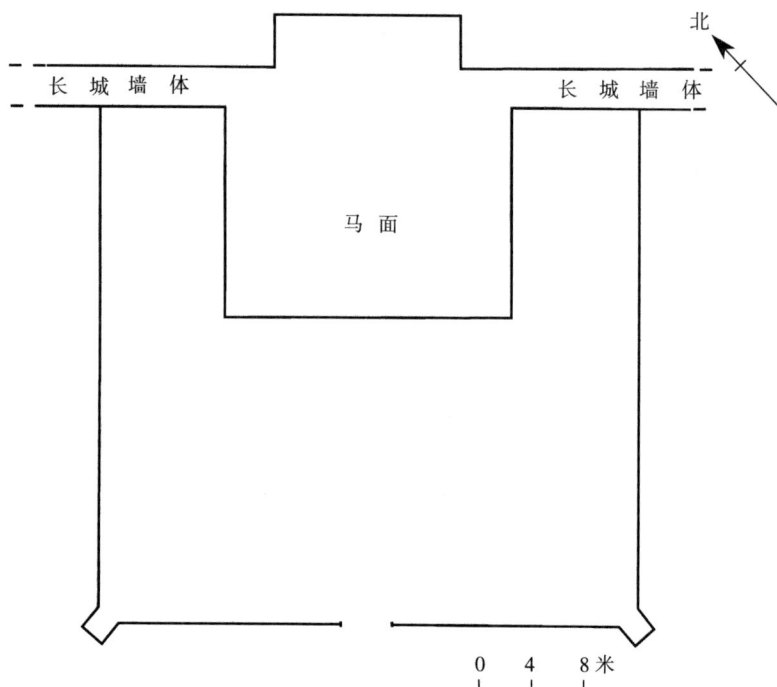

图二一三九　雷圈村关平、立面图

该关北依雷圈村长城墙体，东南距雷圈村1号马面0.55千米。雷圈村有居民800多人，以汉族为主。

（二）惠楼村关（610825353101170002）

该关位于安边镇惠楼村东南0.8千米处。地处风沙滩地带，地势呈南高北低的缓坡状，两侧有洪水冲沟。高程1473.7米。

关整体保存差。关墙坍塌严重，呈驼峰状，断续存在；南墙损毁严重，仅存部分墙体。关内有洪水冲沟，西南墙由于洪水冲刷形成宽22米的豁口。

关坐东北朝西南，平面呈矩形，边长50米，周长200米，占地面积2500平方米。关墙夯筑而成，墙体底宽2.5、顶宽0.4~1.5、内高1.2~3.8、外高3~4米。关内中部有一个宽12~22米的洪水冲沟，将西墙关门冲毁。东墙中部有惠楼村4号敌台，敌台东、西壁凸出于墙体外。（图二一四〇）

该关东依惠楼村长城2段墙体，西北距惠楼村5号马面0.265千米。

惠楼村西有八里河，自西向东流，年平均流量为1立方米/秒，村东是安学公路。惠楼村有居民150人，以汉族为主。

(三) 西园则村关 (610825353101170003)

该关位于安边镇西园则村西北 5.2 千米的风沙滩地上。所处地势较平坦，两侧为耕地和草地。高程 1520.7 米。

关整体保存差。西墙坍塌呈锯齿状；东墙有人为挖掘的 2 个洞穴，靠北的洞宽 1.2、高 1.8、进深 1 米，靠南的洞宽 0.7、高 1.3、进深 0.8 米；南墙豁口宽 18 米。

关坐向不明，平面呈矩形，东西 45、南北 60 米，周长 210 米，占地面积 2400 平方米。关墙夯筑而成，夯层厚 0.05~0.1 米，夯层细密，墙体底宽 4、顶宽 0.8~1.8、内高 6、外高 7.5 米。南墙中部偏东有一个宽 18 米的豁口，似关门位置。北墙上部中间有一座马面，台体建在矩形夯土基座上，南北两壁凸出于墙体外，边长 20 米；台体平面呈矩形，边长 8 米；台体由于风雨侵蚀剥落严重，表面凹凸不平，南壁有一个豁口。关内发现有砖、陶片、瓷片等。(图二一四一；彩图三七〇)

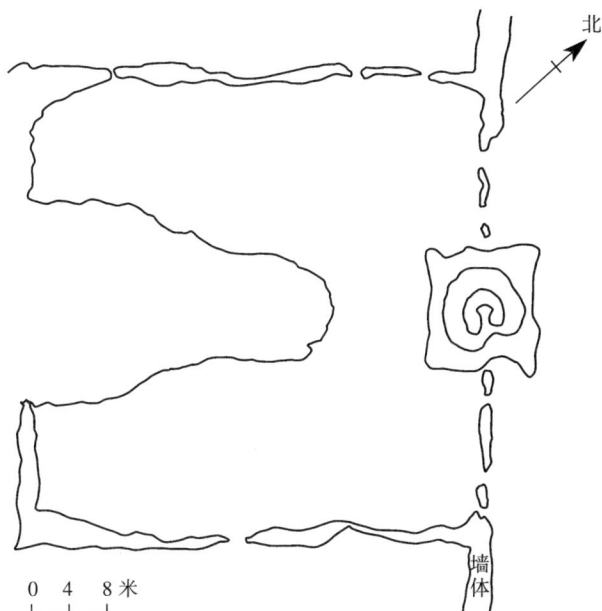

图二一四〇 惠楼村关平面图

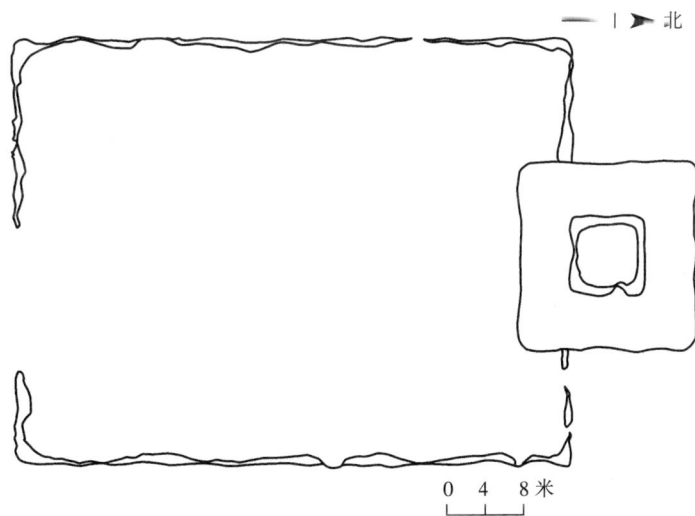

图二一四一 西园则村关平面图

该关南依西园侧村长城 3 段墙体，东距西园侧村 7 号敌台 0.29 千米，西距西园侧村 8 号敌台 0.575 千米。西园侧村居民主要饮用井水，村北有靖 (边) 王 (圈梁) 高速公路，村南有 307 国道。西园侧村有居民 240 人，以汉族为主。

(四) 马圈梁村堡 (610825353102170004)

该堡位于安边镇马圈梁村中。堡内外多为农田，南侧有村舍。地处南部山地丘陵沟壑区向北部滩地风沙区过渡地带，远处有沟壑发育，地势较开阔平坦。高程1589.1米。

　　堡整体保存差。堡墙坍塌，呈锯齿状；堡内外为耕地，墙体被蚕食严重；北侧有一座现代坟墓。堡内种植有马玲薯，堡外种植有玉米和荞麦，西侧有洪水冲刷的沟壑，东侧有乡村土路。

　　堡坐北朝南，平面呈矩形，边长36米，周长144米，占地面积1296平方米。堡墙夯筑而成，夯土以黄土为主，内含少量砂砾，夯土层厚0.06～0.1米。墙体底宽1.5～3、顶宽0.8～1.8、内高0.3～5、外高1～7米。堡南墙中部有一宽10米的豁口，似堡门所在。堡西南角墙体上有角台一座，坍塌严重，平面呈矩形，底部边长6、顶部边长约4.2、高7米，顶部未发现相关遗物。堡内发现有残砖、瓷片等。（图二一四二）

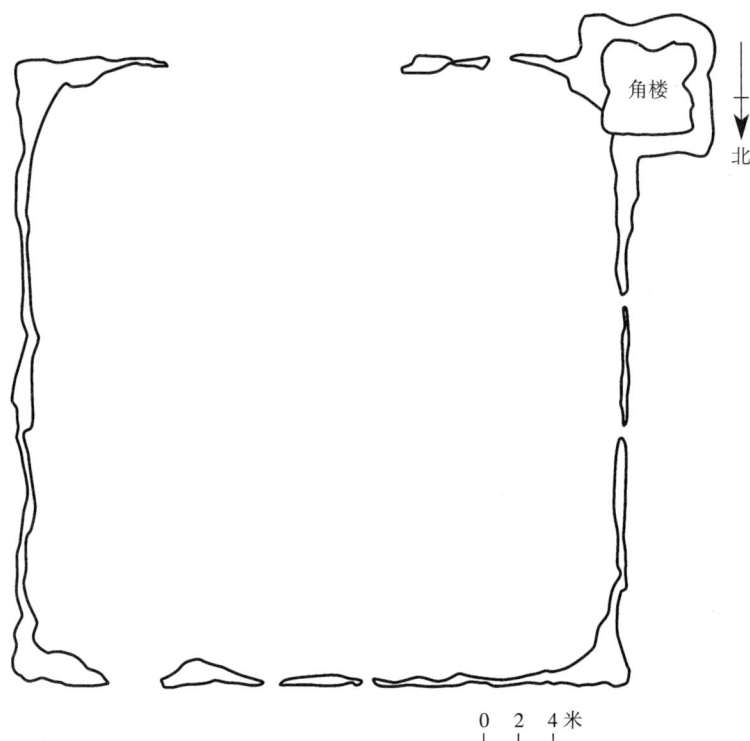

图二一四二　马圈梁村堡平面图

　　该堡北距马圈梁村长城1段墙体0.09千米，西北距马圈梁村4号敌台0.15千米，南0.4千米处有马圈梁村烽火台。马圈梁村有居民300人，以汉族为主。

（五）安寺村堡（610825353102170005）

　　该堡位于安边镇安寺村西南1.1千米处。附近地势平缓，四周为农田，种植有荞麦等。高程1424.6米。

　　堡整体保存差。堡有4个角楼，堡墙顶部坍塌呈锯齿状，表面剥落。堡内外为农田，种植有庄稼。

　　堡坐北朝南，平面呈矩形，东西32、南北41米，周长146米，占地面积1312平方米。堡墙夯筑而成，夯层厚0.05～0.1米。墙体底宽3、顶宽0.4～0.7、内高1.5～4、外高2.6～6.3米。堡门位于南墙中部，坍塌成底宽2、顶宽4米的豁口。堡东南、西南、西北角有角台，形制相同，平面呈矩形，

剖面呈梯形，底部边长5、顶部边长3、6.5米。（图二一四三；彩图三七一）

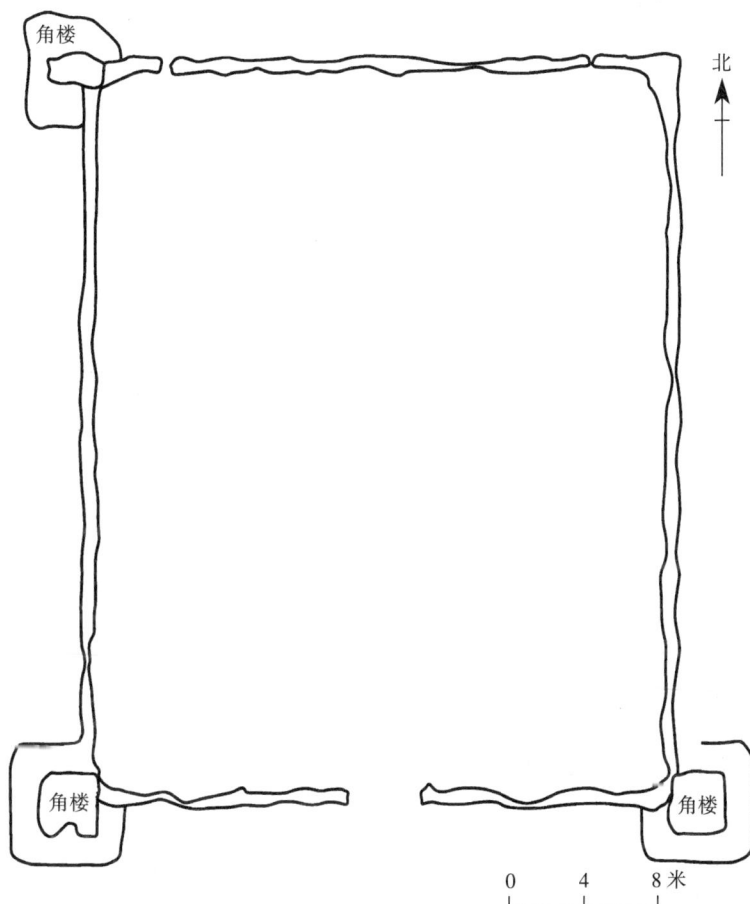

图二一四三　安寺村堡平面图

　　该堡东北距安寺村长城1段墙体0.507千米，东南距安寺村1号马面0.51千米。安寺村北有蚂蚁河，为内流河，经常干涸断流，村东有八里河，长54.5千米，流域面积384平方千米，村北有靖（边）王（圈梁）高速公路，村南有307国道。安寺村有居民400多人，以汉族为主。

（六）西园则村堡（610825353102170006）

　　该堡位于安边镇西园则村内滩地上。所处地势平坦，北侧有一条柏油公路，西侧有一条土路。高程1399.1米。

　　堡整体保存差。堡墙内外壁有雨水冲刷形成的冲槽，表面斑驳，夯土剥落；西墙有人为挖掘的涵洞。堡内东、北面修建有2排房屋，房屋紧靠墙体，原为供销社所在地，其中2间房屋有人居住，其余为兔舍，对堡造成极大损害。

　　堡坐东朝西，平面呈矩形，东西40、南北24米，周长128米，占地面积960平方米。堡墙夯筑而成，墙体底宽2.2、顶宽1.5、高4~9米。堡四角有大小、形制相同的夯土角楼，平面呈矩形，剖面呈梯形，底部边长5、顶部边长2.5、高5.5米。东墙正中有一个宽8米的豁口，当为堡门位置。堡内人为破坏严重，未发现任何相关遗迹，发现有砖、瓷片等。（图二一四四）

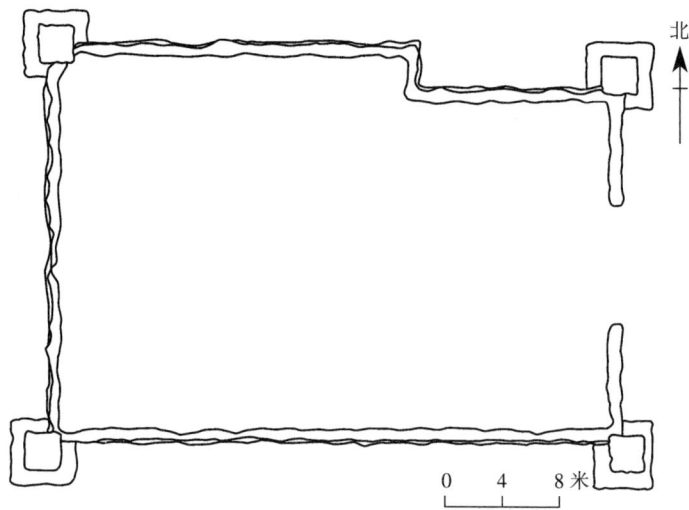

图二一四四　西园则村堡平面图

　　该堡东北距张园则村长城 2 段墙体 1.322 千米。西园则村为蚂蚁河止点，蚂蚁河为内流河，经常干涸断流，堡附近有乡村道路和一条柏油马路。西园则村有居民 240 人，以汉族为主。

（七）韩窨子村堡 （610825353102170007）

　　该堡位于安边镇韩窨子村南 0.33 千米的风沙滩地上。所处地势平坦，周围是农田，堡外有土路围绕。高程 1408.5 米。

　　堡整体保存差。堡墙由于风雨侵蚀顶部大多坍塌，表面斑驳，剥落，整体呈锯齿形；南墙正中有门，坍塌成豁口；仅存西南、西北角楼。

　　堡坐北朝南，平面呈矩形，边长 55 米，周长 225 米，占地面积 3025 平方米。堡墙夯筑而成，高 5 ~7 米。堡墙基本完整，墙体底宽 2.5、顶宽 1.7、内高 5.5、外高 6 米。东墙中部偏南有 10 米宽的豁口，当为堡门位置。堡内发现有砖、瓷片等。（图二一四五；彩图三七二）

　　该堡北距朝窨子村长城 2 段墙体 0.3 千米。朝窨子村居民主要饮用井水，村北有青（岛）银（川）高速公路，村南有 307 国道。朝窨子村有居民 400 多人，以汉族为主。

（八）张园则村堡 （610825353102170008）

　　该堡位于安边镇张园则村西 3 千米。附近地形平缓，多为耕地。高程 1463.9 米。

　　堡整体保存差。堡墙坍塌，表面剥落，顶部呈锯齿形。堡内外为农田，种植有庄稼。

　　堡坐南朝北，平面呈矩形，东西 50、南北 40 米，周长 180 米，占地面积 2000 平方米。堡墙夯筑而成，夯层厚 0.05 ~0.1 米。墙体底宽 3、顶宽 0.8 ~2、内高 1.5 ~4、外高 3 ~6 米。堡门位于北墙中部，坍塌成底宽 8、顶宽 10 米的豁口。堡四角有大小、形制相同的角台，平面呈矩形，剖面呈梯形，底部边长 5、顶部边长 3、高 6 米。堡内发现有砖、瓷片。

　　该堡南距长城墙体约 3 千米，附近有八里河，八里河年平均流量为 1 立方米/秒，南侧有青（岛）银（川）高速公路。张园则村有居民 300 多人，以汉族为主，主要从事农业、养殖业等。

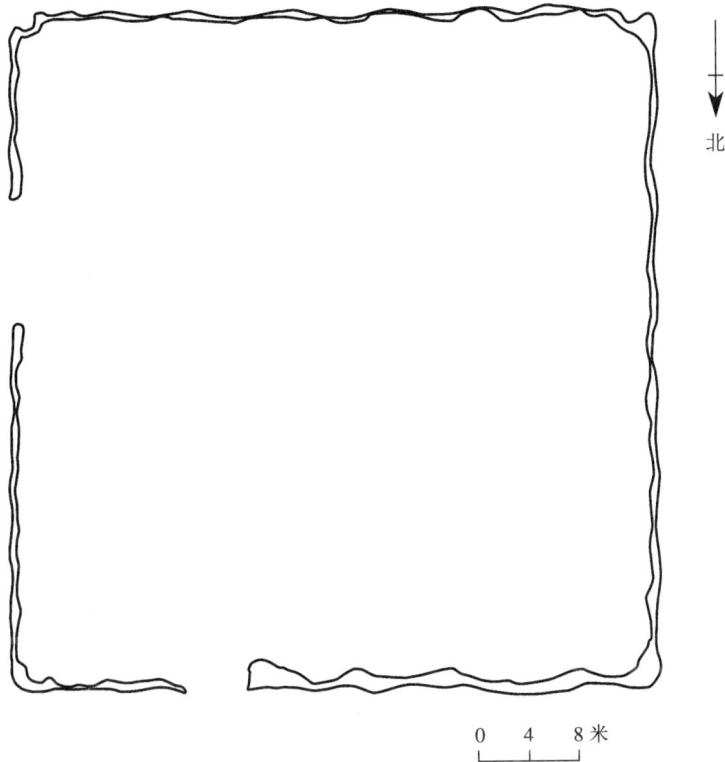

图二一四五　韩窑子村堡平面图

（九）辛圈村堡（610825353102170009）

该堡位于贺圈镇辛圈村东。周围地势较平坦，多为农田。高程 1412.6 米。

堡整体保存差。堡墙坍塌、消失严重，有许多缺口，整体呈锯齿状，南、北墙保存较差，墙体两侧坍塌成斜坡。

堡坐东朝西，平面呈矩形，边长 100 米，周长 400 米，占地面积 10000 平方米。堡墙夯筑而成，夯土为黄土，夯层厚 0.05 ~ 0.1 米。墙体底宽 3、顶宽 0.4 ~ 1.2、内高 2.5 ~ 5.5、外高 3 ~ 6 米。堡门位于西墙中部，为一个豁口。堡四角有大小、形制相同的角台，平面呈矩形，剖面呈梯形，底部边长 4、顶部边长 3、高 6 米。堡内无其他设施，发现有砖、瓷片等。（图二一四六；彩图三七三）

该堡东距辛圈村长城墙体 0.34 千米。辛圈村居民主要饮用井水，有居民 500 多人，以汉族为主。村东有贺纪公路。

（一〇）高庄洼村堡（610825353102170010）

该堡位于纪畔乡高庄洼村南的山峁上。附近为耕地，起伏较大，东侧是干沟。高程 1581.5 米。

堡整体保存差。堡墙坍塌，部分消失，西、北、南墙保存较完整，东墙较差，堡内敌台坍塌严重。

堡坐北朝南，平面呈圆形，周长 600 米，占地面积 30000 平方米。堡墙夯筑而成，夯土为黄土，夯层厚 0.15 ~ 0.2 米。墙体底宽 3 ~ 5、顶宽 0.5 ~ 2、内高 0.5 ~ 5.5、外高 2 ~ 7 米。堡内中南部有一座敌台，底部边长 8、顶部边长 3、高 5 米。堡内无其他设施，发现有砖、瓷片。（图二一四七）

图二一四六　辛圈村堡平面图

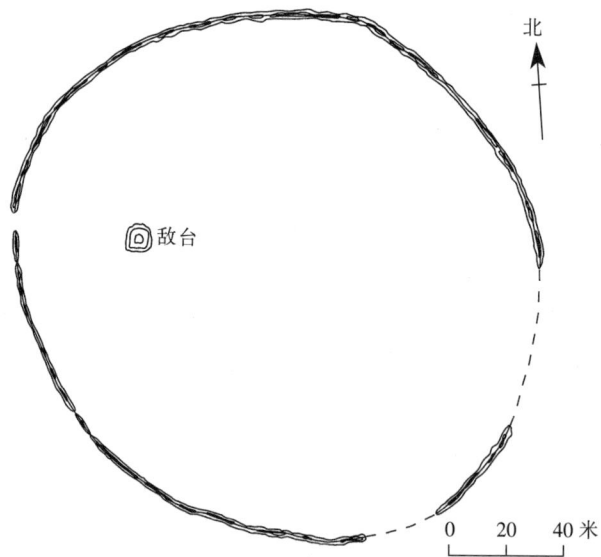

图二一四七　高庄洼村堡平面图

　　该堡西侧为长畔村长城（山险），北距张畔村 5 号敌台 1.5 千米，南距姚台村马面 0.48 千米。高庄洼村居民主要饮用井水，村东有贺纪公路，堡附近有乡村土路。高庄洼村有居民 100 多人，以汉族为主。

四　相关遗存

定边县发现有关长城遗存共 2 处，占相关遗存总数的 5.7%，皆为壕沟遗址，保存较差，分述如下。

（一）惠楼村壕沟 1 段（610825354106170001）

该段壕沟位于安边镇惠楼村东南 0.83 千米。地处风沙滩地带，地势为南高北低的缓坡，北侧为耕地，南侧为长城墙体。高程 1437.4 米。

壕沟整体保存差。雨水冲刷严重，轮廓基本清晰，部分段被掩埋消失，杂草丛生。整体呈东南—西北走向，基本与长城墙体平行。壕沟长 240、宽 11、深 3.5 米，面积 2640 平方米。（彩图三七四）

该段壕沟南距惠楼村长城 2 段墙体 0.03 千米，西南距惠楼村关 0.035 千米。惠楼村西是八里河，自西向东流，年平均流量为 1 立方米/秒，村东有安学公路。惠楼村有居民 150 人，以汉族为主。

（二）惠楼村壕沟 2 段（610825354106170002）

该壕沟位于安边镇惠楼村西北 1.8 千米。地处风沙滩地带，地势为南高北低的缓坡，西侧为长城墙体。高程 1415.2 米。

壕沟整体保存较差。雨水冲刷严重，轮廓不清，形成多处断点，杂草丛生。整体呈东南—西北走向。壕沟长 350、宽 7、深 3 米，面积 2450 平方米。壕沟附近发现有残砖，砖宽 18～20、厚 9 厘米。（彩图三七五）

该段壕沟位于惠楼村 7 号敌台与安寺村 1 号敌台之间的长城墙体外侧。惠楼村西是八里河，河自西向东流，年平均流量为 1 立方米/秒。壕沟附近有乡村土路、柏油公路。

第三节　定边县明长城烽燧线

定边县境内还有一线烽火台和关堡，当地称之为烽燧线。北端接近明长城二边，向南延伸至饶阳水堡南，与固原新内边相接，全长约 29 千米，由定边县西南冯地坑乡寨子峁村沿十字河东岸和东川东岸向南延伸至姬塬镇宋家庄村附近。

一　烽火台

烽燧线上共有烽火台 10 座。

（一）寨子峁村烽火台（610825353201170304）

该烽火台位于冯地坑乡寨子峁村南 0.2 千米的山峁平台上。东、南、西侧临沟，南侧沟壑被当地人称为墩沟，地处定边县西部黄土丘陵沟壑区，丘陵沟壑地貌发育较好。高程 1541 米。

烽火台整体保存较差。基座损毁严重。围墙南墙坍塌严重，呈锯齿状，雨水冲刷形成豁口；北、西墙坍塌消失，雨水冲刷形成断崖。台体东壁上部被雨水冲刷成凹槽；西壁有人为挖掘形成的台阶，可登台顶；顶部凹凸不平。

台体建于夯土基座上，有围墙。围墙位于基座上，平面呈矩形，东墙长37、南墙长56、底宽2.5、顶宽0.8、内高1、外高5米。台体用黄土夯筑而成，夯层厚0.04～0.13米。台体平面呈矩形，剖面呈梯形，底部边长10米，顶部东西4.9、南北5.3米，高9米。台体周围发现有残砖瓦片。（图二一四八）

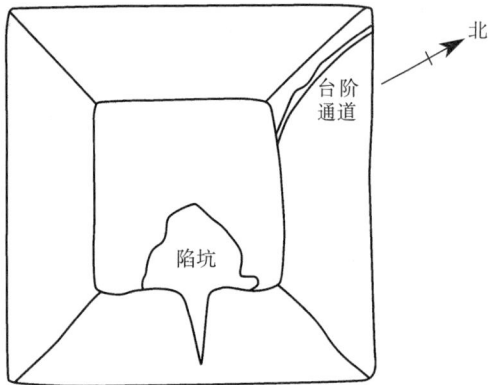

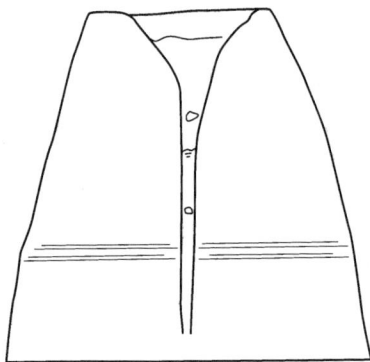

图二一四八　寨子峁烽火台平、立面图

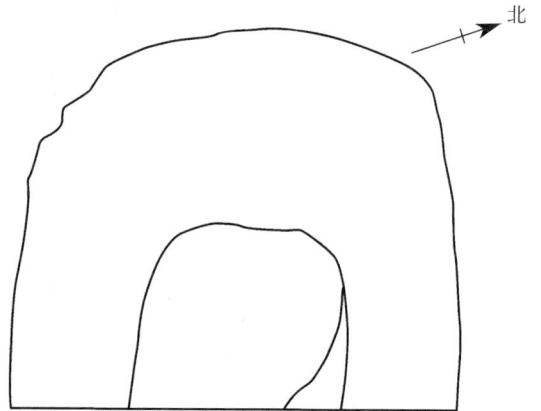

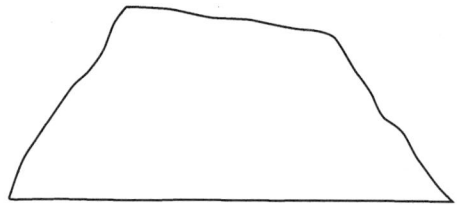

图二一四九　谢墩村烽火台平、立面图

该烽火台西北距三山堡2千余米。

（二）谢墩村烽火台（610825353201170305）

该烽火台位于冯地坑乡谢墩村内。西侧有十字河，东侧临靠柳（红柳沟）张（崾崄）公路，地处黄土丘陵沟壑区，丘陵沟壑地貌发育较好。高程1677.5米。

烽火台整体保存差。台体坍塌成北低南高的斜坡状土台，东壁被人为铲削成平整剖面，紧靠台壁建有羊圈；南壁有3个人为挖掘的洞穴；西壁有人为挖掘的马铃薯贮藏洞。

台体黄沙土夯筑而成，夯层厚0.2～0.3米，夯土质地疏松。台体平面呈不规则形，剖面呈梯形，底部东西11.8、南北14米，顶部东西5.6、南北6.6米，高6米。（图二一四九）

该烽火台位于寨子峁村烽火台南侧，相距甚远。谢墩村西侧有十字河，长48千米，流域面积498.73平方千米，水质差，不能饮用。附近交通较方便，柳（红柳沟）张（崾崄）公路由南向北穿过谢墩村。谢墩村有居民200多人，以汉族为主，有少量回族。

（三）武崾崄村烽火台（610825353201170306）

烽火台位于冯地坑乡武崾崄村南0.55千米的山峁平台上。东、南、西侧临沟，西1.1千米处有十字河，地处黄土丘陵沟壑区，丘陵沟壑地貌发育较好。高程1601.7米。

烽火台整体保存较差。基座损毁严重，西侧有缺口，呈斜坡状；南侧有水冲缺口，呈锯齿状，有一孔窑洞，高4.3、宽2.2、进深5米；北侧呈斜坡状，有一个长3.4、宽0.18、深0.1米的小沟，为雨水冲刷所至。台体南壁底部风蚀严重，壁面上有虫蚀小孔；东、北两壁底部有坍塌土堆积；顶部凹凸不平。

台体平面呈矩形，剖面呈梯形，底部边长10米，顶部东西4.3、南北4.8米，高8.6米。夯土基座平面呈矩形，东西23、南北25、北侧高2.2、南侧高1.4米，北壁中部方槽宽0.18、深0.1、长2.4米。台体用黄土夯筑而成，夯层厚0.05～0.12米。（图二一五〇）

该烽火台北距苗寨子堡8千米。西侧有十字河，长48千米，流域面积498.73平方千米，水质差，味咸苦，不能饮用。附近有山间小路。武崾崄村有居民90多人，以汉族为主。

（四）张中台村烽火台（610825353201170307）

烽火台位于姬塬镇张中台村西0.8千米的山峁缓坡上。西1.02千米处有十字河，南、北则为干沟，地处黄土丘陵沟壑区，丘陵沟壑地貌发育较好。高程1490.5米。

烽火台整体保存差。台体损坏严重，四壁坍塌成土堆，壁面上布满裂缝，顶部坍塌呈不规则凹槽状。

台体用黄土夯筑而成，夯层厚0.05～0.1米。台体平、剖面呈不规则形，底部坍塌夯土堆直径11.4、高3米，顶部东西2.9、南北2.2、高4.9～5.9米。台体周围发现有瓷片。（图二一五一）

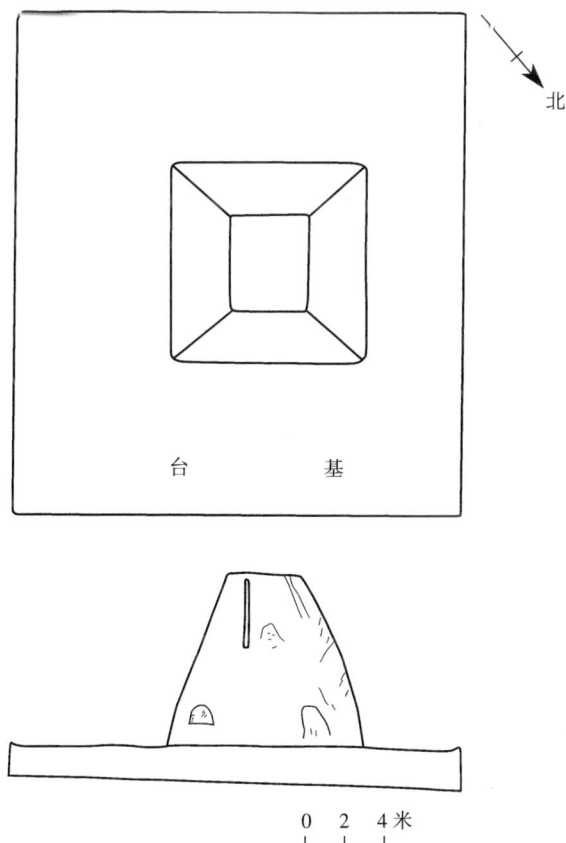

图二一五〇　武崾崄村烽火台平、立面图

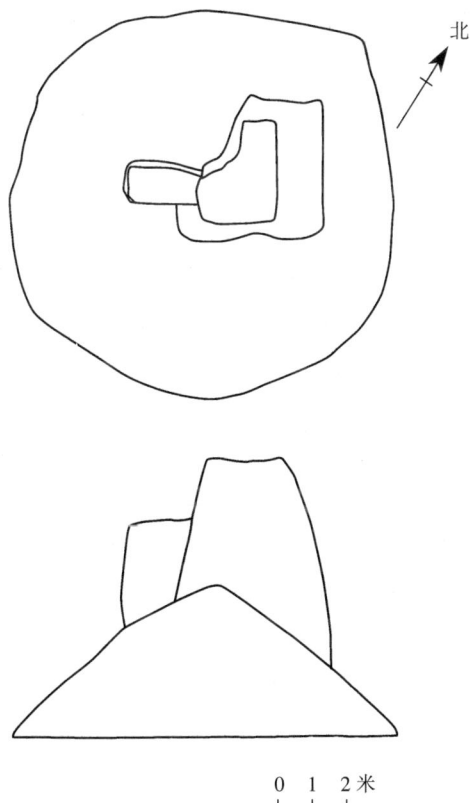

图二一五一　张中台村烽火台平、立面图

该烽火台东距武嵝崄村烽火台 3 千米。西侧有十字河，长 48 千米，流域面积 498.73 平方千米，水质差，味咸苦，不能饮用。附近有山间小路。张中台村有居民 100 多人，以汉族为主。

（五）辽阳村烽火台（610825353201170308）

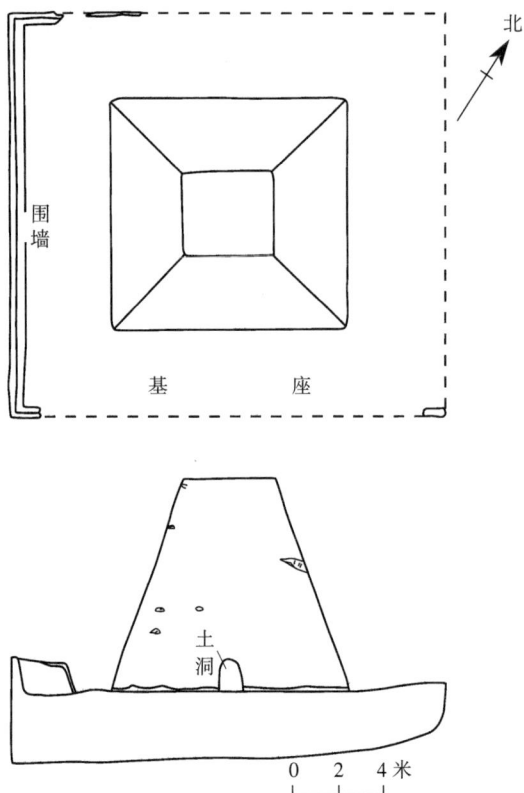

图二一五二　辽阳村烽火台平、立面图

烽火台位于姬塬镇辽阳村东南 0.5 千米。地处黄土丘陵沟壑区，丘陵沟壑地貌发育较好。高程 1438.8 米。

烽火台整体保存差。围墙损毁严重，仅存西墙，西墙中部有门洞。台体损毁严重，底部受风蚀侵害严重，东壁底部有高 0.8、宽 0.75、进深 0.2 米的浅洞穴，中部有风蚀坑穴；南壁中部有高 1.4、宽 1、进深 1.3 米的小窑洞，边沿从上到下有脚窝 15 个；西壁布满风蚀坑穴，中部有宽 1.1、深 0.2 米的水冲刷沟槽。

台体建在夯土基座上，有围墙。基座平面呈矩形，东西 18.9、南北 17 米。围墙仅存西墙，墙体顶宽 0.3、内高 1.6、外高 4.5 米。台体用黄土夯筑而成，夯层厚 0.03～0.13 米。台体平面呈矩形，剖面呈梯形，底部东西 10.5、南北 9.8 米，顶部东西 4、南北 3.6 米，高 9 米。台体周围发现有夹砂红陶片，纹饰有绳纹、指甲纹等。（图二一五二）

该烽火台南距刘拐沟村烽火台 2 千米，西北距饶阳水堡 0.4 千米。北侧有十字河，长 48 千米，流域面积 498.73 平方千米，水质差，味咸苦，不能饮用。附近有山间小路。辽阳村有居民 100 多人，以汉族为主。

（六）刘拐沟村烽火台（610825353201170309）

该烽火台位于姬塬镇刘拐沟村山峁南侧临沟的缓坡地带。南 0.2 千米处为十字河，地处黄土丘陵沟壑区，丘陵沟壑地貌发育较好。高程 1475.4 米。

烽火台整体保存差。村民在底部挖掘窑洞使台体损毁严重；南壁有 5 孔窑洞用来存放草料和农具等，分上下两层，上层为一孔大窑洞，高 2.35、宽 2.5、进深 2.8 米，下层有 4 孔高 0.8～2.5、宽 1.1～2.8、进深 1～3 米的小窑洞。西南侧有村民房屋紧靠台体。

台体用黄土夯筑而成，夯层厚 0.05～0.12 米。台体平面呈近矩形，剖面呈不规则形，底部东西 10、南北 8 米，顶部东西 5、南北 4 米，高 8 米。（图二一五三）

该烽火台北距辽阳村烽火台 2 千米。南侧有十字河，长 48 千米，流域面积 498.73 平方千米，水质差，味咸苦，不能饮用。附近有山间小路。刘拐沟村有居民 7 人，均为汉族。

（七）刘峁塬村烽火台（610825353201170310）

该烽火台位于姬塬镇刘峁塬村西 0.64 千米的墩梁上。三面临干沟，西北侧为王水沟，北侧为刘峁塬干沟，南侧为辛嵝崄沟。地处黄土丘陵沟壑区，丘陵沟壑地貌发育较好。高程 1743.9 米。

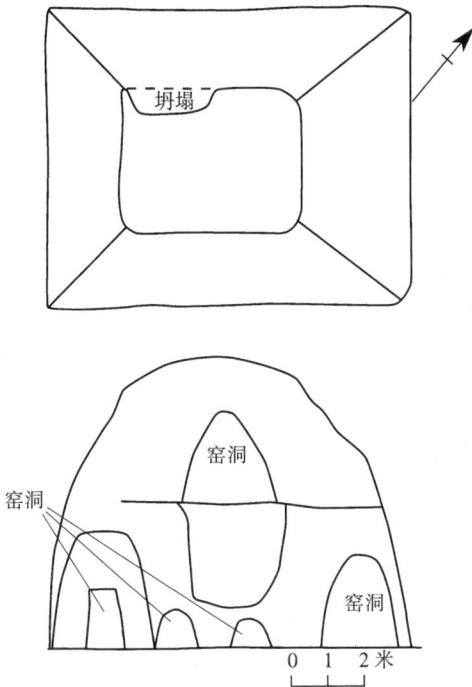

图二一五三　刘拐沟村烽火台平、立面图

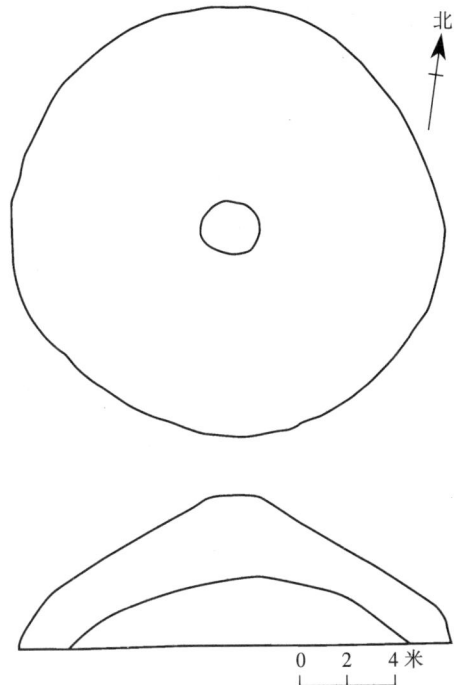

图二一五四　刘峁塬村烽火台平、立面图

烽火台整体保存差。台体坍塌呈圆堆状，东侧有一棵直径0.4 米的杨树；四壁凹凸不平，布满裂缝；南侧有一排电线杆。台体南壁因取土形成断面，有昆虫等洞穴。

台体用黄土夯筑而成，坍塌严重，夯层不清。台体平面呈圆形，剖面呈不规则形，底部直径 18、顶部直径 2.5、高 5、南断面高 2 米。（图二一五四）

该烽火台北距刘拐沟村烽火台约 7 千米。附近无河流，刘峁塬村西有十字河，长 48 千米，流域面积 498.73 平方千米，水质差，味咸苦，不能饮用。附近有定刘张柏油路。刘峁塬村有居民 100 多人，以汉族为主。

（八）王彪台村烽火台（610825353201170311）

该烽火台位于姬塬镇王彪台村东南 1 千米。北侧有柳崾崄村小河沟；东侧 0.01 千米处有高压电线杆，0.1 千米山坡下有乡村土路。地处黄土丘陵沟壑区，丘陵沟壑地貌发育较好。高程 1689.8 米。

烽火台整体保存差。台体坍塌成北高南低的斜坡状圆土台，四壁被耕地蚕食严重，夯土不断减少。台体顶部长满杂草，夯层中夹杂有草根，有昆虫等动物的小孔穴。

台体用黄土夯筑而成，夯层厚 0.06 ~ 0.15 米，夯土质地疏松。台体平面呈圆形，剖面呈梯形，底部直径 9、顶部直径1.3、高 3.6 米。（图二一五五）

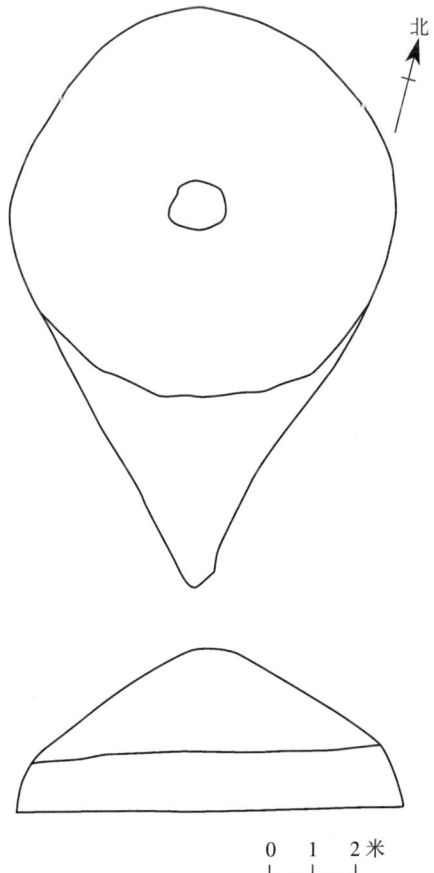

图二一五五　王彪台村烽火台平、立面图

该烽火台南距九子台村烽火台约 2.1 千米。北侧柳嶂嵝村小河沟少有流水，水质差，味咸苦，不能饮用，东侧为十字河。附近有定刘张柏油路。王彪台村有居民 140 多人，以汉族为主。

（九）九子台村烽火台（610825353201170312）

该烽火台位于姬塬镇九子台村西 0.22 千米。西侧紧临东川，与甘肃省隔河相望，北临康庄干沟，南临东沟（干沟）。地处黄土丘陵沟壑区，丘陵沟壑地貌发育较好。高程 1451.4 米。

烽火台整体保存差。台体坍塌呈圆柱状，四壁被耕地蚕食严重，夯土不断减少；西壁有较多裂缝，夯土濒临整块塌落，底部有许多老鼠洞；东南壁生长有枸杞等植物；顶部坍塌呈锥形。

台体用黄土夯筑而成，夯层厚 0.04～0.13 米，夯土质地疏松，较纯净。台体平面呈矩形，剖面呈不规则形，底部边长 8、顶部边长 3、高 5.2 米。（图二一五六）

该烽火台北距王彪台村烽火台约 2.1 千米。西侧有东川，水质差，味道咸苦，不能饮用。附近有柳（红柳沟）张（嶂嵝）公路。九子台村有居民一户，5 口人，为汉族。

（一〇）宋家庄村烽火台（610825353201170313）

该烽火台位于姬塬镇宋家庄村西北 0.134 千米。四周是耕地，西侧紧临东川，与甘肃省隔河相望，北侧为北草梁干沟，南临麻黄台干沟。地处黄土丘陵沟壑区，丘陵沟壑地貌发育较好。高程 1650.3 米。

烽火台整体保存较差。基座四壁布满凹坑，东侧中部坍塌成豁口，西侧中部有圆形券洞，北侧有 2 道人

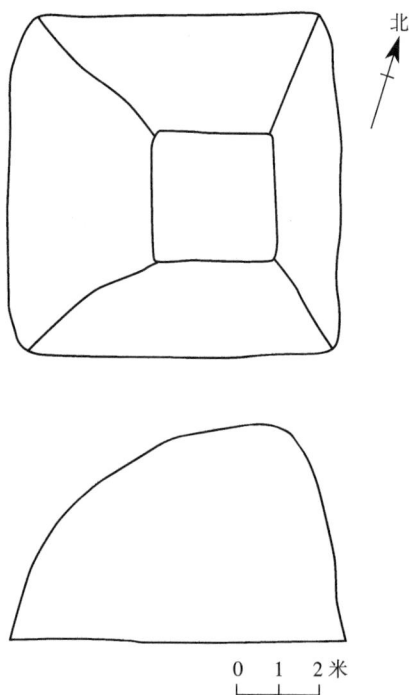

图二一五六　九子台村烽火台平、立面图

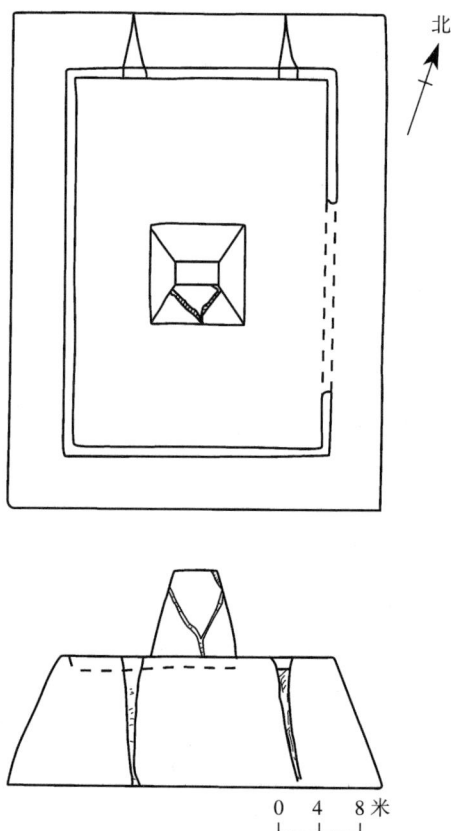

图二一五七　宋家庄村烽火台平、立面图

为挖掘踩踏形成的台阶豁口。台体南高北低，北壁坍塌成斜坡，西壁上部有雨水冲刷的豁口，东壁有凹坑。

台体建在夯土基座上，有围墙。基座平面呈矩形，底部东西35.5、南北46米，顶部东西25、南北31.5米，内高1、外高12米，夯层厚0.04~0.1米。围墙顶宽0.95米。台体用黄土夯筑而成，夯层厚0.06~0.24米，夯层粗疏、清晰。台体平面呈矩形，剖面呈梯形，底部东西8.6、南北9.4米，顶部东西4、南北2米，高9.1米。台体周围发现有瓦片。（图二一五七）

该烽火台北距九子台村烽火台约2千米。西侧为东川，水质差，味咸苦，不能饮用。附近有乡村土路，宋家庄村东为柳（红柳沟）张（嵝崄）公路。宋家庄村有居民70多人，为汉族。

二 关堡

定边县明长城烽燧线沿线仅发现1座堡。

苗寨子村堡（610825353102190011）

该堡位于冯地坑乡苗寨子村中。附近地势平缓，四周为农田，西侧有柳（红柳沟镇）张（嵝崄）公路和十字河，东临干沟（当地人称东沟）。高程1508.2米。

堡整体保存较差。堡内有2户居民，堡外东、西、北侧紧靠堡墙有耕地；堡四角墙体上有人为挖掘的存放农具、干草等的洞穴；南墙外壁有人为挖掘的洞穴，应为鸡舍等；堡内有一堵南北向现代夯筑的土墙将2户人家东西对称分开。2户居民的院门均为在南墙上凿挖洞穴而成，西侧民房靠西墙，东侧民房靠北墙，东侧居民在堡内种植苹果树和枣树。

堡坐东朝西，平面呈矩形，东西62、南北47米，周长228米，占地面积2914平方米。堡墙夯筑而成，夯层厚0.05~0.16米。墙体底宽4.4、顶宽1.9、高5.6米。堡墙保存有垛墙，北垛墙保存较好，有4个射孔，宽0.13、长0.16、孔距6米。堡门位于西墙中部，被堡内村民用夯土封死，宽约3.4米。堡四角有大小、形制相同的角楼，台体平面呈矩形，剖面呈梯形，底部边长6.25、顶部边长3.6~3.8、高5.6米。堡内居民用黄泥和夯土修缮破损处，发现有瓷片。（图二一五八）

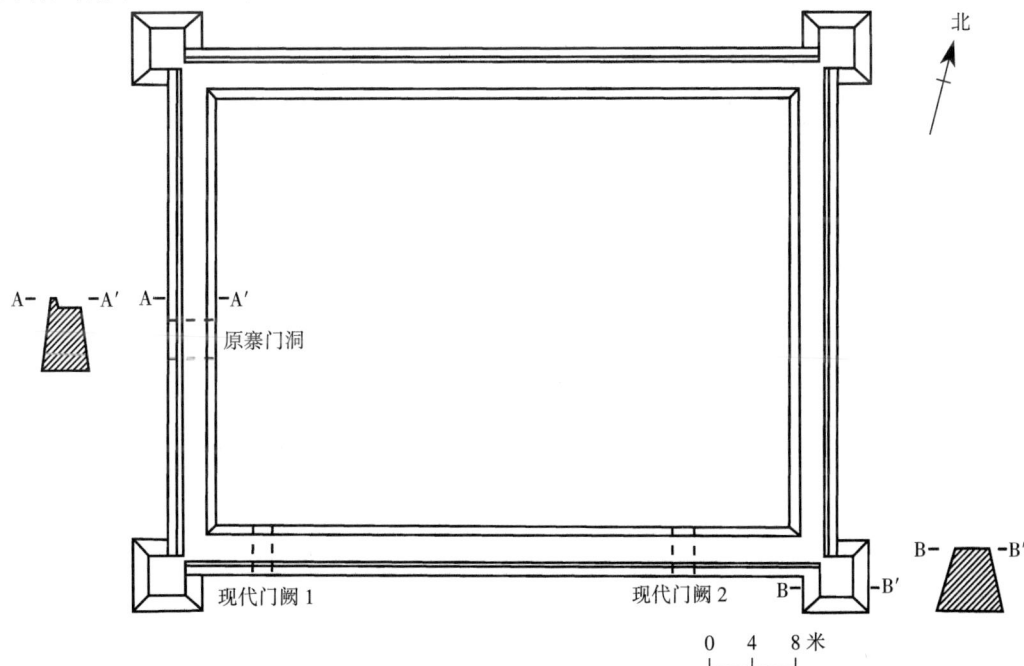

图二一五八 苗寨子村堡平、剖面图

据《定边县志》记载，该堡可能是清代乡绅、富户为了防御抢掠以便自卫而修筑。

该堡北距谢墩村烽火台4千米。西侧有十字河，长48千米，流域面积498.73平方千米，水质差，味咸苦，不能饮用。附近有定刘张柏油公路。苗寨子村有居民110多人，以汉族为主。

第四节　定边县明长城二边

定边县明长城二边东接吴起县明长城二边，沿白于山脊北侧分布，西止于陕西省与宁夏回族自治区交界处的三山口，全长95320米，包括墙体95320米、单体建筑26座、关堡4座。

一　墙体

定边县明长城二边墙体分为土墙和山险两种类型，共4段计95320米，占陕西省明长城二边总长的15.5%，整体呈东—西走向。

山险3段计95090米，占定边县明长城二边墙体总长的99.7%，占全部明长城二边山险长度的15.5%。长年的风雨侵蚀、洪水冲刷及作物种植等是山险损毁的主要原因。

土墙相对较少，共230米，占定边县明长城二边墙体总长的0.03%，占全部明长城二边土墙长度的0.08%。墙体为自然基础上用纯净黄土夯筑而成，夯层厚0.08~0.15米。墙体底宽3~4、顶宽1~2、高4~5米。长年的风雨侵蚀及人为不合理利用，如在墙体上挖掘窑洞等是土墙损毁的主要原因。

各段墙体分述如下。

（一）李家圪坨村~杨木匠台村山险（610825382106170084）

该段山险位于学庄乡李家圪坨村东3千米、中康窑村东南1千米、三山口村西南2千米之间的山峁上。周围沟壑纵横，山峦叠嶂，地处黄土沟壑地带，沟壑（山地）地貌发育较好，附近无地表河流，干旱少雨，水土流失严重。山险长79530米，整体呈东—西走向，属于利用自然峭壁形成山地险要来防御的山险。（图二一五九）

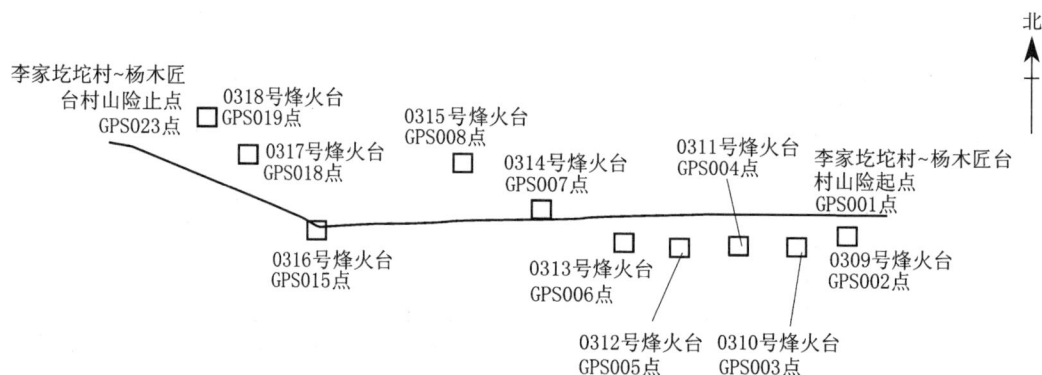

图二一五九　李家圪坨村~杨木匠台村山险位置示意图

山险起点位于学庄乡李家圪坨村东3千米，高程1547.36米；止点位于白湾子镇杨木匠台村内西侧，高程1641.13米。

山险地处白于山北麓顶部，沿白于山北麓顶部向西到红泥崾崄村翻过分水岭，继续沿白于山南麓顶部向西到梁台畔，再沿新安边川西侧支流梁台畔水库沟道南岸向西直到山险止点，全程以山体沟壑为自然屏障。由于洪水冲刷、作物根系生长和风雨侵蚀等原因部分地段呈沟壑状。

该段山险起点东接吴起县长城二边山险，止点西接杨木匠台村长城。

（二）杨木匠台村长城（610825382101170085）

该段墙体位于白湾子镇杨木匠台村中，无其他附属设施。地处黄土沟壑地带，沟壑（山地）地貌发育较好，周围地势较平坦。墙体长230米，整体呈东—西走向，属于土墙。（图二一六〇；彩图三七六、三七七）

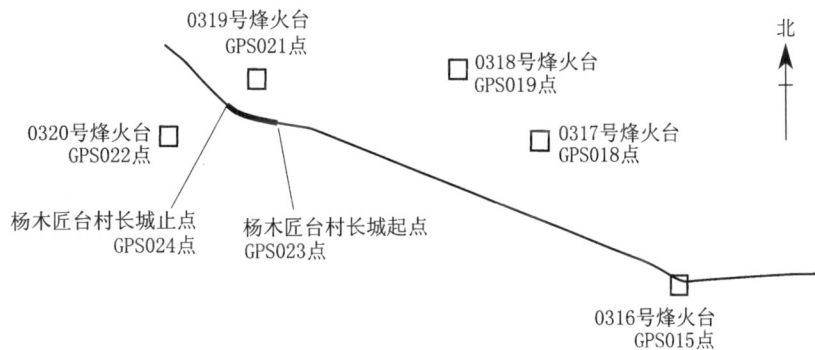

图二一六〇　杨木匠台村长城位置示意图

墙体起、止点位于杨木匠台村内，起点高程1581.4米，止点高程1580.1米。

墙体整体保存差。人为在墙体上挖掘窑洞是其损毁的主要原因，西侧有4户居民依墙体挖洞居住，对墙体造成严重破坏。

墙体为自然基础上夯筑而成，夯土为纯净的黄土，夯层厚0.08~0.15米。墙体底宽3~4、顶宽1~2、内高4、外高5米。（图二一六一）

该段墙体西南距杨木匠台村烽火台约0.5千多米。杨木匠台村西有干沟，流量甚小，水咸苦。柳（红柳沟）张（崾崄）公路穿过该村。杨木匠台村有居民100多人，以汉族为主。

据当地居民传说，当时准备利用该段墙体修建营堡，但战事吃紧没修建，只遗留这一段孤独的墙体。

（三）杨木匠台村~康窑村山险（610825382106170086）

该山险位于白湾子镇杨木匠台村内、中康窑村东南1千米之间的山峁上。地处黄土沟壑向草滩地过渡地带，地貌支离破碎，植被稀疏。山险长12280米，整体呈东南—西北走向，属于利用山体沟壑等自然屏障来防御的山险。（图二一六二）

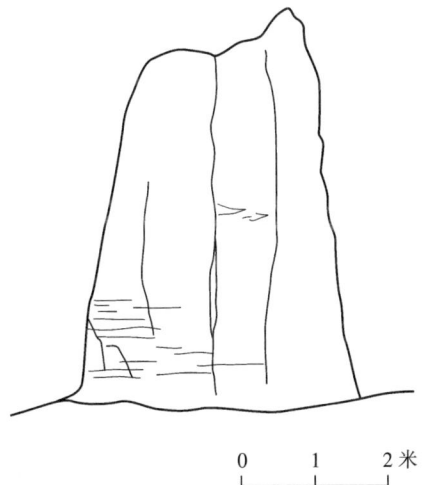

图二一六一　杨木匠台村墙体东立面图

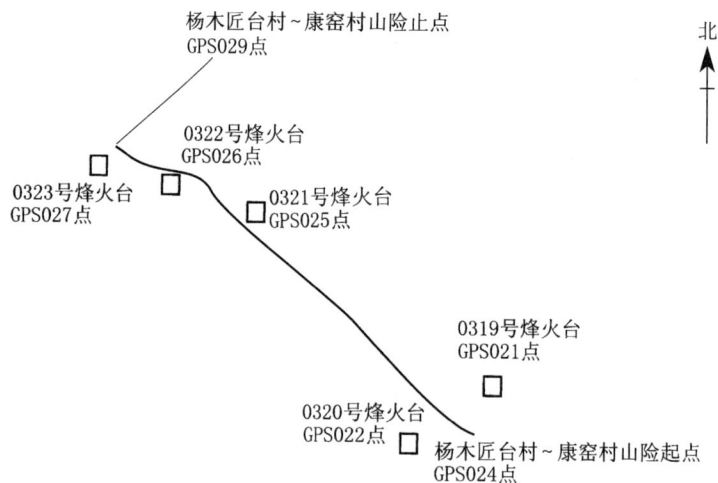

图二一六二　杨木匠台村～康窑村山险位置示意图

山险起点位于白湾子镇杨木匠台村东侧，高程 1545.66 米；止点位于红柳沟镇康窑村东南 1 千米，高程 1730.5 米。

山险整体保存一般。由于洪水冲刷、种植作物和风雨侵蚀等原因，部分地段呈沟壑状。

该山险东南接杨木匠台村长城墙体，西北接康窑村～三山口山险。起点位于三山口村敌台，止点位于康窑村 1 号敌台。

（四）康窑村～三山口山险（610825382105170087）

该段墙体位于红柳沟镇中康窑村和三山口之间的山峁上。附近无地表河流，周围沟壑纵横，山峦叠嶂。山险长 3280 米，整体呈东南—西北走向，属于利用自然峭壁形成的山地险要来防御的山险。（图二一六三）

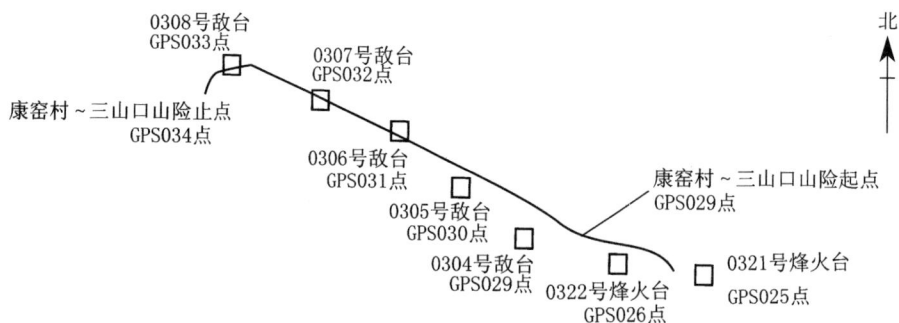

图二一六三　康窑村～三山口山险位置示意图

山险起点位于红柳沟镇康窑村东南 1 千米，高程 1730.5 米；止点位于红柳沟镇三山口村西南 2 千米，高程 1717.9 米。

山险整体保存差。由于洪水冲刷、作物种植和风雨侵蚀等原因部分地段呈沟壑状。

该段山险起点位于康窑村 1 号敌台，止点位于三山口村敌台。康窑村和三山口村各有居民 100 多人，以汉族为主。附近道路以乡村小路为主，村东为柳（红柳沟）张（嵝崄）公路。

二　单体建筑

定边县明长城二边单体建筑主要分为敌台和烽火台两大类。此次共调查单体建筑26座，其中，敌台5座、烽火台21座。

敌台5座，台体皆用黄土夯筑而成，夯层厚0.04～0.12米。台体无基座、围墙、券洞和包砖。台体平面呈矩形，底部边8～16米，以14～16米为主；顶部边长6～12米，以10～12米为主；高3～7米，以4～6米为主。

长年的风雨侵蚀、植物生长、动物破坏及人为挖掘窑洞、建筑寺庙等是单体建筑损毁的主要原因，台体坍塌严重，表面有多处裂缝、水冲沟及虫穴等。

单体建筑分述如下。

烽火台21座，台体皆以黄土为主夯筑而成，夯层厚0.04～0.2米，以0.05～0.12米为主（4座0.15米以上，2座达0.2米）。有基座者2座，约占烽火台总数的0.1%；有围墙者1座，约占烽火台总数的0.05%；台体有包砖、券洞。台体平面呈矩形的有12座，占烽火台总数的57.1%；圆形的有4座，占烽火台总数的19%；有5座因坍塌呈不规则形，约占烽火台总数的23.8%。台体底部边长5～20米，以5～8米为主（4座超过10米，2座达15米以上）；顶部边长1.5～9米，以4～7米为主（1座超过7米）；高8～2.5米，以3.5～6米为主（2座超过6米）；杏树渠村烽火台尺寸远远超过以上范围，平面呈圆形，底部直径20、顶部直径6、高6米。

（一）康窑村1号敌台（6108253521011170314）

该敌台位于红柳沟镇康窑村东南1千米的山峁上。北侧为平坦的风沙草滩地，地处黄土沟壑地带，沟壑（山地）地貌发育较好。高程1730.5米。

敌台整体保存差。台体南壁中间被洪水冲刷形成宽2、深4米的豁口，为低矮的土台，上面长满杂草。长年的风雨侵冲刷及植物生长是其损毁的主要原因。

台体用黄土夯筑而成，夯土质地细密、纯净，夯层厚0.05～0.1米。台体平面呈矩形，剖面呈不规则形，底部东西14、南北17米，顶部边长10米，高6～7.4米。（图二一六四）

该敌台西北距康窑村2号敌台1千米。

（二）康窑村2号敌台（6108253521011170315）

该敌台位于红柳沟镇康窑村西南1千米的山峁上。东西两侧为深沟，周围为陡峭的坡地，所处区域为黄土沟壑地带，沟壑（山地）地貌发育较好。高程1770.6米。

敌台整体保存差。台体东壁因雨水冲刷形成宽1～4.5、深1米的豁口，长满杂草；顶部坍塌。雨水冲刷及植物生长形成的自然坍塌和豁口是其损毁的主要原因。

台体用黄土夯筑而成，夯层厚0.05～0.1米，夯土质地细密、

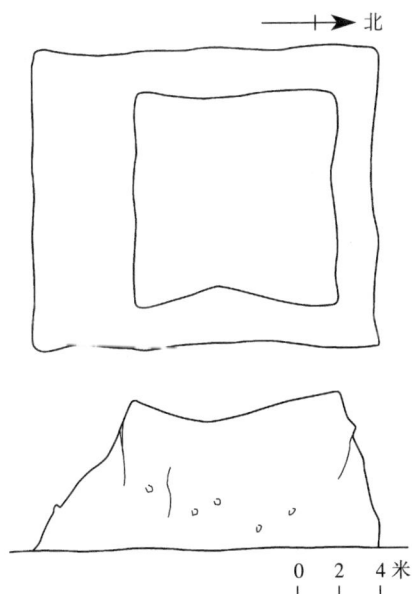

北

0　2　4米

图二一六四　康窑村1号敌台平、立面图

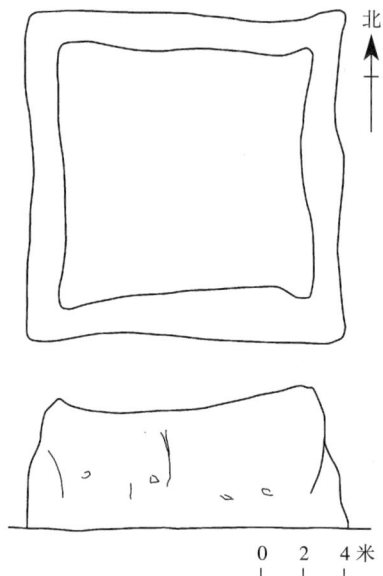

北

0　2　4 米

图二一六五　康窑村 2 号敌台平、立面图

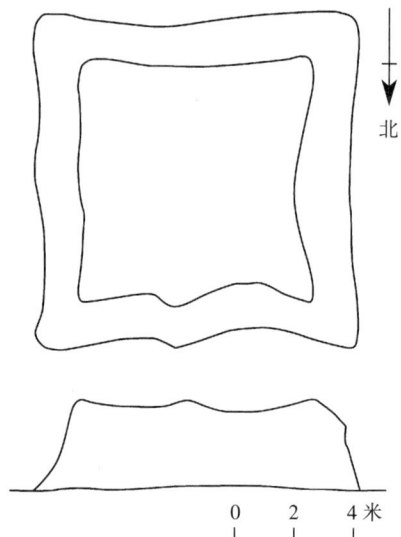

北

0　2　4 米

图二一六六　西伙场村 1 号敌台平、立面图

纯净。台体平面呈矩形，剖面呈梯形，底部东西 15、南北 14 米，顶部东西 12、南北 11 米，高 4～6 米。（图二一六五）

该敌台东南距康窑村 1 号敌台 1 千米。

（三）西伙场村 1 号敌台（610825352101170316）

该敌台位于冯地坑乡西伙场村北 2 千米的山峁平缓地上。周围为坡地，地处黄土沟壑地带，山地地貌发育较好。高程 1793.6 米。

敌台整体保存差。台体顶部坍塌，形成多个小坑；顶部西侧因雨水冲刷形成一条宽 1、深 0.9、长 8 米的小水渠。长年的雨水冲刷造成的自然坍塌是其损毁的主要原因。

台体用黄土夯筑而成，夯层厚 0.04～0.11 米，夯土质地细密、纯净。台体平面呈矩形，剖面呈近梯形，底部边长 11、顶部边长 8、高 3 米。（图二一六六）

该敌台东南距康窑村 2 号敌台 1 千米。

（四）西伙场村 2 号敌台（610825352101170317）

该敌台建于冯地坑乡西伙场村西 2 千米的山峁上。北侧为深沟，地处黄土沟壑地带，沟壑（山地）地貌发育较好。高程 1750.4 米。

敌台整体保存差。台体坍塌成低矮的土台，东壁塌落形成一条裂缝，顶部凹陷约 2 米。长年的风雨侵蚀造成的自然坍塌是其损毁的主要原因。

台体用黄土夯筑而成，夯层厚 0.04～0.11 米，夯土质地细密、纯净。台体平面呈矩形，剖面呈近梯形，底部边 15、顶部边长 11、高 4 米。（图二一六七；彩图三七八）

该敌台东南距西伙场村 1 号敌台 1 千米。

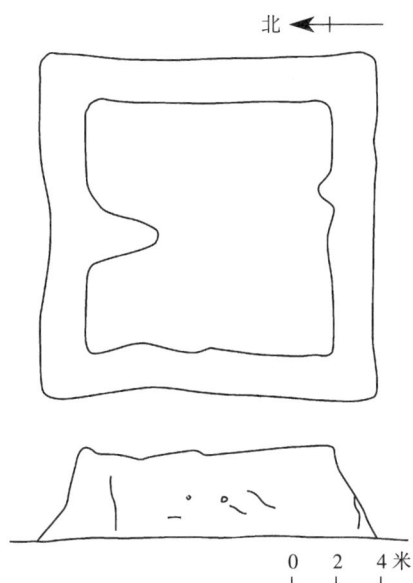

图二一六七　西伙场村 2 号敌台平、立面图

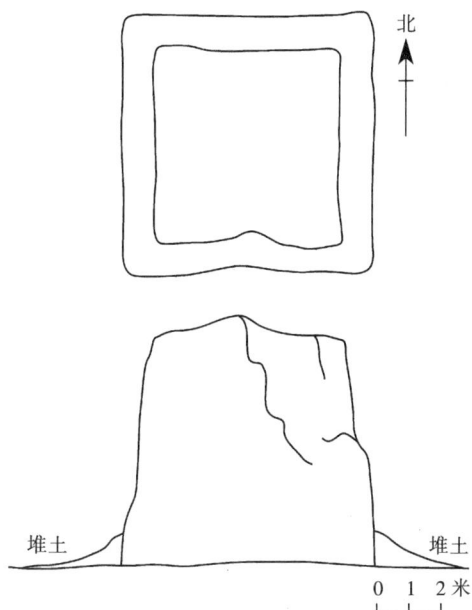

图二一六八　三山口村敌台平、立面图

（五）三山口村敌台（610825353201170318）

该敌台位于红柳沟镇三山口村西南 2 千米的山峁制高点上。地处黄土沟壑地带，沟壑（山地）地貌发育较好。高程 1717.9 米。

敌台整体保存差。台体坍塌严重，底部有堆土；由于风蚀东南壁呈圆柱状，有多条裂缝；西北壁保存较好，呈四棱体状，夯层清晰。长年的风雨侵蚀造成的自然坍塌是其损毁的主要原因。

台体用黄土夯筑而成，夯层厚 0.05～0.12 米，夯土质地细密、纯净。台体平面呈矩形，剖面呈近梯形，底部边长 8、顶部边长 6、高 7.5 米。（图二一六八；彩图三七九）

敌台东南距西伙场村 2 号敌台 1 千米。

（六）杏树渠村烽火台（610825353201170319）

该烽火台位于学庄乡杏树渠村西 2.1 千米。周围为斜坡耕地，地处黄土沟壑地带，沟壑（山地）地貌发育较好。高程 1782.3 米。

烽火台整体保存差。台体坍塌，北壁坍塌成缓坡，南壁有坑凹，顶部杂草丛生。长年的风雨侵蚀造成的自然坍塌是其损毁的主要原因。

台体用黄土夯筑而成，夯层厚 0.06～0.12 米。台体平面呈圆形，剖面呈梯形，底部直径 16、顶部直径 5、高 6 米。（图二一六九）

该烽火台西距岔树林村烽火台东 5 千米。

（七）岔树林村烽火台（610825353201170320）

该烽火台位于学庄乡岔树林村西南 1 千米的山峁上。东西两侧为雨水冲刷形成的干沟，无流水，周围为斜坡耕地。地处黄土沟壑地带，沟壑（山地）地貌发育较好。高程 1801.8 米。

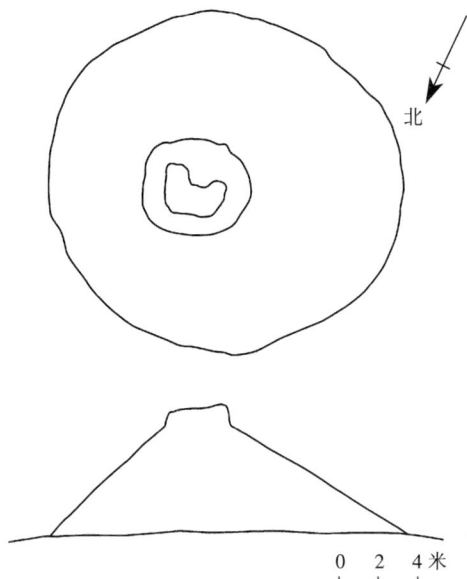

图二一六九　杏树渠村烽火台平、立面图　　　　　图二一七〇　岔树林村烽火台平、立面图

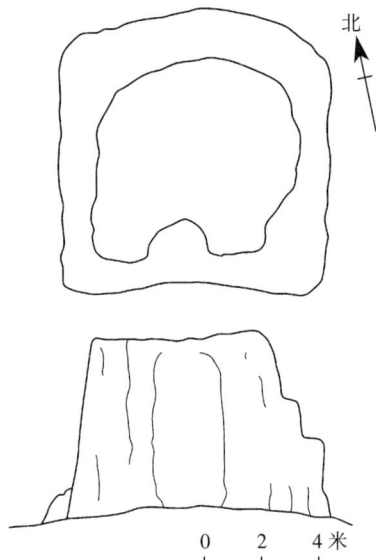

　　烽火台整体保存差。台体南、西壁塌落严重，南壁中部有进深1米坍塌形成的凹坑，四壁斑驳凹凸不平。长年的风雨侵蚀造成的自然坍塌是使其损毁的主要原因。

　　台体用黄土夯筑而成，夯层厚0.05~0.12米，土质细密。台体平面呈近矩形，剖面呈梯形，底部东西9、南北8.6~9米，顶部东西6~6.8、南北5~6.5米，高5.6米。台体南壁有登台斜坡步道可达顶部，步道宽0.8、长4.6米。（图二一七〇）

　　该烽火台东距杏树渠村烽火台5千米。

（八）红泥崾崄村烽火台（610825353201170321）

　　该烽火台位于新安边镇红泥崾崄村南1千米的山峁上。两侧为雨水冲沟，地处黄土沟壑地带，沟壑（山地）地貌发育较好。高程1703.3米。

　　烽火台整体保存差。台体底部有凹槽；西壁底部被雨水冲刷严重；东壁有一道雨水冲刷的沟槽，壁面有风蚀小坑。长年的风雨侵蚀造成的自然坍塌是其损毁的主要原因。

　　台体用黄土夯筑而成，夯层厚0.1~0.12米。台体平面呈矩形，剖面呈梯形，底部东西8、南北6米，顶部东西4、南北3米，高3.5米。（图二一七一）

　　该烽火台西距徐崾崄村烽火台5.5千米。

（九）徐崾崄村烽火台（610825353201170322）

　　该烽火台位于新安边镇徐崾崄村东北1千米的山峁上。周围为耕地，南侧山脚下有一条土路。地处黄土沟壑地带，沟壑（山地）地貌发育较好。高程1722米。

　　烽火台整体保存差。台体东壁坍塌有大凹坑，有多处裂痕；顶部长满杂草。长年的风雨侵蚀与植物生长是其损毁的主要原因。

　　台体用黄土夯筑而成，土质细密，夯层厚0.06~0.12米。台体平面呈矩形，剖面呈梯形，底部东西8.7、南北7.5~8米，顶部东西6、南北4~6米，高4.5米。（图二一七二；彩图三八〇）

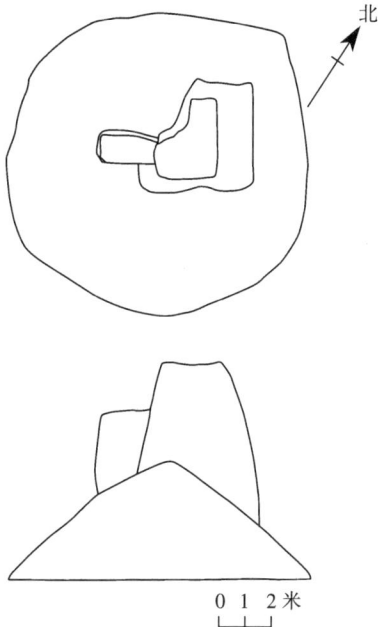

图二一七一　红泥崾崄村烽火台平、立面图

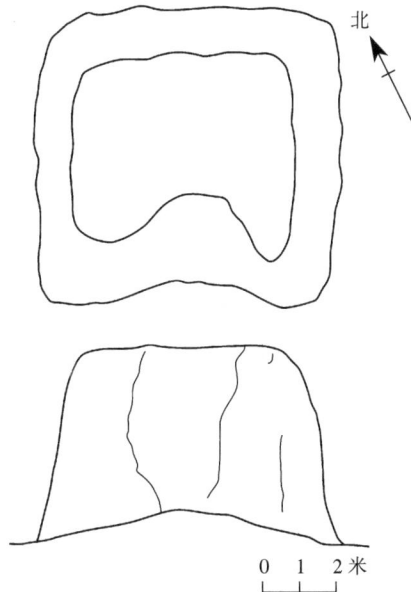

图二一七二　徐崾崄村烽火台平、立面图

烽火台东距红泥崾崄村烽火台 5.5 千米。

（一〇）岸门沟村烽火台（610825353201170323）

该烽火台位于新安边镇岸门沟村中。周围为耕地，北侧为进村的小沟，东侧紧临 303 省道，地处黄土沟壑地带，沟壑（山地）地貌发育较好。高程 1437.5 米。

烽火台整体保存较差。台体大多垮塌，有多处裂缝；南壁底部有一孔宽 2、高 2.2、深 3.5 米的窑洞，为龙王庙；顶部生长有杂草。人为挖掘窑洞设立寺庙等不合理利用是其损毁的主要原因。

台体用黄土夯筑而成，夯土质地细密，夯层厚 0.05～0.15 米。台体平面呈矩形，剖面呈梯形，底部边长 8、顶部边长 4、高 6 米。（图二一七三）

该烽火台东南距徐崾崄村烽火台 5.5 千米。

（一一）墩塘村烽火台（610825353201170324）

该烽火台位于新安边镇墩塘村东南 1.5 千米的山梁上。北侧有油井、石料厂，地处黄土沟壑地带，沟壑（山地）地貌发育较好。高程 1441.4 米。

烽火台整体保存差，台体塌落呈不规则形，南壁坍塌最严重，有废弃窑洞。不合理利用是其损毁的主要原因。

台体用黄土夯筑而成，夯层厚 0.1～0.15 米，夯土质地细密。台体平、剖面呈不规则形，底部东西 7、南北 8.5 米，顶部东西 6、南北 1.5～4 米，高 5 米。（图二一七四）

该烽火台东南距岸门沟村烽火台 10 千米。

（一二）腾腰崄村烽火台（610825353201170325）

该烽火台位于杨井镇腾腰崄村南 1.2 千米的山峁上。地处黄土沟壑地带，沟壑（山地）地貌发育较好。高程 1866.4 米。

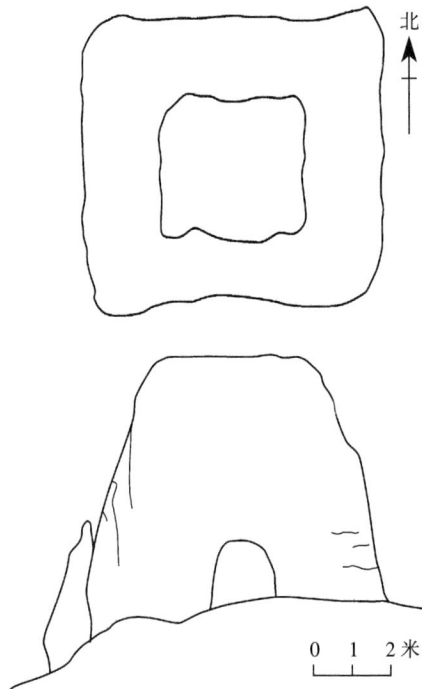

图二一七三　岸门沟烽火台平、立面图　　　　　图二一七四　墩塘村烽火台平、立面图

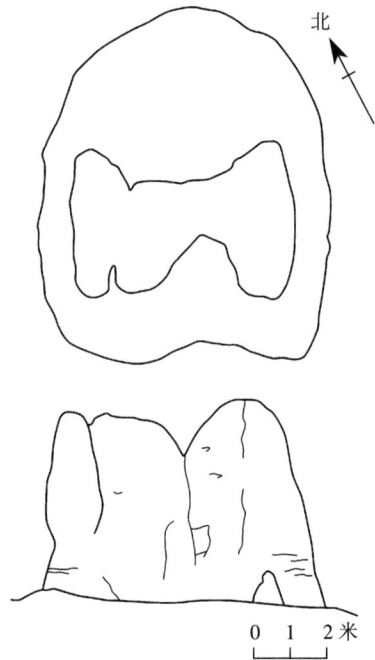

　　烽火台整体保存差。台体坍塌成圆土堆，顶部有人为挖掘的坑。基座四壁大多坍塌不规整。围墙大多消失，保存部分坍塌成低矮的土梁，围墙内为耕地。长年的风雨侵蚀及人为损坏是其损毁的主要原因。

　　台体建在夯土基座上，有围墙。基座平面呈矩形，边长27、高2米。围墙建在夯土基座周围，平面呈矩形，东、南墙消失，西、北墙保存较差，墙体底宽3、顶宽0.4~1.2、高1.5~3.4米。台体用黄土夯筑而成，夯层厚0.1~0.12米。台体平面呈圆形，剖面呈梯形，底部直径17、顶部直径3.6、高4米。（图二一七五）

　　该烽火台东南距墩塘村烽火台8.5千米。

（一三）高庄村烽火台（610825353201170326）

　　该烽火台位于武岹子乡高庄村北1.1千米的山峁上。东临深沟，地处黄土沟壑地带，沟壑（山地）地貌发育较好。高程1816.4米。

　　烽火台整体保存差。台体北壁塌落形成堆土，有多处裂缝，底部有洞穴。长年的风雨侵蚀及动、植物破坏是其损毁的主要原因。

　　台体用黄土夯筑而成，夯层厚0.15~0.2米，夯土质地疏松。台体平面呈近矩形，剖面近呈梯形，底部东西9、南北7米，顶部东西3.2、南北4.2米，高6米。（图二一七六；彩图三八一）

　　该烽火台位于高庄村北1.1千米，距张元岹村1号烽火台7.5千米。

（一四）张元岹村1号烽火台（610825353201170327）

　　该烽火台位于杨井镇张元岹村东北1.5千米的山峁上。周围为深沟，地处黄土沟壑地带，沟壑（山地）地貌发育较好。高程1853.9米。

　　烽火台整体保存差。台体坍塌，东南两壁底部形成堆土，西壁蚁穴虫洞较多。长年的风雨侵蚀及

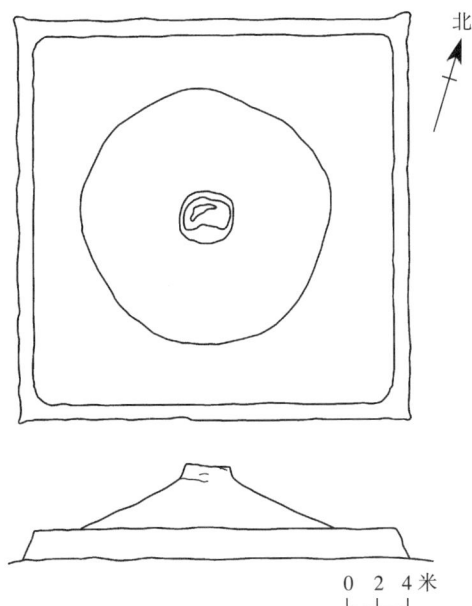

图二一七五　腾腰崄村烽火台平、立面图

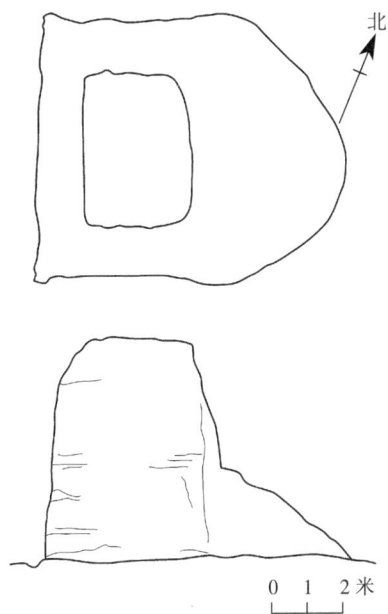

图二一七六　高庄村烽火台平、立面图

动、植物破坏是其损毁的主要原因。

台体用黄土夯筑而成，夯层厚 0.15~0.2 米，夯土质地疏松。台体平、剖面呈不规则形，底部东西 9、南北 8.7 米，顶部东西 2.5、南北 3 米，高 6.2 米。（图二一七七）

该烽火台西南距张元峁村 2 号烽火台 0.05 千米。

（一五）张元峁村 2 号烽火台（610825353201170328）

该烽火台位于杨井镇张元峁村东北 1.5 千米的山峁上。周围为深沟。所处区域为黄土沟壑地带，沟壑（山地）地貌发育较好。高程 1852.8 米。

烽火台整体保存较差。台体坍塌成土包，上面长满杂草；南壁因人为挖坑破坏严重。长年的风雨侵蚀造成的自然坍塌及人为挖坑破坏是其损毁的主要原因。

台体用黄土夯筑而成，夯层厚 0.1~0.15 米，夯土质地疏松。台体平面呈圆形，剖面呈不规则形，底部直径 16、顶部直径 6、高 5 米。（图二一七八）

该烽火台东北距张元峁村 1 号烽火台 0.05 千米。

（一六）马新庄村烽火台（610825353201170329）

该烽火台建于油房庄乡马新庄村南 0.3 千米的山峁上。周围为耕地，地处黄土沟壑地带，沟壑（山地）地貌发育较好。高程 1686.1 米。

烽火台整体保存差。台体和基座坍塌严重，基座底部有风蚀凹槽和虫穴，台体东壁有雨水冲成的水沟。长年的风雨侵蚀及动植物破坏是其损毁的主要原因。

台体建在矩形基座上，基座边长 9、高 2 米。台体用黄土夯筑而成，夯层厚 0.05~0.12 米，夯土质地细密。台体平面呈矩形，剖面呈近梯形，底部边长 5.5、顶部边长 4.3、高 5 米。（图二一七九）

该烽火台东北距星星堡约 2 千米。

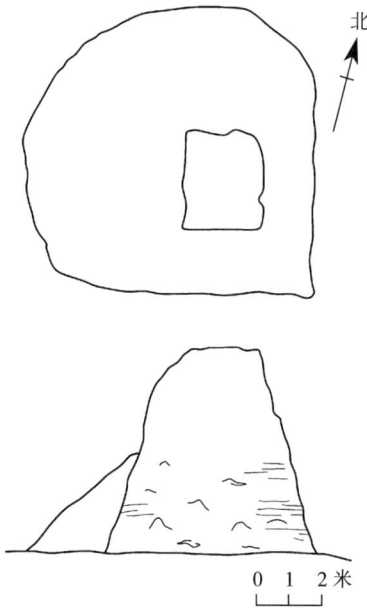

图二一七七　张元峁村1号烽火台平、立面图

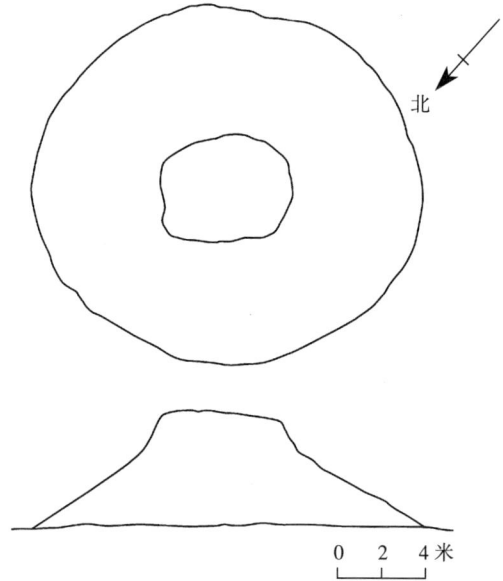

图二一七八　张元峁村2号烽火台平、立面图

（一七）黄羊墩村烽火台（610825353201170330）

该烽火台建于王盘山乡黄羊墩村东0.1千米。周围为耕地，地处黄土沟壑地带，沟壑（山地）地貌发育较好。高程1796.5米。

烽火台整体保存较差，台体脱落严重，壁面斑驳。长年的风雨侵蚀是其损毁的主要原因。

台体用黄土夯筑而成，夯层厚0.04~0.1米，夯土质地细密。台体平面呈矩形，剖面呈梯形，底部边长7、顶部边长5、高6米。（图二一八〇；彩图三八二）

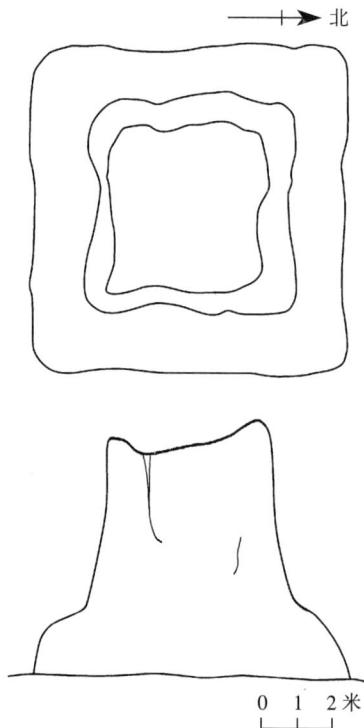

图二一七九　马新庄村烽火台平、立面图

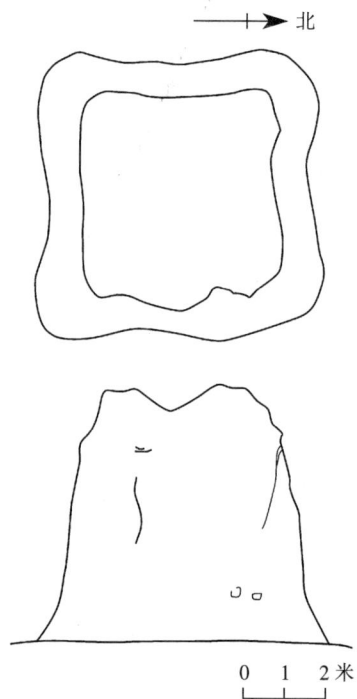

图二一八〇　黄羊墩村烽火台平、立面图

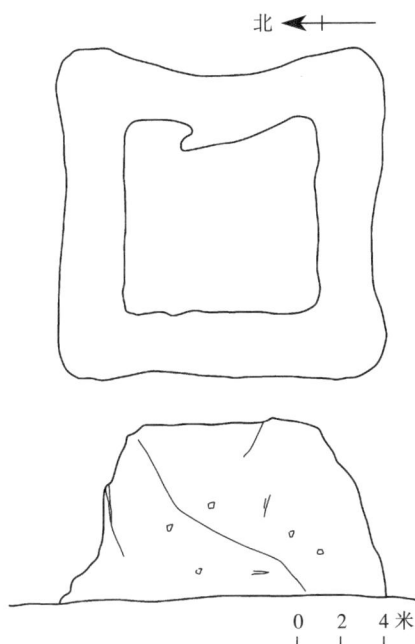

图二一八一　郝庄村1号烽火台平、立面图

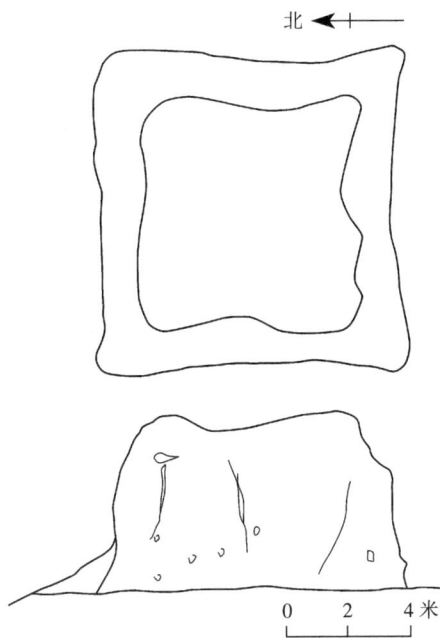

图二一八二　郝庄村2号烽火台平、立面图

该烽火台西北距郝庄村1号烽火台6千米。

（一八）郝庄村1号烽火台（610825353201170331）

该烽火台位于白湾子镇郝庄村东南0.1千米的山坡上。南北两侧为深沟，北侧有一条土路，地处黄土沟壑地带，沟壑（山地）地貌发育较好。高程1760.1米。

烽火台整体保存差。台体坍塌，西壁底部有塌土，南壁有两孔窑洞。人为挖掘窑洞对台体造成破坏是其损毁的主要原因。

台体用黄土夯筑而成，夯层厚0.04~0.1米，夯土质地细密。台体平面呈矩形，剖面呈梯形，底部边长15、顶部边长9、高8米。（图二一八一）

该烽火台位于郝庄村2号烽火台东2千米。

（一九）郝庄村2号烽火台（610825353201170332）

该烽火台位于白湾子镇郝庄村西0.2千米的山峁上。南北两侧为深沟，地处黄土沟壑地带，沟壑（山地）地貌发育较好。高程1888.8米。

烽火台整体保存差。台体底部风蚀严重，西、南壁坍塌形成堆土，夯层不清，四壁有鼠洞、蚁穴和裂缝。长年的风雨侵蚀及动、植物破坏是其损毁的主要原因。

台体用黄土夯筑而成，夯层厚0.05~0.12米，夯土质地细密。台体平面呈矩形，剖面呈梯形，底部边长10、顶部边长7.5、高6米。（图二一八二）

该烽火台位于郝庄村1号烽火台西2千米。

（二〇）纪湾村烽火台（610825353201170333）

该烽火台位于白湾子镇纪湾村西0.15千米的山峁上。周围为耕地，地处黄土沟壑地带，沟壑（山

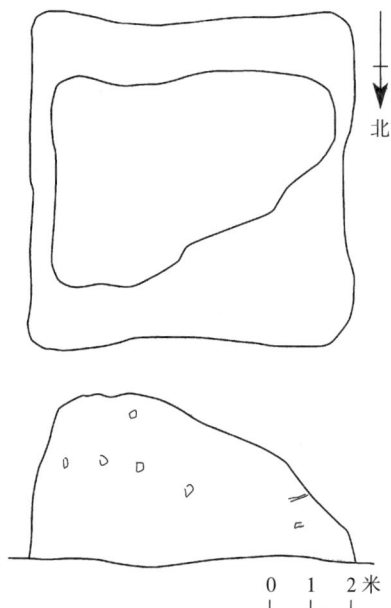

图二一八三　纪湾村烽火台平、立面图　　　　　图二一八四　常崾崄村烽火台平、立面图

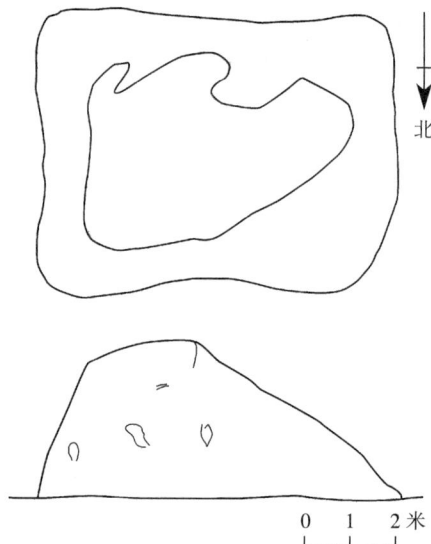

地）地貌发育较好。高程 1892.9 米。

烽火台整体保存差。台体西壁风蚀严重，夯土裸露，底部有小洞穴；其他三壁塌落成堆土，长满杂草；顶部有人为挖掘的大坑。长年的风雨侵蚀、动物破坏、植物生长是其损毁的主要原因。

台体用黄土夯筑而成，夯层厚 0.05～0.12 米，夯土质地细密。台体平、剖面呈不规则形，底部边长 8 米，顶部东西 7、南北 5 米，高 4 米。（图二一八三）

该烽火台位于郝庄村 2 号烽火台西北 6 千米。

（二一）常崾崄村烽火台（610825353201170334）

该烽火台位于白湾子镇常崾崄村东 0.1 千米的山峁上。两侧为深沟，地处黄土沟壑地带，沟壑（山地）地貌发育较好，地势较平坦。高程 1838.5 米。

烽火台整体保存差。台体坍塌成高 4 米的土包，有风蚀小坑和啮齿动物洞穴，上面长满杂草。长年的风雨侵蚀、动物破坏、植物生长是其损毁的主要原因。

台体用黄土夯筑而成，夯层厚 0.05～0.12 米。台体平面呈矩形，剖面呈不规则形，底部东西 8、南北 6 米，顶部东西 6、南北 4 米，高 3.5 米。（图二一八四）

（二二）团庄梁村 1 号烽火台（610825353201170335）

该烽火台建于白湾子镇团庄梁村北 0.02 千米的山峁上。周围有村民房屋，地处黄土沟壑地带，沟壑（山地）地貌发育较好。高程 1590.3 米。

烽火台整体保存差。台体南壁有一孔深、宽 2 米的窑洞，顶部生长有杂草。人为挖掘破坏台体及长年的风雨侵蚀、植物生长等是其损毁的主要原因。

台体用黄土夯筑而成，夯层厚 0.05～0.12 米，夯土质地细密、较纯净。台体平面呈矩形，剖面呈梯形，底部边长 7、顶部边长 5、高 4 米。（图二一八五）

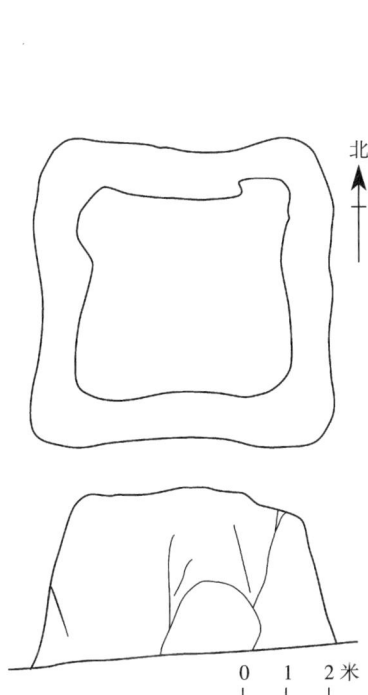

图二一八五　团庄梁村 1 号烽火台平、立面图

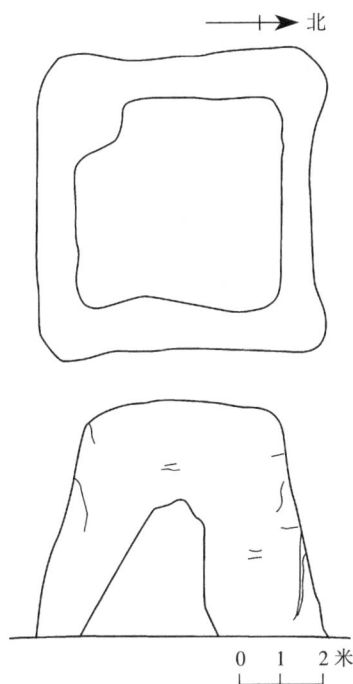

图二一八六　团庄梁村 2 号烽火台平、立面图

该烽火台位于常嵝崄村烽火台西南约 4.5 千米。

（二三）团庄梁村 2 号烽火台（610825353201170336）

该烽火台建于白湾子镇团庄梁村北的山峁上。周围为耕地，地处黄土沟壑地带，沟壑（山地）地貌发育较好，地势较平坦。高程 1581.4 米。

烽火台整体保存差。台体损毁严重，村民在台体中部挖掘有一孔窑洞，使台体基本为空心；北壁有一孔窑洞，壁面跨塌；顶部生长有杂草。人为挖掘破坏台体及长年的风雨侵蚀、植物生长等是其损毁的主要原因。

台体用黄土夯筑而成，夯层厚 0.05 ~ 0.12 米，夯土质地细密、纯净。台体平面呈矩形，剖面呈梯形，底部边长 6.5、顶部边长 4.7、高 5.2 米。（图二一八六）

该烽火台东北距团庄梁村 1 号烽火台 0.02 千米。

（二四）杨木匠台村烽火台（610825353201170337）

该烽火台建于白湾子镇杨木匠台村西 0.2 千米的山峁上。南北西三面为沟壑，地处黄土沟壑地带，沟壑（山地）地貌发育较好。高程 1581.4 米。

烽火台整体保存差。台体底部风蚀严重，壁面有多处裂缝和虫穴。长年的风雨侵蚀、动物破坏、植物生长是其损毁的主要原因。

台体用黄土夯筑而成，夯层厚 0.08 ~ 0.12 米，夯土质地细密、纯净。台体平面呈矩形，剖面呈梯形，底部边长 8.4、顶部边长 6.4、高 7 米。（图二一八七；彩图三八三）

该烽火台东北距团庄梁村 2 号烽火台 2 千米。

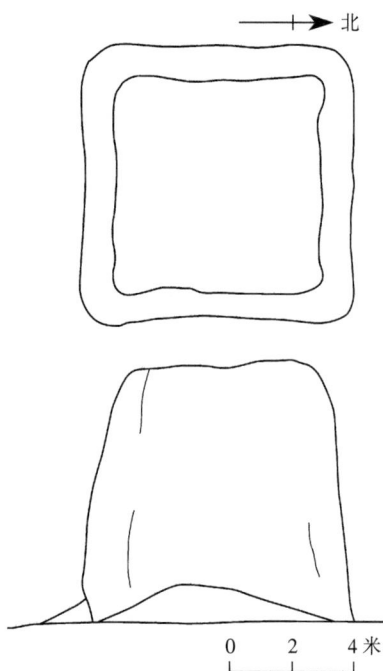

图二一八七　杨木匠台村
烽火台平、立面图

（二五）羊圈山村烽火台（610825353201170338）

该烽火台位于红柳沟镇羊圈山村西1千米的山峁上。周围是坡地，地处黄土沟壑地带，沟壑（山地）地貌发育较好。高程1849.3米。

烽火台整体保存差。围墙残缺较多，多处断裂、坍塌。台体坍塌成不规则的土台，夯层清晰。长年的风雨侵蚀造成的自然坍塌是其损毁的主要原因。

台体用黄土夯筑而成，夯层厚0.05～0.1米，夯土质地细密、纯净。台体平面呈近矩形，剖面呈梯形，底部东西10.7、南北6.7米，顶部边长2.7米，高2.7米。围墙东西20、南北40米。（图二一八八）

该烽火台位于杨木匠台村烽火台西北约7千米。

（二六）康窑村烽火台（610825353201170339）

该烽火台位于红柳沟镇康窑村南1千米的大头峁上。周围是陡立的坡地，地处黄土沟壑地带，沟壑（山地）地貌发育较好。高程1830.36米。

烽火台整体保存差。台体坍塌严重，壁面因雨水冲刷有许多小冲槽、虫穴。长年的风雨侵蚀、动物破坏、植物生长是其损毁的主要原因。

台体用黄土夯筑而成，夯土质地细密、纯净，夯层厚0.05～0.1米。台体平面矩形，剖面呈近梯形，底部边长7、顶部边长5、高4米。（图二一八九）

该烽火台东距羊圈山村烽火台1.4千米。

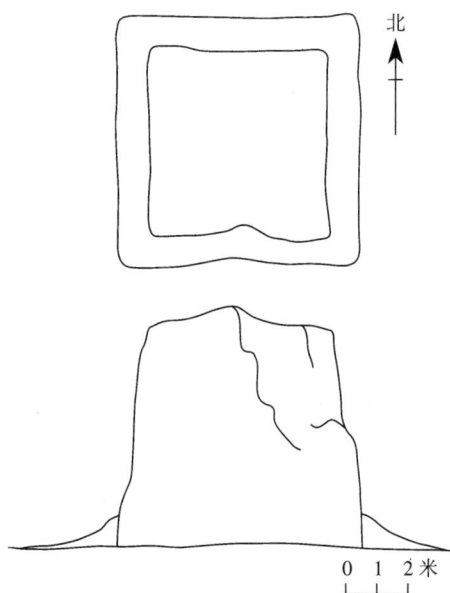

图二一八八　羊圈山村烽火台平、立面图

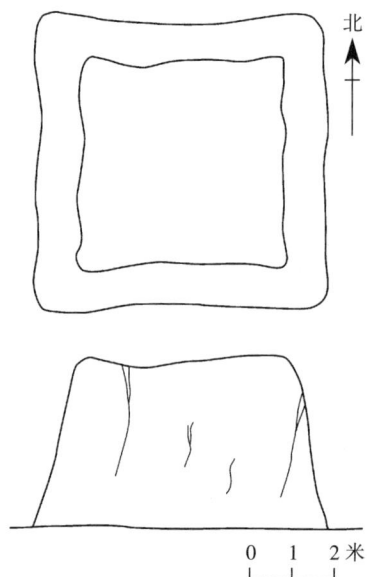

图二一八九　康窑村烽火台平、立面图

三　关堡

定边县明长城二边此次调查堡 4 座，平面呈矩形，边长 25~80 米，周长 160~280 米，面积大小不一，除一座面积为 4800 平方米外，其余面积为 1500~2200 平方米。堡墙皆为夯筑土墙，墙体底宽 1~3、顶宽 0.5~2、高 2~7 米。堡内多有门、角楼等，其中，3 座有 1 个门、1 座有 3 座角楼。堡内多荒废，少数仍有村民居住。长年的风雨侵蚀、动物破坏及不合理利用，如开挖窑洞、开垦耕地等是其损毁的主要原因。

各堡分述如下。

（一）崔井村堡（610825353102170012）

该堡位于学庄乡崔井村西 2.5 千米的山峁上。周围是深沟，地处黄土沟壑地带，沟壑（山地）地貌发育较好。高程 1634.6 米。

堡整体保存差。东、南墙坍塌严重，雨水冲刷成的沟宽约 4 米，造成东南角楼坍塌成缓坡。

堡坐东北朝西南，平面呈矩形，东西 60、南北 25 米，周长 170 米，占地面积 1500 平方米。堡墙为夯土筑成，墙体底宽 3、顶宽 0.5~2、内高 3、外高 7 米。堡四角各有一座角台，均坍塌。南墙中部有门。（图二一九〇；彩图三八四）

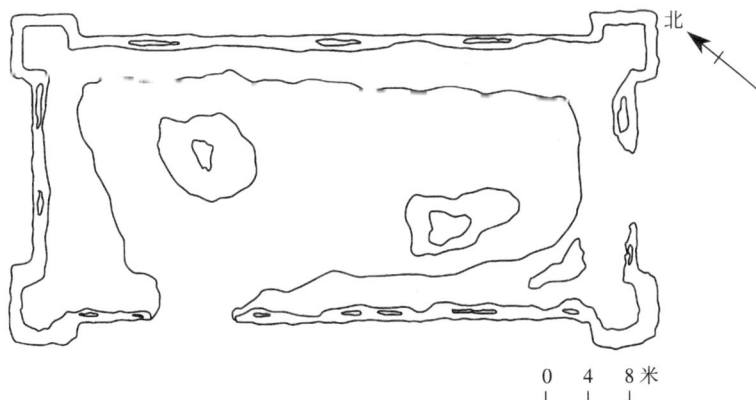

图二一九〇　崔井村堡平面图

该堡位于高庄村烽火台东 8 千米。崔井村南有一条季节性河流，属于红柳河的支流。附近有乡村土路。崔井村有居民 800 多人，以汉族为主。

（二）高天梁村堡（610825353102170013）

该堡位于杨井镇高天梁村西南 2 千米的山峁上。周围为深沟，西侧山下有一条土路，地处黄土沟壑地带，沟壑（山地）地貌发育较好。高程 1739.8 米。

堡整体保存差。墙体坍塌严重，基本无法辨认，南墙被雨水冲刷严重，西墙有窑洞。

堡坐向不明，平面呈矩形，长 60、宽 35 米，周长 190 米，占地面积 2200 平方米。堡墙为夯土筑成，坍塌消失，在堡内形成大小不一的土丘，高 2~5 米，夯层不清晰。（图二一九一）

该堡西北距腾崾崄村烽火台约 1.8 千米，附近有乡村小路。四周为雨水冲刷的干沟，无流水。高

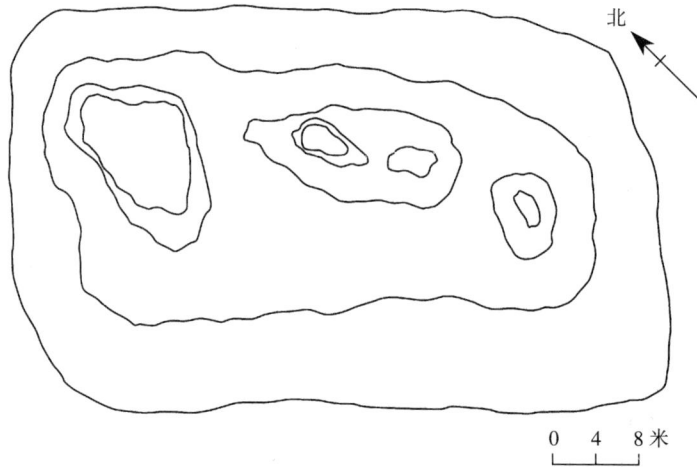

图二一九一　高天梁村堡平面图

天梁村有居民 500 多人，以汉族为主。

（三）李寨子村堡（610825353102170014）

该堡位于冯地坑乡李寨子村内。周围地势较平坦，地处黄土沟壑地带，沟壑（山地）地貌发育较好。高程 1699.4 米。

堡整体保存较差。堡墙由于风雨侵蚀顶部大多坍塌，东墙有坍塌缺口，房屋的烟囱建在墙体上。堡内东侧有 4 间砖房，墙角处有家畜窝棚。堡内有人居住，堆放有石油钻采器材。

堡坐南朝北，平面呈矩形，东西 80、南北 60 米，周长 280 米，占地面积 4800 平方米。堡墙为夯土筑成，高 5 ~ 7 米。北墙中部有门。（图二一九二）

该堡北距任塬村堡约 1 千米。附近无地表河流，居民主要饮用雨水，定刘张柏油公路穿过该村。李寨子村有居民 100 多人，以汉族为主。

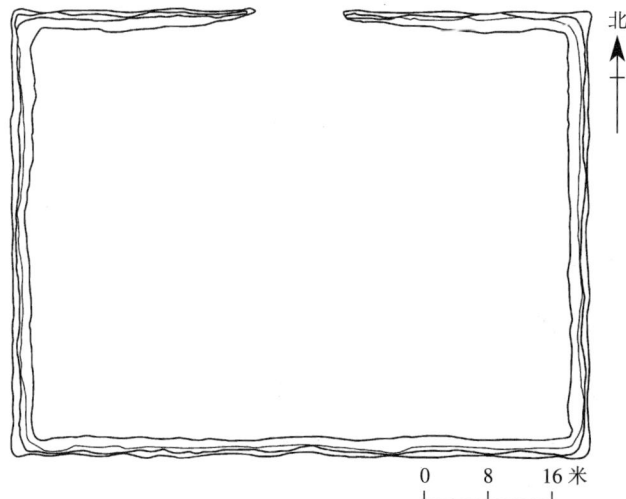

图二一九二　李寨子村堡平面图

（四）任塬村堡（610825353102170015）

该堡位于冯地坑乡任塬村。周围地势较平坦，地处黄土沟壑地带，沟壑（山地）地貌发育较好。高程1752.2米。

堡整体保存较差。堡墙坍塌，墙体上布满昆虫、啮齿类动物的洞穴。堡内为耕地。

堡坐东朝西，平面呈矩形，东西50、南北30米，周长160米，占地面积1500平方米。堡墙为夯土筑成，墙体底宽1~3、顶宽0.5~1、内高4、外高6米。西墙中部有门，宽5.5米。（图二一九三；彩图三八五）

该堡南距李寨子村堡约1千米，附近无地表河流。任塬村有居民50多人，以汉族为主。

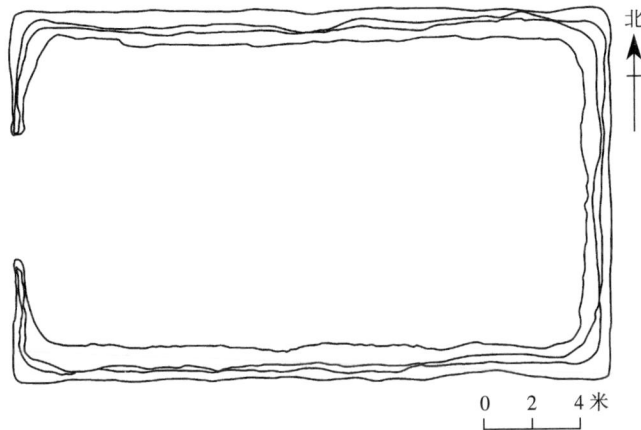

北

0　2　4米

图二一九三　任塬村堡平面图

结　语

　　由国家文物局和国家测绘局组织、动员明长城沿线 10 个省、市、自治区的文博与测绘力量，经过近两年的田野调查与室内整理，于 2009 年 4 月 18 日，公布了明长城的基本数据资料。明长城东起鸭绿江畔的辽宁省虎山，西至祁连山东麓的甘肃省嘉峪关，自东北向西南，经辽宁、河北、天津、北京、山西、内蒙、陕西、宁夏、甘肃、青海 10 个省、市、自治区的 156 个县（市、区），全线总长 8851800 米，其中，人工墙体 6259600 米、壕堑 359700 米、天然险 2232500 米。

一　明长城修建始末

　　由点、线、面军事防御体构成的明长城，分布于明王朝疆域的北部边地，他是中国长城史上规模最大、体系最完备、结构最复杂的综合性军事防御系统。明长城并不是在统一规划下一次性修建而成，而是在明王朝历经的 276 年发展过程中，随着对峙双方此消彼长战略态势的变化，在不同的时间段和面临不同的压力下，在不同的防区内，因地制宜，分别由不同的军镇指挥者组织实施完成的，其中，始于正统元年（1436 年）止于嘉靖四十五年（1566 年）的 130 年间，是明朝大规模修建长城的时期，直到万历年间才最终形成全线相连的规模。因此，墙体结构、墩台模式、营堡大小等都呈现出强烈的地域特色。

（一）明长城修建过程中的明蒙关系

　　1368 年 9 月 14 日，朱元璋率领的明朝军队攻克元大都，元朝的最后一位皇帝元顺帝带领他的文武朝臣，于夜半时分打开建德门仓皇北逃，被迫退回蒙古草原，史书称之为"北元"。但此时元顺帝手中仍然掌握着完整的政权机构和较为强大的军事力量，在陕西和甘肃的部分地区，还有河南王扩廓帖木尔的 18 万人马，在辽东方面有右尉纳哈出指挥下的 20 万军队，在云南还有一支实力强悍的整建制军队与之遥相呼应。"元人北归，屡谋兴复"[1]，他们时刻都在想着如何收复失地，重主中原。退回漠北的蒙古族占有东至呼伦贝尔湖，西至天山，北抵额尔齐斯河及叶尼塞河上游，南到现长城一线的辽阔地域[2]，分布在大明王朝的北方、东北及西北，由于政治、历史和地理方面的原因，形成自东向

　　〔1〕（清）张廷玉等：《明史》卷九一《兵志（三）》，中华书局，1974 年，第 2235 页。
　　〔2〕华夏子：《明长城考实》，档案出版社，1988 年，第 29、30 页。

西既有联系又有区别的三大集团，分别为兀良哈部、鞑靼部和瓦剌部。

鞑靼即蒙古本部，鞑靼则是借用古代称呼北方游牧民族的传统称呼，指以蒙古大汗为中心的各部，居住在漠北和漠南地区的蒙古高原，因地处西部蒙古之东，也称作东蒙古，蒙古大汗是成吉思汗黄金家族的后裔，被视为蒙古的正统。

瓦剌部即西蒙古，分布在今新疆北部、蒙古西部和俄罗斯境内的萨彦岭、唐努山一带，最早居于贝加尔湖、库苏泊及叶尼塞河上游的八河流域，以狩猎为生，属于"林中百姓"，13 世纪初归附成吉思汗。当鞑靼部遭受明朝的军事打击和内讧衰败时，瓦剌却经过长期的发展，综合实力日渐强大，著名的首领也先依靠强大武力逐渐统一蒙古，形成东起兀良哈三卫，西至天山南北的势力范围后，遂开始不断地南下侵扰明朝，"土木之变"时大明皇帝被俘就是在也先的组织下实施的。

分布于东北地区的兀良哈部由泰宁卫、福余卫、朵颜卫组成，从 15 世纪三四十年代起，三卫开始逐渐南下，对明廷造成很大的压力。朵颜卫占据东起山海关西至宣府的长城以北地区，泰宁卫占据锦州、辽河边外地区，福余卫占据沈阳、铁岭、开原等边外地区。三卫与明朝一直保持着通贡互市的关系，同时与蒙古本部及瓦剌也有着密切的联系，在政治上摇摆于明、蒙之间，后来被瓦剌蒙古的也先征服。

景泰六年（1455 年），自称大元天圣可汗的也先被部下杀死后，瓦剌部势力从此一蹶不振，退回西北旧地，此阶段活跃在明长城防御线以北的主要是鞑靼部和兀良哈部。同时兴起于蒙古东部的字来和毛里孩两部渐次强盛起来，开始不断地在长城内外制造事端，他们先后进入河套地区，并以此为据点向东威胁山西、河北和京师，向南威胁西北和关中。成化末年，东部蒙古族再度兴起，首领巴图孟克击败瓦剌，收编土默特，后又收编兀良哈，自称达延汗，再度将蒙古高原的部族统一起来，其中的火筛部不断地骚扰明边，犯境掳掠。嘉靖二十二年（1543 年），达延汗死后，蒙古高原又重新陷入了分裂、割据的状态，其三子阿勒坦汗（明人称作俺答汗）势力日盛，在屡次央求边贸不许后，开始进驻河套，对明朝的长城防御线构成严重的威胁。嘉靖二十九年（1550 年），俺答汗出兵南下，竟然兵围京城三天，在城外抢掠大量财物、牲畜及人口，史称"庚戌之变"，其后短暂的边贸被明廷叫停，于是，在其后的 20 年间，俺答汗几乎连年南下掠掳，虽然朝廷不断地加大长城修建的力度，但无奈国力不济，佞臣把柄，号称历史上最完备的长城体系并没有起到有效和根本的防御作用。这种喘不过气的压力直到"隆庆议和"之后，双方重开边贸直至万历年间，俺答汗蒙古和明朝才有了长达 70 余年的相对和平时期，但这时崛起于东北的女真开始强大起来，很快就终结了大明帝国 276 年的历史。

（二）明长城建造过程

鉴于明朝初年几次大规模的对蒙古用兵都没有取得理想成效，洪武、永乐之后的国力也经不起连年军事征讨的耗费，导致政府的军事策略发生变化，先后放弃了大宁卫、东胜卫，遂使得整个北边防御线被迫南移，相对于秦汉长城而言，明长城分布区域已经从阴山和黄河天险一线向内地收缩，属历史上所形成的长城地带的最南部，明朝的防线收缩至山西大同、陕西榆林一带，而这一地带基本上无险可守，为遏阻蒙古族铁骑南下，沿边各区域陆续开始有规模地兴建连绵不断的墙体和附属建筑。

明代长城的修建过程，大体可以分为早中晚三个时期。

1. 早期，洪武元年至正统十二年（1368～1449 年）

不甘失败退回漠北的"北元"，在大明建国之初虎视眈眈地盯着这一汉人政权，明太祖、成祖二帝时期，希望通过强力的军事征服来解除这如芒的背刺。洪武五年（1372 年），出兵 15 万分两路进击漠北，西路打通了河西走廊，设置甘州、庄浪诸卫；洪武二十年（1387 年），经略东北，将边界推进到大兴安岭以西；永乐八年至二十二年（1410～1424年）的15年间，先后5次大规模用兵，迫使瓦剌和鞑靼分别接受了明王朝的册封，将北部边防线推进到大兴安岭、阴山、贺兰山以西、以北一带。明长城就是在开展军事打击的同时小规模地修建起来，洪武二年（1369年）修筑了山海关到居庸关的长城，永乐年间（1403～1424年）在辽东镇修筑了跨越辽河到开原的长城，永乐十年（1412年），宣府镇"敕边将治壕垣，自长安迤西止洗马林，皆筑石垣，深壕堑，以固防御"[1]，修筑了西、北、东三路长城。

明前期的长城工程，部分是在北魏、北齐、隋长城的基础上沿用修建，在东部地区"峻垣深壕，烽堠相接"，"各处烟墩务增筑高厚，上贮五月粮及柴薪药弩，墩旁开井……"[2]以应防备之需，各地沿边还多修建了一些关联度不大的营堡类的军事据点，这期间修缮的重点是北京西北至山西大同的外边长城和山海关至居庸关的沿边关隘。

2. 明中叶，正统十四年至嘉靖四十五年（1449～1566年）

"土木之变"（1449年）后，明长城开始全线性大规模的修建。其后的15世纪后半期，尤其是南下的蒙古部落占居河套之后，明王朝面对持续不断的军事压力，已经无力再组织大规模的反击，只有一味地退却防守，明显的标志是各军镇先后采取大规模、全线性地修建长城的举措，开风气之先的是延绥镇巡抚余子俊。成化七年（1471年）和成化十年（1474年），延绥巡抚余子俊先后两次组织力量，"依山形，随地势，或铲削，或垒筑，或挑堑"，修筑了东起清水营（陕西省府谷县）西至花马池（宁夏回族自治区盐池县）长885千米的大边和二边两道长城防线；15世纪70年代，明朝军民又修筑了花马池以西到黄河的长城和山西北部的一段长城；16世纪初，修筑了甘肃省境内黄河沿岸的一段长城（南至靖远县），和嘉峪关及其附近的长城；16世纪中期，修筑了山西省、河北省境内的内外两条长城和沿太行山南下的内三关长城，又修筑了山海关到居庸关的长城，以及兰州一带的长城。在此期间，小规模的修缮、改扩建随时随地都在进行，伴随瓦剌、鞑靼不断兴兵犯边掳掠，迫使在沿边各地不断地增建墩堡作为应对之策，遂使得长城防御体系逐渐完善。百余年间，形成了"初设辽东、宣府、大同、延绥四镇，继设宁夏、甘肃、蓟州三镇，而太原总兵治偏头，三边制府驻固原，亦称二镇，是为九边"[3]的九镇体系，后来，又增加昌平和真保（又称保定镇）二镇共十一镇。一般来说，"边防都司或镇守武将的设置表明该镇的初设，而巡抚一职的定设表明此镇最后形成。"[4]

明长城沿线九个军镇分段防御的管理状况如下。

辽东镇，辖东起辽宁鸭绿江西岸的凤凰城，西到山海关的长城，全长1950余里。最初镇治在广宁卫（今辽宁省北镇县），隆庆以后移驻东宁卫（今辽宁省辽阳市）。由宽奠堡、海盖、开原、锦义、宁远五参将分段防守。永乐年间（1403～1424年）建造的跨辽河到开原长城是该镇长城建造的肇始，其后不断增建，辽东边墙由明英宗正统七年（1442年）王翱修建的辽西边墙[5]，毕恭、正德初年（1506年）李承勋等几次修筑而成的辽河套边墙，以及成化三年（1467年）、十五年（1479年）筑墙和十七年（1481年）筑凤凰、镇东、镇夷三座边城三部分组成。

蓟镇，辖东起山海关老龙头，西至黄榆关（今河北省邢台市西北太行山岭），全长1200多里。总

〔1〕 龙文斌：《明会要·兵六》，中华书局，1956年，第1251页。

〔2〕 （清）张廷玉等：《明史》卷九一《兵志三》，中华书局，1974年，第2236页。

〔3〕 （清）张廷玉等：《明史》卷九一《兵志三》，中华书局，1974年，第2235页。

〔4〕 明朝北部各军镇设置时间存在较大的争议。本报告因为不涉及对此的专门研究，仅采各家共同认可的说法。选自肖立军：《明代中后期九边兵制研究》，吉林人民出版社，2001年，第72页。

〔5〕 《全辽志·皇明从信条》卷一八"躬出巡边，自山海关直抵开原，高墙垣，深沟堑，五里为堡，十里为屯，烽燧斥堠，珠连璧贯。"辽海书社，1934年，第8页。

兵官驻三屯营（今河北省迁西县三屯营镇），蓟镇长城分为蓟州镇、昌镇、真保镇三个管辖段。蓟州
镇又由三路副总兵分管，东路自山海关至建昌营冷口，中路自冷口至马兰峪，西路自马兰峪至石塘路
慕田峪。昌镇管界东自慕田峪连接石塘路蓟州界，西抵居庸关边城，接紫荆关真保镇界，由参将三人
分三路镇守，即黄花镇、居庸关、横岭口。真保镇管界为紫荆关、倒马关、龙泉关、故关，四参将分
守。始建于洪武年间的山海关附近长城是明长城中修建最早的线段[1]，因盘亘于燕山山岭间，易被山
水冲垮，弘治、嘉靖年间分别在喜峰口至一片石，古北口、黄花镇至居庸关段补砌山口水道，增筑塞
垣。蓟镇边墙大规模修建于嘉靖三十年（1651 年），是由于前一年蒙古俺答汗大军攻破古北口，"分略
京畿州县，京师戒严"[2]，但由于仓促之间所建的长城比较简陋，戚继光在隆庆年间（1567～1572
年）对该段长城进行整修加固处理，不仅增建敌台，还将墙体包砖，使得蓟镇长城成为九边中最为坚
固的一段。

　　宣府镇，辖东起蓟镇居庸关东的四海冶，西至大同市东北西洋河镇的平远堡，本镇是京师西北门
户，形势重要，边墙坚固。总镇之下分东路、下北路、上北路、中路、上西路、下西路六路防守。全
长 1116 里，墩台 1274 座，镇治在宣化，该镇长城始建永乐十年（1412 年）[3]，成祖时进行过一定程
度的修建[4]，"土木之变"后，该镇成为朝廷重点关注的边防要塞，但较大规模的修筑主要集中在嘉
靖二十三年（1544 年）、二十五年（1546 年）、二十六年（1547 年）、二十八年（1549 年）间，特别
是翁万达任宣大总督时[5]。之后，明穆宗隆庆元年（1567 年）、隆庆二年（1568 年）、神宗万历元年
（1573 年）皆对宣府镇长城进行过修复[6]。直到明王朝最末一代的思宗崇祯年间，朝廷仍十分重视宣
府镇长城的修筑。

　　大同镇，辖东起今大同市东北的镇口台，西至偏关东北的鸦角山（亦称丫角山），全长 647 里，镇
治在大同市。自东至西分八路镇守，依次为新平路、东路、北东路、北西路、中路、威远路、西路、
井坪路。成化二十一年（1485 年），余子俊以户部尚书兼左副都御史，总督大同、宣府军务时曾增筑
墩台 440 所，修建东起四海冶（今北京市延庆县东），西抵黄河，延袤 1300 里，而重新修筑长城主要
是嘉靖年间完成的。嘉靖二十一年至二十九年（1542～1550 年），翟鹏、詹荣、翁万达先后总督宣、
大，挑修边墙千余里。新工程的特点是在城墙上筑墙台、敌台，"利于旁击"，台上置铺屋"以处成

〔1〕《四镇三关志·蓟州形胜考》："山海路，边城二十里，洪武年建。"明万历四年刻本，收录于《四库禁毁书丛刊》"史部
10"，北京出版社，2000 年。
〔2〕（清）张廷玉等：《明史》卷一八《世宗纪二》，中华书局，1956 年，第 239 页。
〔3〕（清）张廷玉等：《明史》卷六《成祖纪二》，载有永乐十年"敕边将自长安岭迤西迄洗马林筑石垣，深壕堑"。中华书局，
1974 年，第 90 页。
〔4〕（清）张廷玉等：《明史》卷九一《兵志》：明成祖"于边备甚谨。自宣府迤西迄山西，缘边皆峻垣深壕，烽堠相接。临口
通车骑者百户守之，通樵牧者甲士十人守之。武安侯郑亨充总兵官，其敕书云：'各处烟墩，务增筑高原，上贮五月粮及柴薪药弩，墩
傍开井，井外围墙与墩平，外望如一。'"中华书局，1974 年，第 2236 页。
〔5〕《宣化府志》，"嘉靖二十三年都御史王仪请筑，宣府北路之龙门许家冲，中路之大小白阳，西路之膳房、新开、新河口、洗
马林诸要冲垣墩，配兵乘守，从之。"《宣化府志》引《两镇三关志》载："嘉靖二十五年总督待郎翁万达以王仪所筑塞垣半已溃圮，
诸要冲垣墙亦多未备，请先于西路急冲张家口、洗马林、西洋河为垣七卜五里有奇，削垣崖二十二里有奇，堑加之。次冲渡口柴沟，
中路葛岭、青边、羊房、赵川，东路永宁、四海冶为坦九十二里有奇，堑十之二，敌台月城"，"嘉靖二十六年，万达又请自西阳河镇
西界台起，东至龙门所灭胡墩止，为垣七百一十九里，堑如之，敌台七百一十九，铺屋如之，暗门六十，水口九。"《宣化府志·塞
垣》卷一四，"嘉靖二十八年，万达又请自东路新宁墩，北历雕鹗、长安岭、龙门卫至六合子，别为内垣一百六十九里有奇，堑如之，
敌台三百有八，铺屋如之，暗门十有九，以重守京师，控带北路。又请补筑东路，镇南墩与火焰山中空，由镇南南北，西历永宁至新
嫩，塞垣以成全险，俱从之。"清乾隆八年刻本，上海书店出版社，第 27 页。
〔6〕《宣化府志》卷一四载："明穆宗隆庆元年（1567 年），兵部请浚边壕，从之。隆庆二年（1568 年）总督方逢时请筑北路龙
门所外边，起龙门所之盘道墩，迄靖虏堡之大衙口，俾北路之兵，由此以入援南山，东路之兵由此出援独石，从之。"又载："神宗
万历元年（1573 年）从宣大督抚所请，修南山及中北二路诸边墩营寨。"清乾隆八年刻本，上海书店出版社，第 28 页。

卒"；靠近长城之处筑堡，"以休伏兵"，城垣下留有暗门，"以便出哨"。这是明长城建筑结构的大改进时期，使城墙、关隘、烟墩、戍堡共同组成纵深防御体系。

山西镇（太原镇），辖东起今山西省和顺县东的黄榆岭，西到山西省保德县的黄河岸边，全长1600余里。总兵官最初驻偏头关（今山西省偏关县），后移到宁武所（今山西省宁县）。因其在宣、大二镇长城之内，故又称内长城，偏头、宁武、雁门合称外三关，相对于蓟镇的内三关居庸、紫荆、倒马而言。山西镇长城倚山而筑，多为石墙，由北楼口、东路代州左、太原左、中路利民堡右、西路偏头关右、河曲县六参将分守。

弘治年间（1488～1505年），蒙古鞑靼诸部常驻黄河套中，而偏头关一带黄河曲流多滩，向为入寇渡口，为防止游牧民族骑兵绕出太行山东，危逼京师畿辅，明中叶在这一带增修数重长城，形成一至四边。大边在关北120里，东接大同镇平虏卫崖头墩，西抵黄河；二边在关北60里，东接平虏卫白草坪；三边在关东北30里，东起老营石庙儿（今山西省偏关县东北老营乡），西抵白道坡石梯墩；四边在关南2里，东起长林鹰窝山崖，西抵偏关教军场。嘉靖年间增修紫荆关以南沿太行山而下的内长城，土石相拌，筑敌台铺屋、关城。使今山西省、河北省交界的内三关长城始完备。

延绥镇（亦称榆林镇），辖东起黄河西岸府谷县的皇甫川堡，西到今宁夏回族自治区盐池县的花马池，全长885千米。总兵官起初驻绥德州（今陕西省绥德县），成化以后移到榆林卫（今陕西省榆林市），故亦称榆林镇。分别由东、中、西、孤山堡、清平堡、榆林保宁堡六路参将分守。

始建于成化年间。明宪宗成化七年（1471年），在延绥巡抚都御史余子俊的竭力倡导组织下，三年间，先修建了"由黄甫川西至定边营千二百余里，墩堡相望，横截套口；内复堑山堙谷，曰夹道，东抵偏头，西终宁固"的二边[1]，后修建与之大体平行、墙体相连的大边长城；嘉靖年间（1522～1566年），杨一清、刘天和等对大边长城相继主持修缮改造，在定边县又修建一条连接大边、二边的南部长城，自定边营向南经石涝池、新兴诸堡绕行一个弧形至龙州城与二边相接，以杜塞入犯环（县）庆（阳）之道。

宁夏镇，辖东起今宁夏回族自治区盐池县的花马池，西端止宁夏中卫喜鹊沟黄河北岸（今宁夏回族自治区中卫县西南），全长1000千米，镇治在今宁夏回族自治区银川市。分东、中、北、西、南五路分守。

宣德年间，总兵官史钊任职期间（1432～1443年）置斥堠、建关隘，成为宁夏明长城的雏形。成化十年（1474年），徐廷璋、范瑾仿照延绥巡抚余子俊的做法，督造宁夏河东长城，"自黄沙咀起、至花马池止，长三百八十七里"[2]这条长城东与延绥镇相接，沿用隋代灵、绥长城一部分旧基，明人称作"河东墙"。成化十二年（1476年），贾俊出任宁夏巡抚督御史，在边八年，主持构筑贺兰山双山南口（今宁夏回族自治区青铜峡市西北岔口）至广武营（今青铜峡市广武乡），永安墩（今宁夏回族自治区中卫县西南）至西沙咀（今中卫县柔远堡村）的宁夏西南边墙。又在今宁夏回族自治区陶乐县东岸轫建河东"十八墩边墙"，北起镇远关（今宁夏回族自治区石咀市山东北）所对黄河东岸，南接横城堡"河东墙"。嘉靖年间，宁夏镇边墙再被帮筑改建，连缀成一体，东南起自花马池与延绥镇长城相接处，西北经兴武营、横城堡，沿黄河东岸北行至石咀山越过黄河，经镇远关绕一个大弧形，再依贺兰山东坡南下直至枣园堡转向西行，经宁夏中卫止于黄河北岸。

固原镇，管辖东起延绥镇饶阳水堡西界，西到甘肃振兰县与甘肃镇相接，全长1000里，镇治在宁

---

〔1〕（清）张廷玉等：《明史》卷九一《兵志三》，中华书局，1974年，第2238页。
〔2〕《边政考》卷三。

夏固原。明后期改线重建，全镇长城划分五路分守，即下马关路、靖房路、兰州路、河州路、芦塘路。

　　明孝宗弘治年间，蒙古火筛、小王子诸部多次窜入套内，南掠固原、平凉一带，致使明王朝于弘治十四年（1501 年）正式成立固原镇，设总兵官并开始兴筑长城的工役。"总制秦肱筑内边一条，自饶阳界起，西至徐斌水三百余里，系固原地界；自徐斌水起，西至靖房花儿岔止，长六百余里，亦各修筑……屹然为关中重险。"（《皇明九边考》卷十）饶阳，指延绥镇饶阳水堡（今陕西省定边县姬原乡辽阳村），为延、固二镇分界处；徐斌水堡，今宁夏回族自治区同心县东北徐冰水村，靖房卫城，即今甘肃省靖远县城；花儿岔，位于今靖远县西北水泉镇黄河东岸，这条近乎东西向的长城当时被称为"内边"。嘉靖年间（1522～1566 年），固原镇将靖房卫（今陕西省靖远县）西南沿黄河东南岸修筑的墩台加筑长城穿过今甘肃省兰州市，并顺洮河东岸向南延伸到今甘肃省岷县境内，称"黄河一条边墙"和"洮州十关"。

　　甘肃镇，辖东起甘肃兰州，西至嘉峪关，全长 1600 里，镇治在今甘肃省张掖县。划分五路防守，即庄浪路、凉州路、甘州路、肃州路、大靖路。

　　河西地区的防务始于明初，但因明朝前期来自北方的边患主要集中在今北京市北侧的河北、山西和陕西省境内，河西地区防御压力相对较小，但随着蒙古亦不剌部西迁，甘肃防务吃紧，弘治、正德年间（1488～1521 年）才始议修筑长城之事，而真正的兴筑是在嘉靖中叶。嘉靖十六年（1537 年），巡抚赵载修竣镇番卫（今甘肃省民勤县）临河墩至永昌卫城（今甘肃省永昌县）土垣、沟堑百余里。嘉靖二十年（1541 年），修"嘉峪关墙一道，南至讨来河十五里，北至石关儿十五里，共三十里。"[1]讨来河即今北大河，石关儿位于今嘉峪关市黑山湖水库东北，这是嘉峪关第一次以正规的城垣工程出现。嘉靖二十六至二十七年（1547～1548 年），巡抚杨博又主持了甘肃长城的三段大规模增建工程。第一段东起五坝堡（今甘肃省高台县东 6 千米）沙岗墩，西至九坝堡（今高台县西北 20 千米），绵延于黑河北岸。第二段位于山丹卫境内，东起五泉口奉城铺（今甘肃省山丹县丰城堡）西达人口子东乐驿（今山丹县西东乐镇）。第三段东接东乐驿，西至甘肃镇城（今甘肃省张掖市）西北板桥堡（今甘肃省临泽县板桥镇）。这道长城北侧龙首山诸山口还修筑了壕堑、墩台或关城。至此，甘肃镇所辖河西走廊段长城基本成型，连为一体。

　　明朝政府在长城沿线的九镇部署重兵把守，除了起到防御的作用外，还要对长城进行保护、修缮和管理，以加强边塞的安全。

3. 明后期隆庆元年至万历四十七年（1567～1619 年）

　　"隆庆议和"之后的隆庆、万历年间，经过长期的战争，明廷终于意识到农业和游牧两大民族之间存在强烈的经济互补性，尤其是游牧民族更加需要来自农业地区的粮食、铁等生活资源，互市贸易各取所需是消除两大民族之间对抗的基本途径，遂答应和俺答蒙古议和互市，使得北部边防环境安定下来。万历时期彼此之间长期的相对和平状态，使长城沿线各军镇有时间和精力对营堡、敌台等进行修缮维护，主要措施就是包石包砖。

　　辽东镇，该时期的边患主要来自东北的女真族。万历初年，辽东镇总兵李成梁拓边建宽奠、孤山六堡，继而重修辽东边墙，"自绵州迤东抵三岔河，又自三岔直抵旧辽阳。"[2]三岔河指今辽宁省海城市西北 30 千米，工程主要是建空心墙台，用砖石为墙。万历四十七年（1619 年），熊廷弼再次主持了修缮建堡的工役。山海关至嘉峪关之间的边墙重建工程主要是在长城上骑墙建造大量的空心敌楼，易

---

〔1〕《边政考》卷四。

〔2〕台湾研究院历史语言研究所校勘：《明实录·明神宗实录》卷一六"万历元年八月丁巳"条，上海书店出版社，1982 年影印本，第 482 页。

以砖石，加强防御工程，局部地段改线重建。

蓟镇，在谭纶、戚继光主持下造砖石空心敌台 3000 座，增筑山海关石墙至南海口入海（今辽宁省老龙头），修缮工程不仅是环卫京师的内长城，还扩大至今山西、河北省交界的太行山内三关长城。

宣府镇，隆庆二年（1568 年），总督方逢时补筑北路龙门所外边，起龙门所盘道墩（今河北省赤城县东），迄靖虏堡之大衙口（今河北省崇礼县东南），将开平卫独石堡围在长城以内。万历以后，全部包砖。

大同镇，万历初年，户部发 26 万余金，修补增筑屯堡 257、敌台 1028 所，并且包砖。

山西镇，万历二十三年（1595 年）巡抚李景重筑雁门关边墙 7.5 千米。增修偏头关、宁武关城和沿太行岭南下长城各关城、空心敌楼，皆包砖。

延绥镇，隆庆年间，巡抚王遴对东起榆溪河西岸、西至保宁堡（今陕西省榆林市西南约 15 余千米）大边长城进行修缮，隆庆五年（1571 年）郜光先又督造榆溪河红石峡以东至常乐堡（今榆林市东北 20 余千米）、保宁堡西南至波罗堡大川口无定河北岸的两段大边长城。万历初，张守中殚力营建黄甫川至建安堡（今榆林市李家峁村南）及波罗堡西南至镇靖堡的数百里大边长城。修墩堠 104 座、墩院 484 座、寨城 59 座，至此，延绥镇长城基本定型。万历三十五年（1607 年），又对该镇长城进行了清除积沙、砖包台堡的工程，并在榆林城北 7.5 千米的红山市口创建镇北台，是明代长城沿线最大的一座城台。

宁夏镇，嘉靖四十年（1561 年）的宁夏大地震，导致长城倾圮殆尽，隆庆年间首先重建黄河东岸坍塌的长城。万历初年开始补筑或重建贺兰山诸沟口的关墙，并增筑了一些墩台和堡寨。

固原镇，隆庆五年（1571 年），总督王之诰、戴才相继主持新筑北自今宁夏回族自治区中卫县西界，循黄河南岸延伸，止于甘肃省景泰县五佛寺乡对岸，与固原旧边相衔的长城。万历二十六年（1598 年），大、小松山战役之后，甘肃镇拓新边，旧边民城军事地位衰落，固原镇防守重心北移至黄河南岸裴家川长城一线，沿线增建几十座城堡墩台，双方开口互市贸易，成为贺兰山以西蒙古诸部同长城以内贸易的重要通道之一。

甘肃镇，明朝后期，长城大规模地重建与改线主要发生在甘肃镇防区内。隆庆五年（1571 年），廖逢节主持数段修复城垣、重挖堑壕、补砌排水道的长城工程，万历二年（1574 年）以后陆续以青砖包砌。万历二十六年（1598 年），三边总督李汶集七路之师，分道出兵，进剿盘踞于大、小松山（今甘肃省景泰县寿鹿山、昌林山）一带的鞑靼阿赤兔等部，战后新筑松山"新边"。由甘肃、固原二镇分防，使明王朝该段防线自黄河沿岸向北推进了 300 余里，是明朝后期长城修筑工程中最大的一项。

（三）明长城的建筑结构

明长城是由墙体、附属于墙体的马面、敌台，墙体两侧的烽火台、关、堡以及沟通彼此的道路系统等一起组成完整的由点及线到面的军事防御工程体系。

连绵不断的墙体是长城工程的主体，依构筑材料分为砖墙、石墙、土墙、山险墙、木障墙、壕堑等类型，随地形地貌、取材难易而因地制宜。除蓟镇长城墙体全部用条石、青砖砌筑外，其余诸镇长城多采用夯土筑墙，仅关门、敌台等采取包砖的形式。山险墙一般依靠峻峭的山脊用砖石垒砌，木障墙指以木制栅栏修筑的墙体，壕堑指墙体或与壕沟的组合防御体。

墙体断面呈下大上小的梯形，高矮薄厚随地形、地利而有别。夯土墙体顶部多数结构不详，北京市的明长城墙体顶部外设垛口、内砌女墙，亦有两面皆作垛口者，如慕田峪长城。墙体顶部用方砖铺砌，两侧设有排水沟和出水石槽。砖、石结构的长城以八达岭居庸关为代表，外侧用平整的条石垒砌，内部填充灰土碎石，墙体一般底宽 6～7、顶宽 5～6、高 7～8 米。墙体顶部用青砖垒砌垛口、女墙，垛口高约 1.8、女墙高约 1.2 米，垛口开有瞭望孔和射孔、礌石孔。墙体内侧间隔修砌券门暗道，以供守城士卒上下。

城堡按等级分卫城、守御或千户所城和堡城，一般建在长城内侧。经过万历期间相对和平时期的整修，一般的城堡多数用砖、石包砌城墙，墙体外侧设马面，墙体上建角楼，主城门外建瓮城，有的城门外筑月城或正对瓮城门的翼城，以加强对城门的控守。城内有衙署、营房、民居和寺庙等。堡城或称营堡，砖石包砌城垣，开 1 或 2 门，建瓮城门。城内有驻军营房、校场、寺庙等，营堡与长城墙体的间距不等。墙体上的马面或敌台间隔约 0.3 千米，东部长城上的马面与墙体的空间位置与西部长城有所差异，东部马面的台面与墙体顶部相齐平，建铺房，供守城士卒巡逻时遮避风雨；西部马面顶部高于墙体。京津冀地区的包砖墙体上砌有垛口，用于对攻城之敌进行侧击；西部地区墙体顶部状况不详。西部很少见骑墙而建的敌台，东部敌台是戚继光任蓟镇总兵时所建，跨长城墙体而建，高出墙体，台体上的建筑外开拱门、箭窗，内为空心，可做守城士卒居住以及储藏武器和生活用具。

位于长城墙体内外两侧高地上的台体称烽火台，也有称之为烟墩、烽燧、烽堠、墩台、亭等，起到白天燃烟、夜间点火以传递军情的作用。烽火台是一座夯土或砖石砌筑的高台，台上有守望的房屋和燃放烟火的柴草以及报警的号炮、硫磺、硝石。有的烽火台下有用围墙圈成的守军住房、羊马圈、仓房，甘肃、陕北发现的碑刻表明，西部相当一部分烽火台是由 5 对夫妻兵守卫的。烽火台的设置视与长城墙体内外远近关系，有置于墙体两侧的"沿边墩台"，有墙体外侧的"腹外接火墩"，有墙体内侧向内地传送军情信息的"腹里接火墩台"，有沿交通线排列的"加道墩台"。烽火台之间的距离视彼此可以互见为原则。

（四）明长城防御管理体系

明朝军事管理体系较为复杂[1]，前期和中后期发生过较大的变化[2]。

早期军队编制实施的是以卫所为基础的都司、卫、所制。自开国皇帝朱元璋起兵开始，就建立了一套卫所制度，以 112 人为百户所，1120 人为千户所，5600 人为卫。卫所之上是都指挥使司和行都指挥使司，简称都司。明立国后直至成化年间，全国范围内设有 16 个都指挥使司、5 个行都指挥使司，统管的卫所有四五百个，其中有一个特例就是直隶的卫所不归都司指挥。明代卫所的军士皆为世籍，为职业军人，而且可以子承父业。卫所军士们都有自己的土地，在没有战事的间隙也从事农业生产活动，部分实行屯垦自给制度。

明朝中后期，因长期和蒙古族对峙的原因，军事体系发生了较大的变化，军镇体系逐渐建成，九边军镇分区防守各自辖区的战备，后来为协调彼此相距较近的兵镇以利于统一调遣，还分别设有三处总督府，即蓟辽保定总督、宣大山西总督、陕西三边总督（全称为总督陕西三边军务都御史），协调制定以及指挥不同军镇的战略战术。出任总督者一般均加有督察院（或左或右）都御史头衔，以监督弹劾管区内军政官员，多由文职京官出任。

有明一代，长城一线北边的军事防御体制处在不断变化中，为适应变化的形势，其军政组织机构也在不断努力地构建一套与之适应的军事行政体系，最终形成如下的建制。

中央（兵部）——总制官（提督或总督）共有三处，陕西三边总督（管辖延绥镇、宁夏镇、固原

〔1〕　肖立军：《明代中期九边兵制研究》，吉林人民出版社，2001 年，第 1 页。
〔2〕　田澍、毛雨辰：《20 世纪 80 年代以来明代西北边镇研究述评》，《西域研究》2005 年 4 期。

镇、甘肃镇，驻节固原），蓟辽保定总督（管辖辽东、蓟镇、昌镇、真保镇，驻节密云）、宣大总督（管辖宣府镇、大同镇、太原镇，先后驻节宣府、怀来、阳和），总督一般选派兵部尚书、侍郎等文官出任，并加左右都察院都御史衔，这三处总督分别设立于嘉靖四年（1525 年）和嘉靖二十九年（1601 年）。

每镇的军事长官为镇守总兵，负责辖区内长城军事管理事宜，另有协守副总兵协助总兵处理军务；总兵之下还设有统帅一定数量机动部队的游击将军一名或多名，负责增援。每军镇下设若干路，路设参将加以管理，称作分守，各路的兵员视长城段落的位置重要程度而定，少则几千人，多则几万人；每路之下管辖若干营堡以及长短不等的长城，营堡设守备，更为基层的堡寨设把总或操守[1]。

各级指挥官所居住的镇城、路城、关城等紧连着长城，有的则是与地方的州、府、郡、县城合二为一，均距长城不远，一旦有紧急军务，便于调遣出动。

与军镇相对应，多数军镇设有巡抚（巡抚都御史），与总兵的军事首脑职权相对应，开始阶段巡抚是为协助总兵而设的，兼地方政务，主管行政、人事、监察、后勤保障和营造长城等事务，并与总兵一起商处战守军务，后来巡抚的地位得到上升，慢慢发展到开始节制总兵，成为总揽一镇的军政事务长官。军镇之下与路的军事长官参将相对应的是兵备道，负责后勤与地方行政事务，由各省按察使司的副职即按察副使、按察佥事等级别的官员出任。另外，明代还有委派太监任镇守内臣的制度，这一制度自永乐初年开始，朝廷向北方诸镇派驻太监，用以牵制各镇武将，其后，随着时事的变化，直到嘉靖十八年（1539 年），这一制度才被废除。

据艾冲先生研究，明代边防兵士来源有三，主要是当地卫所的士兵和各城堡的固定驻军（即带眷属定居的军户）。另一方面来自外地的轮班客军，亦称"班军"、"边班"。第三方面即长城沿线及附近州县民户壮丁组成的"土军"[2]。

卫所领兵者"核其所部兵五千人为指挥，千人为千户，百人为百户，五十人为总旗，十人为小旗。"[3]

明代还有一种"金妻"制度。"户有军籍，必仕至兵部尚书始得除。军士应起解者，皆金妻；有津给军装、解军行粮、军丁口粮之费。"[4]万历时，"一集练兵马，仿原任参政张守中，取集属堡兵操练及调遣，时合营余日，仍归各堡居住，地既未尝空，虏人亦不至过苦；一安插墩军，仿先抚臣余子俊，每墩置墩院，令墩军随带妻小，不但守边兼亦自防其家，杜脱逃旷离之弊"[5]。

明代的兵制为职业军，士兵主要来源于军户，军户为世袭制，"户有军籍，必任至兵部尚书始得除"[6]，职业军士戍边，妻子家小同行，并造册备存。军士与军官一样每月发给粮食（部分为现钞）、盐作为薪饷。正德以后因为薪饷不足，逃兵现象日多，兵力不足严重影响到战斗力的发挥。

长城上最基本的防守单位是敌台或墙台。东部长城的敌台为骑墙而建，高出长城墙体，为隆庆初年戚继光任蓟镇总兵后所建[7]，敌台有两、三层之分。"每台百总一人，专管调度攻打，台头、副二名，专管台内军器辎重，两旁主容军三五十名不等。五台一把总，十台一千总，节节而制之。"[8]隆庆三

〔1〕（清）张廷玉等：《明史》卷七二《职官五》，中华书局，1974 年，第 1886 页。

〔2〕艾冲：《明代陕西四镇长城》，陕西师范大学出版社，1990 年，第 13 页。

〔3〕（清）张廷玉等：《明史》卷九〇《兵志二》，中华书局，1974 年，第 2193 页。

〔4〕（清）张廷玉等：《明史》卷九二《兵志四》，中华书局，1974 年，第 2258 页。

〔5〕台湾研究院历史语言研究所校勘：《明实录·明神宗实录》卷一六"万历元年八月壬子"条，上海书店出版社，1982 年影印本，第 472 页。

〔6〕（清）张廷玉等：《明史》卷九二《兵志四》，中华书局，1974 年，第 2258 页。

〔7〕（清）张廷玉等：《明史》卷二一二《戚继光传》，中华书局，1974 年，第 5610 页。

〔8〕（明）戚继光：《练兵纪实·杂集》卷六《烽堠解》，中华书局，2001 年，第 6 ~ 8 页。

年，蓟镇、昌镇形成"区别缓冲，计垛授兵"的防卫方针，也制定敌台和墙台的守护制度，对每座墩台的驻军人数和装备作出明确的规定，一般情况下，一个垛口一个兵，但也不尽然，有些长城地段较为陡峭，不易登攀，易守难攻，兵员布置相对少一些。有些地段地势较为平缓，易于被敌人攻破，兵力布署相对多一些。有些重要关口，配置人员也比较多，每垛可达 5 人。西部长城上的敌台和东部有所不同，这里的敌台呈马面式依墙而建，又不同于东部的马面，他高于墙体，上建遮风挡雨可以居住的房舍。

总之，长城沿线的兵力部署非常严密，组织上层层节制，彼此配合，互相照应，各级军事组织井然有序，有条不紊，可谓我国古代军事防御上的成功之作。

二　明长城墩台管理研究

每个沿边的营堡都负责一定长度边境的防御，包括相连的边墙与该区段内的单体建筑（墩台）。单体建筑包括敌台、马面、烽火台，明代统称为墩台，明代墩台一般依据所处位置和不同的作用分为用于瞭守的墩台和用于传递烽火的墩台。用于瞭守的墩台一般称为"瞭守墩台"或"边墩"，用于传递烽火的墩台被称为"烟墩"、"接火墩"、"火路墩"、"加道墩"等。

墩台是长城体系中最小的组成单位，每个墩台都有相应的附属建筑，配备若干名士兵，有一定数量的器械物资，组成一个基本的防御实体，平时负责监察敌情，有敌入侵就及时报警，并相机截杀。正是由这些最小的单位相互连接组成万里长城的防御。

（一）墩台的分布

瞭守墩台是指修建在沿边一线，直接位于边境最前沿的墩台，主要作用是用于瞭守，即监控敌情及时发出警报并进行基本的防御。这样的墩台分布间距一般为半里到一里多，相当于现在 0.3 千米到 0.6 千米，最初有"五里一墩"的说法，后来逐渐增加，日渐密集。根据长城所处位置和时间不同，墩台间距不尽一样。

在蓟镇"尽将通人马冲处数十步，或一百步一台；缓处或百四五十步，或二百八步不等者为一台"[1]。在宁夏镇"自延绥定边营之石涝池迄于宁夏之横城共三百里，沿途旧有墩台七十一座"[2]，"延绥安边营石涝池至横城三百里，宜设墩台九百座，暖谯九百间"[3]。在延绥镇，于嘉靖九年（1530 年），因定边营一带地形平漫，"每里筑一墩，花马池一带量地远近立墩"[4]，据调查，所谓定边营、花马池一带，墩台间距约 0.3 千米，最近达 0.16 千米，大约相当于一百步左右。在大同镇，成化二十年（1484 年）三月，总督余子俊奏请"大同中路起至西偏头关，东西六百余里，地势平坦无险可据，欲于其中每二里许筑墩台一座"[5]，后逐渐增筑，至嘉靖三十三年（1554 年），达"每三百步一座"[6]。在宣府镇，因为紧邻蓟镇，且为皇陵屏障，便达到"每百五十步筑墩一座，每二十座空内

〔1〕（明）戚继光：《练兵实纪·杂集》卷六《敌台解》，中华书局，2001 年，第 2~3 页。

〔2〕台湾研究院历史语言研究所校勘：《明实录·明武宗实录》卷一七"正德元年九月戊戌"条，上海书店出版社，1982 年影印本，第 523 页。

〔3〕（清）张廷玉等：《明史》卷一九八《杨一清传》，中华书局，1974 年，第 5227 页。

〔4〕（明）李东阳等奉敕撰、申时行等奉敕重修：《明会典》卷一三〇《兵部十三》，中华书局，1989 年，第 670 页。

〔5〕台湾研究院历史语言研究所校勘：《明实录·明宪宗实录》卷二五〇"成化二十年三月壬子"条，上海书店出版社，1982 年影印本，第 4237 页。

〔6〕台湾研究院历史语言研究所校勘：《明实录·明世宗实录》卷四一五"嘉靖三十三年七月丙子"条，上海书店出版社，1982 年影印本，第 47215 页。

筑小堡一座"[1]，并设置南山联墩，可见其密集程度。在辽东镇，嘉靖二十八年（1549 年），巡抚蒋应奎创置了路台，"缓者五里一台，冲者二里或三里在一台。"[2]墩台设有传烽及防御设施，既可以传递烽火，又可以进行简单的防御，至嘉靖四十二年（1563 年），辽东御史杨柏增修墩台，"每五里一座，猝遇贼至，趋避无及，宜于其中各增设一座"，相当于间距二里半。

可见在全部九边中，墩台分布以蓟镇、宣府为最密集，大同、延绥、宁夏次之，辽东最为疏阔。当然这应该是明朝前中期的情况，当时女真族还没有与明朝为敌。

烟墩分为两类，一类指处于瞭守墩台和营堡之间的墩台，这些墩台用来传递军情，分布在从营堡到边墙的交通道路上。墩台分布间距一般为二里左右，一般距营堡 1、3、5 里等，以此类推，此次调查中称为烽火台。因为烟墩位于腹里，称"腹里烟墩"、"腹里接火墩"[3]，在宣大山西一带则称"火路墩"[4]。

还有一类烟墩，位于营堡与府州县之间用于传递讯息的墩台，有的称为"加道墩"[5]，一般用于搪报，分布在交通道路沿线，间距一般二十里左右，史载成化二年（1466 年），兵部尚书王复在延绥镇修筑墩台，"自安边营接庆阳，自定边营接环州，每二十里筑墩台一，计凡三十有四"[6]。

在甘肃镇，墩台分为兵墩与田墩两种，田墩又叫屯庄墩，兵墩多随边墙而建，田墩为另建。"兵墩司守望，田墩守备清野。……闻警清野固为守边常法，然零星小寨归入城堡，动辄一、二十里，远至四、五十里汗漫奔驰，卒难毕至，敛之不豫，则虏已入境，而仓皇莫及；敛之太早，则虏未必来，而生物固毙。……故以屯种附近之乡或二、三十家，或四、五十家，督令共筑一墩，每墩设一总甲提调，如警报一至大城，四路各发柴烽、信炮传示各乡，即敛。"[7]

另外，在保定一带还有一种"柴墩"，"向者虏寇入境，保定等处俱无火墩，所以人不得知。宜于各村社立柴墩五座，接至边墩。但闻举放炮火，各村随即接应，人得移入附近城中，庶不失所。"[8]这种柴墩就是连接边墩与内地沿边各村社，主要作用就是向各村社传递警情，使居民可以早作准备，进城中躲避。

可见墩台布置间距有一定规律，最初外来侵扰比较小且少的时候，只是要遇到有警报的时候，可以有地方趋避而已；后来明朝与蒙古暨女真人冲突日渐频繁的情况下，边墩的布置间距主要考虑"两墩共击一空"[9]；再以后就是根据地形的冲要和战事的频繁与激烈程度，不断添置。而对于烟墩的布置就是首先要确保烽火相望，其次要确保墩军的安全，所以接火墩一类间距较小，加道墩间距较大。

（二）墩台的形制

明代各地的墩台形制不完全一样，表现在建筑材料、外观形状和体量尺寸上。

墩台的建筑材料都是因地制宜，有夯土筑成、砖石筑成和夯土包砖（石）三种，大体是黄土地区

〔1〕（明）孙世芳修、栗尚约辑：《宣府镇志》卷一〇《亭障考》，台湾成文出版社，2006 年，第 69 页。

〔2〕（明）刘效祖：《四镇三关志》卷七《经略考》，明万历四年刻本，收录于《四库禁毁书丛刊》"史部 10"，北京出版社，2000 年。

〔3〕鲁杰、李子春：《长城防卫的哨所——烽火台》，《文物春秋》1998 年第 2 期。

〔4〕尚珩：《火路墩考》，自山西大学 2010 年硕士研究生毕业论文。

〔5〕鲁杰、李子春：《长城防卫的哨所——烽火台》，《文物春秋》1998 年第 2 期。

〔6〕（清）张廷玉等：《明史》卷一七七《王复列传》，中华书局，1974 年，第 4717 页。

〔7〕钟赓起：《甘州府志校注》卷八，清乾隆四十四年刻本，甘肃文化出版社，2008 年，第 41 页。

〔8〕台湾研究院历史语言研究所校勘：《明实录·明英宗实录》卷一八七"景泰元年正月甲午"条，上海书店出版社，1982 年影印本，第 3790 页。

〔9〕台湾研究院历史语言研究所校勘：《明实录·明宪宗实录》卷二五〇"成化二十年三月壬子"条，上海书店出版社，1982 年影印本，第 4238 页。

以夯土和夯土包砖为主，山地少土地区就是砖石筑成和夯土包砖（石）。

砖石筑成的一般是空心墩台，多位于蓟镇，隆庆间戚继光镇守蓟镇时所修，墩台"如石便用石，不便则用砖"[1]，墩台"下以方石实砌，上用砖垒"[2]，以黏性好的三合土坐缝，使墩台坚固长久。砖石结构的墩台比夯土墩台更结实牢固，优点是显而易见的。此后，沿边墩台多包砖，"沿边墩台圮坏者，宜修筑。土筑者宜用砖砌"[3]。据此可知，在戚继光以前，蓟镇墩台也是以夯土筑成为主，戚继光带来砖石建筑法后，夯土墩台逐渐被砖石墩台或包砖包石墩台所替代。包砖包石墩台在辽东、宣府、大同、延绥等镇均有，在陕西省明长城调查过程中，神木县有两方石碑，都是嵌在包砖敌台上，铭刻一系列官员名单，时间分别为万历四十三年和四十六年，可以说明在万历四十三年和四十六年，对延绥镇长城墩台曾有过包砖的举措。

早在弘治年间，延绥镇就曾有过一次修建砖石空心墩台的举措，弘治十七年（1504年）九月，"巡抚延绥都御史文贵上边墩样式，谓旧墩易于颓坏，因以意造砖墩，四面作窗，可以放箭而虏不能近。上从其议，命如式建造，务俾坚久"[4]。一年后，他向朝廷报告，完成了榆林城等处新式墩台的建造，这些新式墩台"易以砖木，中空外竖，多留箭窗铳眼"，"修过榆林城等处新式墩台凡百四十七座，先是各边墩台，多前代之旧，土脉深厚且坚实，砖石不如"[5]。但文贵主持修建的这些新式墩台竟然在一次与蒙古人作战过程中，被堵门放火焚烧，成为守台兵士的不归之地。

夯土墩台在宁夏、固原和甘肃等镇仍然占有主要地位，或许与该地雨水偏少有关，甘肃镇还有在夯土层中夹有楸木或芦苇、树枝之类材料以加强墩台的强度。

墩台在外观形状上主要有矩形和圆形两种，矩形墩台大多是明代修建，成化二十年（1484年），总督大同、宣府军务的户部尚书余子俊上疏："大同中路起至西偏头关东西六百余里，地势平坦，无险可据。欲于其中每二里许筑墩台一座，每墩阔方三丈，高亦如之，对角作二悬楼，方径六尺"[6]。明长城沿线墩台形状主要以矩形为主，也有一部分为圆形墩台，圆形墩台多见于陕西、山西两省，沿边较少，大部分处于腹里作烟墩用。唐代杜佑在《通典·拒守法》中，对当时的烽火台作了较为详细的记载："烽台，于高山四顾险绝处置之，无山亦于孤迥平地置。下筑羊马城，高下任便，常以三五为准。台高五丈，下阔二丈，上阔一丈，形圆，上建圆屋覆之，屋迳阔一丈六尺，一面挑出三尺，以板为上复。"延绥镇明长城二边沿线的圆形墩台可能属明代沿用前代。

墩台的体量尺寸上明代没有统一的规定，根据各地情况互不相同。"天顺二年（1458年），申明守瞭官军之禁。凡边方山川城堡疏远空阔处俱筑。高五丈有奇，四围城一丈五尺。上设悬楼、礌木，下设壕堑、吊桥，外设塌窖、赚坑，门道上置水柜，暖月盛水，寒月盛冰、墩置官军可瞭，以绳梯上下。"[7]大同中路是"每墩阔方三丈，高亦如之"[8]。"每墩底阔四丈五尺，高三丈，上加女墙营房，

---

〔1〕（明）戚祚国汇编，李克、郝教苏点校：《戚少保年谱耆编》卷八《议筑台规则》，中华书局，2003年，第280页。

〔2〕（明）戚祚国汇编，李克、郝教苏点校：《戚少保年谱耆编》卷九《春二月》，中华书局，2003年，第312页。

〔3〕台湾研究院历史语言研究所校勘：《明实录·明神宗实录》卷五三〇"万历四十三年三月甲子"条，上海书店出版社，1982年影印本，第9977页。

〔4〕台湾研究院历史语言研究所校勘：《明实录·明孝宗实录》卷二一六"弘治十七年九月己丑"条，上海书店出版社，1982年影印本，第4063页。

〔5〕京都大学文学部编纂：《明代满蒙史料》卷八《明实录抄·蒙古篇五》，满蒙史料刊行会发行，1958年，第197页。

〔6〕台湾研究院历史语言研究所校勘：《明实录·明宪宗实录》卷二五〇"成化二十年三月壬子"条，上海书店出版社，1982年影印本，第4237页。

〔7〕《大明会典》卷一三二《镇戍七·各镇通例·凡烽堠》，中华书局，1989年，第675页。

〔8〕台湾研究院历史语言研究所校勘：《明实录·明宪宗实录》卷二五〇"成化二十年三月壬子"条，上海书店出版社，1982年影印本，第4237页。

以便栖止，下筑月城穴门，以通出入，各置壮士十人守之。"〔1〕蓟镇的空心敌台"其制高三四丈不等，周围阔十二丈，有十七八丈不等者"〔2〕延绥镇敌台方阔三丈，高二丈七尺〔3〕。折换成公制，墩台尺寸约相当于底部长宽9~50米，高9~15米。

另外，有少数墩台，尺寸异于常见，尤其高大，象延绥镇镇北台，号称"万里长城第一台"，台体平面呈矩形，共分四层，通高30余米，内部夯土筑成，外部砌砖石，底部大顶部小，逐层收进，占地面积5000多平方米，位于款贡城西南角。第一层为基座，北边长82、南边长76米，南北64米，四周围以墙垣，东墙南侧置门，南墙内侧置砖铺马道，北墙与长城相连。正中建砖木结构矩形瞭望哨棚一间，清末坍塌。各层四面围以垛墙，高1.55米，台体内地面青砖海墁。第一层基座上城垣内屋宇环列，为当年守台戍卒营房，第一层有戍卒营房，被拆毁。

另外，墩台还有一些其他的相关建筑，史书记载提到的有女墙、营房、悬楼、礌木（防守工具），位于墩台顶部；围城或月城、穴门，位于墩台周围；周庐、水井，位于围城内侧；壕堑、吊桥位于围城外侧；塌窖、赚坑或品字窖位于壕堑外。这些附属的相关建筑不是每一个墩台都有，有的墩台根据需要有相应的增减。

墩台相应的所有建筑是为了保障墩军的安全，提高瞭守传烽的效率。

（三）墩台的管理

明代在边境设立军镇，由当地卫所士兵和轮班的内地卫所士兵进行驻守防御，墩台是明代边防设施中最基层的一级，每个墩台经常派驻一定数量的士兵。对于墩台的管理包括对墩台这一建筑的管理和对于驻守墩台的士兵，即墩军的管理。

1. 对墩台建筑的管理

墩台的建设是由巡抚或总督向中央及兵部提出申请，获准后方能实施。建成后的每座墩台都有相应的名称，多以所属营堡名称第一字后加顺序数字命名，或直接命名。如"尚书唐龙尝议：自定南八墩至宁朔墩十七里，创筑新墙，以杜干沟深入之路；自宁朔墩至昌平墩九十里，增修旧以卫旧安边孤悬之势"〔4〕。

对于墩台日常的维修是由所属参将与守备或坐堡官负责，据《皇明九边考》载："（宣府）镇守总兵官一员，驻扎宣府城，责任务要操练军马，修理城池，督瞭墩台，防御贼寇，抚恤士卒，保障居民……协守副总兵一员，驻扎宣府镇城，责任务要协同操练军马，修理城池，督瞭墩台，补葺边堡，防御贼寇，保障居民。分守……参将……责任同，务要操练军马，修理城池、墩台等，遇警身先士卒……守备……责任同，务要操练军马，整理器械，修理关隘墩堡……"〔5〕在大同镇，则是"总兵官一员，驻扎大同城，责任务要操练军马，修理城池，督瞭墩台，防御房寇，抚恤士卒，保障居民……协守副总兵一员，驻扎大同城，责任会同主将操练军马，修理城池，督瞭墩台，防御贼寇，保障居民。分守……参将……责任同，用心操练军伍，无事则修理墩台，抚恤士卒，遇警则领兵截杀……守备……责任同，务要操练军马，锋利器械，严谨烽堠，修葺城堡，抚恤军士，防御房寇，保

---

〔1〕 台湾研究院历史语言研究所校勘：《明实录·明世宗实录》卷四一五"嘉靖三十三年十月丙子"条，上海书店出版社，1982年，第7215页。

〔2〕 （明）戚继光：《练兵实纪·杂集》卷六《敌台解》，中华书局，2001年，第2~3页。

〔3〕 《明经世文编》卷一〇四《梁端肃公奏议九·延宁修边》，中华书局，1962年影印本，第936页。

〔4〕 台湾研究院历史语言研究所校勘：《明实录·明世宗实录》卷一〇九，"嘉靖十五年八月辛丑条"，上海书店出版社，1982年影印本，第2527页。

〔5〕 （明）魏焕：《皇明九边考》卷四《宣府镇·责任考》，中华文史丛书影印嘉靖刻本，台湾华文出版社，1969年，第330页。

障居民……"〔1〕。可知总兵与副总兵是督瞭墩台，即对墩台的工作进行督促而已，参将、守备需要负责进行修理维护墩台。

具体进行施工的人员是驻守的士兵和当地居民，同时还会招来一些饥民进行施工。成化间延绥镇边墙就是如此，"窃计工役之劳，差减输运战斗之苦，欲于明年摘取陕西运粮军民五万，免徭给粮，倍加优恤；急乘春夏之交，虏马羸弱不能入寇之时，相度山界，铲削如墙……"〔2〕。而在万历年间巡抚涂宗浚积极组织力量，借调东西两路班军2000余人，又招募饥民数百，前后劳作六个月，"用车五百余辆，尽力扒除内外积沙，边墙复出如旧。"〔3〕

对墩台进行建筑或维修等过程中，会有相关官员进行视察，此次调查中在神木县发现了两方石碑，石碑镶嵌在包砖敌台上，镌刻了一系列官员的名号，应该是官员视察时所作。

对墩台的修建，其用工人数和时间在事先要做出相应的预算。余子俊总督大同宣府军务时，曾主持修建大同镇的墩台，"大同中路起，西至偏头关，东西六百余里，地势平坦，无险可据。欲于其中每二里许筑墩台一座，每墩阔方三丈，高亦如之；每角作二悬楼，方径六尺。两墩相去空内挑壕堑，广一丈五尺，深一丈。一墩计役丁夫五百，大约十日可成。以一万人力计之，十日可成二十墩。"〔4〕大同镇修筑墩台底部边长10、高10米，顶部设两座边长2米的悬楼，根据调查数据总结推测，墩台顶部边长约6.6米，两墩之间挖成口宽5、深达3.3、长1000米的壕堑。延绥镇干涧壕堑尺寸是"口阔二丈，底阔八尺，深二丈"〔5〕，依例推测大同镇壕堑底阔应约3米。如此计算，两座敌台及之间的壕堑修筑时，需要挖土方13200立方米，需要夯土方717.8立方米。

2. 对墩军的管理

对墩军的管理主要由所在营堡负责，包括军事管理和非军事管理两部分。

军事管理主要是瞭守传烽管理，由营堡把守对墩台的驻军进行管理。营堡之下墩台之上增设管理机构把总和千总，"五台一把总，十台一千总，节节而制之"〔6〕。

当时规定，每墩驻军五到十人至数十人，《宣府镇志》载："极边墩台每座军人七名，腹里墩台每座军人五名"〔7〕。蓟镇"今将召到南兵一万，分布各台五名、十名不等，常用在台，即以为家"，另外还有"两旁主客军士三、五十名不等，其常用守台"〔8〕。可知守台士兵未必全在台上栖止。陕西省和甘肃省长城沿线发现的两方墩台碑记明确记载了当时墩台上驻守的士兵人数及姓名，甚至还有籍贯，都是墩军五名〔9〕。这些士兵轮流瞭守，不得擅自离开墩台，不得与外人交通市易，不得走漏消息，不得妄杀投降人口，必须明确烽火信息，及时传递，不得延误，否则依法治罪〔10〕。陕西省发现的阳孤墩石碑明确规定墩军有事须向所属营堡操守和坐堡官禀告，否则军法重治。文献记载也明确

〔1〕（明）魏焕：《皇明九边考》卷五《大同镇·责任考》，中华文史丛书影印嘉靖刻本，台北华文出版社，1969年，第238页。
〔2〕台湾研究院历史语言研究所校勘：《明宪宗实录》卷一○八"成化八年九月癸丑"条，上海书店出版社，1982年影印本，第2110页。
〔3〕（清道光）《榆林府志》卷二一《兵制·边防》，凤凰出版社，2007年。
〔4〕台湾研究院历史语言研究所校勘：《明实录·明宪宗实录》卷二五○"成化二十年三月壬子"条，上海书店出版社，1982年影印本，第4237页。
〔5〕《明经世文编》卷一○四《梁端肃公奏议九·延宁修边》，中华书局，1962年影印本，第936页。
〔6〕（明）戚继光：《练兵实纪·杂集》卷六《敌台解》，中华书局，2001年，第2~3页。
〔7〕《中国方志丛书》塞北地方第一九号察哈尔省《宣府镇志（全）》卷二二《兵政考》附《兵政诸例》，台湾成文出版社，1970年。
〔8〕（明）戚继光：《练兵实纪·杂集》卷六《敌台解》，中华书局，2001年，第2~3页。
〔9〕于春雷：《陕西榆林明长城新发现"阳孤墩石碑"考》，《文博》2008年第3期。
〔10〕（明）翁万达：《翁万达集·饬边防以恢戎务疏》，上海古籍出版社，1992年，第137页。

墩台属于营堡管辖，"镇罗堡……系极冲中地。周围凡三百七丈，边垣长三十里，墩台一十座。"[1]

墩台作为最小一级防御单位，虽然只有5~10人，乃至数十人，也设有相应的管理人员。前所言戚继光在蓟镇时提到的"管官"就是这样的管理人员，还提到"每台百总一名，专管调度攻打；台头、副二名，专管台内军器辎重"[2]，蓟镇空心敌台"南兵五人，台正、副各一人，守望相助，呼应相闻，射打相应。"[3]三关镇也是"每墩精选步队管队官一员"[4]。所提到的管官、台正、台副、管队官等都是墩台上的管理人员，这些管官或管队官是从士兵中挑选，就不应该是军官，仍然是士兵身份，可知明代军官最下只到达营堡和提调官。这些墩台管理人员的职责主要是负责本墩台的具体管理，包括最初步的对墩军的管理，还有协调防御、安全、防止敌人的奸细等。并且规定墩军擅离职守，管官也要受到连坐刑罚，推测墩军违反其他规定，管官都要一体受罚。

因为墩台是长城防御的最基本的组成部分，所以墩台正常的运作非常重要，对于墩台上的墩军是否按照规定正常进行戍守，明代还专门设立监察官员。对墩军进行监察的官员称为提调官，或提墩、提边。提墩或提边分别针对墩与边，其实质一样，提调官的设立自洪武年间即有，由所在卫所或兵备道任命，"择贤能官员专理墩务，谓之提墩。"[5]陕西省神木县阳圪墩石碑落款就是"东路兵备道提边委官绥德实授百户仵勋"[6]，可知这个提边是由百户充任。

各地的提调官所巡察的墩台数量并不一定，成化时，山西镇"每二十墩用指挥一员"[7]。嘉靖时，因为"诸边领哨官常以一人兼数人，墩台军多地广，驱率不及，宜限每官一员，管墩十座"[8]。嘉靖时，宣府"每数墩设立管墩百户一员，每十余墩设立提调指挥一员"。隆庆时，大同"每十墩设提督官一员查点"。可见一般都是每一提边或提调官负责约10座墩台。提调官巡查所属墩台时间也有一定的规定，宣德时，蓟镇"自居庸至山海诸关口，凡三月一点视"[9]。弘治时，改为"令本城将官每半月一次行边点阅，巡哨提调台官仍不时往来巡视"[10]。

提调官监察的内容涉及墩台防御的各个方面。明代制定了《查点法式》，提调官根据《查点法式》所列内容进行检查，内容相当详细，如下："一差查人员至墩先数军足五名，即看火种之处，火种有无，次看火器收拾药线可否。次看大小铳装收何如，旗有无损坏。次看旗杆竖置何如，椔绳车试是否坚壮。次看草屋三架草柴有无雨湿，短少用过有无补足。次看水缸有无。次看米菜等物见有用过数月。次看碗碟睡卧处所是否在墩宿歇。"[11]不仅要检查进行传烽守战的器具，还要检查墩军生活器具饮食的准备情况。

〔1〕（清）谭吉璁撰，刘汉腾、纪玉莲校注：《延绥镇志》卷三《地理志·沿革》，三秦出版社，2006年，第29页。

〔2〕（明）戚继光：《练兵实纪·杂集》卷六《敌台解》，中华书局，2001年，第2~3页。

〔3〕（明）戚祚国汇编，李克、郝教苏点校：《戚少保年谱耆编》卷九《台功告成》、《定台军》，中华书局，2000年，第313页。

〔4〕（明）魏焕：《皇明九边考》卷六《三关镇》，中华文史丛书影印明嘉靖刻本，台湾华文出版社，1969年，第262页

〔5〕（明）陈子龙等辑：《明经世文编》卷四一三、《王太仆集》卷一、《边防要略》一二，中华书局，1962年影印本，第4479页。

〔6〕于春雷：《陕西榆林明长城新发现"阳圪墩石碑"考》，《文博》2008年第3期。

〔7〕（明）魏焕：《皇明九边考》卷六《三关镇》，中华文史丛书影印明嘉靖刻本，台北华文出版社，1969年，第262页。

〔8〕台湾研究院历史语言研究所校勘：《明实录·明世宗实录》卷一七〇"嘉靖十三年十二月戊午"条，上海书店出版社，1982年影印本，第3716页。

〔9〕台湾研究院历史语言研究所校勘：《明实录·明宣宗实录》卷九一"宣德七年六月己酉"条，上海书店出版社，1982年影印本，第3240页。

〔10〕台湾研究院历史语言研究所校勘：《明实录·明孝宗实录》卷九四"弘治七年十一月甲寅"条，上海书店出版社，1982年影印本，第1736页。

〔11〕《纪效新书》卷一七《守哨篇》，北京中华书局，2001年，第119页。

对墩军的非军事管理方面主要体现在屯田上，明代士兵都是军屯合一，依据所处位置的重要程度，规定不同的区域有"三分屯田，七分备征"、"六分屯田，四分备征"，甚至"全不屯田"[1]。

延绥镇属于"三分守城，七分屯种"[2]，驻守的墩军大部分带着妻子，"安插墩军，仿先抚臣余子俊每墩置墩院，令墩军随带妻小，不但守边，兼亦自防其家，杜脱逃旷离之弊。"[3]墩军虽然可以携带妻子，但规定不得离开墩台，文献中有相关记载，"敢有下墩回家及虽近墩而不在墩者，无贼至，捆打一百，割两耳；有警，军法示众；该管官捆打、穿耳、连坐"[4]。墩军不能擅自离墩，那么屯田的任务就落在妻子头上，可见当时的墩军基本的生活状况是丈夫守边，妻子屯田。

另外，墩军还有繁多的临时工役。传烽器物和生活用具由墩军采办，如柴堆、草人"每墩预采柴薪于内给用"[5]，旗杆、绳、发火草、火绳、火镰、火石、火池"以上俱军采办"。对于传烽器物的要求十分的严格，大木梆二架，要"长五尺，内空六寸，深一尺，要性响体坚之木"，"旗杆三根，每根长一丈八尺，要直"，"扯旗绳五副，务要新、粗，半年一换"，敲打时声音要响亮，以使下一墩能清晰接听并得以继续传报，如果不合式样，"即行改造"[6]。再如深沟儿墩石碑所在"鸡犬狼粪"等，也都是墩军平日采办守护之物。

依据卫所制度规定，来自内地卫所的戍守墩军仍属原来卫所军籍的军户，理论上仍由原来卫所管理，不上班的时候就返回原来卫所，继续屯田操练。对于卫所制度逐渐破坏之后的墩军，大部分是原来稽留不归的士兵，或属于招募的士兵，这样的士兵就全部属于所在军镇管辖并操练。

（四）墩台上的器械物资配备

墩台上的驻军进行瞭守时发现敌情要及时准确地举烽传信，明代规定每座墩台上都要配备相应的器械物资以备用。这些物资大致可分三类，即战守类、举烽传信类和日常生活类。依墩台作用侧重不同，器械物资有多寡区别。

比较完备的战守类物资主要是各式兵器，有：佛朗机八架，子铳七十二门，铁闩二十四根，铁锤八把，铁剪八件，铁锥八件，药匙八件，铁送八根，圆木座八个，木梃八根，合口铅子二千一百六十个，神快枪八杆，合口铅子四百八十个，木马子四百八十个，锤八把，槌八把，剪八把，药匙八件，药碗八个，火药四百斤。火绳二十根，火箭五百枝，铁顶尖棍八根，石炮五十位，河光大石四百块，河光小石四千块[7]。药弩[8]。盔五顶，甲五付，弓箭三付，刀三把，□□十根，生铁□尾炮一位，百胜铳三□，三眼炮一杆，小铁炮一个，铅子四十个，火草一个，火线五十条[9]。钩头炮一个，线枪一杆，火药火线全。器械：军每人弓一张，刀一把，箭三十支，军旗一面，

〔1〕台湾研究院历史语言研究所校勘：《明实录·明太宗实录》卷二三七"永乐十九年五月庚寅"条，上海书店出版社，1982年影印本，第5038页。

〔2〕（清）谭吉璁撰，刘汉腾、纪玉莲校注：《延绥镇志》卷二四《屯田》，三秦出版社，2006年，第94页。

〔3〕台湾研究院历史语言研究所校勘：《明实录·明神宗实录》卷一六"万历元年八月壬子条"，上海书店出版社，1982年影印本，第472页。

〔4〕（明）戚继光：《纪效新书·守哨篇》卷一七，《中国兵书集成》（18），解放军出版社，1995年版，第583页。

〔5〕台湾研究院历史语言研究所校勘：《明实录·明孝宗实录》卷九四"弘治七年十一月甲寅"条，上海书店出版社，1982年影印本，第1736页。

〔6〕（明）戚继光：《练兵实纪·杂集》卷六《烽堠解》，中华书局，2001年，第6~8页。

〔7〕（明）戚继光：《练兵实纪·杂集》卷六《敌台解》，中华书局，2001年，第2~3页。

〔8〕（清）谭吉璁撰，刘汉腾、纪玉莲校注：《延绥镇志》之《兵志·烽火》，三秦出版社，2006年，第85页。

〔9〕于春雷：《陕西榆林明长城新发现"阳圪墩石碑"考》，《文博》2008年第3期。

擂石二十堆[1]。

以上物资多是官家置办，只有河光石、礌石之类应该是墩军自己采办。明代战争中火器占据了很重要的地位，蓟镇尤其重视火器，以上所记相对而言，甘肃镇最为落后。

举烽传信类物资主要是传递讯息所用，有锣一面，鼓一面，旗一面，木梆一具，大铳五个（盏口、直口、碗口、樱子皆可），三眼铳一把，白旗三面，灯笼三盏（白纸糊务粗，径一尺五寸，长三尺），以上俱官给。

大木梆二架（每架长五尺，内空六寸，深一尺，要性响体坚之木，不合式者，即行改造，每擂梆必双，庶声合而可远，该路采木造兴），旗杆三根（好绳三副），发火草六十个（用房一间覆之，毋令雨湿），火池三座（连草苫盖听用），火绳五条，火镰火石一副，旗杆三根（每根长一丈八尺，要直，每根相去五丈），扯旗绳五副（务要新粗，半年一换），火池（每座方五尺，张口，庶草多火亮）。以上俱军采办[2]。黄旗一面，梆二个[3]。海螺[4]。军旗一面，梆铃一副，软梯一架，柴堆五座，烟灶五座，鸡犬狼粪全[5]。黄旗、青衫、皮袄、青号带各一，灯笼四个，炮、柴薪[6]。烽火传信所用物资多为墩军采办，炮、海螺、军旗等应该是官家置办。

日常生活类物资多以饮食起居用品为主，有大小瓮四口，小房一间（隔为二半间，向外半间墩军住，向内半间百总住），炕各一座，米一石，锅灶各一口，水缸一个，碗五个，碟五个，种火，牛马粪五担，盐菜之类不拘。以上墩军备之，空心台系充墩者，亦备一分[7]。瓮八口[8]，锅五口，缸五只，碗十个，筯十双[9]，五月粮[10]。这些物资依照戚继光所记，应该由墩军自行采办。

墩台上配备这些物资是要确保墩台能发挥其基本的作战功能、传烽功能，即使被敌军围困，一月或数月内不会困死墩台。

（五）明长城烽火制度

墩台的一个最主要的作用就是预警，传递警讯依靠的就是烽火，中国自古就有依靠烽火传讯的方法，发展到明代，烽火传递制度非常成熟，对烽火传递形成了一整套详细的制度。

成化时，镇守宁夏右参将都指挥佥事王安等奏："及各边墩堠烽炮，务要审实贼势多寡，严立举放之数，仍于总要便于瞭望之所，如数举放。彼有一二人至百余人，举放一烽一炮；五百余人，举放二烽二炮；一千余人，举放三烽三炮；五千余人，举放四烽四炮；一万余人，举放五烽五炮。其瞭报得宜，以致克敌者，依奇功升赏，违者必处以军法。"[11]

在蓟镇，戚继光将烽火制度变成传烽歌，以便士兵吟唱记忆。"一炮一旗山海路，一炮二旗石门卫，一炮三旗台头警，一炮四旗燕河攻。二炮一旗太平路，二炮二旗是喜峰，二炮三旗松棚路，二炮

〔1〕 李怀顺：《明万历〈深沟儿墩碑〉考释》，《华夏考古》2005年第2期。
〔2〕 （明）戚继光：《练兵实纪·杂集》卷六《烽堠解》，中华书局，2001年，第6~8页。
〔3〕 于春雷：《陕西榆林明长城新发现"阳瓜墩石碑"考》，《文博》2008年第3期。
〔4〕 辽宁省档案馆、辽宁省社会科学院历史研究所编：《明代辽东档案汇编》卷八《民族》，辽沈出版社，1985年。
〔5〕 李怀顺：《明万历〈深沟儿墩碑〉考释》，《华夏考古》2005年第2期。
〔6〕 （清）谭吉璁撰，刘汉腾、纪玉莲校注：《延绥镇志》之《兵志·烽火》，三秦出版社，2006年，第85页。
〔7〕 （明）戚继光《练兵实纪·杂集》卷六《烽堠解》，中华书局，2001年，第6~8页。
〔8〕 于春雷：《陕西榆林明长城新发现"阳瓜墩石碑"考》，《文博》2008年第3期。
〔9〕 李怀顺：《明万历〈深沟儿墩碑〉考释》，《华夏考古》2005年第2期。
〔10〕 （清）张廷玉等：《明史》卷九一《兵志三》，中华书局，1974年，第2236页。
〔11〕 台湾研究院历史语言研究所校勘：《明实录·明宪宗实录》卷三四"成化二年九月辛巳"条，上海书店出版社，1982年影印本，第680、681页。

四旗马兰中。三炮一旗墙子岭，三炮二旗曹家烽，三炮三旗古北口，三炮四旗石塘卫。千贼以上是大举，百余里外即传烽。贼近墙加黑号带，夜晚添个大灯笼。若是夜间旗不见，火池照数代旗红。贼若溃墙进口里，仍依百里号相同。九百以下是零贼，止传本协各成功。单用炮声分四路，不用旗火混忽忽。山海大墙皆一焰，石门喜曹二炮从，台头炮到一墩重。该墩停炮分头说，东接西来西接东。便凡接炮听上首，炮后梆响接如风。炮数梆数听的确，日旗夜火辨分明。"[1]

在延绥镇，"旧制：遇警，日则举烟，夜则举火，鸣炮；以沿边传至镇城，若不退，每一时，照前举行一次。如出境，日举空烟，夜举空火，不鸣炮。其三、五十骑至百骑，日则悬黄旗一，夜则悬灯笼一；二、三百骑至五百骑，日则悬青衫一，夜则悬灯笼二；六、七百骑至千骑以上，日则悬皮袄一，夜则悬灯笼三；五、七千骑至万余骑，日则悬青号带一，炬烟一，夜则悬灯笼四。"[2]

在宣府镇，"凡瞭见达贼境外经过，发梆一次，近边发梆两次；拆墙放炮一个，烧柴一垛；入境放炮两个，烧柴二垛；声息紧急，则以渐加添，仍各照记号举旗兼竖立草人，贼势寡少，本墩差人走报，贼势重大，邻墩差人走报，如声息稍缓则以次差人走报，至晚，每更一人轮流探听，折墙有声，随即举火放炮，次日早，轮流一名下墩于囗贼处所巡派马路，如无踪迹，举无事旗一面，各堡方才开门，放人出城生理牧放，每一城堡又有夜不收十名，分为两班，出边哨探，谓之长哨，又有摘拨空闲马十匹，听候各墩传报紧急之用，谓之架炮马。"[3]

各镇烽火信号规定不尽相同，但都要表明来犯之敌的兵种数量与来犯位置及深入程度。单纯依靠烽火，不能将复杂的敌情表达清楚，也不能应付复杂多变的自然环境，根据需要又增设炮、梆铃、灯笼、号带等传递信号的方式，还直接派人传递信息。沿边根据本地情况制定烽号，制定完毕，将烽号"印刻张每台一纸"，由"各堡官讲解明白"，以便各军领悟。平时就"于各台军各营中预先演习熟惯"[4]。

负责瞭守传烽的士兵对于这些复杂的烽火信号必须熟练掌握，方能不致延误军情，所以，对于这些士兵的日常管理就有"明确烽火信息"一项，以便熟练操作传烽工具，使烽火信息尽快准确地送达。如果士兵擅离职守导致烽火信息不畅，或有警情没有传递或没有发现警情，都会受到严厉责罚，甚至是斩刑[5]。

另外，不管是边墩军，还是烟墩军，都负有一定的战斗任务，每个墩台上都配备有数量不等的攻防兵器，墩军须在确保本墩安全并完成基本任务的前提下，才对来犯之敌"相机截杀"，并不主动出击，因为墩军的主要任务就是瞭守传信。

三　陕西省明长城基本特征

陕西省明长城由呈东北——西南走向大致平行的大边长城和二边长城两道防线组成。大边长城由连续性的墙体和附属建筑构成，二边长城为铲削式，二边长城早于大边长城一年修建。长城的修建和

---

〔1〕（明）戚继光：《额设守墩军卒，定编传烽警报法》，见《戚少保奏议》补遗卷二，中华书局，2003 年，第 232 页。

〔2〕（清）谭吉璁撰，刘汉腾、纪玉莲校注：《延绥镇志》之《兵志·烽火》，原文"饶阳水"另起一段，依例应该为西路烟火之一把号例中，在此予以改定。三秦出版社，2006 年，第 85 页。

〔3〕《中国方志丛书》塞北地方第一九号察哈尔省《宣府镇志（全）》卷二二《兵政考》附兵政诸例·瞭报，台湾成文出版社，1970 年。

〔4〕邢玲玲：《明代北部边防预警系统研究》，引（明）冯瑷辑：《开原图说》卷下《严烽火》，自陕西师范大学 2008 年硕士学位论文。

〔5〕邢玲玲：《明代北部边防预警系统研究》，引（明）冯瑷辑：《开原图说》卷下《严烽火》，自陕西师范大学 2008 年硕士学位论文。

修缮集中在成化到万历期间的近一百年间，最终形成南北两道大致平行的防线，辅之为数众多的烽火台、敌台和马面的点上防守，后方关堡、营堡相互支撑的密集防御体系。

相对而言，在大明北边防御体系中，延绥镇的防御并没有得到中央政府的特别青睐，虽然其修建的时间相对较早，但其始建过程颇为艰难曲折，后期的修缮也是举步维艰，常因得不到中央政府的财政支持使得修缮工程半途而废。

（一）明长城墙体与线路

陕西省明长城的线路自东向西，分布在不同的地理环境中，而不同的环境又造就了不同的长城构造特色。大边长城全线没有发现包砖现象，仅有极少量的石墙，长6454.3米，山险墙也很少，仅有2700米；二边长城为利用山水险铲削而成，全线仅有极为少量的夯土墙体。

在以黄土梁峁沟壑为主的区域，如黄河西岸的府谷县和西部白于山北坡的靖边县、吴起县，长城多分布在分水岭的山脊上，墙体以夯筑为主，就地取土，土质纯净；沟壑之间多利用自然险与墙体共同形成防御体系；单体建筑外侧包砖较多。在以山地沟壑为主的神木县，比较多的是利用自然悬崖沟壑与夯筑墙体一起形成防御体系；墙体以黄土夯筑为主，包含有大量的料礓石，部分墙体用片石或石块垒砌；单体建筑包石多于包砖。在以沙漠荒滩为主的榆阳区和横山县的全部、靖边县和定边县的北部，长城墙体以夯筑为主，就地取材，区域环境特点决定该区域墙体和单体建筑夯土中含砂量必然较高，容易受风蚀影响；单体建筑以包砖为主，少见或不见包石。

陕西省大边明长城总长573895.7米，墙体的连续性较好，夯土墙体全长501890.4米，在各县区均有分布；自然险部分长51574米，占大边总长度的11.2%；二边长城仅有2800米的墙体，分布在靖边县、定边县，墙体由于风雨侵蚀剥落严重，同时受到当地居民生产生活的影响，损坏严重；其余部分均为铲削的山险，采取将烽火台布设在山巅的方式达到防御和传递信息的目的，自然险部分长593310米，占二边总长度的99.5%。大边和二边长城中自然险部分长644884米，占总长度的56.2%。

（二）明长城沿线的单体建筑

陕西省明长城沿线共发现1286座马面、敌台和烽火台。这些单体筑造的时间有隋代和明代之分。根据走向和墙体、单体建筑剖面状况，推测单体建筑中平面呈圆形的台体可能属明代对隋代的修缮和再利用。从对延绥镇长城修建始末的文献梳理中得知，延绥镇长城修建时间集中在成化到万历期间，那么能确定属明代建造的这些台体，有可能是在此百年期间陆续建造而成，但因为环境和施工技术大体一致，构成台体的土质土色和夯层结构呈现出较大的一致性，这使得在现场调查时很难将台体之间的早晚关系辨别清楚。另外，明长城沿线共发现455座单体建筑外侧包有砖石，文献中对台体外侧包砖包石的记载有两次，一次是明孝宗弘治年间延绥巡抚文贵对沿线147座墩台进行的包砖，还有一次是隆庆、万历期间对长城台体的包砖包石加固，但因为同样的原因，在现场调查时也很难从保存现状上将其早晚关系理清。

408座马面依墙体而建，顶部与墙体平齐，全部为夯土筑成，其中159座包有砖石，绝大多数分布在大边沿线。

和东部明长城沿线有所不同的是，陕西省境内503座敌台没有发现一座是属于"骑墙而建"的现象，这类单体建筑或依长城墙体而建，其顶部高于墙体，或距离墙体在0.03千米以内（距离墙体0.03千米以外称为烽火台）。敌台主体部分全部为夯土筑成，其中169座包有砖石，另有少部分敌台是在原来圆形台体的周围增筑而形成矩形台体，还有部分敌台周围筑有围院，在极少部分敌台围院内发现有火炕的痕迹。敌台在长城墙体的内外两侧均有分布。

375 座烽火台分布在长城墙体内外侧或烽燧线上，主体部分为夯土筑成，大部分平面呈矩形，少量平面呈圆形，其中有 127 座包有砖石，部分烽火台外围筑有围院。大边沿线敌台和烽火台外围筑围院，可能是万历初年张守中"因墩置院"所为。

介于大边长城和二边长城之间常态性地分布着 36 座营堡。从这些营堡所处的环境风貌看，可分为山坡型、河川型、草原型和山坡河川型四大类，平面形制因受制于环境，有矩形、圆形、不规则形。随着战争的频率和规模不断地发展，营堡的数量从成化之前的 24 或 25 座，最后发展到 36 座，又由于环境的变化，有些营堡存在着挪移的现象，这样，陕西省明长城全线共发现 43 座营堡。这些营堡被划分为东、中、西三路，东路管辖 11 座营堡，中路管辖 12 座营堡，西路管辖 15 座营堡。每座营堡管辖区域内相对应的若干长度的长城墙体和下设的堡寨，这些堡寨本次调查时按照国家文物局的统一要求，将其命名为关和堡，他们面积一般不大，多分布在平衍易于交通之处，依墙体而建的称之为关，离长城墙体而建的称之为堡。在大边长城沿线发现 68 座关，其中，57 座平面呈矩形、11 座平面呈不规则形；多数关位于长城墙体内侧，仅有 3 座跨长城墙体而建，边长 10 ~ 210 米；大边沿线发现 34 座堡，其中，30 座平面矩形、3 座平面呈不规则形、1 座平面呈圆形。

（三）明长城对其他时代长城的沿用

陕西省北部地区的长城资源包括战国秦长城、汉故塞、隋长城和明长城，这四个时期的长城修建原因和防御目的是一致的，均为农业民族防御游牧民族，这决定了不同时期长城线路分布的趋同性，即均沿着农牧交错的地带布设长城，那么，这四个前后时期的长城在陕西省北部地区理论上就会存在沿用的现象，尤其是明长城沿用前代长城的现象就会更加普遍。

根据 2009 年早期长城资源调查资料，战国秦长城与汉故塞其实是一条长城线路，汉故塞是汉武帝征伐匈奴之前的汉代前期，汉匈之间以战国秦长城为界的一条边防线，此间，汉朝将战国秦长城呈点状分布的长城墙体予以新建和修缮，遂形成连绵不断的墙体和相对完善的防御体系，这道长城在陕西省北部的分布自东向西为神木县、榆阳区、横山县、靖边县、志丹县和吴起县。从明大边长城沿线的一些迹象看，在许多区域大边长城是在战国秦长城（汉故塞）和隋长城的基础上建造的，其中大边沿用的战国秦长城（汉故塞）主要分布在靖边县东部、横山县、榆阳区和神木县西部。

陕西省北部地区的隋长城自东向西分布在神木县、榆阳区、横山县、靖边县和定边县，长城由墙体和单体建筑组成，分布在各县区的长城互不相连，墙体均为堆土筑成，保存差；单体建筑为夯土筑成，但也圮毁严重，多数坍塌呈圆形土包。这次实地调查发现隋长城墙体 18403 米。大边沿用的隋长城主要分布在定边县、靖边县西部和中部的个别地点、横山县、榆阳区、神木县西部，其中神木县麻家塔隋长城与战国秦长城相距很近；明长城镇北台附近为战国秦、隋和明代等数代长城均经过的地点，靖边县龙洲乡黄草瓜村的隋长城墙体与明长城相交，定边段的隋长城墙体东与明长城相交，西接宁夏回族自治区盐池县隋长城，在能确认的隋长城沿线发现的墩台外观多数呈圆形。

战国秦和汉故塞长城线路没有经过黄河西岸的府谷县和白于山北麓的定边县，隋长城没有经过府谷县，这些区域的大边长城附近也没有发现早期长城的迹象，这些特征和大边长城的走向分布与沿用特点是一致的。

另外，在明二边长城线路上发现的墩台有很大比例的圆形烽火台，这些烽火台保存现状要好于矩形烽火台，从唐李筌《神机制敌太白阴经》中的"台高五丈，下阔三丈，上阔一丈，形圆，上盖屋覆之，径阔一丈六尺"，和杜佑《通典·拒守法》中的"台高五丈，下阔二丈，上阔一丈。形圆。上建圆屋覆之。屋迳阔一丈六尺"推断，隋唐时期的烽火台多呈圆形，那么分布在陕北地区的这些圆形的烽火台应该是明代对隋代遗存加以修缮沿用。

后　记

　　肇始于 2007 年春天的陕西省明长城资源调查，是国家文物局组织的全国历代长城资源调查的一部分。从田野调查到资料整理再到报告编写，前后经历了整整 6 年时间。这是 30 余位参加野外调查、近 20 位参加资料整理同志们的集体成果。

　　先后参加野外调查并参与初步资料整理的人员有段清波、李恭、李增社、王沛、袁继民、乔建军、于春雷、牛新龙、张扬军、岳岁军、何抚顺、刘军、薛蕾、吕永前、李雪峰、李超、马峻华、刘晓东、郭富强、王春波、李峰、韩喜东、马雨林、梁亚东、霍海鹏、陈毅、张振峰、刘澄宇、刘定、梁坤、冯永荣、赵缠过、陈江峰、徐刚、朱园田等，在陕西省明长城资源调查资料迎接省级和国家级验收之前参与资料整理的人员有梁海宁、唐海峰、李先霞、郭建静、杜德新、刘英、杨方方、任宝磊、储清磊、赵志强、杨丙君、李冀等，在报告形成过程中参与文字统编工作的有马乐、同阳阳、朱晨露、刘爽、王新亚、卢列炎、杨帆、张振峰等。

　　本报告前言部分的第一、二、三节由段清波完成，第四、五节由李恭、于春雷完成，第一章至第七章各县区明长城资源概述部分由于春雷完成，结语由段清波完成，地图和彩图由李恭主持完成，各区县明长城基本资料部分是在田野调查资料基础上整理而成，本报告由段清波、李恭、于春雷统筹组织实施完成。

　　前所未有的陕西省明长城资源调查，是在陕西省文物局和陕西省测绘局共同组织下开展的，延安市文物局、榆林市文化局、长城沿线各区县相关机构，对该项目给予了积极的支持和帮助，西北大学、陕西师范大学、西安文理学院、半坡博物馆、秦陵博物院、延安市文物研究所、榆林市文物研究所、榆林市城墙文物管理委员所、榆阳区文物管理委员会、府谷县文物管理委员会、神木县文物管理委员会、横山县文化馆、靖边县文物管理委员会、定边县文物管理委员会、吴起县文物管理委员会等文物机构，对由陕西省考古研究院组织实施的调查给予了充分的理解和无私的援助。值此报告完成之际，谨向上述机构、领导和朋友们致以深深的敬意。

　　国家文物局长城项目办公室的领导和同志们对调查和报告的编写自始至终给予了指导和关怀。感谢陕西省文物局局长赵荣、副局长刘云辉以及周魁英、赵强等先生对本项目始终如一的关心和支持，感谢陕西省考古研究院前任院长焦南峰、现任院长王炜林以及其他同事们一如既往的支持，感谢陕西省第三测绘工程院前任院长陈向阳、现任院长刘云峰、总工程师王永红以及冯建伟、曾跃渠、杨晓峰等先生的支持，并为报告的出版提供了地图。陕西师范大学教授艾冲对报告初稿进行了详尽的审阅，提出了许多建设性的修改意见，文物出版社也为报告的编辑出版花费了大量精力。向所有关心本报告编写出版的领导和朋友们致以深深的敬意。

2012 年 10 月 30 日